THE GAME MASTER'S BOOK

FALLEN, RÄTSEL UND DUNGEONS

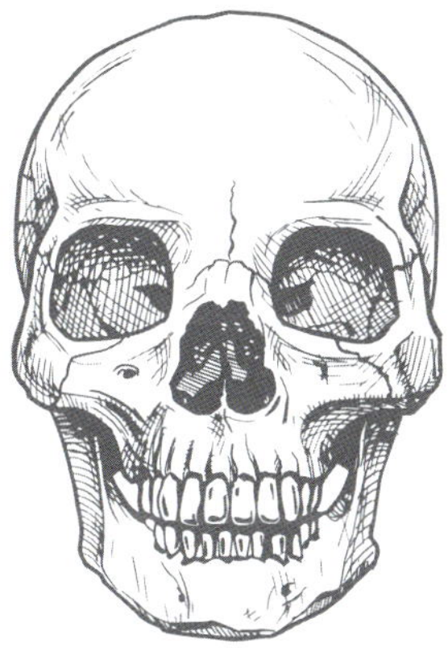

JEFF ASHWORTH

THE GAME MASTER'S BOOK

FALLEN, RÄTSEL UND DUNGEONS

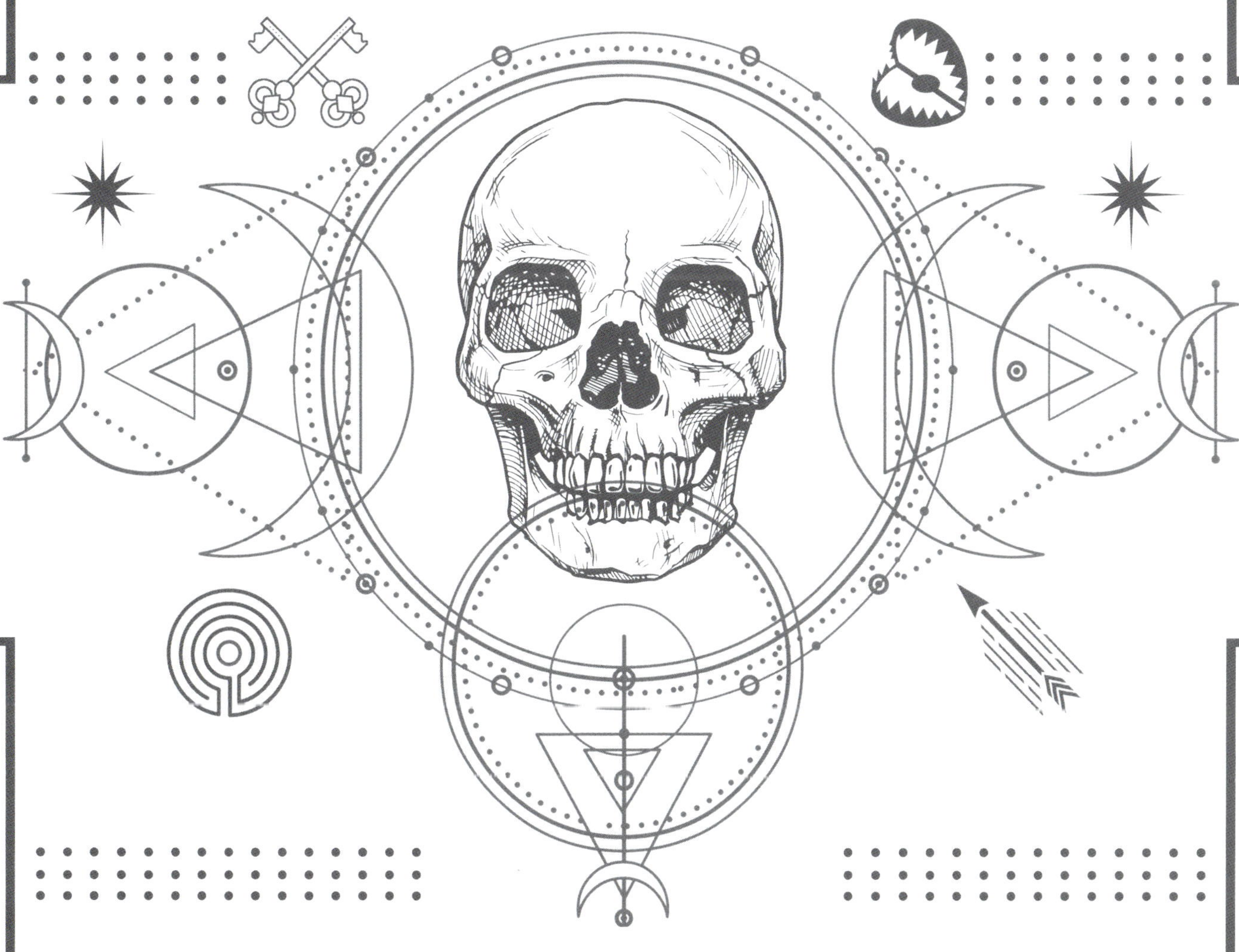

ERSCHAFFE UNZÄHLIGE NEUE UND AUFREGENDE 5E-RPG-ABENTEUER UND BRINGE DIE SPIELCHARAKTERE AN IHRE GRENZEN

JEFF ASHWORTH

riva

THE GAME MASTER'S BOOK

FALLEN, RÄTSEL UND DUNGEONS

Inhalt

150
Dungeon-Kammern

254
Würfeltabellen

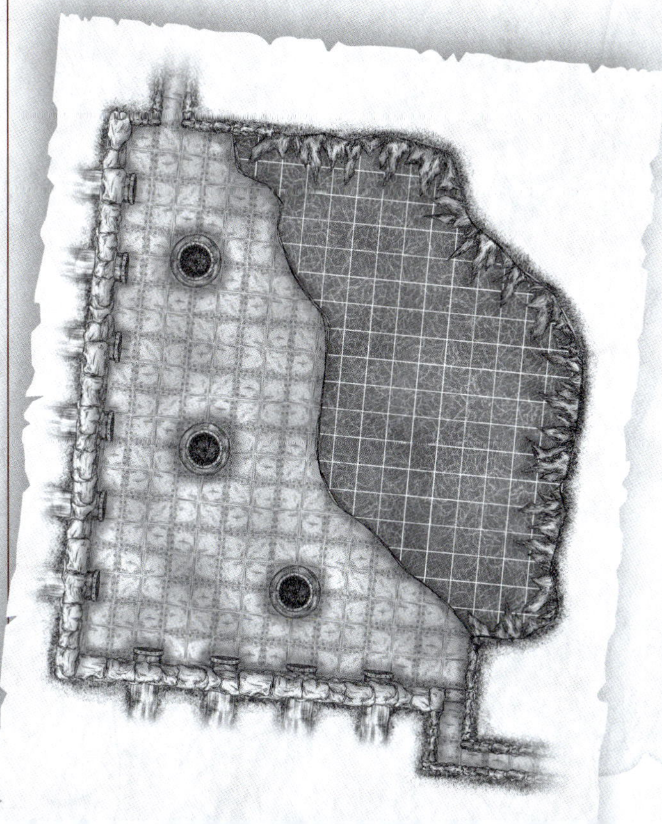

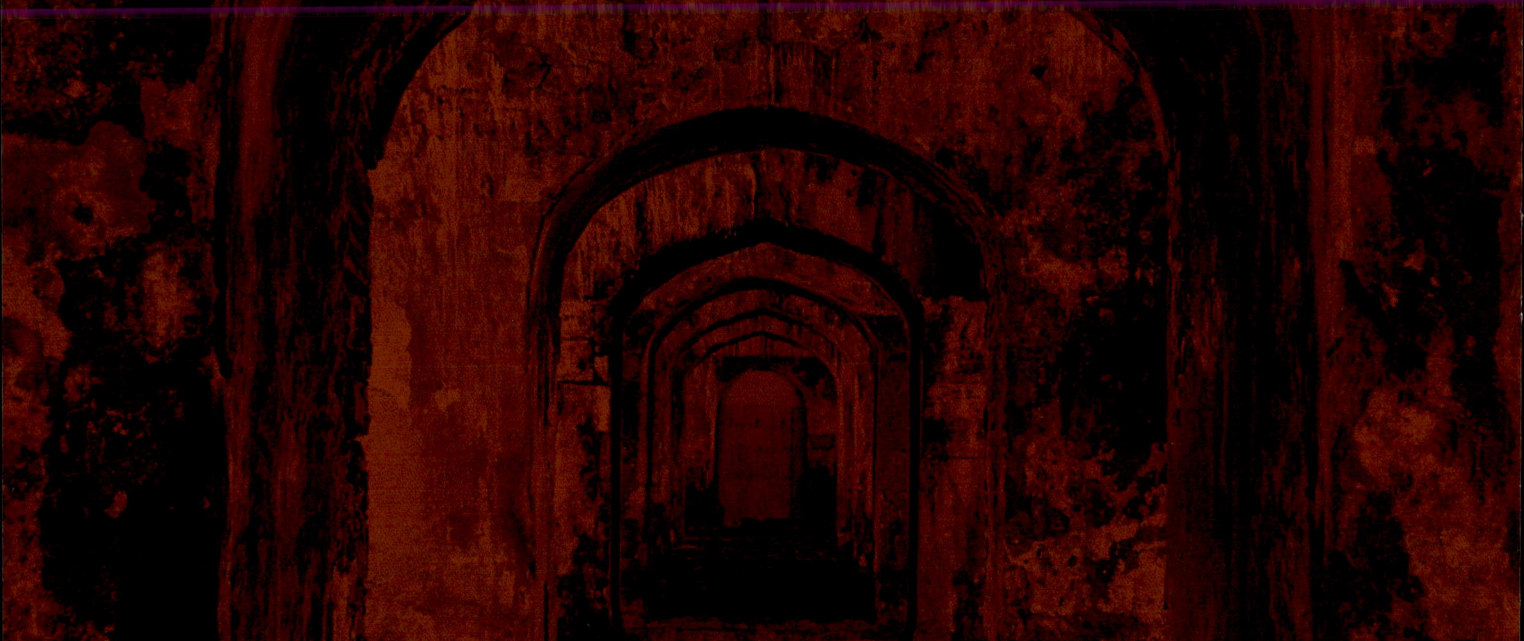

»Fantastisches Material für jeden Spielleiter, der seine Spieler per drag-and-drop mit einzigartigen Szenarien herausfordern möchte. *The Game Master's Book: Fallen, Rätsel und Dungeons* ist ein Muss für deine Ausstattung und wird deine Abenteuer über Jahre hinweg bereichern.«

—Aaron Hübrich, Publisher and Creative Director, Jetpack7

»Scharfsinnig wie eine Grube voller Rasierklingen und klug wie eine Sphinx mit einem Doktortitel in Rätselkunst. Wer seine Spielleiterin mit diesem Buch unterm Arm erblickt, sollte sich auf das Schlimmste gefasst machen!«

—Matt Forbeck, New York Times-bestselling author,
Dungeons & Dragons: Endless Quest, Marvel Multiverse Role-Playing Game

Vorwort

Ob es die Fallstricke listiger Kobolde oder die todbringenden Gruben uralter Liche sind, tückische Fallen und geheimnisvolle Rätsel sind ein fester Bestandteil des Fantasy-Rollenspiels. Rätsel und Fallen verwandeln einen harmlosen Ort in eine Stätte des Abenteuers, indem sie ein Element der Gefahr und Unsicherheit hineinbringen. Sie bilden eine Palette von Spielelementen, die Spielleiter nutzen können, um Gewölbe und andere Schauplätze aufzupeppen. Leider ist es nicht ganz einfach, eine Falle oder ein Rätsel zu visualisieren und den Spielern diese Informationen auf zufriedenstellende Weise zu vermitteln. Nur allzu leicht tappt man in die »Falle«, diese wichtigen Merkmale von Fantasy-Abenteuern ganz wegzulassen oder sie, schlimmer noch, in durchschaubare Bedrohungen zu verwandeln, die einen Vorwand zum Trefferpunktabzug bieten, ohne den Spielern Raum für Entscheidungen zu lassen. Du hast nicht in die richtigen Fertigkeiten investiert? Sorry! Steck ein paar unvermeidbare und willkürliche Schadenspunkte ein und geh weiter, hier gibt es nichts zu sehen.

Was für eine verpasste Gelegenheit! Uns allen sind schon so viele schlechte Fallen und Rätsel im Spiel untergekommen, dass wir kaum noch wissen, was eine gute Falle oder ein gutes Rätsel ausmacht: dass sie nämlich das Spiel bereichern, indem sie den Spielern die Möglichkeit eröffnen, mit ihrer fantastischen Umgebung nicht nur durch Würfeln zu interagieren. In vielerlei Hinsicht sind sie das Herzstück jeder auf Erkundung basierenden Geschichte, denn eine gute Falle oder ein gutes Rätsel stellt die Gruppe vor die Entscheidung, wie sie das Hindernis überwinden will.

Aufmerksame Spieler erahnen, dass hier etwas nicht stimmt und dass sich genaueres Hinschauen lohnen würde. Sie werden dazu eingeladen, Fragen über die Spielwelt zu stellen und ihre Geheimnisse zu ergründen (»Was ist das für ein Zeug auf dem Boden?«, »Was für Symbole sind da in den Stein geritzt?«, »Was riecht hier so?«, »Können wir die Decke sehen?«). Der Wechsel von Spielerfrage und Spielleiterantwort trägt dazu bei, den fantastischen Schauplatz zum Leben zu erwecken und spielerisch mehr Details darin zu enthüllen.

Spannende Fallen oder Rätsel erleichtert die Interaktion zwischen den Spielern und der Abenteuerumgebung, weil sie ein Teil des Schauplatzes sind und nicht nur eine nebulöse Spielmechanik. Den Spielern werden Entscheidungsmöglichkeiten eingeräumt, und Fallen mutieren zu interessanten Problemen, die es zu lösen gilt. Außerdem bringen gute Fallen und Rätsel unabhängig davon, wie todbringend sie sind, neue Aspekte ins Spiel. Auswirkungen, die die Beschaffenheit des Dungeons verändern, eine ständige Gefahr etablieren, die Gruppe spalten oder einen jähen Tod herbeiführen, machen das Spiel spannender und unvorhersehbarer. Schließlich geht es bei der Einbindung von Fallen, Tricks und Rätseln ins Abenteuer darum, Orte zu schaffen, die es wert sind, erkundet zu werden, und Herausforderungen zu stellen, die das Spiel in überraschende Richtungen lenken. Das Beste daran ist, dass mit *The Game Master's Book: Fallen, Rätsel und Dungeons* die harte Arbeit des Austüftelns von Spielmechaniken bereits erledigt ist! Also lehne dich zurück, blättere eine Seite auf und gestalte einen Dungeon, den deine Spieler nie vergessen werden!

Jim Davis & Jonathan Pruitt
Web DM

Einführung

Willkommen in The Game Master's Book: Fallen, Rätsel und Dungeons …

Es ist den Besten von uns schon passiert: Schritt für Schritt hast du die Gruppe mit einem wirren Gedicht als einzigem Wegweiser in den uralten Tempel unter der Stadt gelockt, um das Artefakt zu finden, das ihnen helfen wird, ihren Erzfeind ein für alle Mal zu bannen. Vielleicht hat sich auch ihre Erzfeindin in ihrem Bergfried verschanzt, und der einzige Weg dorthin führt durch die gefluteten Grüfte unter der Burg, durch ein Labyrinth aus Kammern, übersät mit den Leichen derer, die bei dem gleichen Versuch gescheitert sind. Oder du hast einen epischen Showdown mit einem verfluchten Metalldrachen (Potentia, dem Ewigen Mysterium) vorbereitet, und die Gruppe hat leichtsinnigerweise vor, dessen Bau voller rätselhafter Fallen und fallenartiger Rätsel zu betreten. Du hast ihnen eine wahre Schlitterpartie von Gefahr zu Gefahr versprochen, aber beim Planen des kommenden Spieleabends lastet eine Frage schwer auf deinem Gemüt:

Wie geht es weiter?

Wie erschaffst du Dungeons, die so komplex sind wie der darin hausende Erzbösewicht? Wie konstruierst du eine legendäre Falle, ohne bei *Indiana Jones* abzukupfern? Wo gibt es Rat, wenn die Gruppe an ein Superhirn mit Intelligenz 24 gerät, aber deine einzige Idee bisher »Können Haie *Feuerball* wirken?« lautet?

Dann bist du hier genau richtig. *The Game Master's Book: Fallen, Rätsel und Dungeons* liefert Antworten auf diese Fragen – und auf viele andere, von denen du noch gar nicht wusstest, dass du sie stellen musst.

Was dieses Buch ist

The Game Master's Book: Fallen, Rätsel und Dungeons ist das, was der Titel verspricht: eine Sammlung von Fallen, Rätseln und gefährlichen Kammern, die deine Gruppe derart herausfordern und in die Bredouille bringen werden, dass sie vor deiner Genialität in die Knie gehen, um Gnade betteln und gegebenenfalls tränenüberströmt neue Charaktere würfeln müssen (wenn du auf so was stehst).

Im Fallenteil gibt es Dutzende von tödlichen Erfindungen, die deine Helden verstümmeln, verscheuchen oder vernichten können, wenn sie sich ohne Diebeswerkzeug in ein Gewölbe wagen. Es gibt auch komplexere Fallen, die gegen Entschärfungsversuche gewappnet sind, falls der Schurke der Gruppe seinen Einbrecherruf riskieren will. Jede Falle stellt für Gruppen der Stufen 5–10 eine ernste Bedrohung dar, wobei du den im Falle des Falles entstehenden Schaden nach eigenem Ermessen den tatsächlichen Stufen der Charaktere anpassen kannst (oder auch nicht). Zu vielen der Fallen findest du detailreiche Illustrationen, die die sadistischeren Teile deiner Fantasie anregen sollten.

Der Rätselteil des Buches enthält eine Sammlung von gereimten Rätseln und spielbereiten Chiffren, sie sich gut für NSCs mit einem Hang zum Mysteriösen eignen. Für den Fall, dass dir ein Rätsel gefällt, du es aber nicht unterzubringen weißt, sind mögliche Anlässe und Zusammenhänge aufgeführt. Es gibt auch eine Reihe von Torprüfungen, mit denen Türen verriegelt oder versteckte Kammern geöffnet werden können – typische Tabletop-Kopfnüsse, die die Problemlösungsfähigkeiten deiner Spieler/innen ebenso auf die Probe stellen wie die ihrer Charaktere.

Der Teil mit den Dungeon-Kammern enthält 50 einzigartige Kammern, die in jede Tour durch Todestempel, Trutzburgen oder Trollhöhlen eingebaut werden können. Die vor Gefahr strotzenden Kammern sind zwar sehr genau beschrieben und kartiert, lassen sich aber auch leicht abändern. Und weil die meisten Dungeons nicht frei von streitbarer Besatzung sind, gibt es zusätzlich zu den Umweltgefahren und Hindernissen noch Tabellen mit möglichen Begegnungen, mit deren Hilfe du nach Bedarf Dungeon-Bewohner ins Spiel bringst, falls die Gruppe zu übermütig wird. Wie gesagt – wenn das dein Ding ist.

Als Zugabe gibt es drei One-Shot-Abenteuer, die so gestaltet sind, dass darin willkürlich aus diesem Buch ausgewählte Fallen, Rätsel und Dungeons verwendet werden können. Jedes Abenteuer hat eine vorgeschlagene Gruppenstufe, aber du kannst die Schwierigkeit nach deinem Ermessen erhöhen oder verringern.

Was dieses Buch nicht ist

The Game Master's Book: Fallen, Rätsel und Dungeons ist nichts für schwache Nerven. Einige der aufgeführten Dungeons richten standardmäßig erheblichen Schaden an (Lava hat das nun mal an sich). Wenn deine Spieler also nicht zufällig Lust auf einen neuen Charakter haben, solltest du dafür sorgen, dass sie auf sich Acht geben.

Was den Schaden angeht, hast du das letzte Wort. Sollte deine Gruppe nicht so begeistert darüber sein, dass ein Felsbrocken aus 60 m Höhe auf ihrem Paladin gelandet ist und den Regeln der Physik (und dieses Buchs) zufolge einen panzerbrechenden Schaden von 70 (20W6) verursacht, kann die Ritterrüstung des Paladins ihn nach deinem Ermessen vor dem Tod bewahren. Wie viel auf dem Spiel steht, bestimmst du, und ein eventuelles kollektives Ableben geht auf deine Kappe.[1] Das Gleiche gilt für die Lösung der Rätsel oder die Überwindung der Fallen. Wenn deine fröhliche Truppe eine besonders clevere Lösung für ein Rätsel findet oder eine Falle auf eine Weise entschärft, die im Buch so nicht vorgesehen ist, solltest du sie für ihre Kreativität belohnen, nicht bestrafen.

Du findest hier nicht das eine große Gewölbe. Stattdessen stellt dir der Dungeon-Teil eine Reihe von Kammern vor, die du nach Belieben miteinander verbinden kannst. Nicht jeder Raum passt in die von dir gebaute Welt, und du musst vielleicht den Vorlesetext oder die Ausgestaltung mancher Kammern ergänzen, um sie besser mit der Hintergrundgeschichte des Ortes zu verbinden, in die du diese Räume einfügst. In welchem Tempel wäre es denkbar, dass es einen Fluss aus Lava und eine komplett unter Wasser stehende Kammer gibt? Kann der Lavastrom stattdessen ein Wasserstrom sein? Ja, natürlich. Das Gleiche gilt für die überflutete Kammer – allerdings solltest du, falls du dich für diesen Weg entscheidest, bitte noch einmal den vorigen Absatz über Schadensbegrenzung lesen und die Werte entsprechend anpassen.[2]

Die vorgefertigten Vorlesetexte werden nicht immer Wort für Wort verwendbar sein. Ihre Formulierung setzt voraus, dass die Gruppe gemeinsam in eine Kammer vorrückt. Die beigefügten Karten sollen dir und den Spielern im Falle einer Begegnung die Entscheidung erleichtern, ob sich ein Abgrund per *Nebelschritt* überwinden lässt oder ob man der Chimäre einen *Kältekegel* verpassen kann oder nicht. Jede Gruppe ist einzigartig, manche schleichen im Gänsemarsch in einen Saal, während andere im Pulk hineinstürmen. Manche Gruppen teilen sich auf und schicken einen lautlosen Kundschafter voraus, während andere lieber einen Familiaren diese Aufgabe erledigen lassen. Möglicherweise musst du einzelne Sätze im Vorlesetext anpassen, um der besonderen Vorgehensweise deiner

1 Und auf die der Spieler. Es war ja ihre Entscheidung, als niedrigstufige Gruppe den Tempel der Tausend Tode zu betreten.

2 Oder auch nicht, du kleiner Psychopath.

Gruppe gerecht zu werden. Bei Kammern, deren Eingangstür sich unheimlicherweise hinter der Gruppe schließt, erwähnst du einige Aspekte der Kammer am besten erst zum richtigen Zeitpunkt (sprich: zu spät). Vor allem im Hinblick auf Fallen auslösende Mechaniken ist es unmöglich, immer den optimalen Zeitpunkt für entscheidende Informationen zu treffen – aber man sollte es versuchen, denn es ist besser, als immer alles oder nichts zu verraten. Ich vertraue auf dein Fingerspitzengefühl und bitte schon mal vorsorglich um Entschuldigung.

Da die Dungeons modular aufgebaut sind, sind auch die Karten von einem ähnlichen Problem betroffen. So kann es passieren, dass deine Gruppe aus einer Halle flieht, deren »massives Messingtor« sie gerade entriegelt hat, woraufhin sich in der folgenden Kammer »eine schmale Eisentür« hinter ihnen schließt. Viele der enthaltenen Karten umgehen dieses Problem dadurch, dass Gänge in die Kammer hinein- und wieder herausführen, sodass die einzelnen Kammern durch imaginäre Korridore verbunden werden, die du je nachdem, woher die Gruppe gerade kommt, mit Beschreibungen ausschmücken kannst. Trotzdem erschien es uns etwas seltsam, eine Reihe von Dungeon-Karten ohne Türen zu erstellen. Du wirst daher feststellen, dass auf einigen Karten Türen verzeichnet sind, auf anderen aber Tunnels, die »woanders« hinführen. Generell gelten alle Fluchtwege als versperrt, es sei denn, es ist in der Beschreibung anders vermerkt oder du entscheidest es nach eigenem Ermessen. Kurz gesagt: *Ja, die Tür ist abgeschlossen. Ja, du brauchst dafür einen Schlüssel oder einen Dietrich. Nein, ich sage dir nicht, wo der Schlüssel versteckt ist.*

Dieses Buch ist kein Hilferuf. Stimmt, manches darin ist ganz schön verstörend, aber mir geht es gut. Mach dir um mich keine Sorgen.

Wie man dieses Buch benutzt

Wenn du Text in dieser Form siehst, handelt es sich um Text, der laut vorgelesen werden sollte, um bestimmte Handlungen zu beschreiben, wichtige Zitate weiterzugeben oder relevante Details über den Ort oder die Situation, in der sich die Gruppe befindet.

SL AUFGEPASST:
DIES IST EIN HINWEIS FÜR DICH

Kästen mit diesem Aussehen sollen dich auf entscheidende Wendepunkte in den One-Shot-Abenteuern aufmerksam machen oder auf Informationen, die für eine Fallenmechanik oder Rätsellogik wichtig sind. Ignoriere sie auf eigene Gefahr.

Karten. Die Karten in diesem Buch sind in einem Raster dargestellt, in dem jedes Quadrat 1,50 m misst, sofern nicht anders angegeben. Wenn du lieber auf pure Vorstellungskraft setzt, kannst du die Ausmaße der einzelnen Räume nach Belieben anpassen.

Mögliche Begegnungen. Wenn die Gruppe einen der in diesem Buch beschriebenen Orte betritt, bestimmst du durch Würfelwurf anhand der dem Ort zugeordneten Tabelle für »mögliche Begegnungen«, ob eine Begegnung ausgelöst werden soll oder nicht, oder du wählst einfach eine aus. Diese NSC-Auftritte verleihen dem jeweiligen Ort mehr Ambiente, Ungemütlichkeit und Abwechslung und sind eines der Hauptfunktionen dieses Buches – also nutze sie! Oder auch nicht. Es ist dein Spiel.

Mögliche Begebenheiten. Ähnlich wie bei den Begegnungsvarianten beziehen sich diese optionalen Anpassungen in der Regel auf die Atmosphäre oder das Klima eines Ortes. Wenn du sie verwendest, solltest du auf den Tabellen würfeln, bevor du deiner Gruppe den Aufbau und die Eigenschaften des Ortes beschreibst, denn diese Optionen können sich drastisch auf die Art und Weise auswirken, wie die Gruppe eine Begegnung angeht.

Tabellen. Zu jeder Tabelle in diesem Buch gehört ein entsprechender Würfelwert. Wenn du bei einer Tabelle »1W8« würfeln sollst, wirfst du einen achtseitigen Würfel, suchst die gewürfelte Zahl in der Tabelle und weißt sofort, was als Nächstes passiert (wie übrigens bei jeder Würfeltabelle in jedem Rollenspielbuch, das jemals existiert hat).

Türen, Beutestücke und sonstige Markierungen

Die Karten in diesem Buch weisen einige wiederkehrende Merkmale auf. Hier die Legende:

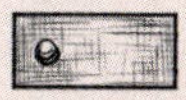

Tür. Hier ist der Eingang oder Ausgang eines Raumes. Ist kein Schwierigkeitsgrad für das Knacken des Schlosses aufgeführt, kannst du entweder selbst einen festlegen oder mitteilen, dass die Tür nicht verschlossen ist.

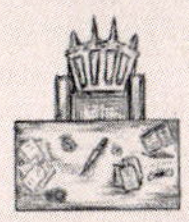

Möbel. Deine Gruppe wird auf ihren Abenteuern auf unzählige Tische, Stühle und andere Möbel stoßen. Manches davon ist sicherlich Attrappe, anderes aber ganz normales Mobiliar. Wenn nicht anders angegeben, sind diese Gegenstände eher Beiwerk als unentbehrliche Ausstattung.

Truhe. Dieses Symbol stellt eine Truhe, eine Kiste oder ein Versteck für Wertsachen dar. Da verborgene Schätze einen großen Einfluss auf die Spielökonomie haben, sollten alle Schatztruhen, sofern nicht anders angegeben, als leer gelten, es sei denn, du füllst sie mit Beute.

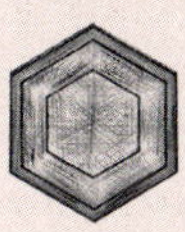

Säule. Dieses Symbol erscheint in zahlreichen Dungeon-Kammern und soll einen Stützpfeiler darstellen. Säulen eignen sich, sofern nicht anders angegeben, als halbe Deckung. Gelegentlich wird dieses Symbol auch für andere Elemente eines Raumes verwendet, was dann erklärt wird.

Wiederkehrende Elemente. Wir haben versucht, alle wichtigen Einzelheiten jeder Karte zu beschriften, aber in einigen Fällen würde die Beschriftung jedes Bauteils, jeder Feuerdüse und jedes demnächst sich erhebenden Skeletts bedeuten, dass die Karte mit Ziffern übersät wäre, wodurch einzelne Details praktisch bedeutungslos würden. Darum wirst du auf ein paar Beschriftungen stoßen, die so aussehen: *(u. a. 1)*. Damit wird ein Element auf der Karte beispielhaft markiert, und du musst selbst feststellen, wo sich dieses Element wiederholt, damit du deiner Gruppe den Raum genau beschreiben kannst.

OHNE WEITERE UMSTÄNDE wünsche ich dir jetzt viel Spaß mit *The Game Master's Book: Fallen, Rätsel und Dungeons*. Es soll dein Spielleiterarsenal ergänzen und dir bei der oft undankbaren Aufgabe helfen, deiner Gruppe auf originelle Weise ein jähes Ende zu bereiten. Wenn du jede Seite dieses Buchs als Startpunkt und nicht als Endergebnis betrachtest, bist du auf dem besten Weg, unglaublich fesselnde Abenteuer zu erschaffen, die deine Spieler nie vergessen werden.

Wenn dann ein SC sagt: »Ich halte nach Fallen Ausschau«, kannst du dich immerhin mit einem wölfischen Grinsen hinter deinem SL-Schirm zurücklehnen, denn die unter seinen Füßen kreisenden und *Feuerball* schleudernden Haie, die du dir ausgedacht hast, werden die Gruppe gleich lehren, wie gefährlich ihre Neugierde sein kann.

ONE-SHOT-ABENTEUER

Die folgenden Abenteuer sind eine Sammlung von Geschichten, die man in einer Spielsitzung (oder in mehreren) durchspielen kann. Sie enthalten zur jeweiligen Handlung passende Fallen, Rätsel und Kammern sowie einige weitere aus dem Rest des Buches.

14
SPIESS UND SCHORF
Die Gruppe erkundet eine Gruft und kommt einem dunklen Geheimnis auf die Spur.

30
EIN GROSSER WURF
Ein Wettkampf, der sowohl Hirn- als auch Muskelmasse erfordert.

48
HAUS SKHALHAMMER
Ein labyrinthartiges Herrenhaus zwischen Traum und Albtraum.

Spiess und Schorf

Nachdem die Gruppe ein Erdbeben und einen Fondue-Tsunami überstanden hat, muss sie eingreifen, um die Bewohner eines verschlafenen Bergdorfes vor uralten, verschütteten bösen Mächten zu retten.

Ein Abenteuer von Jasmine Bhullar, geeignet für die Stufen 1–5

Nachdem die Gruppe auf ein starkes Erdbeben in der Bergstadt Velnoya mit einer dramatischen Rettungsaktion reagiert hat, wird sie von einem Gelehrtenorden gebeten zu erkunden, ob das tief unter der Stadt gebannte Urböse durch den jüngsten geologischen Vorfall aufgebracht wurde (oder ob es gar die Ursache dafür ist). Bewaffnet mit mächtigen, vom Orden ausgeliehenen Artefakten muss die Gruppe bald feststellen, dass dieses Ziel nicht so leicht zu erreichen ist, denn die Gruft, die sie erforschen sollen, ist mit einer Reihe von Fallen und Rätseln ausgestattet, damit bloß niemand eindringt ... oder bloß nichts entkommt.

Ort des Abenteuers

Dieses Abenteuer spielt sich in dem verschlafenen Bergdorf Velnoya ab. Velnoya ist ein entspannter Urlaubsort im Schatten des Witweh-Gebirges. Die Ortschaft hat kein eigenes Gewerbe, sondern lebt von den Zöllen und Mautgebühren, die von allen verlangt werden, die die Berge gen Norden passieren wollen. Neben malerischen Herbergen und hutzeligen Skihütten gibt es in der Stadt nur zwei bemerkenswerte Gebäude: ein großes Brauhaus, das für sein Fondue berühmt ist (*Zum Zarten Schmelz*), und ein stillgelegter Archivbau, der einem Geheimbund namens Esoterischer Bund der Arkanen Erkenntnis als Hauptquartier dient. Über das Tagesgeschäft dieser Vereinigung ist nur sehr wenig bekannt, aber da sie sich für die allgemeine Wohlfahrt des Städtchens einsetzt (ganz zu schweigen von der Förderung der Infrastruktur und der Frequentierung des Einzelhandels), halten sich die meisten Einheimischen weitgehend aus ihren Angelegenheiten heraus. Die Ordensmitglieder tragen stolz ein aufgesticktes curryfarbenes Auge auf ihrem Gewand und gelten als liebenswerte Sonderlinge, eben als eine der Schrulligkeiten, die den Reiz von Velnoya ausmachen. Am Horizont von Velnoya steht noch ein weiteres Wahrzeichen: eine hohe, spitze Stele aus dunklem Kristall, die sich deutlich von den sanften Hügeln des Umlands abhebt. Sie gehört zu den Sehenswürdigkeiten des Ortes und wird gerne als Kulisse für Selfie-Gemälde genommen. Das jährliche Wettklettern »Spießrauflauf« hat die Stadt zum Reiseziel für Outdoor-Fans aller Art gemacht.

Reisende aller Couleur kommen nach Velnoya, um sich entweder abseits des städtischen Trubels zu erholen oder Kraft zu tanken für größere Abenteuer jenseits der Berge. Was die Mitglieder der Gruppe hierherführt, liegt ganz im Ermessen des Spielleiters.

Aufbau

Dieses Abenteuer beginnt mit einem Erdbeben und führt zu einem mit Fallen und Rätseln gespickten Verlies, das die Spieler erkunden müssen. Es lohnt sich, vor Beginn die Rätsel und Fallen ab S. 23 zu studieren, um ihre Funktionsweise zu verstehen. Wenn du zusätzliche Rätsel, Fallen oder Kerkerräume einbauen möchtest, entscheide zuerst, wie viele, und würfle sie dann anhand der Tabellen ab S. 254 aus. Alle zusätzlichen Begegnungen sollten in den Ablauf des Abenteuers eingefügt werden, bevor mit Akt 5 begonnen wird.

In diesem Abenteuer gibt es eine Handvoll Haupt-NSCs, darunter Lorita Sancham (S. 27) und Lord Fadnis Belovaar (S. 27). Unterwegs wird die Gruppe wahrscheinlich gegen einige von Fadnis' grässlichen Kreaturen kämpfen (S. 27-29). Alle anderen NSCs sind nach Gutdünken einzusetzen.

Wenn dieses Abenteuer Teil einer laufenden Kampagne sein soll, musst du klären, warum die Gruppe in Velnoya Halt macht. Vielleicht ist sie aufgebrochen, um einen gefährlichen Drachen im Nordland zu bekämpfen, oder sie hat vom Wettrennen »Spießrauflauf« gehört und hofft, dass ihr Barbar es am schnellsten bis ganz oben schafft. Wenn du dieses Abenteuer als One-Shot oder als Einstieg in eine hoffentlich fortlaufende Kampagne spielst, soll jedes Gruppenmitglied erzählen, wie es in das Bergdorf gekommen ist. Alle sollten sich aus einem Grund in Velnoya befinden, der zu ihrer Hintergrundgeschichte passt. Vielleicht sind sie auf der Suche nach den Lehren des Esoterischen Bundes oder sie möchten als Käsegourmet das legendäre Fondue im Zarten Schmelz kosten oder sie wollen als Nachfahrin eines Ordensmitglieds mehr über das Wirken der Urgroßtante erfahren. Egal, warum man in Velnoya ist, der Brauch verlangt, ein Häppchen Käse zu schlemmen, bevor man irgendetwas anderes anfängt. Daher beginnt das Abenteuer vor dem Wirtshaus »Zum Zarten Schmelz«.

SL AUFGEPASST: LORD FADNIS UND DER ORDEN VOM OCKEREN AUGE

Obwohl Velnoya auf den ersten Blick ein idyllischer Urlaubsort im Gebirge zu sein scheint, war es einst ein Epizentrum der arkanen Künste, denn die Siedlung wurde am Schnittpunkt mehrerer Ley-Linien gegründet und war daher ideal für magische Experimente. Magier, Hexenmeister, Hexen und Zauberlehrlinge kamen in der Hoffnung gepilgert, vom Wissensschatz des Scholariums zu profitieren, einer riesigen Bibliothek mit Archiv. Der Zugang zum Scholarium stand allen offen, solange alle dort Forschenden willens waren, ihr Wissen mit der Gemeinschaft zu teilen.

So lebten und studierten Magiekundler aller Art und Herkunft harmonisch miteinander, und dank des freien Ideenaustauschs florierte die arkane Wissenschaft. Aber die rasche Wissensvermehrung ließ sich auch ausnutzen. Lord Fadnis Belovaar, ein hoch angesehener Adliger, der mit Bestattungsriten und der Beisetzung prominenter Leichen betraut war, führte mithilfe von Schriften aus der Bibliothek frevelhafte Experimente an den Leichen der Magier durch, die er zur Ruhe betten sollte. Als die Verderbtheit seiner Forschung ans Licht kam, ergriff man drastische Maßnahmen. Der freie und offene Zugang zum Scholarium wurde unterbunden, ganze Gebäudeflügel wurden zugeschüttet, und in einer nächtlichen Dringlichkeitssitzung wurde ein Geheimbund gegründet, der zwei Ziele verfolgte: Erstens musste Fadnis' Ketzerei ein Ende gesetzt werden, um die Einwohnerschaft vor ihm zu beschützen. Zweitens war dafür zu sorgen, dass die mächtigsten magischen Geheimnisse allen vorenthalten wurden, die man für unwürdig hielt. So entstand der Orden vom Ockeren Auge, dessen Siegel ein goldgelbes Auge mit Strahlenkranz war. Der Orden verbannte Fadnis in die Gruft, in der er seine verderbten Rituale und unheiligen arkanen Versuche durchgeführt hatte, und versiegelte sie für immer mit einem magischen Schloss in Form eines großen Obelisken.

Da der Orden sehr verschwiegen ist, wissen die meisten Stadtbewohner nur wenig über seine Geschichte oder seinen Zweck und nennen ihn stattdessen den »Esoterischen Bund«. Dem Orden ist das ganz recht.

TEIL 1: DER ZEPPELINABSTURZ

Ihr steht am Eingang der Wirtschaft »Zum Zarten Schmelz«, die weithin bekannt ist für ihren riesigen Fonduekessel, größer als ein Uralter Drache. Durch die gastlich offenstehende, smaragdgrüne Tür dringt der verführerische Geruch von frisch geschmolzenem Käse auf die Straße. Hinter der Taverne ragt das Scholarium mit seinem schimmernden Glaskuppeldach auf, das erhabenste Gebäude der kleinen Stadt. Selbst hier, auf der höchsten Erhebung der Stadt, umhüllt träger Nebel eure Knöchel, bevor er die Kopfsteinpflastergasse hinabwabert, die tiefer gelegenen Steinhäuser umhüllt und sich dann ins Tal ergießt. Ihr erkennt gerade noch die Spitzen der höchsten Nadelbäume, die trotzig aus dem ätherischen Nebelmeer hervorschauen und sich kühn von der Bergkette dahinter abheben. Zackige Gipfel ragen in den Himmel wie Finger, die nach den Wolken greifen. Fast scheint es, als ob diese Ortschaft von zwei bergigen Händen gehalten wird. Euer Blick auf das nebelverhangene Tal und das malerische Bergdorf wird unterbrochen, als ein Karren voller Windspiele gegenüber plötzlich laut zu klirren beginnt. Holz, Metall und Glas schlagen Alarm. In der Annahme, dass wohl ein ungeschickter Tourist in die Windspiele gerannt ist, dreht ihr euch um, erblickt aber nur die Verkäuferin, eine braun gebrannte Gnomin, die verwundert ihre klingende Ware anstarrt. Bevor ihr eins und eins zusammengezählt habt, spürt ihr es. Der Boden beginnt unter euren Füßen zu beben, und mit entsetztem Luftschnappen verfolgt ihr mit, wie sich im Pflaster vor euren Füßen ein Riss bildet.

Ein heftiges, örtlich begrenztes Erdbeben erschüttert jetzt die ganze Ortschaft. Wenn sich die Gruppe umschaut, um sich zu orientieren, bemerkt sie mit einem Weisheitswurf (Wahrnehmung) gegen SG 15 Folgendes:

- Das große Holzschild mit der Aufschrift »Zum Zarten Schmelz: fonduestisch lecker!« löst sich und droht, auf einen ahnungslosen Touristen zu stürzen.
- Mehrere Feuerwehrleute führen Bewohner weg von den Gebäuden, deren Dächer ihre Schieferschindeln abwerfen.
- Das gläserne Kuppeldach des Scholariums öffnet sich und lässt einen verschnörkelten, pink-goldenen Zeppelin mit dem Schriftzug *Imperius* in die Luft steigen, der jedoch jäh von einer umstürzenden Fichte getroffen und dadurch halb flugunfähig wird.

Das Erdbeben verursacht Probleme in der ganzen Stadt. Mit der Tabelle »Mögliche Begegnungen« kannst du der Gruppe Gelegenheit geben, jemanden zu retten. Entscheide nach eigenem Ermessen, ob dies sinnvoll ist und wann es Zeit ist, zu Teil 2 des Abenteuers überzugehen.

SL AUFGEPASST: MÖGLICHE BEGEGNUNGEN WÄHREND DES ERDBEBENS

Wirf 1W6 und wähle aus der unten stehenden Tabelle eine oder zwei Herausforderungen für deine Spieler aus. Falls sie getrennt unterwegs sind, können diese Begegnungen alle Charakter zusammenbringen. Die Begegnungen sollten vor dem in Teil 2 beschriebenen Fondue-Unfall stattfinden.

1W6	Die Gruppe sieht ...
1	... ein **Erdelementar**, der zwischen zwei sich plötzlich verschiebenden Teilen des Untergrunds eingeklemmt ist. In Panik greift er das Erste an, was er sieht: eine Ziege.
2	... dass sich nur wenige Meter von ihnen entfernt ein Spalt im Boden öffnet. Der mit Windspielen beladene Karren kippelt bedrohlich auf der Kante und droht, jeden Moment hineinzustürzen. Per Stärkewurf (Athletik) gegen SG 10 kann man die Händlerin in Sicherheit bringen – eine nette Geste, wenn man bedenkt, dass sie wahrscheinlich in zwölf Sekunden mit ihrem Karren den Hügel hinunterstürzen wird.
3	... eine Tiefling-Frau mit trübem Blick und den Armen voller Vogelkäfige, die der Gruppe verzweifelt zuwinkt. »Meine Kinderlein sind noch da drin!«, schreit sie und zeigt auf eine große Voliere, die in eine Hauswand eingebaut ist und in der drei bunte Papageien herumflattern. Ein Weisheitswurf (Mit Tieren umgehen) gegen SG 10 bringt die Vögel dazu, zu ihrer Besitzerin zu fliegen, aber ein Weisheitswurf (Motiv erkennen) gegen SG 10 verrät, dass die Frau nicht gut mit ihren Vögeln umgeht.
4	... dass sich eine riesige Kiefer neigt und die Ställe darunter zu zermalmen droht. Ein verzweifelter Stallknecht zerrt mit Tränen in den Augen an einem störrischen Kaltblüter namens Taps. Durch einen Weisheitswurf (Mit Tieren umgehen) gegen SG 12 ließe sich der Gaul in Bewegung bringen, ebenso durch einen Stärkewurf (Athletik). Aber es gibt keine Zeit zu verlieren.
5	... einen Zwergenmann, der schreit: »Rettet meine Tonstatuen! Bitte! Ihr kriegt für jede 1 Goldstück!« Er zeigt auf ein Gebäude mit Rissen im Fundament. Stürmt die Gruppe hinein, kann sie mit einem Intelligenzwurf (Nachforschungen) gegen SG 15 1W20 Statuen retten. Das Gebäude wird in zwei Minuten einstürzen.
6	... eine 2-Jährige, von der flehenden Mutter durch eine 3 m breite Erdspalte getrennt. Wie sie zu retten wäre, liegt im Ermessen des SL.

TEIL 2: IM INNEREN DER *IMPERIUS*

Das Chaos um euch herum hält an, auch wenn die Erschütterungen langsam nachlassen. Aus dem Inneren des »Zarten Schmelzes« hallen Schreie und ihr seht, wie der riesige Kessel, in dem sich eine Unmenge an geschmolzenem Käse befindet, von dem Holzfeuer rutscht, das ihn am Brodeln hält. Der heiße, klebrige Käse kippt aus, und eine Flutwelle aus Fontina und Gruyere schwappt mit halsbrecherischer Geschwindigkeit auf euch zu. Glitschige, brühheiße Käsemasse rollt heran, aber Gebäudetrümmer versperren euch alle Fluchtwege. Offenbar bleibt euch nur noch, von der Klippe hinter euch zu springen oder ein riesiges Baguette herbeizuzaubern. Plötzlich taucht ein Seil auf, das nur eine Armlänge über euch baumelt. Eine mausgesichtige Halblingsfrau ruft euch aus einem tieffliegenden Zeppelin zu: »Die *Imperius* kommt nicht mehr weit, ist aber sicherer als ein Käsebad! Schnell! An Bord mit euch!«

Das ist Lorita Sancham, und sie besteht darauf, dass die Gruppe das Seil hochklettert, um dem sengenden Käse zu entgehen (»Furchtbare Art zu sterben, egal, ob man laktoseintolerant ist oder nicht!«). Der Käse sollte als wachsende Bedrohung dargestellt werden, die der Gruppe gewiss Schaden zufügen wird, wenn sie zu lange zögert. Nach Ermessen des Spielleiters erleidet jeder Charakter, der mit heißen Käse in Berührung kommt, 5 (2W4) Feuerschaden je sechs Sekunden Käsekontakt, und der Käse verbrennt die Haut auch in den folgenden Runden. Um den klebrigen Käse abzustreifen, ist eine Aktion erforderlich.

Um ins Innere der *Imperius* zu gelangen, muss das Seil erklommen werden, was mit einem erfolgreichen Stärkewurf (Athletik) gegen SG 12 gelingt. Sollte jemand ernste Schwierigkeiten damit haben, ruft Lorita ihm zu, dass er sich auf irgendeine Weise am Seil festhalten soll, damit sie ihn einholen kann.

Beim Hochklettern fällt der Gruppe bei erfolgreichem Weisheitswurf (Wahrnehmung) gegen SG 15 oder nach Ermessen des Spielleiters Folgendes auf:

- Die Feuerwehr und mehrere Männer und Frauen in Kutten mit goldenem Auge – ähnlich der Robe, die Lorita trägt – kommen den Einheimischen und Besuchern zu Hilfe. Es sieht so aus, als ob die Gefahr, die von dem Erdbeben ausgeht, zumindest für den Moment unter Kontrolle ist.
- Tiefe Risse im Erdboden gehen sternförmig vom nahegelegenen Wald aus.
- Mitten auf einer Lichtung steht ein dunkler Obelisk, umgeben von tiefen Erdspalten, als wäre er der Ursprung der Risse im Boden.

Sobald die Gruppe an Bord der *Imperius* ist, kann sie sich einen Überblick über das Innere des Schiffes verschaffen.

> In der Zeppelinkabine befindet sich eine unüberschaubare Maschinerie aus surrender Feinmechanik und sanft leuchtenden magischen Kristallen. Ein hängender Laufsteg führt durch das Gewirr aus Zahnrädern zu einer großen Kuppel. Summend bringt der Steuerungsmechanismus den dunklen Obelisken, der aus den Bäumen auftaucht, ins Fadenkreuz der Kuppel. Auf beiden Seiten des Laufstegs stehen Pulte mit Sternenkarten auf Pergament und Büchern über die Dichte von Edelsteinen oder den Lebenszyklus des seltenen Bernsteinfalters.
>
> Während ihr euch umseht, lächelt euch zwischen buschigen Augenbrauen und einer dicken Brille unter stürmischem braunen Haar die Halblingsfrau zu, die euch an Bord geholfen hat. »Hallo erstmal. Ich bin Lorita Sancham, derzeitige Oberin des Ordens vom Ockeren Auge … nun, die Leute nennen uns den Esoterischen Bund für arkane Erkenntnis. Dies ist unser Schiff, die *Imperius*. Etwas Fondue gefällig? Kleiner Scherz.«

Während die Gruppe sich zurechtfindet, bietet Lorita ihnen die Möglichkeit, sich ihr und gegebenenfalls auch einander vorzustellen. Sie lobt sie für ihre Bemühungen, der Stadt Velnoya zu helfen, und gibt ihnen dann nach Ermessen des Spielleiters einige der folgenden Informationen:

- Der Orden vom Ockeren Auge beobachtet und erforscht seit Jahrhunderten arkane Phänomene und unerklärliche Vorkommnisse im Zusammenhang mit magischen Kräftefeldern.
- Der hiesige Zweig des Ordens ist dafür zuständig, den nahe gelegenen Obelisken, der »Spieß« genannt wird, zu beobachten und Ausbrüche oder arkane Störungen festzustellen.
- Vor vielen Generationen sperrte der Orden Lord Fadnis Belovaar, einen adligen Magus, der die arkanen Studien des Ordens auf ein dunkles, unaussprechliches Extrem getrieben hatte, in einer tiefen Gruft unterhalb des Obelisken ein. Für den unwahrscheinlichen Fall, dass Fadnis von den Toten aufersteht und die zahlreichen Rätsel und Fallen der Gruft überwindet, dient der Obelisk als magisches Siegel, das sein Entkommen verhindern soll.
- Die Bewohner der Stadt glauben, der Spieß sei nur ein architektonisches Kuriosum aus einer vergangenen Epoche. Sie bewerben ihn sogar als Touristenattraktion, und zwar mit dem Wettbewerb »Spießrauflauf«. Sie haben keine Ahnung, dass ihr Städtchen über dem Grab eines Möchtegern-Lichs liegt, der durch arkane Mechanismen dort seit Jahrhunderten gefangen gehalten wird.

Bei weiteren Fragen zu Lord Fadnis muss die Gruppe einen Charismawurf (Überzeugen oder Einschüchtern) gegen SG 14 machen. Bei Würfelglück oder nach Ermessen des Spielleiters teilt Lorita dann Folgendes mit:

> »Lord Fadnis war einst ein heiliger Mann, der nicht nur in den Lehren der Götter, sondern auch in der Heilkunst und Kräuterkunde sehr bewandert war. Anders, als sein Name vermuten lässt, war er ganz und gar nicht langweilig. Eine Zeit lang war er für die Einbalsamierung und Beisetzung der mächtigsten adligen Gelehrten und Magier des Reiches zuständig. Da war der Schrecken groß, als herauskam, dass Fadnis nicht nur davon besessen war, sein eigenes Leben auf unnatürliche Weise zu verlängern, sondern dass er auch seine Stellung missbraucht hatte, um verwerfliche Experimente an den Überresten der ihm anvertrauten Verstorbenen durchzuführen und in lichtlosen Kellergewölben schreckliche Homunkuli und Fleischgebilde zu erschaffen. Seine Experimente waren düster, gefahrvoll und seelisch ziemlich belastend. Dagegen ist in geschmolzenem Käse zu sterben ein Klacks.«

SL AUFGEPASST: HINTERGRUND

Bohrt die Gruppe per Wurf auf Weisheit (Motiv erkennen) gegen SG 12 nach, ob Lorita ihnen alle Informationen gibt oder nicht, erzählt sie womöglich die Geschichte des Ordens vom Ockeren Auge. Allerdings verrät sie nur widerwillig, welche Rolle der Orden ihrer Meinung nach beim Werdegang des schurkischen Fleischbildners gespielt hat. Nach einem gegen SG 15 erfolgreichen Wurf auf Charisma (Überzeugen) gibt sie Folgendes preis:

»Meine Mutter war eine der Hüterinnen der arkanen Bibliothek, des Scholariums. Sie registrierte alle Bücher und ihren jeweiligen Standort. Ich wuchs zwischen staubigen Stapeln auf, spielte allein zwischen alten Wälzern und baute mir Häuschen aus unbezahlbaren Folianten. Alles, was ich heute weiß, lernte ich von ihr. Ich wusste schon als Kind, dass ich das werden würde, was ich heute bin«, sagt Lorita und deutet mit einem Seufzer auf ihr Pult und die Pergamentstapel um sie herum. »Das ist mein Erbe. Dieser Posten. Dieser Auftrag. Das ist meine Buße. Denn unter den unachtsamen Augen meiner Vorfahren erlangte Fadnis das Wissen, das er für seine lästerlichen Rituale brauchte. Wochenlang, ja monatelang hatte er nach Büchern voller dunkler Magie und dunklen Geschichten gesucht. Mein … Ururgroßvater stellte ihm dabei nichts in den Weg. Jetzt büßen wir alle für seine Nachsicht. Nicht nur mein ganzer Orden, sondern auch ich persönlich. Die fluchbeladene Existenz des Lords unter Verschluss zu halten, ist das Mindeste, was ich tun kann, um die Ehre meiner Familie zumindest ein bisschen wiederherzustellen.«

Falls die Gruppe noch mehr über den Orden vom Ockeren Auge wissen will, erzählt Lorita Folgendes:

- Nach der Niederringung und Einkerkerung des Lords unter dem Spieß merkte man in Velnoya, dass der Ruf des Obelisken schlecht für den Fremdenverkehr war, und deklarierte ihn daher als Baudenkmal. Dieser Marketingtrick funktionierte, und der wahre Zweck des Obelisken geriet in Vergessenheit.
- Leider muss der Orden deshalb allen Berichten über Erschütterungen und seltsame nächtliche Lichterscheinungen so schnell und verdeckt wie möglich nachgehen.
- Der Orden ist personell stark unterbesetzt, und die Mitglieder geben sich alle Mühe, damit die Stadt nicht noch mehr unter Erdbeben, heißen Käsefluten oder Schlimmerem leiden muss.

Nach diesen Informationen kommt Lorita direkt zur Sache und sagt Folgendes:

»Ich frage nur ungern, auch weil wir uns noch kaum kennen. Aber ihr habt bereits der Stadt Velnoya geholfen, und nun möchte ich euch erneut darum bitten. Könnt ihr euch vielleicht mit mir die Gegend um den Spieß anschauen? Ich hoffe, dass das alles nur mit den unterirdischen Schutzvorrichtungen des Ordens zusammenhängt. Vielleicht ist eine davon defekt, aber falls Schlimmeres vorliegt, müssen wir alle Ordensleute des Reiches herbeirufen, und das wird teuer. Ich muss mir also sicher sein. Ich biete euch 200 Goldmünzen und Zugriff auf unser arkanes Waffenarsenal. Leihweise, versteht sich. Wir sind fast am Ziel. Ich hoffe, ihr entscheidet euch rasch.«

Falls die Gruppe zögert, kannst du Lorita ihr Angebot auf 400 Goldmünzen erhöhen lassen, dazu als Dreingabe eines der magischen Artefakte, wenn es denn im Dienste des Ordens verwendet wird.

Sobald die Gruppe zugestimmt hat, den Spieß zu erkunden, verliest du Folgendes:

Durch die großen Luken der Zeppelinkabine seht ihr, dass ihr euch dem Spieß nähert. Obwohl er von üppigen Wäldern und schneebedeckten Bergen umgeben ist, ist das Gelände um den Obelisken herum kahl und bar jeder Vegetation. Das karge Land bildet hier einen fauligen, mit Flechten bewachsenen Sumpf, als hätte der Spieß eine Wunde ins Herz der Erde gerissen, von der sich das Land nicht erholt. »Wir nennen diesen Ort den Schorf«, sagt Lorita. »Die Natur selbst sträubt sich gegen die Überreste von Lord Fadnis. Der Zauber, mit dem er weggesperrt wurde, hat die Erde verwundet. Seht ihr, wie der Boden zu bluten scheint? Doch die Landschaft kann genesen. Eines Tages, es braucht nur Zeit. Vielleicht ist es töricht, dass ich immer noch die Hoffnung hege, dass unter dieser vernarbten Erde frischer, fruchtbarer Boden entstehen wird. Also gut. Abwärts!«

SL AUFGEPASST: LEIHGABEN

Die folgenden Gegenstände (oder auch weitere, vom Spielleiter bestimmte) stehen Abenteurern zur Verfügung, die sich bereit erklären, für Lorita den Spieß zu erkunden. Alle dürfen sich etwas aussuchen – ein Stück pro Kopf. Oder du würfelst für jeden Spielercharakter einen Gegenstand aus.

1W20	Lorita verleiht …
1	… eine Robe der nützlichen Dinge.
2	… eine Waffe +2 nach Wahl.
3	… einen Zauberstab der magischen Geschosse.
4	… einen Stein des Glücks.
5	… Armschienen des Bogenschützen.
6	… eine Halskette der Feuerbälle.
7	… eine Flöte des Rattenfängers.
8	… eine Perle der Macht.
9	… ein Stirnband der Intelligenz.
10	… einen Anhänger der Wundheilung.
11	… ein Schild +2.
12	… eine Nachtbrille.
13	… einen Tiegel Wohltuende Salbe
14	… Augen des präzisen Sehens.
15	… einen Umhang des Schutzes.
16	… einen Wurfspeer des Blitzes.
17	… einen Wächterschild.
18	… ein Unbewegliches Zepter.
19	… einen Zauberstab des Wunders.
20	… einen Zauberstecken der Heilung.

Lorita lässt das Ankerseil der *Imperius* herab und weist die Gruppe an, es an etwas Robustem zu befestigen, damit der beschädigte Zeppelin nicht abtreibt. Mit dem Hinabklettern beginnt die nächste Phase des Abenteuers.

Falls die Gruppe Lorita bittet, sich ihnen anzuschließen, beharrt sie darauf, an Bord bleiben zu müssen, um das Luftschiff zu steuern, bis es sicher verankert ist. Sie ist aufrichtig.

Teil 3: Der Schorf wird aufgekratzt

> Als ihr am Seil hinabklettert, zieht merklich ein Sturm auf. Stetiger Wind rüttelt an den Bäumen und drückt den Zeppelin aus seiner Position. Ihr schaukelt in den Böen, könnt euch aber festhalten. Der Boden fühlt sich beim Betreten sumpfig an, und jeder Schritt bricht die Kruste auf und offenbart darunter roten, ja blutroten Schlamm.

Die Gruppe muss entscheiden, wo sie die *Imperius* verankern will. Bei passiver Wahrnehmung von 12 oder höher merkt man, dass die naheliegendste Stelle der Spieß selbst wäre, denn der Spieß ist ringsum das einzige feste Objekt. Dasselbe ergibt ein Wurf auf Intelligenz (Nachforschungen) oder Weisheit (Wahrnehmung) gegen SG 12. Die Befestigung des Seils am Spieß kann mit einem Wurf auf Stärke (Athletik) gegen SG 12 oder auf Geschicklichkeit gegen SG 10 oder mit einem vom SL zu bestimmenden Wurf erreicht werden.

SL aufgepasst: Ankern am Spiess

Falls die Gruppe die *Imperius* nicht am Spieß verankern will, hat das Auswirkungen auf den folgenden Vorlesetext. Ändere den Text dementsprechend oder lass Lorita der Gruppe zurufen, dass sie wegen des weichen Bodens statt an Bäumen, Büschen oder Gestrüpp lieber am Spieß ankern sollen. Der Spieß ist als Einziges stabil genug, um einen Zeppelin bei starkem Wind zu halten.

Sobald das Seil befestigt ist, liest du Folgendes vor:

> Während ihr das Tau am Spieß befestigt, nimmt das Schimmern und Glimmen des Obelisken allmählich zu. Aus den Wolken dringt ein heller Blitz, windet sich um die *Imperius* und schlägt krachend in den Spieß ein. Energie donnert durch den Obelisken und in den Boden unter euch. Das gesamte Bauwerk erzittert, der lockere Erdboden gerät in Bewegung, und eine große Spalte tut sich auf, ähnlich der, die ihr während des Erdbebens gesehen habt. Das Ankerseil fängt Feuer.

Sobald sich die Gruppe orientiert hat, teilst du Folgendes mit:

- Am Ankerseil der *Imperius* klettern Flammen rasch auf den Zeppelin zu.
- Der Boden hat Risse und spaltet sich an einigen Stellen, als ob es ein weiteres Erdbeben gäbe.

Lorita schreit die Gruppe an, aber im Gewitterlärm sind ihre Worte schwer zu verstehen. Ein Weisheitswurf (Wahrnehmung) gegen SG 15 könnte ergeben, dass sie die Gruppe vor etwas warnt, das aus den Rissen im Erdboden aufsteigt. Falls die Gruppe Lorita versteht, erhält sie im kommenden Kampf eine Überraschungsrunde, die mit dem folgenden Text angekündigt werden kann:

> Lorita zeigt schreiend auf irgendetwas, und ihr erkennt, worauf sie euch aufmerksam machen will: Die Risse im Boden bluten zähen, schleimigen Blutschlick hervor, der zu Klumpen anschwillt und sich der Schwerkraft trotzend erhebt. Offenbar hat mindestens einer der Klumpen … ein Gesicht?

Aus den Rissen steigen 1W4 + 1 **Blutklumpen**. Würfle die Initiative und benutze für die Begegnung die Karte auf S. 20.

SL aufgepasst: Ein blutiger Kampf

Die Blutklumpen beabsichtigen, die Gruppe zu schwächen, und handeln entsprechend. Die Gruppe versucht möglicherweise, das brennende Seil zu löschen oder das Übergreifen des Feuers auf den Zeppelin zu verhindern. Aber dazu ist es zu spät: In drei Runden reißt das Seil, und die *Imperius* wird vom Wind erfasst und abgetrieben.

Im Kampf gegen die Blutklumpen müsste der Gruppe auffallen, dass die Blutklumpen nur schwer zum Spieß vorrücken können, da dessen mächtige Zauberkraft ihr Vorankommen erschwert (die Gruppe kann sich mit vollem Tempo bewegen).

Nach drei Runden reißt das Ankerseil, und weitere Blutklumpen entsteigen der Erde – so viele wie nötig, damit die Gruppe merkt, dass dieser Kampf aussichtslos ist. Lies am Anfang von Runde 4 den folgenden Text vor:

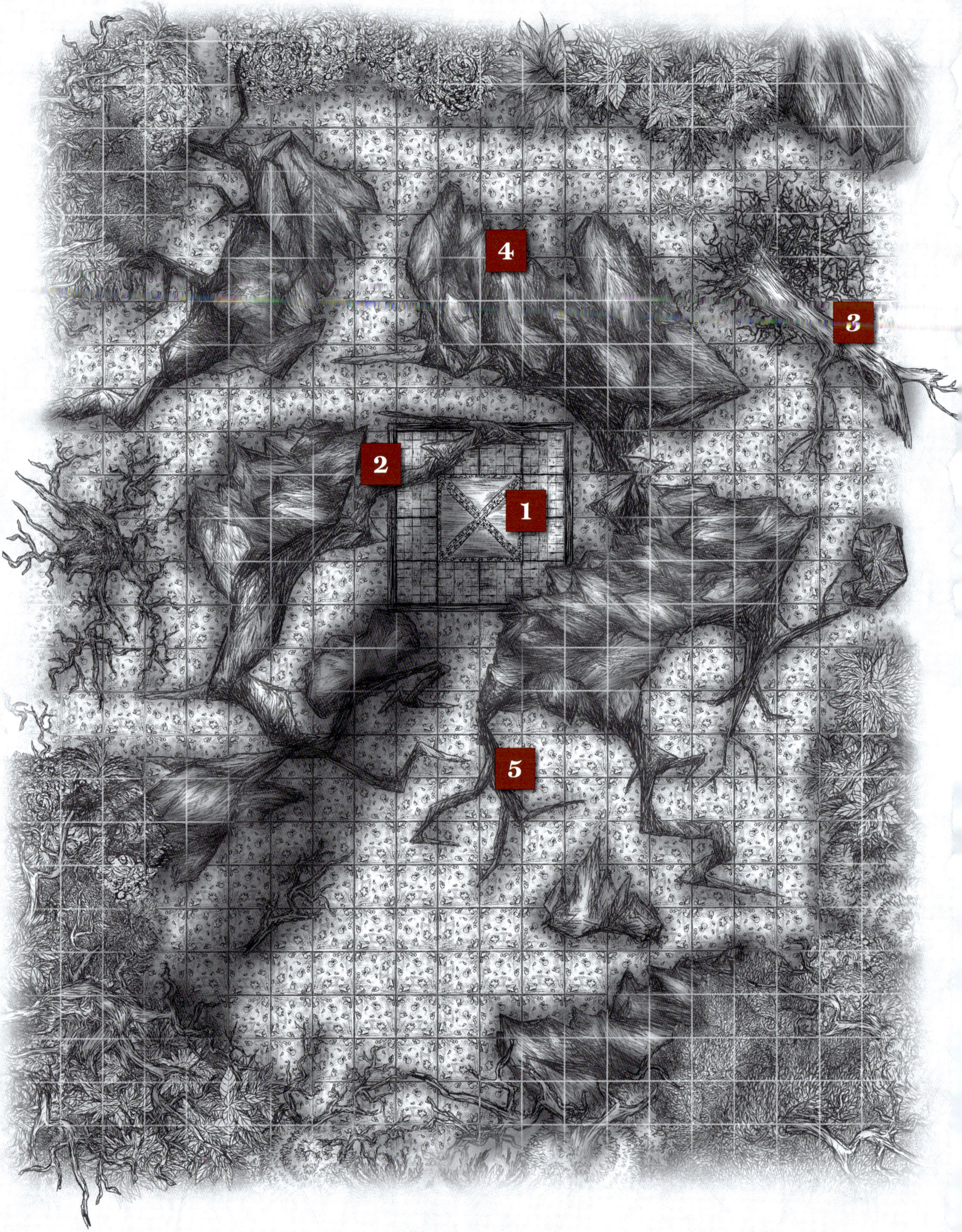
4
3
2
1
5

Spiess und Schorf

Der dunkle Obelisk, der als »der Spieß« bekannt ist, wurde erschaffen, um das unaussprechliche Böse zu bannen, das Lord Fadnis einst verübte. Der Spieß bündelt starke arkane Kräfte, um Fadnis' nekromantische Schrecknisse unterirdisch in Schach zu halten. Orts- und Geschichtskundige bezeichnen die trockene, rissige Erde um den Spieß als »den Schorf«.

Der Spiess

Der 15 m hohe Obelisk (1) scheint aus einem einzigen Stück Onyx gehauen zu sein. Im Rahmen des Wettbewerbs »Spießrauflauf« wird er jährlich von Abenteurern aus dem ganzen Reich beklettert. Nur wenige schaffen es. Um die Spitze des Spießes zu erreichen, muss alle 3 m ein Stärkewurf (Athletik) gegen SG 20 glücken. Bei misslungenem Wurf rutscht man 4,50 m ab.

Der Spieß bündelt starke arkane Energie. Wer einen Intelligenzwurf (Arkane Kunde) gegen SG 20 meistert, kann mittels des Spießes Wirksamkeit, Schaden und Dauer eines Zaubers nach Ermessen des SL verstärken. Die Energie des Spießes ist mit jeder Schule der Magie nutzbar und teilweise göttlichen Ursprungs.

Der Spieß besitzt auch einen gewissen Selbsterhaltungstrieb. Wer ihn angreift, wird betäubt und muss nach einer Minute einen Weisheitswurf gegen SG 20 bestehen. Bei misslungenem Rettungswurf verfällt man einer Art *Einflüsterung* und spürt den starken Drang, zu fliehen.

Ein Spalt am Fuß des Spießes (2) führt in die Kammer darunter und bietet einen Fluchtweg.

Der Schorf

Der trockene Boden um den Spieß ist frei von Bewuchs, summt aber vor mächtiger druidischer Magie, als ob der Spieß unterirdisch wurzelt und wächst. Ein gefällter Baum (3) und mehrere Felsen (u. a. 4) bieten entweder Dreiviertel- oder Volldeckung.

Aufgrund des jüngsten Erdbebens bricht der Schorf an einigen Stellen auf, sodass sich im Boden Risse (u. a. 5) bilden und immer weiter vertiefen.

Wachsende Risse

Jeder der Risse im Schorf ist an seiner breitesten Stelle 1,50 m breit, wird aber im Laufe der Begegnung größer. Zu Beginn jeder Runde verbreitern sich die Risse um 1,50 m. Die Risse sind schwieriges Gelände, aber begehbar, bis sie einen Durchmesser von 6 m erreichen – dann muss man per Stärkewurf (Athletik) gegen SG 14 darüberspringen.

Die Tiefe der Risse ist Ermessenssache, denn in jedem Riss steigt ein Blutklumpen empor. Wer auf einen Blutklumpen fällt, provoziert einen Gelegenheitsangriff beim Herausklettern.

> Als das Seil, mit dem der Zeppelin am Spieß befestigt ist, zerreißt, schreit Lorita: »Ich kehre zurück und hole euch! Da kommt noch mehr Blut! Schnell rein in den Spieß! Ich komme wieder, versprochen! Aber ihr müsst Schutz finden!« Nach diesen Worten zerzaust ein Windstoß den halbvollen Ballon des Zeppelins, und die *Imperius* wird in die Wolken emporgerissen. Ekelhaftes Schmatzen verrät, dass noch mehr Blut ausklumpt und auf euch zu kriecht.

Die Blutklumpen steigen stetig aus dem Boden auf und treiben die Gruppe zu einem Spalt im Fuß des Spießes. Ein Wurf auf Intelligenz (Nachforschungen) oder Weisheit (Wahrnehmung) gegen SG 14 ergibt, dass der Spalt so breit ist, dass alle nacheinander hineinschlüpfen können, und dass kühle Luft herausströmt – er führt also in die Tiefe.

Teil 4: Im Inneren des Spiesses

SL aufgepasst: Das richtige Mass finden

Die nächsten beiden Teile dieses Abenteuers sind voller Rätsel für deine Spielrunde. Falls sie im Rätsellösen besonders geschickt ist und/oder falls du Zeit und Lust hast, ihnen größere Herausforderungen zu bieten, kannst du mithilfe der Tabellen auf S. 254 einige der Fallen, Rätsel und Kammern aus den anderen Kapiteln dieses Buches einbauen, am besten zwischen Teil 4 und 5.

Aufgrund des vorgeschlagenen Schwierigkeitsgrads dieses Abenteuers und der Gefährlichkeit einiger Rätsel und Fallen, solltest du die damit verbundenen Schadenswerte, Monsterbegegnungen und Zaubersprüche mit Bedacht festlegen.

Wenn alle bereit sind, beginnt mit dem Hinabsteigen in die Kluft die nächste Phase des Abenteuers, indem du Folgendes verliest:

> Durch den Spalt in der Wand des Obelisken fällt etwas Tageslicht in einen dreieckigen Raum, der auf einen dunklen, engen Gang zuläuft. Muffiger Verwesungsgeruch zieht sanft aus dem Tunnel an euch vorbei ins Freie. Von hier aus erkennt ihr, dass ein Einsturz den größten Teil des Ganges mit Trümmern versperrt hat. Unmittelbar links von euch führt ein Torbogen in stockfinstere Dunkelheit. Der Bogen trägt eine Inschrift, die – das erkennt jeder Zwerg – zu verschnörkelt ist, um von Hand gemeißelt zu sein: *Wen der Wahrheit Licht erschrecket, den zerschmettert sie.*

Erlaube der Gruppe, sich zu orientieren. Der Einsturz am Ende des Ganges hat ihn unpassierbar gemacht, aber besonders aufmerksame oder neugierige Personen ermitteln vielleicht, dass sich unterhalb dieser Kammer definitiv eine weitere befindet. Falls die Gruppe die Möglichkeit hat, mehrere Tonnen Stein zu bewegen, oder falls sie zwei volle Tage lang Steine schleppen möchte, kannst du zu Teil 5 springen. Andernfalls führt offensichtlich der einzige gangbare Weg durch den Torbogen.

Sobald der erste Spieler die Schwelle ins Dunkle überschreitet, liest du Folgendes vor:

> Als ihr in die Finsternis eintretet, leuchtet eine Flamme auf, entzündet eine Öllampe, springt zur nächsten und tanzt so von Lampe zu Lampe durch den Korridor. Eure Schatten wandern langgestreckt durch den Raum, und an den Wänden entdeckt ihr Gegenstände.

Durch einen Wurf auf Intelligenz (Nachforschungen) gegen SG 15 lässt sich herausfinden, dass es sich bei den Gegenständen an der glatten weißen Marmorwand um verzierte Waffen handelt. Versucht man, eine Waffe von der Wand zu nehmen, stellt man fest, dass dazu ein Stärkewurf (Athletik) gegen SG 25 nötig ist. Die Klingen, Hämmer oder Peitschen sind zwar nur schwer von der Wand zu reißen, aber der Versuch lohnt sich, denn dadurch hat man eine Schattenwaffe in der Hand, die in Größe und Form der Waffe an der Wand ähnelt. Diese Schattenwaffen bleiben eine Minute lang in der Hand. Sie verschwinden, wenn die Laternen gelöscht werden oder man damit die Kammer verlässt. Wenn die Spieler/innen ihren Weg fortsetzen, erwachen die Schatten, die sie hinter sich werfen, zum Leben und werden zu perfekten Abbildern der Gruppe. Sobald alle den Korridor betreten haben, verliest du Folgendes:

> Während ihr euch weiter durch den schwach beleuchteten Gang bewegt, merkt ihr, dass die Schatten, die ihr an die weißen Wände werft, nicht ganz eurer Bewegung folgen.

Wer diesen Umstand untersuchen möchte, stellt nach erfolgreichem Wurf auf Wahrnehmung (Weisheit) oder Intelligenz (Nachforschungen) gegen SG 15 Folgendes fest:

- Aus den Augenwinkeln heraus betrachtet, bewegen sich die Schatten fast zwei Sekunden langsamer als die Person, die sie wirft. Aber nicht, wenn sie direkt beobachtet werden. Bei direkter Beobachtung bewegen sie sich perfekt synchron mit der Gruppe.
- Die Schatten scheinen sich der Gruppe zu nähern, aber nur am Rande des Sichtbereichs. Werden sie angestarrt, scheinen sie »normale« Schatten zu sein.
- Wenn ein SC die oben beschriebene Waffe aus Schatten trägt, hält sein Schatten keine Waffe in der Hand. Falls der SC dies erwähnt oder untersucht, greift der Schatten an.
- Einer der Schatten scheint zu ... lächeln?

Die Schatten greifen an, sobald die Gruppe den lächelnden Schatten bemerkt, oder nach Ermessen des Spielleiters.

SL AUFGEPASST: SCHATTENKRIEGER

Schattenkrieger/innen haben die gleiche Anzahl an Trefferpunkten wie die Charaktere, denen sie gleichen. Ihn stehen auch Schattenversionen von Gegenständen zur Verfügung, die der Charakter sichtbar bei sich trägt. Auch alle sichtbaren Familiare oder tierischen Begleiter werfen einen Schatten, der seinem leibhaftigen Gegenstück feindlich gesinnt ist. Schattenkrieger sind resistent gegen Hieb-, Stich-, Wucht- und Feuerschaden. Wenn sie auf 0 Trefferpunkte reduziert werden, regenerieren sie sich nach 1W3 +1 Kampfrunden. Nur durch einen Treffer mit einer Schattenwaffe werden sie sofort besiegt. Sie verschwinden, wenn der Gang mit Licht geflutet wird (von einer Fackel oder einer anderen Lichtquelle) oder wenn die Öllampen gelöscht werden.

Die Schattenkrieger setzen der Gruppe so lange zu, bis sie besiegt sind, oder bis die SC die 75 m bis in die nächste Kammer des Gewölbes geschafft haben, wozu sie die Tür am Ende des Ganges öffnen müssen.

Diese Tür lässt sich nach Belieben mit einer Falle oder einem Rätsel ausstatten. Beides kann mittels der Tabellen ab S. 254 ausgewählt werden.

Nach Passieren der Tür ist die Gruppe bereit für Teil 5 des Abenteuers, aber davor kannst du noch eine beliebige Anzahl von Dungeon-Kammern aufeinander folgen lassen.

Teil 5: Das Mondbecken

> Als ihr diese Kammer betretet, werdet ihr in beinahe blendendes Mondlicht getaucht, das von oben kommt. Verwunderlich, da es helllichter Tag war, als ihr in den Spieß eintratet. Boden und Wände der kreisrunden Kammer bestehen aus weißem Marmor mit grau und lila schillernden Streifen. Von der Decke hängt ein kunstvoller Leuchter, der sich als Arrangement von verzierten Spiegeln herausstellt, die das Mondlicht reflektieren und im ganzen Raum verbreiten. Einige der Spiegel bündeln einen Strahl aus Mondlicht zu einem großen Kreis an der Wand gegenüber. In der Mitte des Raumes steht ein kreisrundes Becken mit Wasser, das spiegelglatt und glasklar ist. Zwei 1 m lange Hebel ragen daraus hervor. Der erste Hebel hat einen weißen Griff, der zweite einen schwarzen. Als der Letzte von euch den Raum betritt, schwingt die Tür von selbst zu, und mit einem stetigen Surren und Klicken beginnt sich die Wand um euch herum zu drehen.

Ein erfolgreicher Wurf auf Weisheit (Wahrnehmung) oder Intelligenz (Nachforschungen) gegen SG 12 offenbart, dass der Kreis aus Mondlicht an der Wand etwa doppelt so groß ist wie das Wasserbecken.

Durch einen Wurf auf Weisheit (Wahrnehmung) oder Intelligenz (Nachforschungen) gegen SG 15 lässt sich eine Reihe farbiger Edelsteine finden, die im Bogen über dem Türrahmen angebracht sind: von links nach rechts lila, blau, grün, gelb, orange, rot.

Ein erfolgreicher Wurf auf Weisheit (Wahrnehmung) gegen SG 15 verrät, dass diese Kammer eine Art Durchgang ist und dass der Obelisk möglicherweise als Fahrstuhlschacht fungiert, der einen weiter unter die Erde befördert.

Weitere Beschreibungen zu diesem Rätsel auf der nächsten Seite. Seine Funktionsweise wird im folgenden Kasten beschrieben.

SL AUFGEPASST: MECHANIK DES MONDBECKENS

Diese Kammer ist ein Rätsel, das die Gruppe lösen muss, um weiterzukommen. Dazu muss sie herausfinden, wie das Mondbecken zu aktivieren ist.

Es befinden sich zwei Hebel in dem Becken, das mitten in der Kammer steht. Die Mechanik der Hebel ist durch schmale Gehäuse vor dem Wasser geschützt, deren Wände etwa 0,20 m über die Wasseroberfläche ragen. Die Gehäuse sind groß genug, um die Beweglichkeit der Hebel von der vorderen bis zur hinteren Position zu gewähren. Auf einer Seite der Einheit bilden sechs eingebettete Edelsteine eine horizontale Linie gleich unter der Oberkante. Jeder Stein hat eine andere Farbe: rot, orange, gelb, grün, blau, lila. Die Edelsteine sind alle stumpf und trübe, obwohl der Raum hell erleuchtet ist.

Der Hebel mit dem weißen Griff scheint nur zwei mögliche Stellungen zu haben: ganz nach vorne oder ganz nach hinten. Der Hebel mit dem schwarzen Griff ist der neben den Edelsteinen. Ein Intelligenzwurf (Nachforschungen) gegen SG 15 könnte ergeben, dass dieser Hebel in sechs verschiedene Stellungen gebracht werden kann, die jeweils einem Edelstein an der Außenseite des Gehäuses zugeordnet sind. Der Hebel mit dem schwarzen Griff befindet sich derzeit ganz vorne, neben dem lila Stein.

Sobald sich jemand in dieser Kammer bewegt, dreht sich die Wand und bewegt die Tür vom angrenzenden Gang weg. Um die Kammer zu verlassen, muss man die Drehung der Tür und die Auf- und Abwärtsbewegung der Kammer steuern.

Die Tür kann auf einen der Ausgänge ausgerichtet werden, indem der schwarze Hebel auf einen der sechs Edelsteine eingestellt wird. Dadurch wird die Wand gedreht und der Raum innerhalb des Turms wie ein Aufzug nach oben oder unten bewegt, sodass die Tür mit dem gewählten Ausgang zusammentrifft (wie in der Tabelle auf Seite 24 dargestellt).

Sobald Tür und Gang ausgerichtet sind, leuchtet der gewählte Edelstein auf dem Hebelgehäuse und auf dem Bogen über der Tür auf. Durch Ziehen des weißen Hebels muss dann die Wand arretiert werden, damit die Tür sicher geöffnet und der dahinterliegende Flur betreten werden kann.

Es gibt jedoch eine Einschränkung. Der Raum hebt und senkt sich nur dann, wenn das Mondbecken in gebündeltes Mondlicht getaucht ist. Auch der weiße Hebel lässt sich ausschließlich unter diesem Umstand arretieren. Dazu müssen die Spiegel so ausgerichtet werden, dass der Strahl von der Wand aufs Becken gelenkt wird. Bewegen lassen sie sich mit einem Stärkewurf (Athletik) gegen SG 15 oder anderweitig nach Ermessen des SL. Sobald das gebündelte Mondlicht auf die Hebel im Becken trifft, sind Hebel und Aufzug voll funktionsfähig und können jeden Raum in jedem Stockwerk erreichen.

Wird die Tür geöffnet, bevor der Mondstrahl aufs Becken gerichtet ist, führt die Tür ins Leere. Wer in diese Leere eindringt, stürzt durch die Astralebene, erleidet dadurch 4 (1W6 +1) psychischen Schaden und taucht aus dem Mondbecken wieder auf.

1W6	Farbe	Die Tür führt zu …
1	lila	… der Kammer, durch die die Gruppe gekommen ist.
2	blau	… einer leeren Kammer mit 2W4 + 1 Blutklumpen, die den Weg zu einer Truhe mit ungeschliffenen Edelsteinen im Wert von 30 gp, einem Ring der Unsichtbarkeit und einem Zauberstab der magischen Geschosse versperren.
3	grün	… zwei Zombies, über die Leiche eines Ordensbruders vom Ockeren Auge gebückt, der ein Langschwert +1 und einen Trank der mächtigen Heilung bei sich trägt.
4	gelb	… einer eingestürzten, unzugänglichen Kammer, die nach Verwesung riecht – muffig, feucht und faulig.
5	orange	… einer fast ganz eingestürzten Kammer. Allerdings führt ein schmaler Durchgang zu einem großen Loch, das aus 12 m Höhe einen Überblick über Fadnis' Ruhestätte bietet. Besonders aufmerksame Personen erblicken möglicherweise Fadnis auf seinem behelfsmäßigen Thron, umgeben von seinem untoten Gefolge. Sollten sich die SC für einen Angriff von hier aus entscheiden, haben sie zwei Überraschungsrunden, bevor der Boden unter ihnen nachgibt und sie in den Saal fallen, was die Ereignisse von Teil 6 auslöst.
6	rot	… Fadnis' Ruhestätte, wie am Anfang von Teil 6 beschrieben.

Ein Wurf auf Intelligenz (Nachforschungen) gegen SG 15 mag offenbaren, dass die Hebel in der Mitte des Beckens die Kammer auf irgendeine Weise beeinflussen.

Sobald die Gruppe die Mechanik des Mondbeckens herausgefunden hat, kann sie jede beliebige Kammer ansteuern. Falls Zeitdruck herrscht oder ein niedrigstufiges Gruppenmitglied gefährdet ist, kannst du bestimmen, dass jede Tür außer der zu Fadnis' Ruhestätte in einen eingestürzten Raum führt (wie die »gelbe« Kammer).

Belovaars Ruhestätten

Dieser Saal wurde zum Kerker gemacht, als herauskam, dass Lord Fadnis verwerfliche Experimente an den darin Bestatteten durchführte. Sollte er entkommen, wird das Bekanntwerden der Existenz dieser Kammer das geringste Problem für den Orden sein.

Fadnis' Sarkophag

Dieser glatte, schwarze Sarkophag (1) ähnelt dem Spieß, und wer sich im Arkanen auskennt, sieht sofort die Verbindung zwischen beidem. Die Bannkräfte des Spießes sind durch die aufgereihten Kristalle auf den Sarkophag gerichtet. In den Rand des Sarkophagdeckels ist ein Spruch eingemeißelt, der in jeder Sprache gleich lautet: *Mögest du ewig leben, wie du es wünschtest, im Bann deiner verderbten Werke.*

Seelenbannkristalle

Im Saal stehen 10 verzierte eiserne Fassungen für die gleiche Anzahl großer Kristalle zur Bündelung arkaner Energie (2–11). Zwei dieser Kristalle (12, 13) wurden durch das Erdbeben aus der Fassung gerüttelt und liegen nun daneben auf dem Boden. Sobald alle 10 Kristalle in ihrer Fassung sitzen, fließt strahlend rote Energie von der Decke durch die Kristalle direkt zu Fadnis' Sarkophag und lässt den eingemeißelten Spruch leuchten. Alle auferstandenen Untoten werden leblos, sobald alle Kristalle aktiv sind. Einen Kristall zu bewegen oder aus seinem Gehäuse zu entfernen erfordert einen gegen SG 12 erfolgreichen Wurf auf Stärke (Athletik).

Ordensgruft

Der Saal war als letzte Ruhestätte für diejenigen gedacht, die im Dienst des Ordens vom Ockeren Auge arkanes Wissen angehäuft haben. So wurden hier über lange Zeit viele Gelehrte und Zauberkundige begraben. Etliche davon hat Lord Fadnis um des ewigen Lebens willen leider exhumiert.

Bestimme zu Beginn jeder Runde per 1W6 und anhand der Tabelle »Auferstandene«, welche Kreatur sich aus ihrer Gruft erhebt. Platziere sie nach Belieben.

Auferstandene

W6	Die auferstandene Kreatur ist …
1	… ein Blutklumpen.
2	... ein Zombie vom Ockeren Auge.
3	... ein Skelett vom Ockeren Auge.
4	... ein Fleischgolem vom Ockeren Auge.
5	... ein Schatten vom Ockeren Auge.
6	... 2 Kreaturen, durch erneutes Würfeln bestimmt.

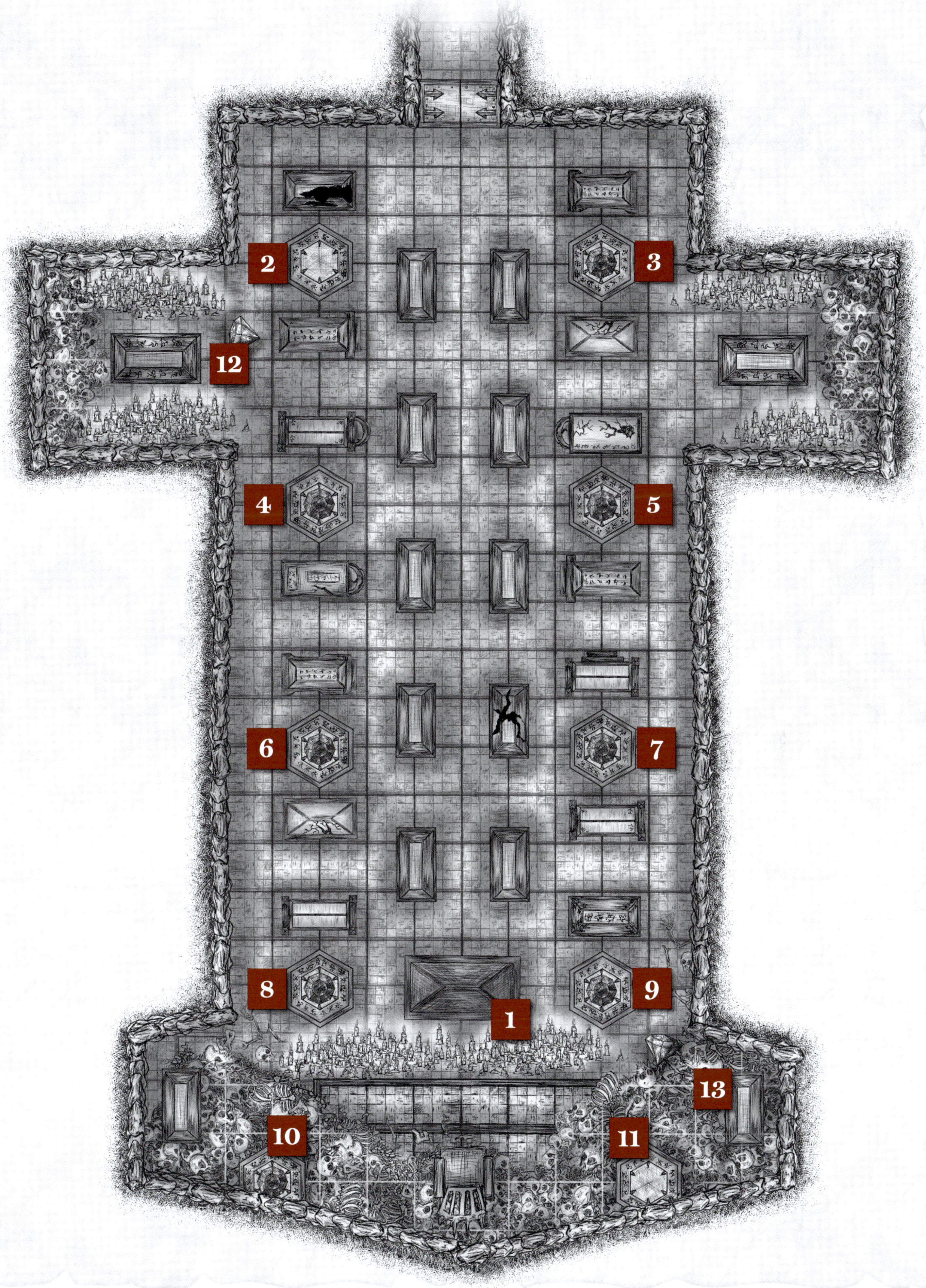
2
3
12
4
5
6
7
8
9
1
13
10
11

Teil 6: Die Ruhestätte

> Die Tür eröffnet den Blick auf ein langes, hohes Gewölbe mit Wandgemälden. An den Längsseiten reihen sich 10 große rote Bündelkristalle, von denen zwei aus der Fassung gerissen sind und auf dem Boden liegen. Am Ende des mit allerlei Särgen bestückten Saales steht hinter einem großen Sarkophag ein aus Knochen errichteter Thron. Darauf sitzt ein Mann, ganz Haut und Knochen, und trinkt aus einem Kelch. Er blickt euch durch silbrige Strähnen mit unheimlich schimmernden grünen Augen an. Mit seidiger Stimme sagt er: »Ah, meine Retter. Danke, dass ihr mich aus diesem Elend befreit. Ich habe ewig nach einem Ausweg aus dieser verfluchten Falle gesucht …« Sein Fuß tritt schlapp gegen einen Sarg. »Erdbeben sind schon was Schönes. Wenn es nicht zufällig gewittert hätte, und ich den Blitz nicht abgelenkt hätte, wer weiß, wie lange ich in dieser Hölle noch schmoren müsste?« Er mustert träge die Gruppe, während Wein auf seine modrige Seidenbluse trieft. »Ihr seid doch hier, um mich zu retten? Ihr habt mir doch eure Dienste zugesagt, im Gegenzug für die Geheimnisse des ewigen Lebens? Oder muss ich euch … alle töten?«

Das ist Lord Fadnis Belovaar. Wenn die Gruppe sich mit ihm unterhalten möchte, wird sie ihn als unglaublich nett und charmant empfinden, wenn auch leicht unheimlich. Er sagt ganz offen, was er will, nämlich die totale Herrschaft über das gesamte Reich, nichts weniger. Für ihren Beitrag dazu werde er die Gruppe dereinst fürstlich belohnen, verspricht er, was per Weisheitswurf (Motiv erkennen) gegen SG 12 als Lüge entlarvt werden kann. »Kommt, ich gebe euch die Hand darauf«, sagt er.

Belovaar weiß, dass er aufgrund des Zaubers, der ihn hier gebannt hält, einen sterblichen Körper besitzen muss, um zu entkommen. Wie praktisch, dass er jetzt einige zur Auswahl hat.

Sollte jedoch niemand seinen Körper freiwillig in Fadnis' Dienst stellen wollen, versucht er, die Gruppe durch seine untoten Kreaturen überwältigen zu lassen. Für den Kampf kannst du die Karte auf S. 25 verwenden. Die Ziele der Gruppe und ihrer Widersacher sind wie folgt:

- Fadnis' Ätherleib wird seinen jetzigen Körper verlassen und versuchen, den Körper eines Mitglieds der Gruppe zu übernehmen.
- Die Gruppe kann Fadnis wieder in seinen Sarkophag bannen, indem sie die Seelenbannkristalle an den richtigen Platz bringt, Fadnis' alten Körper wieder in den Sarkophag legt und dann den eingravierten Bannspruch verliest.
- Fadnis weiß, dass die Seelenbannkristalle der Schlüssel seiner Gefangenschaft sind, und wird seinem Gefolge befehlen, ihre Aufstellung mit allen Mitteln zu behindern. Die Gruppe aufzuhalten oder zu überwältigen ist zweitrangig.

Wenn es der Gruppe gelingt, Fadnis zu besiegen, indem sie ihn in seinen Sarkophag bannt, hat er keine Macht mehr über diese Stätte. Die Untoten und Blutklumpen lösen sich auf, und der Spieß wird wieder ein sicherer Ort. Kurz darauf trifft eine Nachricht von Lorita ein, die sie per *Verständigung* schickt, wie zu Beginn von Teil 7 beschrieben.

Teil 7: Nachwehen

> »Ich konnte die *Imperius* flicken, wir sind wieder startklar. Habt ihr herausgefunden, was das Beben verursacht hat? Ist Lord Fadnis ausgebrochen?«

Wenn die Gruppe Lorita von ihrem Abenteuer berichtet, erklärt sie, dass sie an der Spitze des Spießes wartet und die vereinbarte Belohnung bereithält.

Erwähnt die Gruppe Einzelheiten, die sie ausgekundschaftet hat, etwa über Fadnis' Experimente oder darüber, dass einige von seinen Kreaturen noch Erinnerungen an ihr früheres Leben haben, mahnt Lorita an, dass man bitte alle Ordensgeheimnisse für sich behalten müsse. Im Gegenzug würde sie den vereinbarten Preis verdoppeln oder einen ausgeliehenen magischen Gegenstand verschenken, je nach Ermessen des SL.

Sollte Fadnis entkommen sein, reagiert Lorita folgendermaßen auf die schlechte Nachricht:

> Lorita kneift die Augen zusammen und reibt sich die Stirn. »Das sind furchtbare Nachrichten. Ich hätte niemals eine Gruppe unerprobter Abenteurer mit einer Aufgabe für Ordensleute betrauen dürfen. Ich fürchte, es droht noch Schlimmeres, denn wenn ihr die Wahrheit sprecht, hat Fadnis euch besiegt, als er am schwächsten war. Wenn er sich erst erholt, werden wir ihn nur mit aller Kraft aus diesem Gebiet verbannen können. Offenbar ist viel zu tun. Ich hoffe, ihr versteht, dass wir euch noch nicht in unseren Kreis aufnehmen.«

Lorita sammelt nun die ausgeliehenen Waffen wieder ein. Für den Fall, dass sie auf Gegenwehr stößt, trägt sie eine Schriftrolle bei sich, um den Zauber *Schlaf* (8. Grad) zu wirken. Mit den ihr zu Gebote stehenden Zaubern kann sie dann die Gruppe überwältigen oder aufhalten, bevor sie per *Verständigung* andere Ordensleute herbeiruft. Weitere Ordensmitglieder, allesamt erfahrene Magier, teleportieren sich dann möglicherweise als Verstärkung zum Spieß.

NSCs

Die folgenden Charakterbögen dürften sich beim Durchspielen des Abenteuers als nützlich erweisen.

Lorita Sancham

Lorita ist eine mächtige und mutige Magierin, die einen Großteil ihres Lebens im Scholarium von Velnoya verbracht hat. Sie ist auch Vorsteherin der hiesigen Niederlassung des Ordens vom Ockeren Auge. Ihr Hauptanliegen ist es, die Sicherheit der Bevölkerung von Velnoya zu gewährleisten, ohne die Geheimnisse des Spießes zu offenbaren.

Rüstungsklasse 13 (16 mit Magierrüstung)
Trefferpunkte 49 (9W8 + 9)
Geschwindigkeit 6 m

STÄ	GES	KON	INT	WEI	CHA
9 (-1)	16 (+3)	12 (+1)	18 (+4)	13 (+1)	14 (+2)

Rettungswürfe Int +7, Wei +4
Fertigkeiten Arkane Kunde +7, Geschichte +7, Überzeugen +5 **Sinne** passive Wahrnehmung 11

Bücherwurm. Lorita hat einen Vorteil bei allen Intelligenzwürfen (Arkane Kunde, Geschichte). Kleinstadtcharme. Einmal pro langer Rast kann Lorita mit ihrem Kleinstadtcharme eine Person bezaubern (6. Grad). Anders als bei einem herkömmlichen Zauber merken die Betroffenen nicht, dass sie mit arkanen Mitteln bezaubert worden sind.

Zauberwirken. Lorita ist Zauberwirkerin 9. Grades. Ihr Attribut zum Zauberwirken ist Intelligenz (Zauberrettungswurf SG 15, +7, um mit Zauberangriffen zu treffen). Sie hält folgende Zaubersprüche bereit:

Zaubertricks (jederzeit): *Feuerpfeil, Licht, Magierhand, Taschenspielerei*
1. Grad (4 Plätze): *Magie entdecken, Federfall, Magierrüstung, Schild*
2. Grad (3 Plätze): *Nebelschritt, Einflüsterung*
3. Grad (3 Plätze): *Gegenzauber, Feuerball, Verständigung*
4. Grad (3 Plätze): *Mächtige Unsichtbarkeit, Unverwüstliche Sphäre*
5. Grad (1 Platz): *Energiewand*

Aktionen
Brieföffner. *Nah- oder Fernkampfangriff:* +5, um zu treffen, Reichweite 1,50 m, Wurfweite 7/20 m, 1 Ziel. Treffer: 5 (1W4 + 3) Stichschaden.

Lord Fadnis Belovaar

Fadnis ist ein Nekromant, der unter der Ortschaft Velnoya begraben liegt. Eine körperliche Gestalt zu erlangen, um der Erde entsteigen zu können, ist sein einziges Ziel. Außer Rache natürlich.

Rüstungsklasse 11
Trefferpunkte 45
Bewegungsrate 0 m, schwebend 13 m

STÄ	GES	KON	INT	WEI	CHA
7 (-2)	13 (+1)	10 (0)	20 (+5)	16 (+3)	16 (+3)

Rettungswürfe Kon +3, Int +8, Wei +6
Schadensimmunität Kälte, Nekrose, Gift
Zustandsimmunität bezaubert, Erschöpfung, verängstigt, gepackt, gelähmt, versteinert, vergiftet, liegend, festgesetzt

Nekromantischer Mut. Alle Untoten im Umkreis von 3 m greifen mit Vorteil an.

Besessenheit. Alle Humanoiden, die Fadnis aus 1,50 m oder näher anblickt, müssen einen Charismarettungswurf gegen SG 13 bestehen, sonst werden sie besessen. Dann verschwindet Fadnis, während sein Opfer handlungsunfähig wird und die Kontrolle über seinen Körper verliert. Fadnis lenkt nun den Körper, nimmt dem Opfer aber nicht das Bewusstsein. Fadnis kann nicht von Angriffen, Zaubern oder anderen Wirkungen getroffen werden, außer von solchen, die auf Untote wirken. Ansonsten besitzt er die Werte des Besessenen, kann aber nicht dessen Wissen, Klassenmerkmale oder Fertigkeiten nutzen. Die Besessenheit endet, wenn das Opfer Schaden erleidet, auf 0 Trefferpunkte fällt, oder wenn Belovaar durch Einwirkungen wie den Zauber Gutes und Böses bannen vertrieben wird. Wenn die Besessenheit endet, taucht Fadnis an einer freien Stelle im Umkreis von 1,50 m wieder auf.

Aktionen
Welke Hand. *Nahkampfangriff:* +1, um zu treffen, Reichweite 1,50 m, 1 Ziel. Treffer: 1 (1W6–2) Nekroseschaden.

Zombie vom Ockeren Auge

Diese vor langer Zeit verstorbenen Weisen erinnern sich noch ihrer Vergangenheit und können gegen ihren Herrn aufgehetzt werden.

Rüstungsklasse 8
Trefferpunkte 5 (1W6 + 2)
Bewegungsrate 7 m

STÄ	GES	KON	INT	WEI	CHA
12 (+1)	6 (-2)	14 (+2)	8 (-1)	6 (-2)	5 (-3)

Schadensimmunität Gift
Zustandsimmunität vergiftet
Sinne Dunkelsicht 18 m, passive Wahrnehmung 8

Untotenzähigkeit. Bringt ein Schaden den Zombie auf 0 Trefferpunkte, muss er einen Konstitutionsrettungswurf gegen SG 5 + den erlittenen Schaden ausführen, außer bei Strahlungsschaden oder einem kritischen Treffer. Bei Erfolg sinkt der Zombie stattdessen auf 1 Trefferpunkt.
Phantomgliedmaßen. Der Zombie kann nach Belieben Magierhand wirken.
Unheilige Erinnerung. Der Zombie hat eine Ahnung davon, wer er früher gewesen ist. Ein erfolgreicher Wurf auf Charisma (Überzeugen) gegen SG 15 kann den Zombie dazu bringen, sich den Wünschen seines Herrn zu widersetzen.

Aktionen
Schwinger. *Nahkampfangriff:* +3, um zu treffen, Reichweite 1,50 m, 1 Ziel. Treffer: 4 (1W6 + 1) Wuchtschaden.

Schatten vom Ockeren Auge

Diese Seelen sind so verloren, dass sie kaum noch wissen, wer sie einst waren. Sie scheuen den Kampf, aber wehren sich.

Rüstungsklasse 12
Trefferpunkte 16 (3W8 + 3)
Bewegungsrate 39 m

STÄ	GES	KON	INT	WEI	CHA
6 (-2)	14 (+2)	13 (+1)	6 (-2)	10 (0)	8 (-1)

Verwundbarkeit Strahlung
Schadensresistenz Wucht, Stich, Hieb bei nichtmagischem Angriff
Schadensimmunität Nekrose, Gift
Zustandsimmunität Erschöpfung, verängstigt, gepackt, gelähmt, versteinert, vergiftet, liegend, festgesetzt
Sinne Dunkelsicht 18 m, passive Wahrnehmung 10

Amorph. Der Schatten kann sich unbeschadet durch bis zu 2,50 cm schmale Lücken quetschen.
Konfliktscheu. Ein Schatten hat einen Nachteil bei allen Angriffen, es sei denn, er hat in der Runde Schaden erlitten. Erleidet der Schatten Schaden, greift er mit Vorteil an.

Aktionen
Kraftentzug. *Nahkampfangriff:* +4 auf Treffer, Reichweite 1,50 m, 1 Kreatur. Treffer: 4 (1W4 + 2) Nekroseschaden. Der Stärkewert des Opfers wird um 1W4 verringert. Das Opfer stirbt, falls seine Stärke dadurch auf 0 sinkt. Andernfalls hält die Minderung an, bis das Opfer kurz oder lang gerastet hat. Stirbt ein nicht böser Humanoider durch den Angriff, erhebt sich 1W4 Stunden später ein neuer Schatten aus der Leiche.

Blutklumpen

Ein Gemisch aus Körperflüssigkeiten, durch das Wirken von Lord Fadnis verdorben und belebt. Die Klumpen wollen nur eins: Blut sehen.

Rüstungsklasse 8
Trefferpunkte 16 (3W4 + 9)
Bewegungsrate 3 m, kletternd 3 m

STÄ	GES	KON	INT	WEI	CHA
12 (+1)	6 (-2)	16 (+3)	1 (-5)	6 (-2)	2 (-4)

Fertigkeiten Heimlichkeit +2
Schadensresistenz Säure, Kälte, Feuer
Zustandsimmunität blind, bezaubert, taub, Erschöpfung, verängstigt, liegend
Sinne Blindsicht 18 m (darüber hinaus blind), passive Wahrnehmung 8

Amorph. Der Klumpen kann sich unbeschadet durch bis zu 2,50 cm schmale Lücken quetschen.
Trügerisches Bild. Ein regungsloser Blutklumpen ist nicht von einer Öllache oder einem nassen Felsen zu unterscheiden.

Aktionen
Pseudopode. *Nahkampfangriff:* +3, um zu treffen, Reichweite 1,50 m, 1 Ziel. Treffer: (1W6 + 1) Wuchtschaden
Bluttransfusion (Nachladen 5–6). Eine vom Blutklumpen gepackte Kreatur muss einen Konstitutionsrettungswurf gegen SG 13 schaffen, sonst erleidet sie 9 (2W8) Stichschaden, und der Blutklumpen erhält die Hälfte seiner Trefferpunkte zurück.

Fleischgolem vom Ockeren Auge

Ein aus Gliedmaßen und Organen zusammengestückelter Fleischberg, der alles zerstört, was ihm in die Quere kommt.

Rüstungsklasse 9
Trefferpunkte 40 (5W12 + 8)
Bewegungsrate 4,50 m

STÄ	GES	KON	INT	WEI	CHA
16 (+3)	9 (-1)	14 (+2)	6 (-2)	10 (0)	5 (-3)

Zustandsimmunität bezaubert, Erschöpfung, verängstigt, gelähmt, versteinert, vergiftet
Fertigkeiten Athletik +5
Sinne Dunkelsicht 18 m, passive Wahrnehmung 10

Berserkertum. Wenn der Golem seinen Zug mit 20 oder weniger Trefferpunkten beginnt, wirfst du 1W4. Bei 4 wird der Golem zum Berserker und nutzt seine Aktion, um die nächste Kreatur anzugreifen, die er sieht. Ist niemand in der Nähe, den er angreifen kann, greift er ein Objekt an, am besten etwas, das kleiner ist als er selbst. Der Golem ist so lange Berserker, bis er zerstört wird oder alle seine Trefferpunkte wiedererlangt.
Abneigung gegen Feuer. Wenn der Golem Feuerschaden erleidet, hat er bis zum Ende seiner nächsten Runde einen Nachteil bei Angriffs- und Attributswürfen.
Pfad der Zerstörung. Der Fleischgolem zertrampelt alles derart, dass jedes Gebiet, das er betreten hat, für mittlere oder kleinere Kreaturen zu schwierigem Terrain wird.

Aktionen
Hauen und grabschen. *Nahkampfangriff:* +5, um zu treffen, Reichweite 1,50 m, 1 Ziel. Treffer: 7 (1W8 + 4) Wuchtschaden. Wer getroffen wird und keinen Stärkerettungswurf gegen SG 14 besteht, wird gepackt. Der Fleischgolem kann immer nur zwei Kreaturen gleichzeitig packen.

Skelett des Ockeren Auges

Einstmals aufrechte Ordensleute, die heute nur noch mit den Knochen klappern und kaum allein stehen können.

Rüstungsklasse 13
Trefferpunkte 13 (2W8 + 4)
Bewegungsrate 9 m

STÄ	GES	KON	INT	WEI	CHA
10 (+0)	14 (+2)	15 (+2)	6 (-2)	8 (-1)	5 (-3)

Verwundbarkeit Wucht
Schadensimmunität Gift
Zustandsimmunität Erschöpfung, vergiftet
Sinne Dunkelsicht 18 m, passive Wahrnehmung 9

Amorph. Der Schatten kann sich unbeschadet durch bis zu 2,50 cm schmale Lücken quetschen.
Konfliktscheu. Ein Schatten hat einen Nachteil bei allen Angriffen, es sei denn, er hat in der Runde Schaden erlitten. Erleidet der Schatten Schaden, greift er mit Vorteil an.

Aktionen
Knochen. *Nahkampfangriff:* +3, um zu treffen, Reichweite 1,50 m, 1 Ziel. Treffer: 4 (1W6 + 1) Wuchtschaden.
Steine. *Fernkampfangriff:* +3, um zu treffen, Reichweite 23/100 m, 1 Ziel. Treffer: 4 (1W6 + 1) Wuchtschaden

Reaktion
Zerteilung. Hat ein Skelett noch mindestens zwei Trefferpunkte, zerfällt es bei Hieb- oder Stichschaden zu einem Knochenhaufen. Zu Beginn seines nächsten Zuges erhebt es sich in zwei getrennten Teilen. Jedes Halbskelett hat die Hälfte der Trefferpunkte des ganzen Skeletts (abgerundet), und kann sich nicht erneut zerteilen. Ein SC kann eine Bonusaktion einsetzen, um den Knochenhaufen zu zerstreuen oder zu trennen, damit dieser Effekt nicht eintritt.

Ein grosser Wurf

Zu Ehren einer jungen Sphinx, die zur göttlichen Wächterin ernannt werden möchte, soll die Gruppe in einem Wettstreit gegen einige der mächtigsten Helden des Reiches antreten.

Ein Abenteuer für die Stufen 6–10

Die Gruppe wird auf die Ebene der Helden gerufen, um einer Teilnehmerin beim *Gnæfaraun* zu helfen. Bei diesem »Aufstiegsrennen« treten einmal im Jahrhundert die vielversprechendsten jungen Sphinxe des Reiches gegeneinander an, und die Siegerin wird zur göttlichen Wächterin ernannt. Das Rennen selbst ist eine zermürbende, qualvolle Tour durch die Kammern des *Brennsluofn* oder »Brennofens«, ein mit Rätseln und Fallen gespickter Spießrutenlauf, der die Göttergünstlinge prüfen und zähmen soll. All dies ist mit einer einzigartigen Einschränkung verbunden, die allein der Ebene der Helden eigen ist: Zwar erfährt man auf dieser Ebene Schmerz und Leid, aber sterben kann man nicht. Die Gruppe muss sich mit List, Tücke und roher Gewalt gegen die anderen Wettkämpfer durchsetzen und am Ende einen gefährlichen Kampf für ihr Sphinxjunges bestehen.

Ort des Abenteuers

Dieses Abenteuer findet auf der Ebene der Helden statt, wo die Seelen der tapfersten Krieger des Reiches Frieden finden. Direkt vor den Hallen Walhallas wird die Gruppe im Rahmen eines Festes willkommen geheißen, das die Ankunft eines Wurfes von Sphinxen feiert. Wenn das Gnæfaraun beginnt, fährt die Gruppe auf einem der bereitstehenden Luftschiffe flugs zum Eingang des Brennsluofn, um ihre Rivalen hoffentlich schon auf dieser ersten Etappe abzuhängen. Im Brennsluofn muss die Gruppe sodann ihren Weg durch eine Reihe von Kammern mit tödlichen Fallen oder Rätseln finden. Am Ausgang des Brennsluofn kämpfen die Gruppe und die anderen Teilnehmer anschließend in der Truhe Ginnunga – einer Halbebene des ursprünglichen Chaos und der aufgewühlten Möglichkeiten, in der sich nur die erfahrensten Krieger durchsetzen werden.

SL aufgepasst: Die Ebene der Helden und die Truhe Ginnunga

In diesem Abenteuer gibt es zwei verschiedene Ebenen mit ganz besonderen Eigenschaften. Die erste, die ***Ebene der Helden***, ist die Heimstatt mächtiger Krieger, die tapfer gestorben sind und deshalb bis in alle Ewigkeit in glorreichen Schlachten Blut vergießen dürfen. Jede Kreatur, die auf der Ebene der Helden stirbt, erwacht am nächsten Tag unversehrt und unverwundet. Man ist hier gewissermaßen unsterblich. Dies wird die Gruppe am eigenen Leib erfahren, denn die Rätsel und Fallen im Brennsluofn sind unglaublich gefährlich. Vielleicht müssen die Abenteurer zigmal dem Tod ins Auge blicken, um mit jedem letzten Atemzug ein bisschen mehr darüber zu lernen, wie man die Prüfungen des Gnæfaraun besteht. Zwar ist der Tod auf dieser Ebene nicht von Dauer, aber er hat Konsequenzen für das Rennen. Am Ausgang des Brennsluofn warten stärkere Waffen und Rüstungen, und wer zuerst kommt, wählt zuerst. Und da jedes Ableben erst im Morgengrauen rückgängig gemacht wird, können andere schneller fertig werden und sich tagelang auf den Endkampf vorbereiten, ehe die Gruppe endlich eintrifft. Die letzte Phase des Gnæfaraun findet in der ***Truhe Ginnunga*** statt, einer Halbebene, die Teile des unfassbaren vorweltlichen Chaos enthält, aus dem alles Leben von den Göttern gestaltet wurde. Wer diese tosende Masse aus Möglichkeiten nutzen will, muss die Geistes- und Körperkraft haben, um das, was sein könnte, in fassbare Formen zu zwingen – was in Teil 5 dieses Abenteuers näher beschrieben wird.

Vorbereitungen

Dieses Abenteuer beginnt mit der Feier der Ankunft eines neuen Wurfes von Sphinxen, das den Beginn des Gnæfaraun ankündigt – des »Aufstiegsrennens«. Wieso die Gruppe diesem exklusiven Ereignis mitten auf der Heldenebene beiwohnt? Sie wurde natürlich eingeladen! Das Gnæfaraun ist den ruhmreichsten Kriegern des Jenseits vorbehalten, aber die Trickster unter den Göttern, die immer am Rand der Heldenebene lungern, mischen das Rennen gerne ein bisschen auf. Darum laden sie eine Gruppe von Abenteurern aus dem Reich der Sterblichen ein, die zwar gewiss scheitern werden, aber deren jämmerliches, wiederholtes Sterben immerhin unterhaltsam ist. Die Einladung ist bindend (und eigentlich eher eine Vorladung).

Soll dieses Abenteuer in eine Kampagne eingebunden sein, kann es passieren, dass die Gruppe auf dem Weg zur Stadt, mitten im Wald oder auch beim Verlassen des Gasthauses plötzlich auf die sonnenbeschienene Ebene der Helden gerät und von einer Schar jubelnder, schaulustiger Seelen begrüßt wird, als hätten sie die Tür zu einer Überraschungsparty geöffnet – nur dass die »Überraschung« darin besteht, dass sie in einem Wettkampf antreten, bei dem man sich an ihrem Ableben ergötzt. Bald erfahren sie, dass sie durch einen besonders mächtigen *Tor*-Zauber geschritten sind.

Das Gnæfaraun könnte die Art von Abenteuer sein, die einzelne Fremde für immer aneinander bindet. Wenn du dieses Abenteuer als Einzelabenteuer spielst, kannst du jedes Gruppenmitglied erklären lassen, womit es wohl die Aufmerksamkeit der Götter erregt hat, sodass es von der Erde auf die Ebene der Helden geholt wurde (z. B. Einhandsieg über eine Hydra, die Entbindung eines Gnoll-Welpens bei gleichzeitiger Abwehr des blutrünstigen Vatertiers, Rettung eines Dörfchens mit einem Löffel als Waffe …). Abenteuer, die mit der Hintergrundgeschichte der Spieler zu tun haben, sind erwünscht, aber nicht zwingend erforderlich, da Heldentum sowohl objektiv als auch subjektiv sein kann – gerade aus Sicht der Götter. Falls du dich für diesen Ansatz entscheidest, dann wähle ein Gruppenmitglied aus, das den Einleitungstext zu Teil 1 aus seiner Sicht vorliest. Der Rest der Gruppe hat kurz zuvor das Gleiche erlebt und wird bereits auf dem Söller von der Menge begrüßt.

In diesem Abenteuer gibt es eine Handvoll NSCs: Olivier D'Artagnon, das Sphinxchen Iris und Sasha Haggutter sowie ein Wurf Sphinxen und mehrere Wettkampfteams (ab S. 44). Weitere NSCs können nach Belieben hinzugefügt werden.

Die eigentliche Handlung beginnt damit, dass die Spieler durch das arkane Tor auf den Söller mit Blick auf die fünf Luftschiffe treten. Der Vorlesetext ist der Klarheit halber so geschrieben, als träten die Spieler aus einer Taverne heraus auf die Ebene der Helden, aber die ersten Sätze lassen sich natürlich anpassen.

Teil 1: Ein würdiger Empfang

> Als ihr durch die Tür des Gasthauses hinaus ins Freie tretet, scheint die Sonne, die Luft ist klar, und alles ist in goldenes Licht getaucht. Direkt vor euch steht eine Schar aus strahlenden Helden in den verschiedensten Gewändern: tapfere Ritter in schartiger Rüstung, in Feuer und Eis gewandete Zauberinnen, vernarbte Barbaren neben breitschultrigen Magiern, denen ein Faustschlag ebenso zuzutrauen ist wie ein *Feuerball* – alle ihre Augen sind erwartungsvoll auf euch gerichtet. Da durchbricht eine dröhnende Stimme die Stille: »Willkommen, werte Gäste, auf der Ebene der Helden! Möge das Gnæfaraun beginnen!« Ein athletischer Herr in feiner Lederrüstung und hellblauem Umhang verbeugt sich vor euch. An der Seite trägt er ein elegantes Rapier, und im Arm hält er ein violettes Kätzchen, an dem nicht nur die Färbung merkwürdig ist. Es knabbert an seinen Fingern, breitet die Flügel aus und klettert ihm auf die Schulter. Der Mann reckt das Rapier gen Himmel und verneigt sich theatralisch, während die Menge frenetischen Applaus spendet – der scheinbar euch gilt.

Das ist Olivier D'Artagnon. Auf seiner Schulter hockt Iris, und wer im Arkanen bewandert oder mit dem Göttlichen vertraut ist, erkennt die Kreatur als Sphinxjunges.

Jede Frage der Gruppe (»Wo sind wir? Wie sind wir hierhergekommen? Was genau ist das Gnæfaraun? Wie kommt man an einen Sphinxwelpen?«) erwidert Olivier mit höfischer Verbeugung (»Nennt mich bitte Ollie!«) und teilt, je nach Ermessen des SL, Folgendes an Informationen mit:

- Er heißt Olivier D'Artagnon und hat die Aufgabe, die Gruppe im Namen der (anderen) Götter zu begrüßen.
- Die Gruppe befindet sich jetzt in der Ebene der Helden, der Stätte von Walhalla, wo die stärksten Krieger unter den Sterblichen ewige Ruhe finden.
- Die SC sind aber nicht tot, keine Panik! Sie sind als Ehrengäste hier.
- Iris ist eines von fünf Sphinxjungen (»Heute Morgen geboren!«), die am Gnæfaraun teilnehmen. Sie hat die Gruppe als ihr Team ausgewählt, denn sie … durfte als Letzte wählen.
- Das Gnæfaraun ist ein gefährlicher Wettstreit, bei dem der Tod gewiss ist und nur die Fähigsten und Härtesten bestehen. »Deshalb freuen sich alle so, dass ihr mitmacht!«
- Dass am Gnæfaraun, das jedes Jahrhundert stattfindet, auch einige Sterblichen teilnehmen müssen, ist eine Regel, die offenbar irgendein Gott der List eingeführt hat.

- Sollte sich die Gruppe weigern, am Gnæfaraun teilzunehmen, wird Iris leider aufhören zu existieren, und die Gruppe wird für immer auf der Heldenebene festsitzen. Was im Laufe des Gnæfaraun ohnehin passieren könnte, aber genug davon. Auf zum Festmahl!

Befragt die Gruppe das Sphinxjunge Iris, stellt es sich als unglaublich scheu, aber sehr aufmerksam heraus. Iris kann sich ausgiebig über Ereignisse aus der Vergangenheit der Gruppenmitglieder unterhalten und gibt nach Ermessen des SL Folgendes preis:

- Iris hofft, das Gnæfaraun zu gewinnen, das nach dem Wurf mehrerer Sphinxe abgehalten wird, denn dann erhielte sie das Privileg, die wichtigsten Schätze einer Gottheit bewachen zu dürfen.
- Die Gruppe wird beim Gnæfaraun gegen Iris' Brüder Indigo und Graufell sowie ihre Schwestern Goldie und Rubina antreten.
- Obwohl sie als Letzte ein Team wählen durfte, freut sie sich, im Rennen von einer Gruppe Sterblicher vertreten zu werden. Da Sterbliche den Tod fürchten, hilft ihnen ihr Selbsterhaltungstrieb bei Rätseln und Fallen.
- Die Gruppe braucht den Tod nicht zu fürchten! Da auf der Ebene der Helden ewiges Leben herrscht, erwacht man, so man im Gnæfaraun stirbt (was wahrscheinlich ist), frühmorgens vor dem Tor des Brennsluofn und kann neu beginnen.

Nachdem all diesen Nettigkeiten führt Olivier die Gruppe durch die Menge der Schaulustigen zu einem Bankett, das vor den heiligen Hallen von Walhalla angerichtet ist und von dem aus man fünf vor Anker liegende Luftschiffe überblickt.

> Olivier schnippt mit den Fingern und dreht der Gruppe den Rücken zu: »Folgt mir, ihr Günstlinge von Iris! Das Festmahl der Helden wartet!« Als er losschreitet, bilden die versammelten Abenteurer eine Gasse und geben den Blick frei auf ein Bankett, das selbst den größten Riesenhunger stillen kann und jede Speise bietet, die man sich vorstellen kann. Einer der Tische scheint sogar alle eure Lieblingsspeisen zu tragen. Hinter den Tafeln bietet ein Söller Ausblick auf eine atemberaubende Landschaft. Hoch aufragende Berge umrahmen ein weites Tal, während über und unter euch gigantische Erdbrocken schweben. Am Rande des Söllers sind fünf sanft schaukelnde Luftschiffe vertäut.

SL AUFGEPASST: AUFENTHALT IN DER EBENE DER HELDEN

Hauptteil dieses Abenteuers ist der Wettstreit, aber vielleicht möchte deine Gruppe ja die Gegend und die hier versammelten Heroen kennenlernen. Das ist natürlich erlaubt, nimmt aber Zeit in Anspruch. Soll dieses Abenteuer auf einen Rutsch durchgespielt werden, springst du am besten zu Teil 2.

Erkundet die Gruppe den Söller und die Umgebung, entdeckt sie Folgendes:

- Vier Abenteurerteams, ihre Rivalen im Gnæfaraun: die *Amboss-Bosse*, ein Zwergenclan, gerüstet mit Stachelschilden; die *Höllischen Harpyen*, ein Team aus fünf kettenschwingenden geflügelten Tieflingen; ein Trupp Halblinge mit Plattenpanzern und doppelt mannshohen Schwertern, die sich die *Kleinen Tyrannen* nennen; und eine Gruppe drachengeborener Magier, die mit Feuerbällen jonglieren und als die *Unvergesslichen* antreten. Jede Gruppe hält sich in der Nähe eines Luftschiffs auf.
- Vier winzige Sphinxwelpen, deren Fellfarben zu ihren Namen passen (*Indigo*, *Graufell*, *Goldie* und *Rubina*), wälzen sich spielend zu Oliviers Füßen.
- In der Ferne schweben gigantische Erdbrocken mit geschmolzenem Gestein an der Unterseite und üppigen Wiesen, Wäldern und kleinen Gipfeln obendrauf. Einheimische nennen sie »Erdburgen«.
- Eine ungestüme Schar von Schaulustigen, allesamt rüpelhafte Abenteurertypen, legt Wetten darauf ab, wer als Sieger aus dem Gnæfaraun hervorgehen wird. Iris' Wettkampfteam hat sehr schlechte Wettquoten (100:1), während den anderen deutlich bessere Chancen eingeräumt werden (2:1, 4:1 usw.).
- Direkt vor den angedockten Luftschiffen sind fünf verschiedene Festtafeln angerichtet. Der mittlere Tisch trägt die Aufschrift »Für Iris' Champions«. Sollten die Spieler von den Speisen essen, fühlen sie sich gestärkt und stehen für die Dauer des Abenteuers unter dem Zauber *Heldenmahl*.
- Eine schlichte graue Truhe, von vier stoischen Kriegern bewacht: die *Truhe Ginnunga*.

Während sich die Gruppe umschaut, schreitet eine der Höllischen Harpyien stolz auf sie zu und stellt sich als Sasha Hagutter vor. Sie hält die Sphinx Rubina.

Während ihr euch umseht, spürt ihr, dass ihr von den Schaulustigen gemustert werdet, aber auch von einer geflügelten Tieflingskriegerin, die bei ihren rothäutigen Artgenossinnen steht. Während die anderen lange Ketten tragen, hält diese nur eine rote Sphinx im Arm. Sie kommt angeschwebt und beäugt euch aus einiger Höhe. »Hmmm. Ihr seid alle so viel kleiner, als ich gedacht hatte. Das Gnæfaraun wird euch essfertig grillen. Ihr werdet nie durchkommen. Aber ich werde euch zum Ziel holen lassen, damit ihr den Triumph von Rubina mitanseht, bevor ihr wieder sterbt.« Sie streichelt das rosige Sphinxchen, das Iris leise anfaucht.

Sasha mustert ihre Konkurrenz und hat Grund zur Zuversicht, denn ihre Truppe, die Höllischen Harpyien, sind die Favoriten im Gnæfaraun. Möglicherweise verspottet sie die Gruppe und enthüllt dabei Folgendes:

- Kein sterbliches Team hat je beim Gnæfaraun gesiegt. Und so wie es aussieht, wird dieser Trend noch mindestens 100 Jahre anhalten.
- Die Höllischen Harpyien gehen als Favoriten ins Rennen, und zwar zu Recht: Zur letzten Sonnenwende haben sie zu fünft einen Uralten Blauen Drachen erlegt. Und davor einen Hügelriesen. Mit dem sie auf den Drachen eingedroschen haben.
- Die Höllischen Harpyien helfen gerne, falls die Sterblichen während des Rennens in Not geraten. Was passieren wird. Weil sie ja so schwach sind.

Während Sasha und die Gruppe neckisch um die Wette prahlen, erschallt ein gewaltiges Krachen.

Teil 2: Ein hastiger Start

Zwei über den Söller dahinschwebende Erdburgen sind zusammengestoßen, sodass einiges an Trümmern niederregnet. Zwar ist ein solches Naturereignis auf der Ebene der Helden nicht ungewöhnlich, aber es könnte den Ablauf durcheinanderbringen. Daher bringt Olivier D'Artagnon den Wettstreit nun schnell in Gang.

Von oben dröhnt das Geräusch aufeinanderkrachenden Felsgesteins, und ihr seht, wie eine kleinere Erdburg mit einer größeren zusammenstößt, sodass die größere ins Trudeln gerät, während Trümmer auf euch herabstürzen. Zwar scheint das niemanden auf dem Söller zu stören, aber einige Zauberwirkende bereiten Schutzzauber gegen das herabsausende Gestein vor. Während die Menge in den Trümmerregen starrt, klauben die vier anderen Mannschaften ihr Essen von den Tischen und eilen an Bord ihrer Luftschiffe. Iris kommt angehüpft: »Wir müssen aufs Schiff … Jeden Moment geht das Gnæfaraun los.«

SL AUFGEPASST: ZEIT, ZU GEHEN

Die Gruppe kann so lange auf dem Söller verweilen, wie sie will, aber es sollte klar sein, dass das herabstürzende Geröll schnell das Luftschiff oder die Gruppe selbst zerstören kann, wenn sie sich nicht bald aufmachen. Fallende Felsbrocken bedrohen auch die Versammlung auf dem Söller, aber die erfahreneren Magier scheinen dieses Problem gut im Griff zu haben.

Sobald sich die Gruppe auf die Luftschiffe zubewegt, sehen sie Olivier D'Artagnon, der jetzt im Schutz eines magischen Schirms vor den Luftschiffen schwebt und hastig aus einer Schriftrolle vorliest. Seine Stimme dröhnt:

»Seid willkommen, Helden! Willkommen, ihr Wettkämpfer! Willkommen, ihr Gäste! Bitte verzeiht den Steinschlag! Ihr nehmt am Gnæfaraun teil, bla bla bla, im Brennsluofn lauert auf Schritt und Tritt der sichere Tod usw. usf., Rätsel, die euch den Verstand rauben, ja, ja, kennen wir alles … aber es gibt auch nette Preise, bla bla bla …« Krachend stürzt ein riesiger Erdbrocken in das Luftschiff direkt neben eurem. Die anderen Luftschiffe legen schnell vom Söller ab. Sasha Hagutter steht am Steuerrad und wirft euch einen Kuss zu, während ihr Schiff an Fahrt gewinnt. »Los!«, ruft Iris. »LOS!«

Während die Schiffe ablegen, werden zwei von ihnen von herabfallenden Trümmern getroffen. Der Bug des Schiffes der Unvergesslichen wird zerstört, bei den Kleinen Tyrannen geht der Schiffsrumpf entzwei. Beide Gruppen versuchen, eine Havarie noch abzuwenden, aber ihre Schiffe versinken in den Wolken und sind wohl vorerst außer Gefecht.

Iris weiß, dass die Luftschiffe zum Eingang des Brennsluofn fahren sollen, einem Höhlensystem, das durch den Magmastrom eines gewaltigen Vulkans am Horizont, des Kenaz, entstanden ist. Sie rät der Gruppe, diesen Berg anzusteuern, und kann auch erklären, wie das Luftschiff funktioniert, falls niemand an Bord jemals mit einem Luftschiff geflogen ist (siehe den Abschnitt über die Mechanik des Luftschiffs auf S. 34).

Weiterhin fallen Trümmer vom Himmel, und eine große Erdburg schlingert der Gruppe direkt vor den Bug. Nach Ermessen des SL muss die Gruppe einen Weisheitsrettungswurf (Überleben) gegen SG 16 erfolgreich bestehen, um herauszufinden, wie die drohende Katastrophe zu umschiffen ist. Misslingt der Wurf, würfelst du einmal anhand der Tabelle »Luftschifferpech« (S. 34).

Die Tabelle kann auch verwendet werden, um das Rennen zum Brennsluofn schwieriger zu machen und ein Gefühl der Gefahr und Dringlichkeit zu erzeugen.

Luftschifferpech

Würfle zweimal oder öfter nach dieser Tabelle und stelle die Gruppe auf der Luftfahrt zum Eingang des Gnæfaraun vor diese Herausforderungen:

1W6	Die Gruppe trifft auf …
1	… fallende Felsen, die das Ruder zerschmettern können. Die Gruppe muss ausweichen oder eine andere Lösung zur Zufriedenheit des SL finden, sonst kann das Schiff irreparabel beschädigt werden.
2	… von einer vorüberziehenden Erdburg triefendes Magma, die eines der beiden Großsegel in Brand setzt. Die Gruppe muss das Feuer löschen, bevor es auf das ganze Schiff übergreift.
3	… einen massiven Felsen, der auf das Schiff zu trudelt. Um dies zu bemerken, muss die Gruppe einen Weisheitsrettungswurf (Wahrnehmung) gegen SG 15 schaffen.
4	… eine herabstürzende Eiche, die sich im Ruder des Luftschiffs verfängt. Würfe zum Steuern des Schiffes haben einen Nachteil von 4, bis das dicke Ding entfernt ist.
5	… ein Trümmerstück, das auf Deck aufschlägt. Nach Ermessen des SL müssen mindestens zwei SC ausweichen. Bei misslungenem Geschicklichkeitswurf gegen SG 15 nehmen sie 8W6 Wuchtschaden. Die Trümmer hinterlassen ein Loch im Schiff.
6	… einen Spatzenschwarm, der über dem Bug flattert und mindestens drei Runden lang einen Nachteil bei allen Sichtwürfen bringt.

Sobald die Trümmer umschifft sind, gibt Iris nach Ermessen des SL Folgendes bekannt:

- Ihre Brüder und Schwestern unterstützen ihr jeweiliges Team im Gnæfaraun. Sie sind skrupellos und gerissen und haben wahrscheinlich schon die Schwächen jedes Mitglieds der Gruppe analysiert.
- Wenn die Gruppe den Brennsluofn überleben und das Gnæfaraun gewinnen will, muss sie konzentriert zusammenarbeiten.
- Sollte die Gruppe an einem Hindernis scheitern, ist sie sehr wahrscheinlich tot. Das kommt vor. Dann erwachen alle im folgenden Morgengrauen am Eingang des Brennsluofn und können einen neuen Versuch starten.
- Sie müssen nicht fair spielen. Es ist ein Kampf auf Leben und Tod, ohne Bandagen. Andere Teilnehmer können also angegriffen werden.
- Iris hat zu Beginn des Rennens zwei Schiffe scheitern sehen. Damit bleiben nur noch zwei andere Gruppen. Die Höllischen Harpyien liegen zu diesem Zeitpunkt offenbar weit vorne. Das andere Schiff mit den Amboss-Bossen kann Iris nicht sehen.

Luftschiffe des Gnæfaraun

Das Rennen zum Brennsloufn beginnt an Bord eines dieser »Wolkenkreuzer«. Jedes Schiff hat eine Rüstungsklasse von 18, ebenso wie seine Ausstattung (siehe unten). Ober- und Unterdeck sind mittig durch zwei Leitern (1, 2) verbunden. Der Rumpf hat 200 Trefferpunkte und eine Schadensschwelle von 15.

Käfig mit Elementar-Antrieb

Dieser Apparat (3) hält den **Luftelementar** gefangen, der das Schiff antreibt. Wird der Käfig zerstört oder beschädigt, löst sich der Luftelementar, der mit der Vorrichtung verbunden ist, aus seinem Geschirr und kann nach Ermessen des SL frei agieren. Ohne einen eingebauten Elementar stürzt das Schiff ab.

Arkanes Geschirr

Mit dem arkanen Geschirr kann man die Kraft des gebundenen Elementars zügeln und lenken (»steuern« wäre ein etwas zu starkes Wort, das Luftelementaren missfällt). Das An- oder Ablegen des arkanen Geschirrs, das wie eine maßgeschneiderte Weste mit passender Mütze und daran befestigten Handschuhen sitzt, dauert eine Minute. Sobald man angeschirrt ist, kann man eine Aktion nutzen, um durch einen Weisheitswurf (Überzeugen) gegen SG 14 den Luftelementar und damit das Luftschiff zu lenken. Bei erfolgreichem Wurf kann der angeschirrte SC den Elementar bis zu seinem vollen Tempo von 30 m lenken, einschließlich einer 90-Grad-Wende. Wird das Geschirr zerstört, agiert der verbundene Elementar nach Ermessen des SL frei, ist aber immer noch ans Schiff gebunden.

Booster-Flügel

Mit diesen Apparaturen (4, 5) kann die Besatzung das Luftschiff beschleunigen oder wenden. Durch einen erfolgreichen Stärkewurf (Athletik) gegen SG 15 kann eine Kreatur ihre Aktion nutzen, um die Geschwindigkeit des Schiffes um 13 m zu erhöhen oder seine Manövrierfähigkeit um weitere 90 Grad zu verbessern. Misslingt der Wurf um 5 Punkte oder mehr, wird der SC, der die Flügel benutzen will, über die Reling geschleudert.

Bewaffnung

Balliste (u. a. 6)
Rüstungsklasse 15; *Trefferpunkte* je 50; *Fernkampfwaffenangriff:* +6, um zu treffen, Reichweite 60/240 m, 1 Ziel. *Treffer:* 16 (3W10) Stichschaden.

Kanone (u. a. 7)
Rüstungsklasse 15; *Trefferpunkte* je 50; *Fernkampfwaffenangriff:* +6, um zu treffen, Reichweite 30/120 m, 1 Ziel. *Treffer:* 22 (4W10) Wuchtschaden.

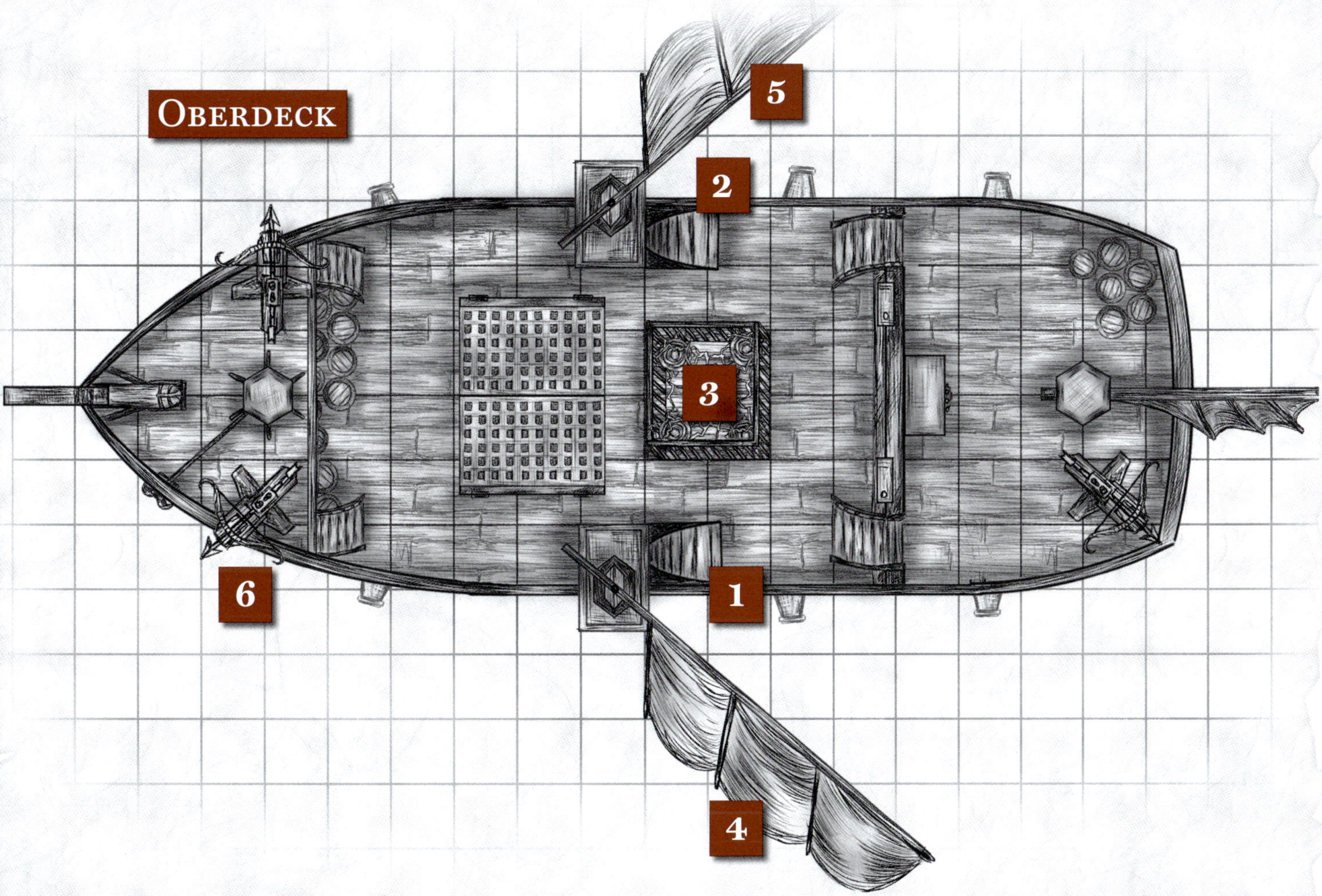
Oberdeck
5
2
3
6
1
4

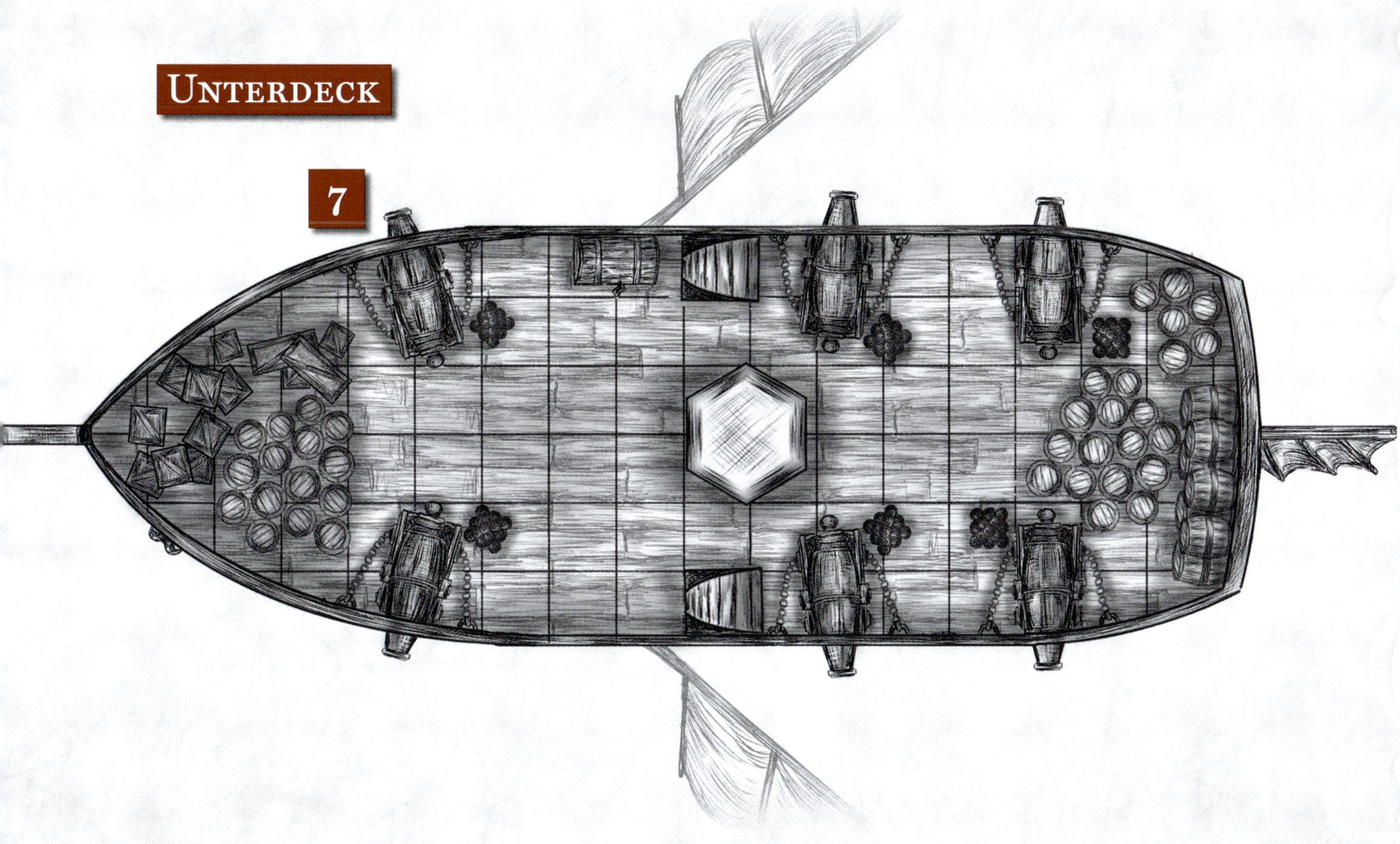
Unterdeck
7

Wie aufs Stichwort hört die Gruppe ein lautes Krachen, denn ihr Schiff wird von vier barbarischen Zwergen angegriffen, die vom Himmel fallen.

> Ein Urschrei erschallt, und ein Zwerg in leichter Rüstung, der auf einem Stachelschild durch die Lüfte surft, kracht durchs Deck und stürzt mit dem Schrei »AMBOSS-BOSSE FOREVER!« in den Schiffsbauch. Ihr bemerkt, dass noch zwei seiner Artgenossen von dem Luftschiff, das 30 m über euch aus den Wolken auftaucht, hinabsegeln.

Die Gruppe befindet sich jetzt im Kampf. Würfelt die Initiative aus. Bei Initiative 20 stürzen sich die verbleibenden Amboss-Bosse (siehe S. 43) hinab und versuchen, das Luftschiff zu sabotieren, indem sie durchs Deck krachen, wobei jeder von ihnen 55 (10W6) Wuchtschaden erleidet (halbiert dank ihrer Wut). Das Schiff der Bosse senkt so schnell wie möglich die Flughöhe, damit die 30 m langen Seile, die beiderseits herabbaumeln, für die Zwerge erreichbar sind.

Die Amboss-Bosse haben es auf das Steuerrad und den Antrieb des Luftschiffs abgesehen. Wenn sie eines davon zerstören können, kehren sie zufrieden zu ihrem Schiff zurück. Gelingt es ihnen nicht, werden sie versuchen, so viele SC wie möglich über Bord zu werfen. Werden zwei der Zwerge über Bord geworfen, k.o geschlagen oder getötet, treten die anderen die Flucht an.

Die Gruppe sollte diesen Angriff so abwehren, wie sie es für richtig hält. Dazu lässt sich die Karte auf S. 33 verwenden. Entert die Gruppe das Luftschiff der Amboss-Bosse, trifft sie dort (nach Ermessen des SL) auf zwei weitere Bosse und das Sphinxchen Indigo. Die Zwerge verteidigen sich natürlich, aber Indigo wird wahrscheinlich schmollen, weil seine Champions solche dummen Hitzköpfe sind.

SL AUFGEPASST: DAS SCHIFF RETTEN

Bei dieser Begegnung ist eine Reihe von Variablen im Spiel, aber falls der Kampf zuungunsten der Gruppe verläuft, sollte sie wissen, dass es Schlimmeres gibt, als die Kontrolle über das Schiff zu verlieren. Sie sollte mit allen Mitteln verhindern, dass das Schiff sinkt. Da die Höllischen Harpyien weit vorne liegen und die anderen beiden Teams Stunden oder Tage im Rückstand sind, geht es bei diesem Kampf nur um den zweiten Platz. Das Schiff vor dem Absturz zu bewahren ist wichtiger, als es perfekt steuerbar zu halten oder Rache zu üben. Stürzt das Schiff ab, wird die Gruppe wahrscheinlich auf dem letzten Platz landen.

Gelingt es der Gruppe, die Kamikaze-Sabotage der Zwerge abzuwenden, hat sie bis zum Brennsluofn freie Fahrt.

Nachdem die Gruppe wieder zu Atem gekommen ist, weist Iris sie an, in den Sinkflug zu gehen, da sie sich dem Berg Kenaz nähern, in dem sich der Brennsluofn befindet.

Teil 3: Der Brennsluofn

> Als euer Schiff sinkend in Richtung Kenaz gleitet, spürt ihr die brodelnde Hitze des mächtigen, immer noch aktiven Vulkans. »Da unten landen!«, ruft Iris und zeigt auf das Luftschiff der Höllischen Harpyien etwa 70 m unter euch. Das Schiff ist an einem kleinen, ebenen Felsvorsprung auf halber Höhe des Vulkans vertäut, in der Nähe eines Spalts in der Oberfläche. Im Näherkommen seht ihr, dass der Spalt eigentlich ein gehauener Eingang ist. Aus dem Felsen gemeißelt, reißen zwei erhabene Feuerriesen die Flanke des Berges wie einen steinernen Vorhang auf. »Wir sind da! Das ist der Brennofen!«, lächelt Iris. »Wir werden alle sterben! Aufregend, oder?«

Die Gruppe kann nun ihr Schiff neben dem der Höllenfeuer-Harpyien andocken. Nach der Landung können die SC von Bord gehen und sich für die angekündigte Höllentour rüsten. Iris erklärt ihnen, dass jede Kreatur, die unterwegs stirbt, bei Sonnenaufgang wieder hier erwacht und neu startet. Die Überlebenden können weiterziehen, wenn sie wollen, aber dann müssten die Zurückgelassenen die Gefahren des Brennsluofn allein bewältigen, was zweifellos noch mehr Verderben bringen würde. Lustig! Oder auch nicht. Je nach Geschmack.

Sobald deine Gruppe bereit für den Brennsluofn ist, springst du zur ersten Herausforderung.

SL AUFGEPASST: IRIS UND DER BRENNSLUOFN

Der Brennsluofn ist eine Reihe von Fallen und Rätseln mit dem Zweck, die Gruppe zu töten. Einige der Hindernisse beanspruchen die Fähigkeiten der Gruppe (Schleichen, Athletik usw.), während andere ihren Verstand und ihren Wortwitz auf die Probe stellen. Jedes Rätsel hat eine bestimmte Lösung, aber wenn du deine Gruppe für besondere Cleverness im Umgang mit einer Falle oder einem Rätsel belohnen möchtest, ist das ganz im Sinne des Gnæfaraun. Als Sphinx hat Iris ein besonderes Gespür für Rätsel. Falls die Gruppe nicht weiterkommt, hat Iris vielleicht die nötige Idee (unter »Tipp von Iris«), um das Rätsel zu lösen.

Wenn du diesen Teil des Abenteuers um weitere Begegnungen erweitern möchtest, kannst du anhand der Tabelle auf S. 258 eine Kammer aus dem Dungeon-Kapitel erwürfeln. Würfle so oft du willst und füge die Kammern wie angegeben ein. Egal, wie viele Kammern du einfügst, die letzten beiden Hürden des Brennsluofn sollten Hindernis 4 »Der Lauf der Zeit« und Hindernis 5 »Der Thronsaal« sein.

Als ihr durch das gemauerte Portal des Brennsluofn schreitet, fühlt ihr euch, als beträtet ihr einen gigantischen Ofen. Die Hitze ist überwältigend, und allen tropft sofort der Schweiß von der Stirn. Auf beiden Seiten des breiten, luftigen Ganges aus schwarzem Mauerwerk fließen schmale Lavaströme. Gelegentlich spritzt geschmolzenes Gestein auf den Weg, der zu einer ausladenden, auf Riesisch beschrifteten Tür führt.

Die Inschrift lautet »Riesenbad«. Iris liest und spricht fließend Riesisch, lässt aber SC, die ihre Sprachgewandtheit beweisen wollen, gerne den Vortritt.

Die Tür ist als einzige dieses Raumes unverschlossen und führt zu einem gigantischen Badezimmer, das sich die **Feuerriesen** gebaut haben, die den Vulkan bewohnen. Die Gruppe muss die Tür öffnen und sich an den Feuerriesen vorbei in die nächste Kammer schleichen.

Hindernis 1: Das Riesenbad

Als sich die mächtige Eisentür knarrend öffnet, werdet ihr in Dampf gehüllt und hört dröhnendes Lachen, aber auch schwere Seufzer von den Wänden widerhallen. In dieser Kammer ist es noch heißer als auf dem Flur und dazu noch feucht. Im Dampf sind Gestalten nur schemenhaft zu erkennen, aber ihr hört fünf verschiedene Stimmen und gelegentlich das donnernde Schlurfen von sehr großen Füßen.

Hindernis: Die Gruppe muss sich an 2W4 + 2 Feuerriesen vorbeischleichen und einen Weg durch das große Lavabad finden. Die Riesen haben eine passive Wahrnehmung von 16. Bemerkt ein Riese die Gruppe, zieht er nach Ermessen des SL einfach an einer der Duschketten an der Wand und löst einen Lavaregen aus, der jede Kreatur, die nicht immun gegen Feuerschaden ist, binnen Sekunden zu Asche verbrennt. Alle übrigen Kreaturen werden von den Riesen zertreten oder zerrissen.

Lösung: Durch einen kollektiven Geschicklichkeitswurf (Heimlichkeit) gegen SG 17 kann die Gruppe verhindern, dass die Riesen ihre Anwesenheit bemerken. Der Wurf wird nach Ermessen des SL mit Vorteil vollzogen, solange das Bad voller Dampf ist. Die Gruppe muss nach dem Eingang zur nächsten Kammer suchen, wofür ein Intelligenzwurf (Nachforschungen) gegen SG 17 gelingen muss. Solange das Bad voller Dampf ist, hat die Probe einen Nachteil, der im Ermessen des SL liegt. Bei Erfolg wird ein Spalt an der Wand gegenüber der Tür sichtbar, durch den eine mittelgroße Kreatur passt.

Tipp von Iris: [flüstert] *»Ich kenne mich mit Badehäusern nicht aus, doch um zu finden, was wir suchen, wäre es einfacher, wenn wir etwas Dampf ablassen könnten, aber trotzdem verborgen blieben.«*

Hindernis 2: Das Rattenrennen

Als ihr einer nach dem anderen durch den Spalt in der Wand schlüpft, findet ihr euch in einem schmalen Flur wieder, dessen schräge Decke zur gegenüberliegenden Wand hin immer niedriger zu werden scheint. Iris denkt laut nach: »Hmm. Was uns diese Hürde des Brennsloufn wohl sagen soll? Dass sich selbst große Krieger hin und wieder entspannen müssen?« Dann zeigt sie auf eine kleine Inschrift zu euren Füßen: »Da steht ›Das Rattenrennen‹. Interessant.« Ihr hört ein leises Quieken. Dann Stille.

Hindernis: Am anderen Ende der Kammer, 40 m entfernt, befindet sich eine Ratte. Wenn sie nach Ermessen des SL Gefahr wittert, hüpft sie in einen winzigen Spalt in der Wand und löst eine Mechanik aus, die die Decke der Kammer nach zwei Runden zum Einsturz bringt. Stürzt die Decke ein, verursacht sie so viel Schaden, dass die Gruppe wahrscheinlich getötet wird. Hinweis: Jede Ratte, die bei Sinnen ist, nimmt ein Sphinxchen als Bedrohung wahr.

Lösung: Zunächst muss die Gruppe erkennen, dass die Ratte die Falle auslöst. Dann muss sie dies verhindern, indem sie die Ratte tötet, sie mit einem erfolgreichen Weisheitswurf (Mit Tieren umgehen) gegen SG 17 aus ihrem Bau lockt oder eine andere Lösung nach Ermessen des SL findet. Da die Decke dann nicht mehr herabzufallen droht, kann die Gruppe den Raum erkunden und den Ausgang am anderen Ende der schmalen Wand finden. Dort zwängt sie sich durch einen Spalt, durch den mittelgroße Kreaturen auf Händen und Knien passen. Der Tunnel dahinter ist so lang (150 m), dass das Ende außer Sichtweite ist.

Tipp von Iris: *»Da hinten bewegt sich was. Am anderen Ende. Eine Ratte? Jedenfalls rennt sie weg.«*

SL AUFGEPASST: OPTIONALE BEGEGNUNG 1

In diesem engen Gang können ein, zwei oder mehrere Monster lauern. Würfle anhand der folgenden Tabelle mögliche Begegnungen aus. Falls die Zeit knapp ist, überspringst du diese Begegnung lieber und liest direkt Hindernis 3 vor.

Mögliche Begegnungen

1W6	Die Gruppe trifft auf …
1	… einen Grell, der Aufmerksamkeit will. Oder Fleisch.
2	… ein Grottenschrat-Pärchen, das im Dienst der Höllischen Harpyien steht und Rivalen aufhalten soll.
3	… eine tödlich leise Riesenschlange.
4	… einen Seiler am Ende des Tunnels.
5	… 2W4 + 1 hungrige Quaggoths.
6	… einen jungen Feuerriesen, der hier auf der Suche nach dem Riesenbad festgeklemmt ist.

Hindernis 3: Die Kluft der Götter

Es gibt Licht am Ende des engen Tunnels. Als ihr näher kommt, erkennt ihr, dass sich der Tunnel in eine geräumige Kammer öffnet. Etwa 70 m unter euch strömt ein Fluss aus Lava. Aus der gegenüberliegenden Wand scheint ein Vorsprung zu ragen, mehr als 150 m entfernt. Am Ausgang des Tunnels, den ihr hinter euch habt, hängt eine kleine Tafel mit celestischer Aufschrift.

Auf der Tafel steht: »Kluft der Götter: Glaubet und springet.« Wenn niemand in der Gruppe den Spruch zu entziffern vermag, greift Iris ein, denn als Lehrling der Götter beherrscht sie die Sprache der Engel schon längst.

Hindernis: Der Raum ist durch Götterhand mit Zaubern belegt, die nicht gebannt werden können. Die Kluft kann nur überqueren, wer das Rätsel löst. Wer versucht, auf magische oder natürliche Weise hinüberzufliegen, wird schwerer als Stein und versinkt so schnell in der Lava wie von Götterhand niedergedrückt. Jede Kreatur, die einfach losspringt, wird merken, dass 150 m ziemlich weit sind, in den Lavastrom fallen und praktisch sofort sterben. Falls jemand per *Teleportieren* über die Kluft möchte, wird der Zauber abgewehrt. Der Zauber ist vergeudet und der Körper bleibt an Ort und Stelle.

Lösung: Das Gebot ist klar: »*Glaubet* und springet«. Um auf die andere Seite zu gelangen, muss man nur von der Kante springen und eine beliebige Gottheit aus dem Pantheon beim Namen rufen.

Tipp von Iris: *»Hmm. Glaubet? Springet? Vielleicht soll man gar nicht glauben, dass man nicht fällt, sondern … an etwas glauben. An etwas, das größer ist als man selbst.«*

Der SC, der dieses Rätsel löst, wird voller Verzückung wie vom Wind getragen über den Abgrund schweben. Der SL kann diese kurze Reise dem angerufenen Gott entsprechend gestalten. (Wer einen Sturmgott anruft, spürt zum Beispiel knisternde Gewitterkräfte auf der Haut, während sich eine Wolke unter ihm auftürmt und ihn auf die andere Seite der Kluft trägt.)

Nachdem die Gruppe den gegenüberliegenden Felsvorsprung erreicht hat, ergibt eine Probe auf Intelligenz (Nachforschungen) oder Weisheit (Wahrnehmung) gegen SG 15, dass es über einen schmalen Sims entlang der Felswand weitergeht – ein gefährlicher Weg, der womöglich Kraft- oder Geschicklichkeitswürfe erfordert, wie in der Tabelle »Klettergefahren« beschrieben. Es liegt im Ermessen des SL, ob die Gruppe beim Begehen des Simses auf eine oder alle Klettergefahren trifft. Falls die Gruppe über ein Fortbewegungsmittel verfügt, das ihr das Seitwärtsgehen mit dem Rücken zur Felswand erspart, kann sie es nutzen. Springe dann zum Vorlesetext für Hindernis 4.

Klettergefahren

1W4	Der Gruppe widerfährt …
1	… eine 4,50 m große Lücke im Felsvorsprung.
2	… ein Steinschlag, dem mit einem Geschicklichkeitsrettungswurf gegen SG 14 entwichen werden kann. Bei misslungenem Wurf wird man vom Felssims geschleudert und kommt 4,50 m näher am Lavastrom auf.
3	… ein Riesengeier-Nest. Der Vogel greift alle an, die vorbeiwollen, wobei er eher schubst als schadet. Eine geschubste Kreatur kann sich durch erfolgreichen Stärke- oder Geschicklichkeitsrettungswurf gegen SG 17 auf dem Vorsprung halten.
4	… ein Schwindelanfall. Nach misslungenem Weisheitsrettungswurf gegen SG 14 verliert die Kreatur den Halt und stürzt vom Gesims in die Lava.

Wenn die Gruppe dieses Hindernis gemeistert hat, erblickt sie einen großen, ebenen Vorsprung mit einem Haufen Gerümpel und einem kleinen, durch Runen gekennzeichneten Eingang, den sie erreichen kann, wenn sie auf dem Sims noch ein Stück vorankommt. Falls du deiner Gruppe ein weiteres Hindernis bieten möchtest, kannst du anhand der Tabelle auf S. 258 eine zufällige Kammer auswürfeln. Andernfalls geht es mit Hindernis 4 weiter.

Hindernis 4: Der Lauf der Zeit

> Ihr erreicht einen ebenen Felsvorsprung, der etwa 30 m breit und 15 m lang ist und an einer Steinwand mit einem dunklen Einlass in der Mitte endet. Das Mauerwerk um den Eingang herum ist mit allerlei Symbolen markiert. Auf der einen Seite des Eingangs liegt eine Anhäufung von Krempel, größtenteils offenbar ohne Wert: Schwerter, Hemden, Stühle und Tische, eine Kiste mit Schuhen, ein paar Sanduhren und Uhrwerke, ein Zeichenbrett, ein Stück Seil, eine Truhe mit Perücken und ein Sack mit Steinen. Als wäre hier ein Schrottkarren umgekippt.

Die Symbole am Torbogen sind: ein Paar Hände, die etwas zu heben scheinen, und eine Sonnenuhr. Die Deutung könnte lauten: »Trage deinen Zeitmesser«, »Hebe deine Uhr« oder »Nimm dir Zeit«.

Der Korridor dahinter ist etwa 18 m lang und mündet in eine hell erleuchtete Kammer.

Hindernis: Die Gruppe muss durch den Korridor, der jede Kreatur, die sich mit ihrer Grundgeschwindigkeit bewegt, binnen einer Runde tötet – wie durch den Zauberspruch *Tod*. Bewegt sich eine Kreatur mit halber Geschwindigkeit, stirbt sie in der doppelten Zeit, also in zwei Runden.

Lösung: Das Hindernis lässt sich dadurch überwinden, dass man sich »Zeit nimmt« und sich langsam bewegt. Eine Kreatur, die sich mit ¼ ihrer Gehgeschwindigkeit bewegt, ist vor den göttlichen Verwünschungen, die diese Kammer schützen, sicher und gelangt in den nächsten Raum.

Tipp von Iris: *»Vielleicht ist das gar nicht so metaphorisch gemeint. Nehmen wir uns jemals wirklich Zeit? Oder nimmt die Zeit uns?«*

Während sich der erste SC, der das Rätsel löst, langsam der nächsten Kammer nähert, liest du den Text zum Hindernis 5 vor.

Hindernis 5: Der Thronsaal

> Ihr betretet einen kunstvoll gekachelten Raum mit Marmorboden, der vor Opulenz nur so trieft. Gegenüber der Tür, durch die ihr gekommen seid, stehen im Halbkreis dreizehn große Throne von verschiedener Größe, Form und Machart. Weitere Türen scheint es nicht zu geben. Aber auf der Rückseite des mittleren Throns findet ihr einen Hebel, und am Fuß des Throns hängt eine Tafel mit einer Inschrift auf Celestisch.

Falls niemand die celestische Inschrift deuten kann, weist Iris darauf hin, dass dort »Nehmet Platz« steht.

Hindernis: Um diesen Raum zu verlassen, muss man den Hebel ziehen. Daraufhin senkt sich die Decke herab, die Aussparungen aufweist, in welche die Throne genau zu passen scheinen. Die Decke trifft nach vier Runden mit voller Wucht auf den Boden. Erst dann öffnet sich eine Falltür hinter einem der Throne. Leider ist jede Kreatur, die das Rätsel des Raumes nicht gelöst hat, zu tot, um dort hindurchzukriechen. Die Decke zerquetscht alle Lebewesen im Raum, auch die, die auf den Thronen sitzen (in die Aussparungen in der Decke passen die Throne, aber nicht die, die darauf sitzen).

Lösung: Die Stühle, die der Gruppe vielleicht in dem Gerümpelhaufen vor dem Tor von Hindernis 4 auffielen, sind magisch verstärkt und stabil genug, um das Absinken der Decke für etwa 30 Sekunden zu verhindern – genug Zeit, um durch die offene Falltür zu krabbeln.

Tipp von Iris: *»Nehmt Platz ... Auf dem Haufen vorhin lagen schöne Stühle, aber nicht so schön wie diese hier. Ob die Götter wollen, dass wir uns entspannen?«*

Sobald die SC kapieren, dass sie den Fall der Decke aufhalten können, indem sie einen der Stühle aus der vorherigen Kammer in diese Kammer stellen, werden sie die offene Falltür erkennen und nutzen. Lies dann den Vorlesetext des Beginns von Teil 4.

Teil 4: Letzte Vorbereitungen

> Ihr findet euch in einer fast vollkommenen Leere wieder. Auf insgesamt fünf Tischen sind vor euch wundersame Artefakte ausgebreitet. Hinter den Tischen steht Olivier D'Artagnon in schlichter, weißer Kleidung, die sich strahlend von der Schwärze der Umgebung abhebt. Er lächelt und klatscht langsam.

Olivier D'Artagnon applaudiert den ersten Sterblichen, die es jemals so weit im Wettrennen geschafft haben. Das scheint ihn zu freuen. Iris errötet. Olivier wird betonen, wie sehr es ihn beeindruckt, dass die Gruppe überhaupt angekommen ist. Mithilfe der folgenden Tabelle kannst du bestimmen, welchen Platz die Gruppe im Rennen erreicht hat. Je nach Platzierung und nach Ermessen des SL kann die Gruppe sich dann arkane Gegenstände von den Tischen aussuchen. Dabei darf sie alle ihrem Platz entsprechenden Gegenstände wählen oder zwei davon liegen lassen, um dafür einen aus einer anderen Stufe zu bekommen.

Platzierung

Erlittene Tode	Platz im Rennen
0–1	1. Platz
2–5	2. Platz, hinter den Höllischen Harpyien
6–10	3. Platz, hinter den Höllischen Harpyien und den Amboss-Bossen
11–15	4. Platz, hinter den Höllischen Harpyien, den Amboss-Bossen und den Kleinen Tyrannen
16+	5. Platz

Auswahl an Gegenständen

Platz	Gegenstände
1.	Zwergischer Wurfhammer, Zepter der herrschaftlichen Macht, Ring des Ausweichens, Zauberstab der Angst, Rüstung +3
2.	Helm der Pracht, Stein des Glücks, Sonnenklinge, Zauberstab des Netzes, Rüstung +3
3.	Gürtel der Feuerriesenstärke, Stirnband der Intelligenz, Ring der Bewegungsfreiheit, Zauberstab der Verwandlung, Rüstung +2
4.	Belebter Schild, Umhang der Unsichtbarkeit, Verteidiger-Langschwert, Flotte Festung, Rüstung +2
5.	Amulett der Gesundheit, Stiefel der Geschwindigkeit, Zauberstecken der Heilung, Zauberstab der Paralyse, Rüstung +1

Beim Stöbern an den Tischen bemerkt die Gruppe, dass in der gestaltlosen Leere die anderen vier Gruppen mit ihren jeweiligen Sphinxchen erscheinen (in der Reihenfolge ihrer Platzierung). Den Sphinxchen werden winzige Rüstungen angelegt, als stünde ihnen eine gefährliche Konfrontation bevor. Iris erklärt der Gruppe, dass sie gleich die letzte Stufe des Gnæfaraun betreten werden.

> Während ihr eure Waffen auswählt, schaut sich Iris ein wenig unsicher um. Sie wirft einen Blick auf ihre Geschwister, die gerade von ihren Teams in Rüstungen gesteckt werden. Dann lächelt sie euch an. »Ich weiß nicht, was passieren wird, aber ich bin froh, dass ihr bei mir seid. Wirklich sterben können wir nicht, wir sind ja auf der Ebene der Helden. Was gibt es da zu befürchten?« Auf diesen Satz hin verbeugt sich Olivier D'Artagnon und tritt hinzu: »Ähm. Das stimmt größtenteils. Wir waren auf der Ebene der Helden. Aber inzwischen sind wir in die sogenannte Truhe Ginnunga gelangt. Wir sind jetzt im Limbus. Hier ist alles möglich. Auch der Tod. Der echte, ewige Tod. Ich glaube, deshalb werden Eure Geschwister gerade gepanzert.«

Im Inneren der Truhe Ginnunga

Das wirbelnde, unerklärliche Chaos des Limbus kann von jenen, die die Macht des Geistes besitzen, genutzt werden. Wer dies besonders gut beherrscht (das sind vor allem metaphysische Philosophen), kann Teile des Limbus zu einem tragbaren Kasten mit unendlich ausgedehntem Innenraum formen: zur Truhe Ginnunga. Der Inhalt der Truhe ist gleichzeitig Limbus und nicht Limbus, aber für die darin Gefangenen ist der Unterschied ohnehin meist irrelevant.

Plattformen und Portale

Zwar kann jede dieser Plattformen theoretisch durch die Macht des Geistes verändert werden, aber zunächst schweben sie als Steinplatten in der Leere, teils mit 9 m langen Ketten verbunden. Als Hortaktion bei Initiative 20 (oder nach Ermessen des SL) bewegen sie sich 6 m (3W4) voneinander weg. Eine Kreatur, die von einer Plattform fällt, stürzt ins Chaos, kann aber nach erfolgreichem Intelligenzwurf (Arkane Kunde) gegen SG 15 schweben (wie beim Zauber *Schweben*). Fünf der Plattformen leuchten in der Farbe eines Sphinxchens: rot/Rubina (1), gelb/Goldie (2), blau/Indigo (3), weiß/Graufell (4) und violett/Iris (5). Zu Beginn der Begegnung starten die Sphinxchen und ihre Teams auf ihren jeweiligen Plattformen.

Becken der Verheissung

Diese beiden Becken (6, 7) sind verbunden. Wer in das eine springt, taucht aus dem anderen wieder auf, was 3 m Bewegung kostet.

Transportale

Viele der Plattformen in diesem Chaosreich verfügen über sogenannte Transportale (u. a. 8). Man kann von einem zum anderen gelangen, ohne dafür Bewegung aufzuwenden oder einen Sprung über die wirbelnde Leere zu riskieren. Dazu setzt eine Kreatur ihre Bonusaktion ein, besteht einen Intelligenzwurf (Arkane Kunde) gegen SG 17 und gelangt so zu einem beliebigen anderen Transportal. Bei fehlgeschlagenem Rettungswurf reist die Kreatur trotzdem durchs Transportal, verlässt es aber durch ein Portal nach Wahl des SL. Scheitert der Wurf um mehr als 5, wird nach der Tabelle »Tosendes Chaos« gewürfelt. Die Auswirkung davon endet mit dem Verlassen der Truhe Ginnunga oder nach Ermessen des SL.

Tosendes Chaos

1W4	Die transportierte Kreatur …
1	… verwandelt sich in eine Kröte.
2	… erhält +5 auf Intelligenz.
3	… spaltet sich und wird zu zwei Kreaturen. Die Trefferpunkte sind bei beiden halbiert.
4	… tauscht nach Ermessen des SL Körper und körperliche Werte mit einer anderen Kreatur in der Umgebung.

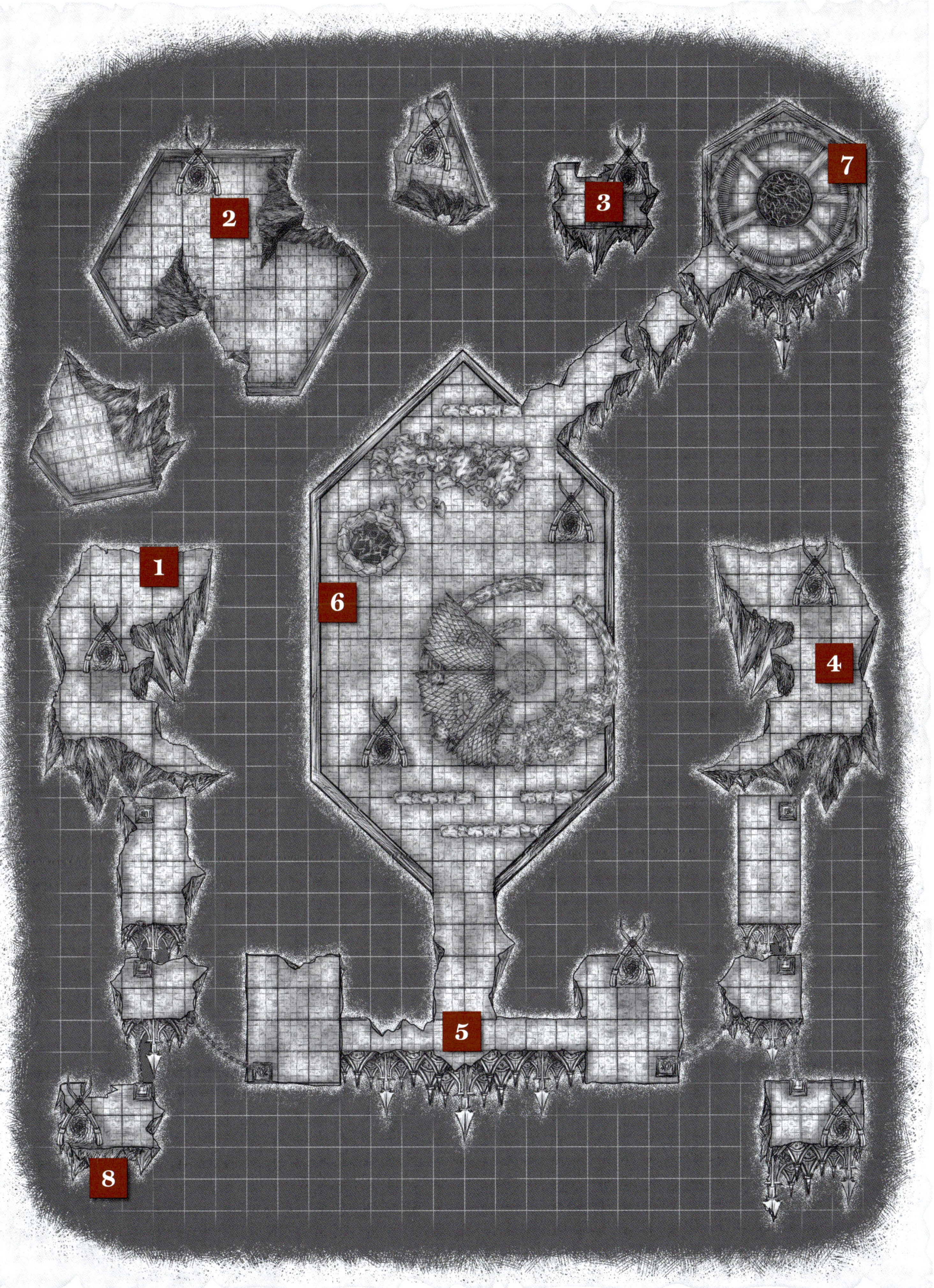
1
2
3
4
5
6
7
8

SL AUFGEPASST:
DIE EBENE DES LIMBUS

Im Limbus kann man als Aktion und mittels Intelligenzwurf ein im Blickfeld befindliches Objekt im Umkreis von 9 m durch Geistesmacht bewegen oder verändern. Der SG hängt von der Größe des Objekts ab, wie in der Tabelle »Macht des Geistes« angegeben. Bei Erfolg bewegt man den Gegenstand oder verwandelt ihn in ein anderes unbelebtes Objekt derselben Größe. So kann man einen Felsbrocken in einen Feuerball verwandeln. Als Aktion und mittels Intelligenzwurf kann man auch eine kugelförmige Sphäre um sich herum etablieren. Der SG richtet sich nach dem Radius der Sphäre: SG 5 bei einem Radius von 3 m, 10 bei 6 m Radius usw. Bei erfolgreicher Probe kann die Sphäre weder durch die Ebene noch durch in der Sphäre befindliche Personen verändert werden. Die Wirkung hält 24 Stunden an oder so lange, bis man diese Fähigkeit erneut einsetzt.

Geisteskraft

Objektgröße	SG
Winzig	5
Klein	10
Mittel	15
Groß	20
Riesig oder größer	25

Auf Fragen der Gruppe nach der Truhe Ginnunga geben Olivier oder Iris nach Ermessen des SL Folgendes preis:

- Der Limbus ist eine Ebene aus vorweltlichem Chaos, wirbelnden Elementen und endlosen Möglichkeiten. Hier kann fast alles, was vorstellbar ist, Wirklichkeit werden – sofern der Verstand daran nicht zerbricht.
- Man kann zum Beispiel aus einem Amboss Zuckerwatte machen oder aus der eigenen Rüstung hölzerne Schwingen herstellen. Womöglich ermutigt Olivier oder Iris die Gruppe dazu, diese Eigenheit der Ebene auszuprobieren.
- Ein Kampf in der Truhe Ginnunga kann tödlich enden, und der Tod ist auf dieser Ebene endgültig.
- Ein Weisheitswurf (Motiv erkennen) gegen SG 16 lässt erspüren, dass Iris trotz ihres tapferen Gehabes durchaus nervös ist und insgeheim hofft, dass man ihr eine Rüstung besorgt. Von sich aus bittet sie nicht darum.

Nachdem sich alle auf ihre magischen Gegenstände eingestimmt und eventuell das Verändern der Umgebung ausprobiert haben, eröffnet Olivier die letzte Phase des Gnæfaraun.

Teil 5: Im Inneren der Truhe Ginnunga

Olivier klatscht in die Hände, und aus dem Nichts erheben sich mehrere Plattformen, von denen fünf in den Farben der fünf Sphinxchen leuchten. »Violett …«, sagt Iris, als sich die anderen Gruppen zu ihren Plattformen bewegen. »Die ist wohl für uns. Los geht's.« Die bunten Plattformen, auf denen ihr steht, schweben nun empor. Ihr spürt, wie sie sich ausdehnen und wie sich hinter euch und rundherum Treppen entfalten. Wo über euch eben noch schwarze Leere war, steht jetzt ein wirbelnder Nachthimmel, an dem die Elementarkräfte satellitengleich von einem Horizont zum anderen ziehen. Außerhalb eurer Sichtweite erahnt ihr gewaltige Gestalten, die sich in Rängen um euch drängen und euer Tun mit gespannter Erwartung beobachten. Olivier, der auf einem schwebenden Felsen mitten im tosenden Chaos balanciert, klatscht in die Hände und liest aus einer Schriftrolle vor: »Champions des Gnæfaraun! Eure Aufgabe ist es, eure Sphinxe um jeden Preis zu verteidigen und gleichzeitig die vom Gegner gehüteten Jungtiere einzufangen. Das Team, das aller fünf Sphinxe habhaft wird, gewinnt den Preis! Zumindest der überlebende Teil des Teams. Auf die Plätze! Fertig! Los!«

Die Gruppe befindet sich jetzt im Kampf in der Truhe Ginnunga (S. 40). Die anderen vier Teams sollten als Einheit mit Gruppeninitiative agieren. Sie setzen sämtliche Fähigkeiten ein, um ihr Ziel zu erreichen – alle Sphinxchen zu fangen. Jede Gruppe hat fünf Aktionen. Zu Beginn der Runde, wenn sie laut Initiative am Zug sind, greifen die Amboss-Bosse die Kleinen Tyrannen an, und die Unvergesslichen die Höllischen Harpyien. Nach Ermessen des SL versuchen alle Teams in erster Linie, die Sphinxchen zu fangen. Die Gruppe geht nach eigenem Gutdünken vor. Falls die Gruppe getötet wird oder falls Iris und die anderen Sphinxchen einem einzelnen Team in die Hände fallen, ist der Kampf vorbei und die Aufgabe nicht erfüllt. Je nach Ermessen des SL wachen die SC dann am nächsten Morgen im eigenen Bett auf und verspüren einen schmerzhaften Verlust – das Gefühl wird sie den Rest ihres Lebens begleiten.

Gelingt es der Gruppe, alle fünf Sphinxe zu fangen, geht ein Aufschrei des Staunens und des Triumphes und ein unheimliches Donnergrollen durch die Arena – als würde eine Schar von Titanen klatschen und jubeln.

Alle, die noch am Leben sind, knien dann nieder und ergeben sich, denn der Kampf in der Truhe Ginnunga ist vorbei.

Teil 6: Das letzte Hindernis

> Als die anderen Abenteurer auf der Stelle niederknien und sich euch Siegern ergeben, hört ihr tosenden Applaus, der aus dem Himmel zu kommen scheint, und Rufe, die wie Donnergrollen widerhallen: »Die Sterblichen haben gesiegt! Unglaublich!« Dann wird es still, und Olivier D'Artangon schwebt auf einem Felsen herbei und wirft sich vor Iris zu Boden, die sich vor euch positioniert hat und die anderen vier Sphinxen anblickt. »Gut gemacht, kleine Sphinx«, sagt Olivier. Dann bindet er ihr einen kleinen schwarzen Dolch an die rechte Vorderpfote. »Ihr werdet aufsteigen zur Hüterin unserer Geheimnisse. Aber zuerst müsst Ihr Eure Geschwister beseitigen, denn geschrieben steht: *Nur eines darf empor, die anderen müssen hinab.*«

Iris hebt dann langsam die Pfote und zeigt die kleine, aber bedrohliche Klinge. Sie nickt Olivier zu, dessen Lächeln zum ersten Mal erstarrt. Dann schaut sie die Gruppe an.

Iris muss nun entscheiden, ob sie alle vier Sphinxchen tötet oder sie am Leben lässt. Sie fragt die Gruppe um Rat. Auf Rückfrage gibt Iris die folgenden Erkenntnisse aus ihrer eigenen Erfahrung preis:

- Jede Sphinx weiß, dass das Gnæfaraun mit dem Tod der übrigen Sphinxe endet – so geschieht es seit Jahrtausenden alle 100 Jahre. Sie wusste nur nicht, dass sie es selbst tun muss.
- Die meisten Hindernisse vor dem Endkampf waren Wortspiele, die sich um Entspannung drehten (»Nehmt Platz«, »Nimm dir Zeit«, »Lass das Rattenrennen« – es gab sogar ein Badehaus). Vielleicht sollte diese letzte Hürde dementsprechend *sanftmütig* angegangen werden.
- »Empor« und »hinab« ließen sich auch anders deuten, vor allem an einem Ort, an dem sich Dinge allein durch Gedanken auf und nieder bewegen lassen.
- Iris wird tun, was die Gruppe vorschlägt.

Diese Situation sollte so aufgelöst werden, wie die Gruppe es wünscht. Entweder tötet Iris ihre Geschwister, oder sie versucht eine andere Lösung. Je nachdem, was die Gruppe ihr vorschlägt, springst du zum entsprechenden Abschnitt:

Falls Iris die anderen Sphinxchen töten soll ...
... tut sie es langsam und mit einem Pflichtgefühl, das von Zorn und Traurigkeit geprägt ist.

- Mit jedem Geschwisterchen, das sie tötet, wird Iris' Körper größer und ihr Fell dunkler, bis es schwarz ist wie die Leere, die die Gruppe immer noch umgibt.
- Sobald sie ihre Aufgabe erfüllt hat, setzt sie sich zu Oliviers Füßen.
- Olivier klatscht dann in die Hände.

> Olivier klatscht in die Hände. Finsternis umhüllt euch, doch plötzlich wird es hell. Ihr steht auf dem Söller mit Blick über die Ebene der Helden – wo dieses Abenteuer begann. Die zu eurem Empfang versammelten Abenteurer sind immer noch da, aber die Stimmung ist ein bisschen bedrückt. Olivier lächelt euch zu und krault eines von Iris' mittlerweile riesigen Ohren. Sie wirkt jetzt viel ernster, als stünde sie im Dienst einer gewaltigen Aufgabe, und blickt euch an, als wärt ihr Fremde. Olivier spricht: »Wohlan, werte Helden. Ich kann nicht für die Götter sprechen, aber mir hat Euer Auftritt sehr gut gefallen. Und unsere Iris wird gewiss eine beeindruckende Torwächterin, so mordlustig wie sie ist. Wer hätte das gedacht! Aber Ihr müsst jetzt alle nach Hause, oder? Ihr könnt so lange bleiben, wie Ihr wollt, nur ... falls Ihr Iris je begegnet, dann erwartet lieber keine herzliche Begrüßung.« Nun verschwinden die beiden, ebenso wie die magischen Gegenstände, die ihr am Ausgang des Brennsluofn erhalten habt. Dort, wo Olivier und Iris standen, schimmert jetzt ein großes, einladendes Portal. Euer Heimweg ...

Falls die Gruppe eine andere Lösung vorschlägt ...
... wird die Prophezeiung erfüllt, solange es nach Ermessen des SL mit den vier Sphinxchen »hinab« und mit Iris »empor« geht. Iris darf als Torwächterin den Göttern dienen. Wählt die Gruppe diesen Weg, erstrahlt beim Aufstieg von Iris ein blendendes Licht von oben. Berücksichtige beim folgenden Vorlesetext die Lösung der Gruppe.

Als Iris emporsteigt, durchdringt ein helles Licht die dunkle Leere über euch. Ihr violettes Fell beginnt sich zu verfärben und leuchtet immer heller, während ihr Körper rasch wächst. Die anderen Sphinxchen schauen ehrfürchtig von unten zu, wie aus Iris eine ausgewachsene Sphinx wird, die ihre Schwingen ausbreitet und ins Licht aufsteigt – ein Licht, das so hell ist, dass es euch blendet. Mit einem plötzlichen Donnerknall kehrt euer Sehvermögen zurück. Ihr befindet euch wieder auf dem Söller mit Blick über die Heldenebene – wo euer Abenteuer begann. Die Abenteurer, die euch bei eurer Ankunft begrüßt haben, jubeln euch voller Staunen und Ehrfurcht zu. Olivier D'Artagnon sitzt auf einem großen, aus Weinfässern geschnitzten Thron, und zu seiner Rechten kauert eine wunderschöne violette Sphinx. Das Gesicht der Sphinx ist unergründlich, aber ihr ahnt, dass sie euch anlächelt. Olivier hebt sein Weinglas und spricht euch an: »Wohlan, werte Helden! Ich kann nicht für die anderen Götter sprechen, aber ich kann sagen, dass mich Eurer Handeln wirklich beeindruckt hat. Iris wird gewiss eine wunderbare Torwächterin – eine, die Bedrohungen erkennt und beseitigt, die aber auch weiß, dass das Wichtigste am Wahren von Geheimnissen manchmal ist, zu wissen, mit wem man sie teilt.«

Nach Ermessen des SL gestattet Olivier D'Artagnon der Gruppe, einen, mehrere oder alle magischen Gegenstände zu behalten, die sie auf dem Weg durch den Brennsloufn erworben hat. Außerdem teilt er Folgendes mit:

- Vor Beginn des Gnæfaraun hat er eine Wette abgeschlossen. Da er sie dank der Gruppe gewonnen hat, möchte er den Gewinn teilen: Nach Ermessen des SL schenkt er den SC einen Sack mit 600 PM und einen mit ungeschliffenen Edelsteinen im Wert von 1500 GM.
- Olivier kann sich vorstellen, dass die Gruppe Iris noch einmal begegnen könnte. In diesem Fall hätten sie einen (vom SL festzulegenden) Vorteil bei allen durch das Rätsellösen bedingten Würfen. Blickt ein SC bei diesem Thema auf Iris, zwinkert sie kurz, gibt sich dann aber wieder vollkommen stoisch.
- Olivier lädt die Gruppe ein, die Ebene der Helden zu erkunden, und erinnert sie daran, dass sie hier nicht sterben können. Sie dürfen dank des Gottes der Feste so lange bleiben, wie sie wollen. Wenn sie nach Hause zurückkehren möchten, müssen sie nur sagen: »Mir ist langweilig«, und schon werden sie wieder dorthin gebracht, wo sie herkommen.

NSCs

Folgende Nicht-Spieler-Charaktere treten in diesem Abenteuer auf.

Olivier D'Artagnon

Olivier (von seinen Freunden »Ollie« genannt) ist ein eleganter, weiß gekleideter Mann mit dunklem Haar, das gleichzeitig wirr und gepflegt ist. Er ist auch der Gott der Feste. Falls du dieses Abenteuer in eine laufende Kampagne mit festem Pantheon einbindest, trägt Olivier den Namen des Gottes des Weins und der Feste. Seinen göttlichen Status hält er jedoch nach Kräften geheim. Vor allem bildet er das Empfangskomitee für die Gruppe und leitet das Gnæfaraun. Seine Werte liegen im Ermessen des SL.

Sphinxchen

Die Gruppe trifft auf fünf Sphinxwelpen und wird den größten Teil des Abenteuers von Iris begleitet. Im Folgenden sind Persönlichkeiten für die kleinen Sphinxe aufgeführt, aber du kannst sie nach deinem Ermessen anpassen. Sie haben alle die gleichen Werte.

Iris

Iris ist eine hellviolette Sphinx mit großen, dunkelvioletten Augen. Sie ist klein, scheu und neigt zum Grübeln. Sie hat sich als Letzte der Geschwister ein Wettkampfteam erwählt, aber sie freut sich darauf, die Gruppe im Gnæfaraun zu erleben und glaubt, dass ihre Sterblichkeit ihnen sogar einen Vorteil verschaffen könnte.

Rubina

Eine rote Sphinx mit dunkelgelben Augen. Rubina ist wortkarg, hat aber ein feuriges Temperament und wird leicht eifersüchtig. Da die Höllischen Harpyien sie im Gnæfaraun vertreten, fühlt sie sich siegessicher.

Indigo

Ein marineblaues Tier mit hellblauen Augen. Indigo ist ein eher vornehmer Sphinxjunge und findet den gesamten Gnæfaraun anstrengend. Er gähnt bereits. Er passt so gar nicht zu den barbarischen Amboss-Bossen.

Graufell

Graufell ist ein hellgraues Sphinxchen mit jadegrünen Augen. Er ist überfreundlich und äußerst positiv, aber auch sehr ehrgeizig. In seinen Komplimenten verbergen sich Beleidigungen. Er wird von den Unvergesslichen vertreten.

Goldie

Goldie ist eine leuchtend gelbe Sphinx mit bronzenen Streifen. Sie ist sarkastisch und gelassen und bildet daher ein etwas seltsames Team mit den Kleinen Tyrannen, einer Gruppe fröhlicher Halbling-Paladine.

Sphinxchen

Rüstungsklasse 12 (natürliche Rüstung)
Trefferpunkte 28 (5W8 + 5)
Bewegungsrate 9 m, fliegend 13 m

STÄ	GES	KON	INT	WEI	CHA
10 (+0)	14 (+2)	12 (+1)	16 (+3)	16 (+3)	14 (+2)

Rettungswürfe Ges +5, Wei +6
Fertigkeiten Sphinxchen beherrschen alle Fertigkeiten (+3)
Sinne Wahre Sicht 17 m
Vorbeifliegen. Sphinxchen können keine Gelegenheitsangriffe provozieren.

Aktionen
Mehrfachangriff. Das Sphinxchen greift mit zwei Tatzen an.
Klaue. *Nahkampfangriff:* +9, um zu treffen, Reichweite 1,50 m, 1 Ziel. Treffer: 11 (2W8 + 2) Hiebschaden.

Wettkämpfer im Gnæfaraun

Die Gruppe tritt gegen vier andere Abenteurergruppen an, um auf der Ebene der Helden die Gunst der Götter zu erringen. Jede der fünfköpfigen Gruppen kämpft für ein bestimmtes Sphinxchen, wie in deren Beschreibung erwähnt. Jede Gruppe wird von einem NSC angeführt. Diese NSCs können bei Bedarf umbenannt werden.

Sasha Haggutter und die Höllischen Harpyien

Sasha Haggutter ist ein verschlagenes, verwegenes geflügeltes Tiefling-Weib und die Anführerin der Höllischen Harpyien, die alle die gleichen Werte haben.

Rüstungsklasse 16 (beschlagenes Leder)
Trefferpunkte 98 (15W8 + 30)
Bewegungsrate 9 m, fliegend 18 m

STÄ	GES	KON	INT	WEI	CHA
12 (+1)	18 (+4)	14 (+2)	13 (+1)	12 (+1)	15 (+2)

Rettungswürfe Ges +9, Wei +6
Fertigkeiten Einschüchtern +7, Nachforschungen +6, Wahrnehmung +6
Schadensimmunität Feuer
Sinne Dunkelsicht 17 m, passive Wahrnehmung 16

Aktionen
Rapier. *Nahkampfangriff:* +8, um zu treffen, Reichweite 1,50 m, 1 Ziel. Treffer: 8 (1W8 + 4) Stichschaden. Dem Opfer muss ein Konstitutionsrettungswurf gegen SG 14 gelingen, sonst wird es vergiftet und erleidet 13 (3W8) TP Giftschaden. Das Gift wirkt, bis es durch Schwache Genesung oder ähnlichen Zauber entfernt wird.
Langbogen. *Fernkampfangriff:* +7, um zu treffen, Reichweite 50/200 m, 1 Ziel. Treffer: 7 (1W8 + 3) Stichschaden. Dem Opfer muss ein Konstitutionsrettungswurf gegen SG 14 gelingen, sonst wird es vergiftet und erleidet 13 (3W8) TP
Giftschaden. Das Gift wirkt, bis es durch Schwache Genesung oder ähnlichen Zauber entfernt wird.

Tinkle McGee und die Kleinen Tyrannen

Tinkle McGee ist geistliches Oberhaupt der Kleinen Tyrannen, eines übertrieben fröhlichen Ordens von Halbling-Paladinen, die einst ihr Dorf vor einer untoten Horde gerettet haben. Sie beten, kämpfen und trinken gerne, aber nicht unbedingt in dieser Reihenfolge.

Rüstungsklasse 20 (schwere Ritterrüstung + Schild)
Trefferpunkte 78 (12W10 + 10)
Bewegungsrate 8 m

STÄ	GES	KON	INT	WEI	CHA
15 (+2)	16 (+3)	12 (+1)	10 (+0)	13 (+1)	13 (+1)

Rettungswürfe Wei (+6) Cha (+6)
Fertigkeiten Überzeugen +5, Fingerfertigkeit +7
Sinne Dunkelsicht 18 m

Überirdisches Glück. Immer, wenn ein Kleiner Tyrann eine 1 würfelt, darf er erneut würfeln. Fällt dabei eine 20, wird der Kleine Tyrann um 17 (3W10) TP geheilt.
Halbes Niederstrecken. Nahkampfangriffe des Kleinen Tyrannen verursachen zusätzlich 5 (1W8) Strahlungsschaden.

Aktionen
Mehrfachangriff. Der Kleine Tyrann führt zwei Angriffe durch.
Kurzschwert. *Nahkampfangriff:* +7, um zu treffen, Reichweite 1,50 m, 1 Ziel. Treffer: 7 (1W6 + 3) Hieb- und 5 (1W8) Strahlungsschaden.

Schattensturm Flügge und die Unvergesslichen

Schattensturm ist ein Drachengeborener, der längst nicht nur wegen seines Intellekts zum Groß-Thetan der Unvergesslichen erkoren wurde. Die Magier gelten als Favoriten im Gnæfaraun, vorausgesetzt, sie schlagen die Höllischen Harpyien.

Rüstungsklasse 12 (15 mit Magierrüstung)
Trefferpunkte 41 (9W6 + 9)
Bewegungsrate 9 m

STÄ	GES	KON	INT	WEI	CHA
12 (+1)	12 (+1)	13 (+1)	20 (+5)	15 (+2)	11 (+0)

Rettungswürfe Kon (+6) Cha (+4)
Fertigkeiten **Arkane Kunde** +9, **Geschichte** +9, Nachforschungen +9
Sinne Dunkelsicht 18 m

Zauberwirken. Die Unvergesslichen sind Zauberwirker 9. Grades. Ihr Attribut zum Zauberwirken ist Intelligenz (Zauberrettungswurf SG 17, +9, um mit Zauberangriffen zu treffen). Sie halten folgende Zaubersprüche bereit:

Zaubertricks (jederzeit): Magierhand, Botschaft, Gift versprühen, Schockgriff, Kältestrahl
1. Grad (4 Plätze): Brennende Hände, Magierrüstung, Magisches Geschoss, Schild
2. Grad (3 Plätze): Unsichtbarkeit, Nebelschritt, Zerbersten
3. Grad (3 Plätze): Gegenzauber, Feuerball, Hast
4. Grad (3 Plätze): Dimensionstür, Mächtige Unsichtbarkeit
5. Grad (1 Platz): Kältekegel

Mad Blasbalg und die Amboss-Bosse

Mad Blasbalg ist ein rauflustiger, fast immer wütender Zwerg und führt die Amboss-Bosse an, eine Freischar hitzköpfiger Barbaren.

Rüstungsklasse 17 (natürliche Rüstung + Schild)
Trefferpunkte 88 (8W12 + 36)
Bewegungsrate 12 m

STÄ	GES	KON	INT	WEI	CHA
18 (+4)	15 (+2)	16 (+3)	8 (-1)	11 (+0)	12 (+1)

Rettungswürfe Stä +7, Kon +6
Fertigkeiten Athletik +7, Einschüchtern +4, Überlebenskunst +3
Sinne Dunkelsicht 17 m

Weißglut (3/lange Rast). Als Bonusaktion kann ein Amboss-Boss in eine hitzige Wut geraten. Neben den bei Barbaren üblichen Wirkungen wird der Körper des Zwergs glühendheiß wie eine Esse. Wer den Amboss-Boss berührt oder ihn im Nahkampf trifft und ihm dabei näher als 1,50 m kommt, erleidet 5 (1W10) Feuerschaden.

Aktionen
Schwerer Knüppel.
Nahkampfangriff: +8, um zu treffen, Reichweite 1,50 m, 1 Ziel. Treffer: 10 (1W10 + 4) Wuchtschaden.

Bonusaktionen
Stoß mit Stachelschild. *Nahkampfangriff:* +8, um zu treffen, Reichweite 1,50 m, 1 Ziel. Treffer: 8 (1W6 + 4). Getroffene Kreaturen müssen einen Stärkerettungswurf gegen SG 17 schaffen, sonst fallen sie um.

Haus Skhalhammer

Als die Gruppe in der Umgebung eines sagenumwobenen Anwesens nach verschwundenen Personen sucht, gerät sie in die Fänge eines Traumdrachens und muss sich ihren eigenen Albträumen stellen.

Ein Abenteuer von den Three Black Halflings, geeignet für die Stufen 7–12

Nachdem die Gruppe beauftragt wurde, eine Reihe von Vermisstenfällen und bedrohlichen Erscheinungen zu untersuchen, die alle mit dem herrschaftlichen Anwesen von Jhaal Skhalhammer, dem Direktor der Stormborn Trading Company, in Verbindung stehen, tappt sie in dem Herrenhaus in die Falle und begegnet einem alten, wütenden Traumdrachen. Um dieses Wesen zu besiegen, müssen die Helden das Herrenhaus erkunden und sich ihren schlimmsten Ängsten stellen, um nicht im Reich der Träume verschollen zu gehen. Dabei werden sie herausfinden, wie dieses Wesen in die Stadt Bigginsworth kam, was es dort will, und wie man es aufhalten kann.

Ort des Abenteuers

Dieses Abenteuer findet in der mittelgroßen, aber wichtigen Hafenstadt Bigginsworth statt. Der Großteil der Handlung spielt sich im größten Privathaus der Stadt ab: dem Haus von Jhaal Skhalhammer. Zur Wirtschaft der Stadt tragen zwar auch kleinere Betriebe bei, aber für Aufschwung sorgt vor allem die Stormborn Trading Company (STC), die mit Niederlassungen auf allen Kontinenten im Namen des Fortschritts Handel und Kolonisierung betreibt. Je erfolgreicher die STC ist, desto besser geht es Bigginsworth. Vor allem deshalb kritisieren die Menschen, die hier ihren Lebensunterhalt verdienen, das Gebaren der STC nur ungern, sondern verteidigen es sogar, egal, wie unhaltbar deren Aufkäufe, Aneignungen oder regelrechten Diebstähle auch sein mögen. Unter der besonnenen Führung von Jhaal Skhalhammer sind solche Unhaltbarkeiten ins Unermessliche gewachsen – ebenso wie der Aktienkurs und das Ansehen des Unternehmens.

In letzter Zeit wurden die Bewohner von Bigginsworth von schrecklichen Albträumen und bedrohlichen Erscheinungen geplagt. Der Spuk begann unmittelbar nach dem mysteriösen Verschwinden der Familie Skhalhammer (Lord Jhaal, Oberhaupt der Familie; Lady Yosa, seine Frau; Skrud, ihr junger Sohn; Bruntok, ihre junge Tochter) sowie ihres Personals von mehr als 50 Haushalts- und Gartenhilfen. Die Erscheinungen, die die Stadt heimsuchen, werden angeblich immer schlimmer, je näher man dem Haus Skhalhammer kommt, dem Stammsitz der Familie und dem letzten Ort, an dem sie und ihr Personal gesehen wurden. Zeitgleich mit den Träumen und Erscheinungen und dem Verschwinden von Familie Skhalhammer hat sich ein seltsamer Nebel über die Stadt gelegt. Dieser Nebel lässt sich nicht vom Wind bewegen, und dort, wo er dichter ist, hat man Stimmen gehört, die um Hilfe riefen. Alle, die sich den Erscheinungen genähert haben, berichten von einem überwältigenden Gefühl der Vorahnung, das sie davon abhält, physischen Kontakt aufzunehmen. Der Nebel scheint sich um Haus Skhalhammer zu ballen, das nur 16 km von der Stadt entfernt liegt. Offenbar geht das Problem von dort aus. Zwar würden die meisten Stadtbewohner nie offen über die Skhalhammers lästern, aber Gerüchte besagen, dass die Familie wohl die Schuld trägt. Für die STC ist das natürlich eine Katastrophe. Da kommen unsere Abenteurer ins Spiel.

Wie die Gruppe nach Bigginsworth kommt, liegt im Ermessen des SL. Ist das Abenteuer Teil einer laufenden Kampagne, kommt die Gruppe vielleicht auf dem Weg nach Übersee in die Hafenstadt, erfährt aber, dass die meisten Schiffsrouten aus Angst vor den albtraumhaften Visionen gesperrt sind. Dass die STC eine hohe Belohnung für das Ergründen der Vorkommnisse auslobt und dass man sich dazu bei Mr. Balthazar Noh, dem Finanzchef der STC, melden soll, ist Stadtgespräch. Wird dieses Abenteuer für eine neu gebildete Gruppe oder als Einmal-Abenteuer gespielt, dann hat es sich unter Abenteuerlustigen herumgesprochen, dass die STC allen 1.000 GM zahlt, die fähig und willens sind, zum Herrenhaus von Skhalhammer zu reisen und die dortigen Seltsamkeiten zu ergründen. Bei so einem lukrativen Job ist es kein Wunder, dass sich aufstrebende Söldnerinnen und Auftragszauberer zusammenfinden. Die Handlung beginnt also in Mister Nohs Kutsche auf dem Weg zum Haus Skhalhammer.

SL AUFGEPASST: HAUS SKHALHAMMER UND DAS REICH DER TRÄUME

Die Stormborn Trading Company hat der Stadt Bigginsworth erst einen Namen gemacht.
Der alleinige Inhaber Jhaal Skhalhammer hat unermüdlich ein riesiges Handelsimperium aufgebaut. Sein Anwesen gleicht eher einem Museum als einem Wohnhaus, denn die vielen Zimmer sind mit Statuen und alten Artefakten geschmückt, die er aus Ländern weit jenseits des Meeres »gerettet« hat.
Seine Handelsbeziehungen ermöglichten Jhaal, bei den Traumesen, einem Inselvolk, eine Traumtruhe zu erwerben (oder zu entwenden, wie manche behaupten). Bei der Transaktion wurden jedenfalls zahlreiche Traumesen abgeschlachtet. Ursprünglich sollte die Truhe Jhaals Gattin Lady Yosa beeindrucken, aber da bei Jhaal immer schon Geschäft vor Privatleben ging, öffnete er die Truhe, um herauszufinden, ob sie wie behauptet ein Portal zur Traumebene enthielt. Die Behauptung stimmte. Jhaal ließ dadurch den mächtigen Traumdrachen Ephialtes frei, der das Anwesen seitdem in einen einzigen Albtraum verwandelt hat, der auch Familie und Hauspersonal gefangen hält. Die Skhalhammers und ihre gesamte Dienerschaft sind nun in einer Traumwelt gefangen, in der jedes Zimmer des Hauses ein ausgedehnter, unberechenbarer, turbulenter Albtraum ist. Die Wände weinen Blut, die Treppen führen unter sich selbst her, und die Fenster öffnen sich zum Keller. Haus Skhalhammer ist praktisch ein Traumlabyrinth – ganz zu schweigen vom Irrgarten dahinter.
Wichtig ist, dass du deiner Gruppe im Verlauf des Abenteuers begreiflich machst, dass alles Gesehene die Grenzen ihres Bildes von der Realität sprengt.

Vorbereitung

Das Abenteuer beginnt in der Kutsche von Mr. Balthazar Noh, dem Finanzchef der Stormborn Trading Company. Ein Scharmützel vor dem Herrenhaus ist die erste wichtige Begegnung, danach spielt sich der Großteil des Abenteuers in den traumartigen Gemächern von Haus Skhalhammer ab. Falls dieses Abenteuer Teil einer Kampagne ist, musst du zunächst überlegen, wie du die Gruppe in die Kutsche von Mr. Noh bringst. Die STC hat ein weites Handelsnetz, und die ausgesetzte Belohnung hat sich sicherlich bis in jedes Reich der Materiellen Ebene herumgesprochen, wenn die Lage wirklich so schlimm ist, wie Mr. Noh meint. Die Nachricht könnte die Gruppe durch *Verständigung* erreicht haben, inklusive Wegbeschreibung zum nächstgelegenen Kreis der Teleportation, oder durch einen Kurier, der anbietet, sie bei Bedarf direkt nach Bigginsworth zu *teleportieren*. Andere Anreisemöglichkeiten liegen im Ermessen des SL.

Im Herrenhaus sollte die Gruppe sofort merken, dass die sie umgebenden Visionen aus ihren eigenen Träumen und Albträumen heraufbeschworen wurden. Wenn du eine neue Gruppe betreust (oder den Hintergrund der SC noch nicht gut kennst), solltest du die Mitspielenden bitten, dir ein paar der größten Ängste (große, kleine, überraschende, alberne, existenzielle) und Träume (große, kleine, überraschende, weltverändernde) ihres Charakters mitzuteilen, damit du sie leichter in deine Beschreibungen einbauen kannst. Dieser Schritt ist zwar nicht notwendig, aber er macht jede Begegnung für die Mitspielenden noch persönlicher.

Die Karten für die Zimmerfluchten, die der Traumdrache Ephialtes in Dungeon-Kammern voller Chaos verwandelt hat, kannst du mithilfe der Tabelle auf S. 258 erstellen und für jeden Raum den entsprechenden Text hinzufügen. Du brauchst mindestens drei verschiedene Orte und ein paar Statisten, wenn die Gruppe das Herrenhaus gründlich erkunden soll. Mehr dazu, wie du zufällige Dungeon-Kammern in dein Abenteuer einbauen kannst, findest du auf S. 55. In diesem Abenteuer gibt es mehrere Haupt-NSCs, und zwar Mr. Balthazar Noh, Darnell Bonnydock, Nissa Bonnydock und Jhaal Skhalhammer. Daneben kann die Gruppe nach Ermessen des SL mit zahlreichen anderen Mitgliedern und Angestellten der Familie Skhalhammer interagieren. Außerdem gibt es gefährliche Traumgeister, die nur in diesem Abenteuer vorkommen: der Nachtschreck, der Hypnoide, der Somnambule und der Traumdrache Ephialtes. Wertekästen zu diesen NSCs findest du ab S. 62.

Mr. Nohs Kutsche ist auf dem Weg zu Haus Skhalhammer. Drinnen sitzt neben der Gruppe auch Mr. Balthazar E. Noh (das »E« steht für Eric, obwohl er das nie verraten würde), Finanzchef der Stormborn Trading Company. Er ist die Sorte Mensch, die glaubt, mit der richtigen Summe alles lösen zu können. Die SC wurden angeheuert, um das Verschwinden der Familie Skhalhammer zu ergründen, und wissen daher, dass Menschen vermisst werden. Sie wissen, dass in Bigginsworth irgendetwas nicht stimmt (oder werden es bald merken) und dass ihr Auftrag lautet, ins Herrenhaus einzudringen und Familie Skhalhammer in Sicherheit zu bringen. Sie wissen auch, dass die Stormborn Trading Company der wichtigste Arbeitgeber der Gegend ist, dass ihr Gründer der mit Abstand reichste Mann der Stadt ist und dass seine Vorliebe für seltene Artefakte ebenso legendär wie exzentrisch ist. Seine private Sammlung kann es mit den königlichen Museen und Schatzkammern aufnehmen. Die SC wissen, dass sie für ihre Dienste jeweils 1.000 GM erhalten.

Alles dies bespricht Mr. Noh mit der Gruppe während der Kutschfahrt. Schon als die Fahrt beginnt, wird sofort klar, dass etwas nicht stimmt.

Teil 1: Unterwegs nach Haus Skhalhammer

> Ihr befindet euch alle in einer großen, prächtigen Pferdekutsche, die an einem grauen, kalten Nachmittag über eine holprige Straße fährt. Die Straße führt durch üppige Wälder, aber zu sehen ist nichts als Nebel. Obwohl die Straße voller Schlaglöcher und Furchen ist, rollt ihr sanft und gemütlich dahin – was für die Qualität der Kutsche und die tiefen Taschen eures Auftraggebers spricht. Der Kutscher – ein kleiner, kräftiger Mann, der sich als Darnell Bonnydock vorgestellt hat – spornt die Pferde an, als wolle er die Strecke bloß schnell hinter sich bringen. Zwischen euch sitzt, über Papierkram brütend, ein langer, fast unmöglich dürrer Mann: Mr. Balthazar Noh. Er nimmt das Gespräch wieder auf, das er begonnen hat, als er euch anheuerte, um dem Verschwinden der Familie Skhalhammer samt Personal auf den Grund zu gehen: »Wir werden schon bald am Anwesen ankommen. Ich habe mich über euren Werdegang erkundigt und weiß aus berufenem Munde, dass ihr zu den begabtesten Abenteurern eures Faches gehört. Aber Erfolg ist nicht alles. Erzählt mal. Wovor habt ihr Angst? Was hält euch nachts wach? Was plagt euch in euren Albträumen? Ich fange an: Spinnen. Und Zahnärzte. Aber meine größte Furcht ist, meine Pflicht gegenüber Lord Jhaal nicht zu erfüllen. Deshalb habe ich euch angeheuert. Also: Wovor habt ihr Angst?«

Mr. Noh drängt nun jedes Gruppenmitglied, mindestens eine persönliche Angst zu nennen, damit er einschätzen kann, ob es der Aufgabe gewachsen ist. Als einfühlsamer Mensch erkennt er Halbwahres oder Vorgeschobenes, aber durch Charismawurf (Täuschen) gegen SG 20 kann man ihm etwas vormachen. Wenn die SC ihre Ängste offenbaren, kann das Abenteuer mit bedeutungsvollen Begegnungen ausgestattet werden.

Sobald die Gruppe ihre Ängste offengelegt hat, beantwortet Mr. Noh alle noch offenen Fragen zum Auftrag und gibt nach Ermessen des SL folgende Details preis:

- Jhaal Skhalhammer, seine Familie und sein Personal wurden seit Wochen nicht mehr gesehen. Und ja, die seltsamen Visionen in der Gegend begannen nicht lange nach ihrem Verschwinden.
- Die Landung der jüngsten Schiffsladung der Stormborn Trading Company aus dem Inselreich Traumesien fällt mit dem Aufkommen von Nebel und Erscheinungen zusammen. Möglich wäre, dass eines der mitgebrachten Artefakte die Ursache für die aktuellen Merkwürdigkeiten ist. Es könnte auch Sabotage sein. Oder beides.
- Die Gruppe erhält pro Kopf 1.000 GM. Sollte der Lord (unwahrscheinlicherweise!) zu Tode kommen, wird die Gruppe trotzdem entschädigt. Sie müssten nur einen Nachweis über sein Ableben erbringen.
- Haus Skhalhammer ist ein beeindruckendes Gebäude, das mit Abstand größte der Gegend. Auch wenn jedes Zimmer seine eigenen Reize hat, ist das Arbeitszimmer etwas ganz Besonderes.
- Ja, die Erscheinungen sind seltsam, und sie werden mehr, je näher man dem Herrenhaus kommt. Oh, schaut, da ist eine. Und noch eine.

> Als die Kutsche um eine Ecke biegt, seht ihr etwas Ätherisches aufscheinen – vielleicht eine riesige Spinne, aber in einer Art Laborkittel? Sie verschwindet aus dem Blickfeld, als die Kutsche an ihr vorbeifährt. »Was war das?«, schreit Mr. Noh. Vom Kutschbock ruft Darnell mit zitternder Stimme über das Donnern der Pferdehufe hinweg: »Die Pferde haben's nicht gesehen, aber ich schon. Das ist irre.«

SL AUFGEPASST: DÜSTERE ERSCHEINUNGEN

Wer während dieser einleitenden Phase aus dem Kutschenfenster blickt, wird nach Ermessen des SL die Erscheinungen bemerken, die die Stadt und ihre Umgegend heimsuchen. Diese Visionen scheinen nur halb manifestiert zu sein, sie wirken wie optische Täuschungen oder Déjà-vus, die einen am eigenen Verstand zweifeln lassen. Einige Beispiele:

- Kinder, die ein Stück über dem Boden schweben, spielen Fangen mit einem humanoiden Kopf. Der Kopf lächelt und zwinkert den Vorbeifahrenden zu.
- Eine Waldhochzeit zwischen einem Hund und einer Katze, der Priester ist ein Eulenbär. Ein ganzes Tierpublikum hat sich für diesen Anlass fein gemacht. Nach Ermessen des SL erlebt man auch Momente der Hochzeitsfeier mit und sogar Ausschnitte aus dem Eheleben des anthropomorphen Tierpaares.
- Die Gruppe sieht ein Spiegelbild der eigenen Kutsche in der Gegenrichtung vorbeirasen. Die Spiegelbilder der SC sind in den feinsten Kleidern gewandet und kubistisch verzerrt. Die Spiegelgruppe verhöhnt die echte Gruppe im Vorbeifahren.
- Besondere Visionen mit Bezug auf die Ängste der Gruppenmitglieder, je nach Ermessen des SL.

Jede Erscheinung ist von einem mysteriösen Nebel umgeben. Jeder Versuch, auszusteigen und mit den Erscheinungen zu interagieren, führt dazu, dass sie sofort spurlos verschwinden. Zurück bleibt nur ein starkes Gefühl der Vorahnung sowie Nebelfetzen, die in Richtung des Herrenhauses ziehen. Wer auf die Erscheinungen, den Nebel oder andere unter Traumwirkung stehende Dinge oder Orte den Zauber *Magie entdecken* anwendet, entdeckt mächtige Verzauberungs-, Illusions- und Erkenntnismagie, die aus Richtung des Hauses zu fließen scheint.

Sobald die Erscheinungen auftauchen, mischt sich der Kutscher Darnell Bonnydock in das laufende Gespräch ein. Nach Ermessen des SL tut Darnell Folgendes kund:

- Er hat sein ganzes Leben in Bigginsworth verbracht und weiß genauso viel wie Mr. Noh über die Lage. Er mag die STC nicht besonders, sondern betrachtet sie als notwendiges Übel für die Stadt.
- Seiner Meinung nach wurden die im Herrenhaus ausgestellten Artefakte nicht »entdeckt«, sondern gestohlen. Geraubt. Erbeutet. Von ihrer angestammten Stätte entfernt. Die jüngsten Ereignisse sind demnach eine längst überfällige und wohlverdiente Strafe.
- Darnell hat als einziger STC-Mitarbeiter den Mut aufgebracht, die Gruppe zum Herrenhaus zu bringen. Weil ihm nämlich persönlich etwas daran liegt.
- Seine Tochter Nissa hat noch nicht einmal eine Woche auf dem Gut gearbeitet, als plötzlich Menschen verschwanden. Nissa ist erst 19, aber viel weiser als ihr alter Herr. Auch lustiger. Er will sie zurück. Unbedingt.
- Leute, die dort nach vermissten Angehörigen gesucht haben, sind nicht zurückgekehrt.
- Darnell will, dass die Gruppe Nissa findet. Bitte!
- Darnell gibt der STC die Schuld an Nissas Verschwinden und sagt das ohne Scheu.

Spätestens wenn Bonnydock über die STC schimpft, liest du folgenden Text vor.

> Mr. Noh wird sehr still, und ihr merkt, dass Darnell die Pferde antreibt, um euch so schnell wie möglich zum Herrenhaus zu bringen. »Langsam, sonst verfehlst du in dem Nebel die Einfahrt«, ruft Mr. Noh. Darnell peitscht erneut die Pferde an. »Wir müssen Nissa finden«, ruft er, während das Gespann beschleunigt. Er dreht sich zu euch um, die Zügel schlackern in seinen Händen: »Bitte. Versprecht mir, dass ihr sie findet.« Plötzlich zuckt Noh vor Schreck zusammen und starrt nach vorne: »Lord Jhaal! Auf der Straße! Pass auf!« Darnell packt die Zügel und lenkt die Pferde scharf nach rechts, aber das Tempo ist für dieses Manöver eine Nummer zu groß, und die Kutsche kippt. Macht einen Geschicklichkeitrettungswurf.

Als sich die Kutsche überschlägt, werden Mr. Noh, Darnell und die Gruppe umhergeschleudert. Darnell reißt es unter die Kutsche, während Noh durch die Luft fliegt und gut 9 m entfernt aufschlägt. Bei gescheitertem Rettungswurf gegen SG 15 erleidet jedes Mitglied der Gruppe 11 (3W6) Wuchtschaden.

Teil 2: Hinter den Toren

> Die Kutsche ist umgestürzt und mit voller Wucht gegen die Eisentore eines stattlichen Herrenhauses geprallt, das in Nebel getaucht, aber von innen gut beleuchtet ist. Im Zwielicht seht ihr Mr. Noh in fast 9 m Entfernung liegen, näher an der Eingangstreppe. Euer Kutscher Darnell ist unter der Kutsche eingeklemmt. Der Nebel, der euch umgibt, scheint sich zu wandeln und formt sich an einigen Stellen zu Gestalten, die euren schlimmsten Ängsten ähneln. Über Nohs Körper ragt auf einmal eine große, spindeldürre Kreatur auf – eine Spinne, die auf zwei Beinen läuft und einen Laborkittel trägt. Nahe der Kutsche tauchen drei weitere Kreaturen auf. Würfelt die Initiative aus.

Die Gruppe befindet sich jetzt vor Haus Skhalhammer (S. 52) im Kampf und wird von vier Nachtschrecken, einem Hypnoiden und einem Somnambulen bedrängt. Nach Ermessen des SL können sich noch mehr Traumgeister dem Kampf anschließen (siehe unten).

- Weitere Kreaturen tauchen aus dem Nebel auf. Sie greifen den bewusstlosen Mr. Noh an und versuchen, ihn ins Herrenhaus zu zerren. Andere bedrohen Darnell, der noch bei Bewusstsein ist. Überlege, ob du deiner Gruppe erlaubst, beide oder einen der NSCs zu retten.
- Wird ein Traumgeist besiegt, löst er sich in Dunst auf und verschmilzt mit dem Nebel.
- Immer, wenn ein Traumgeist Mr. Noh oder Darnell erfolgreich angreift, bemerkt die Gruppe, dass deren Körper durchscheinend zu werden beginnen.
- Wenn ein SC im Nebel Schaden erleidet, tritt ein ähnlicher Effekt ein. Je mehr Schaden, desto ätherischer. Je schwächer man wird, desto mehr verliert man den Bezug zur Realität, und die Umgebung erscheint immer unwirklicher und traumhafter. Kann ein SC Lebenspunkte wiedergewinnen, erhält er seine physische Dichte zurück. Wer eine passive Wahrnehmung von 15 hat oder einen Wahrnehmungswurf gegen SG 15 besteht, bemerkt jedoch, dass die ganze Gruppe dünne Schwaden absondert und immer durchsichtiger wird. Ein erfolgreicher Weisheitswurf (Motiv erkennen) gegen SG 18 offenbart, dass nur noch etwa acht Stunden Zeit bleiben, bevor die Gruppe vollständig verschwindet. *Voll-*

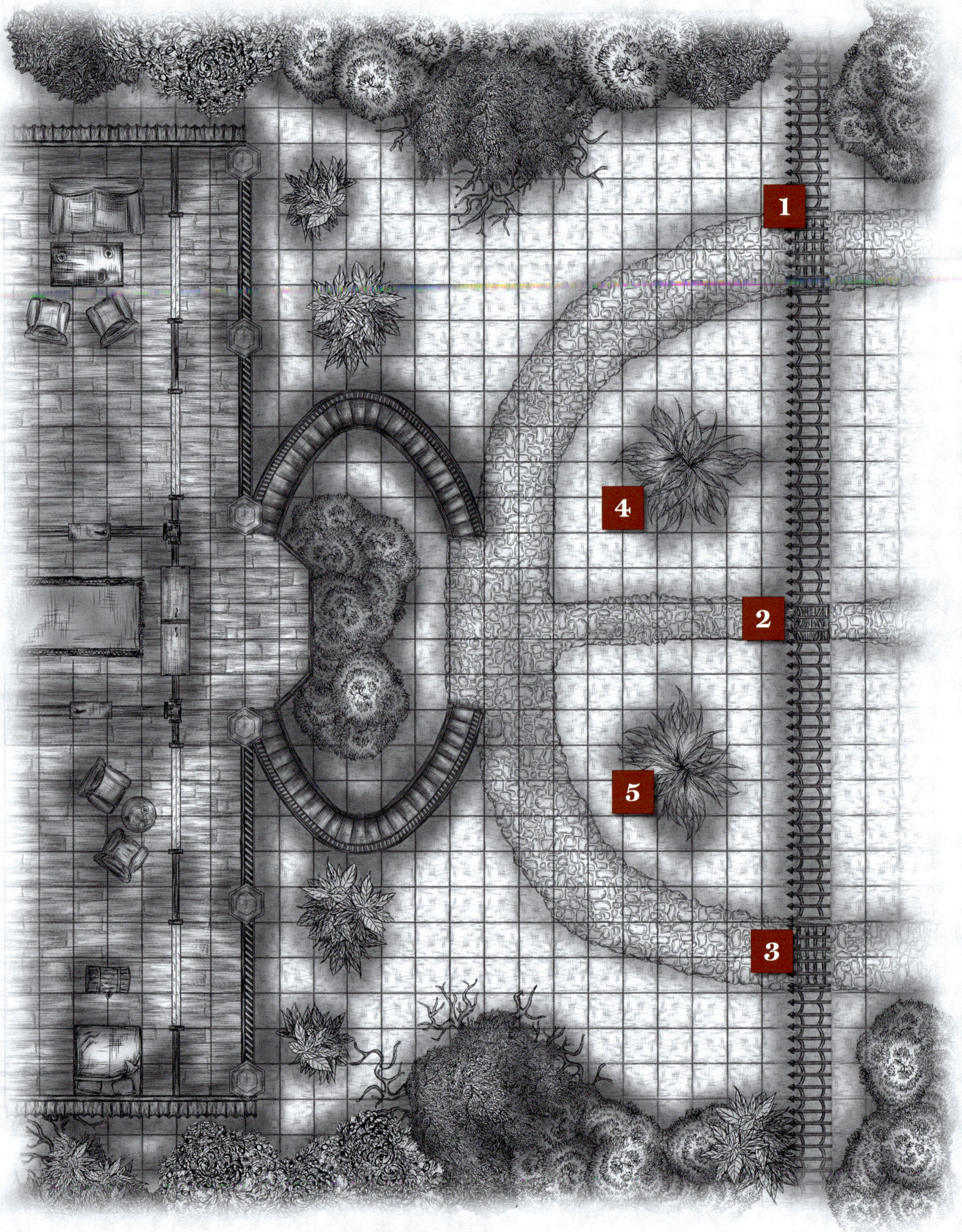
1
4
2
5
3

Vorhof des Herrenhauses

Imposant zeichnet sich die Silhouette von Haus Skhalhammer im Nebel ab. Davor befinden sich ein Eisentor, eine gepflasterte Auffahrt und – momentan zumindest – eine Schar Traumgeister, die jeden überfallen, der zu fliehen versucht.

Vorhof

Die Kutsche ist durch eines der drei Tore des Anwesens (1) gekracht und liegt nun umgestürzt rechts neben der Auffahrt. Das kleine Tor am Fußweg (2) ist oft nicht verschlossen. Das dritte Tor (3) ist verschlossen, aber sein Schloss kann durch erfolgreichen Geschicklichkeitswurf (Diebeswerkzeug) gegen SG 15 geknackt werden. Etwa 1,50 m hohe Ziersträucher (4, 5) sowie andere Pflanzen eignen sich nach Ermessen des SL als Dreiviertel- oder Halbdeckung für kleine oder kauernde Kreaturen.

Veranda

Vom Vorhof führen zwei geschwungene Treppen symmetrisch zur 4,50 m hohen, überdachten Veranda des Herrenhauses. 9 m über dem Boden ist ein Balkon mit Zugang zum zweiten Stockwerk. Die Fenster sind mit lebendigem Stahl vergittert, der allen Eindringlingen 45 (10W8) Stichschaden zufügt.

Die große Eichentür, die ins Innere des Hauses führt, steht offen. Das Innere des Hauses wirkt warm und einladend, aber auch unheimlich leer. Geraten Mitglieder der Gruppe während des Kampfes in diesen Raum, sehen sie einen großen Spiegel, umrahmt von einer geschwungenen Doppeltreppe, sowie einen riesigen Wandteppich (siehe S. 55).

Zur Veranda hin schauen auch ein paar Fenster, aber der Blick durch sie ist nebelverhangen. Falls eine Kreatur durch eines der Fenster ins Haus gelangt, kannst du anhand der Tabelle und der Beschreibungen auf S. 56 bestimmen, welches Zimmer sie betreten hat.

Undurchdringlicher Nebel

Das gesamte auf der Karte dargestellte Gebiet ist in dichten Nebel gehüllt. Diesen mächtigen Effekt erzeugt der Traumdrache, der gegenwärtig im Herrenhaus Hof hält. Jede Kreatur, die versucht, den Nebel fliehend zu durchdringen, irrt 2W4 Runden im Kreis herum, bevor sie nach Ermessen des SL an anderer Stelle auf der Karte wieder aus dem Nebel herauskommt. Kreaturen, die durch den Nebel fliehen wollen, erleiden für jede im Nebel verbrachte Runde 7 (2W6) psychischen Schaden.

ständige Genesung und *schwache Genesung* können dies verzögern, wobei die Zahl der addierten Stunden dem Grad des Zaubers entspricht. Nur die Zauber *göttliche Intervention* oder *Wunsch* können die Auflösung aufhalten, solange man sich in dieser Traumwelt befindet. Erwähnt sei auch, dass es praktisch unmöglich ist, in der Traumwelt zu »sterben«. Stattdessen wird die Seele einfach vom Traum absorbiert, man ist zusammen mit den anderen Seelen darin gefangen. Daher können »tote« Gruppenmitglieder nicht wiederbelebt werden. Sie sind allerdings in den Spiegelbildern sichtbar und kommunizieren auf die gleiche Weise wie die NSCs.

Nach drei Kampfrunden oder nach Ermessen des SL tauchen 3W4 + 1 Nachtschrecken aus dem Nebel auf und treiben die Gruppe in Richtung Hauseingang. Am Ende der vierten Kampfrunde oder nach Ermessen des SL verschleppen die Traumgeister sowohl Mr. Noh als auch Darnell in die oberen Stockwerke des Hauses und damit aus dem Blickfeld. Lies vor:

> Zwei große Hände wachsen aus dem Nebel hervor, ätherisch und doch ganz präsent. Sie ergreifen Mr. Noh und Darnell und heben sie hoch wie eine Handvoll Laub. Nohs Körper spannt sich, und ihr hört ihn aufschreien, bevor er mit dem Nebel eins wird und ins Gewölk verschwindet. Darnell ist noch einigermaßen wach, aber sein Körper verblasst zunehmend, als der Nebel ihn packt und hinauf zum Obergeschoss reißt. Er starrt euch an und fleht: »Bitte! Was mit mir passiert, ist egal, aber geht nicht ohne Nissa! Rettet sie um jeden Preis! Rettet sie vor diesem Schicksal! Und sagt ihr, dass es mir leidtut …« Seine Stimme verhallt, und sein Körper verschwindet zwischen Nebelschwaden.

SL aufgepasst: Magie entdecken

Sollte jemand zu irgendeinem Zeitpunkt den Spruch *Magie entdecken* auf die Erscheinungen, Traumgeister, den Nebel oder irgendetwas in der unmittelbaren Umgebung von Haus Skhalhammer anwenden, werden Massen an Verzauberungsenergie offenbar, die hier alles umflutet. Im Nebel wirbelt eine unnatürliche Mischung aus Erkenntnis-, Beschwörungs- und Illusionsmagie. Die Energie scheint aus dem Inneren des Hauses zu kommen und wird immer stärker, je näher die Gruppe der Traumtruhe kommt, die in Lord Jhaals Studierstube steht.

Zu diesem Zeitpunkt ist die Sicht auf die das Anwesen umgebenden Ländereien vollständig vom Nebel verdeckt. Wer versucht, den Nebel wegzublasen, wird feststellen, dass er sich nicht verwehen lässt. Wer seine

Magie bannen will, wird merken, dass der Nebel selbst kein magischer Effekt ist. Wer versucht, den Nebel zu überfliegen, erkennt, dass er aus dem Haus zu quellen scheint und eine Art Kuppel bildet, die den Himmel verdunkelt; mit zusammengekniffenen Augen sieht es so aus, als ob ausgebreitete Drachenflügel das Haus umkreisen. Die Flügel zwingen die fliegende Kreatur schnell zurück auf den Boden. Versuche, mit Personen außerhalb des Gutsgeländes magischen Kontakt aufzunehmen, scheitern an magischer Interferenz. Jeder Fluchtversuch scheint wieder genau dorthin zu führen, wo man herkam.

Wer versucht, sich in den Nebel, darüber hinweg oder in eine andere Existenzebene zu *teleportieren*, verschwindet und taucht an derselben Stelle wieder auf, wobei die gleichen Empfindungen auftreten wie bei denen, die den Nebel physisch durchdringen wollen: überwältigende Lethargie, das Verlangen nach einer langen Rast und ein bedrückendes Gefühl der Schlaflosigkeit.

Ein Intelligenz- oder Weisheitswurf gegen SG 12 mag bestätigen, was offensichtlich sein dürfte: Es gibt keinen Ausweg. Um dem Nebel zu entkommen, muss die Gruppe ins Innere.

Haus Skhalhammer ist ein schönes, imposantes zweistöckiges Steinhaus mit gotischen Fenstern, Schornsteinen und steilen Dächern. Falls die Gruppe vor dem Eintreten versucht, das Haus auszukundschaften, indem sie durch die Fenster schaut, wird sie nur Nebel sehen. Sollte sie es nicht ins Haus schaffen, bevor der Nebel sie verschlingt, lässt du sie einfach in der Eingangshalle ankommen. Sobald die Gruppe das Herrenhaus betritt, umschlingt der Nebel das Haus und vereitelt jeden Fluchtversuch.

Teil 3: Im Inneren von Haus Skhalhammer

Als ihr über die Schwelle des Herrenhauses tretet, habt ihr einen Moment Zeit, um euch zu orientieren. Eine geschwungene Doppeltreppe nimmt das Foyer ein und umrahmt einen verzierten, in Elfenbein gefassten Spiegel. Über die meisten Wandflächen zieht sich ein einziger, riesiger Wandteppich, der die jahrhundertelange Ahnenreihe der Familie Skhalhammer zeigt. Den Spiegel flankieren zwei Türen am Fuß der beiden Treppen. Mehr Türen finden sich wahrscheinlich am oberen Ende. Im Spiegel seht ihr eure Spiegelbilder – aber auch eine große, schlanke junge Frau mit schlichtem Kittel, wallendem Haar und mürrischem Blick. Sie öffnet den Mund, und ihre Stimme ist ein sorgenvolles Flüstern, aber dennoch zuversichtlich: »Ich habe meinen Vater schreien gehört. Er ist nicht bei euch. Das bedeutet wohl, dass er bald bei mir sein wird.«

Es ist Nissa Bonnydock. Sie kann mit der Gruppe durch den Spiegel kommunizieren, den sie als eine Art Portal zwischen der Wirklichkeit und dem Reich der Träume beschreibt. Nach Ermessen des SL teilt sie Folgendes mit:

- Sie ist seit ihrem ersten Arbeitstag vor ein paar Wochen in diesem Spiegel gefangen. Es sollte ein Bankett geben, aber als sie sich in der Küche meldete, umschlang sie eine Nebelmasse. Dann wurde sie attackiert vom ... Besteck? Sie ist sich nicht sicher.
- Das Hauspersonal ist wohl ebenfalls im Spiegel gefangen. Eigentlich in jeder reflektierenden Oberfläche. Wie das geht, weiß sie nicht – nur, dass sie unter Menschen ist, sich aber einsam fühlt wie nie zuvor.
- Wenn die Gruppe mit anderen Hausangestellten reden will, erscheinen diese auf irgendeiner Oberfläche mit Spiegelbild. Wenn sie mit jemand Bestimmten sprechen wollen, müssen sie nur fragen.
- Sie kann weder Lord Jhaal noch den Rest der Familie Skhalhammer finden.
- Andere Hausangestellte haben ihr erzählt, dass Jhaal eine seltsame Kiste erhalten und sie in seiner Studierstube geöffnet hat. Mit einem speziellen Messer entfernte er drei juwelengleiche Siegel von der Truhe – und dann kam der Nebel.
- Angestellte haben berichtet, dass die Siegel, die Jhaal von der Truhe entfernt hat, im Herrenhaus herumschweben. Wo genau sich diese Kristalle befinden, weiß niemand mit Sicherheit zu sagen, da das ganze Haus jetzt ein riesiges Labyrinth ist.

SL AUFGEPASST:
EIN WANDTEPPICH ERZÄHLT

Der üppige Wandteppich im Foyer erzählt in mehreren Tableaus die Geschichte der Familie. Dargestellt sind die Anfänge der Skhalhammers als Landesverräter; ihr Wirken als Söldner und Meuchelmörder; dann ihre Zeit als Freibeuter für die Krone; zuletzt der Aufstieg Jhaals, der mithilfe des Familienerbes einen der mächtigsten Konzerne der Welt gründet.

Wer allerdings den Wandteppich im Spiegel betrachtet, wird darauf folgende Geschichte dargestellt finden: Ein Dorf wird von STC-Leuten überfallen, die viele der Einwohner töten und allerlei Schätze stehlen, vor allem eine kleine Truhe mit drei leuchtenden Siegeln darauf; die STC-Leute bringen ihre Beute nach Haus Skhalhammer und übergeben sie dem Hausherrn; in seiner Studierstube verwendet Jhaal einen verzierten, magisch aufgeladenen Dolch, um die Siegel zu zerschlagen und die Kiste zu öffnen, aus der riesige Mengen Nebel quellen; ein unmenschliches, wutverzerrtes, drachenhaftes Gesicht erscheint im Nebel, der das ganze Haus durchflutet und alle Bewohner verschlingt.

Das letzte Bild des Wandteppichs zeigt das von Nebel umschlossene Haus Skhalhammer, im Hintergrund drohend das Drachengesicht. Genau hinter dieser Stelle des Wandteppichs befindet sich der Eingang zu einer Garderobenkammer. Darin steht gleich neben dem Eingang eine große Holzkiste an der Seite eines kleinen Tisches. Die Kiste ist offen, und auf dem Tisch liegt ein Brief:

Bitte sehr, Sir. Die Traumesen haben sich ordentlich gewehrt, aber wir sind mit ihnen fertiggeworden. Manchmal taugt das beste Verhandlungsgeschick nicht. Manchmal muss man militärische Überlegenheit zeigen und auch bereit sein, diese ganz auszuspielen. Jedenfalls haben die Traumesen ganz schön Äger gemacht, vor allem wegen ihrer Truhe. Man könnte meinen, wir hätten ihnen ihre ganze Lebensweise geraubt. So denken eben die Primitiven. Das alles müsste noch rechtzeitig vor Ihrem Bankett eintreffen. Da werden Sie mächtig stolz sein, so was vorzeigen zu können.

Bis bald, Sir.
Capt. S. Hondar.

Dem Gespräch mit Nissa im Spiegel ist zu entnehmen, dass sie auf einer anderen Ebene festhängt, dass aber der Spiegel eine Art Brücke ist.

Aufmerksame SC stellen während des Gesprächs möglicherweise fest, dass die Tableaus des Wandteppichs im Spiegel ganz anders aussehen.

Von den Traumesen hat die Gruppe gewiss noch nie gehört, aber wer einen Intelligenzwurf (Geschichte) gegen SG 20 erfolgreich ablegt, weiß, dass es sich um ein kleines Volk in Übersee handelt, das angeblich eine angeborene Verbindung zu den Geistern der Traumebene hat. Die Traumesen sind Selbstversorger und treiben normalerweise keinen Handel mit Fremden. Dass Jhaal ihre Artefakte in die Hände bekommen hat, ist ein echter Clou. Wohl auch darum wollte er bei dem geplanten Bankett die traumesischen Artefakte, besonders die erwähnte Truhe, präsentieren.

Die Gruppe sollte nun darauf kommen, dass es eine Verbindung zwischen dem Nebel, der Traumtruhe und den Siegeln gibt, die von der Truhe entfernt wurden. Um die Traumtruhe zu versiegeln, müssen sie alle drei Siegel finden und sie wieder auf der Truhe platzieren. Falls der Groschen nicht fällt, kann ihnen die Hausbibliothekarin Lothriel Valynore ihre Sicht der Dinge mitteilen und der Gruppe auf die Sprünge helfen.

Gewappnet mit dem Wissen, was zu suchen und wo es zu finden ist, kann die Gruppe nun das Haus erkunden. Die Erkundung der Haupträume dürfte ein Abenteuer für sich werden, denn in jedem Raum droht ein Kampf, wie in Teil 4 beschrieben.

Teil 4: Die Haupträume des Hauses

Betritt die Gruppe ein Zimmer des Herrenhauses, kann dieses durchaus fremdartig aussehen, eher wie ein Gewölbe. Um eine Karte zu erstellen, würfelst du anhand der Tabelle auf S. 258 für jeden Raum eine Beschreibung aus.

Dieser Teil des Abenteuers ist flexibel, denn die Traumwelt, in die das Herrenhaus hineingezerrt wurde, hat Zeit und Raum formbar gemacht. Der Grundriss von Haus Skhalhammer ist daher zufällig. Jedes Mal, wenn die Gruppe ein neues Zimmer betritt, würfelst du 1W10 und bestimmst anhand der unten stehenden Tabelle, welchen Raum die Gruppe als Nächstes betritt. Du musst nicht jeden Raum des Hauses in das Abenteuer einbeziehen, aber du brauchst mindestens drei Räume für die drei Siegel, die nötig sind, um die Traumtruhe zu versiegeln und das Haus wieder in die Realität zurückkehren zu lassen.

Für jeden Raum sind mögliche Begegnungen angegeben, die nach dem Ermessen des SL eingesetzt werden können.

Um möglichst viel Geschichte in möglichst wenigen Räumen zu erzählen, sollte folgende Reihung von Zimmern vorkommen: die Gemächer, die Bibliothek, die Studierstube.

Wenn die Gruppe den Raum betritt, beschreibst du zuerst das Aussehen des Raumes und fügst dann nach Bedarf relevante Informationen aus dem Vorlesetext hinzu.

Ersetze die möglichen Begegnungen der Gewölbekammern durch die des jeweiligen Herrenhauszimmers. Für den Fall, dass ein Siegel untergebracht werden soll, ist ein Platz dafür vorgeschlagen.

1W10	Zimmer
1	Der Ballsaal
2	Die Küche
3	Der Keller
4	Die Waffenkammer
5	Der Dachboden
6	Der Salon
7	Die Gemächer
8	Die Bibliothek
9	Die Studierstube
10	Würfle erneut

Der Ballsaal

Ein prächtiger Saal mit Gewölbedecke, Wandteppichen und einer riesigen Tafel, die mit Köstlichkeiten gedeckt ist. In dem schummrigen Raum hält offenbar eine Schar fein gekleideter Traumgeister einen Ball ab.

- Beunruhigenderweise hat jeder Gast das Gesicht und die Stimme eines Mitglieds der Gruppe, wobei der Körper nicht dazu passen muss. Beispiel: Das Gesicht des Halbork-Barbaren sitzt vielleicht auf dem Körper eines kleinen Mädchens in einem hellrosa Kleid oder das Gesicht der elfischen Zauberin auf dem Körper eines quengelnden Babys.
- Das Siegel liegt in einem der vielen Kelche auf dem Tisch und kann mit einem Wurf auf Intelligenz (Nachforschungen) gegen SG 16 gefunden werden. Die Geister ignorieren die Gruppe, solange sie Essen und Tischgeschirr nicht anrührt. 1W4 Traumgeister würden dies merken und angreifen.

Die Küche

Die Küche ist mit blitzsauberem und einsatzbereitem Kochgeschirr ausgestattet und ohne Licht. Erst wenn die Gruppe den Raum betritt, lodert der riesige Kochherd auf. Der Raum ist dreigeteilt: Herdraum, Speisekammer und Vorratskammer. Das Herdfeuer wirft in einem Radius von 3 m helles Licht und weitere 3 m weit schwaches Licht.

- Sobald die Gruppe auf der Suche nach dem Siegel irgendetwas in der Küche berührt, erwachen die Zutaten aus Speise- und Vorratskammer zum Leben und versuchen, die Gruppe in die offene Ofenklappe zu stoßen: ein gefülltes Huhn, das Eier verschießt; Wurstketten, die wie Nunchakus umherwirbeln, und ein frisch geschlachtetes Schwein, das Fleischermesser und Pfanne schwingt und einen Kochtopf als Helm trägt. Verwende die Werte für belebte Gegenstände aus dem Zauber *Gegenstände beleben* und passe Größe und Art des Schadens an das jeweilige Lebensmittel an. Die Speisen wollen Schaden anrichten, aber vor allem die Gruppe ins Herdfeuer stoßen.
- Der Ofen hat RK 12 und 100 TP, ist riesig, mit dem Boden verschraubt und spuckt am Anfang jeder Runde eine 9 m lange, kegelförmige Flamme. Jede Kreatur innerhalb dieses Kegels muss einen Rettungswurf auf Geschicklichkeit gegen SG 16 machen und erleidet bei Misserfolg 20 (3W12) Feuerschaden, bei Erfolg die Hälfte. Ist der Ofen am Zug, kann er versuchen, eine höchstens 1,50 m entfernte große oder kleinere Kreatur magisch zu erfassen. Die Kreatur kann durch Stärkewurf gegen SG 16 verhindern, dass sie der Ofen verschluckt. Eine verschluckte Kreatur steckt fest und erleidet zu Beginn jeder ihrer Runden 14 (4W6) Feuerschaden. Die Kreatur kann ihre Aktion für einen erneuten Stärkewurf nutzen und sich bei Erfolg aus dem Ofen befreien. Erleidet der Ofen in einem Zug 30 TP oder mehr, muss er einen Konstitutionsrettungswurf in Höhe der Hälfte des erlittenen Schadens bestehen oder jede verschluckte Kreatur wieder ausspucken. Der Herd kann bis zu zwei mittlere oder kleine Kreaturen auf einmal schlucken. Große Kreaturen zählen als zwei und winzige Kreaturen zählen als halbe.
- Das Siegel kann mit einem Intelligenzwurf (Nachforschungen) gegen SG 20 im knisternden Herdfeuer gefunden werden. Wer vom Ofen verschluckt wurde, entdeckt das Siegel durch erfolgreichen Weisheitswurf (Wahrnehmung) gegen SG 18 und kann es durch Stärkewurf (Athletik) gegen SG 14 dem Ofen entreißen. Andernfalls wird das Siegel im Inneren des Ofens sichtbar, sobald der Ofen besiegt ist.

Der Keller

Der Keller liegt am Ende einer knarrenden Holztreppe. Der Raum wirkt schmutzig. Die Decke tropft, die Wände sind schleimig und der Boden steht 30 cm unter Wasser. Im Keller reihen sich Flaschen und Fässer, aus manchen trieft der Inhalt in das Wasser darunter. Diese offenen Behälter und ihr Inhalt sind das Einzige, was hier unten auch nur annähernd angenehm riecht.

- In jedem Gefäß liegt ein **schwarzer Blob**. Größe und Trefferpunkte des Blobs richten sich nach der Größe des Gefäßes, wie die folgende Tabelle zeigt.

Gefäße mit Blobs

1W4	Gefäß	Blob	Treffpunkte
1	Weinflasche	winzig	10 TP
2	Whiskyfass	klein	30 TP
3	Bierfass	mittel	55 TP
4	Weinfass	groß	85 TP

Wirf nach Belieben einen 1W6, um festzustellen, wie viele schwarze Blobs bereits ausgebrochen sind, wenn die Gruppe den Keller betritt, und einen 1W4, um anhand der Tabelle zu bestimmen, welche Sorten es sind. Jedes Gefäß, das die Gruppe zerstört, setzt einen weiteren Blob frei, dessen Art anhand der Tabelle oder nach Ermessen des SL bestimmt wird.

- Das Siegel dieses Raumes befindet sich in einer der Weinflaschen und ist durch das Glas sichtbar. Die Gruppe kann es mit einem Wurf auf Intelligenz (Nachforschungen) gegen SG 18 entdecken. Die Gruppe muss sich dann durch Weisheitswurf (Überlebenskunst) gegen SG 18 einen Weg durch das Labyrinth aus Lagergefäßen bahnen. Bei Erfolg erreicht die Gruppe die Flasche nach zwei Runden. Bei misslungenem Rettungswurf beträgt die Zahl der Runden, die die Gruppe braucht, um zur Flasche zu gelangen, 2 + die Zahl, um die der Rettungswurf verfehlt wurde, oder sie liegt im Ermessen des SL.

Die Waffenkammer

Dieser schlichte Raum mit Steinwänden ist mit Waffen und Rüstungen bestückt, die benutzt werden können.

- Wer sich hier umschaut, findet allerlei gewöhnliche, nichtmagische Waffen oder Rüstungen. Mit einem erfolgreichen Intelligenzwurf (Nachforschungen) gegen SG 22 findet man Rüstung oder Waffen mit Bonus +1, bei Erfolg gegen SG 25 sind es +2. Der Haken an der Sache: Die Rüstungen und Waffen sind jetzt lebendig und verhalten sich wie wilde Tiere. Sie verstecken sich, stöbern nach Nahrung, geben Balzlaute von sich usw. Eine Lederrüstung kriecht wie eine Raupe, ein Plattenpanzer krabbelt auf allen vieren wie eine Eidechse, eine Herde Langschwerter geht wehrhaft vor ihren frisch geschlüpften Dolchen in Stellung.
- Um Ausrüstung anzulegen oder zu benutzen, muss sie entweder mit einem Weisheitswurf (Mit Tieren umgehen) gezähmt werden, der vom SG dem Intelligenzwurf zum Finden des Gegenstands entspricht – oder sie muss im Kampf bezwungen werden. Für jeden Ausrüstungsgegenstand gelten die Werte für *belebte Gegenstände*. Um die Sache zu erschweren, können 1W4 + 1 Rüstungen von Traumgeistern besessen sein, die die Gruppe angreifen, wenn sie sich ihnen nähert.
- Das Siegel kann per Intelligenzwurf (Nachforschungen) gegen SG 15 im Emblem eines der Schilde gefunden und mit einem Stärkewurf (Athletik) gegen SG 14 herausgepult werden. Der Schild gibt sein Siegel nicht freiwillig her.

Der Dachboden

Der Dachboden ist muffig und still. Er ist bis unter die Dachsparren vollgepackt mit Krempel und riesigen Spinnweben. Nach Ermessen des SL kann hier durch Wurf auf Nachforschungen oder Wahrnehmung gegen SG 15 ein Exemplar jedes gewöhnlichen und/oder magischen Gegenstands gefunden werden, alles in Luxusausführung, die den doppelten Preis einbringt. Der Dachboden ist außerdem von **Phasenspinnen** befallen, die als Bonusaktion in die Traumebene hinein- und wieder herausspringen können. Nach Ermessen des SL können diese Spinnen in den Raum wechseln und die Gruppe angreifen. Wer durch die Spinnweben hindurch will, bleibt darin hängen, falls ein Rettungswurf auf Geschicklichkeit (Akrobatik) gegen SG 12 misslingt. Mit einem Stärkewurf gegen SG 12 kann man die Verstrickung lösen und das Netz zerreißen.

- Dank erfolgreichem Wurf auf Intelligenz (Nachforschungen) oder Weisheit (Wahrnehmung) gegen SG 18 findet man das Siegel in einem der Spinnennetze. Es lässt sich durch einen Stärkewurf (Athletik) gegen SG 12 lösen.

Der Salon

Der Salon ist mit vielen Schmuckstücken und Raritäten aus aller Welt dekoriert. Masken, Statuen, Trachten und vieles mehr. Nicht alles in diesem Raum ist magisch, aber sehr vieles steht unter dem Zauber *magische Aura des Arkanisten* und ist vor dem Zauber *Magie entdecken* geschützt. Nach Ermessen des SL offenbart ein erfolgreicher Wurf auf Intelligenz (Arkane Kunde oder Nachforschungen) gegen SG 15 zwei ungewöhnliche magische Gegenstände, gegen SG 20 drei seltene Gegenstände und gegen SG 25 drei sehr seltene Gegenstände. Der Salon ist ohne Siegel, kann jedoch als Zufluchtsort für eine kurze Rast genutzt werden.

Die Gemächer

Ein kleiner Flur verbindet das Spielzimmer mit dem Boudoir. Im Spielzimmer befinden sich Puppen und Spielzeug, mit denen zwei kindliche Traumgeister spielen. Die Spielzeuge sprechen mit den Stimmen der Skhalhammer-Kinder, was darauf hindeutet, dass diese darin gefangen sind. Die Kinder bitten darum, befreit zu werden, aber die Traumgeister ignorieren dies. Sobald die Geister die Gruppe bemerken, greifen sie an. Sind die Traumgeister besiegt, kommen die Kinder frei und erscheinen auf der nächstgelegenen reflektierenden Oberfläche.

Skrud und Bruntok Skhalhammer sind verwöhnte, aber gutherzige Kinder. Skrud ist 8 Jahre alt und träumt davon, eines Tages ein Ritter zu sein. Die 11-jährige Bruntok hat vor, die Leitung der STC eines Tages vom Vater zu übernehmen. Die Kinder haben keinen direkten Einfluss auf das Geschehen, können aber mit der Gruppe interagieren und die Ereignisse kommentieren.

Das Boudoir enthält einen verzierten Schminktisch mit wunderschönem Spiegel. Im Spiegel sitzt Lady Yosa Skhalhammer schluchzend am Schminktisch, neben sich ein halb aufgegessenes Abendessen. Sie scheint sich gerade abzuschminken.

Wie sich herausstellt, ist ihre Ehe in die Brüche gegangen. Früher hat sie Jhaal geliebt, aber mit der Zeit haben sie seine unmoralischen Geschäftspraktiken enttäuscht. Sie glaubt, dass er sie nicht mehr liebt, sondern nur noch das Geld. Jetzt kümmert sie sich ausschließlich um sich selbst und ihre Kinder. Weder Yosa noch die Skhalhammer-Kinder wussten von der Lieferung, die Jhaal in der Nacht erhielt, als der Nebel sich senkte.

Wer den Spiegel berührt, um Yosa anzusprechen, wird merken, dass der Schminktisch in Wirklichkeit eine **Mimik** ist. Der SC wird dann zu Yosa in den Spiegel gesaugt, die ihn anfleht, sie und ihre Kinder zu befreien. Sobald die Mimik berührt wird, greift sie den Rest der Gruppe an. Das gefangene Gruppenmitglied und das Siegel des Raumes sind frei, sobald die Mimik besiegt ist.

Bibliothek

Ein wunderschöner Saal mit Büchern in prächtigen Holzregalen ringsum, einem dicken Teppich und warmem Kerzenlicht.

Eine gefangene Hausangestellte, wahrscheinlich Lothriel, führt die Gruppe zu dem Band *Fleisch gewordene Träume*, verfasst von einem Kulturarkanologen namens Dr. Ramundsen Hillshack. Dr. Hillshack hat lange bei verschiedenen traumesischen Stämmen gelebt und ihren Glauben und ihre Bräuche kennengelernt. Die Traumesen denken, sie entstammten einer anderen Existenzebene – einem Ort voller Wunder – und seien in Träumen verloren gegangen. Wie es dazu kam, ist unklar. Manche sagen, ihre Königin habe sie in die Traumebene geführt. Andere behaupten, ihr König habe sie in die Traumebene geschickt, um die dort wandelnde Königin zu verfolgen. Wieder andere glauben, dass ihre Seelen im Schlaf von bösen Traumgeistern aus ihrem Körper entführt wurden.

Jedenfalls besagen alle Geschichten, dass die verlorenen Seelen nicht dorthin zurückkehren konnten, wo sie herkamen, und daher in der Traumebene verweilen mussten. Die, die sich an diesen Ort der Wunder, der Angst und des Wahnsinns wagten, wurden als Wanderer bezeichnet. Die Wanderer verbündeten sich schließlich mit Traumgeistern, die aus der Traumebene ausbrechen und andere Welten erkunden wollten. (Als Wesen des Chaos, die von Träumenden keine feste Gestalt erhalten, sehnen sich alle Traumgeister heimlich danach, auf eine andere Ebene zu entkommen, um dort Gestalt anzunehmen.)

In einem äußerst komplexen und mächtigen Ritual gaben die Traumgeister ihre Körper auf, und die Wanderer ihre Fähigkeit zu träumen. So wurden aus ihnen die Traumesen. Die Opferung und Vereinigung war so gewaltig, dass sich ein Riss zwischen den Welten auftat, durch den die neu entstandenen Traumesen auf die Materielle Ebene gelangten. Dieser Riss ist immer noch zu sehen, und zwar im hohen Norden in tiefer Nacht, wenn die Verbindung zur Traumebene am stärksten ist. Er erscheint als eine Reihe heller, ätherischer Lichter, die über den Nachthimmel tanzen.

Die Traumesen verbreiteten sich schließlich über die ganze Welt und lebten in isolierten Sippen, aber jede Sippe besitzt einen Behälter, der angeblich ein Stück des Risses birgt, durch den die Traumesen einst gekommen sind. Sie nennen sie Traumtruhen. Diese Behälter sind mit magischen Siegeln fest verschlossen und werden nur zu wichtigen Zeremonien hervorgeholt. Obwohl nichts Genaues über die Traumtruhen bekannt ist, konnte Dr. Hillshacks nachweisen, dass die Siegel mächtige Bannmagie enthalten und die Behälter selbst Spuren von Beschwörungs- und Verzauberungsmagie abgeben. Dr. Hillshacks Untersuchungen wurden dadurch erschwert, dass alle Traumesen ihre Traumtruhen streng bewachen. Eine Traumtruhe ist der größte Schatz einer Sippe und sie geben sie niemals freiwillig her.

Im Buch wird auch ein mächtiger Traumgeist namens Ephialtes erwähnt, der in der Traumebene geblieben ist und den Fluchtweg bewacht. Ephialtes wird von den Traumesen als Beschützer ihres Volkes verehrt. Ephialtes' Zorn kennt keine Grenzen, heißt es. Wer es wagt, die Traumesen zu bedrohen, wird von ihm mit Albträumen heimgesucht.

Ein möglicher Kampf in diesem Raum könnte gegen 1W4 Traumgeister stattfinden, die Figuren aus Büchern darstellen: Ritter, Piratinnen, Feenkönige usw.

- Das Siegel liegt als Lesezeichen in *Fleisch gewordene Träume.*

Die Studierstube

Die Studierstube von Lord Jhaal ist ein vornehmer, dunkler, holzgetäfelter Raum mit großen Fenstern. Die Traumtruhe steht offen auf Jhaals Schreibtisch und sondert Traumnebel ab. Auf der Oberseite der Truhe prangen drei Fassungen für die Siegel. Wer in die Truhe schaut, sieht im Inneren ein vielfarbiges Licht schimmern. Dieses Licht weicht langsam einer Vision, in der der schönste und liebste Traum jedes Gruppenmitgliedes wahr wird. Schaut ein SC weiter in die Tiefen der Truhe, läuft im jeweiligen Traum alles schrecklich schief und der Traum verwandelt sich in einen Albtraum, der nach Ermessen des SL durch einen Angriff von 2W4 Traumgeistern dargestellt werden kann, die wie Elemente aus dem Traum des SC aussehen.

Neben der Traumtruhe liegt ein verzierter Dolch, der mächtige Bannmagie enthält. Vom Hauspersonal oder durch den Zauber *Identifizieren* kann die Gruppe erfahren, dass es ein ***Dolch der Bannmagie*** ist. Dieser Gegenstand erfordert eine Einstimmung und hat drei Ladungen. Pro Ladung kann man einmal *Magie bannen* (5. Stufe). Bei Zaubern oder magischen Effekten, die durch einen Wurf gebannt werden müssen, bekommt man dabei einen Vorteil, vorausgesetzt, ein Dolchangriff gelingt, und eine Ladung wird verbraucht. Der Dolch der Bannmagie erhält bei Tagesanbruch alle verbrauchten Ladungen zurück.

SL AUFGEPASST: LÖSUNG DES RÄTSELS

Sobald die Gruppe die Studierstube gefunden hat, bleibt der Raum am gleichen Platz und ist leicht wiederzufinden. Wenn die Gruppe alle drei Siegel in ihre Fassungen auf der Traumtruhe eingefügt hat, dringt Nebel in den Raum und bildet eine freistehende Tür, die zum Heckenlabyrinth führt. Die Truhe verschwindet. Der Rest des Raumes löst sich in Nebel auf, sodass die Tür der einzige Ausweg ist, bevor der Raum ins Traumreich verschwindet.

Teil 5: Ins Gebüsch

Kaum durchschreitet ihr die Tür, findet ihr euch in einem weitläufigen Heckenlabyrinth wieder. Der dichte Nebel, der euch vor dem Herrenhaus die Sicht versperrt hat, hält sich noch immer, aber er bildet nun geisterhaft die Hoffnungen, Träume und Geschichten des Hauspersonals nach. Mit jedem Schritt vorwärts erblickt ihr eine neue Vision, eine andere Geschichte und sogar Darstellungen eurer eigenen Vergangenheit. Hinter den Trugbildern strahlt gleißendes Licht aus dem Zentrum des Labyrinthes auf, als würden die Bilder von dorther projiziert. Über die 4,50 m hohen Hecken hinweg schallt irres Gelächter in den Nachthimmel.

Nach Ermessen des SL sieht die Gruppe eine beliebige Anzahl der folgenden Ereignisse, die mit im Haus kennengelernten NSCs verbunden sind:

- Nissas Abschied von ihren Eltern und ihr hoffnungsfroher Aufbruch zum neuen Job im Herrenhaus.
- Ylva wird nach dem tragischen Tod ihres Sohnes Hades depressiv und trunksüchtig.
- Lothriel entflieht ihrem überfrommen Elternhaus und widmet sich dem Wissenserwerb.
- Dungby dient als Wächter am Hof eines wohlwollenden **Wolkenriesen**.
- Hansel macht sich auf die Suche nach einem Heilmittel für die Seuche, die sein abgelegenes Heimatdorf plagt – ohne zu wissen, dass er zu spät kommen wird.
- Marian flieht in Ungnade aus einem fremden Reich, nachdem im Duell um den Thron, der ihr rechtmäßig zusteht, ihr Bruder gesiegt hat.
- Augustus wird in einen Geheimbund von hochnäsigen, aber wohlmeinenden Lykanthropen aufgenommen.
- Laylor wird von **Duergar** versklavt, bis er mithilfe einer Abenteurergruppe entkommt.

Falls die Gruppe eine Vorgeschichte entwickelt hat, kann sie im Labyrinth sogar Bilder ihrer eigenen Vergangenheit sehen. Jede NSC-Erinnerung löst sich beim Näherkommen auf, und dahinter ist die Hecke in Form des jeweiligen NSC geschnitten.

Ein erfolgreicher Weisheitswurf (Überlebenskunst) gegen SG 15 führt die Gruppe zur Mitte des Labyrinths und zur Quelle von Licht und Gelächter.

Lies den folgenden Text vor, während die Gruppe sich voranbewegt:

Ihr nähert euch auf den verschlungenen Wegen des Irrgartens der Quelle des Lachens und stoßt plötzlich auf eine kreisrunde Lichtung im Zentrum des Labyrinths. Auf einem Berg von Reichtümern – haufenweise Juwelen, Besitzurkunden aus aller Welt und Kunstgegenstände aller erdenklicher Kulturen – sitzt … Jhaal Skhalhammer. Um ihn herum stehen goldene Statuen seiner Frau und seiner Kinder, und er spricht mit ihnen, als wären sie seine Familie: »Welch glücklicher Tag! Seht ihr das Licht auf der Haut eurer Mutter schimmern, meine Lieben? Sie strahlt förmlich!«

Jhaal, der bisher als streng und gebieterisch beschrieben wurde, scheint im trauten Kreis seiner künstlichen Familie wirklich glücklich zu sein. Doch der Traum wird schnell zum Albtraum.

Das ganze Gold von Jhaals Hort läuft erst an und beginnt dann zu schmelzen. Es zerfließt und überzieht jede Oberfläche im Labyrinth mit flüssigem Metall. Jhaal schreit vor Entsetzen auf, während ihm seine geschmolzene Familie zwischen den Fingern zerrinnt. Dann löst er sich in Nebel auf. Hinter ihm entfaltet sich ein Paar farbloser Flügel, die ihre Kraft und Masse aus dem Nebel beziehen, und das Gesicht eines furchterregenden Drachens erhebt sich. Macht einen Rettungswurf auf Weisheit.

Dies ist der Traumdrache Ephialtes. Jede Kreatur, die den Weisheitsrettungswurf gegen SG 17 nicht schafft, hat unter dem Einfluss von Ephialtes' Merkmal »Fürchterlichkeit« Angst vor ihm.

Ephialtes ist erzürnt über das, was Jhaal den Traumesen angetan hat, und will Rache üben. Er greift die Gruppe an, weil sie seine Gefangenen befreien will.

Wird Ephialtes auf 0 Trefferpunkte gebracht, löst er sich in Nebel auf und gibt die Traumtruhe frei, woraufhin der Traumnebel zurück in die Truhe strömt. Die Gefangenen, darunter Familie Skhalhammer nebst Personal, Darnell und Mr. Noh, kommen frei, und die Heimsuchung der Gegend ist beendet.

Zwar würde Ephialtes von Natur aus in blindem Zorn angreifen, aber die Gruppe kann auch um die Freilassung einiger oder aller Gefangenen und die Einstellung der unheimlichen Aktivitäten verhandeln. Um eine Einigung zu erreichen, muss ein Wurf auf Überzeugen gegen SG 30 gelingen, wobei der SG jeweils um 5 bis zum minimalen SG 20 sinkt, wenn der Drache 75 TP erleidet. Die Verhandlungsmasse liegt im Ermessen des SL, aber Ephialtes will vor allem diejenigen bestraft sehen, die die Traumesen angegriffen und beraubt haben. Er wird eher einem Deal zustimmen, bei dem Jhaal bestraft wird und alle traumesischen Artefakte an ihre rechtmäßigen Besitzer zurückkehren. Jede Einigung muss den endgültigen Tod Jhaals beinhalten.

Bei Erfolg durch Verhandlung oder Kampf erhält die Gruppe ihren Lohn und den Dank derer, die in der Traumwelt gefangen waren. Siegt Ephialtes, werden die SC vom Traum absorbiert und können nur hoffen, von anderen Abenteurern gerettet zu werden.

Je nach Ausgang der Begegnung springst du zum entsprechenden Ende.

Falls die Gruppe eine Einigung mit Ephialtes erreicht, liest du Folgendes vor:

> Der Traumdrache Ephialtes reckt den Kopf und nickt respektvoll angesichts eurer Demut. Er lässt ein mächtiges Gebrüll bis in alle Winkel des Heckenlabyrinths hallen und schlägt mit den Schwingen. Der Nebel zerstreut sich und gibt den Blick auf mehrere Gestalten frei: Angehörige des Hauses Skhalhammer, die sich das Gesicht reiben, als ob sie gerade aus einem lebhaften Traum erwachen. Die, mit denen ihr gesprochen habt, scheinen euch wiederzuerkennen. Ihr seht, wie Nissa und ihr Vater Darnell einander in die Arme schließen. Der Drache brüllt noch einmal, fliegt auf und stürzt sich dann in die geöffnete Traumtruhe, die sich mit donnerndem Krachen schließt. Zwar seht ihr, wie Lady Yosa ihre beiden Kinder umarmt, aber von Lord Jhaal ist nichts zu sehen.

Aus dem Nebel taucht auch Mr. Balthasar Noh auf und bedankt sich bei der Gruppe dafür, dass sie sein Leben gerettet und die Stadt vor Unheil bewahrt hat. Er hat begriffen, welchen Schaden die STC angerichtet

Der Skhalhammer'sche Irrgarten

Der herrschaftliche Irrgarten aus Buchsbaum und Heckenrose beherbergt viele prächtige Statuen, die die STC nach Skhalhammer verschleppt hat (sowie einiges aus der Waffen- und Schatzkammer). Er ist jetzt der Unterschlupf des Traumdrachen Ephialtes.

Funktionsweise des Irrgartens

Der Nebel hat den Irrgarten in fünf verschiedene Bereiche (1, 2, 3, 4, 5) unterteilt, die nur durch schwer erkennbare Portale verbunden sind. Die Gruppe beginnt in Bereich 3. In dem Bereich, in dem man sich befindet, orientiert man sich als freie Aktion per Weisheitswurf (Überlebenskunst) ab SG 10 (das Ergebnis liefert die folgende Tabelle). Bei misslungenem Rettungswurf verliert man sich in den eigenen Albträumen und nimmt 7 (2W6) psychischen Schaden.

SG	Du gelangst ...
10	... innerhalb von zwei Runden in einen anderen Bereich.
15	... in diesem Zug zum Artefakt dieses Bereichs ODER in einen anderen Bereich.
20	... in diesem Zug zum Artefakt dieses Bereichs UND in einen anderen Bereich.

Funktionsweise des Nebels

Bei Initiative 20 werden bis zu zehn Kreaturen nach Ephialtes' Wahl vom Effekt »Benebelung« befallen, einer Art Hortaktion.

Benebelung. Von Benebelung Betroffene müssen einen Weisheitswurf gegen SG 15 bestehen. Bei misslungenem Rettungswurf wirft man 1W6 und gelangt sofort in den Bereich des Irrgartens mit der gewürfelten Zahl. Wer eine 6 wirft, darf erneut würfeln oder an Ort und Stelle bleiben. Wer beim Rettungswurf mehr als 5 über dem Schwierigkeitsgrad liegt, kann sich vom Nebel zu einem anderen, bereits besuchten Bereich des Irrgartens bringen lassen und ist für 1W4 Runden immun gegen Benebelung.

Importierte Artefakte

Der Skhalhammer'sche Irrgarten birgt zahlreiche arkane Gegenstände, die aus fernen Ländern stammen und im Kampf gegen einen Drachen nützlich sein können. Dank der Traummagie erfordert keiner dieser Gegenstände eine Einstimmung. Die Zauberkraft eines Gegenstandes wird bei Berührung offenbar. Weitere Schätze im Ermessen des SL.

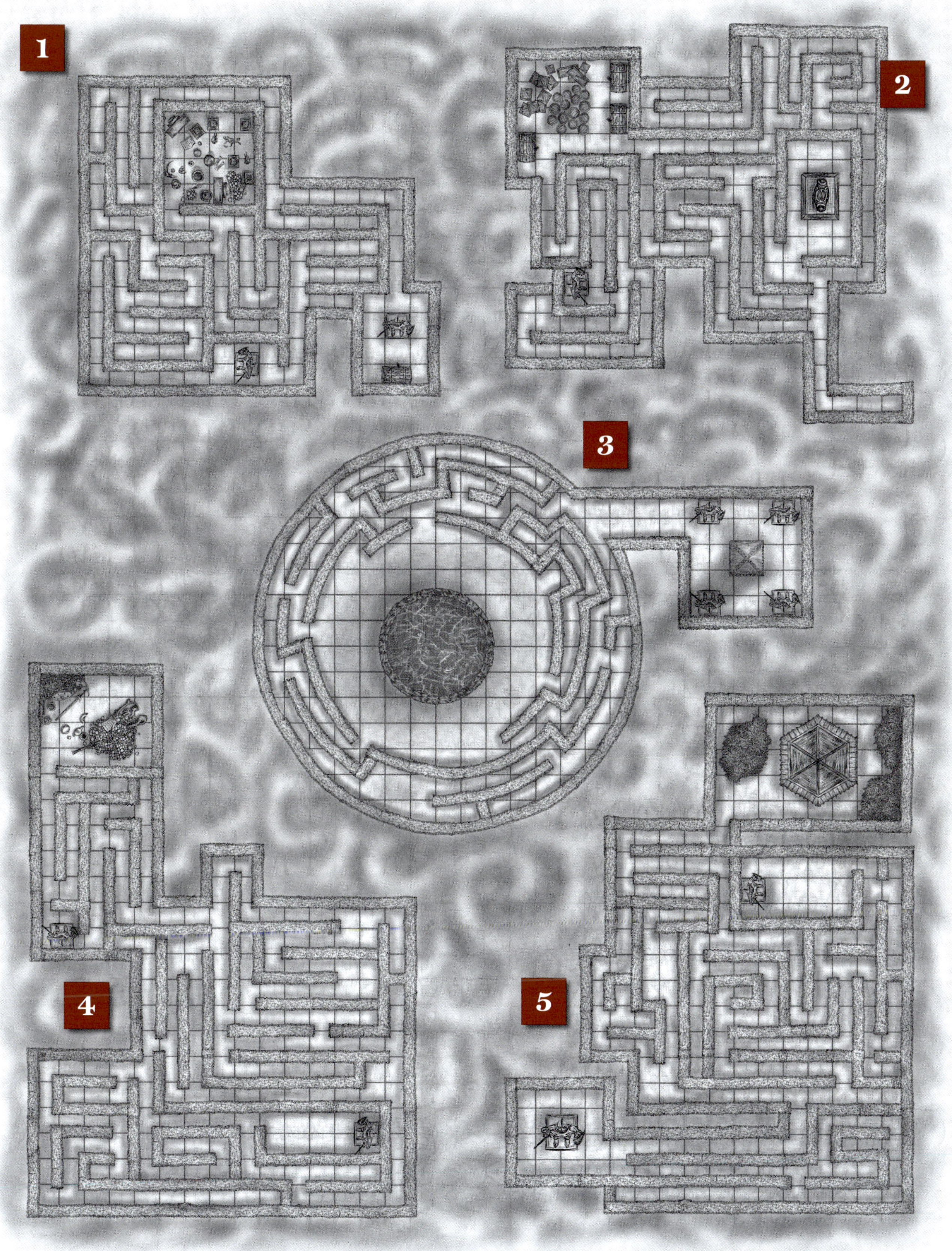

Schätze pro Abschnitt

Abschnitt	Hier findet sich ein...
1	… Zepter der herrschaftlichen Macht.
2	… Schwurbogen mit 10 Pfeilen des Drachentötens.
3	… Drachentöter-Schwert +3.
4	… Zauberstecken der Heilung.
5	… Zauberstecken der Macht.

hat, und wird dafür sorgen, dass die Gruppe die volle Bezahlung erhält.

Falls die Gruppe versucht, Ephialtes zu besiegen und ihn wieder in die Truhe zu sperren, kannst du als SL beeinflussen, wie der Kampf ausgeht. Gelingt es der Gruppe, Ephialtes auf 0 TP zu bringen, zieht er sich dauerhaft in die Traumtruhe zurück und nimmt auch den Nebel mit, der die Gegend befallen hat. Ist der Gruppe dies gelungen, liest du Folgendes vor:

> Der letzte Treffer setzt den Traumdrachen Ephialtes außer Gefecht, und er verschmilzt mit dem Nebel, der diesen Ort umgibt. Plötzlich kommt Wind auf, der Nebel strömt zur Mitte des Labyrinths und strudelt rasch in die Traumtruhe. Als sich die Sicht verbessert, tauchen einige Gestalten zwischen den schwindenden Nebelschwaden auf: Angehörige des Hauses Skhalhammer, die sich alle das Gesicht reiben, als ob sie gerade aus einem lebhaften Traum erwachen. Die, mit denen ihr gesprochen habt, scheinen euch wiederzuerkennen. Ihr seht, wie Nissa und ihr Vater Darnell einander in die Arme schließen. Plötzlich knallt die Traumtruhe zu und dahinter steht Lord Jhaal mit Frau und Kindern – erschüttert, aber froh darüber, am Leben zu sein.

Aus dem Nebel taucht auch Mr. Balthasar Noh auf und bedankt sich bei der Gruppe dafür, dass sie sein Leben gerettet und die Stadt vor Unheil bewahrt hat, vor allem für die Rettung von Lord Jhaal. Er wird der Gruppe ihren Lohn zukommen lassen und darüber hinaus, je nach Ermessen des SL, mindestens einen Gegenstand aus der Skhalhammer'schen Sammlung.

NSCs

Dies sind die Charaktere und Kreaturen, die in diesem Abenteuer tragende Rollen spielen. Ihr Aussehen kann vom SL noch detaillierter beschrieben werden.

Mr. Balthazar Noh

Balthazar Noh ist dünn und lang und hat eine sehr brillenfreundliche Nase. Als Finanzchef der Stormborn Trading Company tut er alles dafür, die Wünsche des Konzerninhabers Lord Jhaal Skhalhammer zu erfüllen. Mr. Noh weiß viel über die Stadt Bigginsworth, die Geschichte der STC und die Vorlieben von Lord Jhaal zu berichten. Er ist diskret, pflichtbewusst und hat eine Schwäche für Süßes. Nach Ermessen des SL hat er die Werte eines Gemeinen.

Darnell Bonnydock

Der bescheidene Kutscher der Stormborn Trading Company will vor allem herausfinden, was mit seiner Tochter Nissa passiert ist, die zu den vermissten Angestellten der Skhalhammers gehört. Er hat eine Schwäche für seine Pfeife, ein herzhaftes Lachen und die Angewohnheit, das Offensichtliche auszusprechen. Nach Ermessen des SL hat er die Werte eines Gemeinen.

Lord Jhaal Skhalhammer

Jhaal Skhalhammer ist ein kühner Mann mit Ambitionen, die seinen enormen Reichtum noch übersteigen. Seit er die Versiegelung einer Traumtruhe entfernt hat, ist er im Reich der Träume gefangen.

Rüstungsklasse 15 (Brustplatte)
Trefferpunkte 31 (9W6)
Bewegungsrate 9 m

STÄ	GES	KON	INT	WEI	CHA
11 (0)	12 (+1)	11 (0)	15 (+2)	16 (+3)	18 (+4)

Fertigkeiten Täuschen +10, Motiv erkennen +4, Überzeugen +10
Sinne passive Wahrnehmung 13
Sprachen alle

Nenn mir deinen Preis. Als Aktion kann Lord Jhaal andere nach seiner Pfeife tanzen lassen, indem er ihnen als Gegenleistung für Gunst, Schutz oder Dienst Unsummen an Geld verspricht. Misslingt den Angesprochenen ein Weisheitswurf gegen Jhaals Überzeugen- oder Täuschen-Wurf (nach Wahl des SL), tun sie trotz besseren Wissens alles, was er verlangt. Ob Lord Jhaal seine Versprechen einlöst, liegt im Ermessen des SL.

Aktionen
Rapier. *Nahkampfangriff:* +3, um zu treffen, Reichweite 1,50 m, 1 Ziel. *Treffer:* 5 (1W8 + 1) Stichschaden.

Reaktionen
Parade. Gegen einen Nahkampfangriff, der ihn sonst treffen würde, kann Lord Jhaal einmal seine RK um 2 erhöhen. Dazu muss er den Angreifer sehen und eine Nahkampfwaffe führen.

Traumgeister

Erfordert eine Begegnung Traumgeister, kann eine der folgenden drei Arten gewählt werden. Alle Traumgeister (Nachtschrecken, Somnambule und Hypnoide) sind als Fey eingestuft. Sie sind verwundbar gegenüber psychischem Schaden, widerstehen aber Säure-, Kälte-, Feuer-, Blitz- und Schallschaden sowie Wucht-, Stich- und Hiebschaden durch nichtmagische Angriffe. Ihre Zustandsimmunitäten sind bezaubert, Erschöpfung, verängstigt und versteinert. Alle von ihnen sehen bis zu 18 m weit in magischer und nichtmagischer Dunkelheit. Optisch verkörpern sie die größten Ängste eines SC (oder NSC), nutzen aber nach Ermessen des SL einen der folgenden Wertekästen.

Nachtschreck

Rüstungsklasse 16 (natürliche Rüstung)
Trefferpunkte 50 (9W6 + 2)
Bewegungsrate 8 m

STÄ	GES	KON	INT	WEI	CHA
8 (-1)	18 (+4)	14 (+2)	11 (0)	14 (+2)	16 (+3)

Zauberwirken. Das Attribut zum Zauberwirken ist Charisma (Zauberrettungswurf SG 15, +7, um mit Zauberangriffen zu treffen).

Zaubertricks (jederzeit): Kalte Hand
1. Grad: Verderben, Wunden verursachen
2. Grad: Verschwimmen, Unsichtbarkeit
3. Grad: Furcht

Aktionen
Mehrfachangriff. Der Nachtschreck führt drei Gute-Nacht-Schläge aus. Einen davon kann er durch einen Einsatz seiner Eigenschaft Schlimmster Albtraum ersetzen.
Gute-Nacht-Schlag. Unbewaffneter Nahkampfangriff: +8, um zu treffen, Reichweite 1,50 m, 1 Ziel. Treffer: 7 (2W6) psychischer Schaden, und das Opfer muss einen Weisheitswurf gegen SG 15 bestehen oder sich bis zum Beginn seines nächsten Zuges vor dem Nachtschreck fürchten.
Schlimmster Albtraum (2/Lange Rast). Eine verängstigte Kreatur muss einen Weisheitswurf gegen SG 15 machen. Misslingt er, wählt sie eine der unten aufgeführten Wirkungen, die jeweils eine Minute lang anhalten:
1. Das Opfer stellt plötzlich fest, dass es völlig unvorbereitet in den Kampf gegangen ist und weder Waffe noch Rüstung noch arkane Kräfte dabeihat. Waffen, Rüstungen und arkane Mittel verschwinden, die Rüstungsklasse sinkt auf den Grundwert (10 + Ges), Zauber sind unmöglich, und nur waffenlose Schläge sind machbar. Alles Verschwundene kehrt zurück, sobald der Albtraum endet.
2. Dem Opfer fallen alle Zähne aus, sodass es einen Wurf auf Arkane Kunde gegen SG 15 braucht, um zu zaubern oder verbal zu kommunizieren. Bei misslungenem Wurf kann es nicht kommunizieren oder zaubern.
3. Das Opfer glaubt, zusammen mit allen Umstehenden ins Bodenlose zu fallen, und schwebt bis zum Ende des Albtraums 1,50 m über dem Boden. Seine Bewegungsrate ist 0 und es gilt als liegend. Kreaturen mit Flugbewegungsrate sind gegen diesen Effekt immun.

Bonusaktionen
Schattenschritt. Bei Dämmerlicht oder Dunkelheit kann sich der Nachtschreck bis zu 9 m weit an einen unbesetzten Ort teleportieren, der ebenfalls dämmrig oder dunkel ist.

Nachtschreck

Rüstungsklasse 16 (natürliche Rüstung)
Trefferpunkte 50 (9W6 + 2)
Bewegungsrate 8 m

STÄ	GES	KON	INT	WEI	CHA
8 (-1)	18 (+4)	14 (+2)	11 (0)	14 (+2)	16 (+3)

Zauberwirken. Das Attribut zum Zauberwirken ist Charisma (Zauberrettungswurf SG 15, +7, um mit Zauberangriffen zu treffen).

Zaubertricks (jederzeit): Kalte Hand
1. Grad: Verderben, Wunden verursachen
2. Grad: Verschwimmen, Unsichtbarkeit
3. Grad: Furcht

Aktionen
Mehrfachangriff. Der Nachtschreck führt drei Gute-Nacht-Schläge aus. Einen davon kann er durch einen Einsatz seiner Eigenschaft Schlimmster Albtraum ersetzen.
Gute-Nacht-Schlag. Unbewaffneter Nahkampfangriff: +8, um zu treffen, Reichweite 1,50 m, 1 Ziel. Treffer: 7 (2W6) psychischer Schaden, und das Opfer muss einen Weisheitswurf gegen SG 15 bestehen oder sich bis zum Beginn seines nächsten Zuges vor dem Nachtschreck fürchten.
Schlimmster Albtraum (2/Lange Rast). Eine verängstigte Kreatur muss einen Weisheitswurf gegen SG 15 machen. Misslingt er, wählt sie eine der unten aufgeführten Wirkungen, die jeweils eine Minute lang anhalten:
1. Das Opfer stellt plötzlich fest, dass es völlig unvorbereitet in den Kampf gegangen ist und weder Waffe noch Rüstung noch arkane Kräfte dabeihat. Waffen, Rüstungen und arkane Mittel verschwinden, die Rüstungsklasse sinkt auf den Grundwert (10 + Ges), Zauber sind unmöglich, und nur waffenlose Schläge sind machbar. Alles Verschwundene kehrt zurück, sobald der Albtraum endet.
2. Dem Opfer fallen alle Zähne aus, sodass es einen Wurf auf Arkane Kunde gegen SG 15 braucht, um zu zaubern oder verbal zu kommunizieren. Bei misslungenem Wurf kann es nicht kommunizieren oder zaubern.
3. Das Opfer glaubt, zusammen mit allen Umstehenden ins Bodenlose zu fallen, und schwebt bis zum Ende des Albtraums 1,50 m über dem Boden. Seine Bewegungsrate ist 0 und es gilt als liegend. Kreaturen mit Flugbewegungsrate sind gegen diesen Effekt immun.

Bonusaktionen
Schattenschritt. Bei Dämmerlicht oder Dunkelheit kann sich der Nachtschreck bis zu 9 m weit an einen unbesetzten Ort teleportieren, der ebenfalls dämmrig oder dunkel ist.

Somnambulist

Rüstungsklasse 16 (natürliche Rüstung)
Trefferpunkte 94 (9W12 + 3)
Bewegungsrate 4,50 m

STÄ	GES	KON	INT	WEI	CHA
19 (+4)	13 (+1)	16 (+3)	7 (-2)	10 (0)	16 (+3)

Rettungswürfe Stä +8, Kon +7

Aktionen
Mehrfachangriff. Der Somnambule führt zwei Angriffe aus.
Schhhh. *Nahkampfwaffenangriff:* +9, um zu treffen, Reichweite 1,50 m, 1 Ziel. Treffer: 12 (2W8 + 3) Hieb- und 4 (1W8) psychischer Schaden. Bei einem Treffer wird das Opfer automatisch gepackt.
Schläfergriff. Als Angriff kann der Somnambulist eine gepackte Kreatur zu einem Rettungswurf auf Konstitution gegen SG 15 zwingen. Bei Misserfolg schläft die gepackte Kreatur ein und wird zu einem Schlafwandler, der unter dem Zauber *Person beherrschen* steht. Die schlafwandelnde Kreatur agiert nach eigener Initiative und hilft dem Somnambulen, so gut sie nach Ermessen des SL kann. Sie handelt, als würde sie im Traum dazu gezwungen. Es kann immer nur eine Kreatur durch dieses Attribut beeinflusst werden. Die schlafwandelnde Kreatur wird aus ihrem Traum gerissen, sobald sie Schaden erleidet, aber in einem von 20 Fällen (1 bei 1W20) geht sie sofort auf denjenigen los, der sie aus ihrem Schlummer geweckt hat.

Hypnoid

Rüstungsklasse 14 (natürliche Rüstung)
Trefferpunkte 49 (9W6 + 2)
Bewegungsrate 8 m

STÄ	GES	KON	INT	WEI	CHA
8 (-1)	14 (+2)	15 (+2)	12 (+1)	16 (+3)	18 (+4)

Rettungswürfe Kon +6, Cha +8
Schattenrüstung. Dämmriges Licht gibt halbe Deckung, Dunkelheit Dreivierteldeckung.

Zauberwirken. *Hypnoid sind Zauberwirker 9. Grades. Ihr Attribut zum Zauberwirken ist Charisma (Zauberrettungswurf SG 16, +8, um mit Zauberangriffen zu treffen).*
Zaubertricks (jederzeit): *Magierhand, Einfache Illusion, Taschenspielerei, Kältestrahl*
1. Grad (4 Plätze): *Nebelwolke, Fürchterlicher Lachanfall, lautloses Trugbild, Schlaf*
2. Grad (3 Plätze): *Blindheit/Taubheit, Person festhalten, Spiegelbilder, Stille*
3. Grad (3 Plätze): *Flimmern, Furcht, Verlangsamen*
4. Grad (3 Plätze): *Verwirrung, Tödliches Phantom, Verwandlung*
5. Grad (2 Plätze): *Gegenstände beleben, Kältekegel*

Aktionen
Massenhypnose. Der Hypnoid kann bis zu drei Kreaturen in seiner Reichweite hypnotisieren, die dann einen Weisheitswurf gegen SG 16 bestehen müssen. Bei einem Fehlschlag übernimmt der Hypnoid die Kontrolle über ihre Handlungen. Jede Kreatur kann nur eine Aktion pro Runde ausführen (keine Bonusaktionen oder Reaktionen), und am Ende jeder ihrer Runden darf sie erneut einen Rettungswurf machen.

Personal

Familie Skhalhammer wurde samt Hauspersonal in die Traumwelt gesogen. Sie haben keine körperliche Gestalt mehr und können nur mithilfe von reflektierenden Oberflächen oder wahrer Sicht gesehen werden.

SCs können mit den Angestellten kommunizieren, solange sie die reflektierende Oberfläche berühren, auf der der NSC erscheint. Du kannst im Abenteuer beliebig viele oder wenige NSCs in beliebiger Reihenfolge auftreten lassen. Mindestens zwei NSCs sind ratsam, darunter Nissa.

NISSA BONNYDOCK

Zofe von Lady Yosa

Mutig und forsch, hochgewachsen, aufbrausend.

Nissa ist zwar neu im Haus, weigert sich aber, hier gefangen zu bleiben. Sie hilft der Gruppe, wo sie nur kann, und gibt ihnen auch Informationen über die Familie oder andere Angestellte.

»Die Kiste im Foyer kam spät an dem Abend an, als der ganze Ärger begann. Nachdem die Familie zu Bett gegangen war, trug Lord Jhaal eine kleine leuchtende Truhe mit in sein Arbeitszimmer, um allein daran zu arbeiten. Nur ein paar Stunden später erschien der Nebel.«

YLVA H. VULFSBIER

Chefköchin

Trägt Kochmütze und pieksaubere Schürze.

Ylva ist klug, autoritär, mütterlich, aber auch frech und gelegentlich impulsiv. Sie versteht ihr Handwerk (und ist Gerüchten zufolge eine schwere Trinkerin). Ylva kennt einen Weg durch den Keller und kann ihn der Gruppe zeigen.

»Lady Yosa ließ mich regelmäßig Essen in ihr Gemach schmuggeln. Mehr als einmal hörte ich sie beim Essen leise weinen. Aber nicht, weil das Essen schlecht war. Sie war traurig.«

LOTHRIEL VALYNORE

Bibliothekarin und Innenarchitektin

Eine zugeknöpfte Frau mit übergroßer Brille.

Jhaal Skhalhammers Hobby, Artefakte aus aller Welt zu rauben, missfällt ihr zwar sehr, aber sie genießt die Nähe zu all den schönen Stoffen und antiken Schätzen.

»Er hatte Fleisch gewordene Träume *verschlungen, ein Buch über die Traumesen. Um Lady Yosa zu beeindrucken, glaube ich. Unser Exemplar steht noch in der Bibliothek, ihr könnt es nicht übersehen. Es liegt auf Lord Jhaals Pult, das aus Holz vom letzten Herzgesangbaum des Reiches gefertigt ist – ein wahres Kunstwerk. Das Buch selbst ist in seltenes Albino-Nashornleder gebunden. Prächtig.«*

DUNGBY DOOHAMMER

Lord Jhaals Kammerdiener

Der größte Mann, den ihr je gesehen habt.

Hinter Dungbys einschüchternder Größe verbirgt sich eine tiefsitzende Angst vor dem Übernatürlichen. Wenn er einen Traumgeist sieht, rennt er weinend davon und muss erst überredet werden, zurückzukehren. Aus irgendeinem Grund spricht Dungby nur die Sprache der Riesen.

»Lord Jhaal hat die Truhe an jenem Abend in seine Studierstube gebracht und versucht, sie mit einem Werkzeug zu öffnen, das er vor langer Zeit beschafft hatte.«

HANSEL PHILOK

Leibarzt

Ein älterer Mann, der ständig hustet.

Nervös, unbeholfen und inkompetent, macht Hansel seine Unzulänglichkeit durch seine große Herzlichkeit wett.

»Lady Yosa litt in letzter Zeit an Depressionen, ich fürchte, das lag an ihrer zunehmend, äh, angespannten Ehe. Ihr Mann suchte verzweifelt nach einer Möglichkeit, sie aufzuheitern.«

MARIAN MOUNTLOVE

Oberste Wachfrau

Kinnlanges rotes Haar verdeckt die Narben auf ihren Wangen.

Marian ist stark, selbstbewusst und fürsorglich. Sie fühlt sich schuldig, weil sie die Familie und das Personal nicht beschützt hat. Sie hilft der Gruppe, wo sie nur kann, auch indem sie während der Kämpfe taktische Ratschläge gibt.

»Ich habe von Captain Hondars Methoden gelesen. Effektiv, aber meiner Meinung nach viel zu brutal. Gut vorstellbar, dass die Schätze der Traumesen durch solch brutale Methoden erlangt wurden. Der Captain machte das öfter so.«

AUGUSTUS TOPFLOP

Butler

Trägt Frack und viel Pomade, denn sein Haar ist widerspenstig.

Er ist hochnäsig und hasserfüllt, was wahrscheinlich der Grund dafür ist, dass ihn niemand in der Belegschaft mag.

»Selbstredend wusste nur der allerengste Kreis, dass diese Artefakte eigens für das Festbankett anlässlich des Geburtstags von Lady Yosa importiert worden waren.«

LAYLOR TEWIS

Gärtner

Gutmütig, stämmig, mit vielsagendem Lächeln.

Laylor ist pflichtbewusst, ehrenhaft, grundehrlich, ein geborener Heldentyp, unangenehm gut aussehend und scheinbar ohne Bewusstsein für den eigenen Sexappeal. Er hat nichts Nützliches beizutragen, aber was für ein Kerl!

»Ich weiß nix über Traumesen oder interplanare Magie. Aber wenn's was zu harken, zu schaufeln oder zu zerkleinern gibt, steh ich zu Diensten.«

Ephialtes der Traumdrache

Ephialtes ist ein mächtiger Wächter aus dem Reich der Träume. Er beschützt die Traumesen mit aller Macht und ist ein Albtraum für jeden, der ihnen Unrecht tut.

Rüstungsklasse 19 (natürliche Rüstung)
Trefferpunkte 256 (19W12 + 133)
Bewegungsrate 13 m, kletternd 13 m, fliegend 24 m

STÄ	GES	KON	INT	WEI	CHA
27 (+8)	10 (0)	25 (+7)	16 (+3)	13 (+1)	21 (+5)

Rettungswürfe Ges +6, Kon +13, Wei +7, Cha +11
Fertigkeiten Wahrnehmung +13, Heimlichkeit +6
Schadensimmunität Psychischer Schaden
Sinne Blindsicht 18 m, Dunkelsicht 17 m, passive Wahrnehmung 23 Legendäre Resistenz (0/Tag). Misslingt dem Drachen ein Rettungswurf, kann er ihn dennoch als gelungen gelten lassen.

Aktionen
Mehrfachangriff. Der Drache kann seine Furcht erregende Präsenz einsetzen. Er führt dann drei Angriffe aus: einen mit seinem Biss und zwei mit den Klauen.
Biss. *Nahkampfwaffenangriff:* +14, um zu treffen, Reichweite 3 m, 1 Ziel. Treffer: 19 (2W10 + 8) Stichschaden + 7 (2W6) Feuerschaden.
Klaue. *Nahkampfwaffenangriff:* +14, um zu treffen, Reichweite 1,50 m, 1 Ziel. Treffer: 15 (2W6 + 8) Hiebschaden.
Schwanz. *Nahkampfwaffenangriff:* +14, um zu treffen, Reichweite 4,50 m, 1 Ziel. Treffer: 17 (2W8 + 8) Wuchtschaden.
Fürchterlichkeit. Vom Drachen bestimmte Kreaturen, die sich im Umkreis von 36 m befinden, ihn wahrnehmen und einen Weisheitswurf gegen SG 19 verpatzen, fürchten sich eine Minute lang. Am Ende jeder ihrer Runden kann die verängstigte Kreatur den Rettungswurf wiederholen, um die Furcht bei Erfolg zu überwinden. Sobald der Schreck mit oder ohne Rettungswurf vorbeigeht, ist die Kreatur für die nächsten 24 Stunden immun gegen die Fürchterlichkeit des Drachen.
Schlafhauch (Nachladen 5–6). Der Drache stößt eine 18 m große, kegelförmige Nebelwolke aus. Jede Kreatur in diesem Bereich muss einen Weisheitswurf gegen SG 21 ablegen. Bei Würfelpech erleidet sie 63 (18W6) psychischen Schaden, mit Glück halb so viel. Bringt dieser Schaden eine Kreatur auf 0 Trefferpunkte, schläft sie ein und wird in eine Traumgegend nach Wahl des SL versetzt.

Legendäre Aktionen
Der Drache kann drei legendäre Aktionen ausführen, die er aus den folgenden Optionen wählt. Er kann immer nur eine legendäre Aktion auf einmal einsetzen, und nur am Ende des Zuges einer anderen Kreatur. Zu Beginn seines Zuges erhält der Drache verbrauchte legendäre Aktionen zurück.
Spähen. Der Drache macht einen Wurf auf Weisheit (Wahrnehmung).
Schwanzhieb. Der Drache schlägt mit dem Schwanz zu.
Sand des Schlafes (kostet 2 Aktionen). Der Drache schlägt mit den Flügeln. Jede Kreatur im Umkreis von 3 m, der ein Konstitutionsrettungswurf gegen SG 17 misslingt, findet sich in einem vom Drachen erzeugten Albtraum wieder. Sie ist bis zum Ende ihrer nächsten Runde gelähmt. Durch den Sand des Schlafes Gelähmte können von einer anderen Kreatur wach gerüttelt werden, was diese eine Aktion kostet. Wird die gelähmte Kreatur auf diese Weise geweckt, erleidet sie 36 (8W6) psychischen Schaden.

FALLEN

Ohne versteckte Sprengladungen, tückische Gruben oder Runen, die einen Barbaren in einen Molch verwandeln, macht eine Gewölbeerkundung einfach keinen Spass. Fallen sind mehr als nur eine Beschäftigungstherapie für den Schurken der Gruppe, sie sorgen dafür, dass jeder Schritt Gefahr birgt.

Qualvolle Fallen

Manche Fallen sollen Eindringlinge schnell und gnadenlos ausschalten. Andere sollen unermessliche Schmerzen verursachen, damit übermütige Abenteurer so schwer verletzt werden, dass die Verteidiger des Gewölbes sie gefangen nehmen können (um ihnen dann noch mehr Schmerzen zuzufügen). Qualvolle Fallen können durchaus töten, aber ihr Hauptzweck ist, Eindringlinge so stark zu zerfleischen, dass sie sich ergeben müssen. Die folgenden Fallen sind so konzipiert, dass Gruppen der Stufen 5–10 sie verschmerzen können. Passe Schwierigkeitsgrade und Schadenswürfe nach eigenem Ermessen an.

Zahnweh

Trigger & Flavor: In einem schmalen, auf beiden Seiten von Büschen gesäumten Gang hängt ein Balken von der Decke, der wie ein Rammbock auf den Kopf der auslösenden Kreatur zu schwingt. Kleine Kreaturen sind gegen diese Falle immun.

> Der Korridor vor euch ist von hüfthohen Büschen gesäumt, die euch fast den Weg versperren. Beim Gehen streifen die Zweige an euren Oberschenkeln. Plötzlich hallt das Geräusch von surrenden Seilen durch den Gang und ein schwerer Holzbalken schwingt von der Decke auf euch zu.

Auswirkung: Die Kreatur, die die Falle auslöst, sowie jede Kreatur 3 m vor oder hinter ihr, muss einen Geschicklichkeitsrettungswurf gegen SG 15 schaffen. Aufgrund der Enge, die durch die Büsche entsteht, erfolgt der Wurf mit Nachteil. Nach Ermessen des SL erleidet die erste Kreatur, die den Rettungswurf nicht besteht, 27 (6W8) Schaden, da sie der Balken am Kinn trifft und ihr einige Zähne ausschlägt. Jede Kreatur, die hinter der zuerst getroffenen Kreatur steht und ebenfalls nicht besteht, erleidet die Hälfte des Schadens, da die zuerst getroffene Kreatur mit voller Wucht gegen sie prallt.

Untersuchung: Wer die Büsche an den Seitenwänden untersucht, wird darin durch erfolgreichen Intelligenzwurf (Nachforschungen) gegen SG 17 einen geschickt versteckten Stolperdraht finden, der ausgelöst wird, wenn die Zweige in der Mitte des Ganges geknickt werden. Eine nähere Untersuchung dieses Stolperdrahtes offenbart eine Reihe von Rollen und Hebeln, die zu einem schweren Balken an der Decke führen.

Entschärfung: Wer weiß, dass die Büsche als Auslöser für den Schwungbalken dienen, mag daraus schließen, dass die Zerstörung der Büsche die Falle auslöst. Ein Durchtrennen des Stolperdrahtes oder die Zerstörung der Büsche bergen die 50-prozentige Gefahr, dass die Falle ausgelöst wird und nach Ermessen des SL die Umstehenden trifft.

Molotow-Goblin

Trigger & Flavor: Sobald sich zwei oder mehr Abenteurer auf der Zielfläche versammeln, gibt ein versteckter Goblin-Späher ein Signal, woraufhin ein weiterer Goblin – mit Fett eingeschmiert und mit kleinen Ölflaschen behängt – auf die Gruppe katapultiert wird.

> Als ihr ein Stück weiter in die Kammer hineingeht, hört ihr links von euch einen Kieselstein vom Boden abprallen. Gleich darauf ertönt etwas, das wie der Schrei einer verwundeten Ente klingt. Plötzlich kippt eine der Wände um. Dahinter wird eine Art Katapult abgefeuert und ein schmierig glänzender Goblin, mit Flaschen behängt und einer Fackel in der Hand, fliegt kreischend auf euch zu. Macht einen Geschicklichkeitsrettungswurf.

Auswirkung: Der Molotow-Goblin landet auf einer 1,50 m großen Stelle, die nach Ermessen des SL festgelegt wird. Wenn die mit Brandbeschleuniger gefüllten Fläschchen des Goblins zerspringen und er seine Fackel fallen lässt, gerät der gesamte Bereich in Brand. Jede Kreatur im Umkreis von 9 m muss einen Rettungswurf auf Geschicklichkeit gegen SG 16 bestehen. Bei Misslingen erleidet sie 42 (12W6) Feuerschaden, bei Gelingen die Hälfte davon. Außerdem bespritzen die splitternden Phiolen Kreaturen im Umkreis von 1,50 m um die Landestelle mit konzentriertem Brandbeschleuniger. Zu Beginn jeder Runde, die auf die erste Explosion folgt, erleiden diese Kreaturen 11 (3W6) Feuerschaden, da die Brennpaste an ihrer Haut haftet. Die Brennpaste klebt eine Minute lang brennend auf der Haut. Eine Kreatur kann

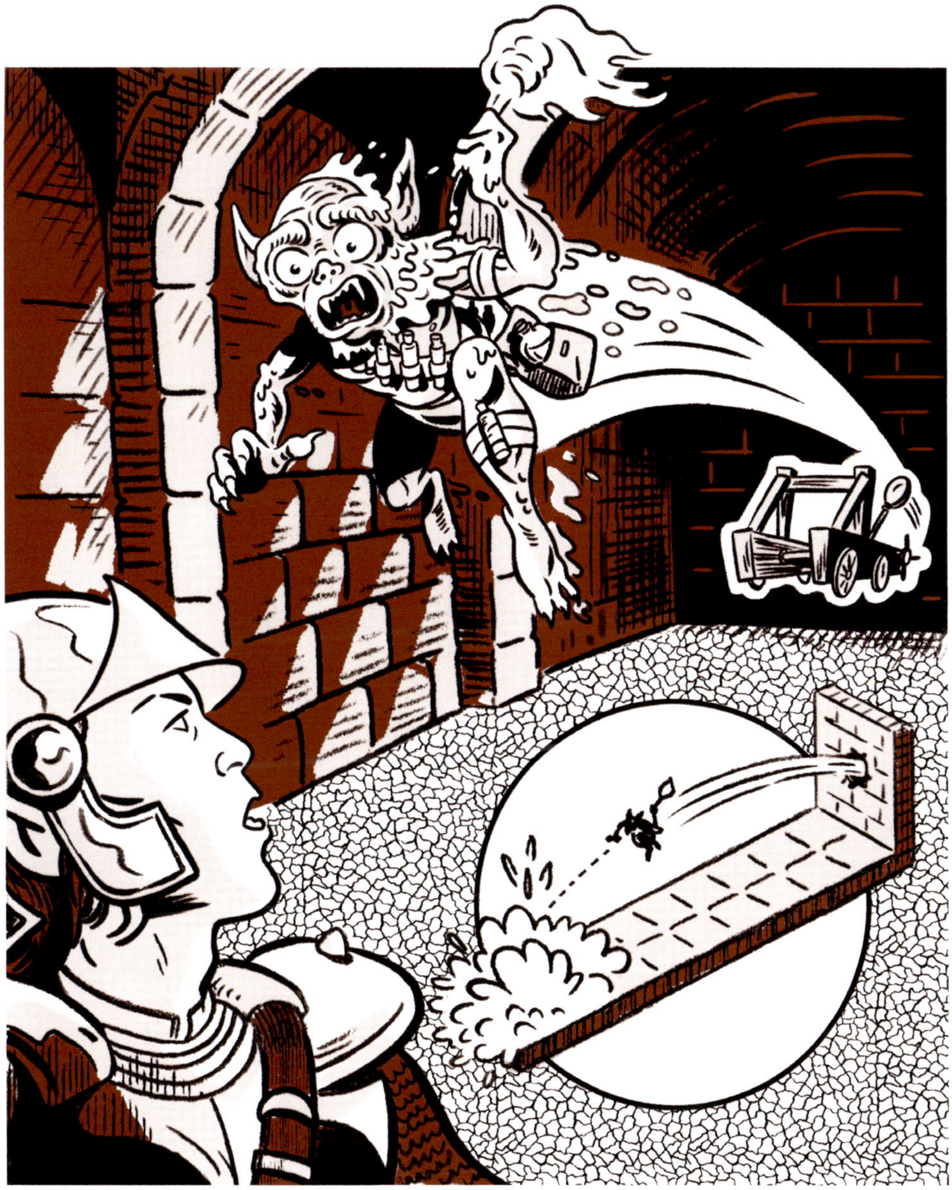

MOLOTOV-GOBLIN Eine Kreatur löst die Falle aus, indem sie ins Blickfeld eines lauernden Goblin-Spähers tritt. Der Späher lässt daraufhin durch ein verstecktes Katapult einen zweiten Goblin, der mit Fläschchen voller Brandbeschleuniger behängt ist und eine Fackel trägt, auf die Eindringlinge abfeuern. Der Goblin landet als lebendiger Feuerball, der außerdem klebrige Brennpaste und glitschiges Fett über den Boden (und alle Umstehenden) verteilt.

eine Aktion in ihrem Zug nutzen, um den brennenden Glibber von sich oder einer anderen Kreatur abzustreifen.

Zudem gilt der Boden im Umkreis von 4,50 m um den Landeplatz des Kobolds als schwieriges Terrain. Hier muss man zu Beginn eines Zuges einen Geschicklichkeitswurf gegen SG 16 bestehen oder ausrutschten und hinfallen. Der Goblin, der die ganze Schweinerei anrichtet, geht dabei nach Ermessen des SL vollständig drauf. Die anwesenden Goblins werden sein Opfer mit einem Festmahl ehren, vorausgesetzt, sie überleben die Begegnung.

UNTERSUCHUNG: Wer auf der Hut ist, kann durch Weisheitswurf (Wahrnehmung) gegen SG 19 einen versteckten Goblin-Späher entdecken. Wenn der Späher allerdings merkt, dass er entdeckt wurde, kann er nach Ermessen des SL das Katapult abfeuern.

ENTSCHÄRFUNG: Entschärfen lässt sich diese Falle nicht, aber mit einem unglaublich gut gezielten Schuss kann eine Kreatur den Goblin noch im Anflug entzünden. Dazu nutzt sie nach Ermessen des SL ihre Reaktion, um die Initiative zu würfeln. Ist ihr Initiativewert höher als 16, kann sie einen Fernkampfangriff gegen eine der Phiolen durchführen, die der fliegende Goblin am Körper trägt. Wegen ihrer Größe und Geschwindigkeit haben die Phiolen RK 18. Bei einem Treffer geht der Goblin in der Luft in Flammen auf, behält aber seine Flugbahn bei.

Bei erfolgreichem Fernkampfangriff auf den Molotow-Goblin erfolgen die anstehenden Geschicklichkeitswürfe mit Vorteil, und der entstehende Feuerschaden wird halbiert, da die Hälfte des Brennstoffs bereits im Flug verbrannt ist.

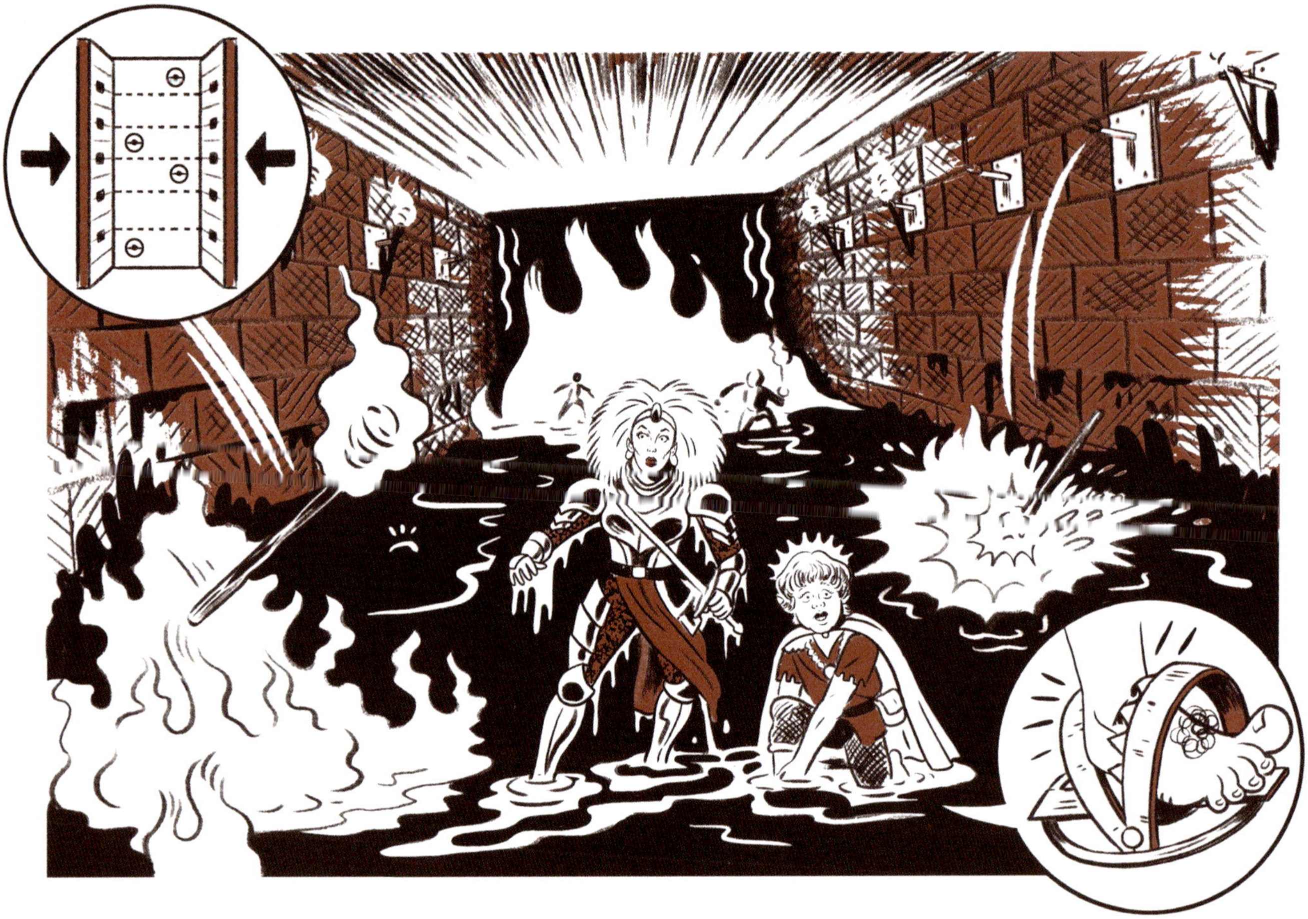

FLAMMENSUMPF: Eine Kreatur löst die Falle aus, indem sie in eine Bärenfalle tritt, die unter brennbarem Schlamm verborgen ist. Der Schnappmechanismus zieht an einer Schnur, die die Fackeln an den Wänden herunterreißt. Die Fackeln setzen den Schlamm in Brand und die kriechenden Flammen versengen alles, was ihnen in den Weg kommt. Weitere versteckte Bärenfallen und der Schlamm selbst erschweren die Flucht.

Flammensumpf

Trigger & Flavor: Eine Kreatur läuft durch einen mit Schlamm und Brennstoff gefüllten Gang, gebremst durch das schwierige Terrain, und tritt versehentlich in eine Bärenfalle, die wiederum an einer Schnur zieht, die die Fackeln von der Wand löst, den Schlamm entzündet und alle feuergefährdeten Kreaturen zwingt, so schnell wie möglich aus dem Gang zu entkommen.

> Du watest durch den schlammbedeckten und mit Fackeln gesäumten Gang, wobei jeder Schritt schwerer zu sein scheint als der davor. Als du etwa die Hälfte des Ganges erreichst, merkst du, dass bei jedem Schritt Methangeruch ausströmt. Da stößt dein Fuß gegen etwas Hartes, und du bereust es sofort, denn du hörst, gedämpft durch das zähe Pech, das Geräusch einer zuschnappenden Bärenfalle. Gleichzeitig siehst du, dass alle Fackeln aus ihren Wandhalterungen fallen und an den Rändern des schlammigen Ganges ein Feuer entzünden, das sich langsam ausbreitet.

Auswirkung: Die Kreatur, die (nach Wahl des SL) in die Bärenfalle getreten ist, erleidet 11 (3d6) Stichschaden und wird gepackt (SG 16). Der gesamte Gang droht nun zu entflammen. Die Flammen breiten sich mit einer Geschwindigkeit von 1,50 m/s vom Rand zur Mitte hin aus. Der Gang ist 30 m lang und 9 m breit, oder nach Ermessen des SL. Die Kreatur, die die Falle ausgelöst hat, ist etwa 15 m von beiden Enden des Ganges entfernt, der in drei Runden vollständig in Flammen stehen wird.

Der Gang ist schwieriges Terrain und zudem mit versteckten Bärenfallen gespickt. Jedes Mal, wenn eine Kreatur ihre Bewegung nutzt, um eine bestimmte Strecke im Schlamm zurückzulegen, würfelst du 1W6. Bei einer 1 tritt die Kreatur in eine versteckte Bärenfalle. Die Kreatur erleidet 11 (3W6) Stichschaden und wird gepackt (SG 16).

Beendet eine Kreatur ihren Zug mit 3 m oder weniger Abstand zu den Flammen, erleidet sie 22 (5W8) Feuerschaden.

Untersuchung: Wer vor dem Durchwaten des Schlamms einen Weisheitswurf (Wahrnehmung) gegen SG 17 besteht, riecht etwas Entflammbares im Schlamm. Durch Intelligenzwurf (Nachforschung) gegen SG 17 bemerkt man, dass die Wandlampen, die die Fackeln halten, alle mit einer dünnen Schnur verbunden sind.

Entschärfung: Vermutet eine Kreatur, dass der Schlamm entflammbar ist, mag sie ihn vor dem Durchwaten anzünden. Das brennbare Gas, das der Schlamm ausstößt, verbrennt innerhalb von fünf Minuten vollständig. Jemand könnte auch die Schnüre, die die Fackeln an den Seitenwänden verbinden, durchschneiden und dadurch verhindern, dass sie in den Schlamm fallen. Man kann auch einfach alle Fackeln löschen. Die Bärenfallen sind schwer zu erkennen oder zu entschärfen, weil sie sich unter dem Schlamm befinden, aber es ist möglich, eine dieser Fallen per Geschicklichkeitswurf (Diebeswerkzeug) gegen SG 17 zu entschärfen, allerdings mit Nachteil, solange die Falle mit Schlamm bedeckt ist.

Gefährliche Deko

Trigger & Flavor: Indem man in ein durchsichtiges Netz läuft, das in einer Tür gespannt ist, löst man die beiden über dem Torbogen gekreuzten Zweihänder, sodass ihre schweren Klingen hinabsausen und die Eintretenden aufschlitzen.

> Als du durch die Tür gehst, spürst du etwas an deiner Haut zerren, als liefst du gegen ein sehr dünnes, durchsichtiges Bettlaken. Aufgehalten von dem unsichtbaren Tuch hörst du das verräterische Schaben von Stahl auf Stahl. Du blickst auf und siehst die gekreuzten Zweihänder, die als Schmuck über der Tür hängen, hinabsausen. Mach einen Geschicklichkeitswurf.

Auswirkung: Die Kreatur, die die Falle auslöst, muss einen Rettungswurf auf Geschicklichkeit gegen SG 16 schaffen. Bei einem Fehlwurf erleidet sie 13 (2W12) Hiebschaden und muss einen Konstitutionsrettungswurf gegen SG 16 bestehen. Bei erneutem Fehlwurf wird die Kreatur vergiftet und betäubt und erleidet zusätzlich 21 (6W6) Giftschaden. Die Betäubung hält eine Stunde lang an oder bis die Kreatur Schaden erleidet.

Untersuchung: Wer die dekorativen Schwerter untersucht und einen Intelligenzwurf (Nachforschungen) gegen SG 16 besteht, bemerkt unterhalb der Klingen feine, bogenförmige Rillen, als ob sie dort an der Wand schaben. Bei näherer Betrachtung der Klingen fällt auf, dass sie mit einem gelblichen Film überzogen sind – ein verräterisches Zeichen für Gift. Eine Kreatur, die den Durchgang untersucht, kann einen sehr dünnen, durchsichtigen Stoff erkennen, der durch eine Schnur mit zwei Stiften verbunden ist, die die Schwerter halten.

Entschärfung: Am einfachsten lässt sich die Falle entschärfen, indem man mit einer Klinge die Schnur zwischen dem Stoff und den Stiften durchtrennt, oder indem man ein Loch in den Stoff schneidet, das groß genug zum Durchsteigen ist. Aber auch andere Methoden kann der SL gelten lassen.

Schreck-Lich

Trigger & Flavor: Die kleinen Steine, aus denen die größeren Fliesen dieses Ganges bestehen, sind druckempfindlich. Tritt man darauf, stürzt aus ihrem Versteck in der Decke eine Attrappe, die wie ein todbringender Lich aussieht. Das plötzliche Auftauchen eines scheinbar bedrohlichen Gegners lässt Nervenschwache nach vorne oder hinten in sich öffnende Stachelgruben springen.

> Während ihr den gewundenen Gang entlanggeht, hört ihr plötzlich ein Zischen und spürt einen kalten Hauch. Eine schattenhafte Gestalt kommt angerast, die skelettartigen Hände nach euren Kehlen ausgestreckt. Wollt ihr aus dem Weg springen, angreifen oder etwas anderes versuchen?

Auswirkung: Solange die Kreatur, die die Falle ausgelöst hat und die heransausende Puppe erblickt, keine passive Wahrnehmung von mehr als 20 hat, bemerkt sie die Gruben nicht, die sich beidseits der Stelle, auf der sie steht, geöffnet haben. Will sie der Attrappe aus dem Weg springen, muss sie einen Rettungswurf auf Geschicklichkeit gegen SG 12 machen. Gelingt der Wurf, springt sie direkt in eine der geöffneten Gruben, landet im Stachelbett und erleidet 18 (4W8) Stichschaden. Bei missglücktem Rettungswurf prallt die Puppe auf und explodiert mit grünem arkanen Feuer, das jede Kreatur im Umkreis von 9 m zu einem Geschicklichkeitsrettungswurf gegen SG 16 zwingt. Bei Misserfolg erleidet die Kreatur 35 (10W6) Feuerschaden, bei Erfolg nur halb so viel.

Wer die Attrappe angreift, kann dazu die Reaktion verwenden. Die Puppe hat RK 12. Bei erfolgreichem Angriff explodiert sie wie oben beschrieben. Geht er daneben, explodiert sie nicht. Wer um die Gruben weiß, wenn die Attrappe im Anflug ist, kann den Geschicklichkeitswurf zum Ausweichen mit Nachteil ablegen, um über die offenen Gruben zu springen.

Untersuchung: Eine Kreatur, der ein Intelligenzwurf (Nachforschungen) gegen SG 16 glückt, während sie den Gang nach Fallen absucht, erkennt, dass manche Fliesen ein seltsames Muster aufweisen und dass sich einige hohl anfühlen, als wäre unter ihnen Platz. Wer dazu kommt, die Attrappe zu untersuchen, bevor sie explodiert, erkennt sofort, dass sie mit druckempfindlichem arkanen Sprengstoff in kleinen Fläschchen versehen ist und dass man ihr tunlichst aus dem Weg gehen sollte. Um die Puppe zu entschärfen und die Fläschchen zu bergen, ist ein Geschicklichkeitswurf gegen SG 20 nötig.

Feuerpeitsche

Trigger & Flavor: Bei Betreten der Kammer wird eine Rune an der Decke aktiviert, die die triggernde Kreatur von oben mit einer flammenden arkanen Schlinge packt und emporzieht. Die ganze Decke ist mit solchen Runen bedeckt, sodass eine Kreatur, die der ersten ausweicht, sich gleich vor der nächsten wegducken und ausweichen muss.

> Als du die Kammer betrittst, hörst du von oben einen knisternden Knall, und etwas Flammendes peitscht von der Decke herab. Mach einen Geschicklichkeitswurf.

Auswirkung: Wer die Rune aktiviert, muss einen Rettungswurf auf Geschicklichkeit gegen SG 16 schaffen. Bei misslungenem Rettungswurf erleidet man 9 (2W8) Feuerschaden, wird 4,50 m zur Decke emporgezogen und dort festgehalten (SG 16). Bei erfolgreichem Rettungswurf wirft man 1W4. Bei 1, 2 oder 3 aktiviert man eine weitere Rune, und zwar dort, wo man nach dem Rettungswurf landet. Geht ein erneuter Geschicklichkeitswurf gegen SG 16 schief, erfolgen die oben beschriebenen Auswirkungen. Gelingt er, wird wieder 1W4 gewürfelt und bei 1 oder 2 eine weitere Rune ausgelöst, die wiederum einen Rettungswurf erzwingt (mit denselben Auswirkungen). Gelingt dieser Rettungswurf, muss ein letztes Mal 1W4 fallen. Nur bei einer 1 wird eine Rune ausgelöst und erzwingt einen Rettungswurf mit den gehabten Auswirkungen. Gelingt dieser Wurf, ist es geschafft: Man ist in eine Ecke der Kammer gesprungen, die frei von Runen ist!

Nach Ermessen des SL hat diese Folge von Ausweichsprüngen einen Pfad aus ausgelösten Runen geschaffen, dem andere SC nach einem Weisheitswurf (Wahrnehmung) gegen SG 16 folgen können, um den verbleibenden Runen auszuweichen. Der Rest der Decke ist aber immer noch voller Runen, und jede Kreatur, die sich weiter vorwagt, bevor sie ausgelöst oder gebannt sind, muss die gleichen Ausweichmanöver vollführen.

Untersuchung: Wer vor dem Betreten der Kammer die 9 m hohe Decke betrachtet, kann dort per Intelligenzwurf (Nachforschungen) gegen SG 16 arkane Energieladungen schimmern sehen. Eine Kreatur, die *Magie entdecken* wirkt, bemerkt die Runen sofort, die starke Bann- und Hervorrufungsmagie ausstrahlen.

Entschärfung: Die Runen können durch den Zauber *Magie bannen* (4. Grad) gebannt werden. Nach Ermessen des SL wird dadurch eine Strecke von 6 m entmint.

Wespennest

Trigger & Flavor: Einige der Steinfliesen dieses Ganges stellen sich als große Wespennester heraus. Wer auf eines tritt, stürzt 1 m tief in ein Loch, in dem wütende Wespen und eine Trittplatte lauern. Hebt man den Fuß wieder von der Trittplatte, fallen weitere stechende Insekten von der Decke.

> Beim nächsten Schritt gibt plötzlich der Boden unter dir nach, als wäre er aus dünnem Papier. Du hörst einen dumpfen Knall, gefolgt von wütendem Summen, während heiße, stechende Schmerzen in dein Bein schießen. Aus dem Loch im Boden steigt ein Schwarm Wespen auf. Du musst jetzt ganz stark sein und einen Rettungswurf auf Konstitution machen.

Auswirkung: Die Kreatur, die diese Falle auslöst, erleidet sofort 30 (12W4) Stichschaden und muss einen Konstitutionswurf gegen SG 15 bestehen. Bei Misslingen wird die Kreatur durch mehrere Wespenstiche vergiftet und erleidet Schwellungen.

Durch den Tritt in das Nest werden drei **Schwärme von Wespen** im Korridor freigesetzt.

Die Kreatur, die diese Falle ausgelöst hat, steht zudem auf einer Trittplatte. Bewegt sie sich 1,50 m oder mehr, fallen 4W4 Bienenstöcke aus Falltüren in der Decke, von denen jeder einen Bienenschwarm freisetzt (mit den Werten eines **Schwarms von Wespen**), was alle Kreaturen in Reichweite bedroht.

In diesem Korridor gibt es 1W4 + 1 weitere als Bodenfliesen getarnte Wespennest-Fallen, deren Lage der SL bestimmt. Tritt eine Kreatur auf eine dieser Fliesen, löst sie die Falle wie oben beschrieben aus, wird mit 30 (12W4) Stichschaden von drei Wespenschwärmen zerstochen und muss einen Rettungswurf gegen Vergiftung machen. Die in der Decke verborgenen Bienenstöcke und ihre Schwärme werden nur einmalig von der ersten Kreatur freigesetzt, die auf eine Trittplatte getreten ist und sich wieder von dort entfernt.

Die Wespen- und Bienenschwärme greifen an, bis sie die Hälfte ihrer Lebenspunkte erreicht haben, dann fliehen sie. Jede Kreatur, die nicht schon dreimal von einem Wespen- und/oder Bienenschwarm angegriffen wurde, muss einen Konstitutionsrettungswurf gegen SG 16 bestehen, sonst wird sie vergiftet und schwillt an.

Untersuchung: Wer diesen Gang mit einem Intelligenzwurf (Nachforschungen) gegen SG 16 auf Fallen absucht, bemerkt, dass einige Bodenfliesen etwas dubios wirken, wie aus Papier. Bei näherer Untersuchung verrät ein Summen, dass diese papierartigen Steinplatten die Oberflächen großer Wespennester sind. Eine Kreatur mit passiver Wahrnehmung von 20 oder mehr mag ein leises Summen vernehmen, das vom Boden und der Decke ausgeht.

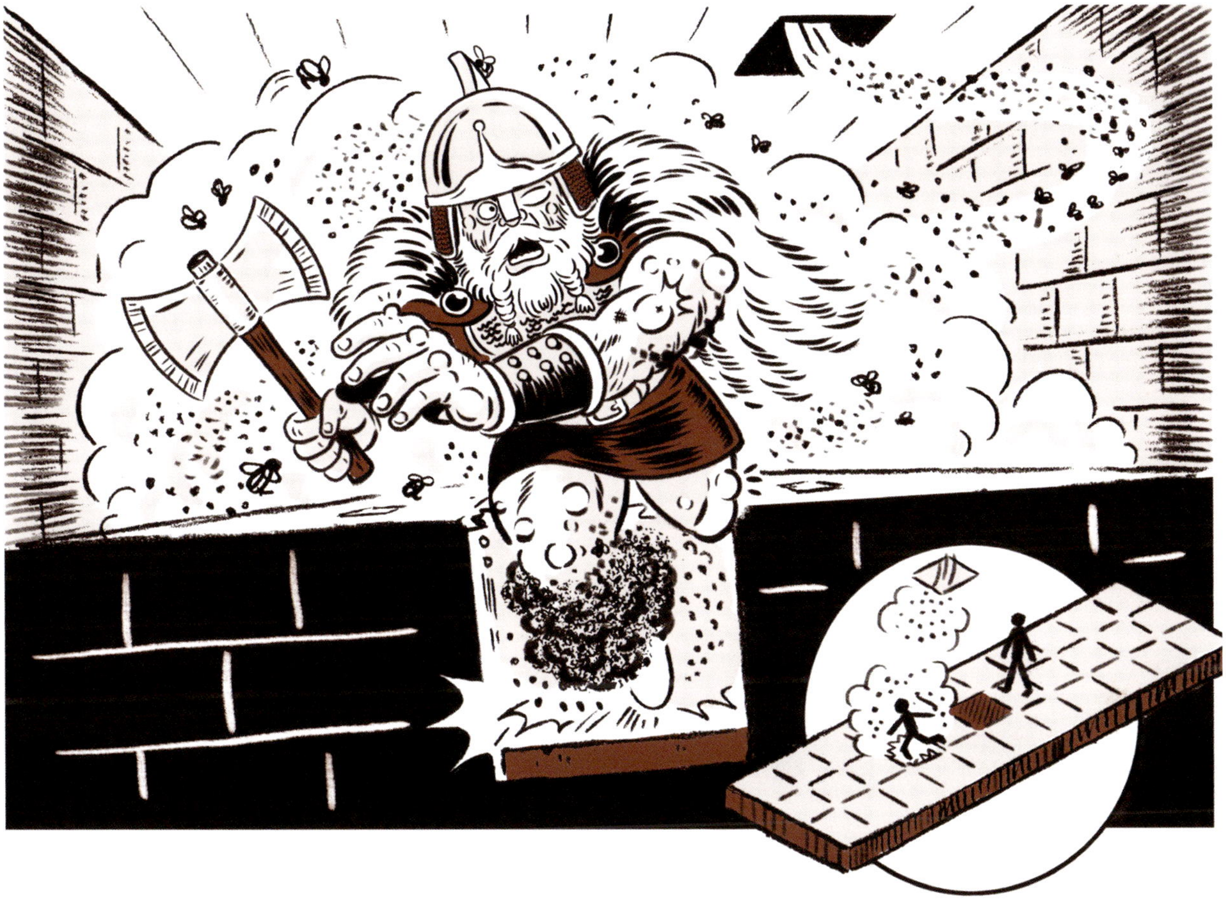

WESPENNEST: Eine Kreatur löst die Falle aus, indem sie versehentlich auf ein als Fliese getarntes Wespennest tritt. Die Wespen schwärmen aus und rächen sich. Jedes Wespennest birgt eine große Trittplatte. Durch Darauftreten wird sie aktiviert, durch Lösen des Drucks werden Bienenstöcke aus einem Fach in der Decke fallen gelassen. Die Bienenstöcke platzen und setzen Schwärme von wütenden Bienen frei.

ENTSCHÄRFUNG: Die Wespennester können nicht entschärft, sondern nur nach Ermessen des SL umgangen werden. Eine Kreatur, die in ein Wespennest getreten ist und weiß, dass sie auf einem Tritt steht, der bei Entlastung weiteren Schaden auslöst, kann dies verhindern, indem sie einen mindestens 10 Pfund schweren Gegenstand auf der Platte ablegt, bevor sie den Fuß wegnimmt. Um zu erkennen, dass sie auf einer Trittplatte steht, müsste die Kreatur einen Intelligenzwurf (Nachforschungen) gegen SG 16 und Nachteil schaffen.

Abschussrampe

TRIGGER & FLAVOR: Tritt man auf eine der Trittplatten dieser offenen Kammer, wird man mit Wucht gegen eine Wand oder in die Luft geschleudert.

Die Steinplatte unter deinem Fuß senkt sich mit leisem Schaben, gefolgt von einem Klick, und plötzlich schnellt sie nach oben. Einen Rettungswurf auf Geschicklichkeit, bitte.

SL AUFGEPASST: ZUFALLSFALLE

Wenn du die Spannung erhöhen willst, wirfst du jedes Mal, wenn jemand seine Bewegung nutzt, 1W6. Bei ungerade (oder Zahlen deiner Wahl) ist eine Abschussrampe betreten worden.

AUSWIRKUNG: Die Kreatur, die diese Falle ausgelöst hat, muss bei missglücktem Geschicklichkeitsrettungswurf gegen SG 17 1W4 würfeln. Bei 1 oder 2 wird sie nach Ermessen des SL senkrecht nach oben geschleudert und kracht gegen die Decke oder fliegt 30 m hoch. Bei Aufprall gegen die Decke gibt es 28 (8W6) Wuchtschaden.

Nach Ermessen des SL erleidet die Kreatur am Ende ihres nächsten Zuges auch Fallschaden. Eine Kreatur, die auf diese Weise fällt, gilt im Anschluss als liegend. Bei 3 oder 4 wird die Kreatur mit dem Kopf voran gegen die Wand geschleudert (nach Ermessen des SL). Durch den Aufprall entsteht 35 (10W6) Wuchtschaden, und bei fehlgeschlagenem Konstitutionsrettungswurf gegen SG 17 ist die Kreatur bis zum Ende ihres nächsten Zuges betäubt.

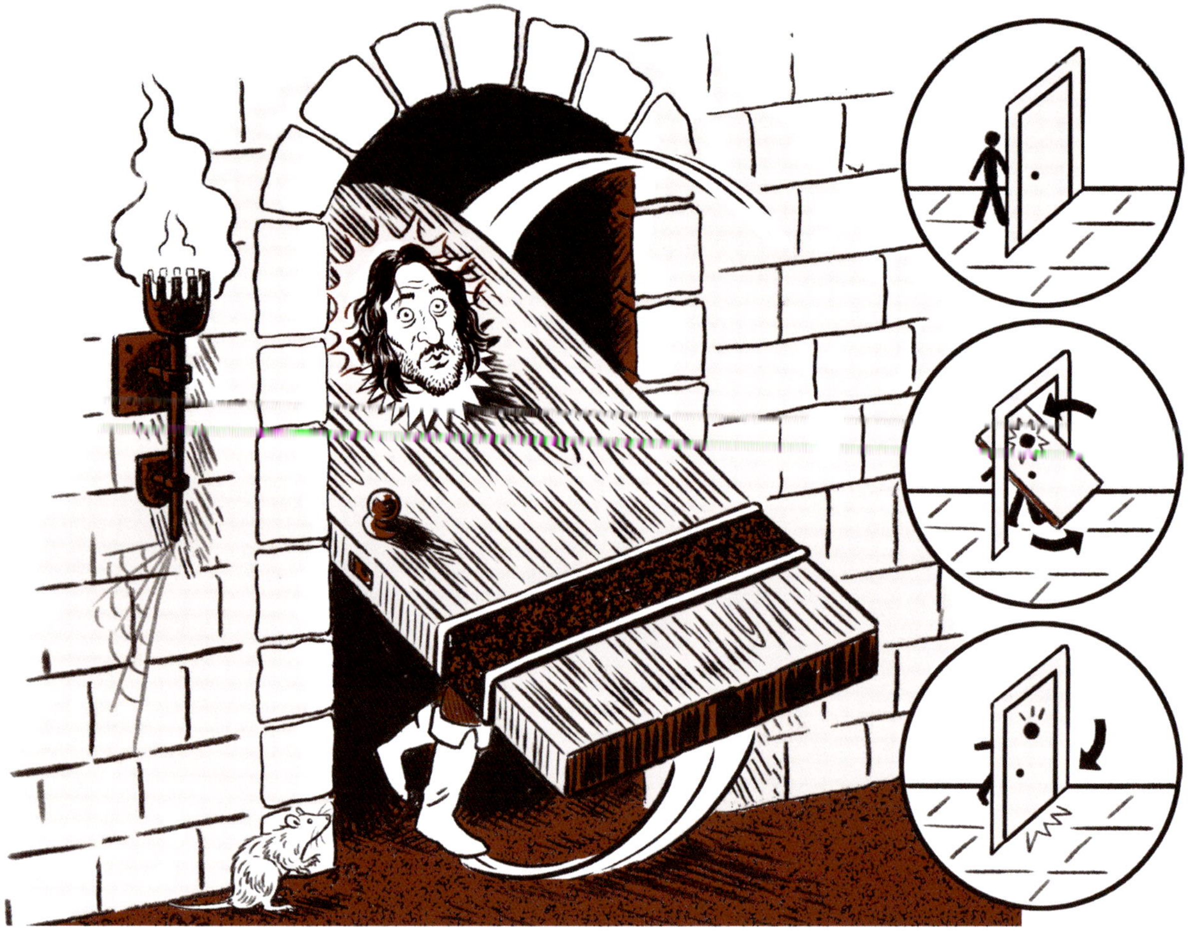

ANKLOPFER: Diese gefederte Türfalle wird ausgelöst, indem man einfach den Knauf dreht. Daraufhin kippt einem die Tür mit Wucht gegen den Schädel und schnellt dann wieder zurück. Die Bewegung der Tür ist so plötzlich und heftig, dass man gepackt wird und mit dem Kopf in der Tür stecken bleibt, während der Rest des Körpers auf der anderen Seite schlaff herunterhängt.

Untersuchung: Wer diese Kammer auf Fallen prüft, bemerkt möglicherweise, dass einige der Bodenfliesen ein bisschen erhöht sind. Diese Unregelmäßigkeit ist mit einem Intelligenzwurf (Nachforschungen) gegen SG 17 wahrnehmbar. Bei Erfolg gegen SG 22 kommt sogar eine verborgene Falltür zum Vorschein, die zu einem Kriechgang unter dem Boden führt. Dort könnte mittels Geschicklichkeitswurf (Diebeswerkzeug) gegen SG 16 an der Mechanik der Fallen gefrickelt werden.

Entschärfung: Diese Fallen können nur von dem verborgenen Kriechgang aus entschärft werden, wie oben beschrieben. Dazu muss nur ein Hebel umgelegt werden. Die Trittplatten können gemieden werden, wenn man weiß, welche davon scharf sind.

Anklopfer

Trigger & Flavor: Möchte eine Kreatur diese Tür durch Drehen des Knaufs öffnen, löst sie stattdessen die Falle aus: Die Tür kracht auf die Kreatur nieder, sodass diese darin feststeckt.

> Als du den Türknauf drehst, hörst du, wie sich eine wuchtige Feder entlädt und die gesamte Tür von oben auf dich zuschnellen lässt. Führe einen Geschicklichkeitswurf durch.

Auswirkung: Wer diese Falle auslöst, muss einen Rettungswurf auf Geschicklichkeit gegen SG 18 bestehen. Bei Misserfolg erleidet derjenige 35 (10d6) Wuchtschaden, bei Erfolg halb so viel. Nach dem misslungenen Rettungswurf kracht man mit dem Kopf durch die Tür und wird somit gepackt (DC 18). Die Tür kippt wieder zurück, sodass man von den Füßen gehoben wird, in der Luft hängt und gewürgt wird.

Nach Ermessen des SL können NSCs auf der anderen Seite der Tür eine Runde Überraschungsangriffe auf die in der Tür hängende Kreatur ausführen.

Untersuchung: Per Intelligenzwurf (Nachforschungen) gegen SG 18 könnte jemand, der die Tür auf Fallen absucht, eine Achse bemerken, die durch die Mitte der

Tür verläuft und beidseits im Türsturz verankert ist, sodass sich die Tür wie ein Schaufelrad drehen kann.

ENTSCHÄRFUNG: Die Falle lässt sich entschärfen, wenn man den Entschärfungsgriff kennt (Türknauf zweimal nach links und dann einmal nach rechts drehen). Durch erfolgreichen Geschicklichkeitswurf (Diebeswerkzeug) gegen SG 18 kann man das Türschloss vollständig entfernen.

Scharfe Schützen

TRIGGER & FLAVOR: Während die Gruppe zwischen kunstvollen und sehr detailreichen Reliefs von Kriegern und Bogenschützen hindurchgeht, wird die Verzauberung des Kunstwerks aktiviert, und die Bogenschützen feuern automatisch auf alles, was versucht, den Gang zu durchqueren.

> Die Wände dieses Ganges weisen kunstvoll gemeißelte Friese auf, die Jäger, Krieger und Bogenschütze darstellen. Als ihr hindurchgeht, seht ihr, wie sich die kleinen Bogenschützen plötzlich regen und schnell ihre Bögen spannen. Führt einen Geschicklichkeitswurf durch.

AUSWIRKUNG: Jede Kreatur im Umkreis von 3 m um denjenigen, der die Falle ausgelöst hat, muss einen Rettungswurf auf Geschicklichkeit gegen SG 17 bestehen. Bei Misslingen gibt es 18 (4W8) durchdringenden Schaden, bei Erfolg halb so viel. Die kleinen gemeißelten Schützen feuern eine Salve nach der anderen, alle drei Sekunden. Daher muss jede Kreatur, die die Kammer durchqueren will, zwei Geschicklichkeitswürfe schaffen, wie oben beschrieben. Die Schützen schießen so lange, bis ihre Verzauberung endet oder gebannt wird. Die Verzauberung hält nach Aktivierung eine Minute lang an.

UNTERSUCHUNG: Wer *Magie entdecken* wirkt, nimmt Bann- und Verwandlungsmagie wahr, die von den Reliefs an den Wänden des Ganges ausgeht. Zwar könnte man mit einem Intelligenzwurf (Nachforschungen) gegen SG 17 den Verdacht bekommen, dass die Reliefs verzaubert seien, aber um dies festzustellen, müsste man ihnen so nahe kommen, dass man den Zauber auslöst.

ENTSCHÄRFUNG: Die Verzauberung des Reliefs kann mit dem Spruch *Magie bannen* (5. Stufe) gebannt werden. Beide Seitenwände sind verzaubert und müssen separat gebannt werden.

Basilisken-Köder

TRIGGER & FLAVOR: Das Betreten einer Trittplatte setzt ein Hebelwerk in Gang, das mehrere, in Geschirren hängende Basilisken von der Decke in die darunter liegende Kammer abseilt.

> Die Bodenfliese unter deinem Fuß gibt klackend nach, als hättest du einen sehr großen Knopf gedrückt. Von der Decke werden mehrere Basilisken an Seilen herabgelassen, immer tiefer, bis einer von ihnen mit dir auf Augenhöhe ist. Führe einen Konstitutionsrettungswurf durch.

AUSWIRKUNG: Bei misslungenem Konstitutionswurf gegen SG 13 wird die auslösende Kreatur Opfer des versteinernden Basiliskenblicks. Sie wird auf magische Weise langsam zu Stein und ist somit festgesetzt. Am Ende ihrer nächsten Runde wiederholt sie den Rettungswurf. Bei Erfolg endet die Wirkung. Bei Fehlschlag ist die Kreatur versteinert, bis sie durch *Vollständige Genesung* oder andere Zauberkräfte davon erlöst wird.

2W4 + 1 Basilisken werden von der Decke herabgelassen und landen innerhalb von drei Runden alle auf dem Boden. Sie sind hungrig und haben genug Seil, um in alle Winkel der Kammer zu gelangen.

UNTERSUCHUNG: Per Intelligenzwurf (Nachforschungen) gegen SG 17 kann man auf der Suche nach möglichen Fallen bemerken, dass eine der Bodenfliesen erhöht und geneigt ist, als ob sich etwas darunter verbirgt. Wer die Decke des Raumes absucht, kann nach Weisheitswurf (Wahrnehmung) gegen SG 17 die Basilisken 18 m über sich baumeln sehen.

ENTSCHÄRFUNG: Die Trittplatte lässt sich durch erfolgreichen Geschicklichkeitswurf (Diebeswerkzeug) gegen SG 17 entschärfen, indem die Platte vom Auslösemechanismus getrennt wird. Entdeckt man die Trittplatte erst, wenn die Basilisken bereits herabgelassen sind, kann man durch Intelligenzwurf gegen SG 15 darunter noch einen kleinen Hebel finden, der den »Rückwärtsgang« einlegt und die Biester wieder emporhievt.

Umnachtung

TRIGGER & FLAVOR: Das Öffnen einer Tür löst eine Version des Zaubers *Tödliches Phantom* aus: Eine albtraumhafte Leere wird offenbar, aus der die tiefsten Ängste der Gruppe hervortreten. So scheint es zumindest.

> Als ihr die Tür öffnet, seht ihr statt einer anderen Kammer eine tiefschwarze Leere, eine Masse undurchdringlicher Dunkelheit, verwirbelt in Schattierungen von Onyx, Nacht und Pech – und mittendrin euer eigenes Gesicht. Als ihr mit euch selbst Augenkontakt aufnehmt, beginnt sich das Spiegelbild zu verändern. Macht einen Rettungswurf auf Weisheit.

Auswirkung: Die Kreatur, die die Falle auslöst, muss einen Weisheitswurf gegen SG 17 bestehen. Bei Misslingen muss sie mitansehen, wie sich ihr Spiegelbild in eine Manifestation ihrer größten Angst verwandelt (nach Ermessen des SL), und hat eine Stunde lang Angst vor der Gestalt in der Leere. Am Ende jeder ihrer Runden muss sie bis zum Ende des Zaubers einen Weisheitswurf bestehen, sonst erleidet sie 22 (4W10) psychischen Schaden. Bei erfolgreichem Rettungswurf endet die Wirkung.

Jede Kreatur im Umkreis von 9 m um die Tür muss einen Weisheitswurf gegen SG 17 bestehen, um nicht eine ähnliche unheimliche Präsenz zu erleben, die aus der schwarzen Leere der Tür dringt und sich als die eigene größte Angst manifestiert. Jedes Opfer fürchtet sich dann eine Stunde lang vor der Tür. Am Ende jeder seiner Runden muss es bis zum Ende des Zaubers einen Weisheitswurf bestehen, sonst erleidet es 22 (4W10) psychischen Schaden. Bei erfolgreichem Rettungswurf endet die Wirkung.

Alle, die ihren Rettungswurf bestehen oder sich außerhalb der 9-m-Reichweite des Türzaubers befinden, erkennen, dass die geöffnete Tür in die dahinterliegende Kammer führt.

Untersuchung: Wer die Tür auf Anzeichen von Fallen untersucht, entdeckt bei gelungenem Intelligenzwurf (Nachforschungen) gegen SG 17 arkane Glyphen, die in den Türknauf eingeritzt sind. Durch Wirken von *Magie entdecken* ließe sich ein summendes Glühen von Bann- und Illusionsmagie wahrnehmen, das vom Knauf ausgeht.

Entschärfung: Erfolgreiches Wirken von *Magie bannen* (4. Grad) zerstreut die Glyphe, sodass man durch die Tür gehen kann, ohne die Falle auszulösen.

Grube und Schimmel

Trigger & Flavor: Der Sturz in eine Grube löst eine Felslawine von oben aus, die nicht nur auf das unglückliche Opfer niederprasselt, sondern auch alle, die der Grube entgangen sind, in gefährliche Höhen schleudert.

> In diesem Gang habt ihr das Gefühl, auf losen Bohlen statt auf festem Grund zu laufen. Kaum wird euch das bewusst, spürt ihr, wie die Bohlen unter euch nachgeben. Macht einen Geschicklichkeitswurf.

Auswirkung: Die auslösende Kreatur muss einen Rettungswurf auf Geschicklichkeit gegen SG 15 schaffen. Bei Misserfolg fällt sie 6 m tief und landet auf Spießen und Stacheln, wobei sie 21 (6W6) Stichschaden nimmt. Gleichzeitig lösen sich schwere Felsbrocken aus einem Netz an der Decke und fügen der gestürzten Kreatur 28 (8W6) Wuchtschaden zu.

Die Brocken prallen auch auf die restlichen Bohlen über der Grube. Alle im Umkreis von 4,50 m um die auslösende Kreatur (einschließlich ihr selbst, falls sie ihren ersten Geschicklichkeitswurf bestanden hat) müssen einen Rettungswurf auf Geschicklichkeit gegen SG 15 bestehen, sonst werden sie von den fallenden Felsbrocken 3 m in die Luft und gegen die Decke katapultiert. Wem dieser Rettungswurf misslingt, prallt gegen die Decke, erleidet 7 (2W6) Wuchtschaden und kommt außerdem mit dem gefährlichen Schimmel an der Decke in Berührung. Der Schimmelpilz setzt eine dichte Wolke von Sporen frei.

Sporenwolke: Der braune Schimmelpilz setzt eine Wolke von Sporen frei, die in jeder Richtung 1,50 m misst und 1 Minute in der Luft hängt. Jede Kreatur, die ihren Zug in der Wolke beendet, muss einen Konstitutionsrettungswurf SG 13 ablegen und erleidet mit Würfelpech 36 (8W8) Nekroseschaden, mit Glück halb so viel. Außerdem wird die maximale Trefferpunktzahl des Opfers um den erlittenen Schaden reduziert. Diese Verringerung hält an, bis das Opfer eine lange Rast hinter sich hat. Sinkt seine maximale Trefferpunktzahl durch diesen Effekt auf 0, stirbt das Opfer.

Untersuchung: Wer diesen Gang auf Fallen absucht, bemerkt die losen Bohlen über der Grube mit einem erfolgreichen Intelligenzwurf (Nachforschungen) gegen SG 15. Ein ebensolcher Wurf gegen SG 17 oder auf Weisheit (Wahrnehmung) könnte Felsbrocken in einem Netz sowie gefährlichen Schimmel an der Decke offenbaren. Per Intelligenzwurf (Naturkunde) gegen SG 17 ließe sich der Schimmel als besonders gefährlich identifizieren, da er eine Wolke todbringender Sporen freisetzt, sobald ihm etwas Lebendiges bis auf 1,50 m nahekommt.

Entschärfung: Eine Kreatur, die sowohl die Bohlen als auch die Felsbrocken wie oben beschrieben entdeckt, kann sich zusammenreimen, dass die herabfallenden Felsbrocken eine mittelgroße Kreatur gegen die mit Schimmel bedeckte Decke schleudern könnten. Um die Falle vollständig zu entschärfen, müssen die Felsbrocken mit einem gut gezielten Fernangriff (RK 18, 1 Trefferpunkt) abgetrennt werden, sodass sie auf die Bohlen fallen, ohne jemanden gegen den Schimmel zu schleudern. Die Felsbrocken füllen die Grube so hoch auf, dass man über sie hinweggehen kann wie über schwieriges Terrain. Bemerkt die Gruppe zwar die Grube, nicht aber die Felsbrocken oder den Schimmel, wird sie versuchen, die Grube ganz zu meiden. Unter diesen Umständen fallen die Felsbrocken in die Grube und schleudern alle, die sich im Umkreis von 4,50 m um die Grube befindet, wie beschrieben zum Schimmel empor.

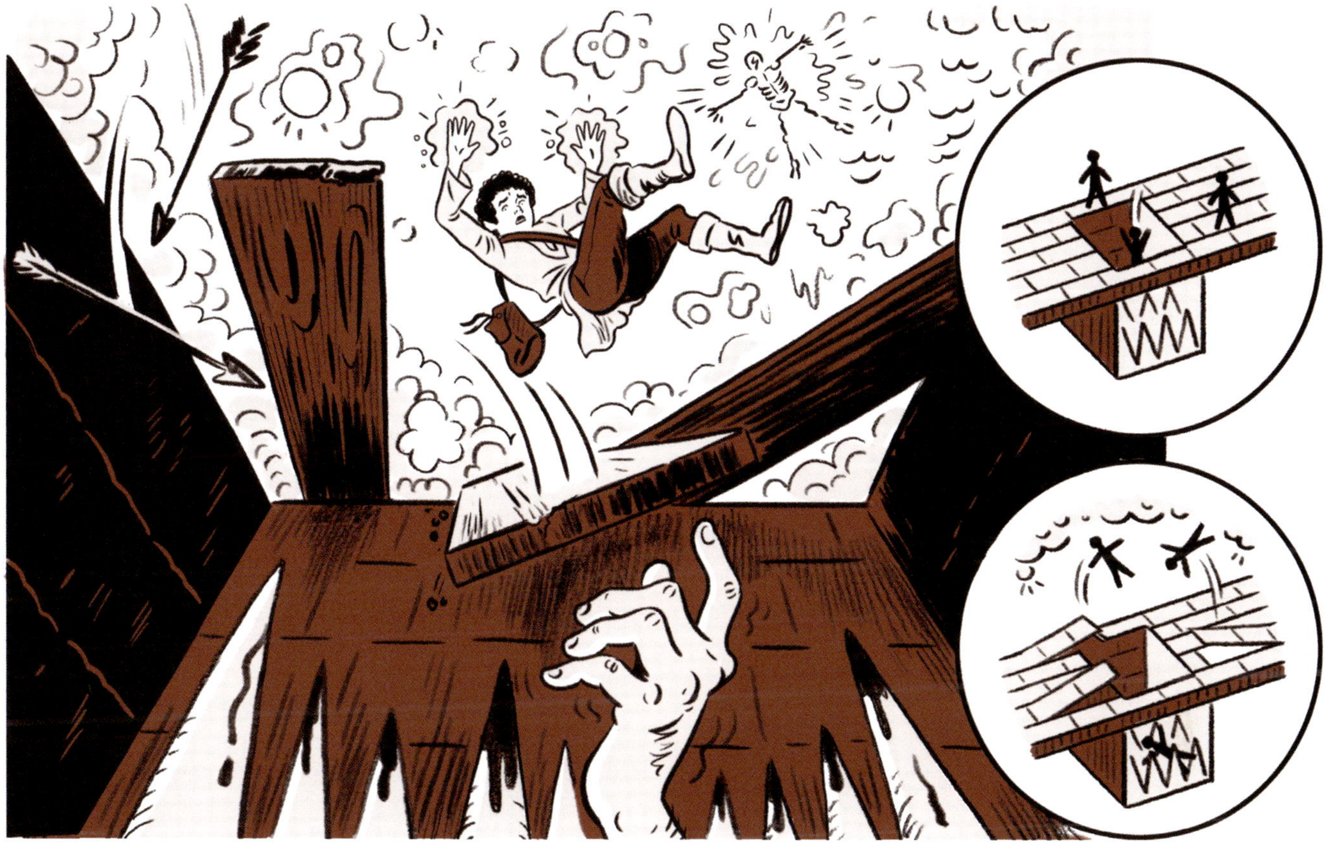

GRUBE UND SCHIMMEL: Eine Kreatur löst die Falle aus, indem sie über Bohlen läuft, die eine Stachelgrube abdecken. Die Bohlen geben nach, und die auslösende Kreatur fällt in die Grube. Die herabfallenden Bohlen bewirken, dass eine Masse Felsbrocken von oben herabfällt, in der Grube und um sie herum landet und die Umstehenden an die Decke schleudert. Die Decke ist mit einem gefährlichen Schimmelpilz bedeckt, der bei Kontakt giftige Sporen freisetzt.

Nagelprobe

TRIGGER & FLAVOR Beim Öffnen einer Tür in einem mit scharfen Zacken verzierten Torbogen wird ein Splint gelöst, der dafür sorgt, dass die Tür zurückschnellt und die Kreatur, die sie geöffnet hat, gegen die dekorativen Stacheln drückt. Die Befreiung aus dieser unglücklichen Lage kann sowohl für den gefangenen SC als auch für alle Helfenden schmerzhaft werden.

> Während du noch die Widerhaken an dem mit Zacken verzierten Türsturz bewunderst, schiebst du den Türflügel auf, um hindurchzugehen. Aber erst scheint die Tür auf halbem Weg zu klemmen, dann schnellt sie plötzlich mit Wucht auf dich zu. Führe einen Geschicklichkeitswurf durch.

AUSWIRKUNG: Die Kreatur, die die Falle auslöst, muss einen Rettungswurf auf Geschicklichkeit gegen SG 17 schaffen. Bei Misserfolg erleidet sie an den Zacken 18 (4W8) Stichschaden und muss einen Konstitutionswurf gegen SG 16 machen, um deren Gift zu widerstehen. Bei misslungenem Rettungswurf wird die Kreatur vergiftet und betäubt und erleidet zusätzlich 21 (6W6) Giftschaden. Die Betäubung hält eine Stunde lang an oder bis die Kreatur Schaden erleidet. Die eingeklemmte Kreatur aus ihrer Lage zu befreien, ist eine eigene Herausforderung. Berührt man dabei einen der Zacken auch nur leicht, ist ein Konstitutionswurf gegen SG 16 fällig, um dem oben beschriebenen Giftschaden und der Betäubung zu entgehen. Die Tür, die die Kreatur gegen die Zacken presst, ist zudem verriegelt. Entriegeln lässt sie sich per Geschicklichkeitswurf (Diebeswerkzeug) gegen SG 17 oder durch Zerstörung beider Türangeln, die jeweils RK 12 und 22 Trefferpunkte haben. Beim Zertrümmern gerät die Tür in Bewegung, wodurch die eingeklemmte Kreatur 9 (2W8) Hiebschaden erleidet.

Sobald die Tür nicht mehr im Weg ist, kann die zuvor eingeklemmte Kreatur versuchen, sich aus eigener Kraft von den Zacken zu befreien, erleidet dabei aber 18 (4W8) Hiebschaden durch die Widerhaken. Wer der gefangenen Kreatur helfen will, braucht einen gelungenen Geschicklichkeitswurf gegen SG 17, um sich nicht an einem der Zacken zu verletzen, und einen Konstitutionswurf gegen SG 16, um nicht vergiftet und betäubt zu werden.

Jede helfende Kreatur mindert beim Opfer der Zackentür den potenziellen Hiebschaden um 1W8.

UNTERSUCHUNG: Wer die Zacken an der Innenseite des Torbogens untersucht, wird feststellen, dass sie einen rubinroten Schimmer haben. Genaueres Hinsehen per Intelligenzwurf (Nachforschungen) gegen SG 17 ergibt, dass die rote Substanz ein starkes Kontaktgift ist. Wer die Tür auf Anzeichen von Fallen untersucht, kann durch einen Intelligenzwurf (Nachforschungen) gegen SG 17 feststellen, dass es an den Türangeln Verriegelungsmechanismen gibt, mit denen man die Tür vielleicht arretieren kann, wenn man sie ganz zu sich heranzieht – aber von dieser Seite der Tür lässt sich die Funktionsweise nicht ganz durchschauen.

SL AUFGEPASST: SACHTE, SACHTE

Ein SC, der dieser Tür gegenüber misstrauisch ist, z. B. weil er einen der im Abschnitt »Untersuchung« beschriebenen Würfe bestanden hat, öffnet die Tür wahrscheinlich ganz langsam. Dadurch umgeht er womöglich, falls dir das recht ist, den Auslösemechanismus, was die Falle praktisch entschärft.

IMMER SCHLIMMER

TRIGGER & FLAVOR: Beim Betreten der Kammer wird eine Rune in 18 m Entfernung aktiviert, die einen Strahl aus negativer Energie abfeuert. Der Strahl richtet umso mehr Schaden an, je näher eine Kreatur der Rune kommt.

> Als ihr in die Kammer vordringt, seht ihr am anderen Ende eine Rune mit dunklem arkanen Flackern. Ihr fühlt euch, als würdet ihr von einer seelenverzehrenden Energie durchdrungen. Führt einen Konstitutionswurf durch.

AUSWIRKUNG: Die Kreatur, die die Falle auslöst, muss einen Konstitutionsrettungswurf gegen SG 17 bestehen. Bei Fehlwurf erleidet sie 14 (4W6) Nekroseschaden, bei Erfolg halb so viel. Die Rune strahlt stetig negative Energie ab, und jede Kreatur, die ihren Zug in Reichweite der Rune beendet, muss den oben beschriebenen Konstitutionswurf bestehen.

Die Rune, die den Strahl aussendet, ist 18 m von der auslösenden Stelle entfernt. Alle 1,50 m, die sich eine Kreatur auf die Rune zu bewegt, erhöht sich der Schadenswurf um 1W6. Wer 16,50 m von der Rune entfernt ist, erleidet bei misslungenem Rettungswurf 17 (5W6) Nekroseschaden, bei 15 m Abstand 21 (6W6) und so weiter bis zu einem Maximum von 52 (15W6) aus 1,50 m Entfernung.

UNTERSUCHUNG: Wer den Gang auf Fallen absucht, muss einen Intelligenzwurf (Nachforschungen) gegen SG 17 bestehen, um die arkane Glyphe am Ende des Ganges zu entdecken. Durch den Spruch *Magie entdecken* lässt sich ein summendes Glühen von Bann- und Hervorrufungsmagie am Ende des Ganges feststellen. Nach Ermessen des SL kann diese Untersuchung die Rune aktivieren.

ENTSCHÄRFUNG: Erfolgreiches Wirken von *Magie bannen* (6. Stufe) hebt den Bann der Glyphe auf und ermöglicht die unbeschadete Durchquerung des Ganges. Die Rune lässt sich zwar beschädigen, ist aber sehr klein. Sie hat 1 Trefferpunkt und eine RK von 26. Ihre RK sinkt alle 3 m, die man sich ihr nähert, um 2, bis in 1,50 m Entfernung ein Minimum von RK 15 erreicht ist.

Tödliche Fallen

Die Wirkung von Fallen kann von lästig bis tödlich reichen. Zum Einsatz kommen Elemente wie Pfeile, Stacheln, Klingen, Gift, giftige Gase, Flammen und bodenlose Gruben. Zwar kann jeder verirrte Pfeil eine arme Seele töten, die zur falschen Zeit am falschen Ort ist, aber nicht alle Fallen sind auf den Tod ausgelegt. Diese hier allerdings schon – sie sind wirklich tödlich. Es sind mörderische Mechanismen voller technischer Tücken, die verletzen, verstümmeln, foltern oder einfach ein überwältigendes Gefühl des Zerquetschtwerdens verursachen sollen. Eine tödliche Falle ist dazu gedacht, eine oder mehrere Personen zu töten. Die folgenden Fallen können mit ihren Schwierigkeitsgraden und Schadenswürfen für die Stufen 5–10 tödlich ausgehen. (Eine Falle, die eine Druidin der Stufe 10 in Lebensgefahr bringt, dürfte einem Anfänger der Stufe 2 den Rest geben, oder?) Passe Schaden und Schwierigkeit der Stufe deiner Gruppe an – je nachdem, ob sie am Ende »größtenteils tot« oder »ganz tot« sein soll.

Sausende Sense

Trigger & Flavor: Ein dünner, für das Auge kaum wahrnehmbarer Draht löst einen Bolzen, der eine große, schwere, in der Decke verborgene Klinge hält.

> Im Weitergehen spürst du einen leichten Druck am Oberschenkel, gefolgt vom Klirren von Metall auf Stein. Von oben hörst du plötzlich ein metallisches Schleifen und siehst eine Klinge von der Decke auf dich herabstürzen. Mach einen Geschicklichkeitswurf.

Auswirkung: Die Kreatur, die diese Falle auslöst, muss einen Rettungswurf auf Geschicklichkeit gegen SG 17 schaffen oder 44 (8W10) Hiebschaden erleiden. Die Klinge ist so schwer, dass sie einen 12 m tiefen Krater in den Boden schlägt. Jede Kreatur im Umkreis von 1,50 m um den Aufprallpunkt muss einen Rettungswurf auf Geschicklichkeit gegen SG 15 bestehen, um nicht in den Krater zu fallen und 14 (4W6) Wuchtschaden zu erleiden. Schafft die Kreatur, die die Falle ausgelöst hat, ihren ersten Rettungswurf nicht, misslingt ihr auch dieser zweite.

Untersuchung: Wer bei einem Intelligenzwurf (Nachforschungen) gegen SG 16 Glück hat und nach Fallen sucht, bemerkt den durchsichtigen Stolperdraht, der zu einem Loch in der Wand führt, sowie den Schlitz in der Decke, durch den das Glitzern von geschärftem Stahl zu sehen ist.

Entschärfung: Wenn man weiß, wo sich der Stolperdraht befindet, kann man mit einem Geschicklichkeitswurf (Akrobatik) gegen SG 12 darübersteigen. Wird der Draht durchtrennt, löst das die Falle nicht aus.

Elementarschaden

Trigger & Flavor: Eine Reihe von unsichtbaren magischen Glyphen säumt den Eingang (Tür, Fenster, Durchschlupf) zur Kammer. Sie feuern arkane Elementarkräfte ab, wenn eine Kreatur an ihnen vorbeikommt.

> Als ihr hindurchgeht, bricht plötzlich um euch herum arkane Energie aus, denn eine Reihe verborgener Glyphen wird eine nach der anderen abgefeuert. Führt einen Geschicklichkeitswurf durch.

Auswirkung: Die auslösende Kreatur muss einen Wurf auf Geschicklichkeit gegen SG 17 schaffen. Bei Würfelpech erleidet die Kreatur 23 (5W8) Wuchtschaden, denn die Erde unter ihren Füßen bricht auf und schleudert sie gegen die Decke. Dann erleidet sie 18 (4W8) Kälteschaden, weil ihr ein eisiger Lufthauch Erfrierungen zufügt. Dazu kommt 14 (4W6) Feuerschaden, als ihr ein Flammenstrahl um den Kopf braust (wobei nach Ermessen des SL ihr Haar kurzzeitig in Flammen aufgeht). Es folgt 11 (3W6) Wuchtschaden, denn eine Sturzflut löscht zwar die Flammen, schleudert die Kreatur jedoch auf den Boden, sodass sie liegend ist. Falls das Opfer noch am Leben ist, muss es einen Konstitutionswurf (SG 15) bestehen, sonst erleidet es 7 (2W6) psychischen Schaden durch Schock und Herzrasen.

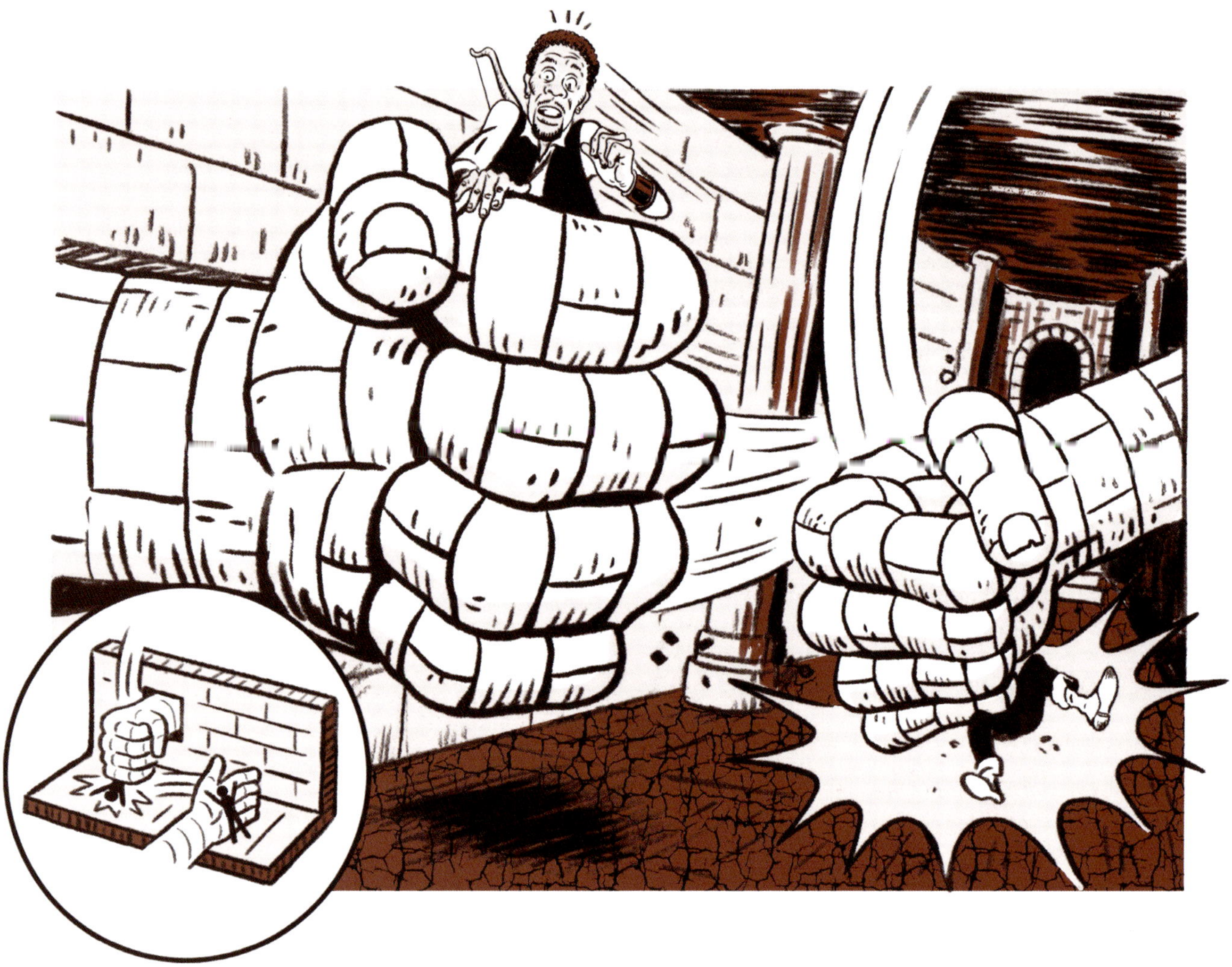

HAUDRAUF: Ein Tritt auf eine Trittplatte löst diese Falle aus. Sogleich wächst eine riesige Faust aus massivem Ziegelstein aus der Wand und prügelt auf die Gruppe ein. Eine zweite Hand ragt plötzlich aus der Wand gegenüber und versucht, alle zu packen, die nicht von der ersten Hand zerschmettert wurden.

UNTERSUCHUNG: Die Glyphen dieser Falle entdeckt jeder, der den Zauber *Magie erkennen* wirkt oder einen Intelligenzwurf (Nachforschungen) gegen SG 17 besteht. Ansonsten sind sie nicht wahrnehmbar. Die Runen verströmen eine Aura aus Bann- und Elementarmagie.

ENTSCHÄRFUNG: Die Runen können mit dem Zauberspruch *Magie bannen* sicher zerstört werden.

SL AUFGEPASST: BANNEN OHNE PANNEN

Niemand in der Gruppe hat den Zauberspruch *Magie bannen* in petto, aber die Falle muss unbedingt überwunden werden? Ein Intelligenzwurf (Nachforschungen) gegen SG 15 macht auf ein paar herumhuschende Ratten aufmerksam – vielleicht könnte man eine fangen und sie dazu bringen, an der Falle vorbeizulaufen? Auch andere clevere Lösungen sind zulässig.

Haudrauf

TRIGGER & FLAVOR: Auslöser ist eine Trittplatte im Boden.

> Als du einen weiteren Schritt machst, spürst du, wie der Boden unter deinem Fuß nachgibt. Mit lautem »Sproinnnnng« schnellen riesige Hände auf euch zu, die sich aus den Ziegelsteinen der Seitenwände gebildet haben. Führt alle einen Geschicklichkeitswurf durch.

AUSWIRKUNG: Die auslösende Kreatur sowie alle im Umkreis von 1,50 m müssen einen Rettungswurf auf Geschicklichkeit gegen SG 17 bestehen. Bei Fehlwurf erleiden sie 55 (10W10) Wuchtschaden, da sich aus der rechten Wand eine riesige Ziegelfaust bildet und auf sie niederschlägt. Unmittelbar nach dem Rettungswurf müssen alle Kreaturen im Umkreis von 3 m um die Trittplatte (oder in einer Linie mit ihr, je nach Ermessen des SL) einen Geschicklichkeitswurf gegen

SG 15 bestehen, sonst erleiden sie 22 (4W10) Wuchtschaden, denn eine weitere Ziegelhand von links versucht, alles in Reichweite zu fassen zu bekommen. Eine gepackte Kreatur kann entkommen, indem sie ihre Aktion für einen Stärkerettungswurf (Athletik) gegen SG 18 nutzt.

UNTERSUCHUNG: Wer diese Falle per Intelligenzwurf gegen SG 16 aufspürt, stellt fest, dass auf beiden Seitenwänden Verfärbungen im Mörtel die groben Umrisse zweier riesiger Hände bilden. Außerdem ist eine Bodenfliese leicht erhöht, was auf einen darunter angebrachten Auslösemechanismus hindeutet.

ENTSCHÄRFUNG: Die Falle kann durch erfolgreichen Geschicklichkeitswurf (Diebeswerkzeug) gegen SG 16 entschärft werden (oder durch eine andere Lösung nach Ermessen des SL). Bei erfolgreichem Wurf wird die Fliese gerade so weit angehoben, dass etwas zwischen den Auslöser geklemmt werden kann. So kann die Stelle gefahrlos überquert werden. Ein misslungener Versuch löst die Falle aus.

Verfluchter Durst

TRIGGER & FLAVOR: Auf einem Tisch steht ein Bierkrug, auf dem ein Fluch liegt, der einen dazu zwingt, sich totzusaufen.

> Im Vorbeigehen bemerkt ihr einen kleinen Tisch, auf dem mehrere große, vor Kondenswasser glitzernde Bierhumpen stehen. Macht einen Rettungswurf auf Weisheit.

AUSWIRKUNG: Jede Kreatur, die diese verlockenden Humpen bemerkt und sich in einem Umkreis von 9 m befindet, löst die Falle aus und muss einen Weisheitswurf gegen SG 15 bestehen. Bei Misserfolg wird sie gezwungen, den Humpen zu heben und einen Schluck daraus zu nehmen. Das Bier ist köstlich. Aber der Krug selbst fühlt sich schwer an und zieht die Kreatur an den Biertisch. Nur mit einem geglückten Stärkewurf (Athletik) gegen SG 17 kann sie sich mit aller Kraft vom Tisch losreißen. Bei Würfelpech wächst der Humpen auf die dreifache Größe und füllt sich durch Zauberei wieder auf. Die Kreatur kann nun den gleichen Stärkewurf mit Nachteil durchführen. Bei misslungenem Rettungswurf geht der Krug unaufhaltsam zum Mund, entleert sich und fügt 36 (8W8) Giftschaden zu. Der Humpen füllt sich dann erneut, und der Vorgang wiederholt sich, bis die Kreatur sich befreit oder sich – nach Ermessen des SL – zu Tode gesoffen hat.

UNTERSUCHUNG: *Magie entdecken* oder ein ähnlicher Zauber offenbart eine Aura von tückischer Verzauberungsmagie, die von den Krügen ausgeht.

ENTSCHÄRFUNG: Die Falle lässt sich durch Wirken von *Magie bannen* des 6. Grades entschärfen.

Klingen des Grauens

TRIGGER & FLAVOR: Das Entriegeln einer Tür lässt schwingende Axtklingen auf die Gruppe zu sausen. Wer den Klingen ausweicht, läuft Gefahr, bei lebendigem Leibe verätzt zu werden, da die Äxte Seile kappen, an denen Kessel voller Säure hängen.

> Als ihr die Tür durchschreitet, hört ihr mehrere Schnappgeräusche, und plötzlich kommen zwei große Äxte auf euch zu. Einen Geschicklichkeitswurf, bitte.

AUSWIRKUNG: Die Kreatur, die die Falle auslöst, sowie (nach Ermessen des SL) alle im Umkreis von 1,50 m müssen einen Rettungswurf auf Geschicklichkeit gegen SG 17 bestehen, sonst droht 14 (4W6) Hiebschaden. Bei erfolgreichem Rettungswurf muss eine Richtung gewählt werden, in die man sich wegduckt: nach vorne, hinten, links oder rechts. Dabei dürfen keine zwei Kreaturen auf demselben Fleck landen. Nachdem die jeweilige Duckrichtung gewählt ist, würfelst du 1W4. Die zweite Auswirkung der Falle wirkt sich auf den nach unten stehender Tabelle bestimmten Bereich aus und tritt ein, wenn die heranschwingenden Äxte zwei Seile kappen, an denen zwei Kessel mit zersetzender Säure über der Tür aufgehängt sind.

Säurekessel

1W4	Der Säurekessel landet ...
1	... vor der Tür.
2	... hinter der Tür.
3	... links der Tür.
4	... rechts der Tür.

Wenn sich eine Kreatur an der Stelle befindet, auf die der Kessel fällt, erleidet sie 42 (12W6) Säureschaden, da der Inhalt des Kessels ihr Fleisch zerfrisst.

UNTERSUCHUNG: Bei näherer Betrachtung scheint es, als ob Spannung in den Türangeln liegt, ein Zeichen dafür, dass etwas Schweres daran hängt und von hinten daran zieht. Wer einen Intelligenzwurf (Nachforschungen) gegen SG 18 besteht, bemerkt die Spannung und weiß, dass die Tür eine Falle ist.

ENTSCHÄRFUNG: Die Falle kann entschärft werden, indem der Türknauf zweimal nach links gedreht wird. Dadurch wird genug Spannung erzeugt, um die Falle auszulösen, während man sich immer noch auf der sicheren Seite befindet.

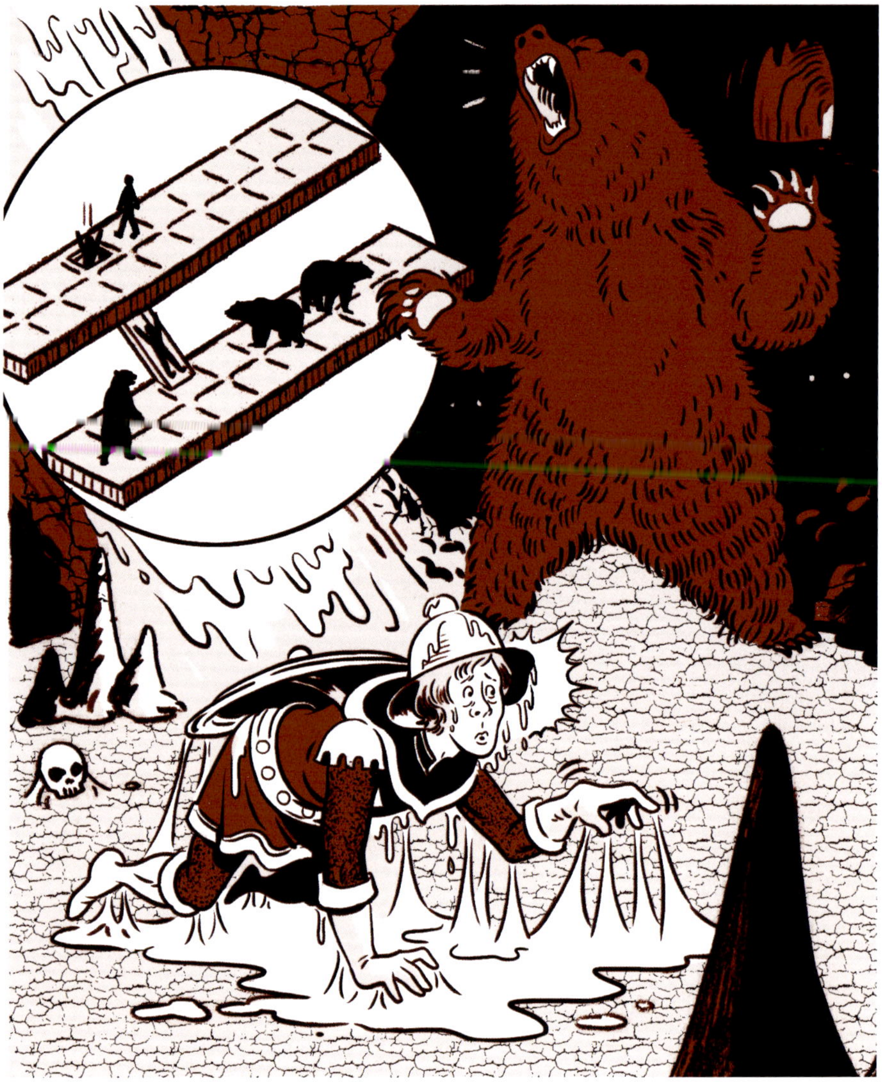

NASCHWERK: Die Falle wird ausgelöst, indem man auf eine Trittplatte tritt. Daraufhin gibt der Boden unter der auslösenden Kreatur nach, und sie stürzt auf eine mit Honig eingeschmierte Rutsche. Der Schwerkraft folgend, gelangt sie in eine Höhle mit hungrigen Braunbären, die leider gerade keinen Winterschlaf halten.

Naschwerk

Trigger & Flavor: Eine Trittplatte im Boden aktiviert einen Mechanismus, der bewirkt, dass sich der Boden zu einer mit Honig beschmierten Rutsche senkt, die zu einer Höhle mit hungrigen Braunbären führt.

> Beim Gehen spürst du, wie sich etwas unter deinem Fuß leicht bewegt. Plötzlich senkt sich der Boden unter euch allen, und ihr stürzt auf eine schräge Rutsche, die sich klebrig anfühlt. Aus dem Dunkeln unter euch ist das leise Knurren von mindestens zwei Bären zu hören. Macht einen Stärkewurf.

Auswirkung: Die auslösende Kreatur sowie alle im Umkreis von 1,50 m müssen einen Stärkerettungswurf (Athletik) gegen SG 17 bestehen, um nicht die Rutsche hinunterzurutschen. Bei Erfolg kann man sich die Rutsche wieder emporschieben und herausklettern. Bei Misserfolg gleitet man 9 m in die Tiefe und schmiert sich dabei mit Honig ein. Man kann den Stärkewurf mit Nachteil wiederholen. Bei Würfelpech rutscht man weitere 9 m und landet in einer dreckigen Höhle mit 2W4 + 1 hungrigen Braunbären.

Untersuchung: Wem bei der Suche nach möglichen Fallen ein Intelligenzwurf (Nachforschungen) gegen SG 17 glückt, bemerkt die Trittplatte, die die Falltür im Boden auslöst. Kreaturen mit einem besonders scharfen Geruchssinn nehmen vielleicht auch den süßen Honiggeruch wahr.

Entschärfung: Die Falle kann nicht entschärft werden, aber wer die Trittplatte entdeckt hat, kann mit einem Geschicklichkeitswurf (Akrobatik) gegen SG 12 darüberspringen.

SL AUFGEPASST: BÄRENHUNGER

In die Bärenhöhle gestürzte Kreaturen beherrschen womöglich Zaubersprüche oder Fähigkeiten, dank derer man sich rasch mit den knurrenden Grizzlys anfreundet. Nach Ermessen des SL lassen sich die Bären durch einen Wurf auf Charisma (Einschüchtern) oder Weisheit (Mit Tieren umgehen) gegen SG 17 auf Abstand halten. Die Bären sind jedoch unglaublich hungrig - so hungrig, dass sie selbst den größten Tierfreund anknabbern würden. Bezauberungsmagie wirkt also möglicherweise nicht.

Lava-Landung

Trigger & Flavor: Beim Sprung über einen kleinen Lavastrom stellt sich heraus, dass das nahe Ufer nur eine Illusion ist: Der Lavabach ist vielmehr ein Lavafluss.

> Ihr trefft auf einen schmalen Strom aus geschmolzenem Gestein, der quer durch die Kammer fließt und schwer erträgliche Hitze abstrahlt. Das andere Ufer ist mit einem 1,50 m weiten Sprung zu erreichen.

Auswirkung: Eine Kreatur, die diesen Sprung versucht, muss ihre maximale Sprungweite in Metern bestimmen (Stärkewert mal 3 geteilt durch 10 bei mindestens 3 m Anlauf, oder die Hälfte dieser Distanz bei einem Sprung aus dem Stand). Jede Kreatur, deren maximale Sprungweite unter 4,50 m liegt, stürzt durch das vermeintliche Ufer auf der anderen Seite des Lavastroms hindurch und erleidet 55 (10W10) Feuerschaden. Beginnt eine Kreatur ihren Zug in der Lava, erleidet sie 55 (10W10) Feuerschaden.

Untersuchung: Wer das andere Ufer inspiziert und einen Intelligenzwurf (Nachforschungen) gegen SG 16 besteht, erkennt, dass der Boden dort leicht schimmert, als ob er nicht ganz da wäre. Der Zauber *Magie entdecken* würde außerdem eine deutliche Aura aus Illusionsmagie offenbaren, die sich 3 m breit und 50 m lang um den Lavastrom schmiegt.

Entschärfung: Wird der Zauber *Magie bannen* auf das gegenüberliegende Ufer angewendet, stellt sich heraus, dass der Lavastrom in Wirklichkeit 4,50 m breit ist, nicht nur 1,50 m. Der Lavastrom kann nicht entschärft oder gebannt werden.

Blitzableiter

Trigger & Flavor: Eine Kreatur tritt in ein Feld aus arkaner Energie und wird zu einem Leiter für Elektrizität. Blitze durchzucken ihren Körper und springen auf alle Umstehenden über, die etwas Leitendes mit sich führen.

> Du siehst ein paar Runen an den Wänden in fahlem Blau aufleuchten, als sich plötzlich dein Körper verkrampft. Starke Energien strömen dir durch die Adern – das fühlt sich nicht gerade angenehm an. Mach einen Geschicklichkeitswurf.

Auswirkung: Die auslösende Kreatur sowie alle im Umkreis von 1,50 m müssen einen Rettungswurf auf Geschicklichkeit gegen SG 17 bestehen. Bei Misserfolg erleiden sie 55 (10W10) Blitzschaden, bei Erfolg die Hälfte. Nach Ermessen des SL muss jede Kreatur im Umkreis von 30 m um die auslösende Kreatur einen Wurf auf Geschicklichkeit gegen SG 17 ablegen, und zwar mit Nachteil, falls sie etwas Metallenes am Körper trägt. Bei Fehlwurf gibt es 44 (8W10) Blitzschaden, bei Gelingen die Hälfte. Wenn mehr als drei Kreaturen diesen Rettungswurf nicht bestehen, wird der arkane Strom, der durch die auslösende Kreatur fließt, so überwältigend, dass diese einen Konstitutionsrettungswurf gegen SG 17 bestehen muss. Geht er daneben, erleidet die Kreatur 44 (8d10) Blitzschaden und 44 (8d10) Nekroseschaden, da sie wegen der arkanen Überladung von innen her verkohlt. Sinken die Trefferpunkte einer Kreatur durch diesen Schaden auf 0, zerfällt sie zu Asche.

Untersuchung: Die Runen, die diese arkane Falle speisen, können mit dem Zauber *Magie entdecken* aufgespürt werden. Ein Intelligenzwurf (Nachforschungen) gegen SG 17 kann ergeben, dass an wichtigen Stellen feine Runen in die Wand geritzt sind. Ein Intelligenzwurf (Arkane Kunde) gegen SG 17 dürfte offenbaren, dass die Runen mit dem Zauber *Kugelblitz* verbunden sind und auf eine bestimmte 9 m große Fläche zielen. Diesen Bereich sollte man lieber meiden (wobei er nach Ermessen des SL womöglich betreten werden muss, um an den Ausgang der Kammer zu gelangen).

Entschärfung: Die Runen können durch das Wirken von *Magie bannen* (7. Grad) beseitigt werden.

Vergrabender Schatz

Trigger & Flavor: In der Hoffnung auf Beute öffnet man eine Schatztruhe, aktiviert aber nur eine Reihe von Runen, die immer wieder *Sandwand* zaubern.

> Als ihr den Deckel der Truhe öffnet, strahlt euch warmes, gelbes Licht entgegen und taucht alles in einen schummrigen Goldton. Plötzlich bricht arkane Energie los, und aus der Truhe wirbelt Sand, der die Kammer rasch füllt.

Auswirkung: Ein 18 m hoher und breiter Strudel aus aufgewirbeltem Sand füllt nun die Kammer. Jede Kreatur im Umkreis von 18 m um die Schatztruhe ist blind und in ihrer Bewegung behindert – um im Sandsturm 1 m voranzukommen, braucht man 3 m Bewegung. Der Sand wirbelt ohne Unterlass und setzt sich schnell ab. So wird er die Kammer in 2W4 Runden vollständig füllen. Sobald die Kammer mit Sand gefüllt ist, können die darin befindlichen Kreaturen möglicherweise nicht mehr atmen. Der Sand bleibt 10 Minuten lang in der Kammer, dann endet der Zauber und der Sand löst sich auf.

Der Sandwand-Zauber kann durch *Magie bannen* beendet werden, aber nur, wenn die zaubernde Kreatur auf 1,50 m an die Truhe herankommt.

Untersuchung: Wer die Truhe auf Anzeichen von Fallen untersucht, kann keine erkennen; nur mit dem Zauber *Magie entdecken* wird eine starke Aura von Bann- und Hervorrufungsmagie spürbar.

Entschärfung: Die Runen, die *Sandwand* hervorrufen, können gebannt werden (5. Grad), aber nur aus höchstens 1,50 m Abstand.

SL AUFGEPASST: SANDHEXEN

Falls du findest, dass deine Gruppe in diesem Raum stärker gefordert werden muss, kann die Truhe bei Aktivierung auch eine Vettelbande freisetzen. Die drei Vetteln – eine **Grüne Vettel**, eine **Nachtvettel** und eine **Seevettel** – besitzen zusätzlich zu ihren individuellen Werten eine Grabe-Bewegungsrate von 9 m.

Trommelwirbel des Todes

Trigger & Flavor: In einem Gang verbirgt sich hinter dünnen Vorhängen eine Reihe gigantischer Trommeln, und durch eine Trittplatte werden ebenso viele dicke Schlägel ausgelöst, die auf die straffen Trommelfelle treffen und alle Anwesenden mit mächtigen Schallwellen bedrängen.

SL AUFGEPASST:
DEKOR IST GESCHMACKSSACHE

Die Stoffbahnen sollen nur die Trommeln verbergen, die darauf warten, loszudröhnen. Stattdessen können auch dünne Wandteppiche die Wände einer großen Halle zieren oder eine illusorische Ziegeloberfläche kann die Mechanik dahinter verbergen. Falls du eine andere Tarnung wählst, musst du den Vorlesetext entsprechend anpassen.

Als du zwischen den mit dünnem Stoff bespannten Wänden hindurchgehst, gibt plötzlich unter deinem Fuß eine Trittplatte nach. Du hörst ein rasches Klacken, gefolgt von etwas Schwerem, das durch die Luft saust. Macht alle einen Konstitutionswurf.

Auswirkung: Die auslösende Kreatur sowie (nach Ermessen des SL) alle anderen im Raum machen einen Rettungswurf auf Konstitution gegen SG 17. Bei misslungenem Wurf erleiden sie 54 (12W8) Donnerschaden, bei Gelingen die Hälfte, denn entlang des Ganges knallt eine Reihe von Schlägeln auf übergroße Pauken und erschüttert alles mit gewaltigem Dröhnen. Eine Kreatur, die den Rettungswurf nicht besteht, ist eine Minute lang betäubt oder so lange, bis sie Schaden erleidet oder von jemand anderem mit einer Aktion geschüttelt wird. Während der nächsten Runden prallen die Schlägel von den Trommelfellen ab und fallen wieder (und wieder und wieder), bis sie nach dem sechsten Trommelschlag liegen bleiben. Zu Beginn der nächsten Runden muss daher jede im Gang verbliebene Kreatur einen Konstitutionswurf bestehen. Der Schwierigkeitsgrad und der Schaden bei Fehlwurf (bzw. der halbe Schaden bei Erfolg) verringern sich von Runde zu Runde, wie unten angegeben, aber die Betäubung bei missglücktem Rettungswurf bleibt bestehen.

Runde	SG	Wuchtschaden
2	16	45 (10W8)
3	15	36 (8W8)
4	14	27 (6W8)
5	13	18 (4W8)
6	12	9 (2W8)

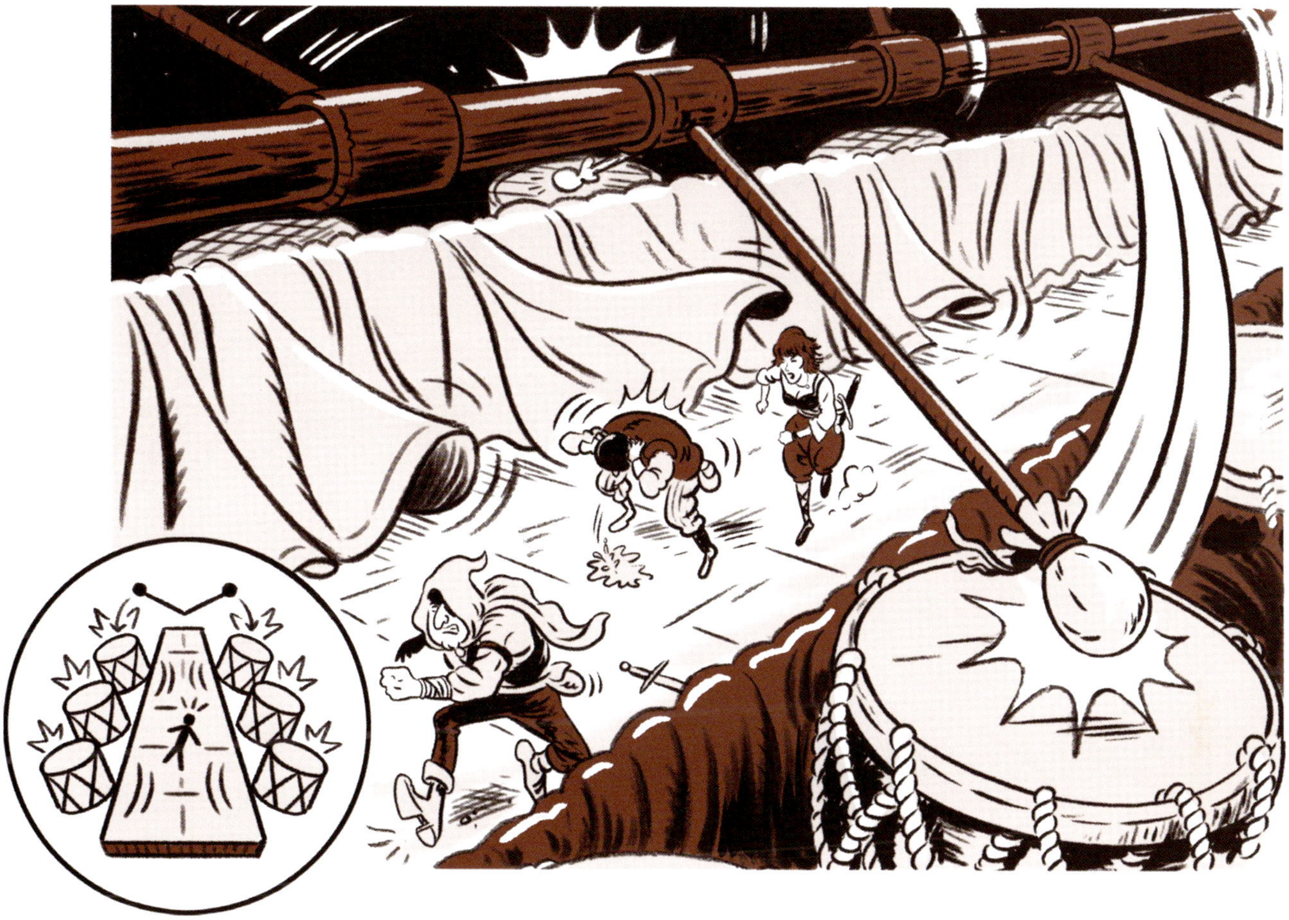

TROMMELWIRBEL DES TODES: Durch das Betreten einer Trittplatte wird eine Reihe von übergroßen Schlägeln gelöst, die an einem massiven Balken hängen. Die Schlägel schwingen nach unten und knallen auf eine Reihe großer Pauken, was eine gewaltige Schallwelle über alle im Raum Anwesenden rollen lässt. Die Schlägel prallen immer wieder mit abnehmender, aber immer noch gefährlicher Wucht auf die Trommeln.

UNTERSUCHUNG: Wer den Stoff an den Wänden untersucht, merkt, dass dahinter nichts als Luft ist, ein tiefer, offener Raum (wie das Innere einer gigantischen Trommel). Ein Intelligenzwurf (Nachforschungen) gegen SG 17 seitens einer Kreatur mit mindestens 30 m Dunkelsicht mag offenbaren, dass es außer Sichtweite eine flache, glatte Oberfläche zu geben scheint.

Wer den Gang auf Fallen absucht, kann per Intelligenzwurf (Nachforschungen) gegen SG 21 mehrere Trittplatten im Steinboden entdecken.

ENTSCHÄRFUNG: Wer weiß, wo sich die Trittplatten befinden, kann sie umgehen. Sollte die Tür am Ende des Ganges auf Wunsch des SL ebenfalls eine Falle sein, deren Auswirkung auch der Trommelwirbel ist, kann die Tür mit einem Geschicklichkeitswurf (Diebeswerkzeug) gegen SG 21 entschärft werden.

Heldenquetsche

TRIGGER & FLAVOR: Unter dem Fuß einer Kreatur öffnet sich eine Falltür, unter der zwei schnell rotierende Zylinder den Fuß der Kreatur einklemmen.

> Als du einen weiteren Schritt vorwärts machst, gibt eine Bodenplatte unter deinem Fuß nach und dein Bein gerät zwischen zwei schwere, mit Stacheln besetzte Zylinder. Mach einen Stärkewurf.

AUSWIRKUNG: Die auslösende Kreatur wird gepackt und muss einen Stärkerettungswurf (Athletik) gegen SG 18 bestehen, um zu entkommen. Bei missglücktem Wurf beginnen sich die Zylinder zu drehen und verursachen 27 (5W10) Wuchtschaden, indem sie die Kreatur tiefer in den Boden ziehen. Bleibt die Kreatur am Ende jeder ihrer Runden immer noch gepackt, wird sie weiter in die Tiefe gezogen und erleidet 27 (5W10) Wuchtschaden. Eine Kreatur, die durch diese Falle mehr als 100 Schaden erleidet, wird so zerquetscht, dass sie nach Ermessen des SL sterben kann. Ihre Überreste werden unter den Zylindern verstreut.

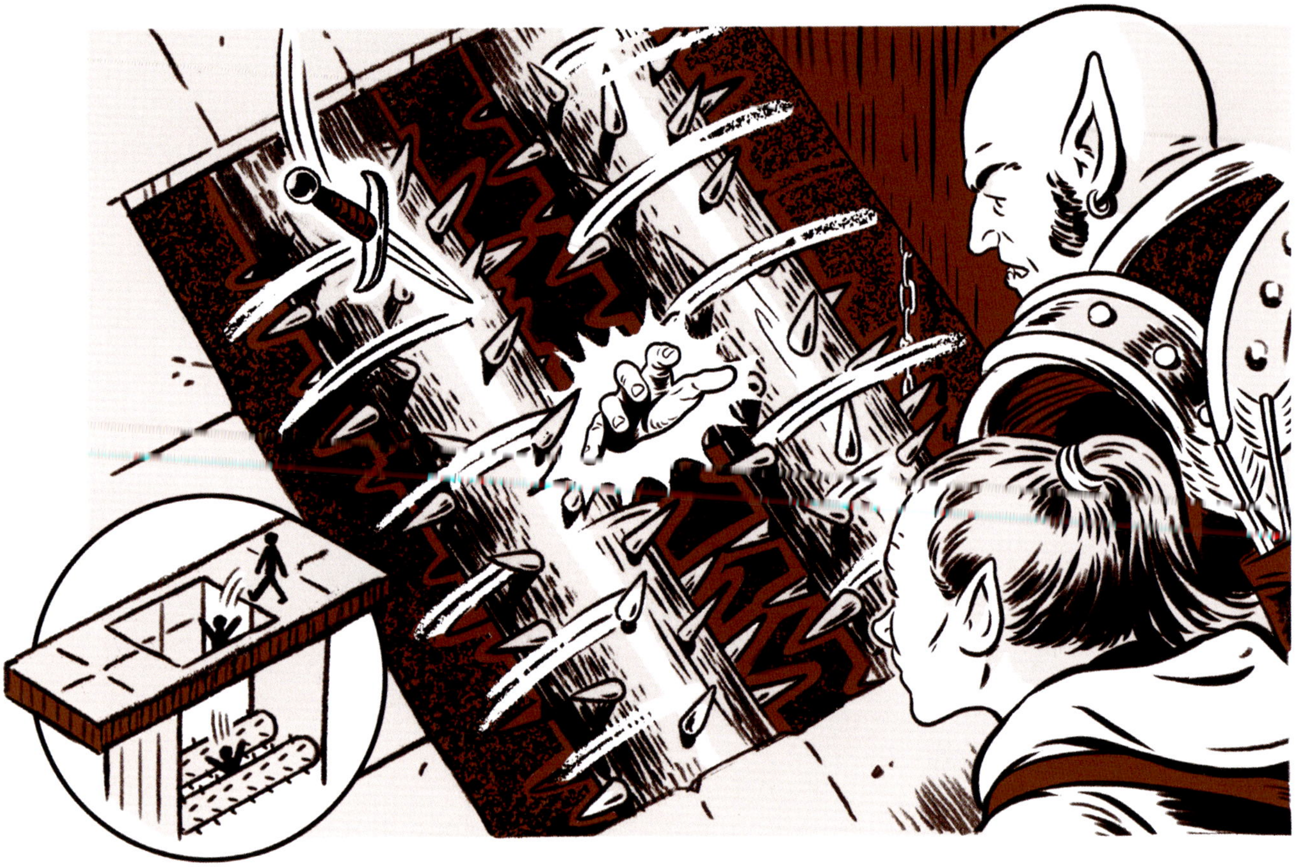

HELDENQUETSCHE: Die Kreatur löst die Falle aus, indem sie auf eine Falltür tritt, unter der zwei rotierende, mit Stacheln bewehrte Zylinder zum Vorschein kommen. Der Fuß der Kreatur wird sofort von diesem Mahlwerk erfasst, das unablässig weitermalmt, egal, ob die Kreatur entkommt oder nicht.

Die gepackte Kreatur kann zu Beginn jeder ihrer Runden einen Fluchtversuch unternehmen, wobei der Stärkewurf mit Nachteil durchgeführt wird. Man kann der eingeklemmten Kreatur helfen, indem man sie mit einer Aktion herauszieht. Dazu muss ein Stärkewurf (Athletik) gegen SG 18 gelingen. Bei Erfolg erleidet die gepackte Kreatur 16 (3W10) Wuchtschaden und Verstümmelungen am Fuß, wie unten beschrieben.

SL AUFGEPASST: DAUERHAFTER SCHADEN

Diese Falle kann die Glieder einer in ihr eingeklemmten Kreatur schwer verletzen, besonders wenn jemand anderes sie losreißt. Nach Ermessen des SL hat jede Kreatur, die der Falle nicht von selbst entkommt, fortan ein versehrtes Bein. Ihre Bewegungsrate wird halbiert, und alle Würfe auf Geschicklichkeit geschehen mit Nachteil. Diese Auswirkung kann nach zweimonatiger Rast durch magische Mittel (*Regeneration* o. Ä.) oder eine andere Lösung nach Ermessen des SL behoben werden.

UNTERSUCHUNG: Wer die Umgebung auf Fallen absucht, bemerkt möglicherweise ein leises Surren unter der verborgenen Falltür. Durch einen Intelligenzwurf (Nachforschungen) gegen SG 17 lässt sich das Geräusch heraushören.

ENTSCHÄRFUNG: Die Falltür kann nicht entschärft, sondern nur umgangen werden. Die Zylinder sind jedoch anfällig für Beschädigung. Sie haben RK 10 und 100 TP. Werden einer oder beide zerstört, endet die Einklemmung.

Strahl des Verderbens

TRIGGER & FLAVOR: Man biegt um eine Ecke und erblickt am anderen Ende des Korridors acht verschiedene aus Juwelen gesetzte Runen und Sigillen, von denen ein widerwärtiges dunkles Leuchten und ein Strahl magischer Düsternis ausgehen.

> Als ihr um die Ecke biegt, seht ihr an der Wand am gegenüberliegenden Ende dieser Kammer, etwa 18 m entfernt, acht aus Edelsteinen gesetzte Runen und Sigillen aufgereiht, die zu pulsieren beginnen und dann eine wogende magische Finsternis aussenden, die euch umwölkt. Legt einen Konstitutionswurf ab.

Auswirkung: Die auslösende Kreatur muss einen Konstitutionsrettungswurf gegen SG 17 machen und erleidet bei Misserfolg 36 (8W8) Nekroseschaden, bei Erfolg die Hälfte. Pflanzliche Lebewesen erleiden den doppelten Schaden. Der gesamte Korridor ist nun in magische Finsternis gehüllt (wie beim Zauber *Dunkelheit*), die von den Runen am Ende des Flurs ausgestrahlt wird. Die Wirkung erfolgt nur innerhalb des Korridors – alle, die noch nicht um die Ecke gebogen sind, sind nicht betroffen. Jene, die in die Finsternis eintreten oder ihren Zug darin beenden, erleiden nach einem gegen SG 17 missglückten Konstitutionsrettungswurf 36 (8W8) Nekroseschaden, bei Erfolg nur halb so viel.

Untersuchung: Die Runen, die den Strahl des Verderbens aussenden, werden in dem Moment aktiviert, in dem ein Lebewesen die Halle betritt. Sie werden also aktiv, sobald man die Falle erblickt. Konstrukte oder Untote lösen die Falle nicht aus, Zauber wie *Arkanes Auge* ebenfalls nicht.

Entschärfung: Einmal ausgelöst, sendet der Strahl des Verderbens eine Stunde lang nekrotische Energie und Finsternis aus. Danach lädt er sich 10 Minuten lang auf und kann dann erneut ausgelöst werden. Zur Entschärfung dieser Falle müssen die acht Runen, die den Strahl erzeugen, zerstört oder gebannt werden (4. Grad). Jede einzelne Rune hat RK 14 und 30 TP. Die Zerstörung einer Rune reduziert die Schadenswirkung des Strahls des Verderbens um 1W8. (Beispiel: Wenn sechs Runen übrigbleiben, beträgt der Schaden bei misslungenem Rettungswurf noch 27 [6W8].)

Mit Zaubern, die magische Dunkelheit erhellen, kann für bessere Sicht gesorgt werden. Solche Zauber schützen außerdem (nach Ermessen des SL) alle, die sich im Strahl befinden, aber in magisches Licht getaucht sind, indem sie den erlittenen Schaden halbieren.

Werden vier oder mehr Runen zerstört oder gebannt, wird die durch den Strahl erzeugte magische Finsternis zu normaler Dunkelheit.

Saure Dusche

Trigger & Flavor: Während des Versuchs, eine Tür zu öffnen, kippt von oben ein Säurebad wie dicker Nebel herab und zersetzt Rüstung, Gewänder und (sofern das Opfer nicht rechtzeitig entkommt) Fleisch und Knochen.

> Als du versuchst, die Tür zu öffnen, hörst du ein ungutes »Klack« gefolgt von einem brodelnden Zischen, und schon überflutet dich dichter violetter Nebel. Du hörst, wie er sich durch deine Bekleidung frisst, und jeder Tropfen auf deiner Haut brutzelt und brennt schlimmer als Feuer.

Auswirkung: Jede Kreatur in dieser Kammer erleidet zu Beginn jeder Runde 7 (2W6) Säureschaden. Alle Ausgänge sind verriegelt. Kein Rettungswurf schützt vor dem Schaden dieser Falle, da der Säurenebel nun den ganzen Raum durchzieht.

Die Sicht ist beeinträchtigt, es sei denn, der Nebel wird irgendwie zerstreut. Dann aber füllt der Nebel den Raum nach 1W4 Runde(n) erneut.

Der Säurenebel beschädigt auch die Ausrüstung. Nichtmagische Waffen und Rüstungen erhalten zu Beginn jeder Runde 1 Punkt Abzug auf Angriffswurf und Rüstungsklasse und werden nach sechs Runden im Nebel vollständig zerstört.

Untersuchung: Wer die Tür vor dem Öffnen untersucht, entdeckt per Intelligenzwurf (Nachforschungen) gegen SG 17 einen winzigen Auslöser, der in den Türriegel eingebaut ist. Jede Bewegung des Riegels löst die Falle aus, anstatt die Tür zu öffnen – die bei näherem Hinsehen nur ein Scheinausgang ist.

Entschärfung: Einmal ausgelöst, kann diese Falle nicht entschärft werden – man kann ihr nur entkommen. Wer durchschaut hat, dass die Tür gar nicht echt ist, wird womöglich einen anderen Fluchtweg suchen. Gelingt ein Wurf auf Intelligenz (Nachforschungen) oder Weisheit (Wahrnehmung) gegen SG 19, zeigt sich, dass eine Wandfläche in der Nähe der Tür keinen Schaden durch den Säurenebel nimmt. Nähere Untersuchung offenbart den Grund: Die Steine sind eine Illusion, ein *Mächtiges Trugbild* 6. Grades. Die vermeintliche Wand kann von jeder Kreatur, die die Stelle kennt, durchschritten werden.

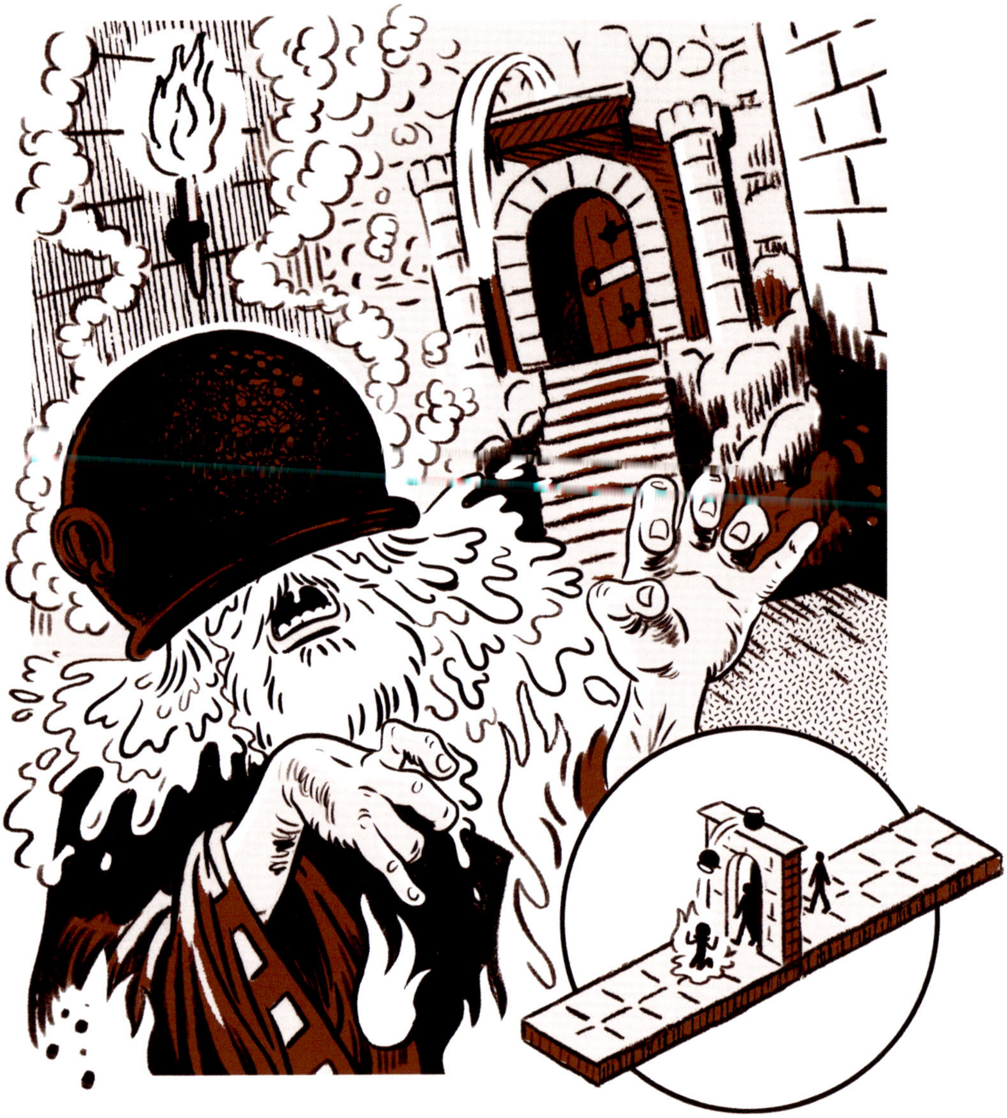

BRANDNEUER HELM: Die Falle wird ausgelöst, indem eine Kreatur durch eine Tür mit einem speziellen Bord darüber tritt, auf dem ein Kessel mit geschmolzenem Eisen steht. Das Regal kippt nach vorne und schnappt wieder zurück, sodass das flammende Eisen auf den ahnungslosen Eindringling kippt. Beim Abkühlen wird das Eisen fest.

Brandneuer Helm

Trigger & Flavor: Wenn eine Kreatur die Tür öffnet, kippt ein Topf voll geschmolzenem Eisen von einem Bord über der Tür und fällt ihr auf den Kopf.

> Als du durch die offene Tür trittst, hörst du ein Scheppern über dir. Mit Entsetzen siehst du, dass heiße Kohlen und ein schwerer Kessel auf dich herabkippen. Mach einen Rettungswurf auf Geschicklichkeit.

Auswirkung: Die Kreatur, die die Tür geöffnet hat, muss einen Geschicklichkeitswurf gegen SG 16 bestehen, sonst erleidet sie 42 (12W6) Feuerschaden und 11 (3W6) Wuchtschaden, da ihr Kohlenglut auf die Schultern und ein Kessel mit geschmolzenem Eisen auf den Kopf fällt. Den Kessel wird man mit einem erfolgreichen Stärkewurf (Athletik) gegen SG 14 wieder los. Wird der Kessel nicht innerhalb einer Minute entfernt, beginnt das Eisen zu erkalten und zu erstarren, sodass der Kessel vorerst am Kopf befestigt bleibt. Der Kessel kann durch einen erstklassigen Schmied, den Zauber *Vollständige Genesung* (o. Ä.) oder nach Ermessen des SL auf andere Weise entfernt werden.

Untersuchung: Untersucht man die Tür, bevor man sie öffnet, entdeckt man per Intelligenzwurf (Nachforschungen) gegen SG 16 über der Tür eine stählerne Verankerung, die darauf hindeutet, dass auf der anderen Seite etwas über der Tür hängt.

Entschärfung: Die Falle kann nicht entschärft werden, aber wer hinter der Tür eine Falle vermutet, kann die Tür aus sicherer Entfernung (etwa 1,50 m) öffnen und vor dem Durchschreiten sechs Sekunden warten – dann fällt der Kessel samt Inhalt zu Boden.

SL AUFGEPASST: BLEIBENDE VERLETZUNGEN

Eine Dusche aus flüssigem Eisen hinterlässt zwangsläufig bleibende Narben. Nach Ermessen des SL erleidet ein SC, der diese Falle überlebt, Verbrennungen zweiten und dritten Grades im ganzen Gesicht und ist schwer entstellt. Charismawürfe geschehen fortan mit Nachteil, Einschüchterungswürfe allerdings mit Vorteil.

Wunschraum

TRIGGER & FLAVOR: Eine Kreatur erblickt eine Kammer, die nach Belieben des SL ausgestattet ist. Die Kammer ist eine Illusion, die mit einem hochgradigen *Scheingelände*-Zauber geschaffen wurde und eine große Stachelgrube verbirgt.

SL AUFGEPASST: VARIABLE BESCHREIBUNG

Falls du diese Falle mit einer Kammer aus diesem Buch kombinieren möchtest, liest du den Vorlesetext zu der Kammer vor, lässt aber alle Hinweise auf darin befindliche Kreaturen weg. Andernfalls verwendest du den folgenden Vorlesetext.

> Vor euch erstreckt sich eine große Kammer mit sechs höhlenartigen Ausgängen auf der gegenüberliegenden Seite. Das von den Wänden tropfende Wasser sammelt sich in einem natürlichen, in mattem Türkis leuchtenden Teich. Hinter dem Teich steht ein großer Baum, dessen Äste die Wasseroberfläche streifen.

AUSWIRKUNG: Jede Kreatur, die auf den Teich zugeht, muss einen Rettungswurf auf Geschicklichkeit mit DC 20 bestehen. Bei Erfolg merkt die Kreatur, dass sie Scheingelände betritt, und kann sich noch fangen. Bei Misslingen stürzt die Kreatur durch den illusorischen Steinboden und erleidet am Grund der mit Stacheln versehenen Grube 70 (20W6) Wucht- und 36 (8W8) Stichschaden.

UNTERSUCHUNG: Untersucht eine Kreatur die Kammer, bevor sie sie betritt, wird klar, dass etwas nicht stimmt. Ein Intelligenzwurf (Nachforschungen) gegen SG 18 oder ein schlichtes Anfassen des Steinbodens ergeben, dass fast alles hier eine Illusion ist. Durch *Magie entdecken* lässt sich außerdem in der gesamten Kammer ein starkes, illusorisches Glimmen feststellen. Eine Kreatur mit *Wahrer Sicht* durchschaut die Illusion ebenfalls.

ENTSCHÄRFUNG: Das Scheingelände dieser Kammer lässt sich durch den Spruch *Magie bannen* (4. Grad) entzaubern. So wird die 60 m tiefe Fallgrube sichtbar sowie ein schmaler Pfad, der an der Außenwand der Grube entlang zum Ausgang an der gegenüberliegenden Seite führt.

Riesenspeer

TRIGGER & FLAVOR: Wenn mindestens zwei Kreaturen gleichzeitig diesen Gang durchschreiten, aktivieren sie zwei Trittplatten im Boden, die 4,50 m auseinanderliegen, wodurch sich ein riesiger Speer löst, der durch den gesamten Gang schießt.

> Im Vorangehen drehst du dich nach dem Rest deiner Gruppe um. Sie kommen dir alle etwas größer als sonst vor, denn dein Fuß sinkt gerade leicht in den Boden ein. Bitte einen Geschicklichkeitswurf.

AUSWIRKUNG: Jede Kreatur im Gang, der ein Rettungswurf auf Geschicklichkeit gegen SG 16 missrät, erleidet 44 (8W10) Stichschaden (oder bei Erfolg die Hälfte), denn ein riesiger Speer kommt aus der Wand am Ende des Ganges geschossen und durchbohrt alles in seiner Bahn.

UNTERSUCHUNG: Wer diesen Gang auf Fallen absucht, kann die erste Trittplatte mit einem Intelligenzwurf (Nachforschungen) gegen SG 17 bemerken. Die zweite Trittplatte, 4,50 m von der ersten entfernt, fällt nach einem ebensolchen Wurf gegen SG 17 ins Auge. Beide Trittplatten sind so in den Bode des Ganges eingelassen, dass sie schwierig zu umgehen sind, wenn man ihre Lage nicht kennt.

ENTSCHÄRFUNG: Wer die Falle entdeckt hat, kann sie mit einem Geschicklichkeitswurf (Diebeswerkzeug) gegen SG 17 entschärfen. Die Entschärfung einer Platte entschärft die ganze Falle, da sie nur ausgelöst wird, wenn beide Platten betreten werden. Dies ist aus Gründen der Sparsamkeit so eingerichtet (große Speere sind teuer und sollten nur gegen zwei oder mehr Eindringlinge eingesetzt werden).

Hinderliche Fallen

Die meisten Fallstricke, Stachelgruben und Säureduschen sollen Eindringlinge aufhalten, indem sie sie entweder verstümmeln oder töten. Manchmal soll eine Falle jedoch die vorrückenden Spielerfiguren nicht bremsen, sondern ganz vom Spielbrett nehmen. Wenn es nicht (nur) um Schadenspunkte geht, sondern darum, die Gruppe in die Irre zu führen und/oder zu trennen, helfen Rutschen, Falltüren und Portale, die woandershin führen.

Falscher Hebel

Trigger & Flavor: Indem sie einen harmlos aussehenden Hebel zieht, um ein Tor zu öffnen, wird eine Kreatur umgehend in eine andere Kammer desselben Gewölbes teleportiert.

> Als du den Hebel neben der Tür ziehst, stehen dir plötzlich die Haare zu Berge, als durchjage dich ein schwacher Stromstoß. Mach einen Charismawurf.

Auswirkung: Die auslösende Kreatur macht einen Rettungswurf auf Charisma gegen SG 16. Bei Würfelpech wird die Kreatur sofort in eine andere Kammer dieses Gewölbes oder an einen Ort nach Wahl des SL teleportiert. Eine zufällige Kammer kannst du anhand der Tabelle »Zufällige Dugeon-Kammern« auf S. 258 auswürfeln.

Untersuchung: Durch einen Intelligenzwurf (Nachforschungen) gegen SG 16 kann man feststellen, dass der Hebel gar nicht mit der Tür zusammenhängt, da er kaum mit der Wand verbunden ist. Wer *Magie entdecken* wirkt, erkennt eine Aura von Beschwörungsmagie um den Hebel herum.

Entschärfung: Die Falle kann entschärft oder umgangen werden, indem man herausfindet, wie das Tor tatsächlich zu öffnen ist: Man muss es einfach unten packen und hochziehen. Um das herauszufinden, muss ein Intelligenzwurf (Nachforschungen) gegen SG 14 gelingen. Zum Hochziehen reicht ein Wurf auf Stärke (Athletik) gegen SG 16.

Trügerischer Ausweg

Trigger & Flavor: Nachdem man durch eine Tür geht, hinter der scheinbar die nächste Kammer liegt, schiebt sich eine schwere Steinplatte vor den Türrahmen, sodass man in einer Wandnische eingesperrt ist (während die echte Tür sichtbar wird).

> Der Ausgang aus dieser Kammer führt durch eine 60 cm dicke Wand aus schwerem Stein. Dahinter siehst du die nächste Kammer, auch wenn es ein bisschen dunkel ist. Als du durch den Durchgang gehst, hörst du plötzlich Stein auf Stein schaben, und hinter dir schiebt sich eine Steinplatte in den Weg, den du gekommen bist. Führe einen Geschicklichkeitswurf durch.

Auswirkung: Die Kreatur, die diese Falle auslöst, muss einen Rettungswurf auf Geschicklichkeit gegen SG 16 schaffen, sonst erleidet sie 14 (4W6) Wuchtschaden und wird in einen in der Mauer verborgenen Hohlraum gesperrt. Gelingt der Rettungswurf, erleidet die Kreatur nur den halben Schaden und bleibt mit einem Arm oder Bein zwischen Mauer und Steinplatte klemmen. Die bewegliche Steinplatte hat RK 10 und 150 TP.

Untersuchung: Ein erfolgreicher SG 16 Intelligenzwurf (Nachforschungen) beim Absuchen des Durchgangs auf Anzeichen von Fallen offenbart eine winzige Trittplatte auf dem Boden. Durch den Spruch *Magie entdecken* oder einen Wurf auf Intelligenz (Arkane Kunde) gegen SG 16 kann erkannt werden, dass die Kammer hinter dem Durchgang eine Illusion ist.

Entschärfung: Die Falle kann nicht entschärft werden. Wird die Trittplatte ausgelöst, wird der tatsächliche Ausgang sichtbar, da die Steinplatte, die ihn verdeckte, nun an ihren Platz gleitet und den eigentlichen Durchgang freigibt.

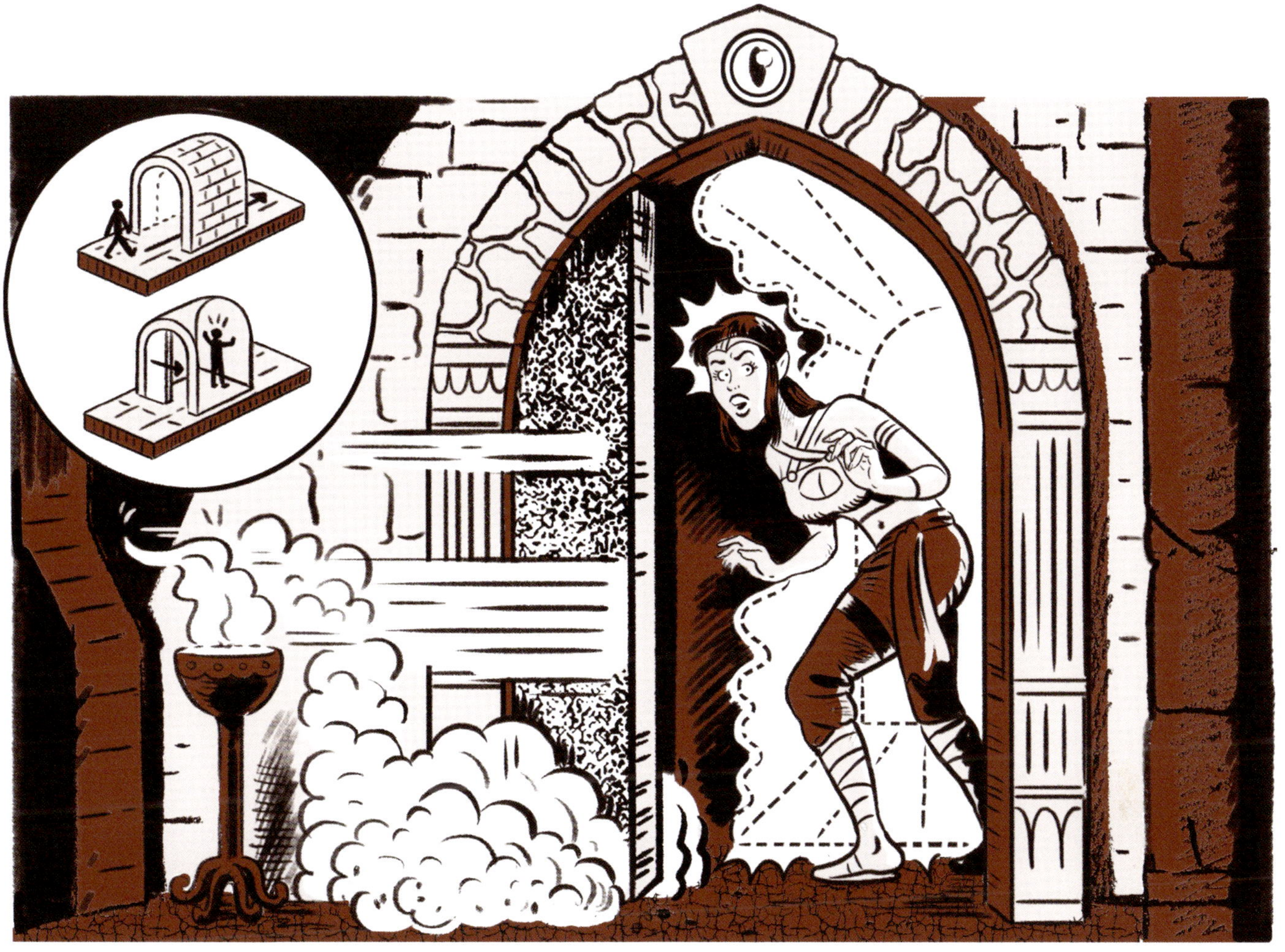

TRÜGERISCHER AUSWEG: Die Falle schnappt zu, wenn jemand einen vermeintlichen Durchgang zur nächsten Kammer durchschreitet. Der Ausblick erweist sich jedoch als Illusion, und der Durchgang entpuppt sich als Nische, auf der der Zauber *Einfache Illusion* liegt. Die auslösende Kreatur hört nun, wie sich hinter ihr die Wand vor den Durchgang schiebt, den sie gerade durchschritten hat. Sie wird in einen engen Hohlraum eingeschlossen.

Spieglein, Spieglein

TRIGGER & FLAVOR: Beim Überqueren einer schimmernden Lache taumelt eine Kreatur in eine verzerrte, wässrige Spiegeldimension, in der ihr Spiegelbild sie so lange wie möglich imitiert.

> Im Weitergehen bemerkst du, dass Wasser aus Rissen in den Wänden rinnt und sich in Lachen sammelt. Als du in eine der Lachen trittst, verlockt es dich, dein eigenes Spiegelbild darin zu bewundern. Mach einen Rettungswurf auf Weisheit.

AUSWIRKUNG: Bei einem misslungenen Weisheitswurf gegen SG 17 verschiebt sich die Realitätswahrnehmung der auslösenden Kreatur, da sie mit ihrem Spiegelbild in der Lache den Platz tauscht, wodurch ein Spiegelgolem entsteht. Ein Spiegelgolem hat die gleichen Werte, Rassen- und Klassenmerkmale wie die Kreatur, die er ersetzt. Nach Ermessen des SL beabsichtigt dieser Golem, sein Spiegelbild auf der Materiellen Ebene zu ersetzen und andere Kreaturen möglichst am Durchqueren des Gewölbes zu hindern. Er wird alles tun, um seine wahre Identität zu verbergen.

Die in die Falle getappte Kreatur ist nun auf der Spiegelebene gefangen und kann (nach Ermessen des SL) die Materielle Ebene nur durch die vom Spiegelgolem erzeugten Reflexionen wahrnehmen, wenn sie in eine reflektierende Oberfläche blickt. Ansonsten bewegt sich die gefangene Kreatur durch den Raum wie durch Dunkelheit. Immer, wenn der Spiegelgolem sein Spiegelbild betrachtet oder eine lange Rast einlegt, kann die gefangene Kreatur durch einen Weisheitswurf gegen SG 17 versuchen, den Platz mit ihm zu tauschen.

UNTERSUCHUNG: Wer sich die Lachen vor dem Durchwaten genauer ansieht, kann einen Intelligenzwurf (Nachforschungen) gegen SG 17 versuchen. Bei Erfolg stellt sich heraus, dass eine der Lachen anders ist als die anderen. Nach Ermessen des SL erblickt eine Kreatur, die den Wurf nicht besteht, ihr eigenes Spiegelbild und muss wie beim Auslösen der Falle einen Weisheitswurf gegen SG 17 schaffen. Wer sich für die möglicherweise magische Natur der Lache interessiert, kann *Magie entdecken* wirken und an einer der Pfützen eine besonders starke Aura aus Beschwörungsmagie erspüren.

Entschärfung: Diese Falle kann nicht entschärft werden. Sie lässt sich nur meiden, indem man an den Lachen vorbeigeht, ohne hinzuschauen. Die Lache kann nicht entzaubert werden.

Treppenrutsche

Trigger & Flavor: Tritt man auf einen in der Treppe verbauten Stein, klappen sämtliche Stufen steil nach vorne, sodass eine Rutsche entsteht, die zu einem gefährlichen Loch führt.

> Als du die Treppe hinuntergehst, stößt dein Fuß gegen einen hervorstehenden Ziegel, und plötzlich klappen sämtliche Stufen nach vorne, sodass eine Art Rutsche entsteht, die direkt auf ein offenes Loch zuführt. Macht alle einen Geschicklichkeitswurf.

Auswirkung: Die auslösende Kreatur und alle im Umkreis von 3 m müssen einen Rettungswurf auf Geschicklichkeit gegen SG 17 bestehen, sonst rutschen sie 15 m hinab in eine offene Grube. Was sie dort erwartet, wird anhand der folgenden Tabelle ausgewürfelt.

Gefährliche Grube

1W6	Die Grube birgt …
1	… den Durchgang zu einer anderen Kammer nach Wahl des SL oder aus der Tabelle »Zufällige Dungeon-Kammern« auf S. 258.
2	… ein Nest mit 10W6 **fliegenden Schlangen**.
3	… ein Säurebecken, das allen, die ihren Zug darin beginnen, 14 (4W6) Säureschaden zufügt.
4	… einen **Gallertwürfel**.
5	… ein Portal zum Abyss.
6	… einen See aus flüssigem Feuer, der allen, die eintauchen oder ihren Zug darin beginnen, 28 (8W6) Feuerschaden zufügt.

Untersuchung: Per erfolgreichem Intelligenzwurf (Nachforschungen) gegen SG 16 findet man beim Aufspüren von Fallen an dieser Treppe einen Stein, der zwischen den anderen auffällt, sowie kleine Achsen und Zahnräder an den Seiten jeder Stufe.

Entschärfung: Die Falle kann nicht entschärft, aber vermieden werden, wenn man den auslösenden Stein gefunden hat.

Tausch mit Tücke

Trigger & Flavor: Eine Kreatur, die die Kammer verlassen möchte, zieht den Hebel neben der Tür und tauscht auf magische Weise den Platz mit einem Kobold, der sich in einer Höhle in der Nähe um einen Drachen kümmert.

> Als du den Hebel ziehst, spürst du, wie sich dein Körper verrenkt, deine Füße plötzlich schweben und deine Augen kurzzeitig schielen. Du erblickst eine Drachenhöhle und einige Kobolde. Kurz meinst du, einer von ihnen zu sein. Einen Charismawurf, bitte.

Auswirkung: Bei gegen SG 15 missglücktem Charismarettungswurf tauscht die Kreatur, die den Hebel gezogen hat, den Platz mit einem Kobold namens Derilax. Derilax will einfach nur zurück in sein Zuhause, die Höhle seines Herrn, eines ausgewachsenen blauen Drachens namens Schlimmzahn. Der Kobold ist leider zu klein, um den Hebel zu ziehen, und weiß auch nicht, ob oder wann der Hebel ihn dorthin zurückbringt, wo er herkam. Die Kreatur, die den Hebel betätigt hat, findet sich in der Drachenhöhle wieder, umringt von 2W4 + 1 Kobolden. Sie betrachten den Neuankömmling mit Furcht (»Genau wie letztes Mal … lasst es in Ruhe, Schlimmzahn wird es schon fressen!«), können aber die Auskunft geben, dass sich einige von ihnen von Zeit zu Zeit in bewaffnete Krieger oder Zauberer verwandeln, ohne dass sie wissen, wie oder warum. Oft frisst Schlimmzahn diese Fremden, die immer behaupten, sie hätten »einen Hebel gezogen« und gehörten »gar nicht hier her!«

Nach Ermessen des SL lädt der Teleportationshebel jede Stunde nach (was bedeutet, dass Derilax nach einer Stunde den Hebel ziehen und den Plätzetausch rückgängig machen könnte) und kann von so vielen Kreaturen benutzt werden, wie es Kobolde in Schlimmzahns Höhle gibt. Falls die Gruppe es wünscht, kann sie den Hebel ziehen, ihren verlorenen Gefährten finden und mit einem gefährlichen Drachen kämpfen, verhandeln oder Verstecken spielen.

Untersuchung: Per *Magie erkennen* kann man an dem Hebel eine starke Aura von Beschwörungsmagie feststellen. Mit einem Intelligenzwurf (Nachforschungen) gegen SG 15 lässt sich am Ende des Hebels ein kleiner Knopf finden, der zu einer in den Hebel eingebetteten arkanen Vorrichtung gehört. Mögliche arkane Funktionen des Hebels ließen sich offenbar durch das Drücken des Knopfes umgehen.

Entschärfung: Die teleportierende Wirkung des Hebels kann magisch gebannt (7. Grad) oder mit dem Knopf am Griffende verhindert werden.

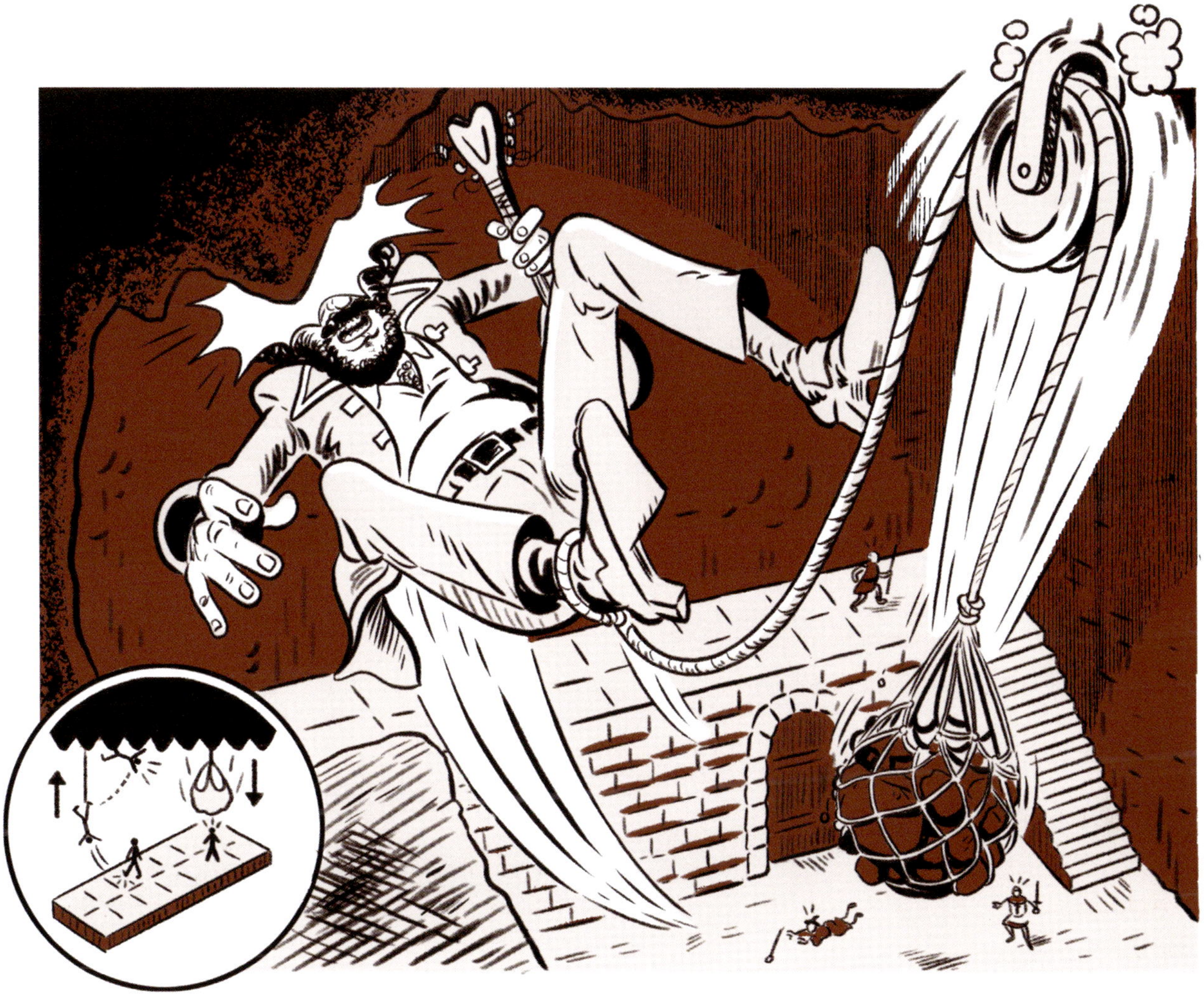

SCHLIMME SCHLINGE: Eine Kreatur, die auf ein Häufchen Stöcke tritt, wird in einer Schlinge emporgerissen und stößt dabei mehrfach an Felsen, während schwere Felsbrocken aus einem großen Netz herabstürzen und die auf dem Boden Verbliebenen, die ihrem unglücklichen Gefährten hinterherschauen, zu Ausweichmanövern zwingen.

Schlimme Schlinge

Trigger & Flavor: Eine Kreatur tritt in eine Schlinge und wird fast 60 m in die Höhe gerissen, wobei sie mehrfach gegen die Wände prallt. Währenddessen rauscht ein Bündel Felsbrocken hernieder.

> Du hörst das Knacken eines Zweiges unter deinem Fuß und spürst einen plötzlichen Ruck am Knöchel. Mach einen Geschicklichkeitswurf.

Auswirkung: Die Kreatur, die diese Falle auslöst, muss einen Rettungswurf auf Geschicklichkeit gegen SG 16 schaffen, andernfalls fliegt sie insgesamt 60 m in die Höhe, während sich ein Bündel Felsbrocken von der Decke löst. Die auslösende Kreatur erleidet 35 (10W6) Wuchtschaden, da sie auf dem Weg nach oben mehrfach gegen Felsen prallt. Alle im Umkreis von 4,50 m um den Auslöser der Falle müssen einen Rettungswurf auf Geschicklichkeit gegen SG 16 ablegen und erleiden bei einem Fehlwurf 35 (10W6) Wuchtschaden durch die aufprallenden Felsen, bei Erfolg die Hälfte davon. Die emporgezogene Kreatur bleibt in 60 m Höhe hängen, bis die Schlinge entfernt oder zerstört wird.

Besteht die auslösende Kreatur ihren anfänglichen Geschicklichkeitsrettungswurf, müssen sich dennoch alle im Umkreis von 4,50 m (einschließlich der auslösenden Kreatur selbst) durch Geschicklichkeitswurf gegen SG 16 vor dem herabstürzenden Netz voller Felsbrocken retten. Ein Fehlwurf beschert 35 (10W6) Wuchtschaden, ein Würfelerfolg halb so viel.

Untersuchung: Wer per Intelligenzwurf (Nachforschungen) gegen SG 16 nach Anzeichen von Fallen sucht, entdeckt vielleicht ein Seil im schattigen Bereich der Kammer sowie eine unter Stöckchen auf dem Weg verborgene Schlinge.

Entschärfung: Zum Entschärfen der Falle ist nur ein Geschicklichkeitswurf (Diebeswerkzeug) gegen SG 12 nötig, wobei allerdings die Felsen herabfallen, mit allen beschriebenen Auswirkungen. Wer die Schlinge gefunden hat, kann sie nach Ermessen des SL einfach umgehen. Kreaturen, die die Falle entschärfen, können nach Ermessen des SL den Felsen leichter ausweichen.

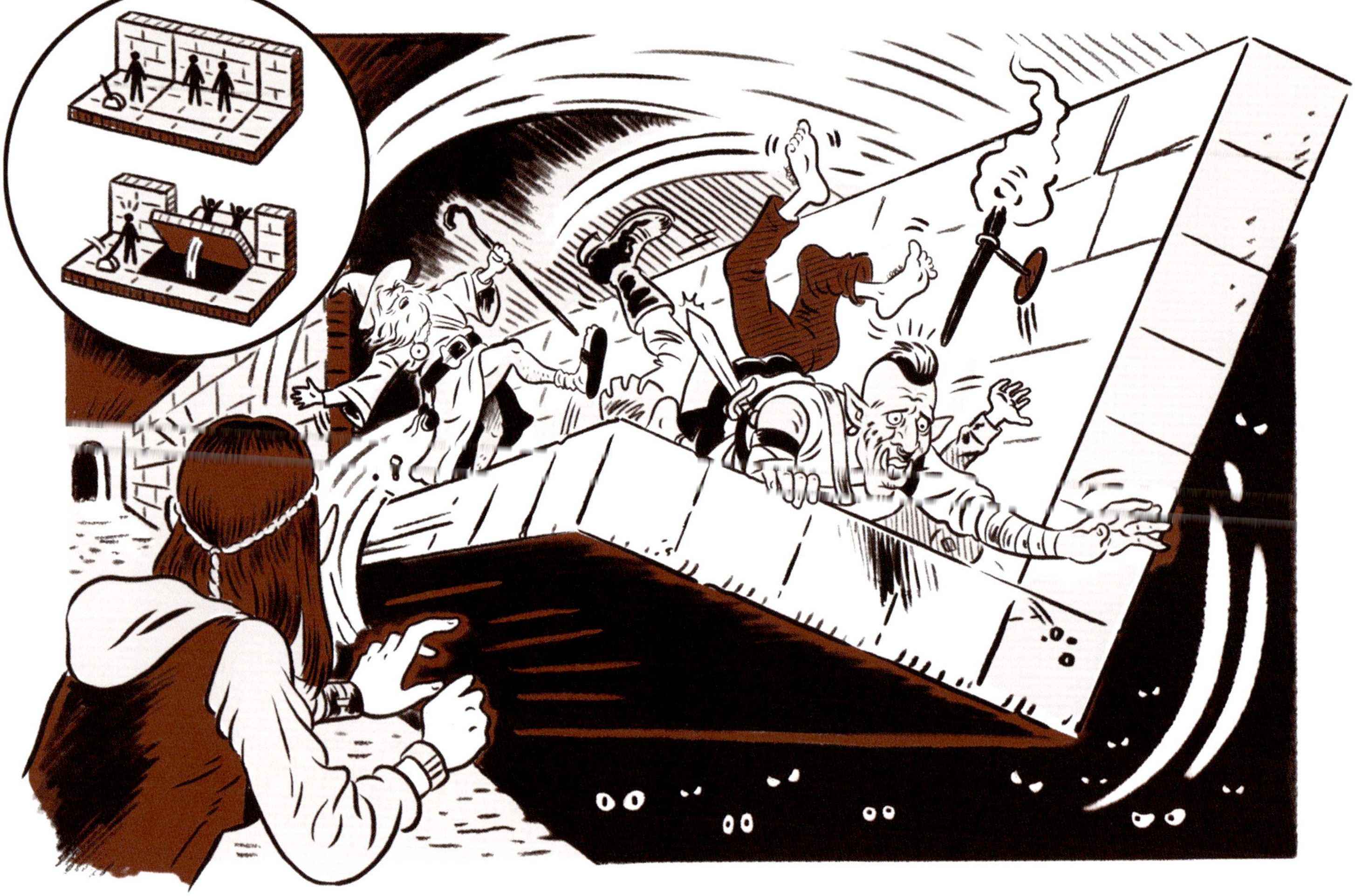

MAUERSEGLER: Eine Kreatur löst die Falle aus, indem sie einen Türknauf dreht. Daraufhin kippt sich ein Teil der Kammer mit Wand und Boden sowie allen darauf stehenden Kreaturen um 90 Grad. Die Wucht dieser Drehung ist so gewaltig, dass die betroffenen Kreaturen in die Kammer nebenan geschleudert werden.

Mauersegler

Trigger & Flavor: Wenn man den Türgriff nach unten dreht, dreht sich ein Teil der Wand und des Bodens um 90 Grad, sodass alle in diesem Bereich stehenden Kreaturen in eine benachbarte Kammer gekippt werden.

> Die Tür der Kammer reicht bis zur Decke und ist mit einem verzierten, hebelartigen Griff versehen. Als du den Griff drehst, bewegt er sich zunächst nicht, dann gibt er mit einem plötzlichen »KLACK« nach, und ihre alle spürt ein Zittern unter euren Füßen, als würde massenhaft potenzielle Energie freigesetzt. Die Tür vor euch kippt weg, während sich der Boden unter euch hebt. Macht einen Geschicklichkeitswurf.

Auswirkung: Die auslösende Kreatur sowie alle, die weniger als 3 m von der Wand mit der Tür entfernt sind, müssen einen Rettungswurf auf Geschicklichkeit gegen SG 17 schaffen, sonst werden sie durch das Kippen der Wand und des Bodens, auf dem sie stehen, 18 m weit in die Kammer nebenan geschleudert. Die Kammer, in der sie landen, kann anhand der Tabelle »Zufällige Dungeon-Kammern« auf S. 258 ausgewürfelt oder vom SL bestimmt werden. Ist diese Kammer weniger als 18 m breit oder lang (die längere Seite entscheidet), erleiden alle Geworfenen beim Aufprall an der Wand gegenüber 21 (6W6) Wuchtschaden. Enthält die zweite Kammer etwas Festes (eine Trennwand, eine Statue usw.), wird der Wuchtschaden der unfreiwilligen Eindringlinge um 1W6 pro 3 m Abstand von der Wand verringert.

Nach Ermessen des SL sind alle Kreaturen, die sich in der zweiten Kammer aufgehalten haben, unter der gekippten Wand eingeklemmt, kommen aber frei, sobald der Wand-Boden-Winkel durch erneutes Drehen des Türgriffs zurückkippt.

Untersuchung: Wer per Intelligenzwurf (Nachforschungen) gegen SG 17 nach Anzeichen für Fallen sucht, mag eine Fuge im Boden bemerken, die darauf hinweist, dass ein Teil dieser Kammer vom Rest abgetrennt ist. Mit einem ebensolchen Wurf kann man beim Untersuchen der Tür einen kleinen Pfeil finden, der darauf hinweist, dass die Türklinke nach oben und nicht nach unten gedreht werden muss, wenn die Falle nicht ausgelöst werden soll.

ENTSCHÄRFUNG: Die Falle kann nicht entschärft werden, lässt sich aber vermeiden, indem man die Türklinke nicht drückt, sondern hochzieht.

GRAUSAMES GOLD

TRIGGER & FLAVOR: Ein auf dem Boden liegendes Goldstück entpuppt sich bei Berührung als stark betäubende Falle, die ihr Opfer so lange festhält, bis dieses in Goldstücke zerfällt.

> Du siehst ein Häufchen Gold neben der Tür liegen, schätzungsweise mehr als 1.000 GM wert. Als du nach dem Gold greifst, spürst du, wie sich dein Unterarm verkrampft. Führe einen Weisheitswurf durch.

AUSWIRKUNG: Misslingt der auslösenden Kreatur ein Weisheitsrettungswurf gegen SG 17, ist sie eine Minute lang betäubt. Am Ende dieser Minute kann sie den Rettungswurf wiederholen. Bei Erfolg kommt die Kreatur frei, muss aber mitansehen, wie sich das Gold in wertlosen Pyrit verwandelt. Bei missglücktem Wurf beginnt die Haut der Kreatur goldfarben zu schimmern und sie bleibt eine Stunde lang betäubt. Gelingt am Ende dieser Stunde (und jeder weiteren Stunde, in der sie betäubt bleibt) ein erneuter Rettungswurf, wird die Kreatur erlöst, wertschätzt aber fortan kein Gold mehr. Bei misslungenem Rettungswurf bleibt die Kreatur betäubt und zerfällt allmählich zu Goldmünzen, wobei in jeder Stunde durch den Verfall 36 (8W8) Nekroseschaden entsteht.

UNTERSUCHUNG: Wer *Magie entdecken* wirkt, merkt, dass der Goldhaufen etwas Falsches, möglicherweise Verfluchtes an sich hat.

ENTSCHÄRFUNG: Die Falle kann nicht entschärft werden, aber wenn der Zauber *Fluch brechen* darauf angewendet wird, wird der Schatz so harmlos, wie Gold eben sein kann.

TIEF GESPALTEN

TRIGGER & FLAVOR: Beim Tritt auf einen kleinen Riss im Boden stellt sich heraus, dass er viel größer ist als angenommen, und die auslösende Kreatur fällt bis zur Stirn in eine schmale Spalte. Deren Felswände beginnen, sich zu verschieben und das Opfer zu zermalmen.

> Im Weitergehen setzt du den Fuß auf einen Riss im Steinboden, der plötzlich nachgibt. Du stürzt sofort in die Tiefe und schrammst dir die Knie, bis du ganz in dem Spalt feststeckst.

AUSWIRKUNG: Die auslösende Kreatur ist nun vom Boden gepackt. Um aus dieser misslichen Lage zu entkommen, muss ein Stärkewurf (Athletik) gegen SG 22 gelingen. Der Wurf geschieht mit Nachteil, wenn die Kreatur aus eigener Kraft zu entkommen versucht. Wird sie von zwei nicht eingeklemmten Kreaturen herausgezogen, würfeln diese mit Vorteil.

Am Ende jeder ihrer Runden muss die eingeklemmte Kreatur einen Konstitutionsrettungswurf gegen SG 18 machen und bei Misslingen 18 (4W8) Wuchtschaden hinnehmen, bei Erfolg die Hälfte.

UNTERSUCHUNG: Wer per Intelligenzwurf (Nachforschungen) gegen SG 17 die Kammer auf Fallen absucht, dem kommt dieser Riss irgendwie verdächtig vor – das reicht, um lieber nicht draufzutreten.

ENTSCHÄRFUNG: Die Falle kann nicht entschärft, aber der Riss umgangen werden.

HOHER HORST

> **SL AUFGEPASST: LICHTE HÖHE**
>
> Soll diese Falle unterirdisch oder in Gebäuden eingesetzt werden, ist 90 m Deckenhöhe erforderlich.

TRIGGER & FLAVOR: Auf einer mit Totholz bedeckten Lichtung muss man nur auf einen Zweig treten, und schon stürzt sich ein mächtiger Roch herab und schnappt sich, was er schnappen kann.

> Plötzlich hörst du einen Zweig unter deinem Fuß knacken. Das Knacken hallt wider, und dann werden schwere Flügelschläge hörbar, die den Staub vom Boden aufwirbeln. Geschicklichkeitswurf, bitte.

AUSWIRKUNG: Ein etwas klein geratener Roch stürzt sich auf die Gruppe. Im Umkreis von 3 m um die Kreatur, die auf den Zweig getreten ist, müssen alle einen Rettungswurf auf Stärke gegen SG 16 schaffen, um den Klauen zu entgehen. Wer Pech hat, wird vom Roch gepackt. Würfelt die Initiative. In seinem nächsten Zug fliegt der Roch zu seinem Horst in 90 m Höhe empor und legt alle Kreaturen, die er noch bei sich trägt, als Atzung für seine 1W4 + 1 Küken ab (für die Rochküken können die Werte für **Riesenadler** gelten). Dem Griff des Rochs kann man sich mit einem Stärkewurf (Athletik) gegen dessen Stärkewurf entwinden. Der Roch will in erster Linie seine Küken beschützen, ist aber darauf abgerichtet, die Umgebung nach leichter Beute abzusuchen. Werden seine Küken bedroht, wird er sich entsprechend wehren. Per Charismawurf (Einschüchtern) gegen SG 16 oder durch andere Mittel nach Ermessen des SL kann man ihm klarmachen, dass die Gruppe keine leichte Beute ist.

Untersuchung: Wer nach Anzeichen für Fallen sucht, findet nichts Ungewöhnliches. Ein erfolgreicher Wurf auf Weisheit (Wahrnehmung) gegen SG 17 lässt das Gefühl aufkommen, von oben beobachtet zu werden. Wer lieber schleichen möchte und einen Weisheitswurf (Überlebenskunst) gegen SG 12 schafft, kommt zu der Einsicht, dass die Stöckchen auf dem Weg unbedingt gemieden werden sollten.

Entschärfung: Ein Roch kann nicht entschärft werden, aber der Zauber *Mit Tieren sprechen* verschafft einen Vorteil bei allen Charismawürfen zum Einschüchtern oder Besänftigen des Tieres.

Abwärts

Trigger & Flavor: Ein enger Förderkorb transportiert bis zu zwei Kreaturen auf einmal von einem Stockwerk des Gewölbes zum nächsten – vorausgesetzt, man zieht den richtigen Hebel. Nach dem Aussteigen fährt der Aufzug wieder zurück.

SL aufgepasst: Zwei Hebel

Um diese Falle ins Abenteuer einzubauen, muss eine Tür in eine enge Kabine führen, die einem modernen Aufzug nicht unähnlich ist und zwei Hebel aufweist. Zwei mittelgroße Wesen passen bequem hinein, aber dann wird das Ziehen der Hebel bereits schwierig. Bei Betätigung des linken Hebels fährt die Kabine aufwärts, beim rechten Hebel abwärts. Anschließend tauschen die Hebel die Funktion, sodass der rechte Hebel aufwärts und der linke Hebel abwärts führt. Diese Vorrichtung wird dadurch zur »Falle«, dass sie einzelne SC von der Gruppe trennt, denn wenn die zweite Untergruppe den Aufzug nimmt, landet sie sehr wahrscheinlich woanders als die erste. Passe den Text an die Situation deiner Gruppe an.

Als ihr in die enge Kabine einsteigt und den Hebel betätigt, schließt sich die Tür hinter euch und ihr spürt, wie sich die Kabine in Bewegung setzt. Sie fährt aufwärts/abwärts und bleibt dann mit einem Ruck stehen. Die Tür öffnet sich und ihr werdet von der Rückwand aus der winzigen Kabine in eine neue Kammer geschoben.

Auswirkung: Alle, die mitgefahren sind, befinden sich in einer neuen Kammer nach Wahl des SL. Die Kabine kehrt mit einem lieblichen »Pling« an den Ausgangspunkt zurück und öffnet ihre Türen für die nächsten Passagiere. Aber diese landen in einer anderen vom SL bestimmten Kammer als die bereits Gefahrenen, es sei denn, sie ziehen den anderen Hebel. Alle folgenden Fahrten verlaufen ebenso, wobei die dritte Untergruppe wieder dorthin gelangt, wo die erste angekommen ist – es sei denn, jemand hat die wechselnde Funktion der Hebel durchschaut.

Untersuchung: Wer die Hebel untersucht, stellt fest, dass sie zu einer kleinen Aufzugskabine gehören. Ein erfolgreicher Wurf auf Intelligenz (Nachforschungen) oder Weisheit (Wahrnehmung) gegen SG 17 offenbart unter den Hebelgriffen kleine Pfeile, die die Fahrtrichtung anzeigen. Diese Pfeile wechseln die Richtung, sobald einer der beiden Hebel gezogen wird. Deshalb muss die Gruppe die Hebel zweimal untersuchen, um den Trick zu erkennen. Mit einem Intelligenzwurf (Nachforschungen) gegen SG 21 können besonders aufmerksame Kreaturen bemerken, dass die Pfeile auf kleinen, offensichtlich drehbaren Scheiben stehen.

Wer die Rückwand der Kabine untersucht, entdeckt womöglich, dass sie sich durch die gesamte Kabine nach vorne schieben kann. Darauf deuten winzige Rillen auf dem Boden der Kabine hin, die nach einem erfolgreichen Intelligenzwurf (Nachforschungen) gegen SG 15 auffallen.

Entschärfung: Die Falle kann nicht entschärft, sondern nur verstanden werden.

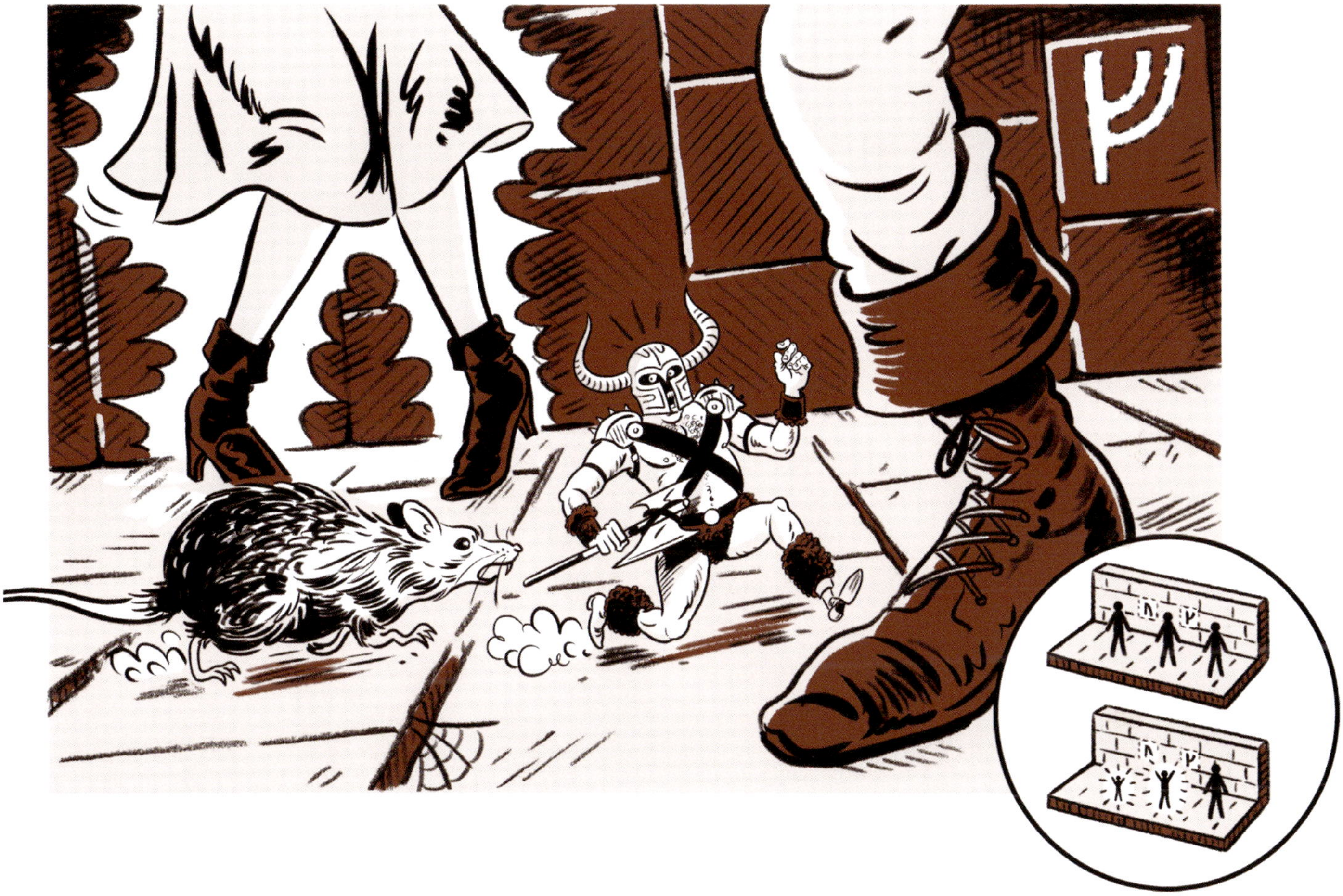

DOPPELTE SCHRUMPFUNG: Mehrere arkane Runen, die gegen Eindringlinge schützen sollen, werden aktiv, wenn jemand vorbeiläuft. Dann wird der eingespeicherte Zauber freigesetzt, in diesem Fall eine starke Version des Spruches Vergrößern/Verkleinern. Die betroffenen Kreaturen schrumpfen und werden mit jedem Fehlwurf gegen den Zauber kleiner und kleiner.

Doppelte Schrumpfung

Trigger & Flavor: Eine Reihe verborgener Runen wird im Vorbeigehen aktiviert und belegt die Gruppe mit einer doppelten Dosis des Zaubers *Vergrößern/Verkleinern*, sodass sie drastisch schrumpft. Die Wirkung lässt sich nur durch Herumprobieren beheben.

> Als ihr die Kammer betretet, beginnen plötzlich überall Runen zu funkeln und zu knistern, und ihr werdet von den Zehen bis zur Nase von arkaner Energie durchflutet. Macht einen Konstitutionswurf.

Auswirkung: Die auslösende Kreatur sowie alle im Umkreis von 4,50 m müssen drei Konstitutionsrettungswürfe gegen SG 16 bestehen. Bei jedem Fehlwurf schrumpft die Kreatur um eine Größenklasse. Nach zwei verpatzten Würfen wird sie winzig, und wer bei allen drei Rettungswürfen scheitert, wird nach Ermessen des SL klitzeklein, etwa so groß wie eine kleine Maus. Die Wirkung der Glyphen hält eine Stunde. Die Wirkdauer wird erhöht, wenn mehr als eine Glyphe aktiviert ist. Wirken zwei Glyphen, lässt die Wirkung der ersten nach einer Stunde nach, die der zweiten nach zwei Stunden. Eine dritte Glyphe würde erst nach drei Stunden abklingen. Die Magie der Glyphen kann gebannt werden, aber immer nur bei einer auf einmal, einmal am Tag. Eine klitzeklein gewordene Kreatur nimmt im Laufe von drei Stunden langsam wieder ihre normale Größe an, da die drei aktiven Zauber nacheinander dahinschwinden.

Untersuchung: Mithilfe von *Magie entdecken* lässt sich in diesem Gang ein Pulsieren von Bann- und Verwandlungsmagie erspüren. Wer nach Fallen sucht und einen Intelligenzwurf (Nachforschungen) gegen SG 16 besteht, bemerkt ein schwaches Schimmern am Boden, an der Decke und an den Wänden der Kammer, ein Hinweis darauf, dass Glyphenmagie vorliegt.

Entschärfung: Durch dreimal erfolgreiches *Magie bannen* 4. Grades oder nach Ermessen des SL werden alle Runen zerstört. Zwei erfolgreiche Bannzauber verringern den Umkreis, in dem der Zauber wirkt, auf 1,50 m um die auslösende Kreatur. Gelingt nur ein Bannzauber, verringern sich Reichweite und Wirksam-

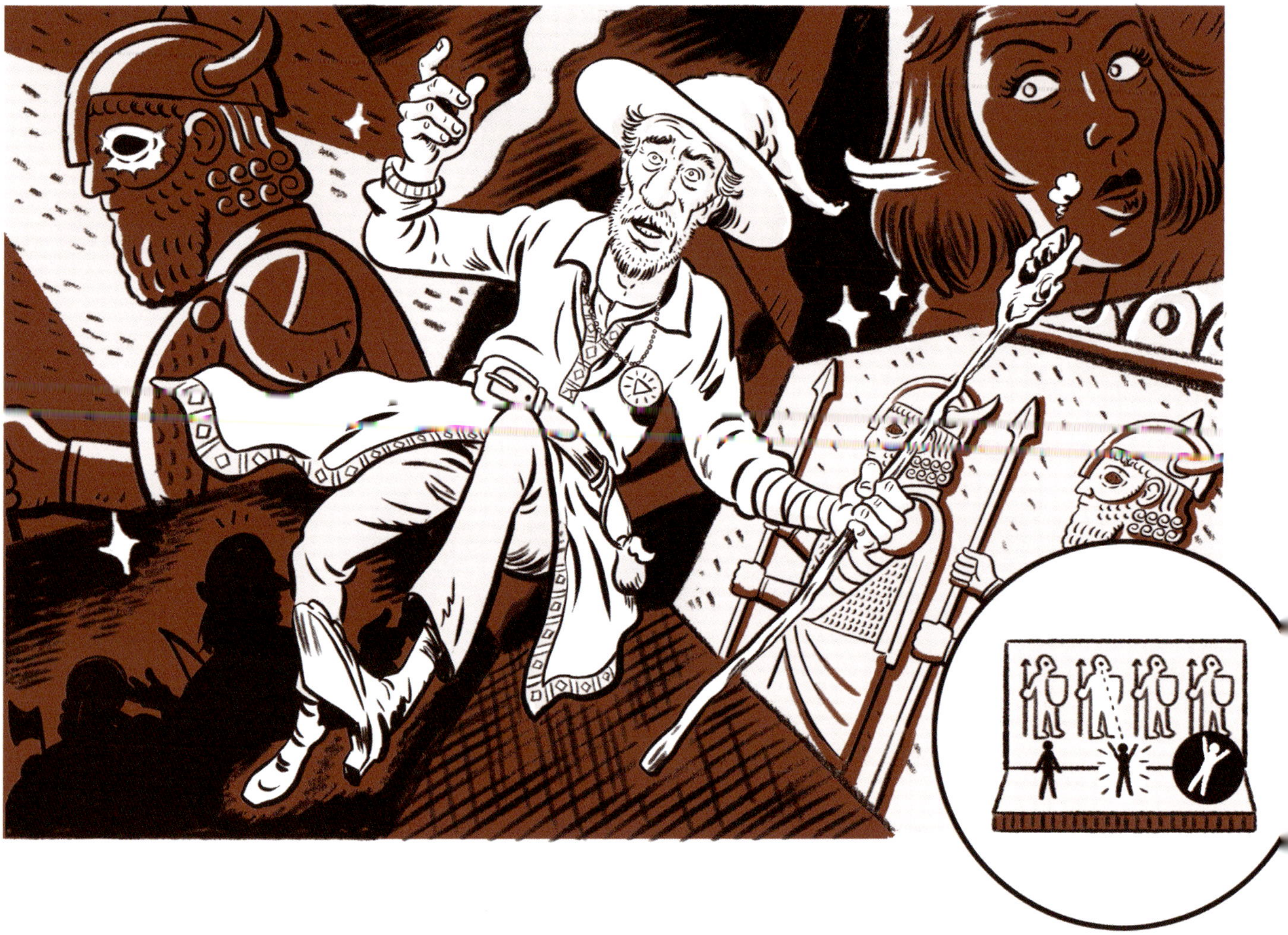

keit der Runen, und die auslösende Kreatur muss bei ihrem Konstitutionswurf nur SG 16 schaffen. Bei Misslingen wird sie um eine Größenklasse kleiner, gemäß der Beschreibung des Zaubers.

Gefangen im Kristall

Trigger & Flavor: Beim Vorbeigehen an einem Juwel, das in ein Wandrelief eingelassen ist, verschwindet eine Kreatur aus der Materiellen Ebene und gelangt in eine Halbebene innerhalb des Kristalls.

> Das Relief an den Wänden des Ganges zeigt Soldaten, die auf die Türen zumarschieren, auf die auch du zugehst. Viele Soldaten haben Augen aus Edelsteinen unterschiedlicher Größe – Rubine, Smaragde, Saphire und mehr. Aber einigen der Figuren fehlen die Augen. Plötzlich hast du das Gefühl, schwerelos zu sein. Führe einen Weisheitswurf durch.

Auswirkung: Bei fehlgeschlagenem Weisheitsrettungswurf gegen SG 17 verschwindet die auslösende Kreatur (nach Ermessen des SL) aus der Kammer und wird in einen der Edelsteine an der Wand versetzt. Darin bleibt sie gefangen, bis der Stein zerstört wird. Dieser hat 22 TP und RK 20. Gegen nichtmagische Angriffe, Feuerschaden und andere Schadensarten ist er nach Ermessen des SL immun.

Aus dem Kristall heraus kann man in den Gang blicken, in dem man gerade noch gestanden hat, aber das Bild wird wie durch ein Prisma gebrochen.

Untersuchung: Wer hier nach Fallen sucht, findet keine. Durch den Spruch *Magie entdecken* kann eine Aura der Nekromantie in der Nähe eines der Edelsteinaugen lokalisiert werden. Aber wenn auf diese Weise nach Magie gesucht wird, kann nach Ermessen des SL der Kristall aktiv werden.

Wer nach Spuren des in den Kristall verschwundenen Gefährten sucht, kann per Intelligenzwurf (Nachforschungen) gegen SG 17 in einem der eingelassenen Edelsteine eine sehr kleine, flackernde Silhouette entdecken, die der vermissten Kreatur ähnelt.

Entschärfung: Die Falle kann nicht entschärft werden. Wird im Gang erfolgreich *Magie bannen* (6. Grad) gewirkt, kommen alle im Kristall eingesperrten Kreaturen frei.

SL AUFGEPASST: MITGEFANGEN

Der Kristall kann bis zu drei Kreaturen auf einmal gefangen halten. Es liegt im Ermessen des SL, ob mehr als ein Mitglied der Gruppe zum Rettungswurf gegen die Wirkung des Kristalls gezwungen ist. Gut möglich ist auch, dass im Kristall bereits jemand feststeckt, dessen Identität, Absichten, Gesinnung und Attribute vom SL zu bestimmen sind.

Raffinierte Ranken

TRIGGER & FLAVOR: Die Durchquerung eines dichten, heckenartigen Dickichts aus wuchernden Ranken erweist sich als schwierig, denn die Dornen und Sporen geben ein Gift ab, das Orientierungssinn und Überlebenswillen beeinträchtigt.

> In diesem Gang versperrt euch ein Gestrüpp aus dornigen Ranken den Weg. Um sie herum wabert ein dichter Nebel aus Sporen. Sie zu roden würde ewig dauern, und der austretende Saft lässt vermuten, dass sie ziemlich schwer entflammbar sind.

AUSWIRKUNG: Jede Kreatur, die ins Dickicht eindringt, ist nach wenigen Schritten vollständig davon umgeben und muss drei Würfe ablegen, jeweils nach Ermessen des SL.

- **Toxischer Dunst.** Wer durch die wuchernden Ranken geht, muss einen Konstitutionswurf gegen SG 15 bestehen oder 7 (2W6) Giftschaden erleiden und 24 Stunden lang vergiftet bleiben.
- **Giftige Dornen.** Wer durch die wuchernden Ranken geht, muss einen Weisheitswurf gegen SG 15 bestehen, sonst wird die Haut von Dornen zerstochen, die ein wahrnehmungsveränderndes Neurotoxin freisetzen. Misslingt der Rettungswurf, steht die Kreatur unter dem Zauber *Verwirrung* und versagt bei allen Würfen auf Weisheit (Überlebenskunst).
- **Ziellosigkeit.** Da die wuchernden Ranken die Sicht auf den Rest des Raumes versperren, läuft man eventuell im Kreis. Um auf die andere Seite zu gelangen, muss man drei aufeinanderfolgende Weisheitswürfe (Überlebenskunst) gegen SG 15 bestehen. Bei Misslingen muss eine Kreatur, die nicht bereits unter der Wirkung des Toxischen Dunstes oder der Giftigen Dornen steht, nach Ermessen des SL erneut gegen diese Gefahren anwürfeln. Steht eine Kreatur unter der Wirkung einer (oder beider) Gefahren oder hat sie zwei Fluchtversuche (drei aufeinanderfolgende Überlebenswürfe) nicht geschafft, verfällt sie dem Wuchernden Wahn und schlägt wild um sich, in der Hoffnung, einen Ausweg zu finden (siehe unten).
- **Wuchernder Wahn.** In ihrem Zug muss eine Kreatur, die unter dem Wuchernden Wahn leidet, ihre Aktion nutzen, um durchs Gestrüpp in eine vom SL bestimmte Richtung zu rennen. Das Gestrüpp ist schwieriges Terrain. Beim Hindurchrennen entsteht 35 (10W6) Stichschaden.

UNTERSUCHUNG: Wer einen Wurf auf Intelligenz (Nachforschungen) oder Weisheit (Überlebenskunst) gegen SG 16 besteht, ahnt, dass der Weg durchs Gestrüpp tückisch ist, und schlägt vielleicht vor, dass alle eng beieinander bleiben (mithilfe eines Seils, falls vorhanden).

ENTSCHÄRFUNG: Die Falle kann nicht entschärft werden.

Teleportierisch

TRIGGER & FLAVOR: Beim Gang durch diese vor Teleportationsmagie nur so brummende Kammer werden Stolperdrähte ausgelöst, die die ganze Gruppe auf eine unerwartete – und möglicherweise sehr schmerzhafte – Reise schicken.

SL AUFGEPASST: WOHIN SOLL'S GEHEN?

Diese Falle besteht aus einer Variante des Zaubers *Kreis der Teleportation*. Kleine Kristalle in einer Reihe von Tonlaternen aktivieren den Kreis, der sich über den ganzen Raum erstreckt. Zerbricht eine Tonlaterne, wird jede Kreatur im Umkreis von 9 m teleportiert, falls nur eine von ihnen den Rettungswurf nicht schafft. Der SL kann den Spieler, der den Charismawurf verpatzt, bitten, den ersten Ort zu nennen, der ihm einfällt. Schafft mehr als ein Gruppenmitglied den Rettungswurf nicht, wird ermittelt, wem »zuerst« ein Ort einfällt, indem beide 1W20 würfeln und ihren Intelligenzmodifikator addieren. Die höchste Zahl bestimmt den »Gewinner«, und dessen ausgewählter Ort wird das Ziel der Gruppe.

> Die Kammer, durch die ihr geht, ist von tönernen Laternen erhellt, die an ausgefransten Schnüren von der Decke hängen. Ihr bemerkt, dass ein ähnliches Muster in den Steinboden gemeißelt ist. Während ihr euch umseht, spürt jemand von euch ein Ziehen am Fuß, wie wenn die Zehen gegen eine gespannte Schnur stoßen. Plötzlich fällt eine der Tonlaternen 3 m weiter auf den Boden und zerbricht. Führt alle einen Charismawurf durch.

AUSWIRKUNG: Alle, die sich im Umkreis von 9 m um die fallende Laterne befinden, müssen einen Charismarettungswurf gegen SG 15 bestehen. Bei misslungenem Rettungswurf wird jede Kreatur im Umkreis von 9 m nach Ermessen des SL an einen Ort *teleportiert*, der von einer der Kreaturen bestimmt wird, die den Rettungswurf nicht bestanden haben. Bei ungeplanter Teleportation kann es nach Ermessen des SL zu Missgeschicken kommen. Die Versetzung an einen anderen Ort hält eine Minute an, es sei denn, die Teleportierten nehmen dort Körperkontakt mit einer Kreatur auf.

Eine Kreatur kann sich nach Belieben zurück in den Laternenkreis teleportieren, wenn sie die Mittel dazu hat.

Wird sie in diesen Raum zurückteleportiert, muss sie einen Wurf auf Geschicklichkeit gegen SG 15 schaffen, um den verbleibenden Stolperdrähten auszuweichen, die im Zickzack durch die Kammer verlaufen. Misslingt der Rettungswurf, fällt eine weitere Laterne herunter, und der *Kreis der Teleportation* wird erneut aktiv.

UNTERSUCHUNG: Durch Wirken von *Magie entdecken* oder einem ähnlichen Zauber wird offenbar, dass der ganze Raum vor Beschwörungsmagie glüht, ebenso jede der Laternen. Wer den Raum auf Fallen absucht, kann die Stolperdrähte per Intelligenzwurf (Nachforschungen) gegen SG 15 erkennen.

ENTSCHÄRFUNG: Werden die Stolperdrähte durchtrennt, fällt eine Laterne nach Wahl des SL herunter. Die Stolperdrähte können also nicht entschärft, sondern nur vermieden werden. Dazu muss man alle 3 m einen Geschicklichkeitswurf (Akrobatik) gegen SG 15 ablegen.

Die Teleportationskammer kann mit dem Spruch *Magie bannen* (5. Grad) vorübergehend entzaubert werden. Die Unterbrechung des *Kreises der Teleportation* dauert eine Stunde.

FENSTERSTURZ

TRIGGER & FLAVOR: Wer über eine Trittplatte in der Nähe eines Fensters geht, aktiviert einen kraftvollen Kolben, der die auslösende Kreatur durch die Scheibe stößt.

> Als du am Fenster vorbeigehst, trittst du mit dem Fuß auf eine nachgebende Steinplatte und siehst plötzlich einen Teil der Wand gegenüber dem Fenster auf dich zurasen.

AUSWIRKUNG: Die auslösende Kreatur muss einen Rettungswurf auf Geschicklichkeit gegen SG 16 bestehen, sonst wird sie durchs Fenster geschleudert und erleidet 14 (4W6) Wuchtschaden. Wie lange der Sturz aus dem Fenster dauert, liegt im Ermessen des SL. Spielt das Abenteuer unter der Erde, kann das Fenster in eine andere Kammer führen oder in Wirklichkeit eine Mauer sein.

UNTERSUCHUNG: Wer den Boden auf Anzeichen von Fallen absucht, bemerkt nach erfolgreichem Intelligenzwurf (Nachforschungen) gegen SG 16 die Trittplatte auf dem Fliesenboden. Ein ebensolcher Wurf offenbart beim Prüfen der Wand gegenüber dem Fenster eine kreisförmige Fuge mit einem Durchmesser von etwa 1,50 m.

ENTSCHÄRFUNG: Die Trittplatte, die diese Falle auslöst, kann mit einem erfolgreichen Geschicklichkeitswurf (Diebeswerkzeug) gegen SG 16 auseinandergefrickelt werden. Die Platte kann auch ganz vermieden werden, indem man darüberspringt.

Komplizierte Fallen

Die meisten der in diesem Buch vorgestellten Fallen sind simpel: Stolperdraht, Klinge ins Gesicht, Ende (entweder für die Spieler oder die Falle). Aber in Gewölben auf aller Welt hat in Sachen Abwehrmechanismen eine Art Wettrüsten stattgefunden, denn je geschickter die Eindringlinge beim Entschärfen wurden, desto komplizierter wurden die Fallen. Komplizierte Fallen haben oft mehr als einen Auslöser oder erfordern mehr als eine Kreatur zum Entschärfen. Manchmal ist der Akt des Entschärfens selbst der Auslöser, und das Überleben wird zu einer Frage der rohen Kraft, der Stressresilienz oder der Nehmerqualitäten. Die folgenden Fallen sollen deine Gruppe in gleichem Maße fordern wie eine legendäre Kreatur und haben verschiedene Auswirkungen, die erst im Laufe mehrerer Runden zum Tragen kommen. Setze sie nach eigenem Ermessen ein.

Maul des Messingdrachens

Komplizierte Falle (Stufe 5–10, Todesgefahr)
Gewölbekundler und Schlossknackerinnen senken furchtsam die Stimme, wenn das Gespräch auf das Maul des Messingdrachens kommt. Allein die Erwähnung dieses Schlosses könnte dazu führen, dass sie es im Traum – oder besser gesagt im Albtraum – knacken müssen. Denn wer diese Schatzkammertür mit allerlei eingebauten Abwehrmaßnahmen und Schließmechanismen ohne Kombination und Schlüssel öffnen möchte, muss ihr unangenehm nahekommen. Alle, die den Versuch, das Schloss zu öffnen, überlebten, haben eines gemeinsam: Sie haben keine Hände mehr. Erfahrene Einbrecher arbeiten zwar am liebsten allein, aber beim Maul des Messingdrachens sollte für den Fall, dass man die Hände nicht aus eigener Kraft dem Biss des Drachens entreißen kann, jemand mit einer Axt dabei sein.

Trigger & Flavor: Die Falle wird aktiviert, sobald eine Kreatur versucht, die Schlösser der Tresortür zu knacken, die nur zugänglich sind, wenn man beide Hände in die Nüstern des Drachens aus verziertem Messing steckt, der die Tresortür schmückt. In den Nüstern schnappen Handschellen zu. Um zu entkommen, muss ein Geschicklichkeitswurf gegen SG 22 gelingen. Die Schlösser können nur geknackt werden, wenn die Hände der Kreatur in den Handschellen stecken.

> Beim Anblick des verzierten Drachenkopfes aus Messing, der die Schatzkammertür schmückt, wird dir klar, dass du die Schlösser nur knacken kannst, indem du beide Hände in die klaffenden Nüstern der Drachenskulptur steckst. Als du dein Werkzeug mit den Händen tief in die Nüstern einführst, hörst und spürst du, wie sich Handschellen schließen.

Initiative

Die Falle wirkt bei Initiative 20 und 10.

Komponenten

Im Schlund des Messingdrachens weht ein Flammender Hauch, der alle versengt, die die Treibstoffzufuhr nicht unterbrechen. Die Ätzende Zunge ist eine Säurepfütze vor der Tür, die die Füße aller davor Stehenden verätzt.

Flammender Hauch (Initiative 20, Nachladen 4–6)
Das Maul des Drachens öffnet sich leicht und versprüht einen kegelförmigen, 18 m langen Feuerstrahl. Jede Kreatur in Reichweite muss einen Wurf auf Geschicklichkeit gegen SG 18 bestehen. Bei Misserfolg sind 35 (10W6) Feuerschaden fällig, bei Erfolg die Hälfte. Die Kreatur, die versucht, das Schloss zu knacken, macht den Rettungswurf mit Nachteil. Nach dem Feuerstoß würfelst du 1W6. Bei 4–6 lädt sich der Flammende Hauch wieder auf und kann in seinem nächsten Zug erneut feuern.

Ätzende Zunge (Initiative 10) Die Tür schiebt sich 1,50 m nach hinten und gibt eine Lache aus Säure frei, die wie eine Zunge aus dem Maul des Drachens zu

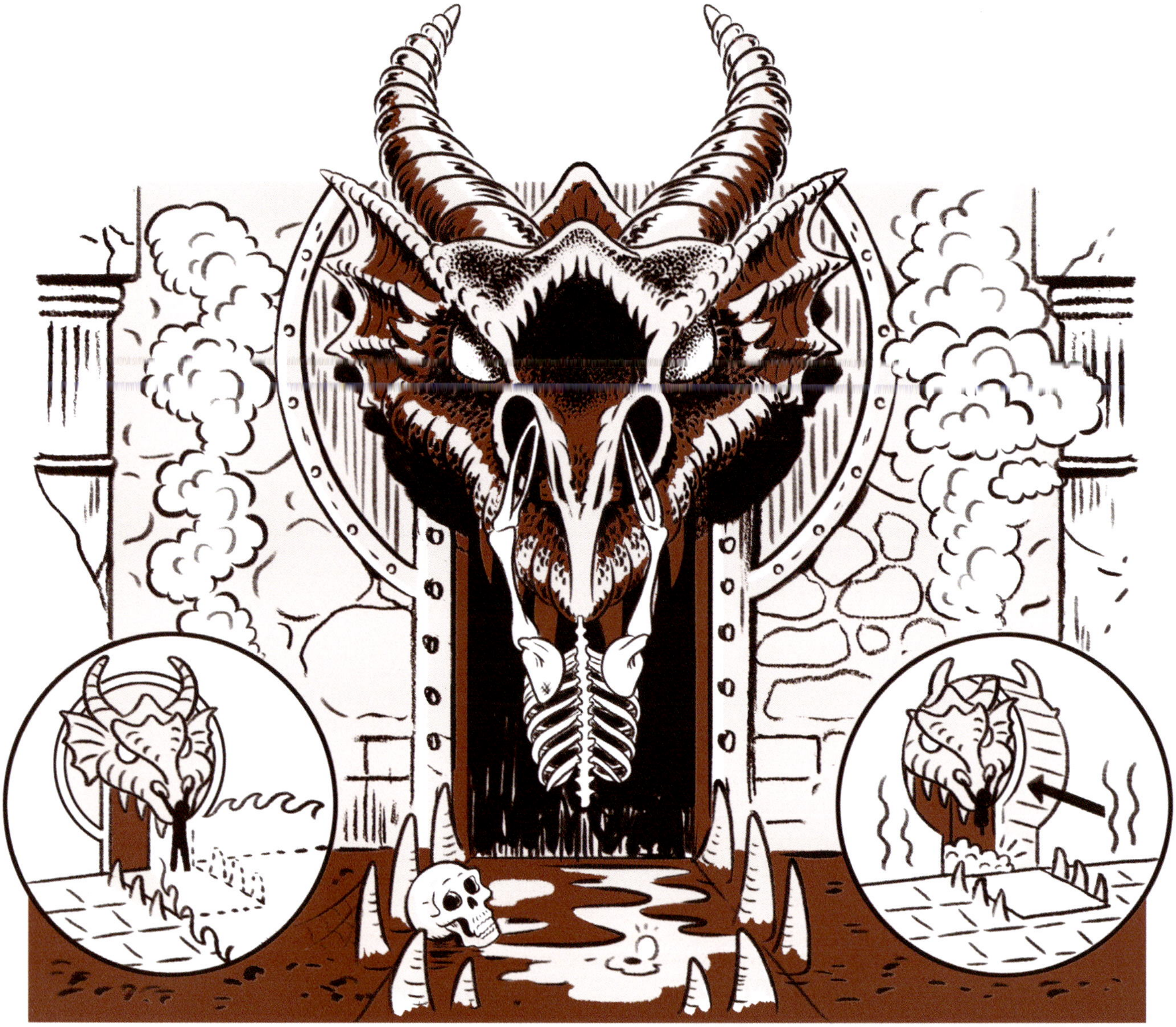

MAUL DES MESSINGDRACHENS Die Falle wird ausgelöst, wenn jemand die Hände in die Nüstern des Drachens steckt und versucht, das Schloss zu knacken. Handschellen schließen sich um die Handgelenke der auslösenden Kreatur und halten sie fest. Das Maul des Drachens spuckt Feuer und schleift den Eindringling durch eine Säurelache. Außerdem spritzen Düsen Säure auf alle Kreaturen in Reichweite.

kommen scheint. Jede Kreatur im Umkreis von 1,50 m um die Tür muss einen Geschicklichkeitsrettungswurf gegen SG 18 bestehen oder 27 (6W8) Säureschaden erleiden. Die Kreatur, die versucht, das Schloss zu knacken, scheitert automatisch, wenn sie ihre Hände noch in den Nasenlöchern hat.

DYNAMISCHE KOMPONENTEN

Die Ätzende Zunge wird umso gefährlicher, je länger die Falle in Aktion ist.

Säurekanonen Nach dem ersten Einsatz der Ätzenden Zunge rückt die Tür in der folgenden Runde um weitere 1,50 m nach hinten und gibt zwei Säurekanonen frei. Die Kanonen können auf Kreaturen im Umkreis von 36 m einen Schuss Säure abfeuern. Jede Kanone kann einen Zauber-Fernkampfangriff (+10) ausführen. Bei einem Treffer erleidet das Opfer sofort 20 (8W4) und am Ende seiner nächsten Runde noch einmal 10 (4W4) Säureschaden. Bei einem Fehlschuss bekommt das Opfer nur Spritzer und den halben Schaden ab, danach keinen mehr. Jede Kreatur, die sich im Umkreis von 1,50 m um die getroffene Kreatur befindet und einen Geschicklichkeitswurf gegen SG 16 verpatzt, erleidet die Hälfte des Schadens. Jedes Mal, wenn die Tür 1,50 m nach hinten rückt, kommen zwei weitere Kanonen zum Vorschein. In der 2. Runde sind es zwei Düsen, in der 3. Runde vier und so weiter, bis zu einem Maximum von 10 Düsen in der 6. Runde. Danach rückt die Tür nicht mehr weiter, und die Säurepfütze davor ist 9 m lang.

KONSTANTE KOMPONENTEN
Der Flammende Hauch kann einmal pro Runde eingesetzt werden, wenn er sich wieder aufgeladen hat. Die Ätzende Zunge wird pro Runde 1,50 m länger und wirkt auf jede Kreatur, die sich im Umkreis von 1,50 m um die Tür oder auf der Zunge befindet, je nach Ermessen des SL. Jede Säurekanone wird einmal pro Runde abgefeuert.

ENTSCHÄRFUNG
Jede der aktiven Komponenten kann entschärft werden.

FLAMMENDER HAUCH Der Flammende Hauch kann abgekoppelt werden, indem man mit den Händen in den Nüstern drei aufeinanderfolgende Geschicklichkeitswürfe (Diebeswerkzeug) bewältigt, deren SG (nach Ermessen des SL) ansteigt: erst 14, dann 16, dann 18. Ein Fehlwurf erhöht den SG aller erneuten Würfe zur Entschärfung des Flammenden Hauchs um 1, da der Apparat in den Sicherheitsmodus geht. Sobald der Flammende Hauch entschärft ist, kann das Schloss der Schatzkammertür geknackt werden. Dieses Schloss hat einen SG von 20.

ÄTZENDE ZUNGE Die Säurekanonen können zerstört werden. Sie haben RK 12 und 30 TP. Sie sind immun gegen Säureschaden und verwundbar durch Wuchtschaden.

Rabenschwarzes Ossarium

Komplizierte Falle (Stufe 10–15, Todesgefahr)
Wer sich zu Lebzeiten einem Gott der Unterwelt andient, wird oft noch lange nach dem Tod für die Ziele seines Gottes missbraucht. Arkane Ossarien wie dieses sind ein Mahnmal dafür. Die letzte Ruhestätte der treuesten Anhänger eines solchen Gottes ist mit unergründlicher göttlicher Energie versiegelt und erfüllt einen doppelten Zweck: Sie bewahrt die arkanen Artefakte des Paladins sicher auf und speichert die Erinnerungen (und meist auch die sterblichen Kräfte) aller, die es wagen, die letzte Ruhe des Paladins zu stören. Das Ossarium ist 2,40 m lang, 1,50 m breit und 1,20 m tief und hat zwei Deckel. Der obere Deckel ist unglaublich schwer. Der zweite Deckel, hinter dem sich die mitbestatteten Artefakte verbergen, wird von den Leichenresten verdeckt. Indem man den zweiten Deckel findet und öffnet, während der obere Deckel angehoben bleibt, gelangt man an die Grabbeigaben.

TRIGGER & FLAVOR: Die Falle wird aktiviert, sobald eine Kreatur den oberen Deckel anhebt. Dazu ist ein erfolgreicher Wurf auf Stärke (Athletik) gegen SG 17 erforderlich, der in jeder Runde wiederholt werden muss. Die Falle bleibt so lange aktiv, wie der obere Deckel angehoben ist.

> Beim Anheben des Deckels des Ossariums, das unter einer Staubschicht schwarz schimmert, ist deine ganze Kraft gefragt. Du stemmst dich mit dem Rücken dagegen, und als sich der Deckel ein Stückchen hebt, wirst du sofort in Dunkelheit gehüllt, denn ein Schwarm schattenhafter schwarzer Raben kommt aus dem Ossarium geflattert und nimmt einen Großteil des Raumes ein. Du spürst eine Stimme in deinem Kopf. Mach einen Charismawurf.

INITIATIVE
Die Falle agiert bei Initiative 20 und 10.

KOMPONENTEN
Im Ossarium lauert ein Kristall des Bewusstseins, der die Seele, die Erinnerungen und die Lebenskraft aller einschließt, die an das verborgene Fach des Ossariums gelangen wollen, sowie ein Schattenhafter Schwarm, der die Umgebung verdunkelt und Eindringlingen die Kraft raubt. Beide Komponenten wirken auf alle körperlichen Kreaturen im Umkreis von 9 m um das Ossarium.

KRISTALL DES BEWUSSTSEINS (INITIATIVE 20) Dieser Kristall bedrängt alle im Umkreis von 30 m. Betroffene müssen einen Charismawurf gegen SG 25 bestehen, sonst wird ihre Seele im Kristall eingeschlossen wie beim Zauber *Magisches Gefäß*. In ihren Körper fährt dann die Seele des toten Paladins, die (nach Ermessen des SL) mit ihrem neuen Körper und bei dessen Initiative den Zielen ihrer Gottheit folgend das Ossarium verteidigt. Der Kristall nimmt nur eine Seele auf einmal auf. Danach zielt er auf alle im Umkreis von 9 m. Betroffene müssen einen Intelligenzwurf gegen SG 17 bestehen, damit der Kristall nicht ihre Erinnerungen absaugt. Bei missglücktem Rettungswurf überkommt die Kreatur ein erdrückendes Gefühl des Verlustes in Form von 14 (4W6) psychischem Schaden, da ihre liebste Erinnerung herausgerissen und auf den Kristall übertragen wird.

SCHATTENHAFTER SCHWARM (INITIATIVE 10) Ein Schwarm schattenhafter, gespenstischer Raben bricht aus der verborgenen Kammer des Beinhauses hervor und hüllt alles im Umkreis von 9 m um das Ossarium in magische Dunkelheit. Der Schattenhafte Schwarm greift alle im Umkreis von 9 m an, wobei er (solange keine magischen Lichtquellen das Angriffsziel beleuchten) einen Bonus von +6 auf den Angriffswurf erhält und 10 (2W6 + 3) Nekroseschaden verursacht. Bei einem Treffer wird der Stärkewert des Ziels um 1W4 verringert. Sollte ein Angriff die Stärke auf 0 reduzieren, stirbt das Opfer. Ansonsten hält die Verringerung an, bis das Opfer eine kurze oder lange Rast einlegt.

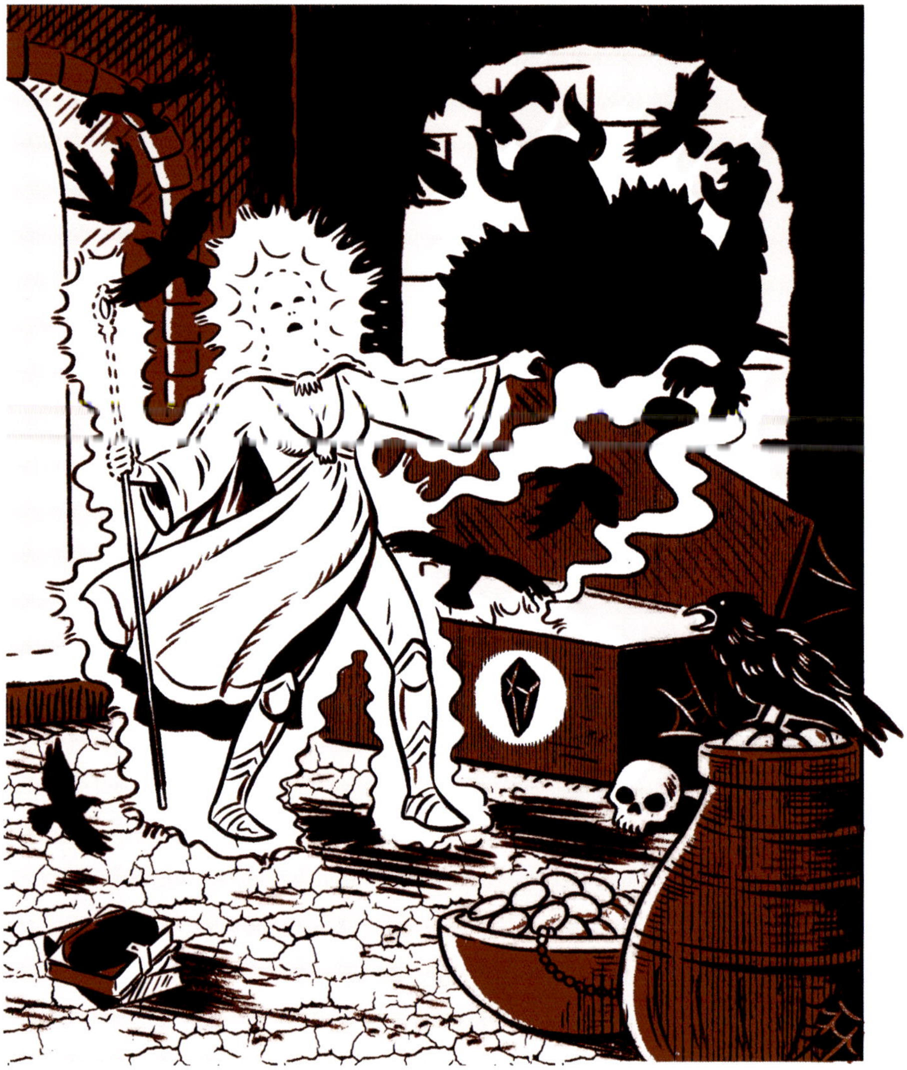

RABENSCHWARZES OSSARIUM: Eine Kreatur löst die Falle aus, indem sie den Deckel des Ossariums anhebt, wodurch die Seele des Begrabenen sowie ein Schwarm geisterhafter Raben freigesetzt werden. Die Seele des Begrabenen versucht, den Körper einer Kreatur in Reichweite in Besitz zu nehmen, während der Kristall des Bewusstseins die Erinnerungen aller lebenden Kreaturen in der Nähe aufsaugt. Die Raben rauben allen Anwesenden Kraft und Willen.

Jede Kreatur mit physischem Körper, die ihren Zug innerhalb des Schattenhaften Schwarms beendet, erleidet 14 (4W6) Kälteschaden.

Ein vom Paladin besessener Körper ist vom Schwarm und der Dunkelheit nicht betroffen.

DYNAMISCHE KOMPONENTEN

Der Kristall des Bewusstseins wird umso gefährlicher, je länger die Falle aktiv ist.

Gedächtnissauger Wenn eine Kreatur bereits Erinnerungen an den Kristall des Bewusstseins verloren hat, verliert sie bei einem misslungenen Rettungswurf gegen den Kristall noch eine Erinnerung, zieht sich 3 (1W6) psychischen Schaden zu und altert 1W6 × 10 Jahre, da mit den Erfahrungen der Vergangenheit auch Lebenskraft aufgesaugt wird. Die Alterung kann mit dem Zauber *Vollständige Genesung* rückgängig gemacht werden, allerdings nur innerhalb von 24 Stunden.

KONSTANTE KOMPONENTEN

Der Kristall des Bewusstseins und der Schattenhafte Schwarm wirken auf jede Kreatur, die ihren Zug in einem von ihnen betroffenen Gebiet beendet.

Kristall des Bewusstseins Jede Kreatur, die ihren Zug im Umkreis von 9 m um den Kristall beendet, muss einen Intelligenzwurf gegen SG 17 schaffen, sonst wird ihr eine Erinnerung abgesaugt.

Schattenhafter Schwarm Jede Kreatur, die ihren Zug im Schattenhaften Schwarm beendet, wird wie oben beschrieben angegriffen.

ENTSCHÄRFUNG Jede aktive Komponente der Falle kann entschärft werden.

KRISTALL DES BEWUSSTSEINS Der Kristall ist im unteren Fach des Ossariums unter den Gebeinen des Paladins versteckt. Dieses Fach kann per Intelligenzwurf (Nachforschungen) gegen SG 17 entdeckt werden. Der Kristall hat 50 TP und RK 10 und kann mit dreimaligem Wirken von *Magie bannen* (4. Grad) entzaubert werden. Die Seele in seinem Inneren kann dann in ihren Körper zurückkehren (vorausgesetzt, dieser lebt noch), und die gespeicherten Erinnerungen kehren zu denen zurück, denen sie abgesaugt wurden. Wird der Kristall physisch zerstört, aber nicht entzaubert, kann die gefangene Seele in ihren Körper zurückkehren (sofern dieser noch lebt), aber die eingeschlossenen Erinnerungen bleiben in den Kristallsplittern gefangen und gehören nun dem Gott, dem der Paladin diente.

SCHATTENHAFTER SCHWARM Der Schattenhafte Schwarm zerstreut sich überall dort, wo magisches Licht scheint. Die Schattenhaften Raben greifen dort mit Nachteil an. Magisch beleuchteten Kreaturen können sie keine Kraft entziehen. Durch erfolgreiches Wirken von *Magie bannen* (4. Grad) ist alles im Umkreis von 3 m dauerhaft vor dem Schwarm sicher.

INTELLIGENZ (RELIGION), SG 17 Als Aktion kann eine Kreatur die Funktion des Ossariums erkennen: Sammlung von Erinnerungen zu Ehren einer Gottheit. Bei erfolgreichem Wurf erfährt sie, dass die aus dem Kristall entflohene Seele des Paladins ihrer Gottheit in einer körperlicheren Form dienen will, aber ins Jenseits zurückkehrt (und die im Kristall gefangene Seele freilässt), wenn sich jemand durch ein unwiderrufliches Gelübde in den Dienst dieser Gottheit stellt.

EISMASCHINE

Komplizierte Falle (Stufe 8–12, Todesgefahr)
Der Gang, der aus dieser Kammer herausführt, ist lang und eindeutig eine Falle. Mehrere Düsen an den Wänden versprühen ein Kühlmittel, das selbst die Zähesten in wenigen Augenblicken einfriert. Die große Schalttafel in der Nähe des Eingangs sieht interessant aus, aber ohne den Runenschlüssel zur Deaktivierung des Kühlsystems bleibt offenbar nichts anderes übrig, als die ganz Mechanik zu demontieren. Und das ... sieht kompliziert aus. Symbole auf einem Hebel in der Nähe der Schalttafel deuten darauf hin, dass der Kühlkern entfernt werden kann, indem man ihn mit dem Hebel vom Boden hebt. Der Tüftler, der hinter dieser Apparatur steckt, hat mehrere Ausfallsicherungen eingebaut, für den Fall, dass jemand die einzige Schwachstelle seiner Falle entdeckt. Zwar fühlt sich das Ausschalten des Kühlkerns wie eine Gruppenaufgabe an, aber am Ende ist die Person, die mit der endgültigen Abschaltung betraut ist, ganz auf sich gestellt.

TRIGGER & FLAVOR: Die Falle wird ausgelöst, wenn jemand den Hebel betätigt, um die Kühlmaschine vom Boden zu heben, deren Inneres offensichtlich nur höchstens mittelgroßen Kreaturen zugänglich ist.

> Als du den Hebel betätigst, fährt surrend ein Zylinder aus miteinander verbundenen Röhren und Behältern mit blauem Plasma aus dem Boden und beginnt, sich langsam zu drehen. Sofort fühlt sich die Luft 10 Grad kühler an, was ganz offensichtlich an dieser Sammlung von arkanem Rohmaterial liegt. Auf den Glasbehältern bilden sich Eisblumen, und dein Atem wird sichtbar, während du diese Kühlmaschine untersuchst. Es gibt mehrere miteinander verbundene Komponenten, die zerlegt werden könnten, aber dazu müsstest du in das Innere des Gerätes kriechen. Und schon der Anblick lässt dich frösteln.

INITIATIVE
Die Falle agiert bei Initiative 20 und 10.

KOMPONENTEN
In der Eisolationskabine steckt eine Kühlmaschine, die die zu zerlegende Apparatur antreibt, sowie ein Elementarfokus, der einen Teil der arkanen Energie der Kühlmaschine dazu nutzt, um einen Frostelementar zu beschwören (S. 109). Die Kühlmaschine wirkt auf jede Kreatur im Umkreis von 3 m ein, während der durch den Elementarfokus beschworene Frostelementar aus eigenem Antrieb handelt und nach Ermessen des SL auf jede Kreatur im Umkreis einwirken kann. Die Kühlmaschine wird von vier separaten Energiezellen angetrieben, von denen jede Einzelne abgeschaltet werden muss, um das Gerät zu deaktivieren. Werden die Energiezellen zerstört und nicht abgeschaltet, hat das katastrophale Folgen.

KÜHLMASCHINE (INITIATIVE 20) Die Kühlmaschine erzeugt eine Aura der Kälte, die jede Kreatur in ihrem Umfeld zu einem Konstitutionsrettungswurf gegen SG 16 zwingt. Bei Erfolg erleidet die Kreatur 7 (2W6) Kälteschaden, bei Misslingen bekommt sie 14 (4W6) Kälteschaden ab und beginnt, sich in Eis zu verwandeln. Den Rettungswurf muss die Kreatur am Ende ihrer nächsten Runde wiederholen. Bei Erfolg endet die Wirkung, bei Misserfolg entstehen 36 (8W8) Kälteschaden, und die Kreatur ist durchgefroren, bis sie durch den Zauber *Vollständige Genesung* oder anderweitig nach Ermessen des SL erlöst wird.

ELEMENTARFOKUS (INITIATIVE 10) Der Elementarfokus der Kühlmaschine befindet sich oben auf dem aufsteigenden Zylinder und strahlt ein helles Licht aus.

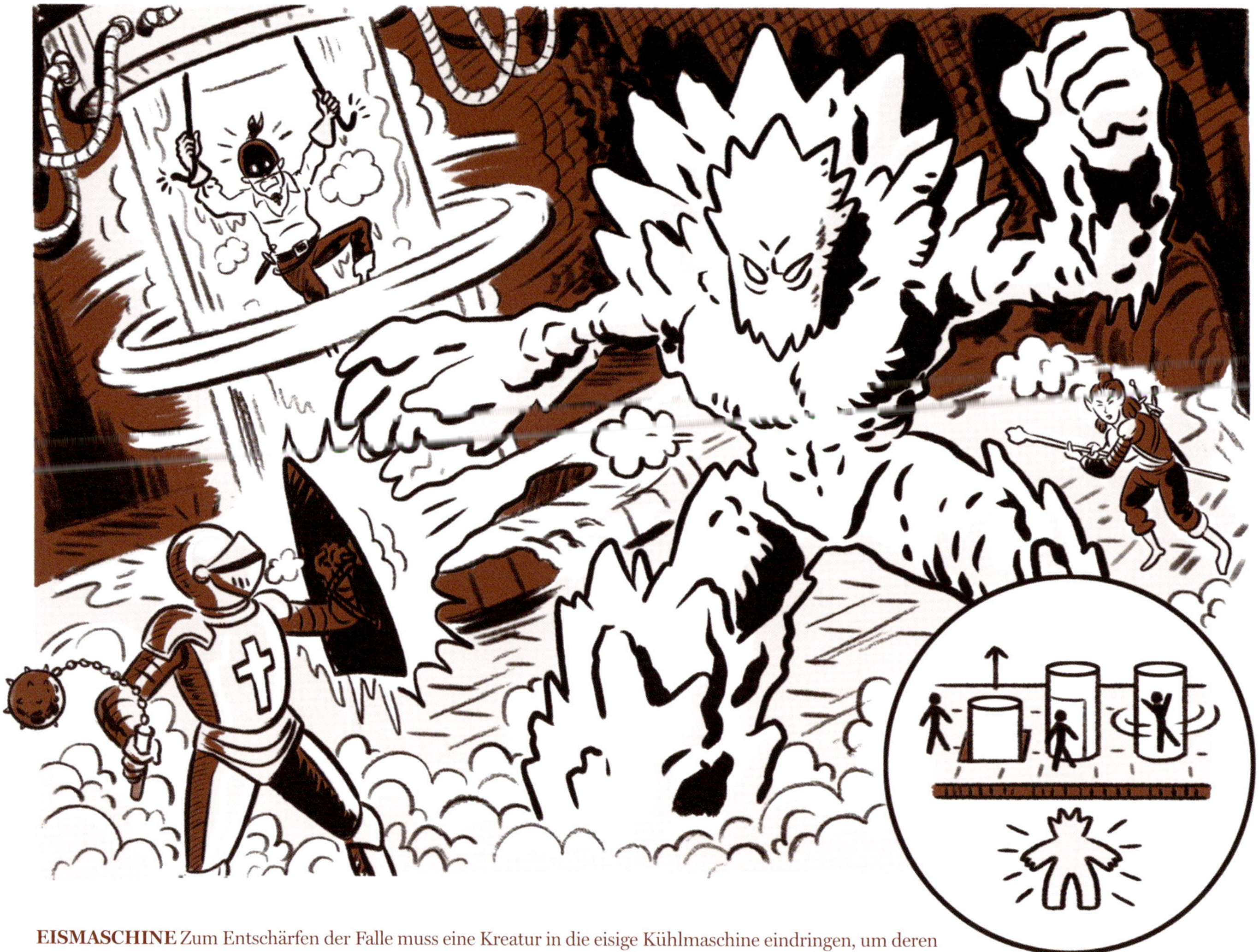

EISMASCHINE Zum Entschärfen der Falle muss eine Kreatur in die eisige Kühlmaschine eindringen, um deren Energiezellen abzuschalten, und löst dadurch die Falle aus. Der Elementarfokus der Maschine beschwört einen Frostelementar herauf, der alles tun wird, um Schaden von der Kühlmaschine abzuwenden. Wird weiterhin versucht, die Energiezellen abzuschalten, beginnt sich die Kabine schnell zu drehen, sodass die frierende Kreatur darin jede Orientierung verliert.

Im Umkreis von 9 m um die Kühlmaschine erscheint ein Frostelementar, agiert sofort und in den folgenden Zügen bei Initiative 10. Er unternimmt alles, um die Kühlmaschine zu verteidigen.

ENERGIEZELLEN Die Energiezellen der Kältemaschine sind extrem flüchtige Komponenten. Sie haben RK 20 und 8 Trefferpunkte. Werden sie zerstört, stoßen sie explosionsartig Kälte und Flammen aus, was alle im Umkreis von 60 m betrifft und 35 (10W6) Feuerschaden und 66 (12W10) Kälteschaden verursacht. Dies lässt sich mit einem Intelligenzwurf gegen SG 12 vorhersehen.

DYNAMISCHE KOMPONENTE

Die Kühlmaschine ist so konstruiert, dass sie nur von ihrem Erschaffer gewartet werden kann. Jeder Versuch, sie ohne die richtige Ausrüstung zu demontieren oder zu zerstören, versetzt sie in den Sicherheitsmodus und aktiviert die Frostbeulenzentrifuge.

KÜHLMASCHINE Zerlegt oder zerstört eine Kreatur eine der vier Energiezellen der Kühlmaschine, versinkt diese schnell im Boden und beginnt, sich zu drehen, wodurch die frickelnde Kreatur eingesperrt und in schnelle Rotation versetzt wird – eine Funktion, die ihr Schöpfer Frostbeulenzentrifuge genannt hat. Eine in der Frostbeulenzentrifuge gefangene Kreatur macht alle Geschicklichkeits-, Weisheits- und Intelligenzwürfe mit Nachteil, da sie durch die schnelle Drehbewegung völlig desorientiert ist.

KONSTANTE KOMPONENTEN

Die Aura der Kälte wirkt auf jede Kreatur, die ihren Zug im betroffenen Bereich beendet. Ist die Frostbeulenzentrifuge aktiv, wirkt die Aura nur auf die darin gefangene Kreatur. Der Elementarfokus und der beschworene Frostelementar bleiben so lange aktiv, bis die Energiezellen der Kühlmaschine abgeklemmt werden oder bis der Elementarfokus zerstört ist.

KÜHLMASCHINE Alle, die ihren Zug in einem Umkreis von 3 m um den Zylinder beenden, müssen per Konstitutionsrettungswurf gegen SG 16 der beschriebenen Gefrierwirkung entgegenwirken.

ELEMENTARFOKUS Der Elementarfokus beschwört einen Frostelementar.

ENTSCHÄRFUNG

Jede aktive Komponente der Falle kann durch bestimmte Gegenmaßnahmen gestoppt werden.

KÜHLMASCHINE Die Kühlmaschine verfügt über vier Energiezellen, die einzeln vom Gerät getrennt werden müssen. Dazu muss je ein Wurf auf Geschicklichkeit (Diebeswerkzeug/Tüftlerwerkzeuge) gegen SG 17 gelingen.

ELEMENTARFOKUS Der Elementarfokus kann durch arkane Mittel oder durch Zertrümmerung unschädlich gemacht werden. Wird der Elementarfokus mit dem Zauber *Magie bannen* belegt, kann er zwei Runden lang keinen Frostelementar beschwören. Der Elementarfokus hat RK 18 und 131 TP.

INTELLIGENZ (ARKANE KUNDE/NACHFORSCHUNGEN), SG 17
Als Aktion kann eine Kreatur herausfinden, dass der Kühlmaschine oder dem Elementarfokus mit arkanem Feuer entgegengewirkt werden kann. Dies muss gezielt und kontinuierlich geschehen. Die Kreatur kann mit ihrem Feuerzauber entweder die Kühlmaschine am Einfrieren eines Gefährten hindern oder das Beschwören des Frostelementars durch den Elementarfokus vereiteln, indem sie einen Fern- oder Nahkampfzauberangriff gegen dessen RK ausführt. Falls ein Feuerzauber sein Ziel verfehlt oder der Kühlmaschine unkontrollierten Schaden zufügt, kannst du 1W20 würfeln. Bei einer 5 oder weniger wird eine der Energiezellen zerstört, mit den beschriebenen Folgen.

FROSTELEMENTAR

Großer Elementar, neutral

Rüstungsklasse 16 (Natürliche Rüstung)
Trefferpunkte 114 (12W10 + 48)
Bewegungsrate 9 m

STÄ	GES	KON	INT	WEI	CHA
18 (+4)	14 (+2)	18 (+4)	5 (-3)	10 (0)	8 (-1)

Schadensresistenz Säure, nichtmagischer Wucht-, Stich und Hiebschaden
Schadensimmunität Gift
Verwundbarkeit Feuer
Zustandsimmunität Erschöpfung, gepackt, gelähmt, versteinert, vergiftet, liegend, festgesetzt, bewusstlos
Sinne Dunkelsicht 18 m, passive Wahrnehmung 10
Sprachen Aquanisch
Herausforderung 5 (1.800 EP)

Eisglätte. Die Umgebung des Elementars ist spiegelglatt vereist. Um nicht hinzufallen, muss allen, die näher als 1,50 m kommen oder ihren Zug in diesem Umkreis beginnen, ein Geschicklichkeitswurf gegen SG 16 gelingen.

Aktionen
Mehrfachangriff. Der Elementar schlägt zweimal zu.
Schlag. *Nahkampfangriff:* +7, um zu treffen, Reichweite 1,50 m, 1 Ziel. Treffer: 13 (2W8 + 4) Wuchtschaden.
Frosthauch (Nachladen 4–6). Der Elementar stößt einen kalten Lufthauch aus. Innerhalb eines 12 m langen Kegels machen alle einen Konstitutionswurf gegen SG 16. Bei Misslingen drohen 36 (8W8) Kälteschaden, bei Erfolg die Hälfte. Wird eine Kreatur durch den Frosthauch getötet, gefriert sie zu einer Statue, bis sie wieder schmilzt.

WINDIGE KLINGE

Komplizierte Falle (Stufe 10–15, Todesgefahr)
Gerne werden in den Gewölben des Reiches Türen mit Fallen versehen, aber in seltenen Fällen ist die Tür selbst die Falle. Ein Beispiel dafür sind die Windigen Klingen, ein rotierender Propeller aus scharfen Klingen, die sich so beängstigend schnell drehen, dass in der Kammer davor ein starker Wind herrscht. Die 3 m langen Blätter der Windigen Klingen sind gegen Beschädigungen geschützt, und ihr Antrieb befindet sich in einer 4,50 × 4,50 m großen Kammer, die durch das Anheben zweier Gitter zugänglich ist. Die 3 m tiefe Getriebekammer durchfließt ein Wasserstrom, und direkt unter dem Gitter versperrt eine rotierende Klinge den Zugang zum Getriebe. Eine athletische Kreatur könnte diese kleine Klinge wahrscheinlich eine Zeit lang festhalten, müsste dazu aber in die enge Kammer klettern, während ein Gefährte tiefer vordringt, um an das Getriebe zu gelangen. Ein Kinderspiel. Wenn das Getriebe nicht auch noch eine Falle wäre.

TRIGGER & FLAVOR: Die Falle hat zwei zusammenwirkende Komponenten: die Windigen Klingen und die Getriebekammer. Werden Teile der Getriebekammer zerstört oder entkoppelt, wirkt sich das auf die Windige Klinge aus.

> Als ihr die Tür zur nächsten Kammer öffnet, spürt ihr einen plötzlichen Windstoß. Die Tür fliegt aus den Angeln, und ihr werdet 1,50 m zurückgeblasen, da direkt vor euch ein Riesenpropeller aus 9 m langen Klingen den Weg versperrt.

INITIATIVE

Die Windigen Klingen agieren bei Initiative 20, die Getriebekammer agiert bei Initiative 10.

WINDIGE KLINGEN

Die neun wirbelnden Klingen haben RK 20 und jede hat 100 TP. Sie sind gegen Angriffe geschützt und resistent gegen jeglichen Schaden. Wer mit den Klingen in Berührung kommt, erleidet nach Ermessen des SL 58 (9W12) Hiebschaden.

Fern- und Nahkampfangriffe gegen die Windigen Klingen geschehen mit Nachteil. Misslingt ein Angriff, lenkt der starke Wind, der von den Klingen erzeugt wird, den Angriff mit einem Angriffsmodifikator von +10 zurück auf den Angreifer oder auf ein anderes Ziel nach Wahl des SL.

INTELLIGENZ (NACHFORSCHUNGEN) Ein geglückter Intelligenzwurf (Nachforschungen) gegen SG 15 ergibt, dass in der Nähe der Windigen Klingen zwei Gitter in den Boden eingelassen sind. Die Gitter lassen sich wie eine Kellerklappe öffnen und geben den Blick auf eine 4,50 × 4,50 m große Kammer frei. Der Einstieg in die Kammer ist durch schnell rotierende Stahlklingen versperrt, eine kleinere Version der Windigen Klingen. Die Kammer darunter scheint mit strömendem Wasser geflutet zu sein.

GETRIEBEKAMMER Die rotierende Klinge, die den Zugang zur Getriebekammer erschwert und das Wasser darin aufwirbelt, fügt allen, die in die Kammer eindringen oder dort ihren Zug beginnen, 14 (4W8) Hiebschaden zu. Die Klinge kann durch einen Kraftakt aufgehalten werden. Dazu muss ein Stärkewurf (Athletik) gegen SG 17 gelingen, und nach Ermessen des SL entstehen dabei 18 (4W8) Hiebschaden. Der Wurf geschieht mit Nachteil, wenn der Kraftakt von außerhalb der Getriebekammer versucht wird. Wer die Klinge festhält, muss bei jedem folgenden Zug einen Stärkewurf bestehen, um die Klinge am Weiterdrehen zu hindern.

KOMPONENTEN Die Windigen Klingen blasen einen kräftigen Luftzug in die Hauptkammer. Die Getriebekammer schützt ihr Inneres mit einem Stromstoß.

WINDIGE KLINGEN (INITIATIVE 20) Ein starker Wind weht durch diese Kammer. Wem ein Stärkewurf gegen SG 15 misslingt, wird 1,50 m weit geschleudert. Im Umkreis von 9 m um die Windigen Klingen muss nach Ermessen des SL ein Rettungswurf auf Geschicklichkeit gegen SG 15 glücken, sonst entsteht 36 (8W8) Hiebschaden durch fliegendes Gerümpel.

STROMSTOSS (INITIATIVE 10) Aus dem Getriebe in der Getriebekammer wird ein Stromstoß abgegeben. Alle, die sich in der Getriebekammer befinden, müssen einen Konstitutionswurf gegen SG 15 schaffen oder 15 (6W4) Blitzschaden erleiden, bei erfolgreichem Rettungswurf die Hälfte davon. Wer den Rettungswurf nicht schafft, ist bis zum Ende seines nächsten Zuges betäubt. Nach Ermessen des SL kann eine betäubte Kreatur die Klinge am Einstieg nicht am Rotieren hindern, aber sie kann dies mit ihrer nächsten verfügbaren Aktion versuchen. Rotiert die Klinge weiter, erleiden alle in der Getriebekammer den beschriebenen Schaden.

DYNAMISCHE KOMPONENTEN Die Windigen Klingen werden noch gefährlicher, wenn an ihrem Antrieb herumgepfuscht wird.

RÜCKWÄRTSGANG Wird das Getriebe in irgendeiner Weise manipuliert, können die Windigen Klingen nach Ermessen des SL sofort in den Rückwärtsgang schalten. Nach einer Runde im Rückwärtsmodus erfordert jede Wegbewegung von den Klingen doppelt so viel Bewegung. Alle im Umkreis von 12 m müssen bei Initiative 20 einen Rettungswurf auf Stärke gegen SG 20 schaffen, sonst werden sie 6 m näher an die Klingen herangesaugt. Wer mit den Windigen Klingen in Berührung kommt, während sie im Rückwärtsgang sind, erleidet 117 (18W12) Hiebschaden.

WINDIGE KLINGEN Die Windigen Klingen blasen nach Ermessen des SL Luft und Geröll in die Kammer oder saugen Kreaturen an, bis das Getriebe ausgeschaltet oder zerstört wird.

GETRIEBEKAMMER Die Klingen, die das Getriebe in der Getriebekammer schützen, drehen sich so lange, bis sie von einer Kreatur angehalten werden, die die nötigen Fertigkeitswürfe besteht. Der Stromschlag erfolgt weiterhin, solange das Getriebe nicht zerstört wird.

ENTSCHÄRFUNG Alle Komponenten können durch bestimmte Gegenmaßnahmen ausgeschaltet werden.

WINDIGE KLINGEN Die Windigen Klingen können durch die Zerstörung der Hälfte der Klingen unbrauchbar gemacht werden, oder indem das Getriebe wie unten beschrieben ausgeschaltet oder zerstört wird.

GETRIEBE Das Getriebe der Windigen Klingen, das gut geschützt in der Getriebekammer steht, kann durch Hirn- oder Muskelschmalz zerstört oder ausgeschaltet werden. Das Getriebe hat RK 18 und 90 TP. Da es sich unter Wasser befindet, schlagen Fernkampfangriffe automatisch fehl. Die meisten Nahkampf-

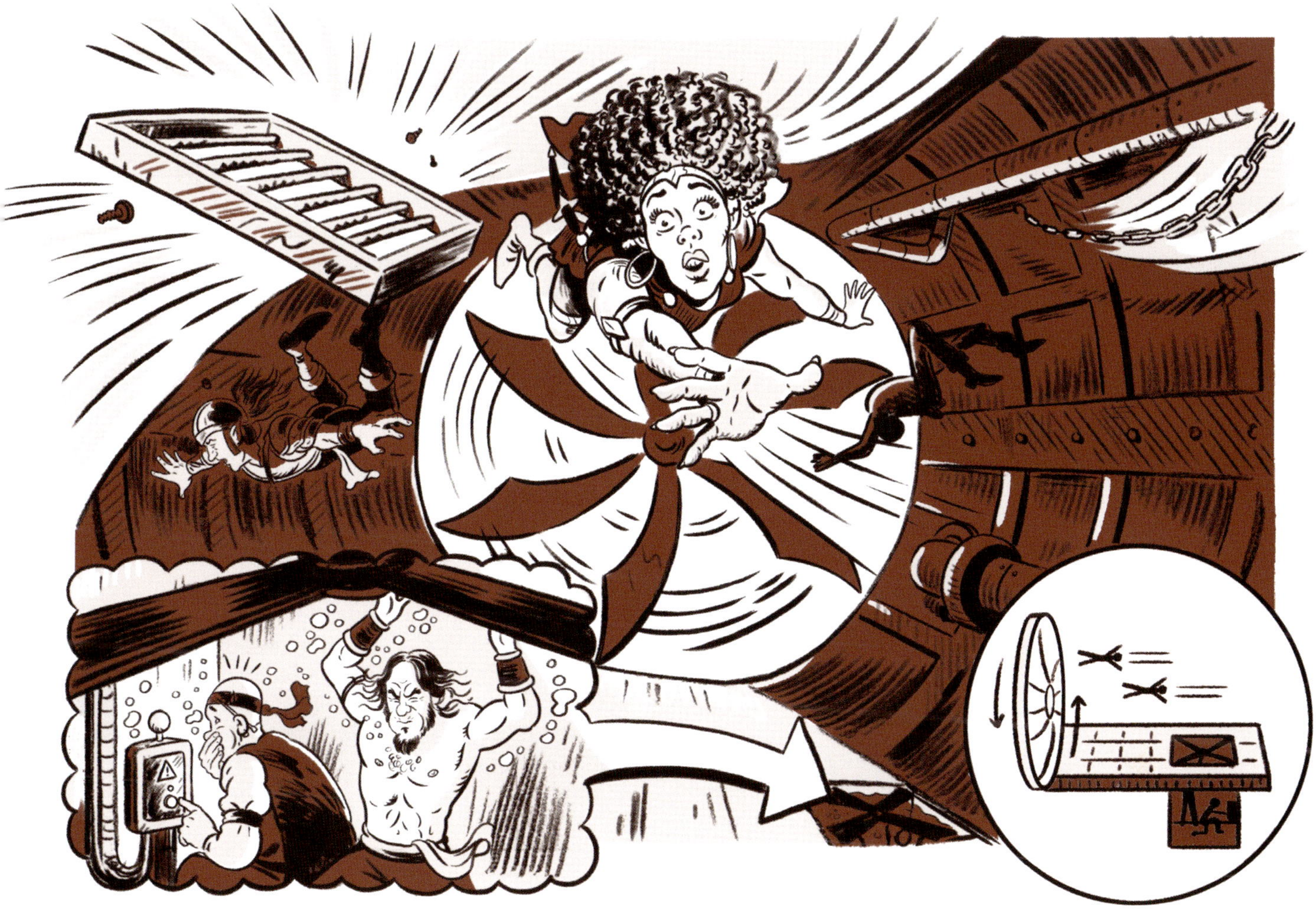

WINDIGE KLINGEN Diese Falle wird aktiviert, wenn jemand den Gang betritt, der von neun rotierenden Klingen versperrt wird. Man kann diese Klingen ausschalten, indem man ihren Antrieb in einer kleinen unterirdischen Kammer abkoppelt, aber die Kammer wird von einem geschliffenen Rotor blockiert. Wird das Getriebe in der kleinen Kammer beschädigt, wechseln die Windigen Klingen die Drehrichtung und saugen arglose Abenteurer an.

angriffe geschehen mit einem Nachteil (Ausnahmen: Dolch, Wurfspeer, Kurzschwert, Speer oder Dreizack). Wird das Getriebe beschädigt, schaltet sich wie oben beschrieben der Rückwärtsgang ein.

Geschicklichkeit (Diebeswerkzeug/Tüftlerwerkzeuge), SG 17 Als Aktion kann eine Kreatur versuchen, das Getriebe von der Windigen Klinge abzukoppeln. Da es sich unter Wasser befindet, geschehen alle Würfe beim Frickeln am Getriebe mit Nachteil. Drei erfolgreiche Würfe sind nötig, um die Windigen Klingen zu stoppen: einer, um die Schlösser zu knacken, die das Getriebe vor Sabotage schützen; einer, um die Antriebsenergie umzuleiten; und ein letzter Wurf, um das Getriebe anzuhalten. Bei diesem letzten Wurf wird wie oben beschrieben der Rückwärtsgang aktiv.

SL AUFGEPASST: KLINGEN AUS, TÜR ZU

Als letzte Schutzmaßnahme gegen Sabotage haben die Tüftler, die diese riesige Falle gebaut haben, eine Sicherung eingebaut, die den Einstieg zur Getriebekammer verschließt. Sobald die Drehung der Windigen Klingen aufhört, schließt sich langsam der Einstieg zur Getriebekammer. Alle, die sich in der Getriebekammer befinden, müssen einen Rettungswurf auf Geschicklichkeit gegen SG 15 schaffen, um nicht ohne Atemluft in der gefluteten Kammer eingesperrt zu werden. Um die Gitter über der Getriebekammer zu öffnen, muss ein Stärkewurf (Athletik) gegen SG 22 glücken oder eine andere Lösung nach Ermessen des SL gefunden werden.

Weg des grössten Widerstands

Komplizierte Falle (Stufe 5–10, Todesgefahr)
Gespräche über tödliche Fallen in Gewölben drehen sich gewöhnlich um stachelbewehrte Pendel oder unter illusorischen Steinplatten verborgene Säurebäder. »Aber was, wenn die Falle selbst das Ziel wäre? Oder der Weg? Weißt du, was ich meine?« Solche in Met getränkten Gedanken führten in einem kauzigen, aber genialen Kopf zur Erfindung des »Wegs des größten Widerstands«, einer auf einer Drehscheibe basierenden Falle, die immer gefährlicher wird, je mehr Kreaturen sie überqueren.

TRIGGER & FLAVOR: Geht man durch diesen schmalen Gang, wird plötzlich ein Auslöserstrahl aktiv und setzt die Drehscheibe, die den Boden bildet, in schnelle Bewegung. Nun wird der Auslösestrahl sichtbar, und ein Schwall violetten Lichtes strahlt von der Decke herab und versperrt den Weg nach vorne. Jede Kreatur, die durch diesen Strahl geht, verschiebt die Drehscheibe erneut.

> Als ihr tiefer in den Gang vordringt, strahlt plötzlich von der Decke 3 m vor euch ein gleichmäßiger violetter Lichtstrahl über eure Schultern und erhellt den Bereich direkt hinter euch. Der Boden unter euren Füßen beginnt, sich schnell zu drehen. Der Steinboden, auf dem ihr gestanden habt, wandert nach links, während unter der Wand zu eurer Rechten etwas Feuriges erscheint und bald den Boden zwischen den Wänden einnimmt. Ihr versucht, auszuweichen.

INITIATIVE

Die Falle agiert bei Initiative 20 und 10.

KOMPONENTEN

Der Weg des größten Widerstands besteht aus zwei Komponenten: dem Auslösestrahl und der Drehscheibe der Wege. Diese beiden Komponenten beeinflussen sich gegenseitig auf unterschiedliche Weise.

AUSLÖSESTRAHL (INITIATIVE 20) Dieser Lichtstrahl ist inaktiv und unsichtbar, bis jemand hineinläuft. Dann färbt er sich leuchtend violett und erhellt 3 m des Weges. Wird der Strahl durch eine Kreatur unterbrochen, geht ein Signal an die Drehscheibe der Wege, die sich daraufhin dreht und einen neuen Weg aus der Tabelle »Mögliche Wege« freigibt. Bei Initiative 20 kann der Auslösestrahl einen *Strahl der Übelkeit* (+9, um zu treffen) auf eine Kreatur im Umkreis von 36 m abfeuern. Die getroffene Kreatur nimmt 18 (4W8) Giftschaden und muss einen Konstitutionsrettungswurf gegen SG 16 machen. Bei Misserfolg ist die Kreatur bis zum Ende ihres nächsten Zuges vergiftet.

MÖGLICHE WEGE

Immer, wenn der Auslösestrahl nicht auf die Drehscheibe der Wege fallen kann (z. B. wenn eine Kreatur hindurchläuft), würfelst du 1W4. Dieser Wurf bestimmt den Weg, der durch die Drehscheibe der Wege eingestellt wird.

1W4	Weg des ...
1	... geringsten Widerstands
2	... Feuers und des Blutes
3	... Sturms und des Stahls
4	... Eiters und des Schorfs

DREHSCHEIBE DER WEGE Die Drehscheibe der Wege bietet vier Wege von jeweils 30 m Länge. Die Wege mit ihren Hindernissen werden im Folgenden beschrieben.

- **Weg des geringsten Widerstands.** Dieser Weg ist frei von Hindernissen.
- **Weg des Feuers und des Blutes.** Dieser Weg ist ein tosendes Feuer. Jede Kreatur, die ihren Zug auf diesem Pfad beendet, erleidet 55 (10W10) Feuerschaden. Hier gibt es auch Monster, die im Abschnitt über die dynamischen Komponenten beschrieben werden.
- **Weg des Sturms und des Stahls.** Dieser Pfad ist ein Hohlweg voller Blitze. Alle, die den Weg betreten oder ihren Zug dort beenden, erleiden 36 (8W8) Blitzschaden und müssen einen Konstitutionswurf gegen SG 15 bestehen, sonst bleiben sie bis zum Ende ihres nächsten Zuges betäubt. Der Weg weist Monster auf.
- **Weg des Eiters und des Schorfs.** Dieser Weg ist ein lebender Organismus mit den Werten eines Gallertwürfels. Er agiert bei Initiative 10. Der Weg ist 1,50 m tief und schwieriges Terrain. Alle, die ihren Zug auf diesem Weg beenden, nehmen 21 (6W6) Säureschaden. Wer sich auf diesem Weg befindet, wenn sich die Drehscheibe dreht, wird umgeworfen, ist blind und bekommt keine Luft. Diese Zustände enden, wenn sich der Weg in die Kammer zurückdreht. Der Weg hat 230 TP und RK 10 und verfügt über Monster.

DYNAMISCHE KOMPONENTEN

Die Drehscheibe der Wege wird umso gefährlicher, je länger die Falle aktiv bleibt.

DREHSCHEIBE DER WEGE (INITIATIVE 10) Die Drehscheibe dreht sich jedes Mal, wenn der Auslösestrahl nicht auf den Weg scheinen kann. Bei Initiative 10 wird der Weg gewechselt, es sei denn, er ist vom Strahl beschienen. Wird ein Weg, der sich bereits verändert hat, erneut in den Gang geschoben, erhält er seine endgültige Form.

- **Weg des geringsten Widerstands.** Dieser Weg ist frei von Hindernissen.
- **Pfad aus Feuer und Blut.** Dieser Pfad ist ein tosendes Feuer, das Feuerelementare heraufbeschwört. Alle, die ihren Zug auf diesem Pfad beenden, erleiden 55 (10W10) Feuerschaden. Bei Initiative 10 kommen zwei **Feuerelementare** angesprungen und zerren alle Kreaturen, die sie erreichen können, in die Flammen.

Endgültige Form. Der Pfad selbst scheint zu atmen und schleudert Feuerbälle auf jede Kreatur mit einem Puls. Bei Initiative 10 kann dieser Weg den Zauber *Feuerball* (5. Grad) wirken.

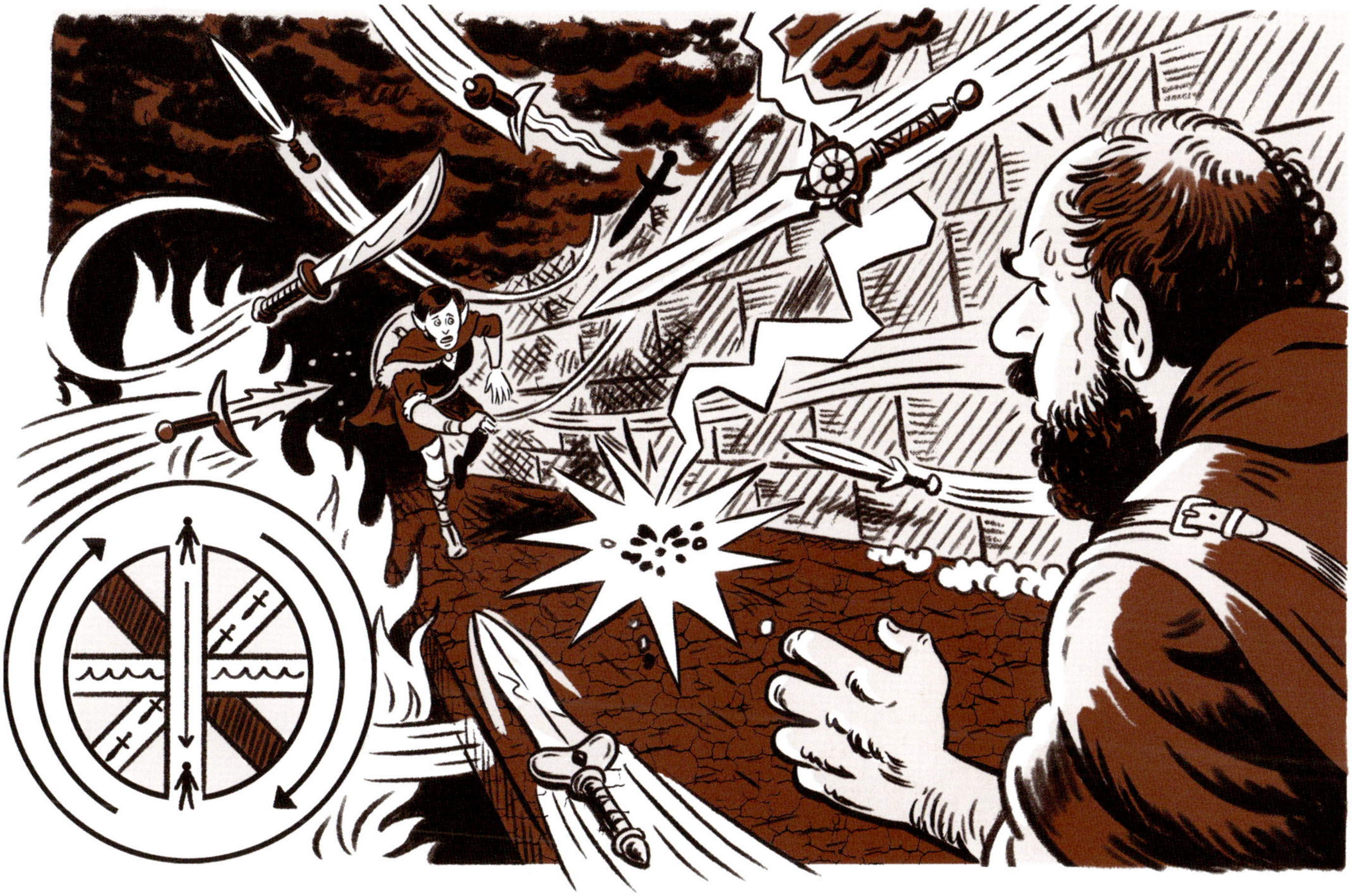

WEG DES GERINGSTEN WIDERSTANDS Diese Falle wird ausgelöst, wenn eine Kreatur durch den Auslösestrahl geht, der sich daraufhin violett färbt und die Drehscheibe der Wege unter den Füßen aller Anwesenden verdreht. Die Wände des Flurs bleiben an ihrem Platz, während vier verschiedene Wege hineingedreht und vom Auslösestrahl beeinflusst werden. Die Wege werden umso gefährlicher, je mehr sie dem Strahl ausgesetzt sind.

- **Weg des Sturms und des Stahls.** Dieser Weg ist ein Hohlweg voller Blitze und fliegender Schwerter. Alle, die den Weg betreten oder ihren Zug dort beenden, nehmen 36 (8d8) Blitzschaden und müssen einen Konstitutionswurf gegen SG 15 schaffen, sonst bleiben sie bis zum Ende ihres nächsten Zuges betäubt. Bei Initiative 10 tauchen zwei fliegende Schwerter aus Stahl und Elektrizität aus dem Weg auf und bedrohen alle Umstehenden.

Endgültige Form. Die fliegenden Schwerter erhalten die Fähigkeit, *Donnerndes Niederstrecken* zu wirken.

- **Pfad des Eiters und des Schorfes.** Dieser Pfad ist ein lebender Organismus mit den Werten eines **Gallertwürfels**, der Stärke 20 hat und Pseudopodenschläge (+7, um zu treffen) austeilt. Bei einem Treffer verursachen sie zusätzlich 10 (3d6) Wuchtschaden. Der Weg agiert bei Initiative 10 und ist schwieriges Terrain. Alle, die ihren Zug auf diesem Weg beenden, nehmen 21 (6W6) Säureschaden. Der Weg hat 230 TP und RK 10.

Endgültige Form. Dieser lebendige Weg kann sich um bis zu 12 m pro Zug über die Grenzen der Drehscheibe hinaus bewegen. Er kann seine Eigenschaft *Verschlingen* auf bis zu drei Kreaturen gleichzeitig anwenden.

KONSTANTE KOMPONENTEN

Der Auslösestrahl und die Drehscheibe der Wege (einschließlich aller vom Auslösestrahl beschworenen Kreaturen) bleiben aktiv, bis der Auslösestrahl zerstört oder umgangen wird.

ENTSCHÄRFUNG

Der Auslösestrahl kann zerstört werden. Das Gehäuse des Strahls hat RK 15 und 200 TP. Er lässt sich auch umsteuern. Wer Zugang zu den arkanen Steuerelementen hat, kann den Strahl deaktivieren und die Drehscheibe so lange drehen, bis der gewünschte Weg erscheint. Dazu sind drei erfolgreiche Geschicklichkeitswürfe (Diebeswerkzeug/Architektenwerkzeug) gegen SG 17 nötig: einer, um die Abdeckung zu lösen, die die Steuerung verbirgt; einer, um den Sperrmechanismus zu entfernen, der unerwünschte Personen abhalten soll; und ein letzter, um die Kontrolle über die Drehscheibe der Wege zu erlangen.

Rätsel

Eine Reihe von kniffligen Kopfnüssen, die deine Gruppe lösen muss. Jedes Rätsel bietet dir die Gelegenheit, deine Spieler (und ihre Charaktere) auf dynamische und lohnende Weise zu beschäftigen.

Rätselreime

Überall auf der Welt gibt es geheimnisvolle Kreaturen, die sich gerne einen neckischen Schlagabtausch mit dahergelaufenen Fremden liefern. Rätselfragen können von Sphinxen, von Satyrn oder auch von einer klugen Kneipenwirtin gestellt werden, die sich durch Plauderei mit der Kundschaft die Zeit vertreiben möchte. Rätselfragen können das Ende eines Abenteuers sein oder der Beginn eines neuen. Vieles, was im Laufe eines Abenteuers Kopfzerbrechen bereitet, hat mit komplizierter Mechanik und magischen Kräften zu tun, aber manchmal reichen dazu auch nur ein paar unklare Worte. Einfach bedeutet dabei nicht unbedingt leicht, wie jede Sphinx bestätigen würde (eine Sphinx würde generell sehr wenig bestätigen, aber du verstehst schon). Wie du diese Rätsel und Denksportaufgaben präsentierst, liegt ganz in deinem Ermessen. Ein Rätsel kann in eine verschlossene Tür eingeritzt sein oder von ihrem Wächter gestellt werden. Durch das Aussprechen der Antwort hält man womöglich eine Falle auf, oder man weiß endlich, welcher unscheinbare Gegenstand die Vernichtung aller Anwesenden verhindern kann. Beim Lesen der Rätsel werden dir wahrscheinlich ein Dutzend Szenarien einfallen, in denen du sie einsetzen könntest, aber nur für den Fall, dass du andere Dinge im Kopf hast, gibt es zu jedem Rätsel eine Situation, in die es sich einbauen lässt. Und nicht vergessen: Wenn deine Spieler nicht helle genug sind, um ein Rätsel zu lösen, heißt das noch lange nicht, dass ihre Charaktere es nicht knacken. Falls deine Gruppe nicht weiterkommt, können die Charaktere immer einen Wurf auf Intelligenz machen, um einen Hinweis zu erhalten. Den Schwierigkeitsgrad legst du fest.

1 Egal, ob groß,
Egal, ob klein,
Ohne diese starken Wachen
Stürzt hier alles ein.

Antwort: Mauern
Szenario: Die Wände in diesem Raum sind illusorisch und können direkt durchschritten werden. Die meisten der Scheinwände verdecken tatsächliche Wände, aber in einer Ecke befindet sich ein verfallenes Stück Wand, durch das die Gruppe direkt in einen anderen Teil dieses Verlieses, Tempels oder Schlosses gelangen kann.

2 Nachts deck ich dich zu,
Tags bin ich bereit.
Bist du kein Zyklop,
Dann bin ich zu zweit.

Antwort: Ein Augenlid
Szenario: Um den Gang vor euch zu überstehen, müsst ihr ihn mit geschlossenen Augen durchqueren. Andernfalls erblickt ihr die Geister, die hier spuken, und zieht einen schrecklichen Fluch auf euch.

3 Meine Höhle ist rot,
Und ich bin nass.
Tausch mich aus Liebe,
Verschenk mich aus Hass.

Antwort: Der Speichel
Szenario: Ein Gast in der Taverne wettet 4 GM, dass ihr es nicht wagt, die Antwort auf sein Rätsel einem unkonzentrierten Ork zu verpassen.

4 Mir wird das Fell verdroschen
In einem fort.
Ich spreche laut und deutlich,
Sag immer nur ein Wort.

Antwort: Eine Trommel
Szenario: Ein Gaukler auf dem Marktplatz bittet euch, ihm diesen Gegenstand zu verschaffen. Damit könne er einen Glückszauber wirken, versprochen!

5 Ein Schloss baut man mit Ziegelstein,
Mit Zeit und vielen Händen.
Wie viele Steine braucht es wohl,
Um es zu vollenden?

Antwort: Einen (nur ein letzter Ziegel wird benötigt, um ein Bauwerk fertigzustellen)
Szenario: Nachdem die Gruppe dieses Rätsel gelöst hat, fällt ihr vielleicht auf, dass in dem versperrten Torbogen, durch den sie gehen muss, ein einzelner Ziegel fehlt. Per Intelligenzwurf (Nachforschungen) gegen SG 15 lässt sich das fehlende Stück inmitten eines Steinhaufens finden. Wird der Stein in den Torbogen eingesetzt, gleitet die steinerne Schiebetür zur Seite und gibt den Weg in die nächste Kammer frei.

6 Ich bin das Ende und der Anfang
Vom Ende.
Mich birgt die Hand nicht, aber
Die Hände.

Antwort: Der Buchstabe E
Szenario: Neben der Tür, über der dieses Gedicht prangt, steht ein Tisch mit einem Schachbrett. Auf dem Feld e5 liegt ein sechsseitiger Würfel. Da im Alphabet das E an 5. Stelle steht, muss man nur eine 5 würfeln und schon öffnet sich die Tür.

7 Ich wache hier, reglos und stumm.
Zu ruhen steht mir nicht der Sinn.
Darnieder werd‘ ich mich erst legen,
Wenn ich gestorben bin.

Antwort: Ein Baum
Szenario: Die Tür zum Tempel des Druiden ist mit einem ganz besonderen Mechanismus verschlossen. Zwar hängt ein Bund mit zwei Dutzend Schlüsseln neben der Tür, aber keiner davon öffnet das Schloss. Das vermag nur ein Zweig der Eiche neben dem Tempel.

8 So sehr du horchst,
Du hörst mich nicht.
Und rufst du mich,
Verschwinde ich.

Antwort: Die Stille
Szenario: Erst wenn es in dieser Kammer eine Minute lang völlig still ist, erscheint der Geist einer Elfenkönigin. Leider vereitelt ein stetiges Tropfen aus einem Loch in der Decke die absolute Stille.

9 Welche Krone
Ist Waffe zugleich,
Schmückt den König
Im grünen Reich?

Antwort: Ein Geweih
Szenario: Eine launige Händlerin würde euch Waren zu einem Viertel des Preises verkaufen, wenn ihr ihr ein Exemplar der Antwort auf dieses Rätsel bringt.

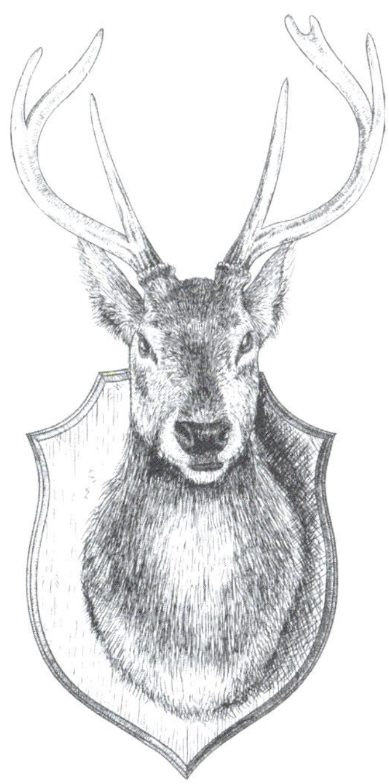

10 Mein bleiches Gesicht
Lässt den Dichter erbleichen,
Doch dank meiner Leere
Kann er was erreichen.

Die Antwort: Ein leeres Blatt
Szenario: Der Barde, der die Tür zum Unterschlupf der Unterlinge bewacht, bittet die Gruppe um Inspiration. Dieses Rätsel kann als Anhaltspunkt dienen. Wenn man ihm ein leeres Pergament gibt, gibt er den Weg frei und beginnt eine Ode auf die Heldentaten der Gruppe.

11 Ich lebe Punkt für Punkt,
Beraube, beschenke.
Ich lebe Wurf für Wurf,
Entscheide, nie denke.

Antwort: Ein Würfel
Szenario: Ein stämmiger Kerl, der einen leeren Becher in der Hand hält, lässt euch nicht in das Hinterzimmer, das er bewacht, es sei denn, ihr löst sein Rätsel und besiegt ihn beim Würfeln. Da seine Würfel gezinkt sind, würfelt er mit Vorteil.

12 Wer auf mir sitzt,
Muss Stellung erben.
Doch davor muss
Ein andrer sterben.

Antwort: Ein Thron
Szenario: Ein Satyr gesteht euch, dass er einen bestimmten Gegenstand unbedingt besitzen möchte. Als Hinweis auf seinen Wunsch trägt er nur diesen Reim vor. Wenn die Gruppe das Rätsel richtig löst, ließe sich das so deuten, dass der Satyr König werden will. Sein Wunsch könnte aber durchaus auch sein, dass man ihm den gestohlenen Thron als Möbel schenkt – er sieht so nobel und bequem aus. Außerdem würde sich der König herrlich ärgern!

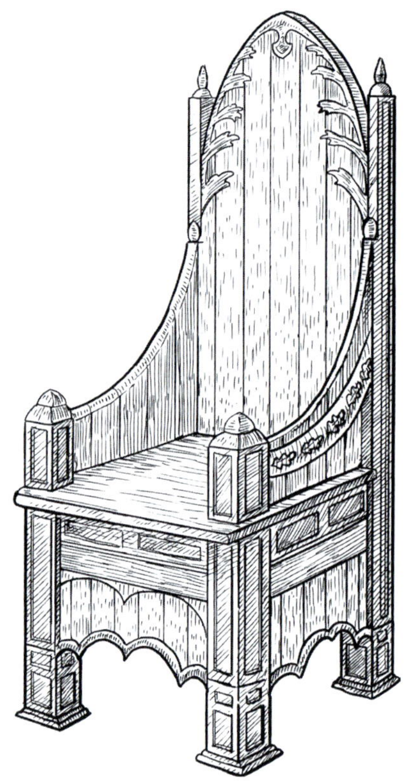

13 Fragst du mich, frag ich zurück.
Auf Antwort wartest du lange.
Was du mir zurufst, ruf ich dir zu,
Wobei ich nie anfange.

Antwort: Ein Echo
Szenario: Die mit diesem Spruch verzierte Tür lässt sich nur öffnen, indem man so laut schreit, dass es im ganzen Gewölbe widerhallt. Leider werden dadurch auch die umherstreifenden Untoten angelockt.

14 Ich mache alles flach, auch Berge.
Die ganze Welt passt ins Geviert.
Ich trockne Flüsse aus, auch Meere.
Verloren geht, wer mich verliert.

Antwort: Eine Landkarte
Szenario: Der Hofnarr, der euch dieses Rätsel stellt, ist auch ein Amateurkartograf und schenkt jedem, der sein Rätsel löst, eine selbst gezeichnete Weltkarte. Erwähnenswert wäre, dass seine Karten nicht besonders akkurat sind.

15 Zwischen Haut und Herz
Helf ich dir stehen.
Ohne Tod oder Schmerz
Bin ich nicht zu sehen.

Antwort: Ein Knochen
Szenario: Auf einer Geheimtür steht in einer alten Sprache dieses Rätsel. In einer dunklen Ecke der Kammer liegt ein Haufen Knochen. Vielleicht passt ja einer davon als Schlüssel in das Schloss?

16 Gefiedert fliege ich dahin,
Doch nie find ich ein Nest.
Treff ich auf dich, du armer Tor,
steht dein Ende fest.

Antwort: Ein Pfeil
Szenario: Ihr stoßt auf eine mächtige Eiche, in deren Rinde dieses Rätsel in elfischer Sprache eingeritzt ist. Als ihr des Rätsels Lösung aussprecht, öffnet sich am Fuß des Baumes knarrend ein Geheimfach. Darin liegen drei *Pfeile des Tötens*.

17 Ohne Saiten bin ich tonlos,
Ohne Pfeile harmlos.
Hast du mich erkannt?
Ich bin gespannt.

Antwort: Ein Bogen
Szenario: Dieses Rätsel steht in Halblingsschrift am Sockel einer Statue, die eine Gruppe Halblinge in Aktion zeigt: Ein Kleriker mit gezückter Axt, ein Waldläufer mit gespanntem Bogen und ein Barde, der die Fiedel spielt. Dem Barden fehlt aber zum Spielen der Bogen, und dem Waldläufer zum Schießen der Pfeil. Wird ein Pfeil in den Bogen des Waldläufers gelegt, öffnet sich ein verborgenes Fach im Sockel, in dem ein ***Schwurbogen*** liegt. Bekommt der Barde einen Geigenbogen in die Finger, öffnet sich ein Fach mit einem ***Bardeninstrument***.

18 Was ist größer als ein Berg,
Aber leichter als ein Zwerg?

Antwort: Eine Wolke
Szenario: Ein adeliger Abt bietet demjenigen einen Preis von 500 GM, der dieses Rätsel löst, indem er ein Exemplar der Antwort in einer Truhe herbeischafft.

19 Ich sprieße in der Höhe
Und wachse Richtung Erde.
Vermissen wirst du mich,
Wenn ich einst dünner werde.

Antwort: Das Haar
Szenario: Neben der verriegelten Stahltür, um die herum dieses Rätsel in zwergischer Sprache geschrieben ist, steht auf einem Sockel eine kleine Schale mit etwas Asche darin. Wird in der Schale eine Strähne Zwergenbarthaar entzündet, öffnet sich die Tür (vor allem, um den Geruch entweichen zu lassen).

20 Willst du mich nutzen,
Musst du mich nähren.
Willst du mich stutzen,
Musst du mich tränken.

Antwort: Das Feuer
Szenario: Die Gruppe stößt im Wald auf eine geheimnisvolle Skulptur. Zu ihren Füßen sind diese Zeilen in den Boden gemeißelt. Die Statue besteht aus massivem Wachs, das durch die Flamme einer Fackel geschmolzen werden kann, sodass Edelsteine im Wert von 400 GM zum Vorschein kommen.

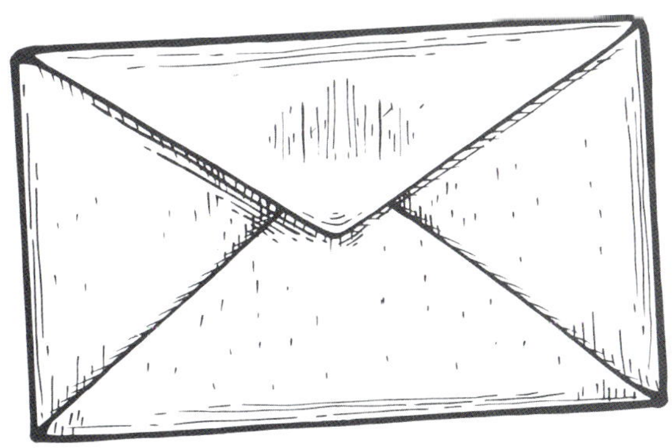

21 **Ich bin vom gleichen Stoff gemacht,**
Wie das, was ich beschütze.
Doch achtlos werde ich zerfetzt.
Bin ich denn so unnütze?

Antwort: Ein Briefumschlag
Szenario: Dieses Rätsel kommt in einem mit dem Siegel des Herzogs versehenen Umschlag an und ist ein Hinweis: Seine eigentliche Botschaft, eine Schatzkarte, ist als Wasserzeichen im Umschlag verborgen und wird sichtbar, wenn man diesen gegen das Licht hält. Dies lässt sich mit einem Intelligenzwurf (Nachforschungen) gegen SG 18 herausfinden.

22 **Vier Freunde auf einer Brücke liegen**
Und haben geschwiegen
Da kommt ein fünfter Freund entlang,
Schon gibt es Gesang.

Antwort: Eine Geige
Szenario: Die Elfe, die den Eingang zur arkanen Bibliothek bewacht, möchte die Lösung des Rätsels sowie eine gefiedelte Melodie hören, bevor sie die Gruppe passieren lässt.

23 **Wir stehen im Rund**
Und gehen im Kreise.
So schaffen wir dennoch
Die weiteste Reise.

Antwort: Die Speichen
Szenario: Ein Händler bietet der Gruppe an, dass sie sechs seiner Waren mitnehmen darf, wenn sie ihm eine Speiche besorgt, mit der er sein Wagenrad reparieren kann.

24 **Wo ich bin,**
Ist's leer.
Wo ich fehle,
Ist's mehr.

Antwort: Ein Loch
Szenario: Ein Elf, der in einer großen Eiche sitzt, möchte, dass die Lösung des Rätsels am Fuß des Baumes geschaffen wird. Gräbt ein Mitglied der Gruppe mehr als eine Stunde lang, kann es +1 zu seinem Stärkemodifikator hinzufügen, bis zu einem Maximum von +6.

25 **Ich werde nicht älter,**
Sondern gelber.
Wie sehr ich schmerzen kann,
Weißt du selber.

Antwort: Ein Zahn
Szenario: Die Wächterin am Tor zur Straße durchs Moor erbittet die Lösung dieses Rätsels sowie, je nach Ermessen des SL, ein Beispiel dafür. Wenn zwei Gruppenmitglieder bereit sind, einen Zahn herzugeben, verschenkt sie einen aus ihrer Privatsammlung.

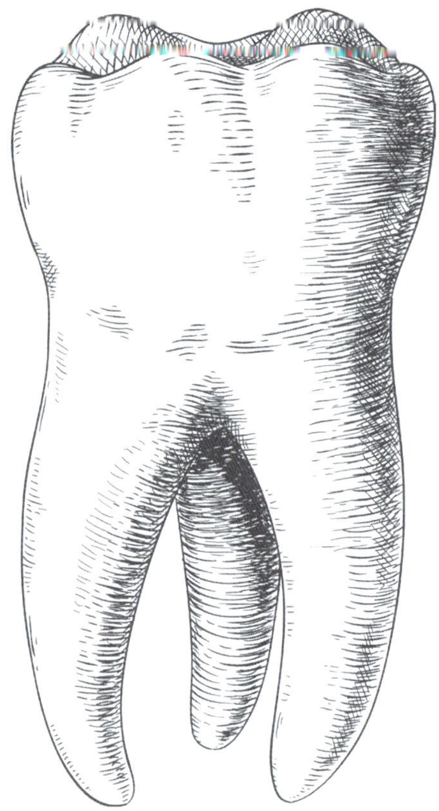

26 **Ich habe einen hellen Kopf,**
Doch weder Arm noch Bein.
In meiner Jugend bin ich lang,
Im Alter werd ich klein.

Antwort: Eine Kerze
Szenario: In einer Felswand entdeckt ihr eine tiefe Nische, in deren Innenwand Runen eingemeißelt sind. Sie ergeben das obige Rätsel. Wird es gelöst, erscheint in der Tiefe der Nische eine ***Kerze der Anrufung***.

27 Vergeblich hab ich diesen Stern
Am Firmament gesucht.
Als ich geriet in seine Bahn,
Da hab ich laut geflucht.

Antwort: Ein Wurfstern
Szenario: Dem Abenteurer, der errät, worum es hier geht, bringt die junge Maid aus der nahe gelegenen Stadt bei, wie man damit umgeht.

28 Glattes wird rau,
Raues wird dornig,
Geht unter die Haut,
Macht Sanfte zornig.

Antwort: Ein Splitter
Szenario: Eine zwielichtige Gestalt in einer Taverne hat dich heimlich mit einem Giftsplitter gestochen. Wenn du die Antwort auf sein Rätsel weißt, gibt er dir das Gegengift und bietet dir einen Auftrag an.

29 Als Hüterin steh ich zwischen dir
Und einem anderen Ort.
Gib mir die Hand, dann lass ich dich
Von hier nach dort.

Antwort: Eine Tür
Szenario: Die Gruppe gerät in eine Kammer, aus der es keinen anderen Ausgang gibt, nur einen bösen Geist, der dieses Rätsel stellt. Wird die Antwort laut verkündet, erscheint eine weitere Tür. Wenn nicht, versucht der Geist womöglich, die Kammer zu verlassen, indem er eine der anwesenden leiblichen Hüllen annimmt.

30 Wer kaut schon an den Nägeln?
Das ist doch eine Qual.
Ich haue sie mit meinem Kopf,
Der ist aus festem Stahl.

Antwort: Ein Hammer
Szenario: Bringt einem Schwertschmied die Antwort auf dieses Rätsel, dann schärft er alle eure Klingen kostenlos.

31 Vier heißt der Spross von Zwei und Zwei
Das weiß man aus Erfahrung.
Ein größeres Kind kommt nur heraus
Bei einer engen Paarung.

Antwort: 22
Szenario: Der Bauer, der dieses Rätsel stellt, braucht die Antwort, um den Fluch zu bannen, der ihm die Ernte verdorben hat. Allerdings ist das Teufelchen, das den Fluch gewirkt hat, gar nicht erfreut über diese Hilfe.

32 Die Dame war es nicht, die's tat,
Kein Bube war's, kein Mädel.
Der König selbst, der zog das Schwert
Und steckt sich's in den Schädel.

Antwort: Der Herz-König (AdÜ: Funktioniert nur, wenn ein Kartenspiel mit anglo-amerikanischem Blatt zur Hand ist.)
Szenario: Dieses Rätsel ist über dem Tresen einer Taverne in eine kleine Messingplatte eingraviert, an deren Ecke eine Joker-Spielkarte angeheftet ist. Wenn du das Rätsel löst, bietet dir der Wirt an, gegen ihn Karten zu ziehen, wobei die höchste Karte gewinnt. Dein Einsatz ist die Hälfte deines Geldes, seiner ein ***Leichentöter***-Schwert.

33 Ich bin dein Schutz vor Schwert und Axt,
Biet' Pfeilen keine Lücke.
Du hältst mich, ich bewahre dich
Vor allem außer Tücke.

Antwort: Ein Schild
Szenario: Auf dem Turnierplatz vor dem Stadttor steht die Statue eines zielenden Meisterschützen. Sein Pfeil zeigt auf einen kleinen Brunnen am anderen Ende des Platzes, in dessen Umrandung das obige Rätsel eingemeißelt ist. Wenn ihr das Rätsel löst, erhebt sich ein kleiner Sockel aus dem Brunnen. Auf ihm ruht ein ***Pfeil-fangender Schild***.

34 Dem Schuster bleib ich fern.
Zum Schmied geh ich gern.

Antwort: Ein Pferd
Szenario: Ihr sucht Schutz in einer tiefen Höhle am Fuße eines Felsgebirges. Als sich eure Augen an die Dunkelheit gewöhnt haben, seht ihr dieses in den Fels geritzte Rätsel. Nachdem ihr das Rätsel gelöst habt, wird darunter ein Spalt sichtbar, in der sich drei Zauberschriftrollen für den Zauber *Geisterross* verbergen.

35 **Welche Sichel sticht**
Freude ins Gesicht?

Antwort: Das Lächeln
Szenario: Ein grimmiger Ork verwehrt euch den Zutritt zu einer Kammer, solange ihr ihn nicht mit der nonverbalen Losung grüßt.

36 **Im Keller liegt ein edler Schatz**
Aus Gold und auch Rubinen.
Deckt man damit die Tafel ein,
Kann er dem Frohsinn dienen.

Antwort: Wein
Szenario: Der zwielichtige Gastwirt möchte lieber nicht verraten, wie man unbemerkt ins nahe gelegene Schloss gelangt, es sei denn, man bringt ihm das, was er über alles schätzt.

37 **Sanft und duftend liebt man mich**
Bis zum Stich.

Antwort: Eine Rose
Szenario: Der Alchemist braucht unbedingt diese eine Zutat. Dafür würde er der Gruppe auch eine Runde ***Trank der mächtigen Heilung*** ausgeben.

38 **Der Teufel persönlich**
Erfand die Reklame
Für dieses Stück Obst –
Wie war noch der Name?

Antwort: Ein Apfel
Szenario: In einer Obstschale liegt ein Apfel, in dem sich ein Zettel mit einem weiteren Rätsel nach Wahl des SL verbirgt. Die Antwort führt zu einem Schatz im Wert von 500 GM.

39 **Wenn du Atempause machst,**
Halte ich nicht an.
Meine Pause mach ich erst,
Bist du mit Sterben dran.

Antwort: Die Lunge
Szenario: Die Lösung dieses Rätsels weist darauf hin, dass es sich lohnen könnte, beim Durchqueren der nächsten Kammer die Luft anzuhalten.

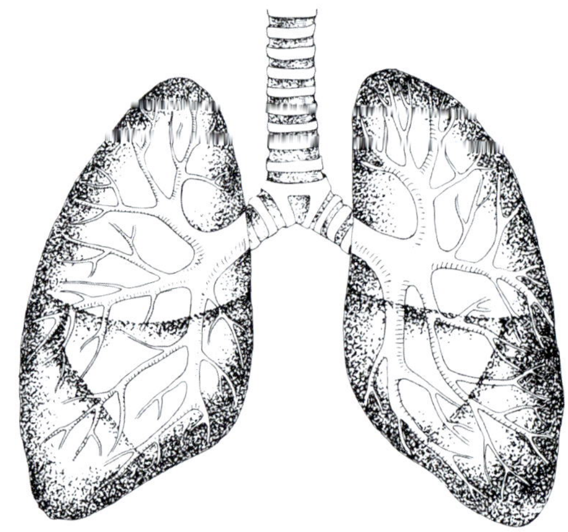

40 **Die Zeit läuft, ohne umzukehren**
In einem fort.
Dennoch kommt Mai nach Juni
An diesem Ort.

Antwort: Ein Lexikon
Szenario: Ein tattriger Gelehrter hat mehrere Zauberschriftrollen verlegt. Er würde eine davon abgeben, wenn man ihm suchen hilft. Ach ja: Um sich das Versteck zu merken, hatte er sich eigens einen Reim ausgedacht, aber er wird nicht mehr schlau daraus …

41 **Ich trage brav dich auf und ab,**
Doch du trittst mich mit Füßen.
Ich halte still und warte ab:
Du stolperst und musst büßen.

Antwort: Eine Treppe
Szenario: Der grinsende Gassenjunge weiß, wo der hiesige Fight Club stattfindet, aber er darf nicht darüber reden. Ihr wisst die Lösung des Rätsels? Der Eingang befindet sich unter einer solchen.

42 Welches Blatt
Kommt auf den Tisch,
Ohne Löffel gemischt,
Ohne Gabel gezogen,
Ohne Messer geteilt,
Und macht nie satt?

Antwort: Ein Kartenspiel
Szenario: Die Königin möchte Karten spielen, darf das aber nicht ausdrücklich sagen. Sollte allerdings ein Gast ein Kartenspiel mitbringen, würde sie der Gastlichkeit halber ein Spielchen spielen. Oder mehrere. Das Kartenspiel mit der Königin könnte der Beginn eines Bündnisses sein.

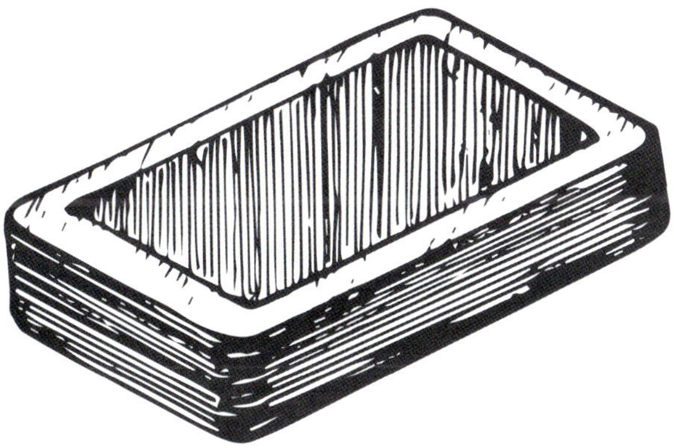

43 Zehn Zentner Federn oder Blei.
Was wiegt mehr? S'ist einerlei.
Zehn Zentner Blei, Holz, Gold, Kies, Feder,
Wie viel wiegt's? Das weiß doch jeder.

Antwort: Eine Tonne (Maßeinheit)
Szenario: Dieses leichte Rätsel steht auf einem Sockel mit der Statue eines kolossalen Elefanten, der im Rüssel einen großen Teller hält. Es bedeutet, dass man genau eine Tonne an Material auf den Teller legen muss, um eine geheime Treppe darunter zu öffnen.

44 Als ungerade gelte ich.
Das sag ich ohne Scheu.
Doch wird mir auch nur eins geklaut,
Bin ich gerad' und neu.

Antwort: Neun.
Szenario: Eine Tür, die mit 100 Schlössern versperrt ist, ist mit einem geschnitzten Fisch verziert, der diesen Reim immer wieder singt. Unter dem Fisch hängen 100 Schlüssel. Neun Schlüssel in den Schlössern öffnen die Tür.

45 Zähne hab ich viele,
Schwarze und weiße,
Mit denen ich singe,
Aber nie beiße.

Antwort: Ein Klavier
Szenario: Ein kränkelnder Barde gibt dieses Rätsel auf, in der Hoffnung, dass die Gruppe eines für ihn zum Spielen »findet«. Er würde dann das eine oder andere über den Prinzen verraten. Auch über ihren Bruder. Hoppla, schon zu viel gesagt!

46 In Blasen steige ich munter
Durchs Wasser hinauf in die Höh'.
Lass lieber nicht zu viele steigen,
Sonst sinkst du hinab in die See.

Antwort: Die Atemluft
Szenario: Ein geschäftstüchtiger Zauberer möchte die geheime Zutat seines *Fliegen*-Zaubertranks nur als Rätsel verraten. Macht ihm fünf Gläser davon voll, dann bekommt ihr eine Kostprobe.

47 Ich berühre den Himmel
Und die Erde auch.
Doch berühre ich dich,
War's dein letzter Hauch.

Antwort: Ein Blitz
Szenario: Habt ihr die Antwort auf seine Rätselfrage erraten, entbietet euch der geheimnisvolle Zauberer einen kleinen Ring, der 1W6-mal *Blitze herbeirufen* kann, bevor er mit einem Donnerschlag verpufft.

Chiffren

Wenn deine Spieler genauso gerne Codes knacken, wie sie Schädel spalten, kannst du ihnen mit einem Chiffrierrätsel eine echte Denkaufgabe stellen. Chiffren sind quasi die Schurken unter den Buchstabenrätseln. Sie bieten sich für Spionagegeschichten an, lassen sich aber auch in die meisten Gewölbe-Erkundungen einbauen.

Als Erstes legst du die Botschaft fest, die verschlüsselt werden soll. Vielleicht ist es ein Hinweis darauf, wo der Schlüssel zu einer Truhe zu finden ist, oder das Merkmal, an dem man den Attentäter beim Staatsbankett erkennt. Die Botschaft kann alles sein, was du willst, zum Beispiel die Losung für den geheimen Gaunertreff, der sich als Spelunke ohne Küche tarnt:

»IST NOCH GULASCH DA?«

Wenn du die Losung hast, zählst du die Buchstaben und teilst sie in ein Raster aus Zeilen und Spalten auf. In diesem Fall, bei 16 Buchstaben, bietet sich ein 4×4-Raster an:

Horizontal/Vertikal

Hierbei beginnst du oben links und gibst die Botschaft Buchstabe für Buchstabe und Zeile für Zeile ein. Das kodierte Ergebnis sind dann die scheinbar wirren Buchstabenfolgen in den Spalten, von oben nach unten gelesen. Schreibe sie spaltenweise heraus, und fertig ist der Code.

I	S	T	N
O	C	H	G
U	L	A	S
C	H	D	A

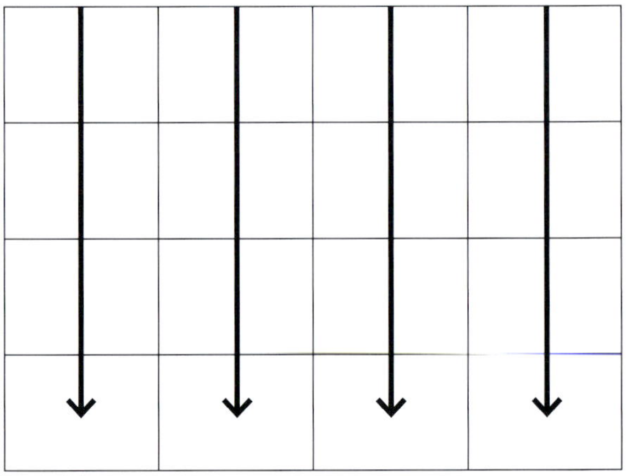

IOUC SCLH THAD NGSA

Vertikal/horizontal

Bei diesem Verfahren beginnst du wieder oben links, gibst die Botschaft aber spaltenweise ein. Die kodierte Nachricht erhältst du dann, indem du Zeile für Zeile von links nach rechts liest:

I	O	U	C
s	C	L	H
T	H	A	D
N	G	S	A

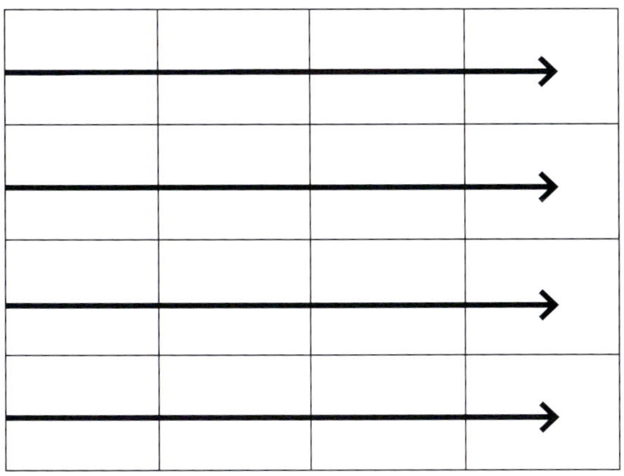

OUC SCLH THAD NGSA

Vielleicht ist dir aufgefallen, dass das kodierte Ergebnis dasselbe ist wie beim Code »horizontal/vertikal«. Das liegt daran, dass das Raster gleich viele Zeilen wie Spalten hat (4×4). Hat das Raster mehr oder weniger Zeilen als Spalten (z. B. 4×6 oder 5×4), fallen die Ergebnisse bei den beiden Methoden unterschiedlich aus.

Uhrzeigersinn/horizontal

Gib deine Botschaft im Uhrzeigersinn ein, beginnend in der linken oberen Ecke und außenrum zur Mitte hin. Dann liest du die Buchstaben zeilenweise aus und bekommst einen Code, der schwerer zu knacken ist.

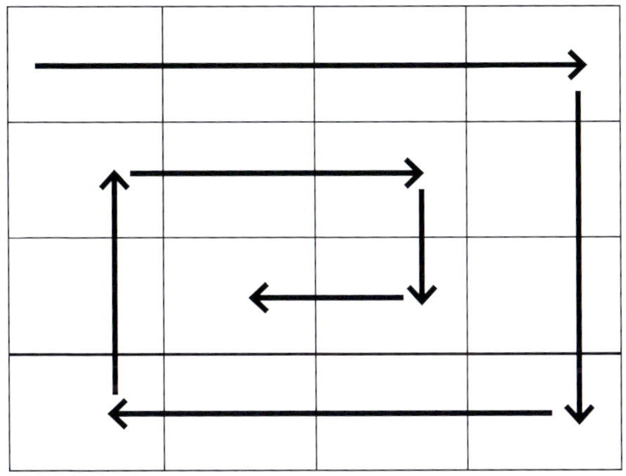

I	S	T	N
s	C	H	O
A	A	D	C
L	U	G	H

ISTN SCHO AADC LUGH

Verwendung der Chiffren

Überlege dir, wie du deiner Gruppe die kodierten Botschaften am besten präsentierst. Vielleicht ist die verschlüsselte Botschaft in den Tresen geritzt oder in Diebessprache auf die Rückseite der Speisekarte gekritzelt. Vielleicht fängt die Gruppe auf dem Weg zu dem Ort, an dem sie den Code brauchen wird, einen NSC ab, dem sie ein Pergament mit Buchstabensalat abknöpfen. Verschlüsselte Wörter können in der Architektur oder in der Einrichtung verborgen sein. Vielleicht sind 16 Flaschen im Regal mit Buchstaben beschriftet, die einen geheimen Sinn haben.
Sobald die Gruppe die Buchstaben hat, wird sie versuchen, daraus schlau zu werden – womöglich ohne zu wissen, dass sie es mit einer Chiffre zu tun haben. Da kann ein kleiner Hinweis weiterhelfen.

Da vier Wörter mit vier Buchstaben gut in ein 4×4-Raster passen, bestehen vielleicht alle Fenster auffälligerweise aus 4×4 Scheiben, oder das Wirtshausschild ziert ein entsprechendes Karomuster. Vielleicht ist der Name der Taverne »Zum Viergeviert« ja ein Hinweis? Mit ein wenig Nachdenken kommst du bestimmt auf eine Reihe von Hinweisen, die dir (und der Gruppe) weiterhelfen.

Sobald die Gruppe herausgefunden hat, dass sie die Buchstaben in einem Raster anordnen muss, ist sie auf der Zielgeraden. Natürlich kannst du noch mehr Hinweise zur Lösung des Rätsels in der Umgebung verteilen. Vielleicht gibt es vier Spalten im Boden, was darauf hindeutet, dass der Code entschlüsselt werden kann, indem man Spalte für Spalte liest. Eine Uhr, die rückwärts läuft, könnte ein Hinweis darauf sein, dass eine Chiffre gegen den Uhrzeigersinn gelesen werden muss. Alternativ kannst du auch ein Symbol im Raum unterbringen, das auf die Lösung des Rätsels hinweist.

Im Folgenden findest du einige Beispiele dafür, wie Chiffren im Spiel eingesetzt werden können und wie du ihre Schwierigkeit anpassen kannst.

Verschlüsselte Lösung

Die verschlüsselte Botschaft birgt eine Information, die notwendig ist, um ein anderes Rätsel zu lösen.

> In diesem Raum sind um einen flammenden Kessel sechs kleine Blumenbeete angelegt, jedes in einer Farbe. Man sieht gelbe Butterblumen, weißen Mohn, lila Tulpen, rote Rosen, blaue Lilien und schwarze Orchideen. Jede Blume ist in sechs Reihen zu je vier Blumen angepflanzt. In den Kessel, der vor arkaner Energie sprudelt, ist der Satz »Vier Blüten, fünf Blütenblätter« eingraviert.

Rätsel Die Aufgabe besteht darin, fünf Blütenblätter in den Kessel zu werfen. Aber welche? Der Hinweis ist eine Chiffre, die ebenfalls in den Kessel eingraviert ist und durch einen Intelligenzwurf (Nachforschungen) gegen SG 12 entdeckt werden kann:

GSAIEE ECRLLI LHZABS BWLGWS

Lösung Die Blumenbeete sind in einem 6×4-Raster angelegt. Wenn man die Wörter in ein 6×4-Raster schreibt, ergibt sich folgendes:

G	S	A	I	L	E
E	C	R	L	L	I
L	H	Z	A	B	S
B	W	L	G	W	S

Wenn die Spieler genau hinsehen, erkennen sie sofort das Wort »Gelb« und lesen ab da weiter von oben nach unten:

GELB SCHWARZ LILA GELB WEISS

Wenn sie nun ein Blütenblatt der jeweiligen Farbe in der angegebenen Reihenfolge in den Kessel legen, ist das Rätsel gelöst. Eine Tür öffnet sich, ein magischer Gegenstand wird verfügbar oder das Ritual beginnt, das die Sommerdruidin aus ihrem nicht enden wollenden Schlummer erweckt.

Verschlüsseltes Rätsel

Was ist schwieriger zu knacken als eine Chiffre? Eine Chiffre, hinter der ein Rätsel steckt. Hier ist eines, das sich für eine Kammer eignet, die ein NSC verschlossen halten möchte:

> Der Ausgang ist verschlossen, es gibt kein Schlüsselloch, und die Türklinke scheint blockiert. An jeder der fünf Wände stehen sinnlose Buchstabenfolgen, die alle paar Sekunden ein schwaches Leuchten von sich geben. Im Uhrzeigersinn, an der Tür beginnend, steht da:
>
> **MACHD EHRTI KUFRE RAMUT EVREU**

Möglicherweise glaubt nun die Gruppe, sie hätte eine fremde Sprache vor sich. In Wirklichkeit sehen sie eine verschlüsselte Botschaft. Und es liegt nahe, dass es sich um eine Chiffre handelt.

Rätsel Die fünf Wände des Raumes und die fünf Wörter mit fünf Buchstaben könnten die Gruppe auf die Idee bringen, die Buchstaben folgendermaßen zu arrangieren:

M	**A**	**C**	**H**	**D**
E	**H**	**R**	**T**	**I**
K	**U**	**F**	**R**	**E**
R	**A**	**M**	**U**	**T**
E	**V**	**R**	**E**	**U**

Wenn sie so weit sind, kommen sie wahrscheinlich von selbst auf die Antwort, aber vielleicht brauchen sie noch einen letzten Schubs.

Hinweis Der Raum hat keine Fenster, aber dennoch wirbelt eine leichte Brise den Staub auf dem Boden im Uhrzeigersinn auf.

LösungLiest man die Chiffre von links oben im Uhrzeigersinn, erhält man:

MACH DIE TUER VERKEHRTRUM AUF

Das ist die Antwort – aber was bedeutet sie? Es ist ein weiteres Rätsel, und die Lösung ist: Wer die Tür öffnen will, muss beim Drücken der Klinke »verkehrtherum«, also auf dem Kopf stehen.

Der Haken

Wenn du einem Abenteuer etwas Mysteriöses geben willst, aber nicht genau weißt, wo du anfangen sollst, kannst du dir etwas Zeit verschaffen, indem du der Gruppe eine vage (aber dennoch faszinierende) Botschaft zum Entschlüsseln gibst. Hinterlasse dazu Zettel mit den unten aufgeführten Buchstabenfolgen in den Taschen, am Fell oder im Schleim der Kreatur(en), die du auf die Gruppe loslässt:

Ordnet man die Zettel in genau dieser Reihenfolge an, ergibt sich ein Raster, in dem die Lösung von oben nach unten zu lesen ist:

SMANH
UINDD
CCNEI
HHFIC
EDICH

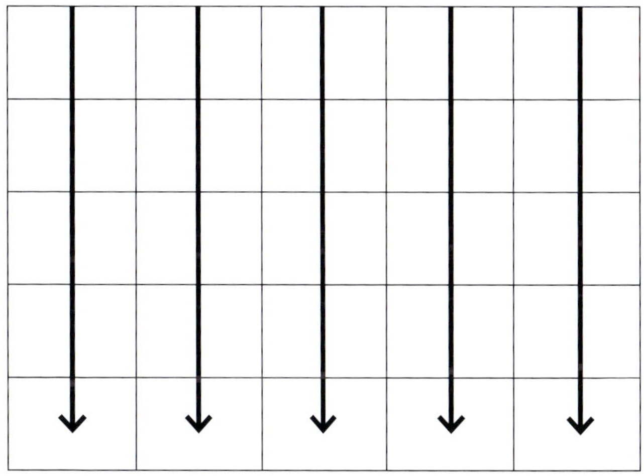

SUCHE MICH DANN FINDE ICH DICH

Das ist die Botschaft, aber was bedeutet sie? Das liegt ganz bei dir. Vielleicht will eine reiche Wohltäterin die kryptografische Kompetenz der Gruppe auf die Probe stellen, da sie einen besonders rätselhaften Job zu vergeben hat. Oder die Botschaft kommt von einem Wesen, das in einer der unteren Ebenen die Fäden zieht und Sterbliche sucht, die seine finsteren Befehle ausführen. Wie auch immer du dich entscheidest, du wirst staunen, wohin ein so ergebnisoffener Satz wie dieser deine Gruppe führen wird (und wie viel Planungszeit du damit gewinnst). Außerdem hängt der Schwierigkeitsgrad des Puzzles von der Reihenfolge ab, in der deine Gruppe die einzelnen Teile findet. Und da du derjenige bist, der die Teile verteilt, entscheidest du, in welcher Reihenfolge sie auftauchen. Du kannst dich an die Reihenfolge halten, die die Lösung des Rätsels erleichtert, oder die Reihenfolge durcheinanderbringen und jedes verschlüsselte Wort in einer zufälligen Reihenfolge wie dieser präsentieren.

EDICH
SMANH
UINDD
HHFIC
CCNEI

Noch Fragen?

Willst du deine Gruppe auf die Suche nach Antworten schicken, musst du mehr Fragen stellen. Die folgende Chiffre wirft, kaum entschlüsselt, gleich die nächste Frage auf.

WO IST DES KÖNIGS KAPAUN?

W	O	I	S
S	K	A	I
G	N	P	D
I	U	A	E
N	Ö	K	S

Mit zwanzig Buchstaben lässt sich ein 4×5-Raster füllen. Als zusätzliche Schwierigkeit werden die Buchstaben bei der Chiffrierung im Uhrzeigersinn eingegeben und zeilenweise ausgelesen:

WOIS
SKAT
GNPD
IUAE
NÖKS

Die einzelnen Buchstabenfolgen kannst du deiner Gruppe im Laufe mehrerer Spielabende zukommen lassen, vielleicht indem ihnen heimlich Zettel zugesteckt werden oder indem sie in jedem Gasthaus, in dem sie einkehren, eine Nachricht erwartet. Den letzten Hinweis, ein 4×5-Raster mit leeren Feldern, bekommen sie erst, wenn das entsprechende Abenteuer bereit ist.

Was bedeutet der Hinweis? Das bleibt ganz dir überlassen, aber hier wäre eine mögliche Deutung:

Des Königs Kapaun ist natürlich in der Hofküche und wird gebraten und gestopft – womit wohl? Soll der König etwa von seinem Chefkoch vergiftet werden? Wenn die Gruppe schnell ist, kann sie vielleicht verhindern, dass dieser Braten auf die Tafel kommt.

Sonstige Chiffren

Suchst du nach weiteren Möglichkeiten, deiner Gruppe Kopfzerbrechen zu bereiten? Probier diese einfachen Chiffren aus.

Cäsar-Chiffre

Diese wahrhaft klassische Chiffre basiert darauf, dass das gesamte Alphabet um eine beliebige Anzahl von Buchstaben verschoben wird. Dann schreibt man den Satz mit dem neuen Alphabet um.

EUER PALADIN WIRD EUCH ALLE VERRATEN. ICH NICHT.

A → B, eine Verschiebung um einen Buchstaben, eine Verschiebung um einen Buchstaben erzeugt als verschlüsselte Botschaft:

FVFS QBMBEJO XJSE FVDI BMMF WFSSBUFO. JDI OJDIU.

Im Allgemeinen sind Cäsar-Chiffren leichter zu lösen, wenn sie sehr kurze Wörter enthalten (an, er, in).

Railfence-Chiffre

Eine weitere Verschiebe-Chiffre ist die sogenannte Railfence-Chiffre. Dabei wird die Botschaft auf und ab notiert, wie auf den Diagonalen eines imaginären Jägerzauns. In diesem Beispiel wird die folgende Nachricht auf einen Zaun mit drei Zeilen aufschrieben (es können durchaus mehr sein).

DER MAGIERTÖTER DER KÖNIGIN TRÄGT ROT.

```
D   A   R   E   R   I   T   T
 E M G E T T R E K N G N R G R T
  R   I   Ö   D   Ö   I   Ä   O
```

Diese Eingabe führt zu der folgenden chiffrierten Ausgabe:

DARERITT
EMGETTREKNGNRGRT
RIÖDÖIÄO
oder **DARERITTEMGETTREKNGNRGRTRIÖDÖIÄO**

Ein hilfsbereiter NSC könnte erwähnen, dass manche Höflinge seines Wissens ihre Briefwechsel mittels Railfence-Chiffre absichern. Auch dass die Botschaft mit einem skizzierten Jägerzaun versehen ist, dürfte die Gruppe auf die richtige Fährte bringen.

Pfortenrätsel

Zwei Statuen, die eine verriegelte Tür bewachen; eine verschlossene Truhe, die von Waagen umgeben ist; ein versteckter Eingang, der erst sichtbar wird, wenn man eine Reihe von Spiegeln so ausrichtet, dass das Sonnenlicht auf eine dunkle Wand fällt. Solche Rätsel haben eines gemeinsam: Sie versperren den Zugang zu etwas, das die Gruppe erreichen möchte, und das Rätsel zu lösen, ist die einzige Möglichkeit, daranzukommen. Die meisten der auf den folgenden Seiten vorgestellten Pfortenrätsel sind so formuliert, dass sie den Zugang zu einem Ausgang versperren, dass also das Ziel »die Tür öffnen« lautet. Aber statt einer Tür kann es auch eine Schatztruhe, ein Geheimgang oder irgendein anderer Durchgang von hier nach dort sein. Pfortenrätsel ermutigen die Gruppe, ihren Verstand zu gebrauchen, anstatt ihre rohe Körper- oder Zauberkraft einzusetzen. Sie müssen für die Spieler am Tisch genauso lästig sein wie für deren Charaktere. In vielen Fällen ist ein Spielcharakter theoretisch schlauer als die Person, die seinen Charakterbogen in der Hand hält. Es liegt also im Ermessen des Spielleiters, den Spielern Intelligenzwürfe zu gestatten, um an Tipps zur Lösung des Rätsels zu gelangen.

Neun Leben

Die Gruppe muss den Zusammenhang zwischen einem Kartenspiel, einer kalten Feuerschale und einer verkohlten Katzenleiche herausfinden.

> In der Mitte des Raumes steht eine bronzene Feuerschale, in der der verkohlte Kadaver einer Katze liegt. Unter einer ihrer Pfoten ruht ein kleines Päckchen, etwa handtellergroß, in Leder eingewickelt und mit Faden verschnürt.

Mechanik

Wenn man das Päckchen öffnet, findet man darin einen Satz Spielkarten. Er ist vollständig, aber willkürlich gemischt und enthält 13 Karten jeder Farbe (Herz, Kreuz, Karo, Pik) sowie zwei Joker. Auf allen Bildkarten sind Katzen abgebildet, während die beiden Joker Hunde sind. Mit einem Intelligenzwurf (Nachforschungen) gegen SG 15 kann man ein auf die Innenseite der Lederhülle gekritzeltes kurzes Gedicht finden:

Alle Chancen verbraucht,
ihr Herz schlägt nicht mehr.
Den Flammen geopfert,
erfolgt ihre Wiederkehr.

Um die Tür zu öffnen, muss ein Feuer in der Feuerschale entzündet werden. Dann müssen die Karten Herz-Ass bis Herz-Neun ins Feuer geworfen werden, sodass die Herzen (Zahlenkarten) brennen, aber nicht die Katzen (Bildkarten). Jedes Mal, wenn eine richtige Karte in das Feuer geworfen wird, bemerken alle, die den Kadaver der Katze beobachten (oder eine passive Wahrnehmung von 13 oder höher haben), dass er leicht zuckt. Die Reihenfolge der Karten spielt keine Rolle, nur dass Herz-Ass bis Herz-Neun verbrannt werden.

Sobald neun Karten verbrannt sind (die neun Leben der Katze), erneuert sich der Leichnam der Katze auf magische Weise, die Katze erwacht wieder zum Leben und miaut, als wäre nichts geschehen. Nach einigen Augenblicken fängt die Katze an zu würgen und spuckt den Schlüssel zur Ausgangstür aus. Danach verbrennt die Katze sofort und hinterlässt nichts als einen Haufen Asche.

Gegenmassnahmen

Werden andere Karten als die von Herz-Ass bis Herz-Neun ins Feuer geworfen, erscheint ein großer katzenartiger **Todesalb** und greift an, bis er vernichtet ist.

SL AUFGEPASST: SCHLIMMERES VERHÜTEN

Falls die Charaktere mehrere falsche Karten auf einmal ins Feuer werfen, solltest du statt Todesalben vielleicht lieber eine entsprechende Anzahl von **Schreckgespenstern** aufbieten, um einen katastrophalen Ausgang abzuwenden.

Die eigene Nase

Die Gruppe merkt, dass sie die Lösung des Rätsels vor Augen hat.

Der Raum ist voller Regale und Kistenstapel, aus denen alle möglichen Haushaltsgegenstände quellen: Seile, Kerzen, Teller, präparierte Tiere, darunter ein Waschbär, ein Dachs, ein Fuchs und ein Rehkitz, Gartengeräte und so weiter. Auf einer kleinen, freien Fläche inmitten des Chaos liegt aufgeschlagen ein in Leder gebundenes Buch. Es wirkt, als sei es absichtlich dort platziert worden.

Mechanik

Auf den aufgeschlagenen Seiten finden sich in ordentlicher Schrift folgende Zeilen:

Der Schlüssel ist ganz leicht zu finden,
Gleich vor dir, nicht in tiefen Gründen.
Auch wenn er läuft, läuft er nicht weg.
Er ist wahrhaftig schlecht versteckt.

Alle anderen Seiten des Buches sind leer, auch auf dem Einband steht nichts. Die Antwort auf die Rätselfrage lautet: »Deine Nase.« Wer auf die Lösung gekommen ist, spürt sofort ein leicht schmerzhaftes, juckendes Gefühl in einem Nasenloch. Durch Niesen oder Nachbohren kommt dann ein kleiner Messingschlüssel zum Vorschein, der in die Ausgangstür passt. Der ganze Krempel in dem Raum ist ein nichtmagisches Ablenkungsmanöver und kann nach Ermessen des SL gestaltet oder weggelassen werden. Sucht die Gruppe etwas Bestimmtes, kann sie sämtliche Ausrüstungsgegenstände des Grundregelwerks finden.

Zwei Hälften

Die Gruppe muss herausfinden, wie sie ein Ganzes erschaffen kann, um den Raum unversehrt zu verlassen.

Die Tür ist verschlossen. In der Mitte der Kammer steht ein einfacher Holztisch, auf dem eine Handsäge liegt.

Mechanik

Der Raum ist verzaubert. Durch Wirken von *Magie entdecken* lässt sich feststellen, dass von den Wänden und der Tür Illusionsmagie ausgeht und vom Tisch und der Säge Verwandlungsmagie. Die Magie kann nicht gebannt werden.

Wer zur Untersuchung der Säge einen Intelligenzwurf (Nachforschungen) gegen SG 15 besteht, erkennt, dass ins Sägeblatt die Worte »etwas Ganzes erschaffen« eingraviert sind.

Das Geheimnis liegt in dem Tisch und der Handsäge und der Anweisung, etwas »Ganzes« zu erschaffen. Der Ausgang wird frei, wenn man den Tisch erst in zwei Hälften sägt und dann beide Hälften wieder zusammenfügt, sodass der Tisch wieder ganz ist. Ist das vollbracht, öffnet sich die Tür.

Auch mit anderen Mitteln kann etwas »ganz« gemacht werden: indem man ein Brot teilt und dann wieder zusammenfügt oder zwei Seilstücke mit einem Knoten verbindet usw., je nach Ermessen des SL.

SL AUFGEPASST: ERSCHWERNISSE

Soll dieses Rätsel um eine Kampfbegegnung ergänzt werden, kann die Säge eine Wesenheit sein, die auf keinen Fall beim Schaffen eines Ganzen hilft, ehe sie nicht von einem würdigen Gegner im Kampf besiegt wurde. Sie hat die Werte eines **Fliegenden Schwerts**, besitzt 55 TP und die folgende zusätzliche Eigenschaft: ***Singende Säge.*** Eine eindringliche, vibrierende Melodie geht von der Säge aus. Alle im Umkreis von 9 m um die Säge müssen einen Rettungswurf auf Charisma gegen SG 15 bestehen, um nicht von der Säge bezaubert zu werden. Eine Kreatur, die auf diese Weise bezaubert wurde, will die Säge unbedingt vor Schaden bewahren und tut alles, um sie zu beschützen. Der Zauber hält eine Stunde lang an oder bis die Kreatur Schaden nimmt; danach kann sie 24 Stunden lang nicht mehr von der Singenden Säge bezaubert werden. Auch wer den Rettungswurf gegen den Sägengesang besteht, ist 24 Stunden lang immun gegen dessen Wirkung.

Soldat, Kleriker und Hexe

Die Gruppe muss eine böse Hexe erkennen, die in Verkleidung ein Puppentheater heimsucht.

> Ein Dutzend steinerne Bänke stehen vor einer Puppenbühne, deren gemalte Kulisse eine bunte Stadtszenerie zeigt. Dahinter befindet sich ein violetter Vorhang. Auf der Bühne beschimpfen sich drei lebensgroße Puppen aus Holz und Stoff in unpassenden Kostümen aufs Unflätigste und kämpfen miteinander. Eine vierte Puppe mit Königskrone und Umhang steht an der Seite, den Kopf in den Händen. Als ihr euch der Bühne nähert, dreht sich die gekrönte Puppe euch zu und ruft: »Bitte! Ihr müsst helfen! Die Kostüme sind durcheinandergeraten, aber wir müssen unsere Aufführung beenden! Die Hexe hat sich unter uns geschlichen!«

Mechanik

Hinter der Kulisse verbirgt sich die Ausgangstür, die verschlossen ist und zum Öffnen einen Schlüssel benötigt. Charaktere mit einem passiven Wahrnehmungswert von 12 oder höher werden in der Bekleidung der drei streitenden Puppen Teile dreier verschiedener Kostüme erkennen: Soldat, Kleriker und Hexe.

Eine Puppe trägt einen schwarzen Spitzhut, schwingt aber ein Schwert; eine andere ist in eine wallende weiße Kutte gehüllt, hält aber einen knorrigen Besenstiel; die dritte Puppe ist angemalt, als trüge sie ein Kettenhemd, schwingt jedoch das Zepter eines Klerikers.

Bis die Gruppe mit dem König gesprochen hat, ignorieren diese Puppen die Gruppe und schreien sich gegenseitig Obszönitäten zu. Wer *Magie entdecken* wirkt, erspurt an den Puppen starke Auren von Beschwörungs- und Illusionsmagie. Entzaubert man eine Puppe durch Wirken von Magie bannen (5. Grad), wird sie zu einem leblosen Stück Holz. Wenn die Charaktere den König ansprechen, erklärt er Folgendes, indem die obere und untere Hälfte seines Gesichts gegeneinanderklappern, um einen funktionierenden Mund zu simulieren:

> Die Kostüme sind durcheinandergeraten! Ich weiß nicht mehr, welche Puppe der Soldat, welche Puppe der Kleriker und welche Puppe die Hexe ist! Die Puppen weigern sich, die Sache in Ruhe zu besprechen. Der echte Kleriker sagt immer die Wahrheit, der echte Soldat lügt immer, und die Hexe kann beides. Die Hexe muss so schnell wie möglich aus dem Verkehr gezogen werden, damit die Aufführung beendet werden kann!

Mehr gibt der König nicht preis. Auf Nachfrage wiederholt er die gleichen Aussagen, was auf eine enge Begrenztheit seiner kognitiven Fähigkeiten hindeutet. Der Inhalt der Aufführung ist nur Quatsch und der Raum ist so gestaltet, dass er nur verwirren kann. Wendet sich die Gruppe an die Puppen, nachdem sie mit dem König gesprochen hat, hören diese sofort mit ihrem Gezänk auf, wenden sich der Gruppe zu und sprechen der Reihe nach.

- Die Puppe im weißen Gewand sagt: »Die Puppe im Kettenhemd ist der Soldat.«
- Die Puppe mit dem Spitzhut sagt: »Die in der weißen Kutte ist der Kleriker.«
- Die Puppe im Kettenhemd sagt: »Ich bin die Hexe! Tötet mich!«

SL AUFGEPASST: LOGIK ODER GEWALT

Dies ist ein Logikrätsel, dessen Lösung durch den Prozess der Eliminierung bestimmt werden kann. Die Puppe mit dem Spitzhut kann nicht der Kleriker sein (der immer die Wahrheit sagt), denn sonst wäre die Puppe in der Kutte auch der Kleriker. Auch die Puppe im Kettenhemd kann nicht der Kleriker sein, weil ihre Aussage eine Lüge wäre. Das bedeutet, dass die Puppe in der Kutte der Kleriker ist und die Puppe im Kettenhemd der Soldat (der immer lügt und auch jetzt lügt, wenn er sagt, er sei die Hexe). Das heißt, die Puppe mit dem Spitzhut ist die Hexe.

Jede Puppe hat die Werte eines **Gladiators**. Wird die richtige Puppe in einen Kampf verwickelt, halten sich die beiden anderen zurück und greifen nicht ein. Wird die falsche Puppe bekämpft, greifen die drei zerstrittenen Puppen die Gruppe gemeinsam an und kämpfen, bis sie alle zerstört sind. Sobald die Puppe mit dem Spitzhut auf 0 TP sinkt, wird ein kleiner Messingschlüssel aus einem Fach in ihrer Brust geschleudert, und alle anderen Puppen fallen leblos zu Boden.

Sphinx aus schwarzem Quarz

Das Knacken eines kryptischen Codes liefert den Schlüssel, den die Gruppe sucht.

> Der Boden dieses Raumes ist mit großen Steinplatten gepflastert. In sieben dieser Platten sind einzelne Runen eingemeißelt, der Rest ist glatt. Einen Großteil der Westwand bedeckt eine Runeninschrift, die den Zeichen auf einigen der Steinplatten ähnelt.

Mechanik

Die sieben beschrifteten Steinplatten bilden ein nicht erkennbares Muster. Jede Steinplatte trägt eines der folgenden sieben Symbole:

ᚢ ᚾ ᛊ ᚨ ᚷ ᛒ ᚨ ᚱ

Jede der markierten Steinplatten ist eine Trittplatte, die durch Belastung mit mindestens 30 Pfund aktiviert wird. Dass diese Trittplatten aktiviert werden, ist beim Darauftreten spürbar, kann aber auch durch einen Intelligenzwurf (Nachforschungen) gegen SG 15 festgestellt werden. Mithilfe des Spruchs *Magie entdecken* ist eine Aura von Hervorrufungsmagie wahrzunehmen, die von den Runen im Boden ausgeht. Auf jeder Steinplatte liegt der Zauber *Glyphe des Schutzes*, was mit einem Intelligenzwurf (Nachforschungen) SG 18 erkannt werden kann. Die Glyphen können durch *Magie bannen* (4. Grad) entzaubert werden.

Werden die Trittplatten nacheinander in der richtigen Reihenfolge aktiviert, entriegelt sich die Ausgangstür. Ein Hinweis zur richtigen Reihenfolge findet sich in der Inschrift an der Westwand. Die Inschrift sieht wie folgt aus:

ᛞᛖᚾ ᚾᚨᛗᛖᚾ ᛖᛁᚾᛖᛊ ᚷᛟᛏᛏᛖᛊ ᛉᚢ ᛖᚱᚠᚨᚺᚱᛖᚾ ᛗᚢᛊᛊ ᛞᛖᚱ
ᛗᛖᚾᛊᚲᚺ ᛖᚱᛊᛏ ᛞᚨᛊ ᚢᚱᛏᛖᛁᛚ ᛞᛖᚱ ᛊᛈᚺᛁᚾᚲᛊ ᛖᚱᚠᚨᚺᚱᛖᚾ

ᛊᛟ ᛊᚨᚷᛏ ᛞᛖᚱ ᛗᛖᚾᛊᚲᚺ ᛊᛈᚺᛁᚾᚲᛊ ᚨᚢᛊ ᛊᚲᚺᚹᚨᚱᛉᛖᛗ ᚲᚢᚨᚱᛉᛖ
ᛒᛖᚢᚱᛏᛖᛁᛚᛖ ᛗᛖᛁᚾᛖᚾ ᛊᚲᚺᚹᚢᚱ

ᛞᛇ ᛊᛈᚺᛁᚾᚲᛊ ᛒᛖᚢᚱᛏᛖᛁᛚᛏ ᛞᛖᚾ ᛊᚲᚺᚹᚢᚱ ᚨᛚᛊ ᚱᛖᛁᚾ ᚨᛒᛖᚱ ᛞᛖᚱ
ᚾᚨᛗᛖ ᛖᛁᚾᛖᛊ ᚷᛟᛏᛏᛖᛊ ᛁᛊᛏ ᚢᚾᛊᚨᚷᛒᚨᚱ

Dies ist eine Substitutions-Chiffre. Jede Rune entspricht einem Buchstaben des Alphabets. Die Inschrift bedeutet:

> **Den Namen eines Gottes zu erfahren, muss der Mensch erst das Urteil der Sphinx erfahren.**
> **So sagt der Mensch: »Sphinx aus schwarzem Quarze, beurteile meinen Schwur.«**
> **Die Sphinx beurteilt den Schwur als rein. Aber der Name eines Gottes ist unsagbar.**

Die Gruppe muss zuerst die Runen übersetzen, bevor sie das richtige Muster auf den Steinplatten erkennen kann. Sobald die Runen übersetzt sind, kann jeder Buchstabe des Alphabets einer Rune zugeordnet werden. Nun zeigt sich, dass die Runen auf dem Boden den folgenden Buchstaben des Alphabets entsprechen:

a, g, a, b, s, u, n, r

Das einzig mögliche Wort, das man mit allen diesen Buchstaben bilden kann, ist der Name eines Gottes – »unsagbar«. Jedes Mal, wenn jemand in der falschen Reihenfolge auf eine der Trittplatten tritt, wird die *Glyphe des Schutzes* aktiviert und wieder zurückgesetzt. Alle im Umkreis von 6 m um die Glyphe müssen einen Rettungswurf auf Geschicklichkeit gegen SG 16 ablegen. Bei einem Fehlwurf erleiden sie 20 (5d8) Blitzschaden, bei Erfolg die Hälfte. Tritt beispielsweise jemand als erstes auf das ᚨ (a), entlädt sich der Zauber. Wird als erstes das ᚢ (u) betreten, der Anfang des Musters, gibt es keine Entladung. Stattdessen erstrahlt die Platte in hellem Gelb. Tritt man dann nach dem ᚢ (u) auf etwas anderes als ein ᚾ (n), wird eine Entladung ausgelöst.

Um das Rätsel zu lösen, muss man in der Reihenfolge, die das Wort »unsagbar« vorgibt, auf die Steinplatten treten.

SL AUFGEPASST: WER A SAGT …

Die beiden a-Platten können bei diesem Rätsel in beliebiger Reihenfolge ausgelöst werden, aber ein und dieselbe a-Platte kann nicht mehrmals aktiviert werden.

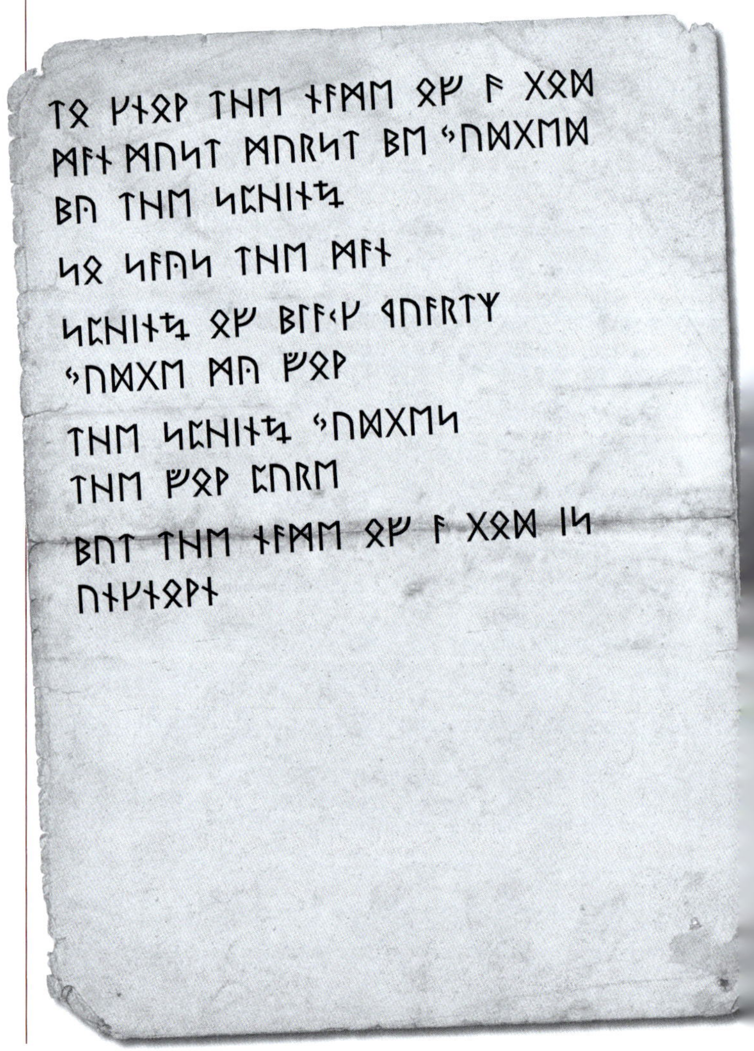

Die Manufaktur des irren Babfnaf

Die Gruppe muss Schicht für Schicht ein Konstrukt aufbauen, das dann einen Spießrutenlauf aus gefährlichen Geräten durchläuft und den Notabschalthebel erreicht. Stimmt die Anordnung der Schichten nicht, wird das Konstrukt zerstört.

> Ihr seid in einen Raum eingetreten, der eine Art arkane Manufaktur zu sein scheint. Um euch herum schimmern mit Runen besetzte Zahnräder und Röhren. Dazwischen sind teilweise menschenähnliche Gestalten in verschiedenen Aufbaustadien zu sehen, einige der Maschinen scheinen mitten im Herstellungsprozess angehalten zu sein. An der Wand neben euch prangt eine große gläserne Schalttafel. Davor steht ein einfacher Hocker. Auf einer Werkbank liegen zwei fast fertige Konstrukte. Beide bestehen aus einem Skelett mit eingeschnitzten Runen, einem rot pulsierenden arkanen Kern und sind teilweise mit einem Material überzogen: das eine mit einer knisternden Schicht aus verformbarem Glas und das andere mit dunklem, mattem Eisen. Die Körperform ist humanoid, aber die Köpfe sehen irgendwie bärenartig aus. Am anderen Ende des Labors steht ein riesiger Müllbehälter voller halb zerstörter Konstrukte. Der einzige andere Ausgang scheint eine schwach schimmernde Tür zu sein, die in eine mit grünem Gas gefüllte Kammer führt. Hinter dem Gas ist gerade noch eine weitere Tür zu sehen. Die erste Tür ist mit Schildern umgeben, auf denen in verschiedenen Sprachen »Gefahr« und »Warnung« steht, und über der Tür steht in Gemeinsprache »Testkammern mit Extremumgebung«.

Der einzige Ausweg aus dieser Kammer führt durch die »Testkammern mit Extremumgebung«, was für alle, die eine Haut haben und nicht immun gegen Flammen oder Säure sind, schwierig sein dürfte. Zum Glück für die Gruppe erfüllen Konstrukte diese Kriterien – es muss nur eines gebaut werden, das alle Testkammern durchqueren kann, ohne auseinanderzufallen. In jedem Raum herrscht eine Extremumgebung, die jede Materialschicht außer einer zerstört. Die Gruppe muss aus dem verfügbaren Schrottmaterial ein Konstrukt bauen und dabei die Beschichtung so auftragen, dass das Konstrukt den Umgebungen aller Kammern standhält.

Mechanik

Per Intelligenzwurf (Nachforschungen) gegen SG 15 lässt sich feststellen, dass die verschiedenen Behälter geschmolzenes Glas, rostiges Eisen, Kristall mit Blitzschäden sowie Steinsplitter und einen fleischfarbenen Schleim enthalten.

Ein Wurf auf Intelligenz (Arkane Kunde) gegen SG 10 oder Intelligenz (Nachforschungen) gegen SG 13 reicht, um die Schalttafel zu aktivieren, aus deren magischer Anzeige hervorgeht, dass der Bau von Golems mit bis zu fünf Schichten aus verschiedenem Material möglich ist. Zur Auswahl stehen Glas, Fleisch, Stein, Eisen und Kristall. Die Bedienung ist so einfach, dass jeder des Lesens mächtige SC damit zurechtkommt. Der Bildschirm zeigt auch Live-Bilder aus den einzelnen Testkammern, und offenbar kann ein Konstrukt einfache Aufgaben ausführen (eine Tür öffnen, einen Hebel ziehen), wenn es über die Schalttafel dazu aufgefordert wird.

Hinter der schimmernden Tür befinden sich fünf Testkammern für die Konstrukte, die jeweils etwa 9 m im Quadrat messen.

- Die erste Kammer ist mit einem Säurenebel gefüllt, der 35 (10d6) Säureschaden verursacht. Die Glasschicht eines Konstrukts ist dagegen immun.
- Die zweite Kammer ist vollständig mit wirbelndem Wasser gefüllt, das dem Effekt »Wasserstrudel« des Zaubers *Wasser kontrollieren* entspricht (Stärkerettungswurf SG 15). Die Steinschicht eines Konstrukts ist zu schwer, um von diesem Strudel weggespült zu werden, und unempfindlich gegen Rost.
- In der dritten Kammer lodern Flammen auf, die 55 (10d10) Feuerschaden verursachen. Die Eisenschicht eines Konstrukts ist feuerfest.
- Die vierte Kammer ist mit hoch leitfähigem Metall ausgekleidet, das 55 (10d10) Blitzschaden verursacht. Die Fleischschicht eines Konstrukts absorbiert diese Blitze, ohne Schaden zu nehmen.
- Die letzte Kammer ist voller von verfluchten Runen heraufbeschworener tödlicher Schatten, die 55 (10d10) Nekroseschaden verursachen. Eine Kristallschicht wandelt die Schatten in Strahlungsenergie um und wehrt so den Nekroseschaden ab.

In der letzten Kammer befindet sich ein Notabschalthebel für alle fünf Kammern sowie eine Wartungstür, durch die man den Raum verlassen kann.

Nichts hindert die Gruppe daran, durch die Tür zu gehen, aber jeder Raum verursacht gleich beim Betreten und zu Beginn jeder weiteren Runde Schaden. Wer einen Rettungswurf auf Geschicklichkeit gegen SG 15 besteht, erkennt die Gefährlichkeit der Umgebung, kehrt schnell um und trägt nur den halben Schaden davon (und entgeht dem Strudel).

Versuche, sich durch die Kammern zu *teleportieren*, werden nach Ermessen des SL durch den Zauber *Zutritt verwehren* vereitelt.

Die Gruppe kann ein Konstrukt bauen, dessen korrekte Beschichtung ein Überleben der Kammern ermöglicht. Die richtige Reihenfolge von innen nach außen ist:

Kristall,
Fleisch,
Eisen,
Stein,
Glas

Das Konstrukt hat 25 Trefferpunkte und wird von verschiedenen Apparaturen und Greifarmen auf den Werkbänken zusammengesetzt. Sobald es aktiviert wird, steht es auf und macht sich auf den Weg durch die Kammern, wobei es einfache Befehle in Gemeinsprache akzeptiert (aber die Kammer nicht freiwillig verlässt). In jeder Kammer steckt es eventuelle Schäden ein. Befindet sich auf der Außenseite eine andere als die richtige, schadensimmune Schicht, wird diese Schicht zerstört. Ist keine Schicht mehr übrig, wird der Golem zerstört.

Gegenmassnahmen

Bei jedem fehlgeschlagenen Durchlauf ertönt eine Sirene, da das System einen Bedienerfehler erkennt. Dadurch wird die Gegenmaßnahme der Manufaktur ausgelöst.

Bei jedem Fehlversuch müssen alle in der Manufaktur einen Rettungswurf auf Geschicklichkeit gegen SG 15 machen und erleiden 28 (8d6) Wuchtschaden, bei Erfolg halb so viel, da Einzelteile unfertiger Konstrukte um sich schlagen. Die Teile kehren dann wieder in ihren Ruhezustand zurück.

Krone und Dolch

Die Gruppe muss sechs Gegenstände sechs Statuen zuordnen, da sie es sonst mit dem Geist eines ermordeten Herrschers zu tun bekommt.

> Sechs hohe Statuen blicken aus Nischen auf euch herab. Alle stellen eine fast identische Figur mit Kapuze dar und sind dem Tisch in der Mitte des Raumes zugewandt. Auf dessen zerlumpter Tischdecke liegen übergroße Utensilien, die aus demselben Stein wie die Statuen gehauen sind: Buch, Sense, Dolch, Speer, Hammer und Krone. Eine große runde Tür versperrt den Ausgang.

Um die Tür zu öffnen, muss das richtige steinerne Utensil in die Hände der jeweiligen Statue gelegt werden. Die Statuen, die Utensilien und die Tür weisen alle Spuren von Verzauberungsmagie auf.

Mechanik

Ein Wurf auf Weisheit (Wahrnehmung) oder Intelligenz (Nachforschungen) mit je SG 15 offenbart Unterschiede zwischen den Statuen:

- Die Fingerspitzen der ersten Statue triefen von schwarzer Tinte. Sie passt zum Buch.
- Die zweite Statue hat schlammverkrustete Schuhe und ist der Sense zugeordnet.
- Die dritte Statue hat blutverschmierte Hände und benötigt den Dolch.
- Von den Händen der vierten Statue tropft Meerwasser. Zu ihr gehört der Speer.
- Die Hände der fünften Statue sind voller Ruß. Zu ihr passt der Hammer.
- Die sechste Statue ist makellos sauber. Ihr gebührt die Krone.

Nach Ermessen des SL lässt sich schon durch Berührung oder näheres Hinsehen feststellen, um welche Substanz es sich bei jeder Statue handelt.

Buch und Hammer sind ziemlich schwer und erfordern einen Stärkewurf (Athletik) gegen SG 13, um sie ohne fremde Hilfe an ihren Platz zu bringen.

Wenn eine Statue das richtige Utensil erhält, schließen sich ihre steinernen Hände darum.

Wird einer Statue das falsche Utensil angeboten, lässt sie es fallen, und alle anderen Statuen lassen ebenfalls das fallen, was sie in der Hand halten.

Ist die Krone bereits mit der sechsten Statue gepaart, wenn der Dolch der dritten Statue angeboten wird, verschwindet der Dolch kurzzeitig, taucht dann in der Brust der reinen Statue wieder auf und lässt einen Schwall von Blut hervorbrechen. Alle Statuen lassen ihre Utensilien fallen, ein **Todesalb** entschlüpft der erstochenen Statue und greift sofort an.

Sind alle Utensilien platziert, egal, in welcher Reihenfolge, knien alle Statuen bis auf die sechste nieder und heben ihre Utensilien, als ob sie der reinen, gekrönten Statue ihre Dienste anbieten. Die Statue mit der Krone, hebt langsam ihren freien Arm und deutet auf die Tür, die sich daraufhin öffnet.

Türen ohne Fallen

Die Gruppe muss eine Reihe von Türen durchschreiten, die zwar wie Fallen aussehen, in Wirklichkeit aber nur das Fortkommen verlangsamen sollen. Bis auf die letzte Tür – die ist eine Mimik.

SL AUFGEPASST: DER SCHEIN TRÜGT

Diese drei Türen sind weniger ein Rätsel als vielmehr ein Streich. Sie sollen die Gruppe verwirren, sollen sie zum Nachdenken über das Wahrgenommene zwingen und Spannung erzeugen, die durch die Furcht vor möglichen Fallen entsteht. Die ersten beiden Türen weisen raffinierte Mechanismen oder Glyphen auf, die gar keine Funktion haben. Die letzte Tür ist eine Mimik, die darauf hofft, ein paar unvorsichtig gewordene Abenteurer zu erwischen.

TÜR 1

Am Ende eines geraden, schmalen Ganges erblickt ihr eine große Doppeltür, die mit einer unüberschaubaren Mechanik aus Zahnrädern, Ketten und Hebeln bedeckt ist. Sie glänzt ölig und stößt gelegentlich ein leises Zischen aus.

Ein Intelligenzwurf (Nachforschungen) gegen SG 10 offenbart drei rote Knöpfe im Gewirr der Apparatur. Das Drücken eines Knopfes bewirkt, dass die Zahnräder mit zunehmend beunruhigenderer Lautstärke surren und klirren. Werden alle drei Knöpfe gedrückt, gibt die Tür einen schrillen, aber harmlosen Dampfstoß ab und öffnet sich ohne Weiteres.

Ein Intelligenzwurf (Nachforschungen) gegen SG 25 ergibt, dass die Tür völlig harmlos ist.

TÜR 2

Ungefähr 9 m vor euch am Ende des schmalen Ganges befindet sich eine weitere Tür, die mit arkanen rituellen Zeichen und Runen, Kreisen und magischen Formeln verziert ist. Als ihr näher kommt, beginnt die Tür zu summen und die arkanen Symbole beginnen zu leuchten.

Das Summen der Tür wird lauter, wenn sich eine Kreatur nähert.

Per Intelligenzwurf (Arkane Kunde) gegen SG 10 kann man eine Abfolge von drei Glyphen herauslesen, die nachgezeichnet werden müssen. Gelingt der Intelligenzwurf (Arkane Kunde) gegen SG 25, zeigt sich, dass die Tür völlig harmlos ist.

Mit jeder vollständig nachgezeichneten Glyphe scheint sich die Tür aufzuladen und immer stärker zu knistern. Wurden alle drei Glyphen nachgezeichnet, flackert die Tür hell auf, gibt ein Grollen von sich und öffnet sich ohne Weiteres.

TÜR 3

Die Tür öffnet sich zu einem weiteren Gang, der fast 15 m lang, aber nur 3 m breit ist. Am Ende des Ganges befindet sich eine Tür, die aus eisenbeschlagenem Holz zu bestehen scheint.

Diese Tür ist in Wirklichkeit eine riesige **Mimik**. Sie hat alle üblichen Werte einer Mimik und 106 TP.

Zauberstäbe und Schlüssel

Eine verschlossene Tür erfordert einen von vier scheinbar identischen Schlüsseln, die sich hinter magischen Barrieren befinden. Mithilfe spezieller Zauberstäbe muss die Gruppe den richtigen Schlüssel finden.

Euer Weg wird durch eine massive Tür mit einem schweren Schloss versperrt. Um die Tür herum sind kleine würfelförmige Nischen eingelassen, die mit flimmernden Barrieren aus magischer Energie versperrt sind. In jeder Nische ist der gleiche goldene Schlüssel zu sehen. Unter jeder Nische ruht auf zwei Haken ein Zauberstab. Neben jeder Nische ist eine leuchtende Rune in den Stein gemeißelt und darüber steht in Gemeinsprache das Wort »öffnen«.

Um die Tür zu öffnen, muss die Gruppe mit den bereitgestellten Zauberstäben den richtigen Schlüssel bestimmen. Berührt man eine der vier Runen, öffnet sich die Barriere der entsprechenden Nische. Öffnet man allerdings eine andere Nische als Nische 4 (in der sich der echte Schlüssel befindet), werden die Schlüssel zurückgesetzt und tauschen auf magische Weise ihre Eigenschaften und ihre Platzierung aus, je nach Ermessen des SL.

Mechanik

Die Barrieren, die die Nische versperren, sind für alles außer den vier Zauberstäben völlig undurchdringlich. Der Zauber *Magie entdecken* offenbart nur, dass ein mächtiger arkaner Effekt die Schlüssel schützt, und es lässt sich unmöglich feststellen, ob einer der Schlüssel magisch ist. Dieser Zauber kann nicht gebannt werden.

Der erste Zauberstab verursacht 1 Punkt Giftschaden, der zweite Zauberstab 1 Punkt Säureschaden, der dritte Zauberstab wirkt *Magierhand* und der vierte Zauberstab strahlt ein helles Licht aus. Jeder Zauberstab ist mit einer Inschrift in Gemeinsprache versehen, die seine Wirkung und das Zauberwort angibt.

Nische 1

Dieser Schlüssel ist eine Illusion. Er kann nicht beschädigt werden. *Magierhand* geht durch ihn hindurch und per Weisheitswurf (Wahrnehmung) gegen SG 15 merkt man, dass sich sein Schatten im Gegensatz zu anderen Schlüsseln nicht verändert, selbst wenn sich die Beleuchtung ändert. Wird die Nische geöffnet und der Schlüssel als Illusion entlarvt, springt er wieder an seinen Platz, und seine Barriere wird zurückgesetzt. Die Schlüssel werden dann wie oben beschrieben neu platziert.

Nische 2

Dieser Schlüssel ist eine heranwachsende Mimik. Die Mimik gibt sich erst zu erkennen, wenn sie durch den Giftzauberstab Schaden erleidet. Gegen Säureschaden ist sie immun. Wird sie herausgenommen, führt sie mit einem Angriffsbonus von +7 einen Angriff gegen die nächstbeste Kreatur aus. Bei einem Treffer gibt es 11 (2W8 + 2) Stichschaden und 4 (1W8) Säureschaden. Die Barriere und der Schlüssel werden dann wie oben beschrieben zurückgesetzt und vertauscht.

Nische 3

Dieser Schlüssel ist ein explosives Konstrukt. Das Konstrukt gibt sich erst zu erkennen, wenn es durch den Säurestab Schaden erleidet. Gegen Giftschaden ist es immun. Wird es herausgenommen, explodiert es und verlangt allen im Umkreis von 3 m um die Nische einen Rettungswurf auf Stärke gegen SG 15 ab. Bei Fehlwurf erleidet die Kreatur 4 (1W8) Stichschaden und 4 (1W8) Feuerschaden. Die Barriere und der Schlüssel werden dann wie oben beschrieben zurückgesetzt und vertauscht.

Nische 4

Dies ist der eigentliche Schlüssel. Er ist immun gegen Gift- und Säureschaden, wirft einen normalen Schatten und kann mit dem *Magierhand*-Zauberstab manipuliert werden.
Der eigentliche Schlüssel öffnet das Schloss zum Ausgang und ermöglicht das Fortkommen der Gruppe. Die Zauberstäbe funktionieren mit höchstens 9 m Abstand von der Tür.

Brillanz des Barbaren

Das Öffnen einer Tür erfordert eine scheinbar unüberwindbare Reihe von Intelligenzwürfen. Aber jeder Angriff gegen die Tür erhöht vorübergehend die Intelligenz des Angreifers.

Vor euch steht die komplizierteste Tür, die ihr je gesehen habt. Ihre instabil wirkende Außenseite ist mit äußerst raffinierten Schlössern bedeckt. Über die verschiedenen Schließmechanismen legen sich Muster aus arkanen Runen, komplexe Logarithmen, Matrizen aus Zauberei und Beschwörung und unverständliche, glimmende Schriftsätze.

Um die Tür zu öffnen, muss die Gruppe eine Reihe von immer schwierigeren Intelligenzwürfen bestehen, die ohne Hilfe kaum zu lösen sind. Doch die Tür hat einen ironischen Zauber: Jedes Mal, wenn eine Kreatur sie mit einem Nahkampfangriff trifft, erhöht sich deren Intelligenzwert.

SL AUFGEPASST: HAU REIN

Wenn sich die Gruppe nicht traut, die Tür zu attackieren, kann eine Kreatur oder ein NSC als gutes Beispiel vorangehen: Ein Tier der Gruppe, ein Familiar oder ein Mietling können dies übernehmen.

Mechanik

Die Tür hat RK 5 und ist immun gegen alle Schadensarten und Effekte. Immer, wenn eine Kreatur einen Nahkampfangriff gegen die Tür macht, erhöht sich ihr Intelligenzwert um 2, bis die Tür erfolgreich geöffnet wurde oder die Kreatur sich mehr als 9 m von der Tür entfernt. Die Tür hat vier Rätselschlösser, die mit einem Intelligenzwurf geknackt werden können. Jedes Mitglied der Gruppe kann versuchen, die Schlösser zu knacken, aber nach viermaligem Scheitern lösen die Schlösser als Gegenmaßnahme eine Version des Zaubers *Kältekegel* gegen SG 17 aus. Sobald dieser Zauber gewirkt wird, setzt sich die gesamte Falle zurück und die Gruppe kann von vorne beginnen.

Schloss 1

Eine komplexe logarithmische Sequenz. Intelligenz (Nachforschungen) gegen SG 20.

Schloss 2

Eine Reihe von arkanen Formeln. Intelligenz (Arkane Kunde) gegen SG 25.

Schloss 3

Eine teuflische, vielschichtige Wortchiffre. Intelligenz (Geschichte) gegen SG 30.

Schloss 4
Eine unergründliche, unaussprechliche Sigille, die gleichzeitig arkan, göttlich, aberrant und mathematisch zu sein scheint. Intelligenz (Arkane Kunde, Geschichte oder Nachforschungen) gegen SG 35.

Ist das letzte Schloss geknackt, löst sich die Tür in Luft auf und die Intelligenz aller Betroffenen kehrt auf den Normalwert zurück. Würfelt ein Spieler beim Angriff auf die Tür oder beim Knacken eines der Schlösser eine natürliche 20, kann der Intelligenzschub seines (oder aller) SC nach Ermessen des SL bis zum Verstreichen von drei langen Rasten beibehalten werden.

SL AUFGEPASST: VORÜBERGEHENDE GENIALITÄT

Der intelligenzsteigernde Zauber der Tür ist zwar eine schnelle und einfache Lösung, bietet der Spielrunde aber auch die Möglichkeit, sich die eigenen Charaktere auf einem viel höheren Intelligenzniveau auszumalen. Wenn du diesen Aspekt aufgreifen möchtest, kannst du die Spieler fragen, wie sich ihr Charakter auf verschiedenen Intelligenzstufen verändert.

Fünf Elemente

Die Gruppe muss einerseits gefährliche Monster abwehren, andererseits Energie durch mehrere Linsen leiten, um eine magische Barriere zu zerstören.

Ihr findet euch in einer großen Kammer wieder, die in Nebel gehüllt ist. Ein wirbelndes violett-schwarzes Nichts versperrt eine offene Tür auf der anderen Seite des Raumes. Unmittelbar rechts von euch steht ein sanft leuchtender weißer Kristall auf einem hohen Podest. Fünf bunte Linsen in mit Runen verzierten Rahmen stehen gleichmäßig im Raum verteilt.

Die Gruppe muss die Linsen so ausrichten, dass das Licht des leuchtenden Kristalls durch alle fünf Linsen fällt, und zwar in einer dem Zyklus der Elemente entsprechenden Reihenfolge.

Mechanik
Das Ein- oder Ausschalten des Kristalls ist eine Aktion.

Das Einschalten des leuchtenden Kristalls erzeugt einen gebündelten Lichtstrahl, der auf jede der Linsen im Raum gerichtet werden kann. Jede farbige Linse steht für ein Element, und der Strahl, den sie erzeugt, verursacht eine eigene Schadensart:

Linse	Element	Schadensart
Blau	Wasser	Kälte
Grau	Metall	Strahlung
Rot	Feuer	Feuer
Braun	Holz	Stich
Grün	Erde	Wucht

Eine Linse, in die das Licht des Kristalls scheint, bricht den Strahl, sodass er umgelenkt werden kann.

Bei der ersten Aktivierung strahlt der Kristall links neben dem Holzkristall. Das Licht wird bei jeder Brechung in einer neuen Linse sichtbar heller. Eine falsche Linse kann es nicht durchdringen. Ein Strahl, der nicht auf der richtigen Bahn alle fünf Linsen durchschienen hat, lässt die Barriere flackern, ohne sie zu zerstören.

Der Strahl muss im folgenden Zyklus durch alle fünf Linsen gehen:

Holz, Feuer, Erde, Metall, Wasser

Nach einem Wurf auf Intelligenz (Geschichte) oder Intelligenz (Arkane Kunde) gegen SG 15 erinnert sich ein Mitglied der Gruppe womöglich an Folgendes:

»Manche Magieschulen gehen davon aus, dass alle Energie in fünf Elemente aufgebrochen werden kann, die in einem fließenden Kreislauf miteinander existieren. Wenn sich die Energie im richtigen Zyklus verändert, kann sie verstärkt oder zerstört werden.«

Wer die Wände gezielt untersucht oder einen Wurf auf Weisheit (Wahrnehmung) oder Intelligenz (Nachforschungen) gegen SG 17 besteht, findet an den Wänden hinter jeder Linse Spuren des richtigen Strahls: Schmauchspuren hinter der Erdlinse, Wassererosion hinter der Holzlinse usw.

Das Licht des Kristalls oder das gebrochene Licht einer der Linsen erzeugt einen gefährlichen magischen Lichtstrahl. Der stationäre Strahl zwischen dem Kristall und einer Linse oder zwischen zwei Linsen fügt Kreaturen, die ihn durchqueren oder ihren Zug in ihm beginnen, 9 (2W8) Schaden der jeweiligen Art zu. Ein Spieler kann seine Aktion nutzen, um durch Lenkung des Kristalls oder einer angestrahlten Linse einen Strahlenangriff durchzuführen. Alle, die sich in einer 1,50 m breiten Linie entlang des Strahls befinden, müssen einen Rettungswurf auf Geschicklichkeit gegen SG 15 machen. Bei einem Fehlwurf erleiden sie 9 (2W8) Strahlenschaden, wenn der Strahl vom Kristall selbst ausgeht, oder 18 (4W8) Schaden, wenn der Strahl aus einer Linse kommt, wobei die Schadensart anhand der Tabelle oben bestimmt wird.

Zu Beginn jeder Runde, in der der Kristall aktiv ist, würfelst du anhand der folgenden Tabelle eine Kreatur aus, die du nach eigenem Gutdünken loslassen kannst.

1W100	Der Kristall erzeugt …
1–20	… einen Feuer-Mephit.
21–40	… einen Eis-Mephit.
41–60	… einen Gargyl.
61–80	… eine Belebte Rüstung.
81–100	… einen Modernden Schlurfer.

Sind alle fünf Linsen richtig ausgerichtet, wird der Strahl wieder hell und weiß und kann auf die schattenhafte Barriere gerichtet werden. Dadurch wird sie zerstört, und die Gruppe kann entkommen.

Psalter des Lichs

Die Gruppe muss die Rätsel eines tückischen Zauberbuchs beantworten und seine Wächter besiegen, um seinen Seiten zu entkommen.

Der Psalter des Lichs ist das Gebetbuch eines entkörperten Lichs. Um davonzukommen, muss die Gruppe eine Reihe von untoten Monstern richtig benennen, die in den Versen des Lichs beschrieben werden. Nach jedem gelösten Rätsel erscheint das genannte Monster, und die Gruppe muss es besiegen. Wenn der Lich selbst erraten wird, erscheint er jedoch nicht. Stattdessen löst sich der Zauber, und eine Tür erscheint in einer der Wände.

SL AUFGEPASST: ATTRIBUTSWÜRFE MÖGLICH

Bei diesem Rätsel kommt es mehr auf das Wissen der Spieler als auf das der Charaktere an. Sollte deine Gruppe Schwierigkeiten haben, kannst du Würfe auf Intelligenz (Religion) zulassen, um die richtigen Untoten zu finden. Dabei gelten folgende Schwierigkeitsgrade:
SG 8: Skelett
SG 10: Zombie
SG 13: Gruftschrecken
SG 17: Lich

In der Mitte des 9 × 9 m großen Raumes liegt auf einem hölzernen Ständer ein uraltes Buch. Die Wände sind aus nacktem Stein, und als ihr eintretet, verschwindet die Tür hinter euch. Das Buch klappt auf, und der Raum füllt sich mit einem Wirbel aus losen Seiten und dunklem Nebel.

Eine krächzende Stimme ertönt:

Der Weg hinweg von diesem Orte
Ist euch versperrt durch dürre Worte.
Was ihr von den Untoten wisst,
Ihr, wollt ihr leben, sagen müsst.

Ich wurd hernach vom Zahn der Zeit
Vom Schoß der Erde und durch Maden
Von altem Fleische fein befreit.
So hab ich keine Schenkel, keine Waden,
Nur reine Beine, keine Schmerzen,
Kein Blut mehr, und doch Wut im Herzen.

Antwort: Ein Skelett

1W4 + 2 **Skelette** erscheinen und greifen die Gruppe an. Sind die Skelette besiegt, ertönt die Stimme wieder, diesmal näher:

Verwest, verflucht und langsam schlurfend
Nicht weichend vor dem Todesstoß
Mit großem Hunger Hirn bedürfend
Ist meine Furcht vor Feuer groß.

Antwort: Ein Zombie

1W4 + 2 **Zombies** erscheinen und greifen die Gruppe an. Nachdem die Zombies besiegt sind, fährt die Stimme fort, wobei der Sprechende nun fast in Sichtweite sein müsste.

Bestattet bin ich, gebettet zur Ruh.
Weit weg von der zehrenden Sonne lieg ich.
Begraben wie ich sollst sein auch du.
Ich raub dir den Atem, ich krieg dich.

Antwort: Ein Gruftschrecken

2 **Gruftschrecken** erscheinen und greifen die Gruppe an. Sind sie besiegt, flüstert die Stimme euch ins Ohr, und ihr spürt trockenen Atem am Hals:

Dem grimmen Griff des Lebens zu entrinnen
Tat ich mein Herz in ein Buch einspinnen.
Durch Schwert und Magie ward ich gerichtet,
Und doch bin ich nicht ganz vernichtet.
Jetzt seid ihr gekommen, habt den Ritus belebt,
Der mich nun endlich der Schwäche enthebt.
Sprecht meinen Namen, um hinfort zu gelangen,
Oder bleibt mit mir in diesem Buche gefangen.

Antwort: Ein Lich

Eine lange, schreckliche Stille tritt ein. Dann beginnt die Stimme laut zu lachen, bevor sie in der Ferne verhallt. Der Nebel und die wirbelnden Buchseiten verschwinden. Das Buch ist weg und die Tür steht nun offen.

SL AUFGEPASST: BLEIBENDER FEIND

Der Lich mit dem Psalter könnte ein lohnender NSC oder Endgegner für deine Kampagne sein oder einfach nur ein bedrohlicher Gastauftritt. Vielleicht hat er ja andere Termine.

Eisiges Grab

Die Gruppe muss sich durch einen nachwachsenden Eisblock hacken, in dem sich ruhelose Untote befinden.

> Der dunkle Steinflur ist wie eine Grabkammer mit Wandmalereien, Statuen und religiösen Symbolen geschmückt. Die Kälte lässt euch unter der Rüstung erschauern und euer Atem hängt vor euch in der Luft. Ungefähr 9 m den Gang hinunter seht ihr eine massive Wand aus Eis, die sanft von innen glüht und den Weg komplett versperrt. Eisiger Nebel perlt unaufhörlich von ihr ab. In ihrem Inneren erkennt ihr humanoide Gestalten.

Die Gruppe muss sich ihren Weg durch einen 15 × 3 m großen, verzauberten Eisblock bahnen. Das Eis ist ein Grab für ruhelose Untote und alle 3 m werden Untote frei, die die Gruppe angreifen.

Mechanik

Der Eisblock hat 100 TP pro 3 m Eisschicht. Der Eisblock hat RK 13, ist verwundbar gegen Feuerschaden, resistent gegen nichtmagischen Hieb-, Stich- und Schnittschaden und immun gegen psychischen Schaden, Gift und alle Zustände. Durch Kälteschaden gewinnt er Trefferpunkte zurück. Bei Initiative 20 erhält die äußerste Eisschicht 10 Trefferpunkte zurück. Hat die verbleibende äußerste Schicht ihre volle TP-Zahl, erhält die zuletzt zerstörte 3-m-Schicht 10 Trefferpunkte zurück und alle Kreaturen und Objekte in ihrem Weg werden 3 m zurückgedrängt. Wird eine Eisschicht zum ersten Mal zerstört, setzt sie 1W4 + 1 Skelette frei. Nach Ermessen des SL kann nur die äußerste Schicht beschädigt oder bearbeitet werden.

Wenn die Gruppe einen Untoten auf 0 Trefferpunkte bringt, zerfällt er in einen Haufen Knochen. Ein Weisheitswurf (Wahrnehmung) gegen SG 15 mag ergeben, dass eine der Rippen eisblau ist. Indem man diese eisblaue Rippe wie ein Dolch ins Eis sticht, zerstört man sogleich eine 3-m-Eisschicht und vernichtet alle darin lauernden Untoten.

SL AUFGEPASST: UNERBITTLICHE KÄLTE

Lass die Spieler außerhalb der Zugreihenfolge planen, aber beginne die Initiative, sobald das Eis Schaden nimmt, damit das langsame Nachfrieren als tickende Uhr dient. Wenn Skelette für deine Spieler zu schwach sind, kannst du auch stärkere Untote wie **Mumien**, **Gruftschrecken** oder **Grule** einsetzen.

Säule der Schwerkraft

Die Gruppe muss die richtige Kombination von Steuerkristallen finden, um einen Raum mit veränderter Schwerkraft zu durchqueren.

> Der Saal vor euch wird von einem zylindrischen Hohlraum dominiert, der etwa 30 m breit, hoch und tief ist. Am Rand des Abgrunds steht eine Konsole, in deren Mitte eine lila leuchtende Kugel verdrahtet ist. Links und rechts davon liegen in Vertiefungen eine rote Kugel mit der Zahl 1 und eine blaue Kugel mit der Zahl −3. Auf einem kleinen Bildschirm wird −2 angezeigt. Direkt gegenüber, auf der anderen Seite der leeren Kammer, ist eine offene Tür. In der Luftsäule schweben auf verschiedenen Höhen über und unter euch mehrere Kristalle, manche blau, manche rot.

Will die Gruppe auf die andere Seite gelangen, muss sie die richtigen Schwerkraft-Kristalle in die Konsole legen, um die aufwärts und abwärts gerichteten Kräfte in der Säule auszugleichen. Zusätzliche Kristalle können in verschiedenen Höhen und Tiefen des Raumes entdeckt werden, die durch Kombinationen der verschiedenen Kristalle erreicht werden können. Es können immer nur ein roter und ein blauer Kristall gleichzeitig platziert werden. Werden beide Kristalle entfernt, füllt eine undurchdringliche Verzerrung den gesamten Raum aus.

Mechanik

Die Konsole steuert die Schwerkraft in dem zylindrischen Hohlraum. Rote Kristalle sorgen für nach oben gerichtete Kraft und blaue Kristalle für nach unten wirkende. Die Zahl auf jedem Kristall gibt die relative Stärke seiner Kraft an. Jeder Punkt entspricht einer Kraft von 3 m aufwärts oder abwärts. Um auf die andere Seite zu gelangen, muss die Gruppe die Konsole mit dem blauen −10-Kistall und dem roten +10-Kristall auf 0 stellen, damit durch die entgegengesetzten Kräfte ein gangbarer Weg entsteht. Welche Kristalle auf welcher Höhe zu finden sind, verrät die Tabelle unten. In der Einstellung, die die Gruppe vorfindet, würde das Betreten des Hohlraums zu einem 6 m tiefen Sturz führen (–2 × 3 m). Solange die roten und blauen Kräfte nicht ausgeglichen sind, fallen oder steigen alle, die den Hohlraum durchqueren wollen, auf die festgelegte Höhe und schweben dort wie unter dem Zauber *Schweben*.

Die Schwebehöhe ändert sich, sobald ein Kristall ausgetauscht oder entfernt wird. Alle Objekte oder Kreaturen im Hohlraum steigen oder fallen dann auf die neue Höhe. Das Abstoppen dieser Bewegung wird als Sturz aus entsprechender Höhe behandelt. Der geschickte Einsatz von Seilen, *Federfall* oder anderen Fertigkeiten kann den Sturzschaden verringern oder aufheben. *Telekinese*, *Dimensionstür* oder *Magierhand* können stark in dieses Rätsel eingreifen und können nach Ermessen des SLunterbunden werden.

Schwebehöhe	Kristall	Schwebehöhe	Kristall
10		–10	Rot +10
9	Blau –2	–9	
8	Blau –10	–8	
7		–7	
6	Rot +3	–6	
5		–5	Rot +8
4		–4	
3		–3	
2		–2	Rot +6
1	Blau –5	–1	

Die Falle ist tabu

Die Gruppe muss sich ihren Weg durch einen Gang voller Lauschangriffe bahnen. Jedes Mal, wenn sie »Falle« sagen, wird eine weitere Falle ausgelöst.

SL aufgepasst: Schweigen ist Gold

Dieses Rätsel hat eine besondere Tücke, die den Instinkt der Spieler beim Erkunden von Gewölben ausnutzt. Je mehr sie über diesen Gang und seine Fallen reden, desto mehr Fallen lösen sie aus. Vielleicht solltest du dieses Rätsel in der Reihenfolge der Initiative angehen und die Gruppe bitten, in ihren Rollen zu sprechen, um die Spannung zu erhöhen und die Aktionen überschaubar zu halten. Wer bei der Beschreibung einer Aktion »Falle« sagt, löst damit keine Falle aus, aber jede Erwähnung des Wortes zwischen Spielern gilt als Auslöser.

1W8	Sprache	Falle
1	Gemeinsprache	Im Umkreis von 3 m um die auslösende Kreatur schießt ein Pfeilhagel aus der Wand. Alle Kreaturen in diesem Radius müssen einen Rettungswurf auf Geschicklichkeit gegen SG 10 ablegen. Bei Fehlschlag erleiden sie 9 (2W8) Stichschaden, bei Erfolg die Hälfte.
2	Elfisch	Peitschende Ranken sprießen aus der Wand und umschlingen die auslösende Kreatur. Misslingt ihr ein Rettungswurf auf Stärke gegen SG 13, wird sie festgesetzt. In jedem Zug kann sie ihre Aktion nutzen, um den Rettungswurf zu wiederholen, erleidet dabei aber 3 (1W6) Stichschaden durch die Dornen.
3	Zwergisch	Einer der Gegenstände der auslösenden Kreatur wird (falls möglich) eine Minute lang mit dem Zauber *Metall erhitzen* belegt.
4	Celestisch	Missglückt der auslösenden Kreatur ein Rettungswurf auf Charisma gegen SG 13, ist sie während der nächsten Minute blind.
5	Drakonisch	Um die auslösende Kreatur herum breiten sich wogende Flammen aus. Alle im Umkreis von 3 m müssen einen Geschicklichkeitswurf gegen SG 15 machen. Bei Fehlschlag gibt es 13 (3W8) Feuerschaden, bei Erfolg halb so viel.
6	Goblinisch	Unter der auslösenden Kreatur öffnet sich eine 1,50 m breite und 3 m tiefe Grube. Schafft die Kreatur einen Rettungswurf auf Geschicklichkeit gegen SG 15 nicht, fällt sie hinein und erleidet den üblichen Sturzschaden. Wer eigenhändig herausklettern will, muss einen Geschicklichkeitswurf gegen SG 13 schaffen, da die Wände der Grube ziemlich glatt sind.
7	Orkisch	Eine riesige Klinge schwingt von der Decke und führt einen Angriff auf die auslösende Kreatur aus. Die Klinge hat einen Angriffsmodifikator von +7 und verursacht 13 (2W8 + 4) Hiebschaden.
8	Gnomisch	Glitschiges Fett ergießt sich über die auslösende Kreatur und eine 3 m große Fläche um sie herum. Alle, die das Fett überqueren und mit einem Rettungswurf auf Geschicklichkeit gegen SG 13 scheitern, fallen zu Boden. Wer sich mit halber Geschwindigkeit bewegt, hat beim Rettungswurf einen Vorteil.

> Vor euch liegt ein langer, dunkler Korridor. Er führt 60 m geradeaus bis zu einer stabil aussehenden Tür. In scheinbar zufälligen Abständen flackern an den Wänden des Korridors leuchtende Wörter in verschiedenen Sprachen auf und verschwinden dann.

Die Gruppe muss den Gang in seiner ganzen Länge durchqueren. Jedes Mal, wenn jemand das Wort »Falle« ausspricht, wird eine Falle ausgelöst. Die Tür auf der anderen Seite verriegelt sich, sobald das Wort »Falle« gesprochen wird, öffnet sich aber nach fünf Minuten wieder, falls das Wort in dieser Zeit nicht erneut fällt.

Mechanik

Auf den ersten Blick zeigt sich, dass die schimmernden Worte in verschiedenen Sprachen geschrieben sind, aber so schnell verglimmen, dass sie schwer zu lesen sind. Genaueres Hinsehen ist erforderlich. Per Intelligenzwurf (Nachforschungen) SG 12 kann man die Sprache erkennen und das Wort verstehen. Jedes Mal, wenn ein Spieler ein Wort zu lesen versucht, würfelst du 1W8 und wählst eine Sprache aus der Tabelle aus. Beherrscht der SC diese Sprache fließend, weiß er, dass dort »Falle« steht.

Jedes Mal, wenn ein SC das Wort »Falle« sagt, würfelst du mit 1W8 anhand der Tabelle (S. 140) eine zufällige Falle aus.

Chiffre der abgetrennten Köpfe

Die Gruppe muss einen irreführenden Code knacken, damit sie sich nicht zu den beiden herumliegenden Leichen gesellt.

> 13 verdorrte, abgetrennte Köpfe stecken auf 1,20 m hohen Holzpfählen, die in der Mitte des Raumes einen Kreis mit 4,50 m Durchmesser bilden. Die Köpfe sind teilweise verrottet und tragen unterschiedliche Gesichtszüge, aber allen ist offenbar der Mund zugenäht. Innerhalb des Kreises liegen zwei Leichen, eine in rostigem Kettenpanzer und mit Schild am Arm, die andere halb von einem dunklen Kapuzenumhang verdeckt. Auf einem 1 m hohen Steinsockel in der Mitte des Kreises liegt ein Pergament.

Mechanik

Das Pergament. Das Pergament auf dem Sockel ist abgenutzt und verblasst und trägt in schwarzer Tinte den folgenden Text:

Lpuly kly Rewml ipynä klu Zjosfzzls.
Kpl huklylu ßlyklu löjo äeälu.
Zöjoä opuäly klu Cdoulu klz Lpudönpnlu.

Der Text besteht aus gewöhnlichen Buchstaben, die zu einem unlesbaren Kauderwelsch angeordnet sind. Der Text ist dadurch chiffriert, dass jeder Buchstabe durch einen anderen ersetzt wurde, der 7 Stellen weiter im Alphabet steht (A wird zu H, Z wird zu G usw.). Wer einen Intelligenzwurf (Geschichte) gegen SG 15 erfolgreich auf das Pergament anwendet, erkennt es als Chiffre. Der Wurf erfolgt mit Vorteil, wenn die Gruppe bereits den Schlüssel bei der verhüllten Leiche gefunden hat (siehe Abschnitt »Verhüllte Leiche«). Die Chiffre kann auch ohne Kenntnis des Schlüssels geknackt werden, allerdings wird es dann schwieriger. Nach Ermessen des SL kann auch ein SC, der die Diebessprache beherrscht, die Chiffre entschlüsseln. Die entschlüsselte Chiffre lautet:

Einer der Köpfe birgt den Schlüssel.
Die anderen werden euch töten.
Sucht hinter den Zähnen des Einäugigen.

Der genannte Schlüssel öffnet den Ausgang, eine Schatztruhe oder ein beliebiges anderes Schloss.

Die Köpfe. Die abgetrennten Köpfe haben unterschiedliche Merkmale und unterscheiden sich in Geschlecht und Alter: Einer hat langes schwarzes Haar, ein anderer eine krumme Nase, ein dritter ist ganz kahl. Der einzige Kopf, der nur ein Auge hat, verbirgt im zugenähten Mund den Schlüssel zur Ausgangstür. Wer *Magie entdecken* wirkt, sieht von jedem der Köpfe eine Aura von Bannmagie ausgehen, denn jeder Kopf ist mit einer modifizierten *Glyphe des Schutzes* verzaubert, die den Zauber *Finger des Todes* enthält (Rettungswurf gegen SG 17). Wird einer der Köpfe angerührt, die nicht den Schlüssel enthalten, wird dessen *Glyphe des Schutzes* gegen das nächstbeste Ziel aktiviert.

Die verhüllte Leiche. Der Leichnam gehört einem Abenteurer, der den Schlüssel zur Chiffre besaß, aber durch das vorbereitete Ablenkungsmanöver in die Irre geführt wurde (siehe Abschnitt »Sir Rothering«). Er kam um, weil er einen der falschen Köpfe anrührte. Bei ihm befinden sich ein versilberter Dolch im Wert von 100 GM, eine Handarmbrust und ein Abenteuerrucksack. Per Intelligenzwurf (Nachforschungen) gegen SG 15 lässt sich ein in seinem Umhang versteckter Fetzen Pergament finden, auf dem Folgendes steht:

A → H

Sir Rothering. Diese Leiche wurde vom Erschaffer dieser Kammer absichtlich dort platziert, um potenzielle Eindringlinge zu verwirren. Bei näherem Hinsehen erkennt man auf dem Schild neben der Leiche einen Fisch in roter Farbe. Die Leiche ist offensichtlich viel älter als die in dem Umhang. Ein Weisheitswurf (Natur/Überleben) gegen SG 12 identifiziert die Fischart als Hering (roter Hering = *red herring* = falscher Hinweis). Die Leiche hat außerdem ein verrostetes Langschwert, eine Entdeckerausrüstung und ein kleines Stück Pergament bei sich, auf dem die folgende (falsche) Information steht:

Der Glatzkopf birgt den Schlüssel.

Singende Urnen

Ein bisschen Musik ist der Schlüssel zu dieser verschlossenen Tür.

> Vor euch stehen acht dekorative Marmorurnen mit jeweils 0,30 m Abstand aufgereiht. Mitten darüber schwebt 1 m unter der 4,50 m hohen Gewölbedecke in einer Glaskugel ein kleiner metallener Schlüssel.

Mechanik

Schwebender Schlüssel. Die Glaskugel beinhaltet den Schlüssel, der die Ausgangstür aufschließt. Per *Magie entdecken* lässt sich um die Kugel herum eine Aura von Bannmagie feststellen. Die Kugel kann nicht bewegt, zerbrochen oder in irgendeiner Weise manipuliert werden. Sobald die Gruppe die zu den acht Urnen passende Dur-Tonleiter vollendet hat, zerspringt die Kugel und der Schlüssel fällt herunter.

Marmorurnen. Wer *Magie entdecken* wirkt, kann um jede Urne eine Aura von Verzauberungsmagie wahrnehmen. Auf den ersten sieben Urnen liegt der Zauber *Magischer Mund*, der ausgelöst wird, wenn sie geöffnet werden. Von links nach rechts singen diese Urnen sieben der acht Töne der Durtonleiter: c, d, e, f, g, a, h. Die achte ganz rechts bleibt stumm, wenn sie geöffnet wird. Falls jedoch irgendjemand den letzten Ton der Tonleiter (c) singt oder spielt, nachdem die ersten sieben Urnen in der richtigen Reihenfolge geöffnet wurden, wird der Schlüssel aus der Glaskugel darüber frei.

Mittagspause

Des Rätsels Lösung ist hier nur der erste Schritt. Für den zweiten muss man sich Zeit nehmen.

> Der Raum wird von einem Kronleuchter beleuchtet, der über einer 2 m hohen steinernen Säule hängt. Rund um die Säule stehen 24 Feueröfen mit Klauenfüßen, deren Öffnungen auf die Säule gerichtet sind. Um den Fuß der Säule zieht sich eine Inschrift. In den Steinboden der Kammer sind Muster und Bilder gemeißelt: eine lächelnde Sonne, ein stirnrunzelnder Mond und Blumenschmuck.

Mechanik

Die Inschrift der Säule lautet in Gemeinsprache:

Wer derzeit statt zu denken lieber döst,
Der *ohne* Tag dies Rätsel niemals löst.

Ohne Tag ist dieses Rätsel nicht zu lösen? Aber *mit Tag* schon: = *Mittag*. Damit die Lösung gilt, muss der Feuerofen mit der Nummer 0 angefacht werden, sodass er mithilfe der Säule einen langen Schatten auf den Ofen Nummer 12 am oberen Ende des Kreises wirft.

Die Feueröfen. Vor jedem Ofen ist eine Zahl in den Boden eingemeißelt: 0 bis 23. Die Nummer 0 befindet sich von der Eingangstür aus gesehen am unteren Ende des Kreises, während die Nummer 12 gegenüberliegt, nahe der Ausgangstür. In jedem Ofen liegen Zunder und genügend Holz, um ein großes Feuer zu machen. Sobald der Schatten auf die 12 fällt, öffnet sich der Ausgang aus dieser Kammer.

Lila Teekanne

Die Gruppe muss aus scheinbar unsinnigem Geschwätz heraushören, dass etwas Wichtiges fehlt.

> Diese Kammer ist wie ein feiner Salon eingerichtet. In der Mitte sitzen drei Stoffpuppen in bunten Kleidern an einem Teetisch, der mit Tassen, Tellern und einer Platte Scones gedeckt ist. An der Ostwand stehen Vitrinen und Regale mit weiterem Geschirr und Besteck. Gegenüber der Tür, durch die ihr gekommen seid, befindet sich eine verschlossene Ausgangstür.

Durch Wirken von *Magie entdecken* lässt sich an den Puppen eine Aura von Beschwörungsmagie feststellen. Die Scones auf dem Tisch sind ebenfalls ein Produkt von Beschwörungsmagie, aber durchaus essbar. Jede Puppe ist mit dem Zauber *Magischer Mund* belegt, der ringsum aktiv wird.

- Die erste Puppe ruft aus: »Uns fehlt noch etwas. Etwas, das LAIEN ANEKELT!«
- Die zweite Puppe sagt: »Ist es etwa in der ANTIKEN ALLEE?«
- Die dritte Puppe sagt: »Ja, dort, wo sich deine ENKELIN AALTE.«

Den Anagrammen ist zu entnehmen, dass den Puppen für ihre Teeparty noch ihre LILA TEEKANNE fehlt. Wer den Teetisch per Weisheitswurf (Wahrnehmung oder Einsicht) gegen SG 18 inspiziert, wird merken, dass eine Teekanne fehlt. Die lila Teekanne steht in einer der Vitrinen zwischen anderem Geschirr, darunter auch Teekannen in verschiedenen Farben. Wird die lila Teekanne auf den Tisch gestellt, nimmt sich die rechte Puppe einen Scone und bricht ihn auf, wobei ein Türschlüssel herausfällt.

Kunst des Krieges

Die Gruppe erhält ein paar Lektionen in Taktik und Strategie.

> Auf einem prunkvollen Mahagoni-Schreibtisch liegt eine große, verzierte Landkarte. Darauf verstreut liegen kleine Spielsteine und verschiedenfarbige Figürchen. An den Wänden stehen gut gefüllte Bücherregale. Auf einem Beistelltisch neben einem samtenen Ohrensessel liegt ein dicker, ledergebundener Foliant mit einer Bronzeschließe.

Mechanik

Die Karte zeigt verschiedene Gebietsgrenzen und einige umliegende Gewässer. Insgesamt gibt es zwölf verschiedene Territorien. Auf dem Tisch liegen überall kleine Holzfigürchen, die wie Soldaten aussehen und in fünf verschiedenen Farben angemalt sind: rot, blau, grün, weiß oder schwarz. Bei genauerem Hinsehen gibt es von jeder Farbe gleich viele Figuren.

In den vollen Bücherregalen stehen Werke zu allen erdenklichen Themen, aber für das Rätsel ist nur das Buch auf dem Beistelltisch relevant. Auf der ersten Seite steht der Titel: *Kunst des Krieges*. Das Buch ist voll mit kurzen Betrachtungen und Ratschlägen zur Kriegsführung und allem, was damit zusammenhängt. In der Mitte des Buches findet sich eine große ausklappbare Karte mit handschriftlichen Notizen. Auf der Karte sind die Grenzen von fünf verschiedenen Territorien mit schwarzer Tinte dick nachgezogen. Die Mitte jedes Gebiets ist mit einem »X« markiert. Um das Rätsel zu lösen, müssen alle Holzfiguren nach Farben gruppiert und dann in den im Buch markierten Territorien versammelt werden. Welches Gebiet welche Farbe erhält, ist dabei unerheblich. Sobald farblich sortierte Gruppen in den fünf markierten Territorien platziert sind, schwingt ein Bücherregal an der Wand langsam zur Seite und gibt die Ausgangstür frei.

Aufgang/Untergang

Um mehr von dieser dunklen Kammer zu enthüllen, gilt es, die Bahn des hellsten Sterns der Welt zu verfolgen.

> In diesem ansonsten kargen Raum steht an einer Wand ein kunstvoll behauener steinerner Tisch. Als ihr näher kommt, erkennt ihr zwei Handabdrücke auf der Tischfläche.

Mechanik

Mit dem Spruch *Magie entdecken* wird Beschwörungs- und Illusionsmagie spürbar, die von der Wand hinter dem Steintisch ausgeht. Wird erfolgreich *Magie bannen* (5. Grad) gewirkt, löst sich die Wand hinter dem Tisch vollständig auf, und die dahinterliegende Kammer wird sichtbar, wie unten beschrieben.

Legt eine Kreatur die Hände auf die beiden Handflächen, erscheint in der Wand hinter dem Tisch eine halbrunde Nische, deren kunstvoll behauener Bogen sieben gleichmäßig verteilte Öffnungen aufweist. In der Nische flackern leuchtende Lettern auf:

Die Finsternis gebiert den Stern,
Mit heißer Glut er prahlt,
Und steigt in Flammen hoch hinan,
Bis dass er groß erstrahlt.
Hell steht er, golden geht er nieder.
Verglüht dann purpurn wieder.

Als das letzte Wort aufleuchtet, erscheinen elf Kristallkugeln auf dem Tisch.

Gegen das Licht gehalten, leuchten die Kristalle in verschiedenen Farben: zwei violett, zwei rot, zwei orange, zwei grün, zwei blau und einer gelb.

Steckt man die Kugeln so in die Öffnungen im Bogen, dass ihre Farben der Sonnenbahn vom Morgen bis zum Abend entsprechen (violett, rot, orange, gelb, orange, rot, violett), öffnet sich ein Durchgang in der Nische.

Schritt für Schritt

Das Reparieren einer zerbrochenen Spieluhr ist erst der Anfang eines komplexen und musikalischen Rätsels.

> Ihr betretet einen langen, schmalen Flur, dessen schlichte Mauern mit reichen Wandteppichen geschmückt sind. Die Wandteppiche zeigen Musiker, die in verschiedenen Umgebungen spielen, sei es auf dem Markt oder in prunkvollen Sälen. Am Ende des Flurs steht auf einem Sockel eine kaputte Holzkiste, groß wie ein Leierkasten. Hinter dem Sockel befindet sich ein Torbogen, der zu einer schmalen Kammer führt, die keine sichtbaren Ausgänge hat, sondern nur eine kahle Mauer am Ende. An den Seitenwänden sind fröhliche Szenen mit Musik, Gesang und Tanz dargestellt. Dieser Raum ist verwüstet, auf dem Boden liegen zerbrochene Möbel, zerschlagene Instrumente und anderes Gerümpel.

Ein erfolgreicher Intelligenzwurf (Geschichte oder Nachforschungen) SG 12 ergibt, dass die Kiste auf dem Sockel eine kaputte Spieluhr ist. Darin liegen zahlreiche Püppchen, zerbrochene Instrumente und zerschlagene Kleinmöbel. Wer *Magie entdecken* wirkt, nimmt eine Aura von Beschwörungsmagie wahr.

Per Geschicklichkeitswurf (Tüftlerwerkzeuge) gegen SG 16, mit dem Zauberspruch *Ausbessern* oder auf einem anderen Weg nach Ermessen des SL lässt sich die Spieluhr reparieren – was unerlässlich ist, um voranzukommen. Versucht die Gruppe, umzukehren, streckt sich der Gang mit den Wandteppichen ins Unendliche.

Ist die Spieluhr repariert, erscheint eine kleine Kurbel an ihrer Seite. Wird sie gedreht, erklingt eine gespenstische, schiefe Melodie, die Püppchen werden lebendig und spielen ihre Miniaturinstrumente. Sobald die Musik zu spielen beginnt, sieht die Gruppe, dass auch der Raum dahinter »repariert« wurde. Überall tanzen gespenstische Gestalten zur Melodie der Spieluhr miteinander.

Sobald die Musik aus der Spieluhr aufhört, heulen die Gespenster vor Schmerz schrill auf und schlagen um sich. Wer sich dann in dem Raum aufhält, erleidet in jeder Runde 7 (2W6) psychischen Schaden.

Die Spieluhr kann vom Sockel gehoben und getragen werden.

Ein Wurf auf Intelligenz (Nachforschungen) oder Weisheit (Wahrnehmung) gegen SG 12 offenbart, dass allen an der Wand dargestellten Musikinstrumenten jeweils die Saite, die Taste oder das Loch fehlt, mit dem das *C* zu spielen wäre. Nur das Spielen dieser Note führt zur nächsten Phase des Rätsels.

Ein SC, der ein Saiten- oder Holzblasinstrument beherrscht und bei sich trägt, kann die Note spielen. Mit einem Charismawurf (Auftreten) gegen SG 10 gelingt es, sie zu singen. Vielleicht fällt auch jemandem nach einem Weisheitswurf (Wahrnehmung) gegen SG 14 das Relief eines Musikers mit Stimmgabel auf. Die Stimmgabel kann von der Wand genommen und angeschlagen werden, sodass ein *C* ertönt. Sobald das *C* erklungen ist, liest du vor:

> Kaum ertönt das *C*, klingt die Musik aus der Spieluhr reiner und angenehmer. In der Tür zur Kammer leuchtet ein Kreis aus Worten auf, und auf dem Steinboden erscheinen verschlungene Markierungen. Die Worte lauten: *Bitte zum Tanz deinen Partner herbei, dann folge dem Lied und tanze dich frei.*

Sobald ein SC einen Tanzpartner herbittet, erscheint allen gegenüber eine ansehnliche Illusion – eine für jedes Mitglied der Gruppe – in prächtigem, höfischem Gewand. Jede Illusion verneigt sich, streckt die Hand aus und wartet.
Die Gruppe muss erkennen, dass es sich bei den Markierungen auf dem Boden um Tanzschritte handelt, die jeder mit seinem illusorischen Tanzpartner ausführen muss. Nach Ermessen des SL müssen insgesamt drei Charismawürfe (Auftreten) gegen SG 8 gelingen, um aus der Kammer zu tanzen. Bei jedem erfolgreichen Wurf tanzt der illusorische Partner lächelnd und elegant im Takt mit dem SC.
Sollte ein SC eines der Gespinste angreifen, verwandelt es sich sofort in eine wütende **Todesfee**.
Wenn alle den Tanz bewältigt haben oder wenn alle Illusionen getötet sind, hört die Musik auf. Die Spieluhr projiziert dann eine Tür an die nächstgelegene Wand, durch die man in die nächste Kammer gelangt.

Geschick im Getriebe

Um diese Tür zu öffnen, müssen Zahnräder in der richtigen Reihung zusammengesetzt werden.

> Vor euch habt ihr eine robuste Tür, aus deren Oberfläche in einer Reihe vier massive Eisenzapfen ragen. Es gibt keinen sichtbaren Schließmechanismus oder Griff. In einer Nische neben der Tür steht eine Holzkiste mit Zahnrädern verschiedener Größe. Ein kleines Messingschild an der Kiste trägt die Aufschrift:

Vier auf die Eins, drei auf die Vier,
Die Zwei braucht alles, was bis hier.
Nur halb so viel bekommt die Drei
Wie insgesamt Eins, Vier und Zwei.

Mechanik

Werden die Zahnräder mit der richtigen Anzahl von Zähnen auf die richtigen Zapfen gesetzt, erscheint in der Mitte des vierten Zahnrads ein Griff, mit dem man den Mechanismus drehen und die Tür öffnen kann. Die richtige Reihung ist:

Zapfen 1 = Zahnrad mit 4 Zähnen
Zapfen 2 = Zahnrad mit 7 Zähnen
Zapfen 3 = Zahnrad mit 7 Zähnen
Zapfen 4 = Zahnrad mit 3 Zähnen

Interludium

Auf einem behelfsmäßigen Instrument muss eine Melodie hervorgebracht werden, die den Sensenmann rührt.

> Ihr tretet in eine Kammer, in der sieben Kelche und ein mit Wein gefülltes Becken stehen. Über den Kelchen ragt eine gespenstische Gestalt auf, die eine Kutte trägt und eine große Sense hält. Als ihr näher kommt, spricht sie mit einer Stimme wie rasselnder Wind:
>
> Kalt ist mein Herz, warm wird es nur
> Durch eine klingende Pro*zedur*.

Mechanik

Die geisterhafte Gestalt versperrt den Ausweg aus der Kammer. Die verlangte Pro-*zedur* besteht darin, die C-Dur-Tonleiter erklingen zu lassen, indem alle sieben Kelche so gefüllt werden, dass sie den richtigen Ton (*C* bis *H*) von sich geben.

Ein Blick in die Kelche verrät, dass zwei von ihnen bereits Wein enthalten. Schlägt man sie an, geben sie zwei wohlklingende Töne von sich, die jeder SC, der ein Musikinstrument beherrscht, als *C* und *D* erkennt.

Ein SC mit Kenntnis eines oder mehrerer Musikinstrumente weiß nach erfolgreichem Charismawurf (Auftreten) gegen SG 15, bis zu welcher Höhe jedes Glas gefüllt werden muss, um die anderen Töne der Tonleiter zu treffen. Eine unmusikalische Gruppe muss dies durch Ausprobieren herausfinden, wobei jede falsche Note 3 (1W4 + 1) psychischen Schaden erzeugt.

Sobald die Tonleiter vollständig erklungen ist, spricht der Sensenmann erneut und gibt ein weiteres Rätsel auf:

> **Das tat mir gut, das tat mir weh,**
> **Die Leiter ist bestiegen.**
> **Doch nun, bevor ich weitergeh,**
> **Sagt eurem Leben noch *Ade*.**
> **Der Tod muss immer siegen.**

Was wie eine Drohung des Sensenmannes klingt, ist ebenfalls ein Rätsel. Denn um *Ade* zu sagen, müssen die Kelche *A*, *D* und *E* nacheinander angespielt werden, dann verschwindet die Geistergestalt und gibt den Weg frei.
Löst die Gruppe dieses Rätsel nicht, kämpft die Gestalt mit den Werten eines **Wiedergängers**. Wenn die Gruppe die Kreatur besiegt oder an ihr vorbeikommt, verfolgt sie nach Ermessen des SL eines ihrer Mitglieder so lange, bis die gewünschte Melodie gespielt wird.

Spieglein, Spieglein

Die Gruppe steht einer Reihe von seltsamen Spiegeln gegenüber, die Rätsel aufgeben.

> Ihr betretet einen Raum, der mit allerlei Kram gefüllt ist. Es scheint eine Art Lagerraum zu sein. Unterschiedliche Gegenstände sind ohne erkennbare Ordnung übereinandergestapelt. Es gibt keine Tür außer der, durch die ihr gekommen seid. An der hinteren Wand hängen fünf Spiegel. Über den Spiegeln ist eine Inschrift zu lesen: *Bring mir, was ich suche, dann darfst du hindurch.*

Wer in einen der Spiegel schaut, sieht das eigene Spiegelbild. Aber es ist kein genaues Spiegelbild. Die Person im Spiegel grinst schelmisch und hält ein Pergament in der Hand. Auf jedem Pergament steht ein Rätsel:

SPIEGEL 1:
Bin keine Hand und kann doch schlagen. Hab fünf Finger und kann doch nichts fassen, ehe du mich lässt.

Antwort: *Ein Handschuh*

SPIEGEL 2:
Nur einer trägt ihn, doch zwei sind durch ihn gebunden.

Antwort: *Ein Ehering*

SPIEGEL 3:
Mein Leben dauert nur Stunden, wenn es der Wind nicht verlängert.

Antwort: Eine Kerze

SPIEGEL 4:
Ich muss essen, um zu leben, aber darf nie trinken.

Antwort: Feuer

SPIEGEL 5:
Wenn du mich am meisten brauchst, wirfst du mich weg.

Antwort: Ein Anker

Die Spiegelungen suchen nach bestimmten Gegenständen. Wer in dem Haufen Krempel etwas Bestimmtes sucht, kann es mit einem Intelligenzwurf (Nachforschungen) gegen SG 15 finden.

Holt ein SC den falschen Gegenstand, zeigt ihm der Spiegel ein Spiegelbild von sich selbst im hohen Alter, das für immer hier gefangen bleibt. Holt man den richtigen Gegenstand, funktioniert der Spiegel richtig und zeigt das korrekte Spiegelbild. Sobald alle fünf Spiegel ihre jeweiligen Gegenstände erhalten haben, ist auf einmal in ihrem Spiegelbild eine offene Tür hinter der Gruppe zu sehen. Wenn die Gruppe sich umdreht, sieht sie dort keine Tür. Die Tür ist nur dadurch zu erreichen, dass man sie im Spiegel anblickt und rückwärts darauf zugeht.

Mit Füssen getreten

Die Gruppe kann diesen Ort nur verlassen, wenn sie sich einen Namen macht.

> Der Boden dieses Raumes ist vollständig mit Sand bedeckt, der sich angenehm warm anfühlt. In der Nähe der Nordwand des Raumes steht ein leerer, 1,20 m hoher Steinsockel, an dessen Fuß etwas eingraviert ist.

Mechanik

Der Sand ist etwa 13 cm tief. Darunter liegt massiver Steinboden. Auf dem Sockel ist auf Elfisch Folgendes zu lesen:

Was kannst du hinterlassen Schritt für Schritt
Und doch bleibt's dein und du nimmst's mit?

Der Zauber *Magie entdecken* könnte ergeben, dass der Sand und die Ausgangstür eine starke Aura von Verzauberungsmagie haben. Diese Magie kann nicht gebannt werden.

Der leere Sockel lässt vermuten, dass hier irgendeine Gabe hingehört, ist aber nur ein Ablenkungsmanöver. Des Rätsels Lösung wäre, dass man den eigenen Namen mit Fußspuren in den Sand schreibt.

Alle im Sand hinterlassenen Spuren verschwinden nach wenigen Augenblicken, und der Sand glättet sich wieder. Mit einer passiven Wahrnehmung von mindestens 14 merkt man, dass sich im Sand hinterlassene Abdrücke langsam wieder füllen. Per Intelligenzwurf (Nachforschungen) gegen SG 15 lässt sich bei genauerem Hinsehen feststellen, dass sich mit der Hand in den Sand gezogene Rillen viel schneller füllen als Fußspuren.

Schreibt ein SC seinen Namen nur mit Fußspuren, wird der Ausgang frei.

Mitgenommener Sand verschwindet, sobald er aus dem Raum entfernt wird.

Wettbewerb in Demut

Es muss dafür gesorgt werden, dass der Bescheidenheit in angemessener Weise gedacht wird.

> Fünf Sarkophage liegen schief auf dem kalten Steinboden dieser Kammer. In der Ostwand befinden sich fünf leere Grabnischen. Splitter und Trümmer aus Stein lassen vermuten, dass die Sarkophage aus ihren Ruhestätten herausgerissen wurden. Die Grabnischen sind mit Flachreliefs ausgeschmückt, die von Osten nach Westen immer üppiger werden. Die östlichste Nische schmückt nur ein Taubenpaar, während die westlichste Gruft neben Tauben auch verschiedene Blumen und einen Engelschor aufweist. Während ihr die Kammer erkundet, begegnet euch plötzlich eine geisterhafte Gestalt in Bardenkleidung, die eine Laute zupft.

Mechanik

Der klagende Geist. Nach Betreten der Kammer ist schon bald ein leises, gespenstisches Stöhnen zu hören, das von den Wänden widerhallt. Nach ein paar Augenblicken erscheint das Gespenst eines mürrischen Barden und beginnt zum Klang der Laute mit einer Art Sprechgesang:

Ach, die Lockungen des Reichtums befallen selbst die Frömmsten. Welch Schande, dass die Bescheidenen schneller vergessen sind als die, die sich mit Gold umgeben. Einige dieser Geistlichen hätten ein besseres Gedenken verdient.

Goswin war bescheidener als Alfonso, aber weniger bescheiden als Jorden.

Samara war weniger bescheiden als Alfonso, aber bescheidener als Gayle.

Jorden war weniger bescheiden als Emory.
Und doch wurden sie in Missstimmung zu Grabe getragen.

Auf Nachfrage wiederholt sich der Geist, hat aber nichts zu berichten außer belanglosen Erinnerungen aus seinem früheren Leben. (»Ich vermisse den Geschmack von Kuchen sehr.«)

Jeder Sarkophagdeckel ist mit einem aus Stein gehauenen Porträt des Verstorbenen und dessen Namen verziert. Bei früheren Durchflutungen der Kammer wurden die Sarkophage aus ihren Nischen gerissen und so verschoben, dass sie nicht mehr direkt vor den Nischen stehen, in denen sie einst ruhten.

Um das Rätsel zu lösen, müssen die Sarkophage wieder in die Nischen gestellt werden, allerdings andersherum, als sie ursprünglich beigesetzt wurden. So gefällt es dem Barden, denn seiner Ansicht nach sollten die Geistlichen nach dem Maß ihrer Demut zu Lebzeiten gewürdigt werden. Wie bescheiden sie waren, verrät das Logikrätsel, das der Barde vorgetragen hat. Nach Bescheidenheitsgrad sortiert lautet die Rangfolge,

beginnend mit dem Allerdemütigsten: Emory, Jorden, Goswin, Alfonso, Samara, Gayle. Somit gebührt Emory die üppigste Grabnische, während Gayle in die am wenigsten geschmückte gehört.
Um einen Sarkophag zu versetzen, ist womöglich ein erfolgreicher Stärkewurf (Athletik) gegen SG 15 erforderlich.

Das Rätsel lässt sich auch dadurch lösen, dass man die Sarkophage öffnet und die Grabbeigaben schätzt, mit denen die geistlichen bestattet wurden. Durch das Öffnen eines Sarkophags wird ein **Todesalb** heraufbeschworen, der (nach Ermessen des SL) so lange angreift, bis der Sarkophag zerstört ist oder bis die Sarkophage in der richtigen Reihung sind. Jeder Sarkophag enthält einen verdorrten Leichnam, umgeben von Grabbeigaben. Diese Besitztümer entsprechen der Bescheidenheit zu Lebzeiten. Die am wenigsten bescheidene von allen, Gayle, wurde mit Münzen und Schmuck im Wert von 300 GM bestattet. Dem oberbescheidenen Emory wurde nur eine einzige Goldmünze beigelegt. Die anderen Geistlichen haben ihrer jeweiligen Bescheidenheit entsprechende Reichtümer dabei, die jeweils 50 GM auseinanderliegen.

Münze des Tricksters

Eine Trickster-Gottheit verlangt Falschgeld als Opfergabe. Die Gruppe muss mittels einer Waage die Fälschung unter zehn scheinbar identischen Münzen bestimmen.

> Vor euch liegt eine 6 × 6 m große Kammer, die von einem Altar in der Mitte dominiert wird. Auf dem Altar stehen eine goldene Opferschale, ein handlicher Lederbeutel und eine kleine goldene Waage. Hinter dem Altar befindet sich eine imposante Tür ohne sichtbares Schloss.

Um die Tür zu öffnen, muss die Gruppe die gefälschte Münze in die Opferschale legen. Die Münze sieht genauso aus wie die neun echten Münzen, wiegt aber etwas weniger. Eine Waage ermöglicht es der Gruppe, die Münzen zu vergleichen.

Mechanik

Ein Wurf auf Intelligenz (Religion) gegen SG 10 offenbart, dass der Altar einer Gottheit des Betrugs und des Diebstahls geweiht ist und dass solche Gottheiten oft Wert auf Opfergaben mit Schläue und Täuschung legen. In die Mitte der Schale ist der Umriss einer einzelnen Münze gemalt. In den Tisch ist außerdem ein Gebet in Diebessprache eingemeißelt, das jedem Sprachkundigen sofort die gleiche Information vermittelt.

Nummeriere die Münzen von 1 bis 10, um sie leichter auseinanderzuhalten. Die gefälschte Münze ist die 6. Liegt in beiden Waagschalen eine gerade Anzahl von Münzen, und einer der Haufen enthält die 6, dann ist dieser etwas leichter, sodass sich diese Waagschale hebt.

Immer, wenn eine echte Münze in die Opferschale gelegt wird, steigt daraus eine eindrucksvolle Rauchwolke auf, und ein Mitglied der Gruppe (nach Wahl des SL) verliert 1W20 an Gold.

Wird die richtige, nämlich die falsche Münze eingeworfen, lösen sich Tür, Altar, Beutel, Schale und Waage in Nebel auf, und die neun normalen Münzen prasseln in die nächste Kammer.

> **SL AUFGEPASST: GREIFBAR**
>
> Dieses Rätsel eignet sich wunderbar für eine praktische Umsetzung. Dazu bereitest du zehn nummerierte Pappscheiben oder Whiteboard-Magnete vor und lässt die Gruppe damit herumprobieren.

Eine Folge betrüblicher Ereignisse

Die Gruppe muss sich einen Reim auf die Anzahl angreifender Äxte machen, bevor sie zerhackt wird.

> Ihr findet euch in einem Raum wieder, der nur eine einzige Tür in der Wand gegenüber hat. Die Tür, durch die ihr eintretet, wird hinter euch geschlossen und verriegelt. Die Tür gegenüber ist ebenfalls verschlossen, ihr seid also gefangen. Die Ausgangstür ist mit Reihen von Schlüssellöchern bedeckt, die alle mit einem Türknauf enden. An allen Wänden hängen an Haken abertausende von Schlüsseln. Auf dem Boden steht eine Inschrift:

Ich soll einen Fluchtweg empfehlen?
Wie wär's mit: zählen!
Auf die Folge der Schlüssel kommt's an.
Sonst seid ihr dran.
Gnade wollt ihr? Da hilft zählen nur.
Die Lösung liegt in der Natur:
Ihr seht sie in Stürmen, in Muscheln am Strand
Auch in Blüten habt ihr sie schon erkannt.
Um meinem Zorn zu entgehen
Meinem schlimmen,
Müsst ihr die Folge verstehen,
Muss eure Rechnung stimmen.

Ihr hört eine Glocke läuten, und eine Axt an einer Kette kommt von der Decke gesaust.

Mechanik

Während die Gruppe noch überlegt, ertönt ein Glockenschlag, und eine Axt an einer Kette fällt aus einer Öffnung in der Decke. Eine Kreatur nach Wahl des SL kann dem Hiebschaden von 9 (2W8) nur durch einen Rettungswurf auf Geschicklichkeit gegen SG 15 entgehen.

Ab jetzt sausen alle 30 Sekunden Äxte hinab, wobei ihre Zahl nach dem unten angegebenen Muster zunimmt. Für jede fallende Axt muss eine anwesende Kreatur einen Rettungswurf gegen SG 15 Geschicklichkeit ablegen. Fallen mehr Äxte, als die Gruppe Mitglieder hat, wird je ein zufälliges Gruppenmitglied ohne Rettungswurf von einer der überzähligen Äxte erwischt.

Die steigende Anzahl von Äxten birgt auch die Lösung des Rätsels. Die Äxte fallen nach der Fibonacci-Folge, bei der jede neue Zahl die Summe der beiden vorangegangenen Zahlen ist:

Runde	Anzahl der Äxte
1	1
2	1
3	2
4	3
5	5
6	8
7	13
8	21
9	34
10	55

Die Schlüssellöcher in der Tür bilden ein Raster aus acht Reihen mit jeweils 21 Löchern.

Ein Intelligenzwurf (Nachforschungen) gegen SG 10 führt zu der Erkenntnis, dass die Schlüssel an den Wänden alle gleich sind, weshalb es nicht darum gehen kann, den richtigen Schlüssel zu finden. Steckt man die Schlüssel gemäß der Fibonacci-Folge in die Tür, werden die Knäufe am Ende jeder Reihe drehbar, sodass sich die Tür öffnen lässt.

Reihe	Schlüsselloch
1	1
2	1
3	2
4	3
5	5
6	8
7	13
8	21

DUNGEON-KAMMERN

50 einzigartige Verliese, die deinen Spielern noch lange nach dem Ende der Spielrunde Albträume bereiten werden. Gehe mit Vorsicht vor.

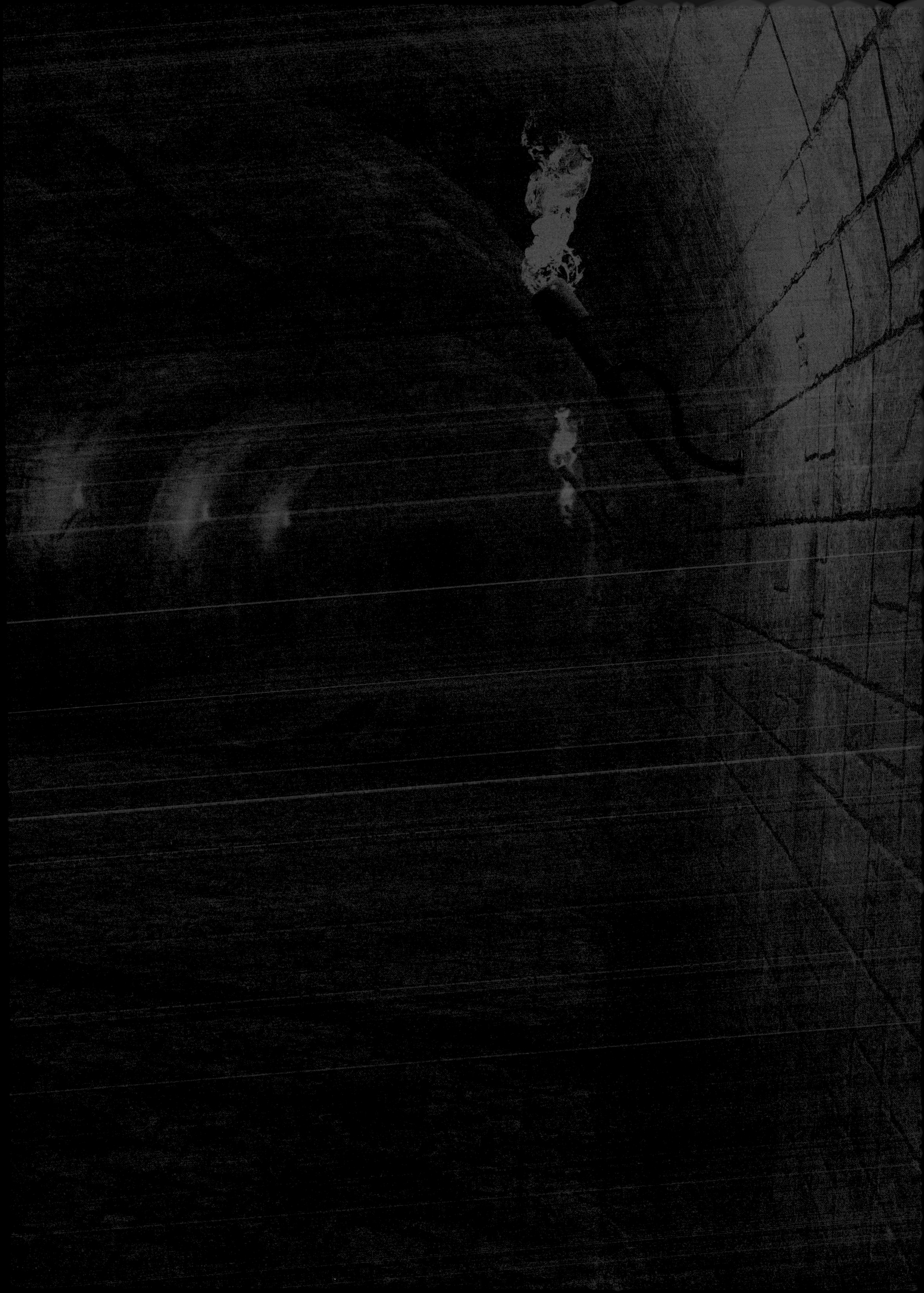

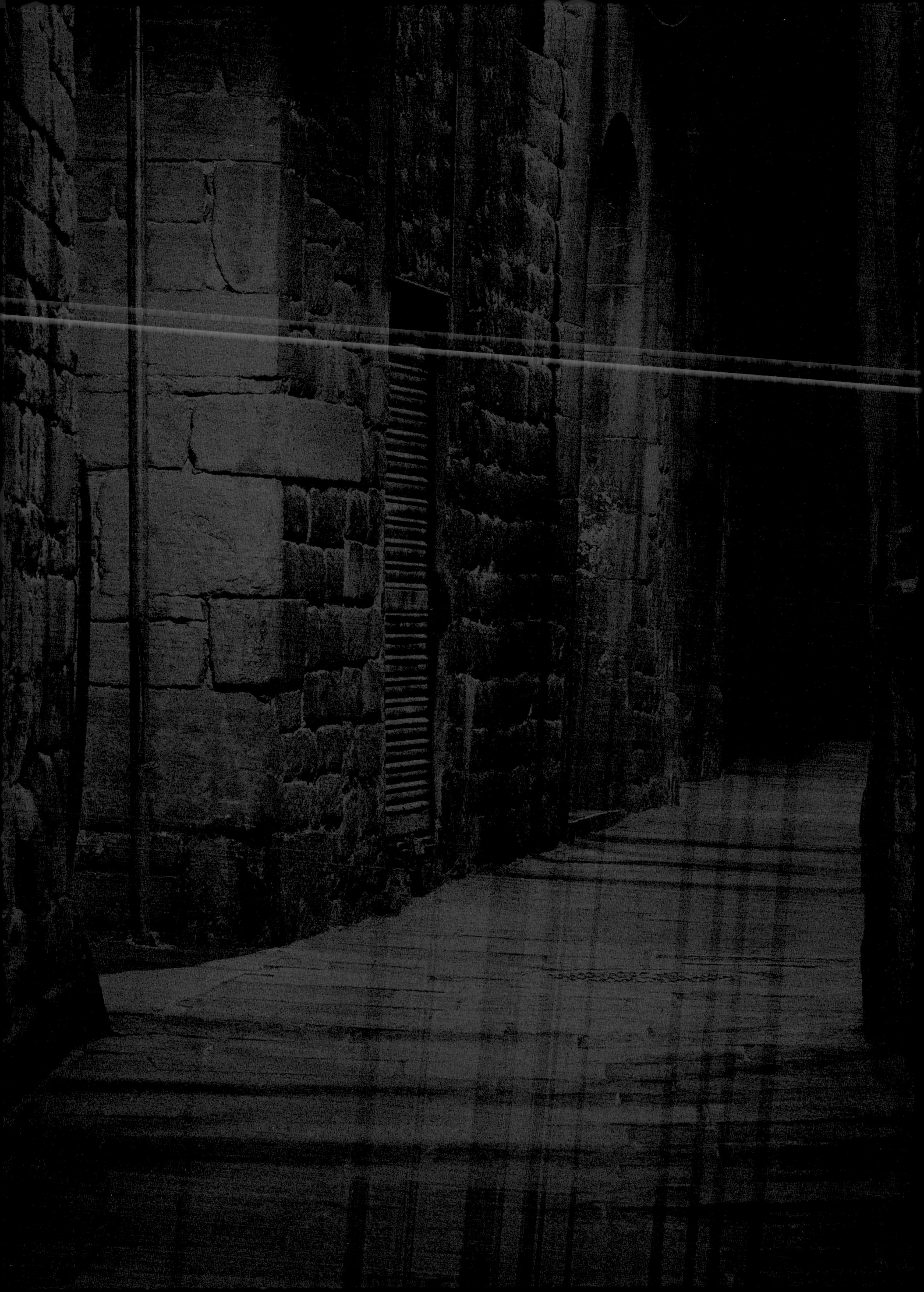

Ein Wort zu den Dungeons

Eine fluchbeladene Zwergenmine. Ein Geheimgang unter einem unzugänglichen Bergfried. Ein verlassener Tempel, der definitiv nicht verlassen ist. Solche und andere Dungeons haben eines gemeinsam: Zwar lauert nicht an jeder Ecke der sichere Tod (obwohl das durchaus sein kann), aber hinter jeder Tür, nach jedem modrigen Gang, in jedem dunklen Winkel ist das einzig Gewisse die Gefahr. Die Formvielfalt dieser Gefahr – unentdeckbare Fallen, unknackbare Rätsel, unverfrorene Feinde – ist einer der Gründe dafür, dass die Erkundung von Dungeons seit jeher ein fester Bestandteil von Pen-&-Paper-Rollenspielen ist.

Der folgende Teil des Buches umfasst ganze 50 vollständig ausgearbeitete Dungeon-Kammern, die du einbauen kannst, wo du sie brauchst. Du findest verlassene Laboratorien, Konstrukt-Fabriken, befestigte Stellungen, Beschwörungskeller, behelfsmäßige Menagerien und jede Menge Geheimnisse, die deine Gruppe ergründen kann. Zu jeder Kammer gibt es eine Tabelle mit möglichen Begegnungen, die ins Spiel kommen können, falls es deiner Gruppe nicht reicht, von einem Ende der Kammer zum anderen zu gelangen (obwohl das oft schwierig genug ist). Einige Kammern weisen Ausgänge auf, die raffiniert verschlossen sind und einiges an Untersuchung und/oder Ausprobieren erfordern. In anderen Kammern müssen einfach nur Schleimmonster bekämpft, Wände erklommen oder untote Horden vernichtet werden. Falls du diese Kammern mit noch mehr Hürden ausstatten möchtest, kannst du mithilfe der Tabellen ab S. 254 Fallen oder Rätsel aus anderen Teilen des Buches einbauen.

Zwar sind alle vorgestellten Kammern in einer gängigen Dungeon-Ästhetik gehalten, aber manche passen vielleicht nicht so nahtlos und stimmig zueinander wie Kammern, die du dir selbst ausdenkst. Das soll so sein. Nicht jeder Ziegel, jede Statue und jedes Versatzstück, das in der Beschreibung vorkommt, ist unerlässlich. Wähle Elemente aus, die dir gefallen, und gestalte den Rest der Kammer so um, dass sie sich in deinen Todestempel, deinen Katakomben-Karneval oder deine Grotte der Gräuel einfügt.

Und was, wenn die Gruppe in deinem Dungeon in die Irre läuft oder an ihnen verzweifelt? Dann hätte sie sich gar nicht erst hineinwagen dürfen!

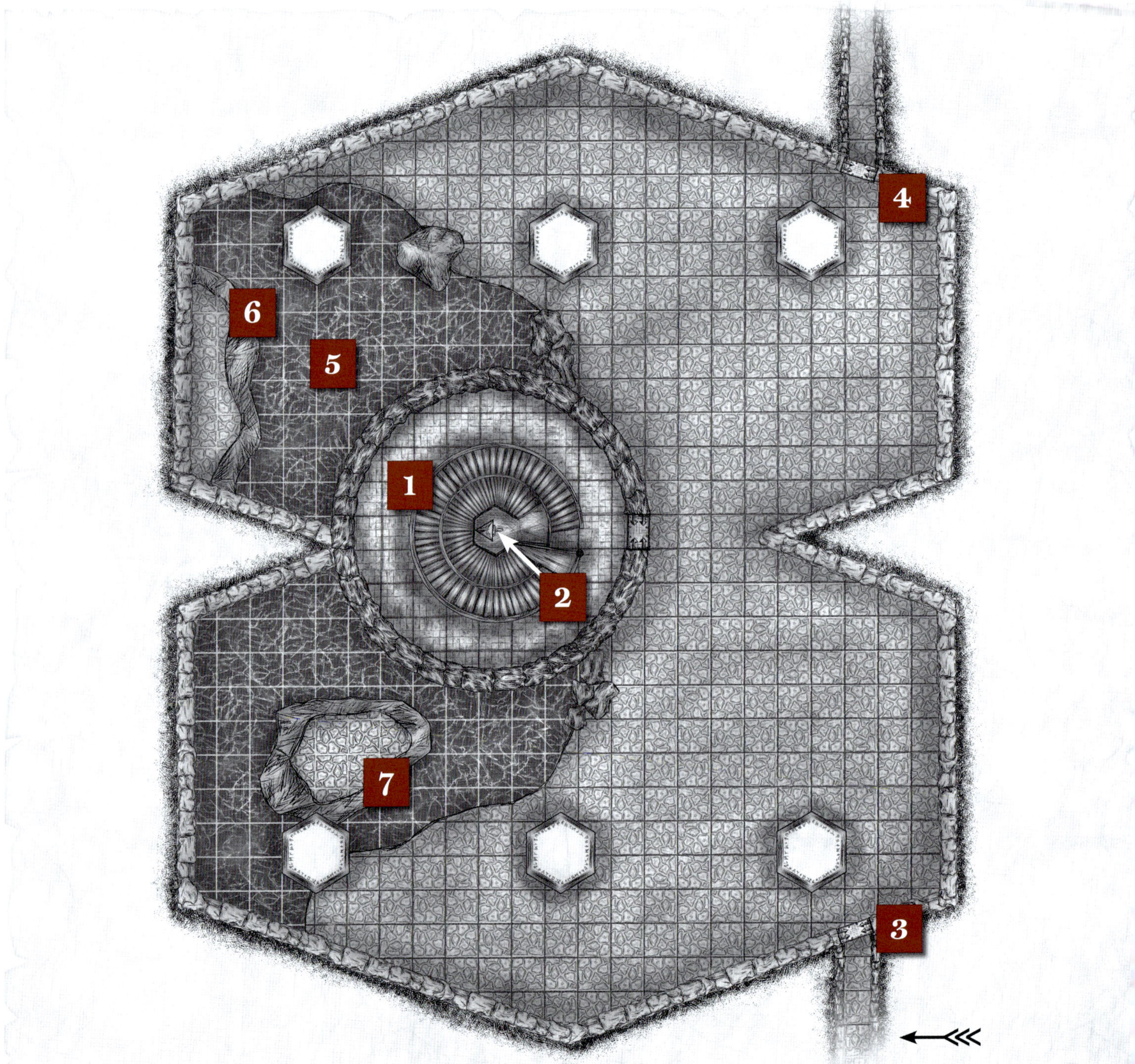

Der Turm der Hoffnung

In der Mitte dieser verwinkelten Kammer führt eine steinerne Wendeltreppe aus einer Grotte heraus und windet sich in einen 27 m hohen Turm empor. Die Säulen, die die Gewölbedecke tragen, ragen sogar noch höher. Wasser rieselt von der Decke und vom Turm hinab in den Teich in der Tiefe, aus dessen Oberfläche ein paar große Felsen ragen. An der Wand gegenüber ist eine Eisenplatte ohne erkennbare Schlösser oder Verriegelungen zu sehen. Hinter euch kracht eine ebensolche Eisenplatte herab und verbarrikadiert die Tür, durch ihr gekommen seid.

SL AUFGEPASST: RAUS HIER

Im Turm befindet sich ein Hebel, mit dem die Eisenplatten vor den beiden Ausgängen aktiviert werden.

Die geflügelten Baumeister dieser Kammer setzten zur Sicherung auf die Höhenangst niederer Kreaturen und versteckten darum den Hebel, der die Türen betätigt, an der Spitze eines hohen Turms. Wer nicht fliegen kann, muss also einen halsbrecherischen Sprung wagen, um zu entkommen. Das imposanteste und wichtigste Merkmal dieser Kammer ist der Turm (1), denn das Erklimmen der Wendeltreppe ist der einzige nichtmagische Ausweg aus dieser Kammer. An der Spitze des 27 m hohen Turms befindet sich ein Hebel (2), der die Eisenplatten hebt, die die Ausgänge versperren (3, 4). Dieser Hebel ist erst ab einer Höhe von 25,50 m sichtbar.

Der Teich (5) um den Turm ist an allen Stellen fast 9 m tief. Die Felsen (6, 7), die daraus hervorragen, sind massiv und bieten nach Ermessen des SL halbe, Dreiviertel- oder volle Deckung für Kreaturen im Wasser. Die Säulen im Raum stützen die Decke und können ebenfalls nach Ermessen des SL mittelgroßen oder kleineren Kreaturen Deckung geben.

Mechanik

Treppe. Es ist nicht leicht, die insgesamt neun Treppengeschosse zu ersteigen, denn an manchen Stellen sind sie schmal, an anderen rutschig und an einigen Stellen fehlen die Stufen sogar ganz. Jede Kreatur, die die Spitze des Turms erreichen will, muss insgesamt 36 m Wendeltreppe überwinden. Nach Ermessen des SL muss nach 14 m ein G 12 erfolgen, um einer losen Stufe auszuweichen. Bei Fehlwurf stolpert man und stürzt. Nach 22 m erfordert der nasse Moosbewuchs einen Geschicklichkeitswurf (Akrobatik) gegen SG 10, sonst rutscht man aus. Abstürze aus jeglicher Höhe verursachen Sturzschaden nach Ermessen des SL.

Hebel und Sperren. Der Hebel an der Spitze des Turms entriegelt die eisernen Platten, die beide Ausgänge aus dieser Kammer versperren. Das Ziehen des Hebels ist eine freie Aktion und sorgt dafür, dass sich die Platten fünf Sekunden lang heben, zwei Sekunden oben bleiben und dann fünf Sekunden lang sinken.

Teich. Der Teich ist 9 m tief und nach Ermessen des SL tief genug, um Stürze aus 27 m Höhe abzufangen. Beim Sturz muss ein Geschicklichkeitswurf (Akrobatik) gegen SG 15 gelingen, um nirgendwo anzustoßen und sauber einzutauchen. Bei einem unglücklichen Sturz kann nur noch ein Rettungswurf auf Konstitution gegen SG 15 den Wuchtschaden von 21 (6W6) abwenden. Und wer den Geschicklichkeitswurf um mehr als 5 Punkte verfehlt, prallt auf einen der Felsen oder den Rand des Teiches und erleidet 42 (12W6) Wuchtschaden.

Mögliche Begegnungen

1W6	Die Gruppe trifft auf ...
1	... ein Wasserelementar im Teich, der jeden Eindringling seines Reviers angreift.
2	... einen Halbling namens Derryl Donavan, der in fast 18 m Höhe verzweifelt am Treppengeländer hängt. Nachdem er der Gruppe zugewunken hat, stürzt er ab. Er sucht nach derselben Beute wie die Gruppe und ist bereit, zu teilen, falls er am Leben bleibt.
3	... zwei ausgehungerte **Banditen,** die sich – offenbar schon seit Tagen – darüber streiten, wer von ihnen den Turm besteigen soll.
4	... einen einzelnen **Todesalb,** der zum Spuken an diesem Ort verdammt ist und fragt, ob vielleicht jemand bereit wäre, seinen Platz einzunehmen. Erklärt sich niemand bereit dazu, greift er an.
5	... einen mürrischen **Troll,** der seinen Kopf wiederholt gegen die Eisenplatte am Ausgang schlägt. Sollte er die Gruppe angreifen, geschieht dies mit Nachteil.
6	... ein Taubenpaar, das auf der Turmspitze nistet und sein Nest (und damit auch den Hebel) stur verteidigt. Wer den Hebel berührt und einen Geschicklichkeitswurf gegen SG 15 verpatzt, fällt vom Turm.

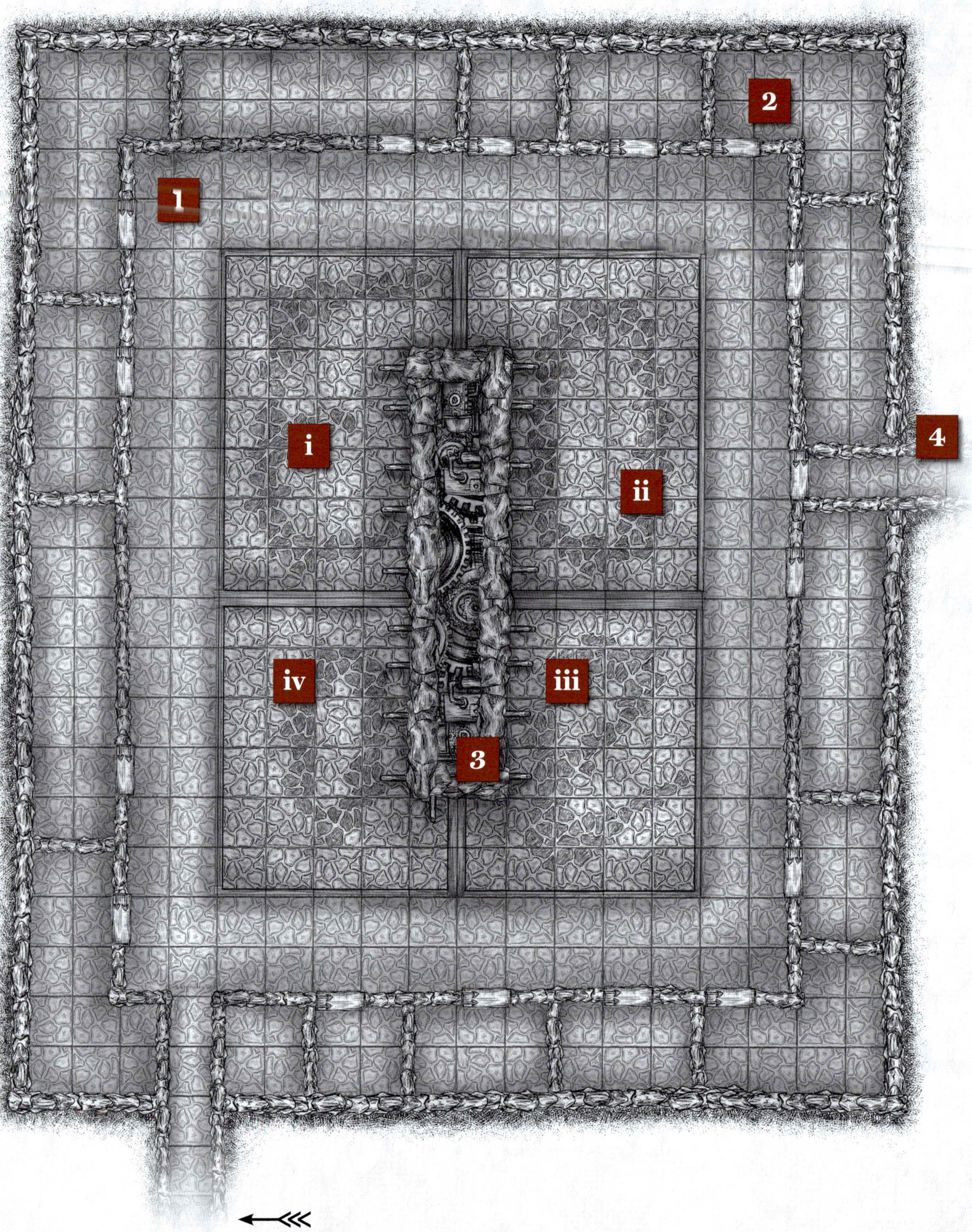
1
2
i
ii
4
iv
iii
3

Die Verliese

Der Durchgang zu diesem Raum ist etwa 3 m lang. Man erkennt in der Mitte eine lange Bank mit Schaltern und Hebeln und an der Wand dahinter eine Reihe von Türen. Als ihr eintretet, zählt ihr 16 Türen, an jeder Wand vier. Alle, außer der, durch die ihr eingetreten seid, sind geschlossen. Die Bank in der Mitte scheint 19 Hebel zu haben. Die Fliesen um die Bank herum sind kleiner als die, auf denen ihr steht. Wenn ihr genau hinhört, könnt ihr Schnaufen, Schlurfen und Kratzen hören, als ob sich ein Dutzend oder mehr hungrige Schrecknisse hinter den Türen verbergen.

SL AUFGEPASST: VERBORGENE HINWEISE

Jeder Hebel aktiviert entweder eine Zellentür oder eine Falltür im Boden. Dass es mehr Hebel als Türen gibt, mag manche Spieler verwundern. Bei näherer Untersuchung der Hebel lässt sich per Intelligenzwurf (Nachforschungen) gegen SG 15 am Ende jedes Hebels ein kleiner Buchstabe entdecken, und zwar beginnend mit dem Hebel oben links und gegen den Uhrzeigersinn:

lamniEfuAellArebeiL

Die Großbuchstaben sind ein Hinweis, wo man zu lesen beginnen muss. Im Uhrzeigersinn gelesen, beginnend mit dem großen L, ergibt sich ein einfacher Tipp: *Lieber alle auf einmal.* Die Gruppe soll alle Hebel gleichzeitig ziehen, dann öffnet sich nur die Ausgangstür.

Diese große Kammer ist eigentlich ein Raum in einem Raum (1). Seine Außenwände bilden die Innenwände einer Reihe von Zellen (2), die allesamt ein Monster oder eine Bestie beherbergen, zu bestimmen anhand der Tabelle rechts (oder nach Ermessen des SL). Jeder Hebel an der Hebelbank (3) öffnet eine der Zellentüren, mit Ausnahme der Hebel, die mit **m**, **u**, **r** oder **b** markiert sind. Diese entriegeln eine der vier Falltüren im Boden, die auf der Karte markiert sind (i, ii, iii, iv). Der Ausgang des Raumes (4) bleibt versperrt, solange nicht alle Hebel gleichzeitig betätigt werden.

Mechanik

Falltüren. Die mit **m**, **u**, **r** oder **b** gekennzeichneten Hebel entriegeln bestimmte Falltüren im Boden rund um die Bank. Die Falltüren sind etwa 7,50 × 9 m groß und auf der Karte eingezeichnet. Jede Kreatur, die auf diesen Feldern steht, wenn der entsprechende Hebel betätigt wird, muss einen Rettungswurf auf Geschicklichkeit gegen SG 18 bestehen, um nicht 6 m tief in eine spießbewehrte Grube zu stürzen und 7 (2W6) Wucht- und 7 (2W6) Stichschaden zu erleiden. Bei Erfolg rettet sich die Kreatur auf ein sicheres (vom SL zu bestimmendes) Feld am Rand der Falle. Um aus einer Grube zu entkommen, muss ein Stärkewurf (Athletik) gegen SG 15 gelingen.

Zellentüren. Wird einer der 15 anderen Hebel gezogen, öffnet sich eine der 15 Zellentüren und lässt den nach der Tabelle »Zellenbewohner« zu bestimmenden Insassen der Zelle frei.

Bodenfliesen. Der Boden, der die Hebelbank in der Mitte umgibt, ist mit deutlich kleineren Fliesen bedeckt als der Rest des Raumes. Per Intelligenzwurf (Nachforschungen) gegen SG 15 lässt sich feststellen, dass einige der Kacheln leicht verfärbt sind. Aus mindestens von 3 m Höhe betrachtet, ergeben die Kacheln über den Fallgruben eine Art Mosaik, das auf die zu den Falltüren gehörenden Hebel hinweist: ein **m**, ein **u**, ein **r** und ein **b**.

Zellen. Wird ein anderer Hebel als die oben erwähnten gezogen, öffnet sich eine Zelle nach Wahl des SL oder nach Würfelwurf. Die Kreatur oder Bestie, die sich in der Zelle befindet, kann jedes Mal nach unten stehender Tabelle ausgewürfelt werden. Jedes dieser Monster hat seit Ewigkeiten nichts mehr gefressen und greift alles an, was nach leichter Beute aussieht. Nach Ermessen des SL können die Kreaturen auch andere freigelassene Kreaturen angreifen.

Mögliche Begebenheiten: Zellenbewohner

Würfle 1W10, um zu bestimmen, welche Kreatur oder Bestie hinter der Zellentür lauert.

1W10	Hinter der Tür kommt zum Vorschein …
1	… ein aggressiver **Zombie**.
2	… ein ausgehungerter **Eulenbär**.
3	… eine tobende **Kuh**.
4	… eine zweiköpfige **Hydra**.
5	… ein kopfloses **Skelett**.
6	… ein kleines (1W4 +1) Rudel **Wölfe**.
7	… eine stinkwütende **Katze**.
8	… ein Schwarm tollwütiger **Mäuse**.
9	… ein blinder **Minotaurus**.
10	… eine **Riesenspinne**.

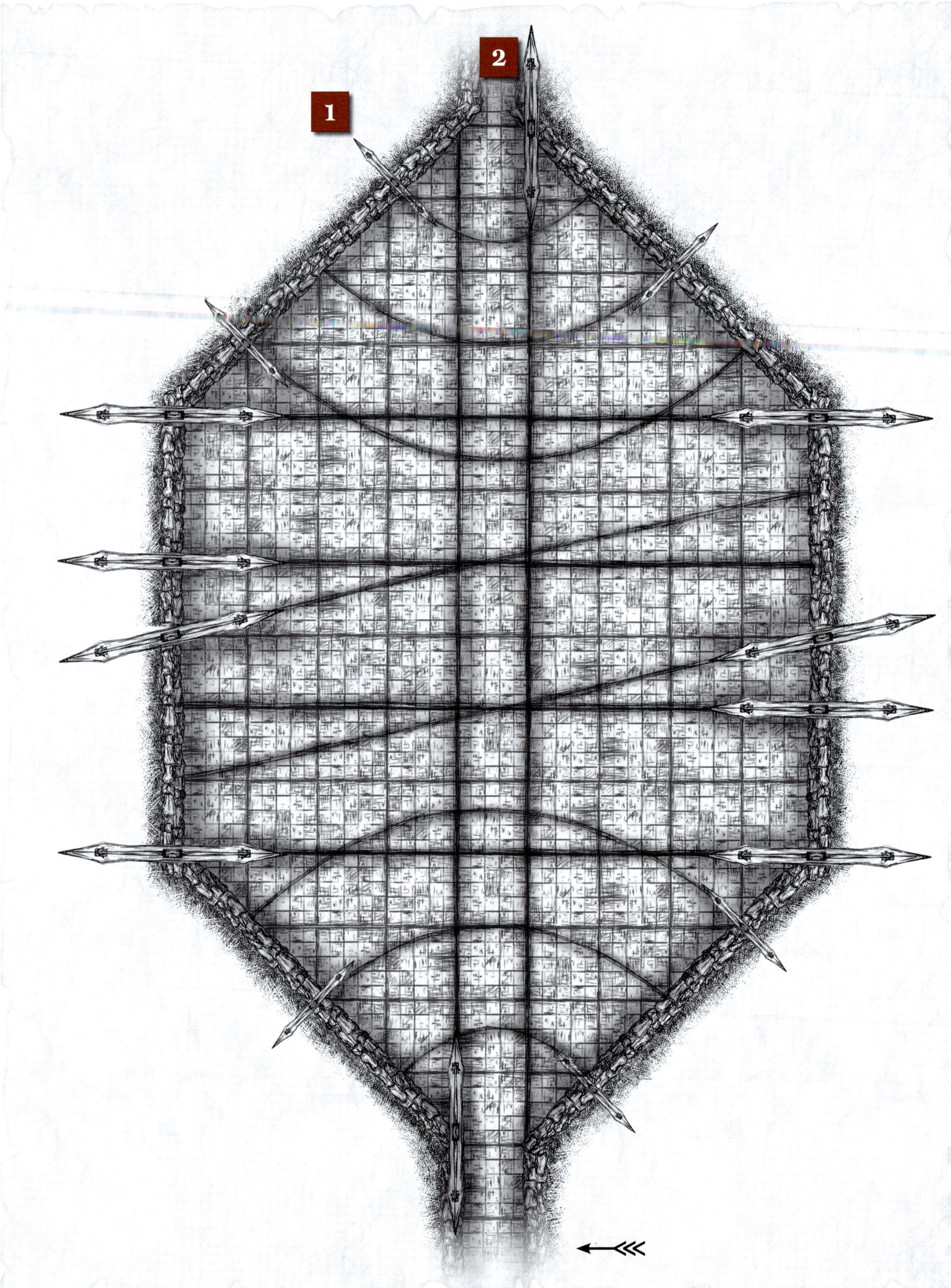

1
2

Die Grube der Pendel

Ein paar Stufen führen euch in eine größere Kammer hinab, durch die in unterschiedlichen Abständen mehrere scharfe Klingen sausen. Als ihr sie hin und her schwingen seht, bekommt ihr das Gefühl, dass es darin ein gewisses Muster gibt. Auf jeden Fall müsst ihr sehr behutsam vorgehen, um es unbeschadet auf die andere Seite zu schaffen.

SL AUFGEPASST: AUFS TIMING KOMMT ES AN

Nirgendwo sind Schalter zu sehen, die die Bewegung der Pendel aufhalten könnten. Der einfachste und sicherste Weg ist es, den Rhythmus der Pendel zu erkennen und sich dementsprechend zu bewegen, indem man wiederholt auf Weisheit (Wahrnehmung) und Geschicklichkeit (Akrobatik) würfelt, wie in den nebenstehenden Tabellen beschrieben (wobei der SL auch kreative Lösungen zur Durchquerung der Kammer zulassen sollte).

Durch den Raum schwingen in verschiedenen Abständen und in gleichmäßiger Frequenz 16 (u. a. 1) einzelne Pendel. Der Ausgang auf der gegenüberliegenden Seite des Raumes ist nicht versperrt (könnte aber nach Ermessen des SL zu einer verschlossenen Tür führen, je nach Beschaffenheit der Kammer dahinter). Eine Bodenfliese am Ende des Raumes (17) ist mit einer Trittplatte versehen, die die Pendel etwas senkt und verlangsamt.

Mechanik

Pendel. Die Pendel schwingen mit unbarmherziger Stetigkeit und scheinen sich gegenseitig in Schwung zu bringen. Schafft eine Kreatur es nicht, durch Würfe auf Weisheit (Wahrnehmung) oder Geschicklichkeit (Akrobatik) einem Pendel auszuweichen, erleidet sie 11 (3W6) Hiebschaden und verliert den Rest ihrer Bewegung in ihrem Zug. Nach einem Fehlwurf kann die Kreatur ihre Rettungswürfe wiederholen, um sich von dem Pendel zu entfernen.

Pendelbremse. Durch Betreten der Trittplatte am Ende des Raumes (2) werden die Pendel leicht abgesenkt. Dadurch wird ihr Bogen verlängert, sie schwingen langsamer und es wird leichter, ihnen auszuweichen. Wenn jemand die Kammer durchquert hat und sich auf die Trittplatte stellt, sinkt der Schwierigkeitsgrad aller Würfe zur Durchquerung der Kammer um 2.

Ausweichmanöver

Um diesen Raum voller schwingender Klingen zu durchqueren, müssen Rettungswürfe auf Weisheit (Wahrnehmung) und Geschicklichkeit (Akrobatik) gelingen.

Weisheit (Wahrnehmung), um das Timing der Klingenschwünge zu erkennen

SG 25+	Du erkennst den genauen Rhythmus der Klingen und weißt, wie sie zusammenspielen. Du darfst +2 auf den Geschicklichkeitswurf (Akrobatik) zur Durchquerung der Kammer addieren und würfelst mit Vorteil.
SG 20–24	Du hast ein ausgeprägtes Gespür für den Rhythmus der Klingenschwünge und kannst den Geschicklichkeitswurf (Akrobatik) zur Durchquerung der Kammer mit Vorteil ablegen.
SG 15–19	Du hast ein gutes Gespür für den Rhythmus der Klingen und glaubst, dass du es hindurch schaffst, wenn du dich vorsichtig bewegst.
SG 10–14	Du glaubst, den Rhythmus der Klingen zu verstehen, weißt aber, dass du bei der Durchquerung sehr vorsichtig sein musst. Bei deinem Geschicklichkeitswurf (Akrobatik) gilt -2.
SG unter 10	Du glaubst, den Rhythmus der Klingen zu verstehen, schätzt sie aber in Wirklichkeit völlig falsch ein. Beim Geschicklichkeitswurf zur Durchquerung der Klingen würfelst du mit -2 und Nachteil.

Geschicklichkeit (Akrobatik), um unversehrt durch die schwingenden Klingen zu kommen.

SG 21+	Du schaffst es unversehrt durch den Raum auf die andere Seite.
SG 15–20	Du schaffst es bis zur Mitte der Kammer, muss aber beide Würfe wiederholen, um unversehrt auf die andere Seite zu gelangen.
SG unter 15	Du wirst von einem der Pendel getroffen, erleidest 11 (3W6) Hiebschaden und bleibst stehen. Die Schwierigkeitsgrade für das Wahrnehmen der Schwünge und das Durchqueren der Pendel erhöhen sich beide um 1.

Mögliche Begegnungen

1W6	Beim Eintreten seht ihr ...
1	... einen toten Abenteurer in einer ***Rüstung +1***, der an einem schwingenden Pendel hängt.
2	... ein **Skelett**, das immer wieder in zwei Hälften geschnitten wird und sich dann neu formt, nur um wieder zerschnitten zu werden.
3	... einen **Goblin** namens Gass, der sich an eines der Pendel klammert und Angstschreie ausstößt.
4	... dass der Boden mit wimmelndem Ungeziefer bedeckt ist. Solange es nicht beseitigt wird, geschehen alle Geschicklichkeitswürfe mit Nachteil.
5	... eine Truhe mit 200 GM, die nur mit drei aufeinanderfolgenden Geschicklichkeitswürfe zu erreichen ist.
6	... eine schiefe Pendelklinge, die ein Loch in die Wand geschlagen hat, das Zugang zu einer anderen Kammer nach Wahl des SL bietet.

Der offene Abgrund

In dieser Kammer ist die Luft merklich kühler und der Boden praktisch nicht vorhanden. Ein paar verstreute Plattformen schweben in der Luft, vielleicht auf arkane Weise. An den Seitenwänden erkennt ihr Vorsprünge, aber keiner ist ohne einen kühnen Sprung erreichbar. Der Ausgang befindet sich gegenüber, hinter dem gähnenden Loch, in etwa 30 m Entfernung.

SL AUFGEPASST: SPRINGEN, FLIEGEN ODER STERBEN

Das Hindernis ist simpel: Es gilt, von Plattform zu Plattform zu springen, hinüberzufliegen oder bei dem Versuch zu sterben. Der SL kann auch andere Methoden zum Überqueren der Kammer zulassen. Eine Kreatur kann mit 3 m Anlauf so viele Dezimeter weit springen, wie es ihrer Stärke mal 3 entspricht, oder ohne Anlauf die Hälfte davon. Jeder übersprungene Meter entspricht 1 m der Bewegung der Kreatur.

Manche Monster meinen, dass hohe Bollwerke und eine Garnison Goblins reichen, um einen Dungeon zu sichern, andere dagegen treiben die Idee des Burggrabens auf die Spitze. So ist zum Beispiel diese Kammer ein gähnender Abgrund ohne erkennbaren Boden. Plattformen, die aus dem ehemaligen Boden der Kammer geformt sind, verteilen sich über die 27 m breite Fläche. Eine dieser Plattformen (1) ist ein Trugbild. An beiden Seitenwänden gibt es schmale Vorsprünge (2, 3). Eine von früher übrig gebliebene Treppe (4) schwebt ungefähr in der Mitte des Raumes und überwindet von unten (5) nach oben (6) etwa 6 m.

Mechanik

Trügerische Plattform. Der Zauber, der diese Plattformen schweben lässt, ist tückisch – und eine der Plattformen (1) ist gar nicht wirklich da. Sie kann mit dem Zauberspruch *Magie entdecken* als Trugbild durchschaut werden. Wer auf diese Plattform springen will, muss beim Absprung einen Weisheitswurf (Wahrnehmung) gegen SG 15 machen. Bei Erfolg erkennt die Kreatur die Illusion noch im Moment des Absprungs und kann sich nach Ermessen des SL mit einem Wurf auf Geschicklichkeit (Akrobatik) gegen SG 15 wieder auf festen Boden retten.

Mögliche Begegnungen

1W6	Die Gruppe trifft auf ...
1	... eine Bande von 2W4 + 1 **Goblins** auf dem rechten Felsvorsprung, die sie bei der Durchquerung der Kammer mit Pfeilen beschießt.
2	... eine geschäftstüchtige **Pixie**, die für 50 GM jede abgestürzte Kreatur schweben lässt.
3	... eine zweite illusorische Plattform, vom SL zu platzieren.
4	... einen auf der schwebenden Treppe spukenden **Geist**.
5	... ein **Troll**-Baby, das alle, die sich über den Abgrund vorwagen, mit kleinen Felsbrocken bewirft.
6	... einen über der Treppe schwirrenden Schwarm aus 3W4 **Blutmücken**.

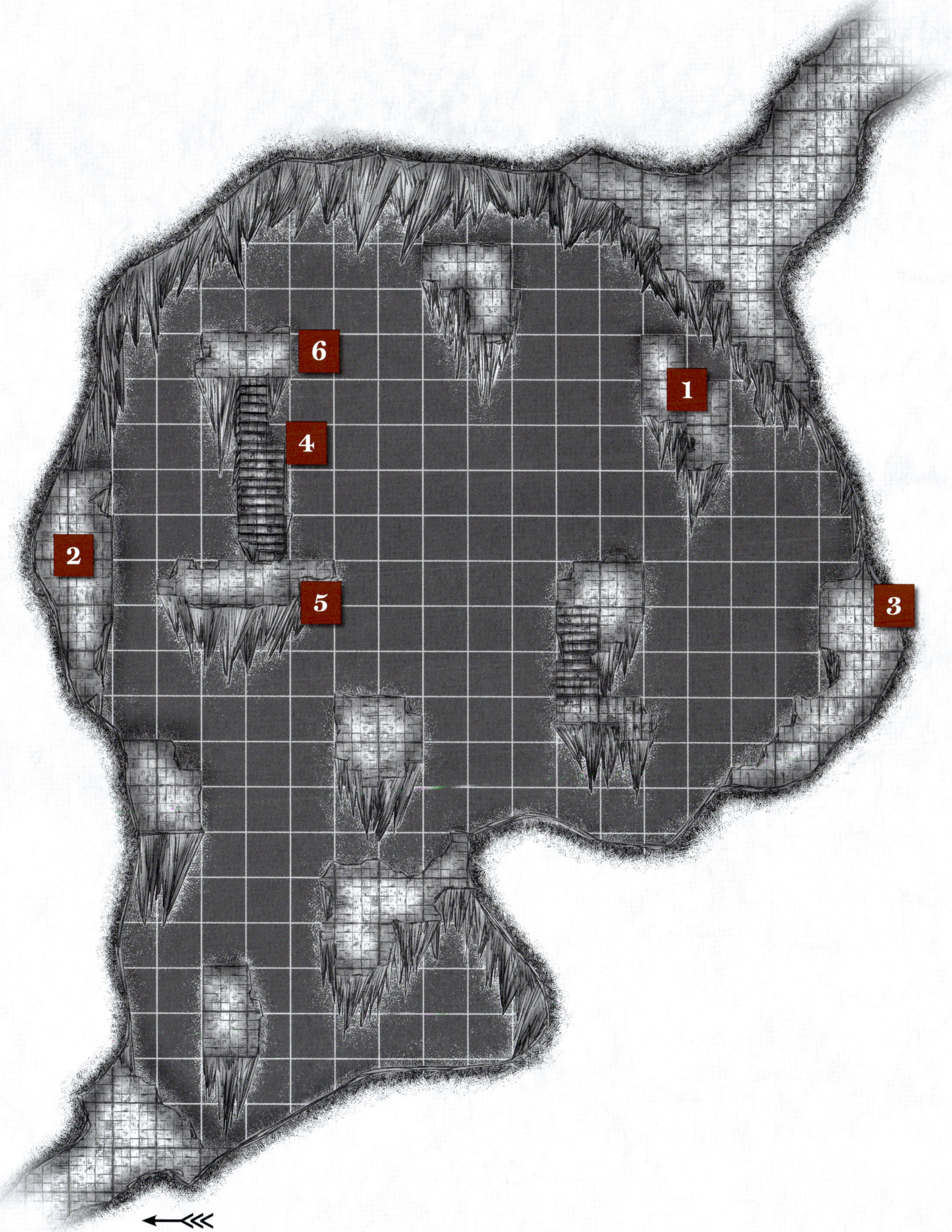
6
1
4
2
5
3

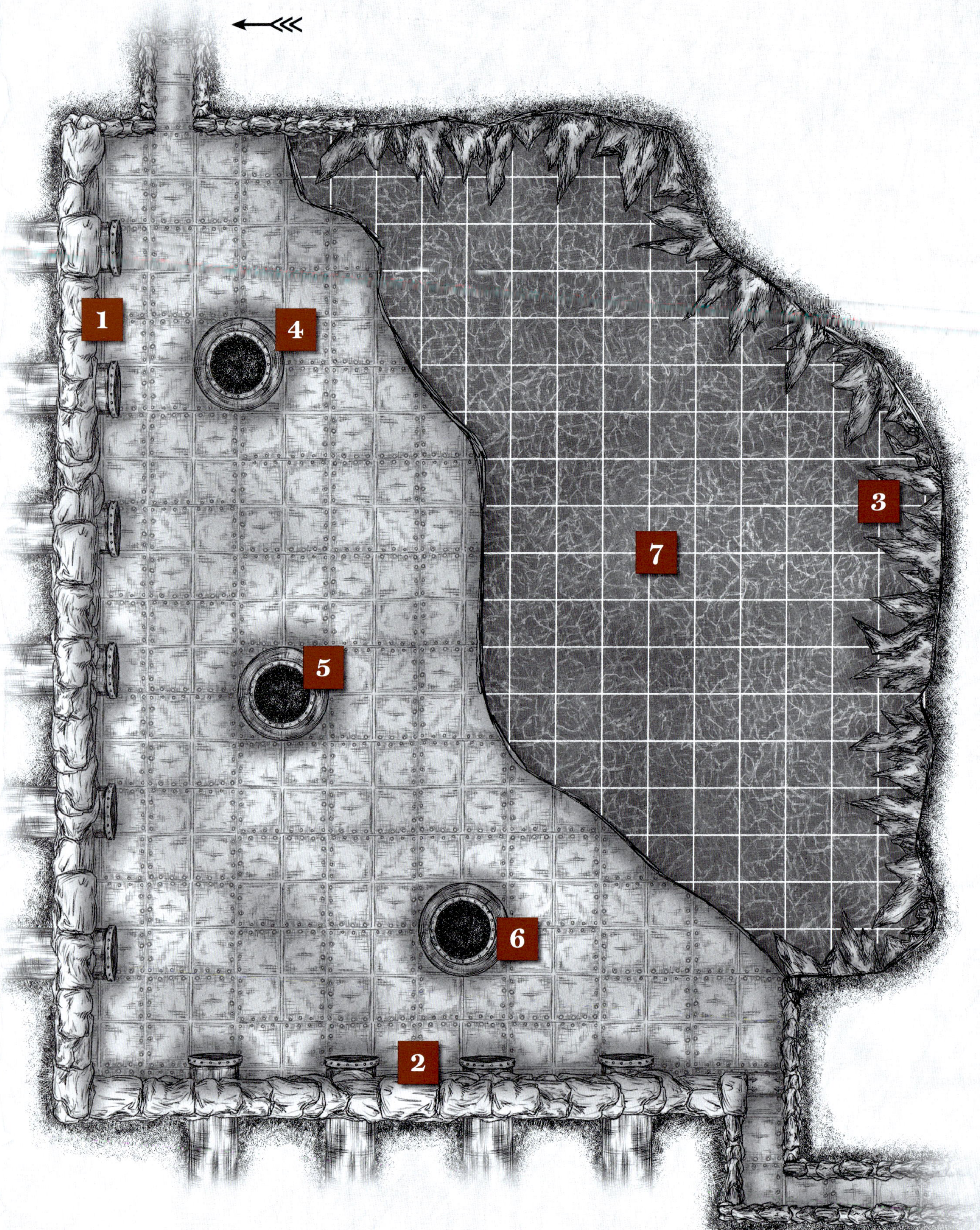

1
2
3
4
5
6
7

Das Wellenbad

Hinter einer Biegung öffnet sich der schmale Gang zu einer Kammer mit überflutetem Boden. Wasser fließt entlang einer Wand voller scharfer Felszacken in ein großes Becken. Aus den Wänden gegenüber dem Becken ragen alle 10 m riesige Rohre. Kaum habt ihr die Rohre erblickt, schießt auch schon ein Wasserschwall heraus, der quer durch den Raum schwappt und auf der anderen Seite zerfließt. Die Rohre spucken wieder Wasser aus, wodurch sich im Raum erst kleine und dann große Wellen bilden.

SL AUFGEPASST: WELLENGANG

Der Wasserspiegel in diesem Raum beträgt etwa 0,60 m, was den Raum zu schwierigem Terrain macht. Dass die Wellen ihn sporadisch steigen und fallen lassen, simulierst du dadurch, dass in jeder Runde eine Kreatur deiner Wahl von einer Welle erwischt wird. Zu Beginn ihres Zuges muss sie einen Stärkewurf (Athletik) gegen SG 16 bestehen, sonst fällt sie um. Misslingt der Wurf um mehr als 5 Punkte, wird sie unter Wasser gerissen und muss mit ihrer Aktion versuchen, wieder hochzukommen. Zusätzlich wirfst du zu Beginn jeder Runde 1W6. Bei einer geraden Zahl (oder nach deinem Ermessen) rauscht eine riesige Welle durch den gesamten Raum, wie unter »Mechanik« beschrieben.

Als Abfluss oder Zusammenfluss mehrerer unterirdischer Ströme wurde diese Kammer so konstruiert, dass sie den Durchfluss reguliert und nebenbei die Unberechenbarkeit der stürmischen See simuliert. Rohre an zwei Wänden der Kammer (1, 2), die jeweils einen Durchmesser von 1,50 m haben, lassen auf koordinierte Weise Wasser ab, sodass im Raum eine Art Springflut entsteht. Die erzeugten Wellen können ein Lebewesen in die Knie zwingen oder es mit voller Wucht gegen die scharfe, riffartige Oberfläche der gegenüberliegenden Wand (3) schleudern. Sie fließen in ein 1 m tiefes Auffangbecken (7). Aus dem Boden davor ragen drei Rohre (4, 5, 6), deren Öffnung jeweils etwa 2,50 m über dem Boden liegt. Der Ausgang ist versperrt, aber in einem der drei Rohre (vom SL zu bestimmen) befindet sich ein Hebel zum Öffnen der Tür.

Mechanik

Nothebel. Die Ausgangstür ist verschlossen, aber in einem der Abflussrohre in der Mitte des Raumes befindet sich ein Hebel zum Öffnen der Tür. Die Rohre sind etwa 4,50 m unter dem Boden miteinander verbunden. Dort ist es immer etwas feucht von gelegentlich hineinschwappenden Wellen, möglicherweise steht darin auch Wasser 1 m über Bodenhöhe. Der Hebel zum Entriegeln der Tür kann entdeckt werden, indem man die Rohre erkundet und einen Intelligenzwurf (Nachforschungen) gegen SG 12 besteht.

Wellen und Wände. Die Wellen, die durch diesen Raum schwappen, vermögen selbst die stärksten Abenteurer von den Füßen zu reißen. Zusätzlich zu den im SL-Hinweis erwähnten zufälligen Wellen würfelst du bei Initiative 20 1W4. Bei einer geraden Zahl kommt eine 4,50 m hohe Welle von der westlichen Wand angerollt, bei einer ungeraden Zahl von der südlichen Wand her. Jedes Mal, wenn eine Riesenwelle durch diesen Raum schwappt, müssen (nach Ermessen des SL) alle, die sich in ihrem Weg befinden, einen Stärkerettungswurf gegen SG 16 bestehen oder werden 15 m weit in Richtung der Wand mit den Felszacken gefegt. Kollidiert eine Kreatur durch diese Bewegung mit der Wand, erleidet sie 11 (3W6) Wuchtschaden und wird zu Boden geworfen.

Mögliche Begegnungen

1W6	Die Gruppe trifft auf …
1	… 1W4 Exemplare wütendes **Meervolk**, welches hier festsitzt und am liebsten zurück ins Meer will.
2	… einen schwarzen **Kobold**, der flink wie ein Fisch halsbrecherisch auf den Wellen reitet. Er fordert die Gruppe zu einem Bodysurfing-Wettbewerb heraus und bietet im Gegenzug Tipps an, wie man von hier wegkommt (er kennt den Hebel).
3	… einen **Riesenoktopus**, der eine der Düsen verstopft, bis der Druck zu groß wird und er mit Wucht in die Kammer geschleudert wird.
4	… einen **Schwarm von Quippern** im Auffangbecken.
5	… einen durchnässten **Gruftschrecken**, der aus den Abflussrohren krabbelt.
6	… 3W4 **Schwärme von Ratten**, die auf der Flucht vor einem **Grauschlick** quiekend aus den Rohren schießen.

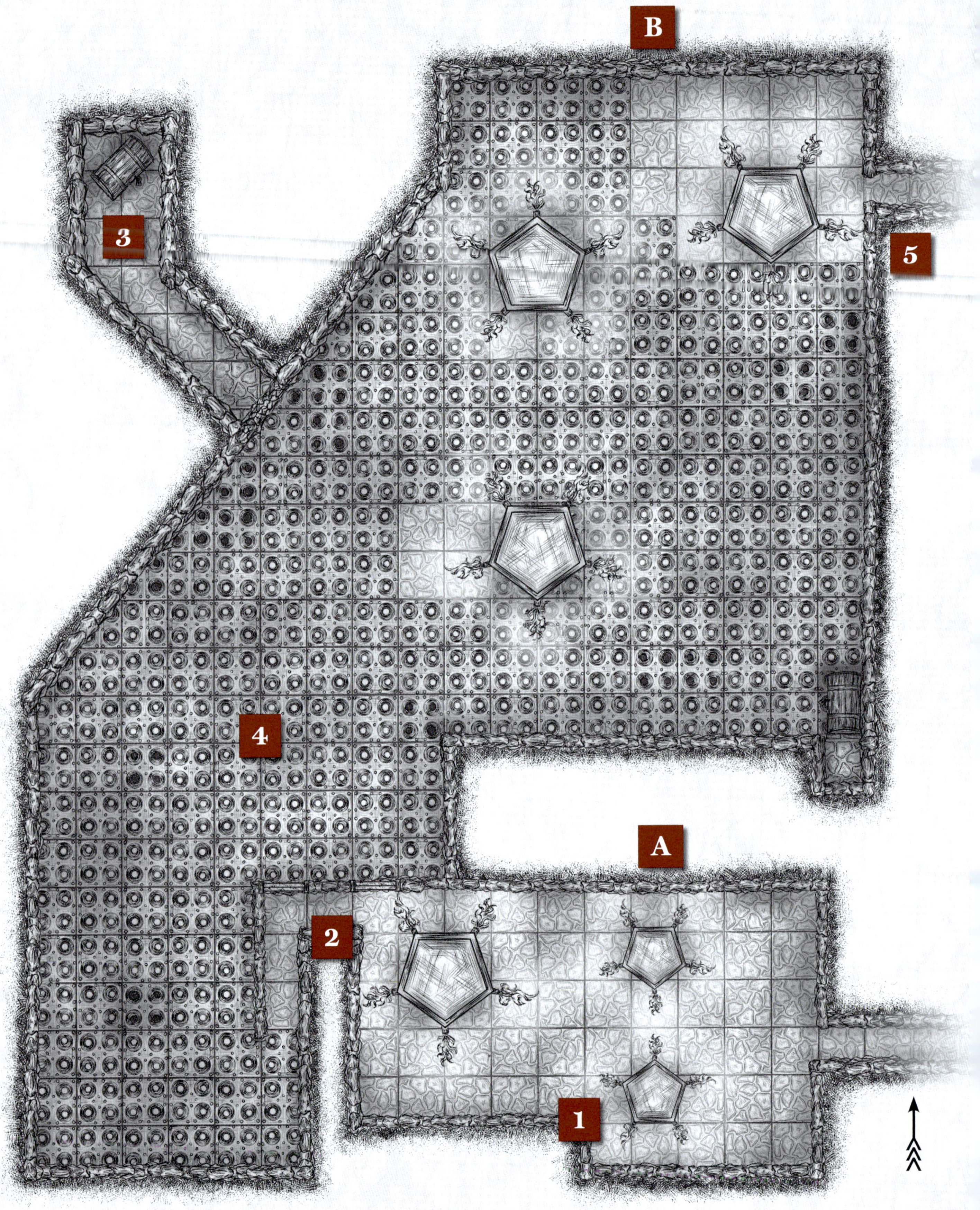

B
3
5
4
A
2
1

Die Feuerwelle

KAMMER A
Als ihr die Kammer betretet, schlägt euch unerträgliche Hitze entgegen. Vor euch drehen sich langsam drei Säulen und sprühen abwechselnd Flammen aus. Wenn ihr den richtigen Moment erwischt, könnt ihr es zwischen ihnen hindurch schaffen – glaubt ihr jedenfalls.

KAMMER B
Ein schmaler Korridor mit vergitterten Fenstern gibt den Blick auf eine riesige Kammer frei. Die meisten Bodenfliesen scheinen mit winzigen Öffnungen durchsetzt zu sein, und am anderen Ende der Kammer drehen sich weitere Flammensäulen. Ihr seht eine kleine Tür direkt gegenüber und eine weitere, größere Tür hinter den flammenden Säulen auf der anderen Seite. Während ihr noch die Kammer betrachtet, hört ihr es sechsmal klicken, und auf einmal bricht eine Flammenwelle aus dem Boden am diesseitigen Ende der Kammer hervor, wächst zu einer gewaltigen Feuerwand an und rast auf das gegenüberliegende Ende der Kammer zu. Dort angekommen, löst sie sich auf.

SL AUFGEPASST: FLAMMENDER BODEN

Der Boden dieses Raumes ist so konstruiert, dass er eine Flammenwelle erzeugt, die von einem Ende des Raumes zum anderen rollt. Die Maschinerie, die dies hervorbringt, gibt ein verräterisches Klickgeräusch von sich, bevor sie zündet. Wer das Klicken wahrnimmt, hat etwa sechs Sekunden (eine Runde) Zeit, sich in Sicherheit zu bringen. Sobald der Boden aufflammt, würfelst du wie unten beschrieben den Schaden aus und wirfst dann 1W6: Nach so vielen Runden ist das Klicken wieder zu hören und zeigt an, dass die Feuerwelle in der folgenden Runde erneut aktiv wird.

Diese Kammer wurde ursprünglich von tüchtigen Feuerriesen erfunden und schrittweise verfeinert, um ihren Schatz vor lästigen Eindringlingen zu bewahren, und dieses Modell ist der Gipfel ihrer Tüftelei. Der erste Eingang weist drei wirbelnde Feuersäulen auf (u. a. 1), die umgangen werden müssen, um in den Fenstergang (2) zu gelangen, der zur zweiten Kammer (B) führt. Der Boden der zweiten Kammer ist mit Feuerdüsen ausgestattet, die so synchronisiert sind, dass ihre Flammen eine aufsteigende Welle bilden. Die Feuerwelle des Flammenbodens bricht an einem Ende aus, wandert durch die gesamte Kammer und verbrennt alles, was sich ihr in den Weg stellt. In der Regel reicht das, um Diebe davon abzuschrecken, die Schatzkammer (3) zu betreten, in der alle möglichen Preziosen sicher aufbewahrt werden können. Die Bodendüsen wurden allerdings schon länger nicht mehr gewartet, daher gibt es ein paar Fliesen, die keine Flammen ausstoßen (u. a. 4) – ein nützliches Detail, das nur den aufmerksamsten Eindringlingen auffällt. Um den Ausgang (5) zu erreichen, müssen noch drei weitere Flammensäulen auf die gleiche Weise umgangen werden wie die ersten: vorsichtig.

Mechanik

Türen. Ein- und Ausgang der Kammer sind offen, aber die Tür zur Schatzkammer ist verschlossen. Das Schloss kann mit einem Wurf auf Geschicklichkeit (Diebeswerkzeug) gegen SG 17 geknackt werden.

Flammensäulen. Um unbeschadet zwischen den Feuersäulen hindurchzukommen, muss ihr Timing per Weisheitswurf (Wahrnehmung) gegen SG 12 durchschaut werden. Dieses Wissen wird dann mit einem Wurf auf Geschicklichkeit (Akrobatik) gegen SG 15 so umgesetzt, dass Verbrennungen ausbleiben. Charaktere, denen die Würfe gelingen, kommen unversengt an den Säulen vorbei. Wer einen oder beide Würfe verpatzt, durchquert dennoch die Säulen, erleidet aber Feuerschaden in Höhe von 1W6 × die fehlenden Punkte. Beispiel: Eine Zwergin, die beim Wahrnehmungswurf eine 11 (1 zu wenig) und beim Geschicklichkeitswurf eine 13 (2 zu wenig) würfelt, zieht sich 11 (3W6) Feuerschaden zu.

Flammender Boden. Sechs laute Klicks kündigen den Ausbruch einer Flammenwelle an, die am einen Ende der Kammer beginnt und im Verlauf von zwei Runden (nach Ermessen des SL) zum anderen Ende vordringt. Alle, die von der Flammenwelle erfasst werden, erleiden 23 (5W8) Feuerschaden. Zwar ist der gesamte Boden der zweiten Kammer mit Feuerdüsen ausgestattet, aber einige Stellen scheinen nicht zu funktionieren (z. B. 4), was durch einen Wurf auf Weisheit (Wahrnehmung) oder Intelligenz (Nachforschungen) gegen SG 16 bemerkt werden kann.

Mögliche Begegnungen

1W6	Die Gruppe trifft auf …
1	… einen **Feuerelementar**, der sich hier offensichtlich wohlfühlt.
2	… ein Trio von **Banditen**, die versuchen, ihren »Panzerknacker« wiederzubeleben, der vor der Schatzkammer verkohlt ist.
3	… einen **Feuerriesen**, der den Schlüssel für die Tresortür nicht finden kann.
4	… einen **Schreckhahn**, der sein Bestes tut, um den Flammen zu entgehen.
5	… 1W4 + 1 **Teufelchen**, die die Feuersäulen in Kammer B umschwirren wie Motten das … Feuer.
6	… einen **Grottenschrat** mit versengtem Fell, der mühsam um die Feuersäulen herumtänzelt.

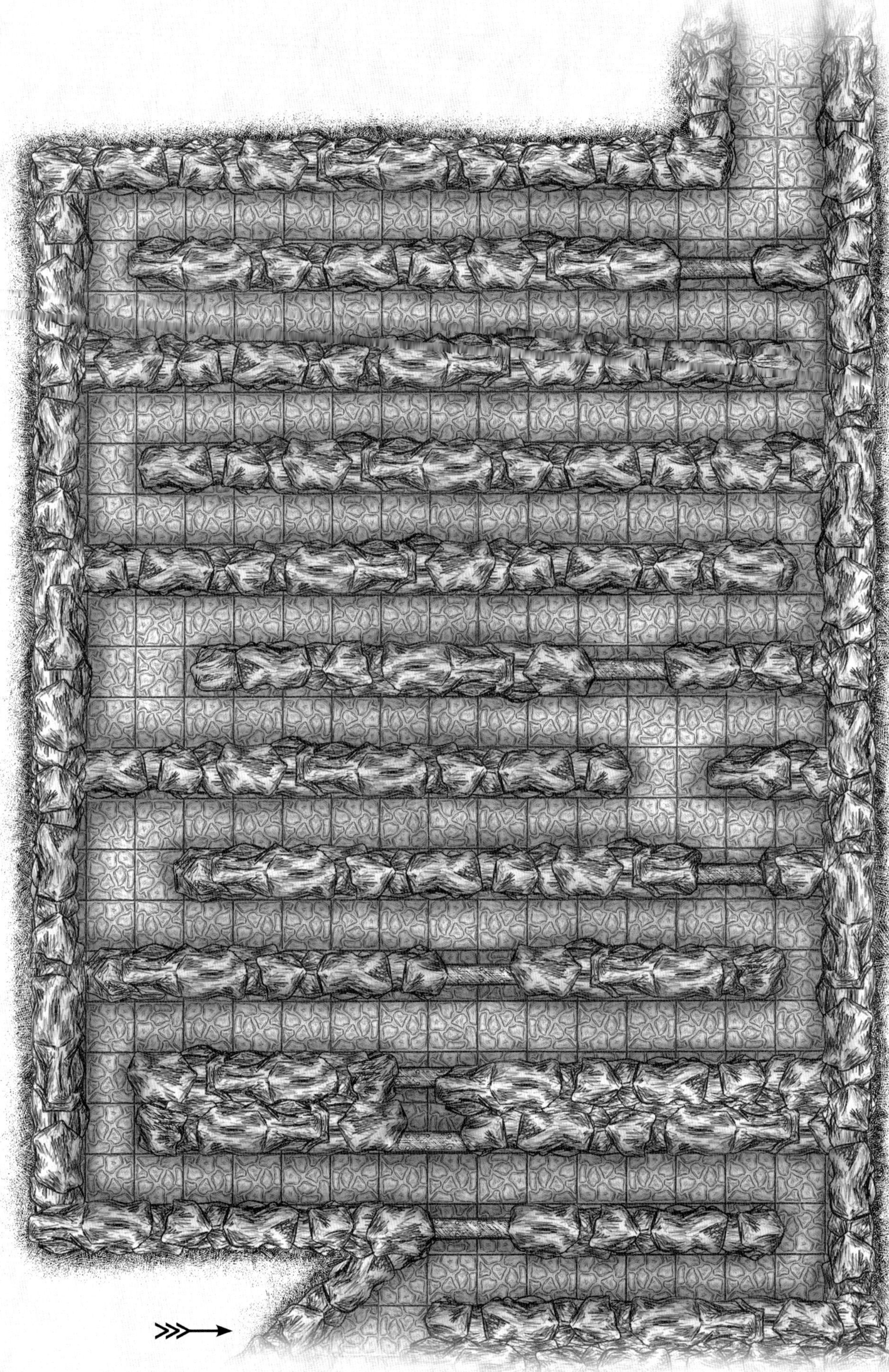

DIE WIEDERKEHRE

Als ihr euch durch die Tür wagt, gelangt ihr in einen Korridor, der offenbar nach 12 m links abbiegt ...

... um die Ecke lugend stellt ihr fest, dass der Gang ungefähr 21 m weitergeht, aber in die Richtung, aus der ihr gekommen seid.

SL AUFGEPASST: GEHEIME DURCHGÄNGE

In diesem gewundenen Gang befinden sich Türen, die durch das Betätigen eines versteckten Hebels am Boden geöffnet werden können. Die Hebel zum Öffnen der Türen können per Intelligenzwurf (Nachforschungen) gegen SG 18 oder nach Ermessen des SL gefunden werden. Die Kreaturen, die sich hier herumtreiben, kennen die Durchgänge und nutzen sie, wenn es praktisch oder taktisch sinnvoll ist.

Die Wiederkehre ist eigentlich keine Kammer, sondern ein langer, serpentinenförmiger Gang. Durch seine Bauweise zwingt er kleine oder sogar große Gruppen von Eindringlingen in den Gänsemarsch, was ihre Kampfkraft stark verringert. Versteckte Durchgänge in den Trennwänden bieten die Möglichkeit, sich von hinten an Eindringlinge heranzuschleichen.

Mechanik

Versteckte Durchgänge. Die Türen im Gang können von Kreaturen, die wissen, wo sich die Bedienungshebel befinden, mit einer freien Aktion geöffnet werden. Um die Bedienhebel der Türen zu finden, ist nach Ermessen des SL eine Aktion mit einem Intelligenzwurf (Nachforschungen) gegen SG 18 erforderlich. Die Hebel befinden sich in Bodennähe beidseits der Türen. Die Türen sind Schiebetüren und gleiten in die Wände, in denen sie versteckt sind.

Mögliche Begebenheiten: Fallen im Korridor

Jeder dritte Gang, den die Gruppe durchquert, ist mit einer Falle versehen, die nach Ermessen des SL anhand der Tabelle »Zufällige Fallen« auf S. 254 bestimmt wird. Auslösende Trittplatten sind vom SL zu platzieren.

Mögliche Begegnungen

1W6	Die Gruppe trifft auf ...
1	... 1W6 + 1 patrouillierende **Orks**.
2	... einen **Gallertwürfel**, der von einem Ende der Wiederkehre zum anderen glibbert.
3	... einen **Hobgoblin** und 1W4 **Goblins**, die als Wächter nicht annähernd genug Lohn bekommen.
4	... 2W4 **Schwärme von Ratten**, die vor einem Feuer fliehen, das sich am anderen Ende der Wiederkehre ausbreitet.
5	... einen **Oger** namens Ödön, der den Ausgang bewachen soll, aber gerade in einem der Gänge feststeckt.
6	... 1W4 + 1 **Banditen**, die jeden Winkel der Wiederkehre kennen und die Durchgänge zu ihrem Vorteil zu nutzen wissen.

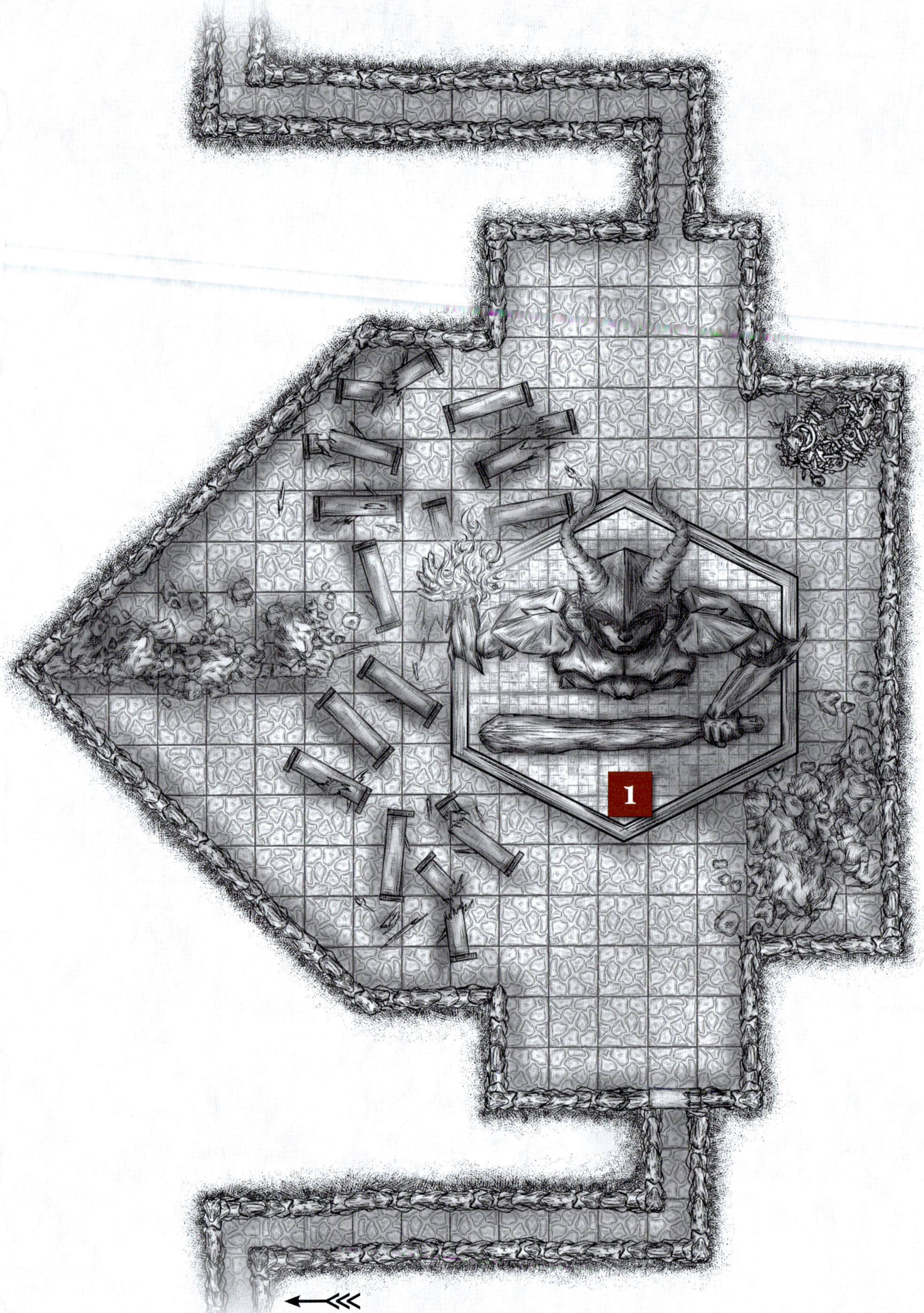
1

Die Tücken des Titanen

Durch den Eingang tretet ihr in den Schatten einer mächtig aufragenden Statue, die fast 15 m hoch ist und einen Titanen in voller Rüstung darstellt. In der einen Hand hält er eine große Keule, in der anderen eine brennende Fackel. Seine Augen, die unter einem offenen Helm hervorschauen, starren wie gebannt auf die Tür, aber wenn ihr euch bewegt, scheinen sie euch zu folgen. In der Wand gegenüber, hinter der Statue, befindet sich offenbar ein Ausgang.

SL aufgepasst: Tückischer Titan

Die Statue ist kein Konstrukt oder verzaubertes Objekt, sondern eine kunstvoll gefertigte Falle. Mehrere Trittplatten im Raum aktivieren unterschiedliche Funktionen der Statue. Kaum jemand, der diesen Raum betritt, muss nicht mindestens einer Funktion der Statue ausweichen. Jedes Mal, wenn eine Kreatur ihren Zug auf einer Trittplatte beendet, würfelst du 1W4 anhand der Tabelle »Tücken des Titanen«.

Diese kunstvoll gefertigte Statue (1) ehrt einen Titanen aus einem anderen Zeitalter und birgt gleichzeitig einen ausgeklügelten Abwehrmechanismus, der alle Eindringlinge zwingt, sich unter den gefährlichen Schwüngen des Titanen wegzuducken.

Mechanik

Türen. Der Eingang zu diesem Raum steht offen. Die Ausgangstür ist magisch verriegelt. In die Tür ist ein grobes Abbild des Titanen eingraviert, bei dem die Fackel nicht brennt. Intelligente oder anderweitig neugierige Kreaturen könnten zu dem Schluss kommen, dass es beim Öffnen der Tür darauf ankommt, vorher die Fackel zu löschen.

Titan. Die imposante Statue ist eine riesige mechanische Falle. Steht eine Kreatur am Ende ihres Zuges auf einem der Trittplatten, wird mit 1W4 nach der Titanentücken-Tabelle die ausgelöste Funktion ausgewürfelt. Die Statue kann sich drehen, um Trittplatten im ganzen Raum zu erreichen. Die Falle kann entschärft werden, indem man auf den Titanen klettert und das Visier seines Helms herunterklappt. Dazu ist ein Stärkewurf (Athletik) gegen SG 15 oder eine andere Lösung nach Ermessen des SL erforderlich.

Tücken des Titanen

1W4	Der Titan …
1	… **schwingt die Fackel.** Die Kreatur, der die Attacke gilt, versucht einen Rettungswurf auf Geschicklichkeit gegen SG 15 und erleidet 11 (3W6) Feuerschaden, bei Würfelglück nur die Hälfte.
2	… **schwingt die Keule.** Die Kreatur, der die Attacke gilt, muss einen Rettungswurf auf Geschicklichkeit gegen SG 15 bestehen, sonst erleidet sie 11 (2W10) Wuchtschaden und fällt hin.
3	… **stampft auf.** Die Kreatur, der die Attacke gilt, muss einen Rettungswurf auf Geschicklichkeit gegen SG 15 bestehen, sonst gibt es 10 (4W4) Wuchtschaden. Auf jeden Fall wird jedes Feld im Umkreis von 1,50 m um das Ziel des Tritts zu schwierigem Gelände, da der Boden beschädigt wird.
4	… **starrt mit seinem Betäubungsblick.** Die vom Blick des Titanen getroffene Kreatur muss einen Rettungswurf auf Weisheit gegen SG 15 bestehen, sonst ist sie eine Minute lang betäubt. Die Kreatur kann den Rettungswurf am Ende jeder ihrer Runden wiederholen, bei Erfolg endet die Betäubung. Der Rettungswurf erfolgt vor jedem die Kreatur betreffenden Wurf nach der Titanentücken-Tabelle. Eine betäubte Kreatur kommt wieder zu Bewusstsein, wenn sie Schaden erleidet oder durch andere Mittel nach Ermessen des SL.

Mögliche Begebenheiten: Das Rätsel des Titanen

Die Ausgangstür öffnet sich, wenn die Gruppe das Rätsel des Titanen lösen kann, das in einen Fries unterhalb der Decke eingemeißelt ist. Das Rätsel kann anhand der Tabelle »Zufällige Rätsel« auf S. 256 ermittelt werden.

Mögliche Begegnungen

1W4	Die Gruppe trifft auf …
1	… 2W4 **Fledermäuse**, die unter der Gewölbedecke hängen.
2	… 1W4 + 1 **Goblins**, die dem Titanen huldigen, indem sie ihm die Füße küssen.
3	… 1W4 + 1 um den Rumpf des Titanen herumschwirrende **Irrlichter**.
4	… einen **Sukkubus**, der mit einer Leiche tanzend durch den Saal schwebt, aber nach etwas Neuem zum Spielen Ausschau hält.
5	… 2W4 **Krabbelnde Klauen**, die umherwuseln und alle behindern, die den Titanen zu erklettern versuchen.

6	… eine abenteuerlustige **Spionin** namens Trixy LeFou, die auf die Trittplatten hüpft und Rettungswürfe gegen den Titanen macht, als würde sie dafür trainieren. Sie sucht dasselbe wie die Gruppe, würde es aber ungern teilen.

DER MOOSIGE WALL

Beim Betreten der Kammer bemerkt ihr sofort einen steilen Anstieg etwa 6 m vor euch. Er scheint in einem Winkel von 65 Grad emporzuragen und erreicht eine Höhe von 14 m. Der Hang ist größtenteils mit glitschigem Moos bewachsen, über das von oben Wasser rieselt. Auf halber Höhe gibt es ein paar Felsvorsprünge, aber es sieht so aus, als wäre der einzige Weg hinüber ein äußerst mühsamer Aufstieg.

SL AUFGEPASST: GLITSCHEN UND GLEITEN

Der Hang ist mit nassem Moos bedeckt und extrem glitschig. Er ist schwieriges Terrain für jede Kreatur ohne Kletter-Bewegungsrate. Kreaturen ohne Kletter-Bewegungsrate müssen einen Stärkewurf (Athletik) gegen SG 16 schaffen, um 4,50 m nach oben zu kriechen. Da die glitschige Oberfläche schwer zu greifen ist, müssen alle Kletternden, auch jene mit Kletter-Bewegungsrate, am Ende jeder ihrer Runden einen Geschicklichkeitswurf gegen SG 15 bestehen, sonst rutschen sie 3 m hinab. Der einzige Schaden, der beim Abrutschen entsteht, ist (natürlich nach Ermessen des SL) der Schaden am eigenen Stolz.

Dieser natürliche Deich beweist, dass die einfachsten Abwehrmaßnahmen manchmal die effektivsten sind. Ein unterirdisches Rinnsal (1) rieselt über die gesamte Oberfläche dieses steilen, moosbewachsenen Abhangs (2) und erschwert das Klettern von unten (3) nach oben (4). Einige Felsvorsprünge (5, 6, 7, 8) können genutzt werden, um den Aufstieg etappenweise zu bewältigen, aber trödeln sollte man dort nicht, denn ganz oben lauern Kreaturen, die ihre höher gelegene Stellung zu nutzen wissen.

Mechanik

Hang. Die Oberfläche des Hangs ist mit Moos überwachsen. Das Moos ist resistent gegen Feuerschaden, kann aber weggesengt werden, wenn die Flamme nach Ermessen des SL stark genug ist. Das Moos erschwert das Erklimmen des Hangs merklich. Jede kletternde Kreatur muss am Ende ihres Zuges einen Rettungswurf auf Geschicklichkeit gegen SG 15 schaffen. Bei einem Fehlwurf rutscht sie 3 m hinab.

Felsvorsprünge. Die Felsvorsprünge auf halber Höhe des Hangs sind trockener und weit weniger rutschig als der Hang selbst. Wer hoch genug geklettert ist, kann im Falle des Abrutschens durch einen Geschicklichkeitswurf (Akrobatik) gegen SG 15 versuchen, auf einem Felsen zu landen.

Mögliche Begegnungen

1W6	Die Gruppe trifft auf …
1	… 2W4 **Goblins**, die die Kuppe des Deiches aus vorteilhafter Position verteidigen.
2	… einen **Grick**, der sich als Felsvorsprung tarnt.
3	… einen **Oger** mit schlechter Raumwahrnehmung, der alle Hinaufkletternden mit Steinen bewirft. Diese Angriffe geschehen mit Nachteil, aber wer getroffen wird, muss einen Stärkerettungswurf gegen SG 15 bestehen oder wird an den Fuß des Hangs zurückgeworfen.
4	… ein Stück Moos, das eher klebrig als glitschig ist und sich als **Ockergallerte** entpuppt.
5	… eine Hand, die von der Kuppe aus helfend entgegengestreckt wird, aber leider zu einem von 1W4 + 1 **Zombies** gehört, die dort oben festsitzen.
6	… 1W4 **Schatten**, die aus Felsritzen schlüpfen und darin verschwinden, auf dem Hang herumschleichen und nach Beute suchen.

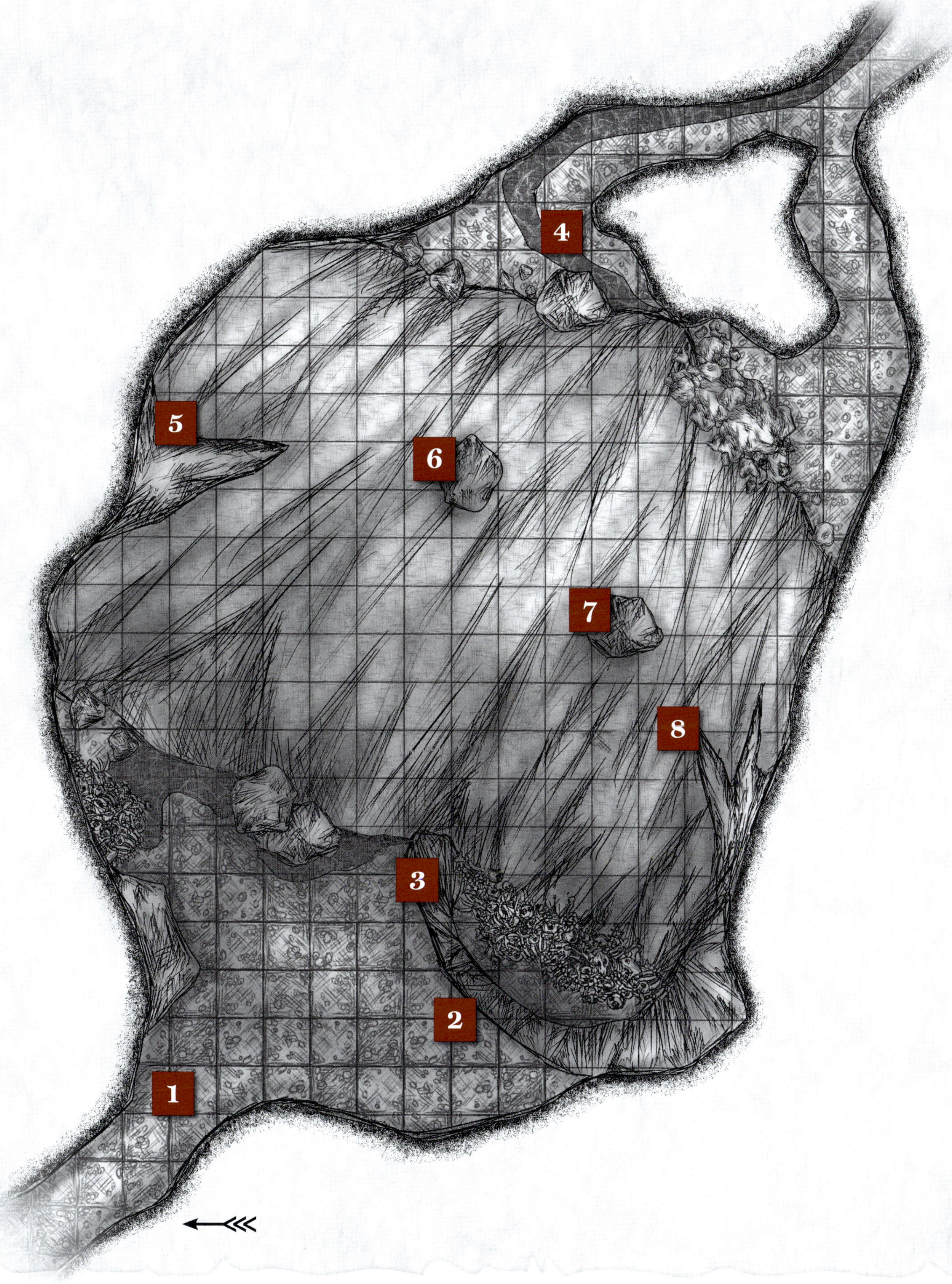
4
5
6
7
8
3
2
1

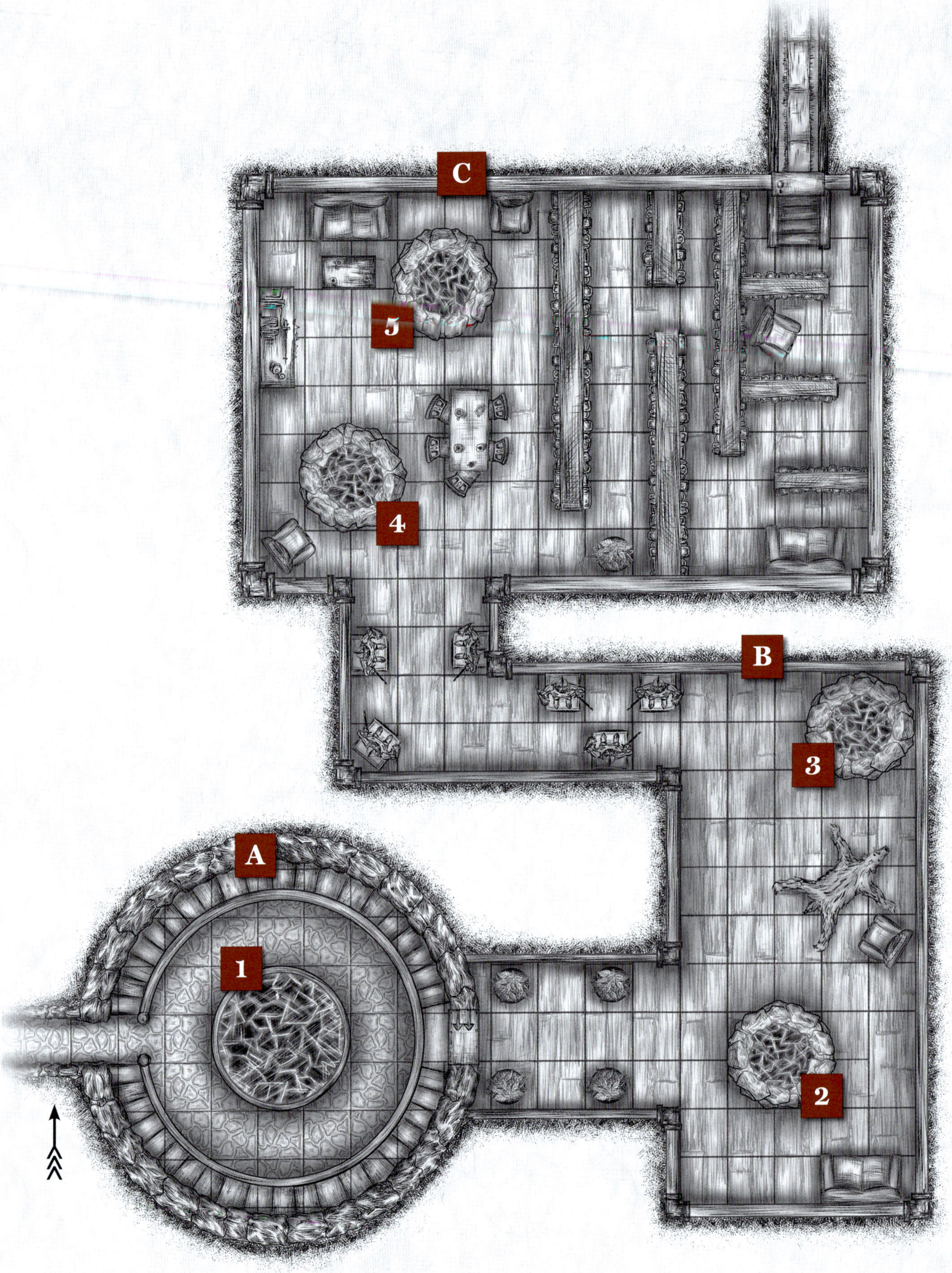
C
5
4
B
3
A
1
2

Der Lavaboden

KAMMER A

Als ihr eintretet, bemerkt ihr einen großen Brunnen, der Hitze ausstrahlt, denn er scheint mit geschmolzenem Gestein gefüllt zu sein. Ungefähr 2,40 m über euch ziehen sich ringsum Brandspuren über die Wände. Hinter euch fällt eine große Eisenplatte herab und versperrt die Tür, durch die ihr gekommen seid.

KAMMER B

Dieser Teil der Kammer ist mit hübschen Zimmerpflanzen, einem Sessel und einem Bärenfellteppich ausgestattet – sowie mit zwei weiteren Lavabrunnen. Als ihr weiter in den Raum vordringt, hört ihr hinter euch ein Brutzeln. Offenbar ist der große Brunnen, an dem ihr vorbeigekommen seid, übergelaufen.

KAMMER C

Ihr durchschreitet einen Gang voller Ritterrüstungen und kommt in ein scheinbar geräumiges Arbeitszimmer. Hier stehen weitere Lavabrunnen, die ebenfalls überlaufen. Es sieht so aus, als würde bald der ganze Boden aus Lava bestehen.

SL AUFGEPASST: DER BODEN IST LAVA

Die Brunnen in jeder der drei Kammern dieser Anlage laufen über, sobald die arkane Überwachung des Raumes Eindringlinge wahrnimmt. Die Lava ist nicht arkaner Natur, aber die Schutzzauber, die die Einrichtung der Kammern vor der extremen Hitze schützen, sind es. Falls die Gruppe nicht immun gegen Feuerschaden ist, wäre sicherer, sich über die Möbel durch die Räume zu bewegen. Die Lava steigt bis zu einer Höhe von 2,40 m an, bevor sie wieder abfließt. Die Kammern haben eine Deckenhöhe von 3 m.

Diese Kammern wurden von einem arkanen Baumeister erfunden, der nach einem wilden Spielnachmittag mit seiner Tochter keine Lust mehr auf gängige Abwehranlagen wie den »gähnenden Abgrund« oder die »fliegenden Schwerter« hatte. Beim Betreten der Kammer werden Eindringlinge feststellen, dass die Lavabrunnen (1, 2, 3, 4, 5) plötzlich überlaufen und sich über den Boden ergießen, sodass der einzige sichere Weg über die feuerfesten Möbel führt.

Mechanik

Lava. Sobald die Lava zu fließen beginnt, bedeckt sie (nach Ermessen des SL) nach zwei Runden den gesamten Boden mit einer dünnen Schicht aus geschmolzenem Gestein. Jede Kreatur, die ihren Zug in Kontakt mit der Lava beendet, zieht sich 55 (10W10) Feuerschaden zu. Wer in die Lava eintaucht, erleidet (nach Ermessen des SL) am Ende des Zuges 99 (18W10) Feuerschaden. Nach den ersten beiden Runden steigt die Lava pro Runde 0,30 m an.

Ausgänge. Die Tür, durch die die Gruppe eingetreten ist, wurde versperrt, und die andere Tür ist verschlossen. Das Schloss kann per Geschicklichkeitswurf (Diebeswerkzeug) gegen SG 17 geknackt werden, vorausgesetzt, es ist nicht in Lava getaucht (und das wäre es nach sechs Runden). Beide Türen öffnen sich, wenn jemand ein Zauberbuch mit dem Titel *Brennende Wünsche, offene Türen* aus dem Bücherregal zieht. Dieser Titel würde nach erfolgreichem Intelligenzwurf (Nachforschungen) gegen SG 17 bei der Durchsicht der Bücher ins Auge springen.

Möbel. Da die Möbel in diesem Raum unterschiedlich hoch sind, bieten einige keinen Schutz vor dem ansteigenden Lavastrom, wie die Tabelle unten verrät. Ob Sprünge zwischen Möbeln möglich sind, liegt im Ermessen des SL, aber bei einem Abstand von mehr als 3 m muss für den Absprung ein Wurf auf Stärke (Athletik) gegen SG 12 gelingen und für die Landung einer auf Geschicklichkeit (Akrobatik) gegen SG 10.

Nach Runde	Mit Lava bedeckt	Nach Runde	Mit Lava bedeckt
2	Bärenfell	5	Tische
3	Stühle/Sessel/ Sofas	6	Rüstungen
4	Zimmerpflanzen	7	Bücherregale

Mögliche Begegnungen

1W6	Die Gruppe trifft auf …
1	… eine **belebte Rüstung**, die sich zwischen den dekorativen Rüstungen versteckt.
2	… ein **scheues Kapuzineräffchen**, das an einem Schlüssel knabbert – mit dem man die Tür aufschließen und entkommen kann.
3	… 2W4 **verzauberte Bücher**, die wie wild umherfliegen und alle behindern, die auf ihr Bücherregal klettern wollen. Wer sich auf dem Bücherregal halten möchte, hat dabei einen Nachteil, solange die Bücher nicht beseitigt sind. Die Bücher haben 1 TP.
4	… einen **Salamander**, der aus dem ersten Lavabrunnen klettert und so hungrig zu sein scheint, dass er alles anbeißt, was ihm vor die Schnauze kommt.
5	… eine **Katze**, die Lava mehr hasst als alles andere und unbedingt den höchstmöglichen Punkt erreichen will, auch wenn das jemandes Kopf ist.

6	… ein **Wasserelementar**, der zur falschen Zeit am falschen Ort ist und in Panik auf Aquanisch herumschreit, bevor er sich langsam in Dampf verwandelt.

Die Drehmühle

Ihr hört Stein auf Stein schleifen und schweres Gerät ächzen, während sich vor euch eine Stahlplatte hebt und senkt. Jedes Mal, wenn sich die Platte hebt, erblickt ihr eine kreisrunde Kammer, in deren Mitte sich ein großes Zahnrad befindet, um das herum Teile des Bodens sowohl im als auch gegen den Uhrzeigersinn kreisen. Hinter den drehenden Rädern ist in der gegenüberliegenden Wand eine Tür zu sehen, vor der sich ebenfalls eine Stahlplatte hebt und senkt.

SL AUFGEPASST: DAS GETRIEBE BREMSEN

Der Boden dieser Kammer besteht aus konzentrischen Rädern, die sich sowohl im als auch gegen den Uhrzeigersinn drehen. Der Ausgang ist durch eine sich stetig hebende und senkende Stahlplatte versperrt. Sie verhindert, dass jemand das Schloss knackt, ohne die eigenen Arme zu gefährden. Voraussetzung für das Entkommen aus der Kammer ist, dass das Getriebe gestoppt wird. Es hat 100 TP und RK 12 und kann durch einen Stärkewurf (Athletik) gegen SG 25 eine Runde lang angehalten werden. Wer das Getriebe festhält, muss diesen Wurf zu Beginn jeder Runde wiederholen und erleidet bei einem Fehlschlag 11 (3W6) Wuchtschaden durch das ruckartige Anfahren.

Die kreisrunde Kammer hat einem Radius von 14 m. Der Boden ist in drei konzentrische Kreise unterteilt. Ein aus Zahnrädern zusammengesetztes Getriebe (1) treibt die Bewegung des sich ständig drehenden Raumes an. Das innerste Rad (2) dreht sich langsam gegen den Uhrzeigersinn, das mittlere (3) kreist schnell im Uhrzeigersinn, und das äußere (4) bewegt sich am schnellsten von allen gegen den Uhrzeigersinn. Sich hebende und senkende Stahlplatten dienen als Hindernisse vor den beiden Ausgängen. (5, 6).

Mechanik

Inneres Rad. Dieser Teil des Bodens dreht sich gegen den Uhrzeigersinn und vollendet alle 18 Sekunden eine volle Umdrehung.

Mittleres Rad. Dieser Teil des Bodens dreht sich im Uhrzeigersinn und schafft alle zwölf Sekunden eine Umdrehung. Kreaturen, die ihren Zug auf diesem Rad beenden, ändern ihre Position relativ zu den Außenwänden des Raumes, indem sie auf die gegenüberliegende Seite des Rades wechseln.

Äußeres Rad. Dieser Teil des Bodens dreht sich gegen den Uhrzeigersinn und vollbringt alle sechs Sekunden eine Umdrehung. Eine Kreatur, die ihren Zug auf diesem Rad beginnt, kann jederzeit absteigen, kreist aber einmal um die ganze Kammer, wenn sie den ganzen Zug über auf ihm bleibt.

Türen. Die Türen zu diesem Raum sind verschlossen, können jedoch durch einen Wurf auf Geschicklichkeit (Diebeswerkzeug) gegen SG 18 geknackt werden. Das Problem ist, überhaupt an die Schlösser zu kommen, da sich vor den Türen Stahlplatten heben und senken. Das Heben und Senken geschieht mit einer Geschwindigkeit von jeweils drei Sekunden. Das Knacken eines Schlosses ist also unmöglich, solange die Platten in Bewegung sind. Die Bewegung der Platten kann gestoppt werden, indem das Getriebe, angehalten wird, oder anderweitig nach Ermessen des SL.

Mögliche Begegnungen

1W6	Die Gruppe trifft auf …
1	… 2W4 **Goblins**, die am Getriebe frickeln, damit es noch schneller läuft.
2	… einen **Fleischgolem**, der ans Getriebe gekettet ist und es bewacht.
3	… 2W4 **Modrons**, die mit einzelnen Zahnrädern verbunden sind. Sie mögen es nicht, angegriffen oder von ihrer Aufgabe abgehalten zu werden.
4	… einen **Seiler**, der von der 15 m hohen Decke der Kammer hängt.
5	… irgendwie intelligente **Wände**: Der Umfang der Kammer verkleinert sich am Ende jeder Runde um 3 m, bis die Eindringlinge nach fünf Runden (nach Ermessen des SL) im Getriebe zermahlen werden. Die Verschiebung der Wände hört auf, wenn das Getriebe angehalten oder zerstört wird.
6	… einen **Satyr** namens Karl, der der Gruppe gerne beim Bremsen des Getriebes hilft, wenn sie sein Rätsel lösen (das nach der Tabelle »Zufällige Rätsel« auf S. 256 auszuwürfeln ist).

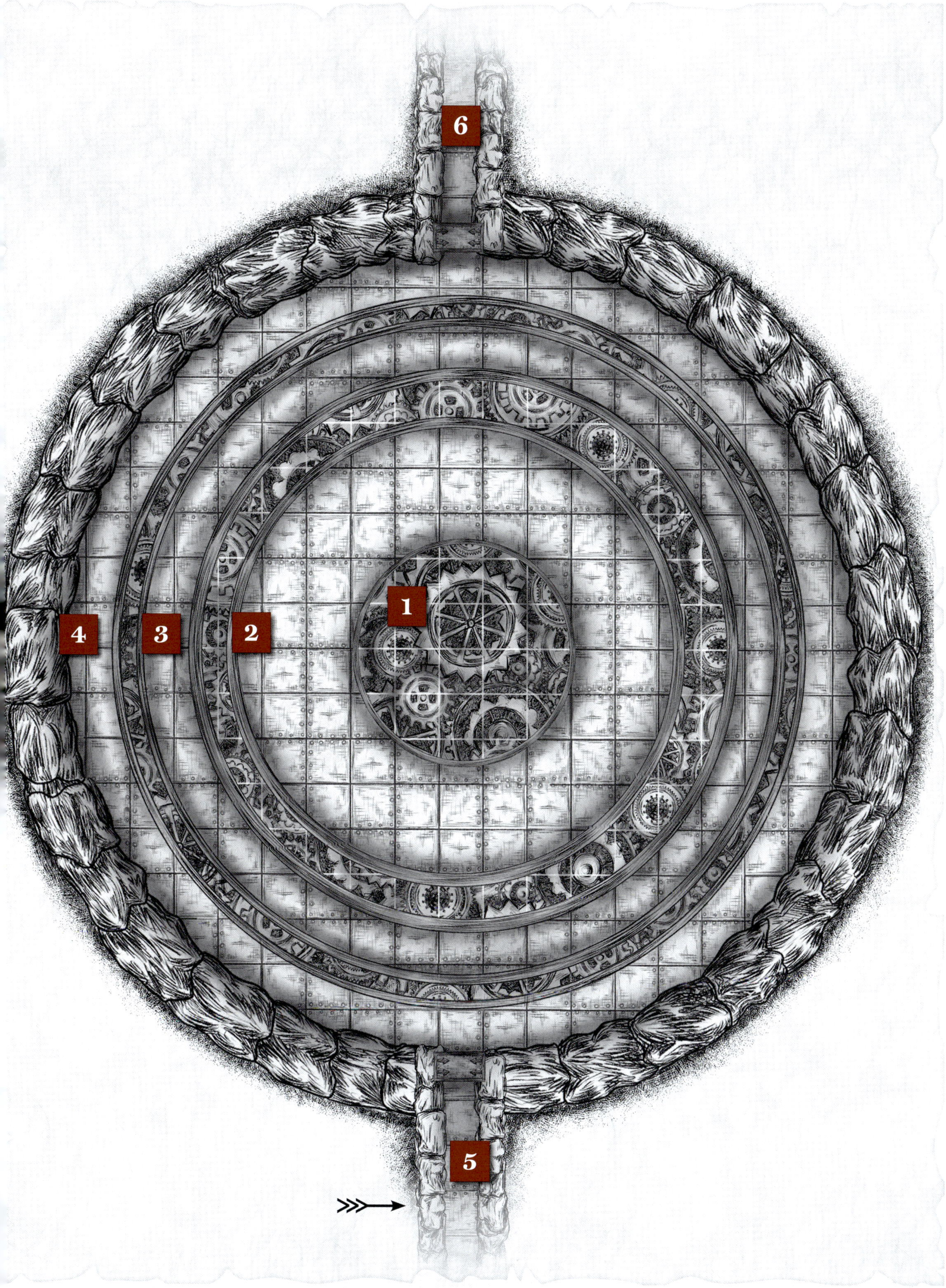
6
1
4
3
2
5

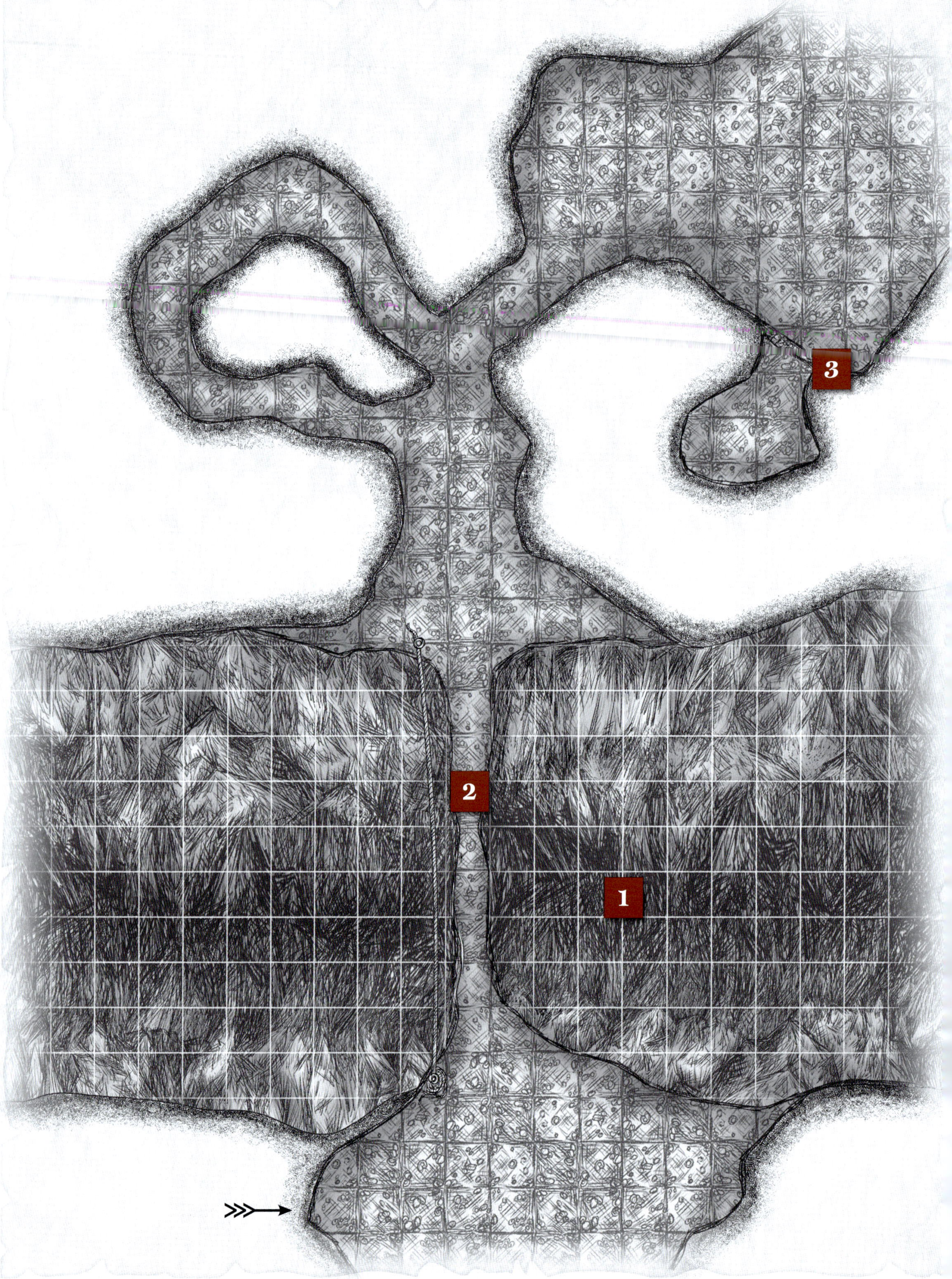
3
2
1

DIE GEFÄHRLICHE QUERUNG

Ein kühler Hauch schlägt euch entgegen, als ihr den Raum betretet. Vor euch spannt sich eine lange, schmale Felsbrücke über eine fast 15 m breite Kluft.

SL AUFGEPASST: TÜCKISCHE BRÜCKE

Die Brücke über den Abgrund ist mit Trittplatten gepflastert, die die Abwehrmechanismen in den Wänden auf beiden Seiten des Raumes aktivieren – siehe Tabelle »Wehrhafte Brücke«. Wer die schmale Brücke überqueren will, muss einen Wurf auf Geschicklichkeit (Akrobatik) gegen SG 12 bestehen, um die Balance zu halten. Auf diesen Wurf kann verzichten, wer sich mit halber Geschwindigkeit bewegt. Eine Kreatur, die von der Brücke fällt, kann mit einem Stärkerettungswurf gegen SG 16 reagieren, um sich an der Kante festzuhalten und hochzuziehen.

Dieser Raum ist durch eine tiefe Kluft (1), die von einer schmalen Felsbrücke (2) überspannt wird, in zwei Teile geteilt. Eine kleine verborgene Kammer (3) ist durch eine illusorische Felsoberfläche verdeckt.

Mechanik

Kluft. Die Kluft ist doppelt so tief wie breit, und wer hinunterfällt und den Sturz nicht irgendwie abfängt, riskiert 55 (10W6) Wuchtschaden.

Brücke. Die Felsbrücke hat ein kleines Seil als Geländer und birgt Trittplatten, die mit einem erfolgreichen Intelligenzwurf (Nachforschungen) gegen SG 18 entdeckt werden können. Die Trittplatten können nicht entschärft werden. Wird eine der Platten betreten, löst sie eine Funktion aus der Tabelle »Wehrhafte Brücke« oder einen Effekt nach Wahl des SL aus. Die Funktionen sind auch kombinierbar.

Verborgene Kammer. Der Eingang zum kleineren Nebenraum ist durch etwas Illusionsmagie verschleiert. Ein Intelligenzwurf (Nachforschungen) gegen SG 15 mag offenbaren, dass mit der Felswand dort etwas nicht stimmt. Stößt man dagegen, dringt man ungehindert hindurch.

Wehrhafte Brücke

1W6	Die Trittplatte löst folgende Funktion aus:
1	**Windböen.** Mächtige Turbinen in beiden Seitenwänden der Kammer blasen eine Windböe in Richtung der Brücke. Wer auf der Brücke steht, muss einen Geschicklichkeitswurf gegen SG 15 schaffen, um nicht hinabzufallen.
2	**Sandsäcke.** Die auslösende Kreatur wird mit kleinen Sandsäcken beworfen, was sich in drei Fernkampfangriffen (+6) gegen die RK der Kreatur äußert. Bei einem Treffer muss ihr ein Stärkerettungswurf gegen SG 13 gelingen, sonst stürzt sie.
3	**Fettfilm.** Die gesamte Brücke wird mit glitschigem Fett benetzt und wird dadurch zu schwierigem Terrain. Wer sich auf der Brücke befindet und einen Geschicklichkeitswurf gegen SG 17 verpatzt, rutscht ab.
4	**Einsturz.** Die betretene Trittplatte gibt nach und fällt in die Kluft. Der Rest der Felsbrücke bleibt stehen, offenbar von geologischen und arkanen Kräften gemeinsam gehalten. Die auslösende Kreatur kann sich mit einem Geschicklichkeitswurf gegen SG 15 an die verbleibenden, womöglich sogar schwebenden Felsen der Brücke klammern.
5	**Drachenhauch.** Von der Decke sprüht ein Flammenstrahl auf die Felsbrücke. Alle auf der Brücke müssen einen Rettungswurf auf Geschicklichkeit gegen SG 15 bestehen oder 28 (8W6) Feuerschaden erleiden, bei Erfolg die Hälfte.
6	**Mentaler Angriff.** Eine Energiewelle wandert über die Felsbrücke und erzeugt bei der auslösenden Kreatur eine innere Stimme, die findet, dass es jetzt nötig wäre, einfach von der Brücke zu hüpfen. Per Weisheitsrettungswurf gegen SG 15 lässt sich die Stimme ignorieren.

Wehrhafte Brücke

1W6	Die Gruppe trifft auf …
1	… eine **Pixie**, die an eine Wand jenseits der Kluft gefesselt ist. Sie erklärt sich bereit, der Gruppe bei der Überquerung zu helfen, sobald sie befreit ist.
2	… eine Gruppe von 2W4 + 1 **Orks** in der verborgenen Kammer, die sich gegen ihren Gebieter verschworen haben.
3	… einen **Mantler**, der sich zwischen den Felsen an der Decke verbirgt.
4	… 1W4 + 1 **Riesenfledermäuse**, von denen eine unter dem Zauber *Mit Tieren sprechen* steht.
5	… 2W4 + 1 **Banditen**, die in diverse Fallen getappt sind und nun verzweifelt von der Brücke herabbaumeln.

6	… eine entlaufene **Wyvern**, die ihren Reiter abgeworfen hat und nun in der Kammer nach leichter Beute sucht.

Die schwimmenden Statuen

> Beim Betreten der Kammer merkt ihr, dass der Boden unter Wasser steht. Mitten im Raum ragen vier 1,50 m hohe Sockel aus dem Wasser, und in Nischen in allen vier Ecken stehen Statuen, die die vier Jahreszeiten darstellen und Wasser aus dem Mund zu spucken scheinen. Daneben gibt es vier Ausgänge, die sich bei näherem Hinsehen als verriegelt herausstellen. Die Statuen spucken nun noch mehr Wasser in den Raum als zu Beginn. Das Wasser scheint sich in einem Strudel im Uhrzeigersinn zu bewegen und an Geschwindigkeit zuzunehmen.

SL AUFGEPASST: ENTKOMMEN

Der 3 m hohe Raum füllt sich aus verborgenen Quellen rasch mit Wasser, das alle sechs Sekunden um 30 cm steigt und stetig im Uhrzeigersinn strömt. Die Türen öffnen sich, sobald das Rätsel dieser Kammer gelöst ist. Die Lösung des Rätsels verbirgt sich unter Wasser: In den Boden zwischen den vier Sockeln ist in Elfisch der Spruch *Die Jahreszeiten wandern, standhaft bleibend, von einer zur andern* eingemeißelt. Um die Türen zu öffnen, muss jede Statue von ihrem aktuellen Standplatz auf den Sockel zu ihrer Linken versetzt werden. Sobald alle vier Statuen auf ihren jeweiligen Sockel gestellt wurden (was den Wandel der Jahreszeiten symbolisiert), fließt das Wasser wieder ab und die Türen öffnen sich. Die Statuen schweben sodann an ihren ursprünglichen Platz zurück.

Diese grottenähnliche Kammer wurde zu Ehren der Jahreszeiten geschaffen. Aus ihr soll nur entkommen, wer sich als würdig erweist. Jede Jahreszeit wird durch eine Statue dargestellt (1 = Winter, 2 = Frühling, 3 = Sommer, 4 = Herbst). Die vier Sockel (i, ii, iii, iv) bergen auch den Mechanismus, der die Kammer öffnet (siehe unten).

Mechanik

Wasser. Das anschwellende Wasser ist schwieriges Terrain für alle, die nicht schwimmen können. Nach acht Runden sind die meisten Kreaturen vollständig untergetaucht. Wer mit dem Strom schwimmt, bewegt sich doppelt so schnell. Schwimmen gegen den Strom hat den gegenteiligen Effekt: Die Unterwasserbewegungsrate sinkt um die Hälfte. Wie viele Minuten eine Kreatur den Atem anhalten kann, ergibt sich aus der Formel *1 + Konstitutionsmodifikator*.

Statuen. Die Statuen weisen alle mit dem Körper zur Mitte der Kammer, aber die Köpfe sind nach links gedreht und spucken Wasser. Die Statuen nicht gerade leicht und erfordern zum Heben einen Stärkewurf (Athletik) gegen SG 15. Sind die Statuen vollständig untergetaucht, kann mit Vorteil gewürfelt werden.

Die Statuen müssen zu den folgenden Sockeln gebracht werden:

1. Winter → Sockel i
2. Frühling → Sockel ii
3. Sommer → Sockel iii
4. Herbst → Sockel iv

Mögliche Begegnungen

1W6	Die Gruppe trifft auf …
1	… einen **Wasserelementar**, der unter der Oberfläche umherschwimmt und das Umstellen der Statuen zu verhindern sucht.
2	… vier allegorische Statuen (mit den Werten von **Adeligen**), die sich extrem ungern versetzen lassen.
3	… eine **Medusa**, die aus den Tiefen aufsteigt und Eindringlinge erschreckt (und dabei vielleicht ein paar neue Statuen erschafft).
4	… 1W4 + 1 **Sahuagin**, die die Sockel mit ihrem Leben verteidigen.
5	… einen unter der Oberfläche lauernden **Modernden Schlurfer**, getarnt als Wassergrasbüschel.
6	… zwei **Chuul**, die alles fressen, was sie zwischen die Scheren bekommen.

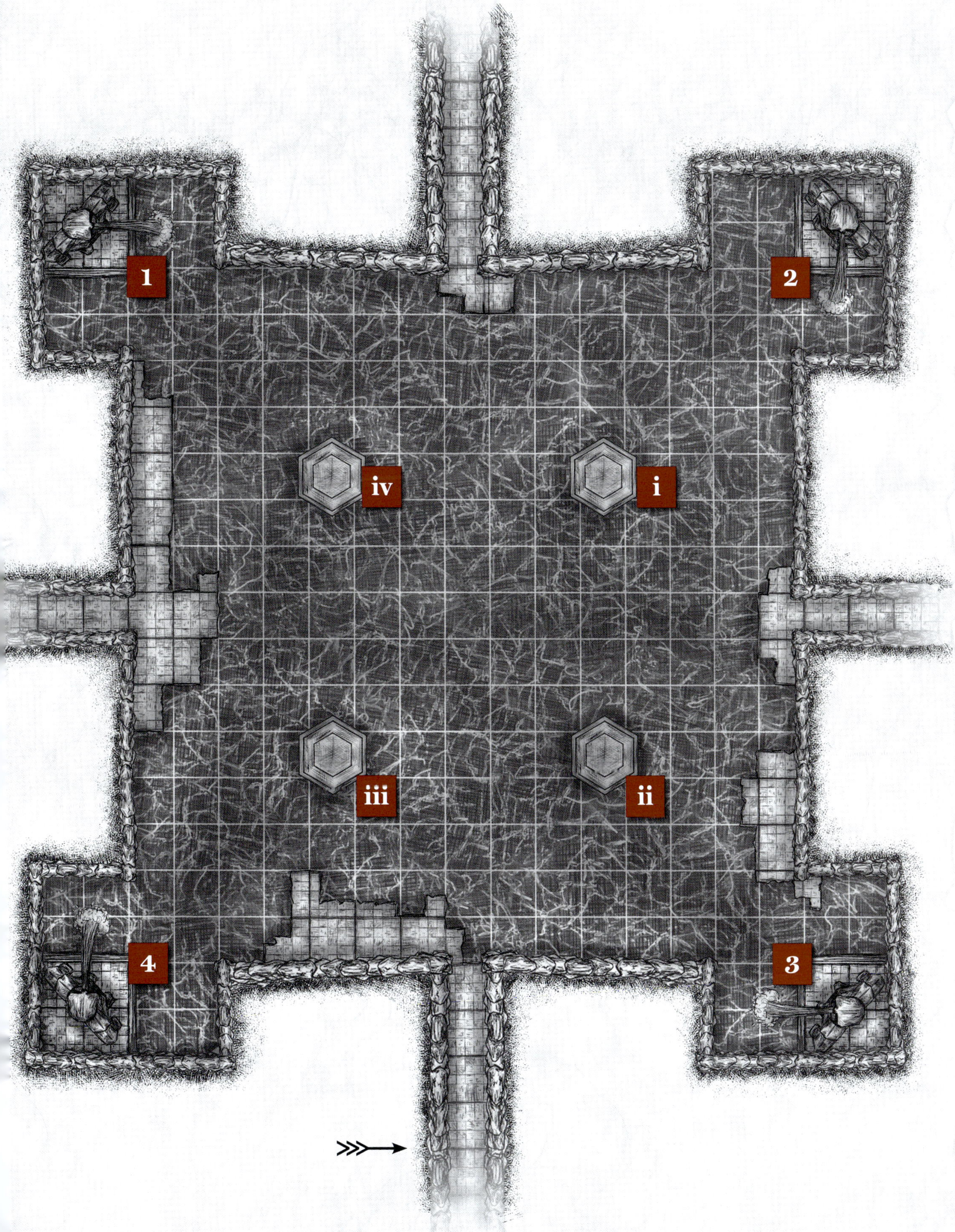

1
2
iv
i
iii
ii
4
3

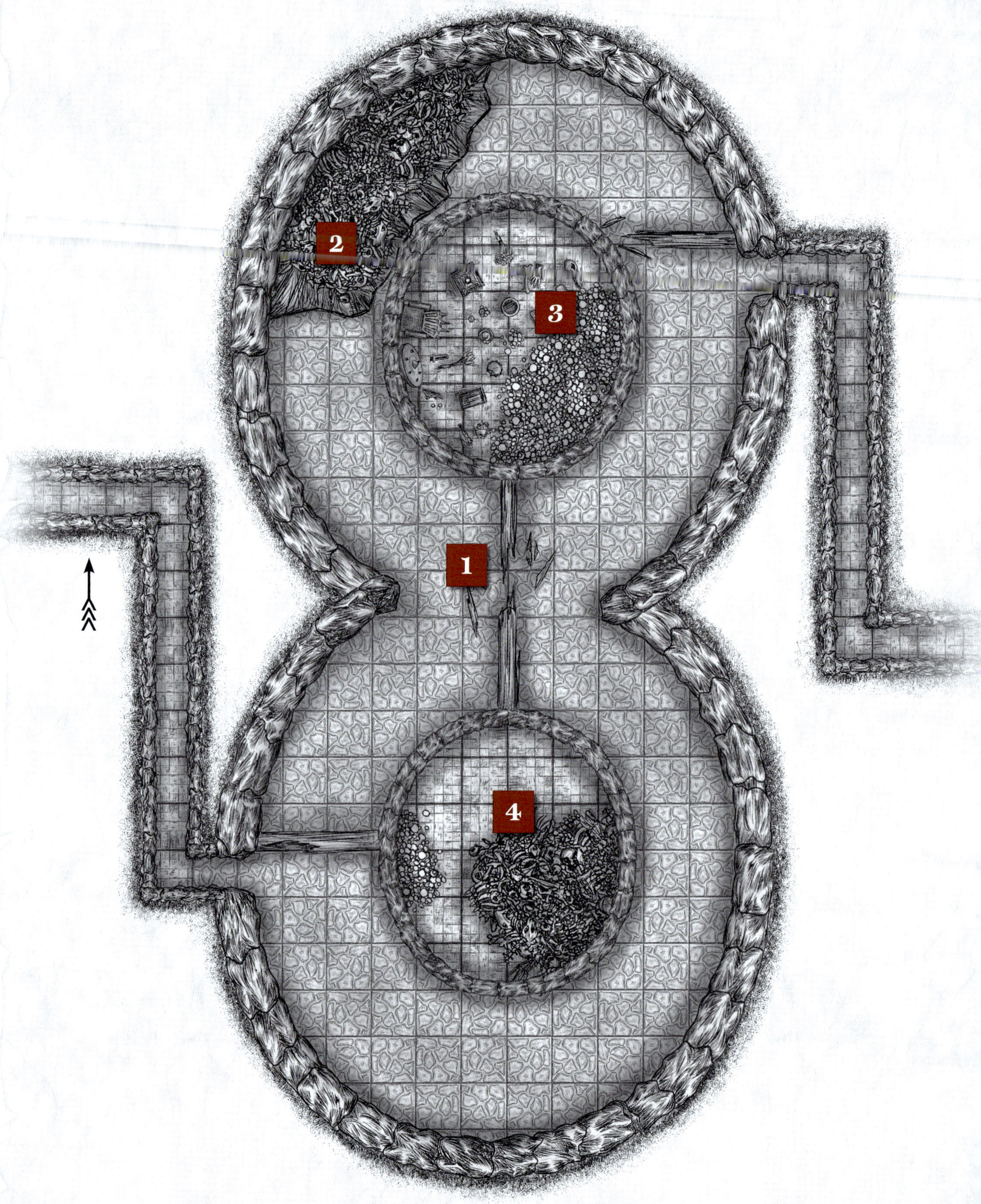

2
3
1
4

Das Oktogenarium

> Beim Blick um die Ecke des Ganges in die nächste Kammer seht ihr eine leicht gebogene Wand, die links von euch an einer Ziegelmauer endet, aber rechts in eine weitere kreisrunde Kammer übergeht. Der Boden ist an einigen Stellen brüchig und weist tiefe Löcher auf.

SL AUFGEPASST: VERBORGENE KAMMERN

In diesem Raum gibt es zwei verborgene, durch Intelligenzwurf (Nachforschungen) gegen SG 17 zugängliche Kammern, in denen die Mechanismen zum Öffnen der Türen zu finden sind. Der genaue Ort der Ausgänge und Öffnungsmechanismen ist vom SL zu bestimmen. Die verborgenen Kammern sollten jeweils einen Schatz und mindestens einen magischen Gegenstand enthalten, ebenfalls vom SL ausgewählt. Man kann sich von einer Kammer in die andere teleportieren, indem man einen mitten an der Wand angebrachten Hebel zieht.

Dieser Raum wurde einst für arkane Experimente genutzt, die die vermeintliche Harmonie der Zahl 8 ergründen sollten. Jetzt dient er als Lager. Der Boden ist trügerisch, die Wände sind stellenweise eingefallen (u.a. 1), außerdem klafft ein 12 m tiefer Abgrund (2). Zwischen gewundenen Gängen befinden sich zwei Teleportationskammern (3, 4). Sie sind nur miteinander verbunden und tauschen die Materie aus der einen Kammer mit der aus der anderen aus. In den Kammern befindet sich neben Aufzeichnungen über Teleportationsmagie und die ewige Schönheit der Zahl 8 Beute nach Ermessen des SL und sehr viel Staub, da das Labor schon lange geschlossen ist.

Mechanik

Teleportationskammern. Bei Entdeckung und Durchsuchung einer oder beider Teleportationskammern entdeckt man nicht nur einen Schatz, sondern auch allerlei seltsame Knöpfe und Hebel. Der größte der Hebel bettelt geradezu darum, gezogen zu werden. Wird in einer der beiden Kammern der große Hebel gezogen, wird der gesamte Inhalt der Kammer teleportiert und nach Ermessen des SL mit dem Inhalt der anderen Kammer getauscht. Allerdings hat das Genie, das diese Apparatur konstruiert hat, womöglich Kabel vertauscht. Bei jeder Betätigung einer der beiden Hebel ist daher 1W20 zu würfeln. Bei einer 5 oder weniger kommt es zu einer Fehlteleportation, bei dem das Bewusstsein eines in der Kammer Anwesenden in den Körper eines anderen, vom SL auszuwählenden Anwesenden übergeht, und umgekehrt. Dieser Tausch kann durch Ziehen des Hebels rückgängig gemacht werden, aber es besteht eine 50-prozentige Chance, dass er dauerhaft ist.

Mögliche Begegnungen

1W6	Die Gruppe trifft auf ...
1	... den **Geist** des Magiers, der dieses stillgelegte Laboratorium einst ertüftelte und nun auf der Suche nach einem bewohnbaren Körper darin spukt.
2	... 1W4 + 1 übergriffige **Quasiten**, die unsichtbar bleiben und die Gruppe irgendwie zu spalten versuchen.
3	... einen in einer der Teleportationskammern gefangenen **Bartteufel**, der nur darauf wartet, zu entkommen.
4	... einen **Doppelgänger**, der versuchen wird, ein Mitglied der Gruppe zu überwältigen und es dann mittels Gestaltwandlung zu ersetzen.
5	... eine **Gorgone**, die den 8-förmigen Gang durchstreift und jedwedes Pack vertreibt, das hier zu neugierig wird.
6	... 2W4 **Goblins**, die eine Anleitung zum Einbruch in verborgene Kammern bei sich haben.

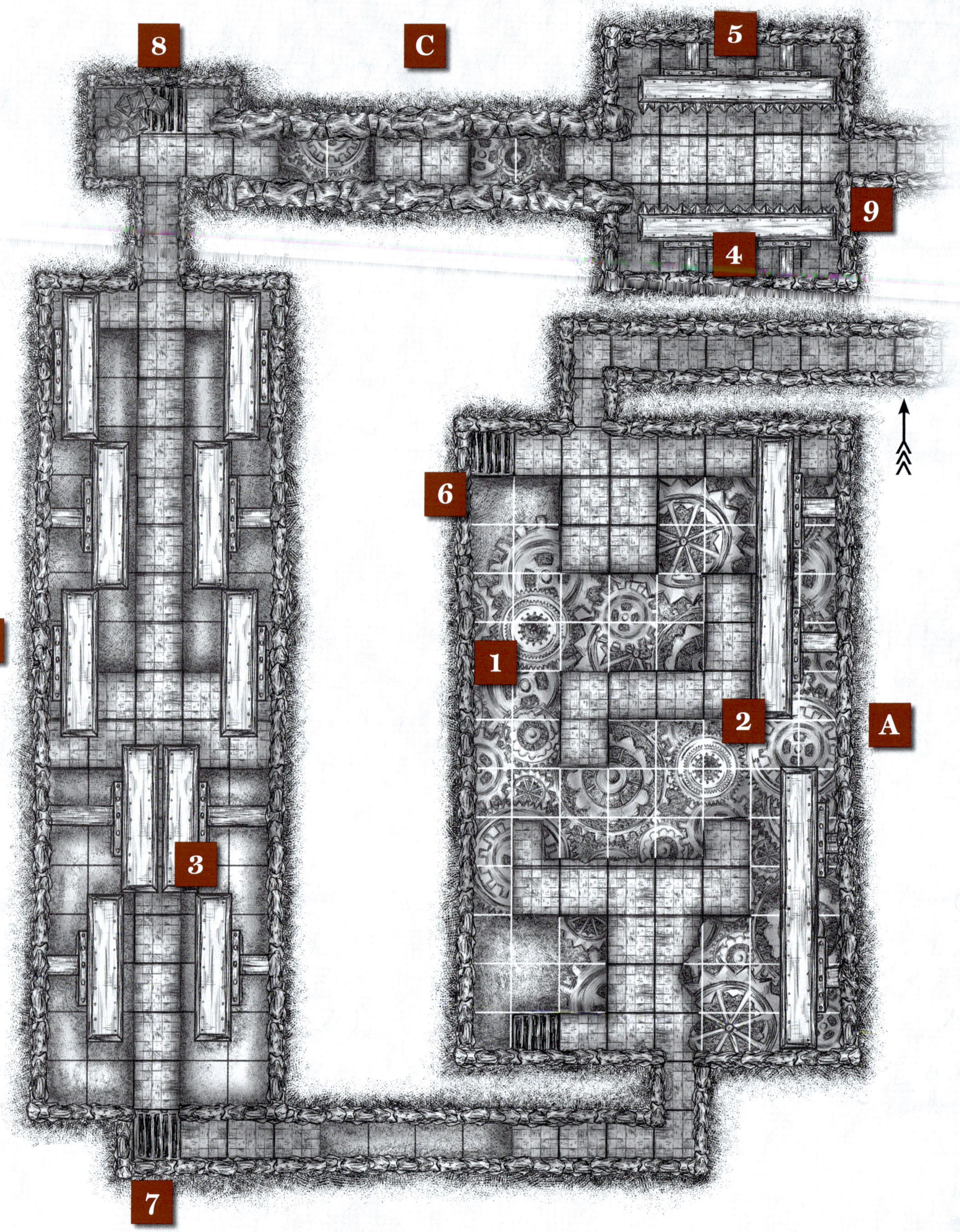

8
C
5
9
4
6
B
1
2
A
3
7

DIE KOLBENKOLONNADE

KAMMER A
Als ihr durch den schmalen Gang geht, erschüttert das Geräusch von wummernden Maschinen und das stete Stampfen von hämmernden Kolben die Wände. Ihr erblickt einen Raum, der etwa 12 m breit ist und dessen Boden teils aus begehbaren Stegen, teils aus freiliegender Maschinerie besteht. Die Stege sind 3 m voneinander entfernt. In 6 m Höhe hängt ein schmaler Laufsteg

KAMMER B
Als ihr diesen Raum betretet, wird die Quelle des hämmernden Stampfens sichtbar: Fünf Paar massiver Kolben, jeder fast 4,50 m lang, knallen aufeinander

KAMMER C
Auch in diesem Gang gibt es freiliegendes Getriebe mit Stegen dazwischen, aber dahinter ist etwas, das nur als Tötungskammer bezeichnet werden kann. Die Seitenwände sind dort mit Stacheln bedeckt und rasen brutal schnell aufeinander zu. Der Boden schwimmt vom Blut leichtsinniger Abenteurer und herumschleichender Monster, die die Wucht der Wände unterschätzt haben.

SL AUFGEPASST: GEHEIMGANG

Jede der Kammern stellt die Gruppe vor Herausforderungen, aber alle drei sind durch einen kleinen Wartungstunnel verbunden, der durch einen Intelligenzwurf (Nachforschungen) gegen SG 18 entdeckt werden kann. Der Tunnel führt vom Eingangssteg in der ersten Kammer unter dem Räderwerk her in die zweite und dritte Kammer. Für mittelgroße oder größere Kreaturen ist der Tunnel schwieriges Terrain. Der Tunnel führt am Getriebe der dritten Kammer vorbei und unter der Tötungskammer her und mündet in den Gang, der zum Ausgang der Kammer führt. Tunnelzugänge befinden sich an den Stellen 6, 7, 8 und 9.

»Kolbenkolonnade« ist ein peinlicher Name für einen peinvollen Ort, aber wie all das Blut der hier Zermalmten ist er kleben geblieben. Hier wird ein Großteil der mechanischen Energie erzeugt, die die größeren Portale und Fallen des Dungeons antreibt. Dass man diesen Ort kaum durchquert, ohne einen Arm oder die schöne runde Kopfform zu verlieren, ist aus Verteidigersicht ein Vorteil. Die erste Kammer beherbergt die Hauptmaschinerie (1) sowie einige Zugangsstege (2). Der gesamte Raum ist von hohen Laufstegen aus überschaubar (vom SL zu platzieren). Die zweite Kammer beherbergt die Kolonnade aus mächtigen Kolben (3), die mit so viel Wucht aufeinanderprallen, dass sie die angrenzenden Räume erschüttern. Im letzten Abschnitt befinden sich von Stegen durchzogene Maschinerie und eine Tötungskammer mit zwei stachelbewehrten Wänden (4, 5), die stetig gegeneinanderprallen.

Mechanik

Maschinerie. Die Maschinerie in diesen Räumen ist unüberschaubar und dementsprechend gefährlich. Eine Kreatur, die ihren Zug auf einem Feld mit Maschinerie beendet, muss einen Rettungswurf auf Geschicklichkeit gegen SG 16 schaffen. Bei einem Fehlwurf wird die Kreatur von Zahnrädern erfasst, erleidet 11 (3W6) Wuchtschaden und ist festgesetzt. Eine von Zahnrädern erfasste Kreatur kann sich mit einer Aktion befreien, indem sie einen Stärkewurf (Athletik) gegen SG 16 besteht. Beendet eine von Zahnrädern erfasste Kreatur die zweite Runde zwischen den Zähnen, erleidet sie 22 (6W6) Wuchtschaden. Der Schaden verdoppelt sich also mit jeder Runde, in der die Kreatur festgesetzt bleibt. Werden einem Teil der Maschinerie in einer Runde 45 TP Schaden zugefügt, kommen die Kolbenkolonnade und die Tötungskammern dahinter für fünf Runden zum Stillstand, bis die Kraft der Maschinerie sie wieder in Gang setzt.

Kolben. Da die Kolben in Kammer B abwechselnd gegeneinanderrammen, kann jemand mit gutem Rhythmusgefühl und schnellem Schritt unbeschadet hindurchhuschen. Der Lauf durch diese 27 m lange Kammer ist nichts für Feiglinge. Man muss einen Wurf auf Intelligenz (Nachforschungen) oder auf Charisma (Auftreten) gegen SG 16 schaffen, um dem Takt der Kolben zu folgen, und dann noch einen Wurf auf Geschicklichkeit (Akrobatik) gegen SG 16, um unversehrt zwischen den Kolben hindurchzuschlüpfen.
Bei Erfolg kann man sich mit voller Bewegungsrate durch den Raum bewegen. Eine Kreatur, die einen der Rettungswürfe nicht besteht, wird von einem Kolben getroffen, der 13 (3W8) Wuchtschaden verursacht und ihre Bewegung stoppt. Eine gestoppte Kreatur muss beide Rettungswürfe wiederholen, um sich weiterbewegen zu können. Wird eine Kreatur gestoppt, würfelst du 1W4. Bis zum Beginn ihres nächsten Zuges bewegt sich die Kreatur nur so weit wie ihre Höchstgeschwindigkeit, geteilt durch die gewürfelte Zahl.

Tötungskammer. Die Tötungskammer arbeitet ohne Takt oder sonstiges wahrnehmbares Muster und kennt keine Gnade. Jedes Mal, wenn eine Kreatur versucht, diesen Bereich zu durchqueren, während die Wände noch aktiv sind, würfelst du 1W100. Bei einem Wert von 25 oder weniger wird die Kreatur zwischen den Wänden zerquetscht und erleidet 26 (4W12) Stichschaden.

Geheimgang und Getriebe. Der verborgene Tunnel, der direkt unter Kammer B verläuft, ist höchstens 1,50 m hoch und breit und führt um einige surrende

Zahnräder herum oder unter ihnen her. Wer den Tunnel durchqueren will, muss unter jeder der drei Kammern einen Geschicklichkeitswurf gegen SG 16 bestehen. Bei Würfelpech wird man von einem Zahnrad erfasst, mit den unter »Maschinerie« beschriebenen Folgen.

Die Miniaturfestung

> Mitten in dieser feuchten, weitläufigen Höhle erblickt ihr einen etwa 9 m hohen Steinturm, dessen Wände mit strategisch angelegten Schießscharten gespickt sind. Ein reißender Bach teilt den Raum, der Turm befindet sich auf dem anderen Ufer. Eine Grube versperrt euch den Weg zum Fluss, eines von mehreren tiefen Löchern in dieser Kammer.

SL aufgepasst: Verhandeln?

Die Insassen des Turms sind vielleicht bereit, mit Eindringlingen zu verhandeln, vor allem, wenn sie das Gefühl haben, in Zahl, Bewaffnung oder Kampfgeschick unterlegen zu sein. Wenn sie sich dagegen strategisch im Vorteil wähnen, werden sie eher versuchen, die Mitglieder der Gruppe einzeln auszuschalten.

Dieser Bereich ist eine befestigte Position innerhalb einer bereits ziemlich uneinnehmbaren Anlage. Das zentrale Element ist die kleine, turmartige Festung, die den hier herumstreunenden oder sesshaften Kreaturen als Rückzugsort oder Sammelpunkt dient. Die Festung (1) verfügt im Inneren über eine etwa 4,50 m hohe Zwischendecke und ein Dach mit Brüstung in 9 m Höhe. Durch den Raum fließt von rechts nach links ein Bach (2). Auf dessen hiesiger Seite befinden sich zwei erhöhte Plattformen, eine 4,50 m (3) und eine 9 m (4) hoch. Eine 4,50 m tiefe Grube (5) hindert am Betreten des Bereichs. Jenseits des Bachs bieten sich einige 4,50 m hohe Felsvorsprünge (6, 7, 8) als erhöhte Positionen an, von denen aus der Turm angegriffen werden kann. Die Ein- und Ausgänge (9, 10) sind nach Ermessen des SL verschlossen. Schlüssel zu den Schlössern führen die Insassen der Festung mit sich.

Mechanik

Türen. Die Tür zur Festung (11) ist aus robustem Eichenholz und von innen verbarrikadiert. Sie hat 85 TP. Die Ausgangstüren sind verschlossen, aber ihre Verriegelung kann mit einem Wurf auf Geschicklichkeit (Diebeswerkzeug) gegen SG 20 geknackt werden.

Teer. Ein kleines Bullauge 6 m über der Tür des Turms ermöglicht den Angriff auf alle, die die Tür aufzubrechen wagen. Als Aktion kann eine Kreatur im Turm Töpfe mit heißem Teer aus der Öffnung fallen lassen. Alle im Umkreis von 3 m müssen dann einen Rettungswurf auf Geschicklichkeit gegen SG 16 bestehen. Bei Fehlwurf entstehen 18 (4W8) Feuerschaden, da der heiße Teer eine Minute lang an ihrer Haut und ihrer Rüstung haftet. Zu Beginn jedes nächsten Zuges erleiden alle mit Teer Begossenen 9 (2W8) Feuerschaden. Man kann eine Aktion nutzen, um den Teer von sich oder jemand anderem abzukratzen.

Schießscharten. Die Mauern der Festung sind von oben bis unten mit Pfeilschlitzen versehen, durch die nach Ermessen des SL aus voller Deckung Fernkampfangriffe ausgeführt werden.

Säurekanone. Als Aktion kann eine Kreatur in der Festung die Säurekanone auf dem Dach benutzen. Die Kanone feuert in einem 18-m-Kegel. Jede Kreatur innerhalb des Kegels macht einen Rettungswurf auf Geschicklichkeit gegen SG 16 und bekommt bei Fehlwurf 28 (8W6) Säureschaden ab, bei Erfolg halb so viel. Alle im Umkreis von 3 m um die Festung werden aufgrund des Abschusswinkels nicht von dem Kegel getroffen.

Bach. Der etwa 1,50 m tiefe Bach fließt von rechts nach links und ist schwieriges Terrain für alle, die nicht schwimmen können. Wer einen Zug im Bach beendet und einen Stärkerettungswurf gegen SG 15 verpatzt, wird umgerissen und treibt liegend 3 m flussabwärts. Nach Ermessen des SL fließt der Strom aus der Höhle hinaus in eine andere Dungeon-Kammer.

Mögliche Begegnungen

1W6	Die Gruppe trifft auf ...
1	... einen einzelnen **Goblin**, der seit Monaten die Position hält, indem er vortäuscht, zu mehreren zu sein.
2	... einen Trupp aus 2W4 ruppigen **Orks**, die den Turm mit ihrem Leben verteidigen.
3	... eine **Banditenhauptfrau** und ihre 1W6 + 1 **Banditen**, die sich für den richtigen Preis auch gerne ergeben.
4	... einen einsamen, von einem **Geist** besessenen **Kundschafter**.
5	... eine ungesicherte Festung, deren Bewacher die 2W6 **Hobgoblins** sind, die demnächst kommen werden.
6	... 2W4 **Grottenschrate**, von denen sich mindestens einer außerhalb der Festung versteckt.

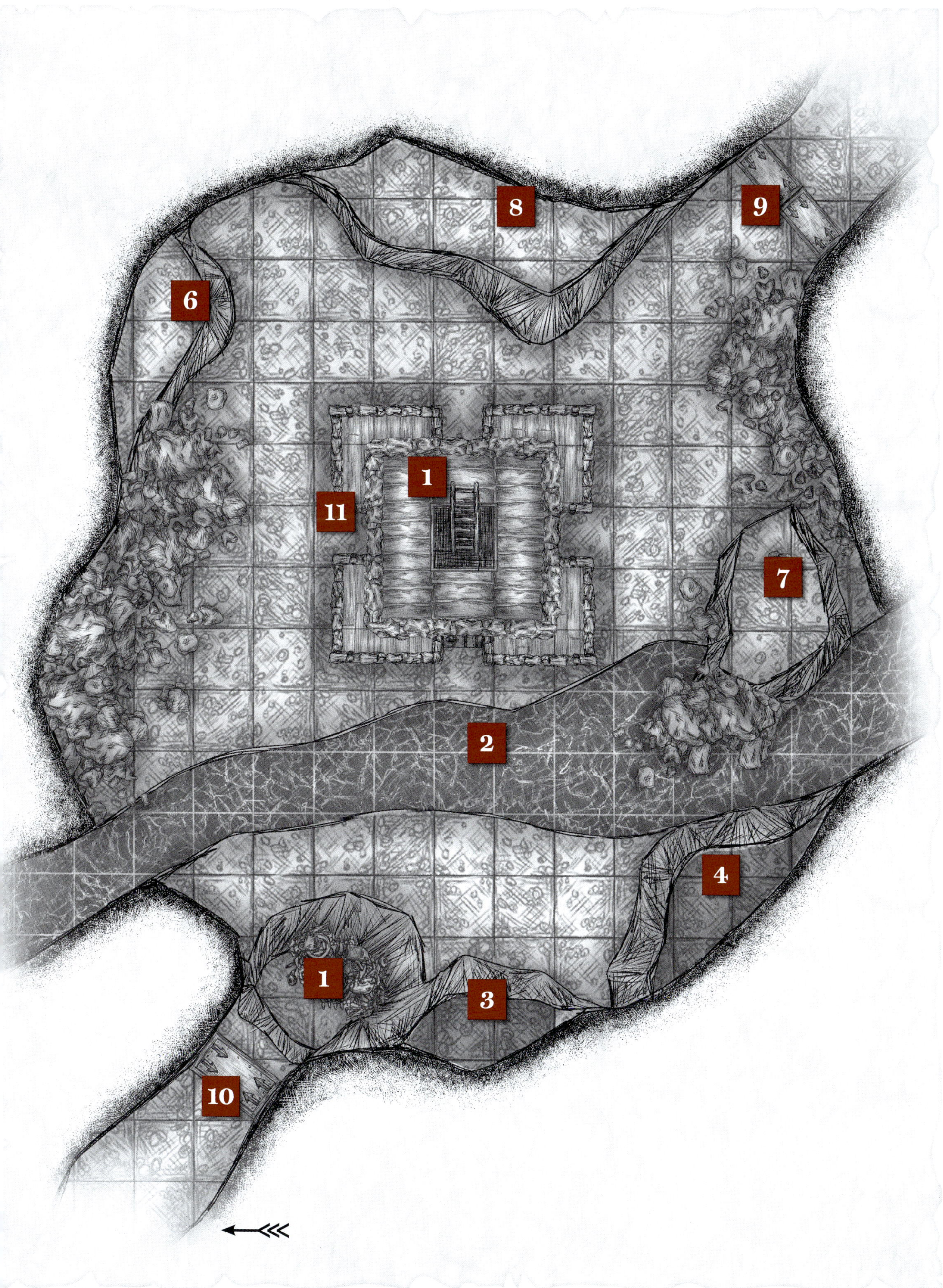

8
9
6
1
11
7
2
4
1
3
10

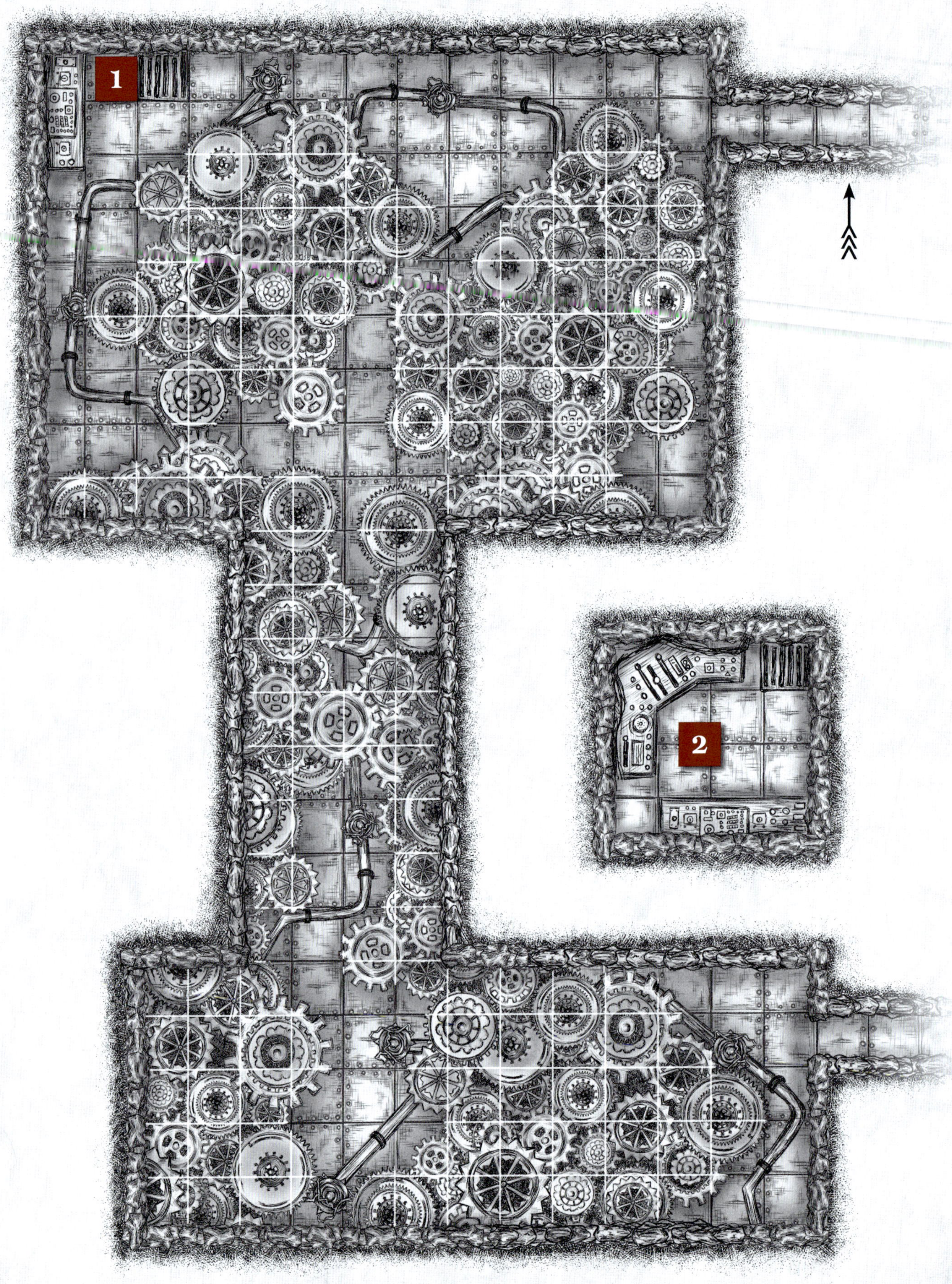
1
2

Das Getriebe

> Der Gestank von Öl und das Ächzen von Maschinerie überwältigen eure Sinne, als ihr diesen Raum betretet, und beinahe rutscht ihr auf dem mit glitschiger Schmiere bedeckten Boden aus. Der Raum selbst scheint mehr aus Zahnrädern als aus begehbarer Fläche zu bestehen.

SL AUFGEPASST: VERSTECKTES KONTROLLPULT

Das ganze Getriebe (und damit nach Ermessen des SL auch 2W4 Fallen in den folgenden Kammern) kann mittels der Hebel ausgeschaltet werden, die sich auf einem Kontrollpult in einem Kabuff hinter der Hauptkammer befinden. Das verborgene Kabuff ist durch einen leicht zu übersehenden Tunnel zu erreichen, dessen Eingang mit einem Intelligenzwurf (Nachforschungen) gegen SG 18 entdeckt werden kann.

Dieses riesige Getriebe ist ein wahrer Tüftlertraum und besteht aus ineinandergreifenden Maschinen, die die größeren Fallen und Mechanismen des Dungeons antreiben. Der Raum ist voll mit Zahnrädern aller Größen, und von jedem der Zähne trieft Schmierfett auf den Steinboden. Eine kleine, vom Eingang nicht sichtbare Zugangstür (1) führt durch einen Tunnel zu dem Kabuff (2), in dem sich das Schaltpult befindet.

Mechanik

Schmierfett. Der gesamte Boden ist mit glitschigem Fett bedeckt. Wer sich hier fortbewegt und einen Wurf auf Geschicklichkeit gegen SG 15 verpatzt, glitscht in eine zufällige Richtung (nach Ermessen des SL) und fällt hin. Wer einen Zug auf einem Feld mit Zahnrädern beendet, kann vom Getriebe erfasst werden (wie im Folgenden beschrieben). Dem Abrutschen ins Getriebe kann man entgehen, indem man sich mit halber Geschwindigkeit bewegt.

Maschinerie. Die Maschinerie in diesen Räumen ist unübersehbar und dementsprechend gefährlich. Eine Kreatur, die ihren Zug auf einem Feld mit Maschinerie beendet, muss einen Rettungswurf auf Geschicklichkeit gegen SG 16 schaffen. Bei einem Fehlwurf wird die Kreatur von Zahnrädern erfasst, erleidet 7 (2W6) Wuchtschaden und ist festgesetzt. Eine von Zahnrädern erfasste Kreatur kann sich mit einer Aktion befreien, indem sie einen Stärkewurf (Athletik) gegen SG 15 besteht. Beendet eine von Zahnrädern erfasste Kreatur die zweite Runde zwischen den Zähnen, erleidet sie 14 (4W6) Wuchtschaden. Der Schaden verdoppelt sich also mit jeder Runde, in der die Kreatur festgesetzt bleibt. Die Maschinerie lässt sich sabotieren. Jedes Zahnrad hat RK 10, 25 TP und eine Schadensschwelle von 15. Bei Angriffen mit weniger als 15 TP Schaden bleibt das Zahnrad unbeschädigt. Hat ein Zahnrad mehr als 25 TP Schaden erlitten, wird es aus der Halterung gerissen und lässt alle Festgesetzten frei.

Mögliche Begebenheiten: Fallen

Jede vierte Bodenplatte, die in diesem Raum betreten wird, löst eine Falle aus, die nach der Tabelle »Zufällige Fallen« auf S. 246 erwürfelt werden kann. Die auslösenden Trittplatten sind vom SL zu platzieren.

Mögliche Begegnungen

1W6	Die Gruppe trifft auf ...
1	... einen wirren **Halbling**, der so viel Schmierfett wie möglich aufliest und Angst hat, dass die Gruppe an seinen »geheimen Schmiervorrat« will.
2	... 2W4 **Kobolde**, die sich auf dem glitschigen Boden bewegen, als wären sie dafür geboren.
3	... einen blutenden **Troll**, der in der hinteren Hälfte der Kammer zwischen mehreren Zahnrädern klemmt. Seine nachwachsenden Arme und Beine geraten immer wieder aufs Neue zwischen die Räder.
4	... einen tüftelnden **Goblin** mit *Stirnlampe der Telekinese*, der ein gespaltenes Zahnrad repariert.
5	... ein Nest mit 1W4 **Phasenspinnen**.
6	... eine Öllache, die kaum merklich auf die Gruppe zukriecht und sich als **Schwarzer Blob** herausstellt.

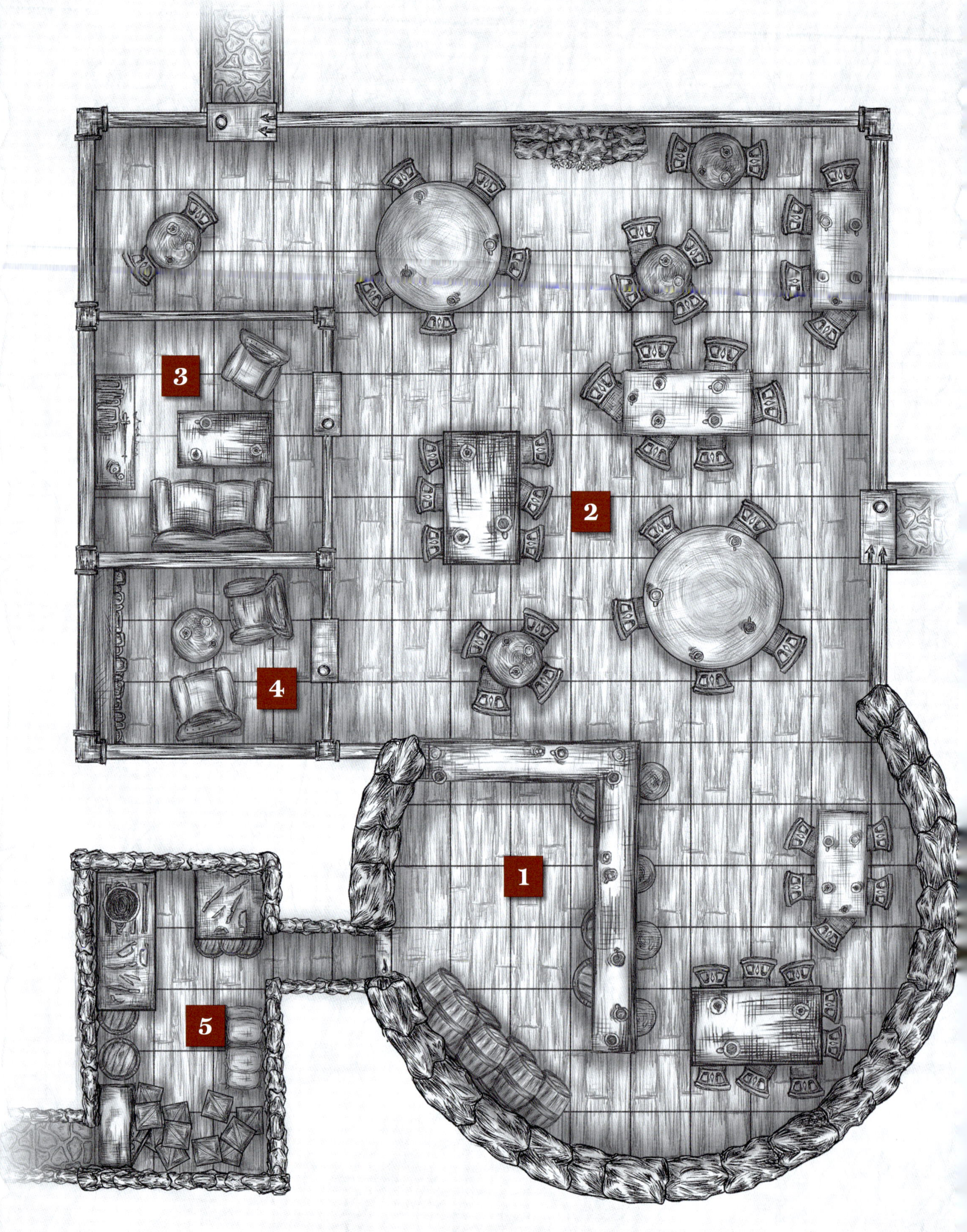

1
2
3
4
5

Zum Kerkerwirt

Ihr hört lärmende Gespräche durch den Gang hallen und gelangt in einen mit Tischen und Stühlen vollgestellten Raum, der von einem kleinen Kaminfeuer zu eurer Linken erhellt wird. Den Gastraum dominiert eine Theke aus poliertem Stein, über der ein hölzernes Schild mit der Aufschrift *ZUM KERKERWIRT* hängt. Die niedrigen Decken und behaglichen Nebenzimmer ergeben eine unerwartet gemütliche unterirdische Kneipe.

SL AUFGEPASST: FREUND ODER FEIND

Die Kneipe dient als Feierabendtreff für die Kreaturen, die in den umgebenden Kerkern/Höhlen/Gemächern Wache schieben. Ob die anwesenden Gäste Dienstschluss haben (und Fremde in ihrer Mitte somit eher tolerieren), liegt im Ermessen des SL.

All die Mordgehilfen, Handlanger und Spießgesellen, die in diesem weitläufigen Dungeon meist frohgemut ihrer Arbeit nachgehen, brauchen zwischendurch eine Pause vom Zerfleischen und Zergliedern, das den Großteil ihrer Zeit in Anspruch nimmt. Nach Schichtende (oder bei Ogern zufällig) gehen die meisten hier werktätigen Kreaturen auf ein bis drei Humpen in den »Kerkerwirt« und plaudern über Fallen, die sie gelegt, Schätze, die sie verlegt, und Abenteurer, die sie zerlegt haben. Die Kneipe verfügt über eine Theke (1) und mehrere Tavernentische im Hauptgastraum (2) sowie zwei kleine Nebenzimmer für private Treffen (3, 4). In der Küche des »Kerkerwirts« (5) hängen mehr Messer, als man je braucht, aber es findet sich keine Spur von Essenszubereitung, was vermuten lässt, dass die Küche in Wirklichkeit ein geheimer Durchgang zu anderen Teilen des Dungeons ist.

Mechanik

Bierfässer. Das Bier, das im »Kerkerwirt« angebotenen wird, ist ein starkes Gebräu, das kräftigend wirkt, wenn man es denn bei sich behält. Eine Kreatur, die einen Humpen Bier trinkt, muss einen Rettungswurf auf Konstitution gegen SG 16 überstehen. Bei Fehlwurf erbricht sich die Kreatur auf spektakuläre Weise und hat eine Stunde lang einen Nachteil bei allen Fertigkeits-, Angriffs- und Rettungswürfen. Bei Erfolg erhält die Kreatur temporär 15 TP. Die Fässer, in denen das Starkbier gelagert wird, sind äußerst robust, und die Thekenkräfte schmeißen gern volle Fässer auf Gäste, die stören. Als Aktion kann eine Kreatur mittels Stärkewurf (Athletik) gegen SG 16 ein Fass hochheben und bis zu 9 m weit werfen. Bei Erfolg müssen alle im Umkreis von 3 m um das geworfene Fass auf Geschicklichkeitswurf gegen SG 16 schaffen, sonst erwischt sie das Fass und verursacht 11 (3W6) Wuchtschaden. Die mit Bier überschwemmte Fläche ist eine Minute lang schwieriges Terrain.

Geheimer Zugang. Die Küche des »Kerkerwirts« ist ein getarnter Zugang zur Kneipe von anderen Kammern des Dungeons. Ein erfolgreicher Intelligenzwurf (Nachforschungen) gegen SG 15 lässt erkennen, dass es in der Küche weder Zutaten noch Kochgeschirr gibt und dass ein Luftzug hindurchzuwehen scheint. Der leere Schrank kann ein Stück beiseitegeschoben werden, sodass ein Tunneleingang frei wird. Der Tunnel kann zu einer anderen Kammer aus diesem Buch führen, die nach der Tabelle auf S. 250 auszuwürfeln oder vom SL zu bestimmen ist.

Mögliche Begebenheiten

1W4	Die Kneipe ist …
1	… voller Gäste, die sich einfach amüsieren wollen.
2	… mäßig belebt. Alle Gäste sind so besoffen, dass sie bei jedem Wurf einen Nachteil haben.
3	… unbehaglich leer – bis auf den Wirt, der erklärt, dass die Gaststätte erst in ein paar Minuten aufmacht und dass ein Dutzend Stammgäste immer sehr pünktlich kommen.
4	… voller rauflustiger, pöbelnder Gäste, die kaum bemerken, dass die Gruppe hereinkommt.

Mögliche Begegnungen

1W6	Die Gruppe trifft auf …
1	… ein Grüppchen aus 2W4 **Goblins**, die allen damit im Ohr liegen, dass sie »mehr Truppen im Ostflügel« bräuchten.
2	… eine Bande von 2W4 **Ork**-Piraten auf Landgang. Sie haben gehört, dies sei der geilste Baggerschuppen im ganzen Reich. Sie irren sich.
3	… 3W4 akrobatische **Banditen**, die Teile eines Drachenkostüms tragen. Es scheint, als könnten sie in der richtigen Aufstellung einen echten Drachen nachahmen.
4	… 3W4 **Hobgoblins**, die zu spät merken, dass zwei der Tische, an denen sie sitzen, **Mimiken** sind.
5	… einen gewieften **Magus**, der mit Illusionstricks versucht, ein Wettsaufen gegen 1W4 + 1 vierschrötige **Grottenschrate** zu gewinnen.
6	… ein Trio aus **Vetteln**, die den anderen Gästen gegen eine kleine Organspende die Zukunft vorhersagen.

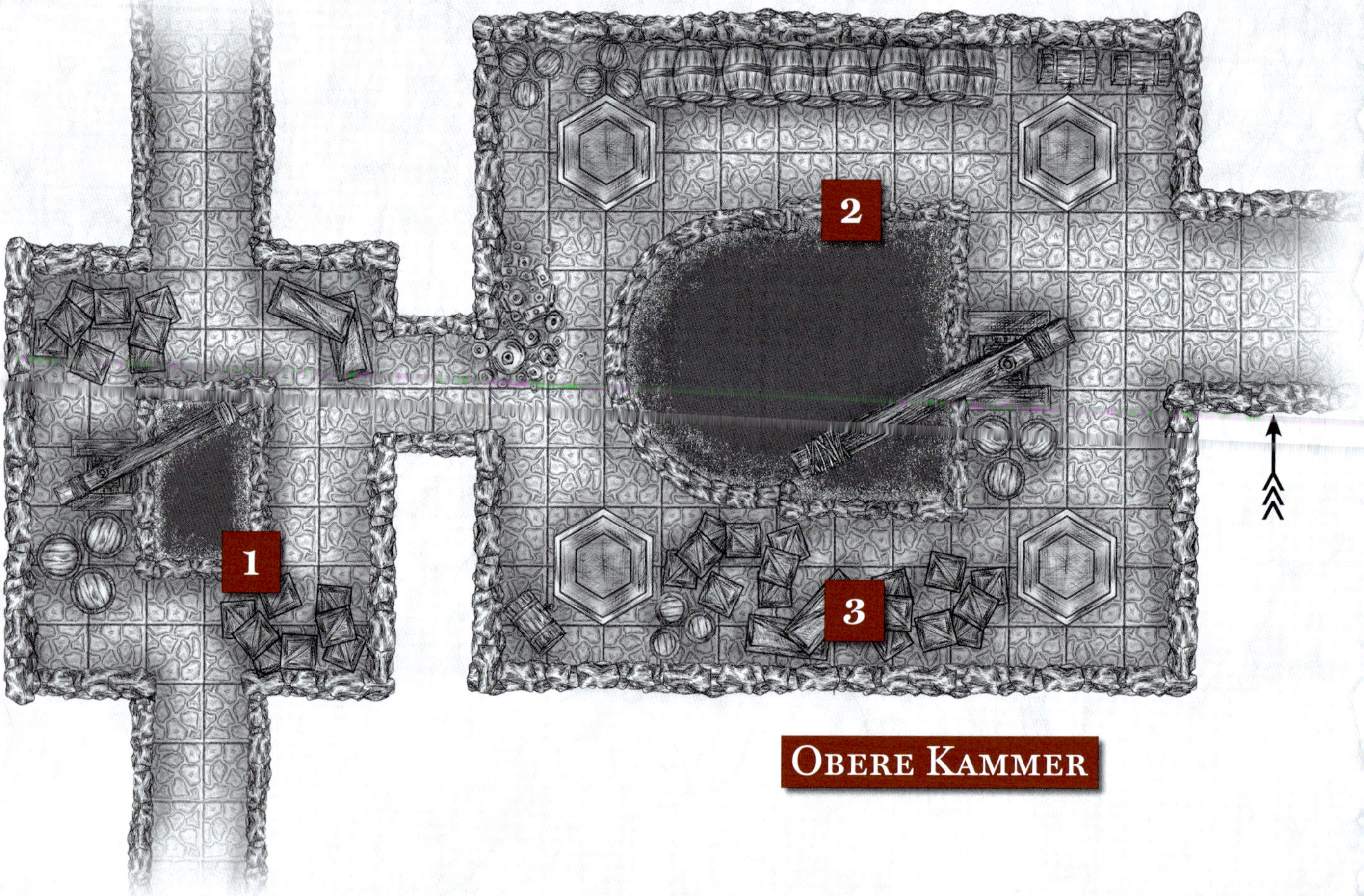
2
1
3
OBERE KAMMER

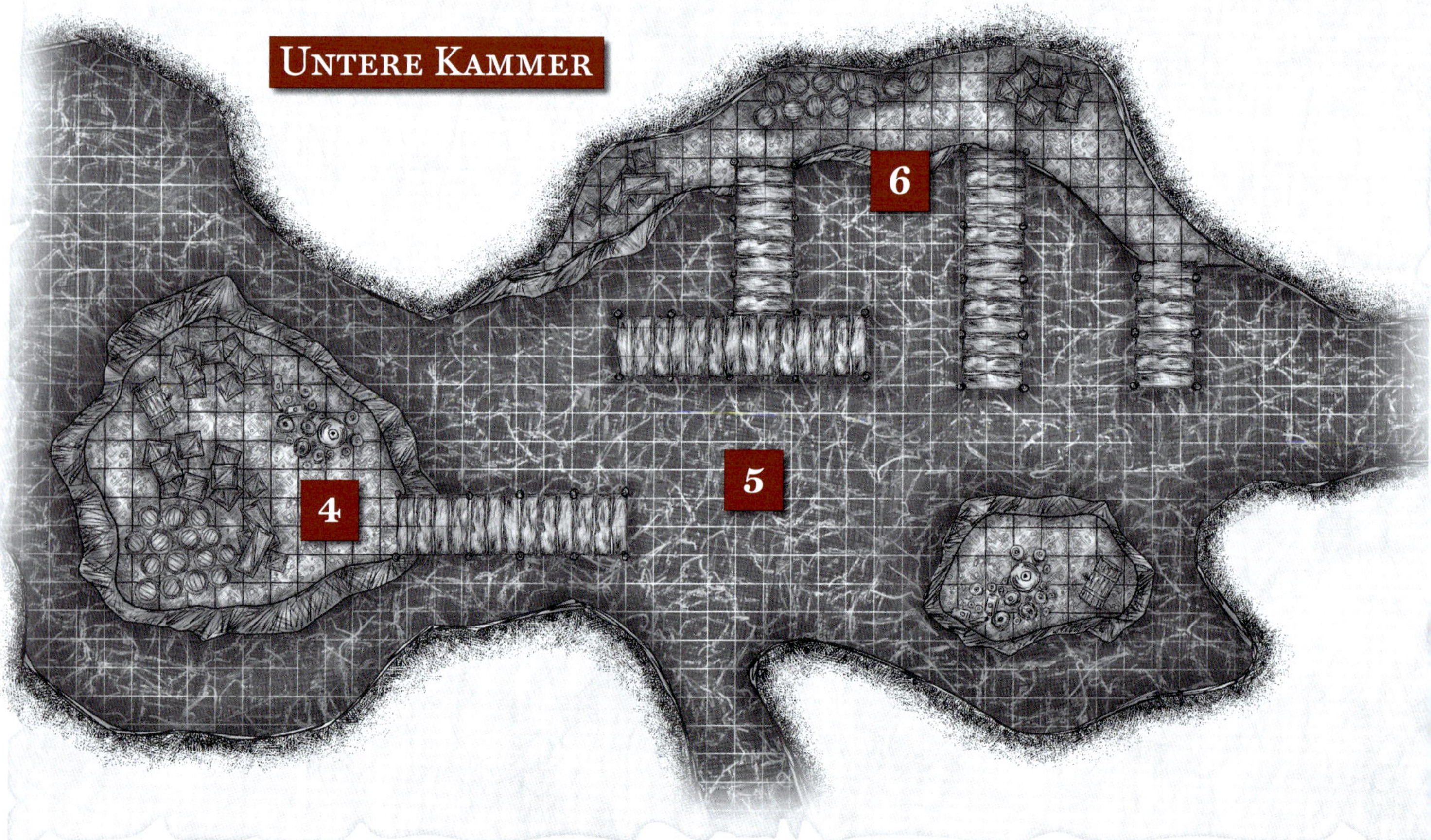
UNTERE KAMMER
6
4
5

DER TIEFHAFEN

OBERE KAMMER

Ihr betretet einen schwach beleuchteten Raum, der mit Kisten, Kästen und Fässern vollgestopft ist. In der Mitte klafft ein großes Loch mit einem behelfsmäßigen Flaschenzug. In einem kleineren Nebenraum befindet sich ein kleineres Loch und ein ähnliches Hebesystem. Von unten hört ihr schnell rauschendes Wasser.

UNTERE KAMMER

Hier befindet sich eine Anlegestelle an einem pechschwarz dahinströmenden Fluss. Ein paar Stege ragen in die Stromschnellen. Ein großer Stapel Fässer liegt entweder bereit zum Verschiffen oder ist kürzlich hier abgeladen worden.

SL AUFGEPASST: JENSEITS DES TIEFHAFENS

Es ist durchaus möglich, dass die Gruppe den Fluss erkundet, der an dem unterirdischen Hafen vorüberfließt. Vielleicht führt der Fluss hinab in unergründete Tiefen der Unterwelt, vielleicht zu einer Bucht, die ins Meer mündet. Er könnte aber auch auf ein Portal zuströmen, das alle Unkundigen in eine andere (vom SL bestimmte oder nach der Tabelle auf S. 250 ausgewürfelte) Kammer versetzt.

Dungeons wie dieser erfordern einen ständigen Zustrom an Personal, Fallenbauteilen, Vorräten und mehr, und die meisten erwerbsmäßigen Lieferanten nehmen nur ungern die Treppe. Behelfsmäßige Häfen wie dieser sorgen dafür, dass alle möglichen Güter ins Gewölbe gelangen, und bieten gleichzeitig einen schnellen Fluchtweg, falls eine Abenteurergruppe auf halber Strecke merkt, dass sie überfordert ist. In der oberen Kammer gibt es zwei Löcher (1, 2), die in die etwa 15 m tiefer liegende untere Kammer führen. Vorratskisten (3, 4) bieten oben wie unten gute Deckung. Der Fluss im unteren Bereich (5) fließt rasch an mehreren Landungsstegen (6) vorbei und führt zu einem Ziel, das nach Ermessen des SL auch jenseits des Dungeons liegen kann.

Mechanik

Flaschenzüge. Die Hebezeuge und Flaschenzüge sind mit langen Seilen ausgestattet, die bis zu 15 m tief bis zur Wasseroberfläche reichen, sodass Anlieferungen schnell erfolgen können. Als Aktion kann eine Kreatur per Stärkewurf (Athletik) gegen SG 15 eine Kiste damit etwa 9 m heben oder senken.

Kisten. Die Kisten und Kästen in diesen Kammern enthalten allerlei Güter, die der SL bestimmt oder anhand der folgenden Tabelle auswürfelt.

Kisteninhalt

1W10	Die Kiste enthält ...
1	... **ungeschliffene Edelsteine** im Wert von 1W100 × 100 GM und einem Gewicht von 1W20 × 20 Pfund.
2	... eine aufgerollte **schwere Kette**.
3	... einige antike Öllampen, von denen eine einen **Dschinn** enthält.
4	... 2W4 Ritterrüstungen, eine davon ist eine **Dämonenrüstung**.
5	... 10W4 **Flumphs**, die alle auf Befreiung hoffen.
6	... eine weitere Kiste, die eine kleinere Kiste enthält, in der eine noch kleinere Kiste steckt, die ein verschlossenes Kästchen birgt, in der eine **Eiserne Flasche** liegt.
7	... Wurfspeere, Speere, Kampfstäbe und ein **Unbewegliches Zepter.**
8	... genügend Alchemiezutaten, um 3W4 **Geschwindigkeitstränke** und 2W4 **Tränke der Feuerresistenz** herzustellen.
9	... fünf Zentner Drachenschuppen, allesamt verflucht. Wer sie als Erster berührt, wird fortan von dem **Uralten Schwarzen Drachen** Grimkor Seelenfetzer gejagt.
10	... einen **Zauberstab der magischen Geschosse,** einen **Zauberstecken der Macht** und das sogenannte Dämmerglas, ein verschollenes Lich-Phylakterium.

Mögliche Begegnungen

1W6	Die Gruppe trifft auf ...
1	... 2W4 **Goblins** auf der oberen Ebene, die gerade einen Käfig mit einem betäubten **Yeti** hochhieven.
2	... 1W4 + 2 **Gnolle**, die die Flaschenzüge zu sabotieren versuchen.
3	... 1W4 + 1 **Teufelchen**, die in einem arkanen Käfig auf der unteren Ebene gefangen sind. Sie würden (nach Ermessen des SL) all jenen einen dunklen Segen spenden, die sie aus der Gewalt ihrer Häscher, zwei stämmigen **Hobgoblins,** befreien.
4	... 2W4 **Kundschafter**, die Fässer anliefern sollen, sich aber unten vor den beiden im Obergeschoss lauernden **Schattendämonen** versteckt halten.
5	... 2W6 hochprofessionelle Monsterjäger (mit **Schläger**-Werten), die einen jungen **Vampir** an einen Steg gefesselt haben, damit das strömende Wasser die Drecksarbeit für sie erledigt.
6	... einen **Mantler**, der auf der oberen Ebene feststeckt und es irgendwie nicht schafft, wieder flussabwärts zu fliegen.

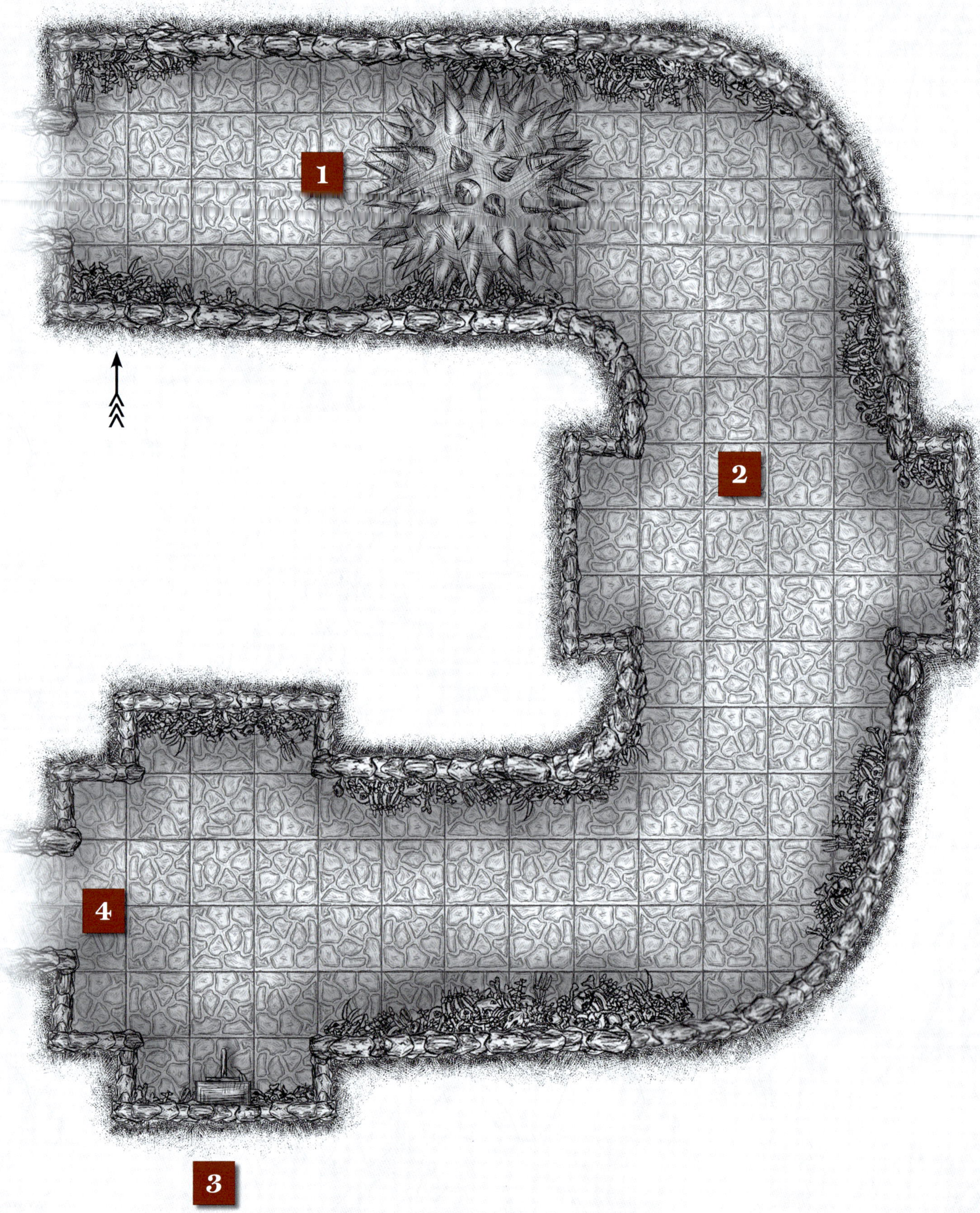

1
2
4
3

Die Kugelgrube

> Ein langer Korridor scheint an einer gewölbten, mit Stacheln bedeckten Fläche in gut 18 m Entfernung zu enden. Als ihr vorangeht, hört ihr, wie sich die Tür hinter euch schließt. Das runde, stachelige Gebilde, das wie eine gewölbte Wand aussah, entpuppt sich als große Kugel, die langsam auf euch zu rollt.

SL AUFGEPASST: KUGELSTOSSEN

Diese Kammer fungiert wie eine Art Ballspiel. Die Kugel wird von der anderen Seite aus geschoben, und die Gruppe kann sich entscheiden, ob sie sich davon zerquetschten lassen will oder ob sie Gegendruck leistet und hofft, den Schwung der Kugel zu mindern. Das Spiel funktioniert wie ein Tauziehen: Schafft eine Gruppe drei aufeinanderfolgende Stärkewürfe (Athletik), kann sie die Kugel anschieben und die Kreaturen auf der anderen Seite zermalmen. Als zusätzliche Schwierigkeit verändert das Spielfeld unter der Kugel und den sie Schiebenden seinen Neigungswinkel je nachdem, wer den Steuerhebel betätigt.

Die Wächter dieses Dungeons hatten sich irgendwann daran sattgesehen, wie die riesige Stachelkugel potenzielle Eindringlinge überrollte. Wo blieb die Herausforderung, wo der Sportsgedanke? Wo blieb der Spaß, wenn zum x-ten Mal ein naiver Zauberer oder ein leichtsinniger Elf unter dem rasenden Stachelball platt gewalzt wurde? Der Fairness und des Spaßes halber wurde dann diese Falle entwickelt, die ohne jede Automatik auskommt. Alle Eindringlinge werden sofort von der Stachelkugel (1) bedroht, die von der hauptamtlichen Belegschaft der Kammer angeschoben wird. Nischen in den Seitenwänden (2) bieten die Chance, der Kugel auszuweichen und sich womöglich auf die gegnerische Seite zu schleichen. Durch Ziehen des Hebels (3) in der Nische vor dem anderen Ausgang (4) lässt sich die Neigung des Bodens verändern.

Mechanik

Stachelkugel. Diese riesige, unglaublich schwere Stahlkugel ist mit Stacheln besetzt, aber es dauert eine Weile, bis sie so schnell rollt, dass es lebensgefährlich wird. Um die Kugel anzuschieben, muss man einen Stärkewurf gegen SG 15 (Athletik) bestehen. Wenn ein gegnerisches Team von der anderen Seite schiebt, muss es den gleichen Wurf machen, und der höhere Wert gewinnt. Wenn mehr als eine Kreatur den Ball schiebt, würfelt jede Kreatur separat, und die Gesamtsumme der Würfe ergibt die zu schlagende Zahl. Wird die Stachelkugel dreimal hintereinander erfolgreich in eine Richtung beschleunigt, erreicht sie eine kritische Geschwindigkeit und bewegt sich in der nächsten Runde 3 m vorwärts. Alle Kreaturen in der Bahn der Stachelkugel erleiden 35 (10W6) Stichschaden und 28 (8W6) Wuchtschaden, wenn die Kugel über sie hinwegrollt oder sie auf die umliegenden Flächen schleudert. In den folgenden Runden setzt die Kugel ihren Weg jeweils um 3 m fort und verursacht denselben Schaden, bis sie das Ende des Ganges erreicht.

Hebel. Der Hebel steuert den Boden unter der Stachelkugel. Als Aktion kann eine Kreatur den Hebel ziehen, um die Neigung des Bodens zu verändern (SL AUFGEPASST: Der Boden beginnt in der Waagerechten, der Hebel kann ihn in beide Richtungen kippen). Wer die Stachelkugel bergab schiebt, macht die dazu nötigen Würfe mit Vorteil. Wer bergauf schiebt, würfelt mit Nachteil.

Mögliche Begegnungen

1W6	Die Gruppe trifft auf ...
1	... 1W4 + 1 **Oger**, die sich »die Kugelhupfe« nennen und stolzerfüllt ihr »pieksiges Kügelchen« schieben.
2	... 4W4 **Kobolde**, die für den eigentlich diensthabenden **Feuerriesen** eingesprungen sind.
3	... 2W4 **Orks**, von denen einer beide Arme im Kampf verloren hat und deshalb mit der Stirn schiebt.
4	... 2W4 **Goblins,** die ein **Hobgoblin-Hauptmann** mit der Peitsche motiviert.
5	... einen an die Wand geketteten **Hügelriesen**, der von dem **Teufelchen** auf seiner Schulter befehligt wird.
6	... einen grässlichen **Fomorianer**, der glaubt, genau 100 Gegner zerquetschen zu müssen, damit sein Fluch von ihm genommen wird.

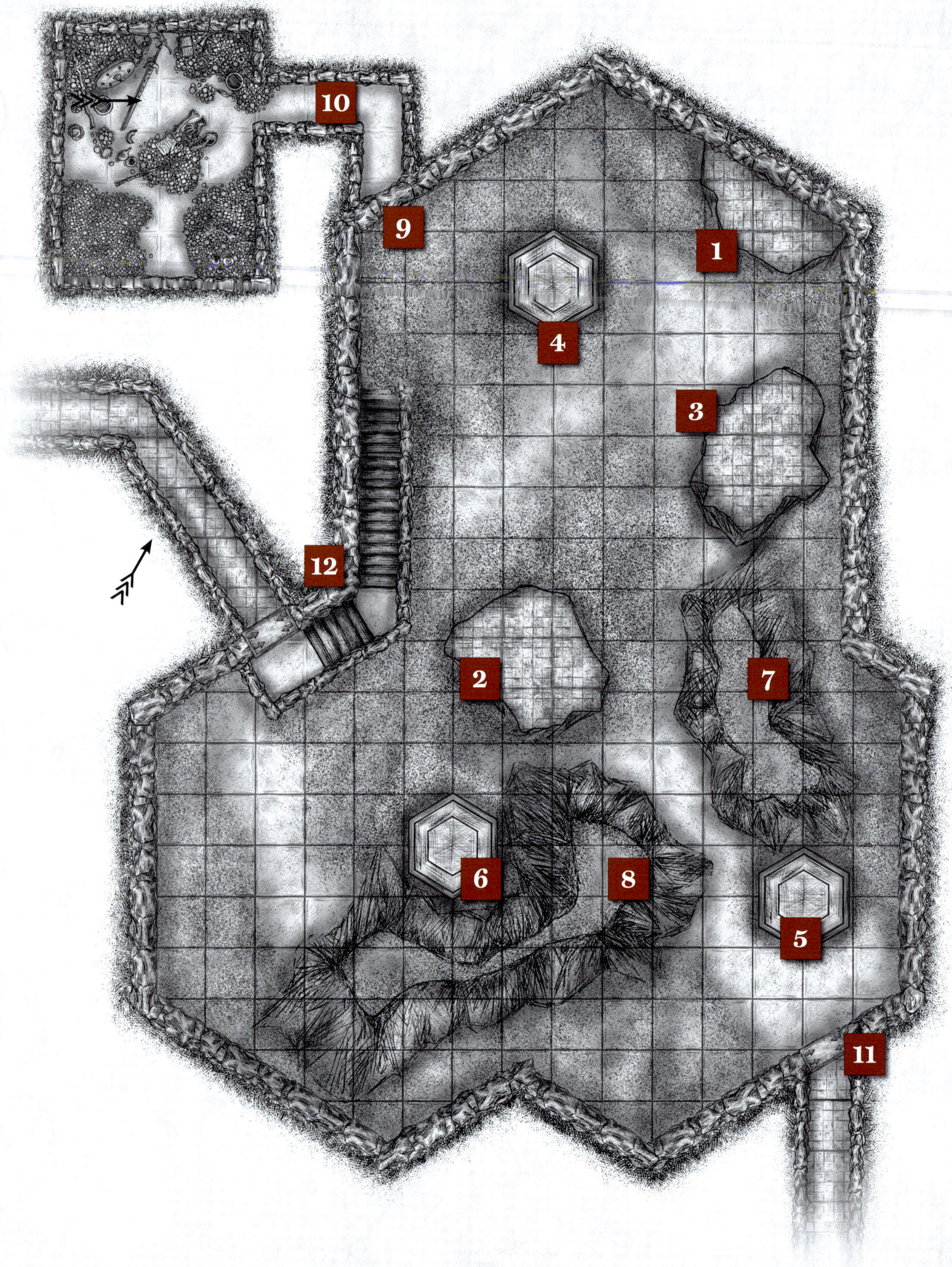
10
9
1
4
3
12
2
7
6
8
5
11

Die Sandgrube

> Als ihr in die Kammer tretet, spürt ihr scharfe, vom Wind gepeitschte Sandkörner im Gesicht. Von einer Plattform aus blickt ihr über Sanddünen unterschiedlicher Größe hinweg. Aus dem Sand ragen in paar kleinere Plattformen – eine etwa 4,50 m, eine 6 m und eine dritte 9 m hoch, ungefähr so hoch wie die, auf der ihr steht – sowie drei Säulen, die bis zur Decke reichen. Zerborstene Statuen liegen herum und auf der gegenüberliegenden Seite des Raumes, der sich rasant mit Sand füllt, scheint es einen Ausgang zu geben.

SL AUFGEPASST: VORSICHT TREIBSAND

Da der größte Teil der Sandgrube mit Sand bedeckt ist, gilt sie als schwieriges Terrain, abgesehen von den erhöhten Plattformen. Aufgrund der Bodenbeschaffenheit und der ständigen Sandverlagerung läuft jede Kreatur, die ihren Zug im Sand beendet, Gefahr, tiefer in den Sand zu rutschen, wie im Abschnitt Mechanik beschrieben. Die angegebene Höhe der Plattformen und Felsvorsprünge steht in Bezug zur Höhe des Sandes beim Betreten der Kammer. Fällt der Sand beispielsweise um 3 m, sind alle Plattformen in Relation 3 m höher.

Der sich in dieser Kammer ständig verlagernde Sand ist ein arkaner Effekt, der viel älter ist als die ihn umgebenden Mauern. Der Sand hebt und senkt sich auf eine Weise, die Druiden und Geomagiologen seit Jahrhunderten ratlos macht. Die Kammer verfügt über Plattformen in 4,50 (1), 6 (2) und 9 (3) m Höhe, die älter sind als die meisten anderen baulichen Anlagen hier. Außerdem gibt es einige große Stützpfeiler (4, 5, 6) und plateauähnliche Erhebungen (7, 8), die etwa 1,50 m über dem Sand liegen. Ein vergrabener Zugang (9) führt zu einer Geheimkammer (10), die von den Sandverlagerungen unberührt bleibt und sich als Schatzhort oder Monsternest eignet – wie es dem SL gefällt. Ein ebenerdiger Ausgang (11), der oft vom steigenden Sand verdeckt wird, liegt gegenüber der Treppe (12), über die die Gruppe die Kammer betritt.

Mechanik

Sandverlagerung. Die Sandhöhe in diesem Raum steigt und sinkt willkürlich. Dies kann durch Würfeln von 1W20 am Anfang jeder Runde entschieden werden. Bei einer ungeraden Zahl hebt sich der Sand, bei einer geraden Zahl fällt er. Die Zahl auf dem Würfel, multipliziert mit 0,3, gibt auch an, um wie viele Meter sich der Sand bewegt. Befindet sich eine Kreatur im Sand, während er sich hebt, wird sie vom Sand etwas mit angehoben, sinkt dabei aber auch um ein Drittel des Hubes ein.

Treibsand. Der Sand verlagert sich beim Heben und Senken so, dass große, von der Oberfläche nicht sichtbare Hohlräume entstehen. Wer einen Zug im Sand stehend beendet, würfelt nach Ermessen des SL 1W20. Bei einer geraden Zahl versinkt man um die gewürfelte Zahl in Dezimetern und ist festgesetzt. Eine festgesetzte Kreatur kann ihre Aktion nutzen, um sich mittels Stärkewurf (Athletik) gegen SG 12 zu befreien. Versinkt eine Kreatur vollständig im Sand, ist sie (nach Ermessen des SL) blind und taub, bis ihr Kopf wieder aus dem Sand auftaucht. Eine andere Kreatur kann ihre Aktion nutzen, um per Stärkewurf (Athletik) gegen SG 12 im Sand versunkene Gefährten zu befreien oder ihnen die Aktion »Helfen« anzubieten.

Mögliche Begegnungen

1W6	Die Gruppe trifft auf …
1	… eine **Riesenwürgeschlange**, die ihr Nest in der Geheimkammer bewacht.
2	… ein **Basilisken**-Pärchen, das sich unter der Sandoberfläche eingegraben hat, um ahnungslose Beute zu überraschen.
3	… 1W4 + 1 **Riesenskorpione**, die hinter den Säulen am Ausgang in den Dünen nisten.
4	… 1W4 + 1 **Xorn**, die die von der Gruppe mitgeführten Edelsteine wittern.
5	… 2W4 **Ankhegs** inmitten ihres Paarungsrituals.
6	… einen sehr schläfrigen, aber dennoch sehr großen **Jungen Blauen Drachen**.

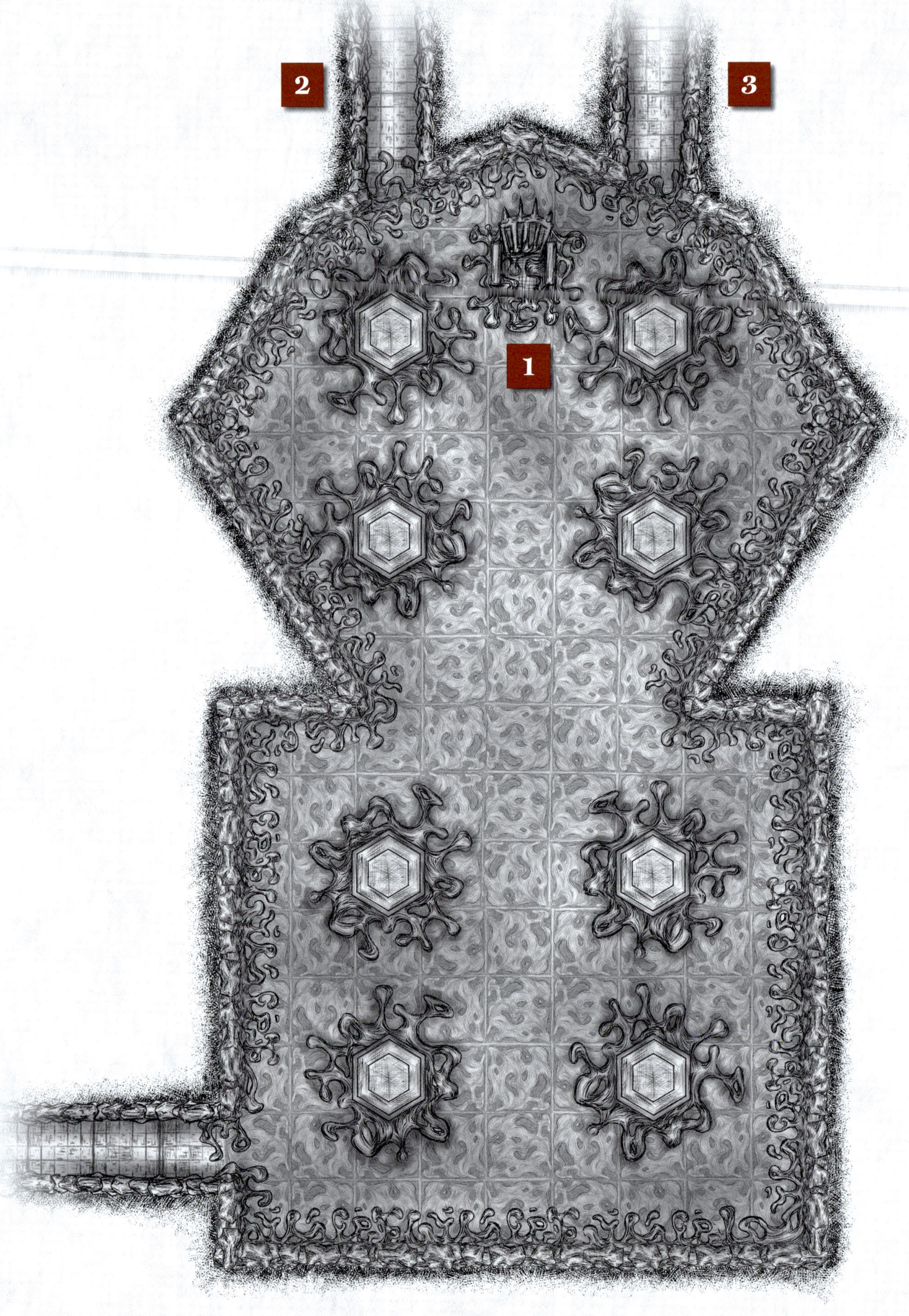

2
3
1

DER FRESSENDE THRON

Der Boden unter euren Füßen ist glitschig, und bei näherem Hinschauen scheint der ganze Raum mit fester, glibbriger Gallertmasse bedeckt zu sein. Alle Wände und Pfeiler triefen davon, ebenso wie der kunstvoll verzierte Thron, der auf einem Podium am anderen Ende des Saals steht. Dahinter seht ihr zwei Ausgänge, die mit Mauern aus Schleim versperrt zu sein scheinen. Alles riecht nach Schimmel und verbranntem Haar.

SL AUFGEPASST: HYBRIDER HORROR

Der Fressende Thron besteht aus lebendigem Schlick, der sich mit einer als Thron getarnten Mimik vereint hat und seitdem weitermutiert und den ganzen Saal mit dichteren, mächtigeren Kopien seiner selbst bedeckt. Nach Ermessen des SL kann jede Oberfläche in diesem Raum agieren und reagieren, als ob sie lebendig wäre, und dabei die Werte und Eigenschaften eines **Grauschlicks** oder einer **Mimik** nutzen. Um zu entkommen, müssen die TP des Throns halbiert werden.

Mimiken lauern gerne in dunklen Gewölben wie diesem und warten darauf, dass ihre ahnungslose Beute eine Truhe öffnet, über einen Teppich läuft oder, wie in diesem Fall, einen Thron besteigt. Aber die Mimik war nicht die einzige Raubkreatur in diesem Dungeon. Auch Grauschlicke haben Hunger, und manchmal sieht ein Thron appetitlich aus. Anstatt aber die Mimik zu verdauen, ging der Schlick eine Art symbiotische Verbindung mit ihr ein und vermehrte sich immer weiter, bis er vollständig mit den Wänden und Säulen dieser Kammer verschmolz. Der Thron (1) fungiert als eine Art Maul, aber das ist nicht wirklich wichtig, denn der Schlick kann seine Beute an jeder Stelle absorbieren und binnen weniger Minuten zersetzen. Der ganze Saal ist gleichzeitig Mimik als auch Grauschlick und heftet sich unerbittlich an jede Kreatur. Zwei Ausgänge (2, 3) werden frei, sobald die TP dieses lebenden Thronsaals halbiert werden.

Mechanik

Der ganze Saal ist ein Lebewesen mit RK 10 und 232 TP, das bei Initiative 20 und 10 agiert und mit seinen 4 Reaktionen Gelegenheitsangriffe ausführen kann, wenn eine Kreatur, die es zuvor angegriffen hat, zu fliehen versucht. Es hat die folgenden Eigenschaften und Aktionen:

- ***Metall korrodieren.*** Jede nichtmagische, metallene Waffe, die den Schlick trifft, korrodiert. Nachdem die Waffe Schaden verursacht hat, erhält sie einen permanenten und kumulativen Malus von −1 auf alle Schadenswürfe. Sinkt der Malus auf −5, wird die Waffe zerstört. Nichtmagische, metallene Munition, die den Schlamm trifft, wird zerstört, nachdem sie Schaden verursacht hat. Der Schlamm frisst sich innerhalb einer Runde durch 5 cm dickes, nichtmagisches Metall.
- ***Umschließen.*** Als Aktion kann der Schlick große oder kleinere Kreaturen umschließen. Setzt der Schlick die Eigenschaft *Umschließen* gegen eine Kreatur ein, kann sich das Opfer durch einen Geschicklichkeitswurf gegen SG 12 retten. Bei Misserfolg nimmt das Opfer 10 (3W6) Säureschaden und wird umschlossen. Die vom Schlick umschlossene Kreatur kann nicht atmen, ist festgesetzt und erleidet zu Beginn jeder nächsten Runde 21 (6W6) Säureschaden. Der Schlick kann in den folgenden Zügen seine Aktion dazu nutzen, die umschlossene Kreatur bis zu 9 m weit zu verschleppen. Eine umschlossene Kreatur kann sich befreien, indem sie mit einer Aktion einen Stärkewurf gegen SG 12 ausführt. Bei Erfolg bricht die Kreatur aus dem Schlick aus und landet an einer Stelle ihrer Wahl in 1,50 m Entfernung.
- ***Pseudopode.*** *Nahkampfwaffenangriff:* +6, um zu treffen, Reichweite 1,50 m, 1 Ziel. *Treffer:* 8 (1W8 + 3) Wuchtschaden.
- ***Biss.*** *Nahkampfwaffenangriff:* +6, um zu treffen, Reichweite 1,50 m, 1 Ziel. *Treffer:* 8 (1W8 + 3) Stichschaden + 4 (1W8) Säureschaden.

Mögliche Begegnungen

1W6	Die Gruppe trifft auf …
1	… 2W4 **Zombies**, die im Schlick festsitzen wie Fliegen auf dem Marmeladenbrot.
2	… einen **Troll**, der hereingestreunt kam und es sofort bereut hat.
3	… eine **telepathische innere Stimme**, die vehement nach Bier verlangt. (Es ist der Schlick. Er hat Durst.)
4	… den **Geist** eines mächtigen Kriegers namens Brentano, der im Glibber verreckt ist und nun in den Körper einer kampfstarken Kreatur einfahren will, um sich am Schlick zu rächen.
5	… einen **Schwarm von Fledermäusen**, der die Säulen penibel umfliegt.
6	… einen **Schattendämon**, der in der klebrigen Dunkelheit lauert.

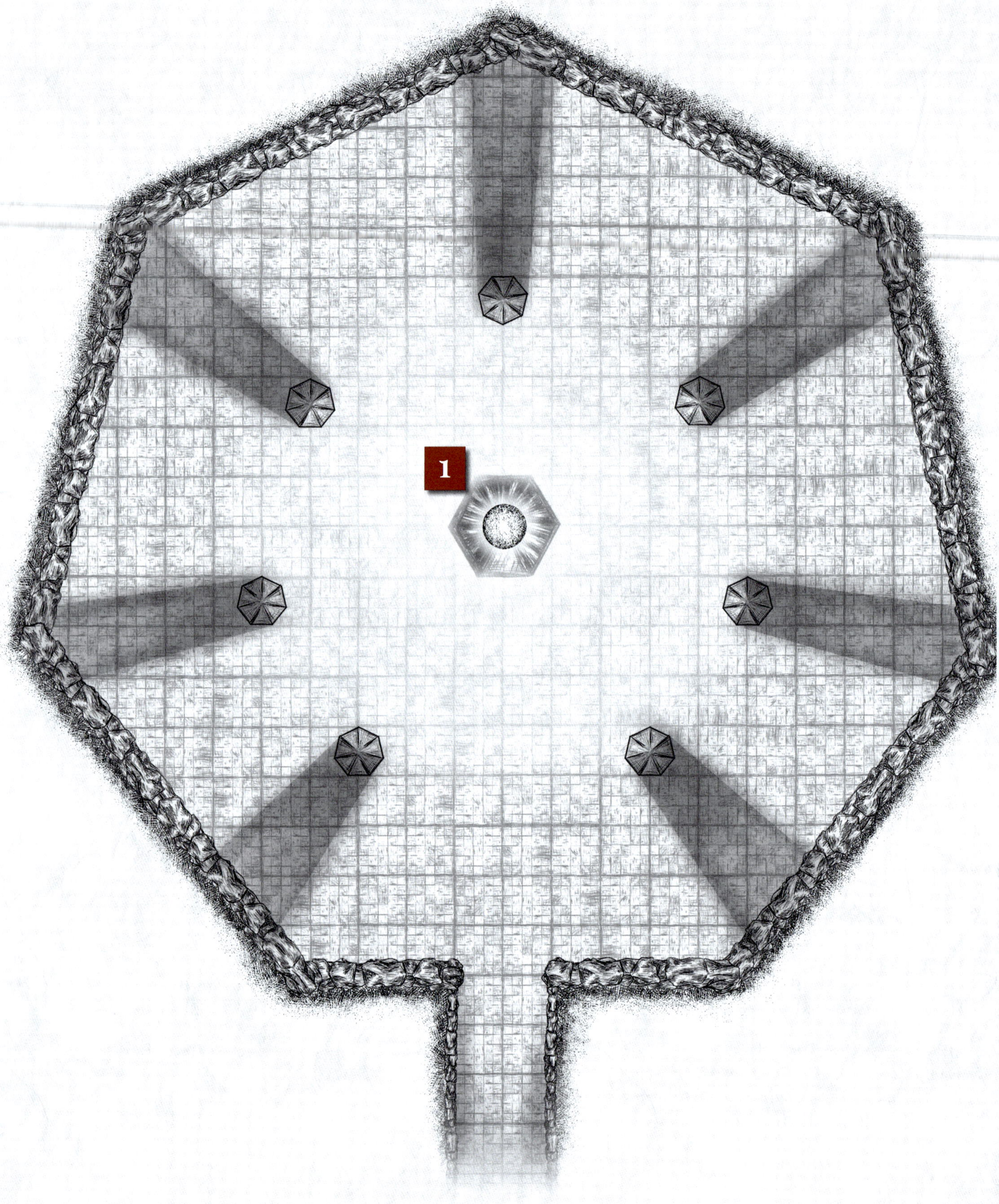
1

Das Ende des Schattens

Schwindelerregend helles Licht strahlt aus einer Kugel, die auf einer Säule in der Mitte des siebeneckigen Raumes ruht. Sieben um die Kugel herumstehende schmale Säulen erzeugen dichte Schatten an den Wänden dahinter. Als ihr einen Schritt auf das Licht zugeht, verspürt ihr eine Trägheit, als würde euch euer eigener Schatten vom Licht wegziehen.

SL AUFGEPASST: LEUCHTENDE KUGEL

Die Kugel in der Mitte dieses Raumes kann nicht entfernt werden, sie erleuchtet auch magische Dunkelheit und erzeugt eine so helle Strahlung, dass bei zu langem Hineinstarren die Augen verbrennen. Solange kein Licht von hinten kommt, verringert jeder Schritt auf die Kugel zu die Bewegungsrate einer Kreatur um die Hälfte, bis sie sich kaum noch bewegen kann. Der Trick, um aus diesem Raum zu entkommen, besteht darin, noch mehr Licht zu erzeugen. Indem man sich von hinten beleuchtet, zerstreut man den eigenen Schatten ein wenig und mindert damit die Zugkraft des anhaftenden Schattens, sodass Vorwärtsbewegung möglich wird.

Diese schlichte Tempelkammer ist eine Huldigung des Lichts und gleichzeitig eine Verneigung vor der Macht der Dunkelheit und des Schattens. Sie dient zwar nicht mehr der Anbetung, übt aber dennoch eine fesselnde Anziehungskraft auf alle aus, die sich in ihren sieben Wänden aufhalten. In der Mitte des Raumes befindet sich eine leuchtende Kugel (1), die ununterbrochen ein starkes, fast blendendes Licht ausstrahlt. Außerdem gibt es sieben Säulen, die bis zur 6 m hohen Decke ragen und schwarze Schatten auf die Wände werfen. Wegen des gleißenden Lichts ist nicht erkennbar, dass am Fuß der Säule in der Mitte eine Treppe in den Boden und aus dem Raum hinausführt.

Mechanik

Leuchtende Kugel. Die Kugel strahlt in alle Richtungen. Das Licht ist so hell, dass es alles andere überstrahlt und die Treppe, die zum Ausgang der Kammer führt, unsichtbar macht. Wer die Kugel länger als sechs Sekunden anblickt, erleidet 7 (2W6) Strahlenschaden. Eine Kreatur, die auf die Kugel zugeht, verliert alle 1,50 m die Hälfte ihrer Bewegungsrate. Fällt die Bewegungsrate unter 0,30 m, kommt die Kreatur gar nicht mehr vom Fleck. Diese Lähmung wird nach Ermessen des SL aufgehoben, wenn die Kreatur von hinten durch eine zweite Lichtquelle (z. B. eine Fackel oder den Zaubertrick *Tanzende Lichter*) beschienen wird. Mit einem solchen Rücklicht kann man sich auf die leuchtende Kugel zubewegen und die Treppe, die hinausführt, ausfindig machen. Dazu muss ein Intelligenzwurf (Nachforschungen) gegen SG 14 und Nachteil gelingen.

Zudem wird jede Kreatur, die sich von der leuchtenden Kugel entfernt, gleichsam vom eigenen Schatten weggezogen. Nach Ermessen des SL kann jede Kreatur, die sich von der Kugel entfernt, ihre Bewegungsrate verdoppeln.

Hinter einer der Säulen kann man sich mit normaler Geschwindigkeit bewegen, solange man im (auf der Karte eingezeichneten) Schatten bleibt. Überall sonst gelten die Bewegungsgesetze dieses Raumes.

Mögliche Begegnungen

1W6	Die Gruppe trifft auf ...
1	... einen Haufen Knochen – Überreste von Abenteurern, die beim Versuch, auf die Kugel zuzugehen, umgekommen sind. Die Knochen fügen sich zu 3W4 + 1 **Skeletten**, sobald in der Kammer eine zweite Lichtquelle aufscheint.
2	... zwei **Orks**, die langsam auf die Kugel zutaumeln.
3	... 2W4 + 1 **Schatten**, die sich hinter den Säulen verstecken. Nach Ermessen des SL suchen sich die Schatten ein Mitglied der Gruppe aus und versuchen, es von seinem Schatten zu befreien, indem sie sein Leben beenden.
4	... 1W4 + 1 **Kultisten** und einen **Kultfanatiker**, die einen rituellen Kreis um die Kugel ziehen, um darin ihren Herrn und Meister zu beschwören, einen Rachedamon in der Form eines **Planetars**.
5	... 1W4 **Banditen** und einen **Assassinen** mit dem Auftrag, die Kugel zu stehlen.
6	... einen erblindeten **Hügelriesen**, der durch den Raum stapft und »die große Lampe« sucht.

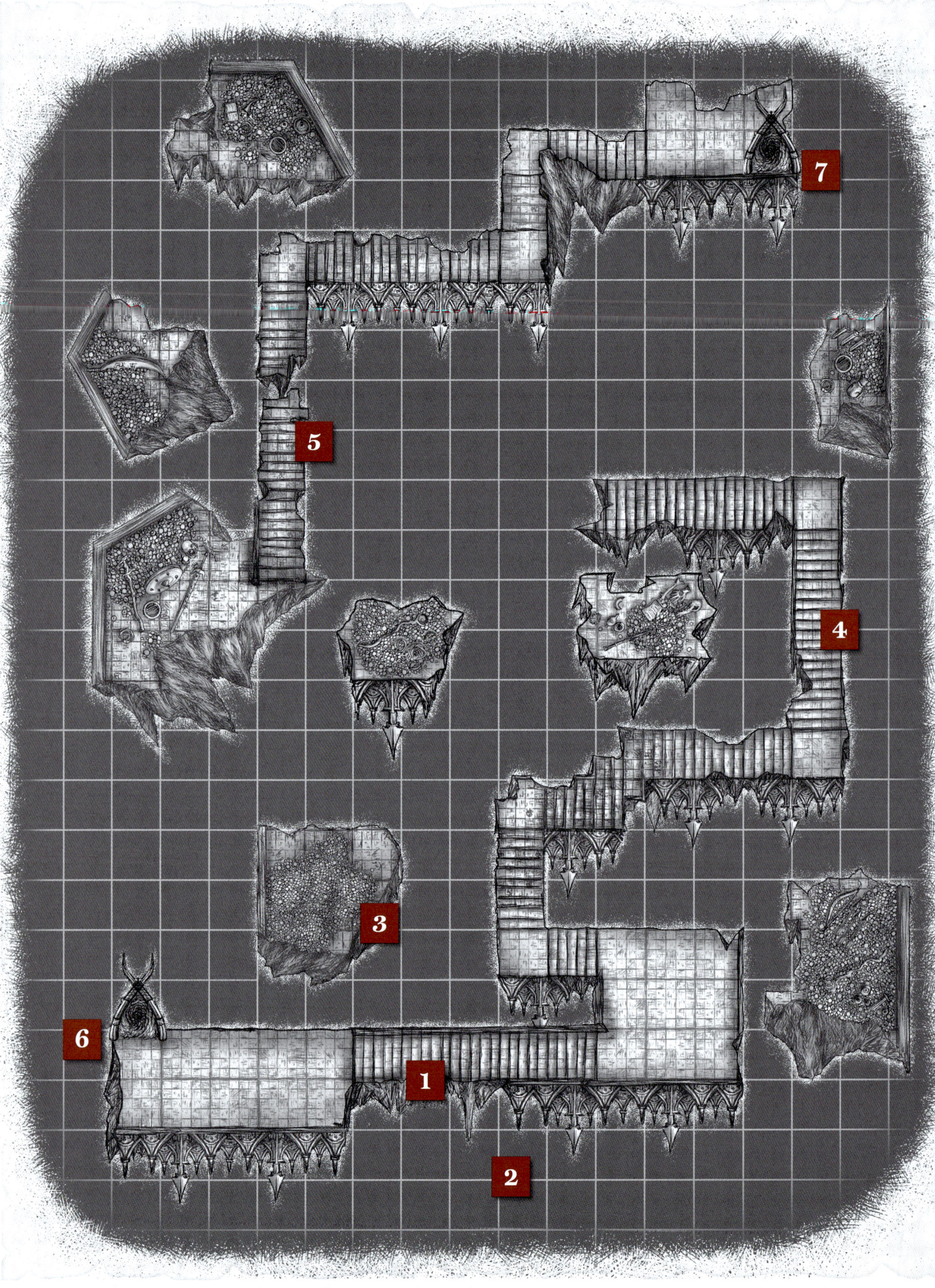
7
5
4
3
6
1
2

Der Fluch der Schatzkammer

> Nach Betreten der Kammer findet ihr euch auf einer schmalen Treppe wieder, die sich durch leere Finsternis windet. Die Tür, durch ihr gekommen seid, scheint verschwunden zu sein und ist nur noch ein Strudel in einem Torbogen. Jenseits der Leere, auf einer schwebenden Säule, die allein durch eine Treppe mit dem Rest verbunden ist, befindet sich ein weiterer Torbogen, der ein wirbelndes Portal umschließt. Das Tor scheint eine elfische Inschrift zu tragen, die aus dieser Entfernung nicht zu entziffern ist. Etwa 3 bis 5 m von der Treppe entfernt, gerade nah genug, um darauf zu springen, schweben mehrere Plattformen, die mit Gold, Juwelen und unschätzbaren Kleinoden beladen sind.

SL AUFGEPASST: MIT LEEREN HÄNDEN

Die elfische Inschrift auf dem Ausgangstor lautet: *Die nehmende Hand ist zu voll für die helfende Hand.* Dies soll eine Mahnung sein, dass die Schätze in dieser Kammer nicht mitgenommen werden dürfen. Nach Ermessen des SL muss eine Kreatur, die versucht, diese Kammer mit einem der darin befindlichen Schätze zu verlassen, einen Rettungswurf auf Weisheit gegen SG 18 bestehen, sonst befällt sie der *Fluch der Gier*, wie unter »Mechanik« beschrieben.

Die verfluchte Schatzkammer ist ein verzauberter Raum im Herzen des Labyrinths, der keine Schlösser oder Schlüssel benötigt. Eine Treppe (1) führt durch bodenlose Leere (2) an Felsbrocken (u. a. 3) vorbei, die mit Gold, Silber, Edelsteinen und anderen Schätzen nach Wahl des SL beladen sind. Die Treppe ist schmal und tückisch: Unter schweren Schritten gibt schon mal eine Stufe (4) nach, oder ganze Abschnitte (5) stürzen ein. Es gibt ein Eingangsportal (6), das in den Raum führt, und ein Ausgangsportal (7), durch das man die verzauberte Kammer verlassen kann, das aber auch Diebstähle erschweren soll, wie unter »Mechanik« beschrieben.

Mechanik

Ausgangsportal. Versucht eine Kreatur, die Kammer durch dieses Portal zu verlassen, muss sie dabei die Hand einer anderen Kreatur halten. Eine Kreatur, die das Portal allein durchschreitet, spürt, dass eine ihrer Hände zurückbleibt, als ob sie nach einer anderen Hand greifen würde.

Fluch der Gier. Jede Kreatur, die einen der Schätze mitnimmt und damit die Kammer verlassen will, muss einen Weisheitsrettungswurf gegen SG 18 bestehen. Bei Fehlwurf ändert sich die Gesinnung der Kreatur in »chaotisch böse«, und ihre Bindung ändert sich in »Ich setze alles daran, mich mit so viel Reichtum zu umgeben, wie es irgend geht«. Der Fluch hat schon einige Langfinger dazu gebracht, sich auf Nimmerwiedersehen unter den Münzen und Schmuckstücken in diesem Raum zu vergraben. Möglicherweise finden sich ja noch Überreste von ihnen in den Goldhaufen.

Brüchige Stufe. Diese Stufe (4) bricht nach Ermessen des SL ein, wenn sie zum dritten Mal betreten wird. Die dritte Kreatur, die diesen Teil der Treppe betritt, kann sich per Geschicklichkeitswurf gegen SG 15 retten. Bei Fehlwurf verliert sie auf der wegbrechenden Stufe die Balance und stürzt. Als Reaktion kann sie sich im Fallen an der Treppe festhalten, wozu ein Stärkerettungswurf gegen SG 12 ausreicht. Bei Fehlwurf stürzt die Kreatur in den gähnenden Abgrund. Per Weisheitswurf (Wahrnehmung) gegen SG 15 kann man die schadhafte Stufe bemerken.

Brüchige Treppe. Nachdem die Hälfte der Gruppe diesen Treppenabschnitt (5) hinter sich gelassen hat, sackt er nach und nach zusammen. Alle Zurückgebliebenen haben noch zwölf Sekunden Zeit, um die einstürzende Treppe zu begehen, danach kracht sie in den Abgrund.

Mögliche Begegnungen

1W6	Die Gruppe trifft auf ...
1	... einen ausgemergelten **Ork** am Ende der Treppe. Er hat das Rätsel verstanden und weiß, wie man entkommt (indem man die Hand eines anderen hält), spricht aber nicht Gemeinsprache.
2	... 2W4 **Skelette**, untote Überreste von Dieben, die dem Fluch der Gier verfielen.
3	... bestimmte (vom SL zu wählende) Gegenstände in den Schatzhaufen, die scheinbar alle ihre Probleme lösen würden.
4	... einen **Teppich des Erstickens** auf einer der Plattformen in der Mitte der Kammer, unter Schätzen versteckt.
5	... einen **Minotaurus**, der den Schatz bewacht. Wird er überwältigt, ist der Fluch der Gier eine Minute lang aufgehoben.
6	... 2W4 **Schwärme von Goldmünzen** (wie beim Zauber *Gegenstände beleben*), die sich sehr über die Störung ihrer Heimstatt ärgern.

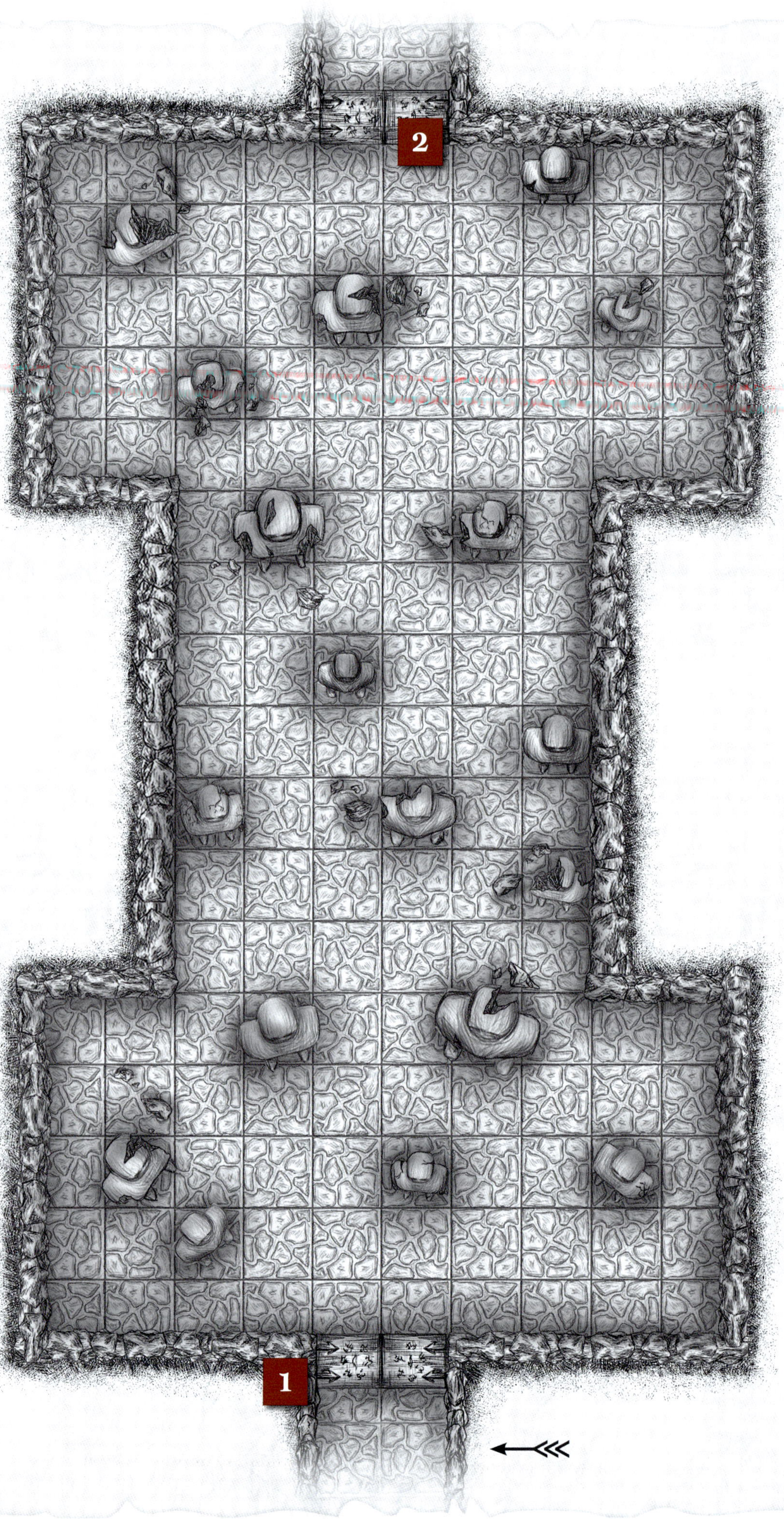

2
1

Der Garten der Besinnung

Als ihr diesen ziemlich stillen Raum betretet, fallen euch sofort mehrere Statuen aus Ton auf, deren Reflexionen auch in den verspiegelten Wänden erscheinen. Am anderen Ende der Kammer ist über einer offenbar verschlossenen Tür ein Spruch auf Zwergisch eingemeißelt. Irgendwie kommen euch die Statuen unheimlich bekannt vor und je näher ihr ihnen kommt, desto deutlicher wird, dass sie euch ähneln.

SL AUFGEPASST:
ERKENNE DICH SELBST

Die Anzahl der Golems sollte der Anzahl derer entsprechen, die die Kammer betreten. Der zwergische Spruch, der auf dem Torbogen über dem Ausgang eingemeißelt ist, lautet: *Des Kriegers Herz wird friedlich hier, hat still sich selbst er im Visier.* Dieser Spruch soll ein Hinweis darauf sein, wie man diesen Raum unversehrt verlassen kann: indem man sich selbst ansieht und nicht angreift.

Der Garten der Besinnung ist eine Sammlung von Spiegelgolems – verzauberte Statuen, die die Ausstrahlung, die Form und den Kampfstil eines jeden, der ihn betritt, nachahmen – und ist ein Überbleibsel des alten Ordens, der diese Hallen einst errichtete und sie als Testgelände für angehende Anhänger des Glaubens nutzte. Jeder, der diese Kammer betritt, muss sich sich selbst stellen, um sie wieder zu verlassen. Der Eingang zum Garten der Besinnung (1) verschmilzt mit den verspiegelten Wänden der Kammer, wenn eine Kreatur eintritt, und der Ausgang (2) wird erst nach Ermessen des SL enthüllt, wenn die Spiegelgolems besiegt sind.

Mechanik

Spiegelgolems. Sobald sich die gesamte Gruppe im Raum befindet, werden die Golems aktiv, wobei jedes Gruppenmitglied durch einen eigenen Golem repräsentiert wird. Würfle die Initiative. Jeder Golem agiert gemäß der Initiative immer vor dem entsprechenden Gruppenmitglied. Nach Ermessen des SL können die Spiegelgolems die gängigste Angriffsart ihres Gegenstücks verwenden – bei kriegerischen Charakteren kann dies ein Nah- oder Fernkampfangriff sein, bei zauberkundigen ein Zaubertrick. Kommt einem Gruppenmitglied ein Mehrfachangriff oder ein auf Nahkampfwaffen basierender Zaubertrick zugute, profitiert auch sein Spiegelgolem davon. Nützt einem Gruppenmitglied die Wirkung eines wundersamen Gegenstands, nützt sie auch dem Spiegelgolem. Die Spiegelgolems gleichen ihrem Gegenpart in RK und TP. Wird ein Golem auf 0 TP gebracht und dadurch zerstört, bildet sich an einer anderen Stelle der Kammer ein neuer Golem, der mit dem nächsten Zug seinen Gegenpart verfolgt. Um aus der Kammer zu entkommen, muss man sich still und ohne anzugreifen vor seinen Spiegelgolem stellen. Nach der ersten Runde greift ein Spiegelgolem nur dann an, wenn er in der Runde davor angegriffen worden ist oder wenn sein Gegenpart ihm nicht still gegenübersteht.

Mögliche Begebenheiten: Spiegelungen

Die verspiegelten Wände sind auf eine Weise verzaubert, die den Kampfverlauf erheblich verändern kann. Würfle bei Initiative 20 mit 1W6 einen der folgenden Effekte aus.

1W6	Bei Initiative 20 ...
1	... wirkt einer der Golems nach Ermessen des SL den Zauber Zerbersten (3. Grad), der alle Wandspiegel zersplittern lässt. Die Spiegel stellen sich zu Beginn der nächsten Runde wieder her.
2	... tritt eine der Kreaturen aus dem Spiegelbild heraus in die Kammer. Sie hat 50 TP und RK 10. Die Kreatur geht auf das nächstbeste Gruppenmitglied zu und greift so lange an, bis sie zerstört wird.
3	... greifen sämtliche Spiegelbilder an. Alle, die sich in der Nähe einer Wand befinden, machen einen Geschicklichkeitswurf gegen SG 15 und stecken bei Misserfolg 18 (4W8) Wuchtschaden ein. Bei Erfolg die Hälfte. Bei einem Fehlwurf sind sie zudem bis zum Ende ihres nächsten Zuges betäubt.
4	... strahlen die Golems auf einmal Hitze aus. Alle, die nach Ermessen des SL einem Spiegelgolem mindestens 1,50 m nah sind, machen einen Rettungswurf auf Konstitution gegen SG 15 oder erleiden 14 (4W6) Feuerschaden und 1 Punkt Erschöpfung.
5	... verschmelzen drei der Golems zu einem. Jeder Nahkampfangriff des Riesengolems wird mit Vorteil ausgeführt und verursacht bei einem Treffer den dreifachen Schaden.
6	... verdoppelt sich jeder aktive Golem durch Spaltung. Die neuen Golems haben die gleichen TP wie das Original zum Zeitpunkt der Spaltung.

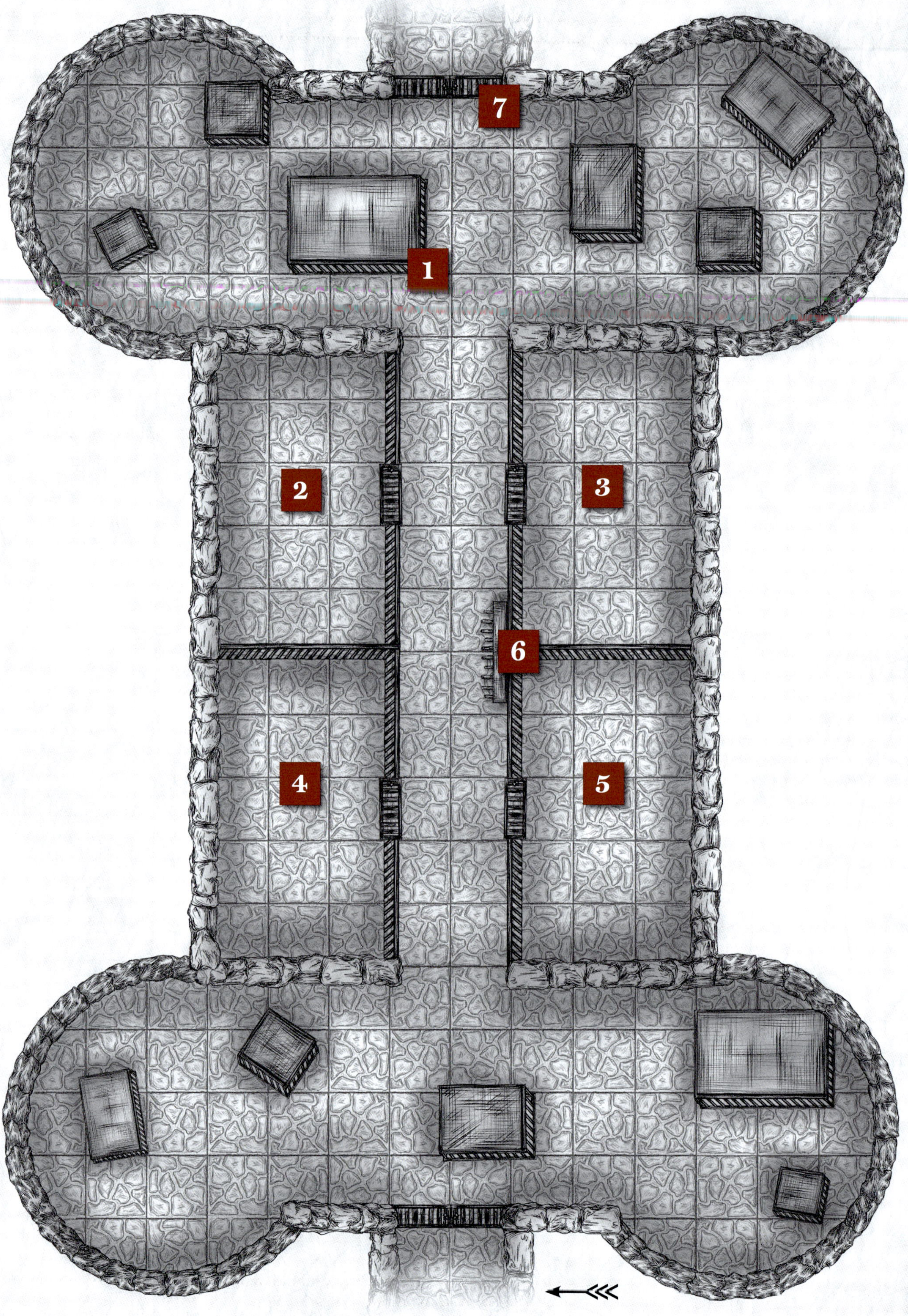

7
1
2
3
6
4
5

Der Kerker der Käfige

> Als ihr weiter in den Raum vordringt, wird der Gestank fast schon greifbar, während das hungrige Knurren verschiedener unterernährter Monstrositäten von den höhlenartigen Wänden hallt. Von der Decke hängen allerlei Käfige, in denen jeweils ein oder zwei Wesen hausen, wobei es von unten schwer zu erkennen ist, um welche es sich handelt.

SL AUFGEPASST: HINTER GITTERN

Die Wesen in den Käfigen und Zellen können nach Belieben gewählt oder nach der Tabelle »Monsterzoo« ausgewürfelt werden. Kommt eines der Wesen frei, handelt es aus eigenem Antrieb und aus Selbsterhaltungstrieb. Alle sind ausgehungert und gereizt und unterscheiden in ihrer Aggression nicht zwischen Wärtern und Befreiern. Je nachdem, wie viele Begegnungen erwünscht sind und wie groß und stark die Gruppe ist, können alle oder nur einige Käfige bewohnt sein.

Jedes ordentliche Dungeon beherbergt eine Vielzahl von üblen Bestien und elenden Kreaturen, und die darüber Herrschenden müssen irgendwie mit ihnen haushalten. Diese Kammer dient daher als Lager für allerlei todbringende Monstrositäten, die bei Bedarf in andere, zu verteidigende Bereiche des Dungeons verfrachtet werden können. An beiden Enden der Kammer hängen Käfige (u. a. 1) von der Decke, während die Zellen im Gang dazwischen (2, 3, 4, 5) Platz für humanoide oder größere Monster bieten. Im Gang ist eine Reihe von Hebeln (6) angebracht, mit denen die Verriegelung der Zellentüren, der vergitterte Ausgang (7) und die Aufhängung der Käfige gesteuert werden können.

Mechanik

Hebel. Die Hebel entriegeln die verschlossenen Türen in dieser Kammer und senken oder heben die aufgehängten Käfige. Zum Betätigen der Hebel wird ein Schlüssel benötigt, der jedoch mit den nötigen Kenntnissen nachgebildet werden kann. Ein erfolgreicher Wurf auf Geschicklichkeit (Diebeswerkzeug) gegen SG 18 entriegelt alle Hebel und macht sie benutzbar. Um herauszufinden, welche Hebel was bewirken, ist nach Ermessen des SL ein Wurf auf Weisheit (Wahrnehmung) oder Intelligenz (Nachforschungen) gegen SG 18 erforderlich.

Zellentüren. Alle Zellentüren sind mit Riegeln verschlossen, die von den Hebeln gesteuert werden. Sie können nur durch Ziehen des richtigen Hebels geöffnet werden. Die Hebel sind wie oben beschrieben verriegelt.

Mögliche Begegnungen: Monsterzoo

Diese Bestien und Monstrositäten werden hier gegen ihren Willen in verschiedenen Käfigen festgehalten. Wird ein Käfig geöffnet oder inspiziert, kann ausgewürfelt werden, was darin lauert.

1W10	Der Käfig enthält …
1	… einen **Modernden Schlurfer.**
2	… zwei **Hyänen**.
3	… ein **Pteranodon**.
4	… eine **Chimäre**.
5	… 1W4 **Vogelscheuchen**.
6	… einen **Hippogreif**.
7	… eine **Gorgone**.
8	… 2W4 **Chuul**.
9	… 1W4 **Plappernde Hundertmäuler.**
10	… 2W4 **Quaggoths**.

Mögliche Begegnungen

1W6	Die Gruppe trifft auf …
1	… 2W4 **Schläger**, die die 1W4 in den Zellen eingesperrten Halblinge bewachen.
2	… einen **Goblin-Hauptmann** und seine 2W4 **Goblins**, die ein wenig zu nah an einer der Zellen ins Würfelspiel vertieft sind.
3	… einen **Abenteurer**, der in einer der Zellen verstorben ist und immer noch seine Rüstung +1 aus beschlagenem Leder trägt.
4	… einen aus seinem Käfig ausgebrochenen **Barlgura**, der drauf und dran ist, die 2W4 **Banditen** zu verschlingen, die hier als Wärter dienen.
5	… eine **Hobgoblin-Hauptfrau** und ihre drei **Hobgoblins**, die die 1W4 +1 **Gemeinen** (darunter ein **Couatl** in Menschengestalt) in den Zellen piesacken.
6	… einen frei herumlaufenden, mit Blut bedeckten **Tyrannosaurus Rex**.

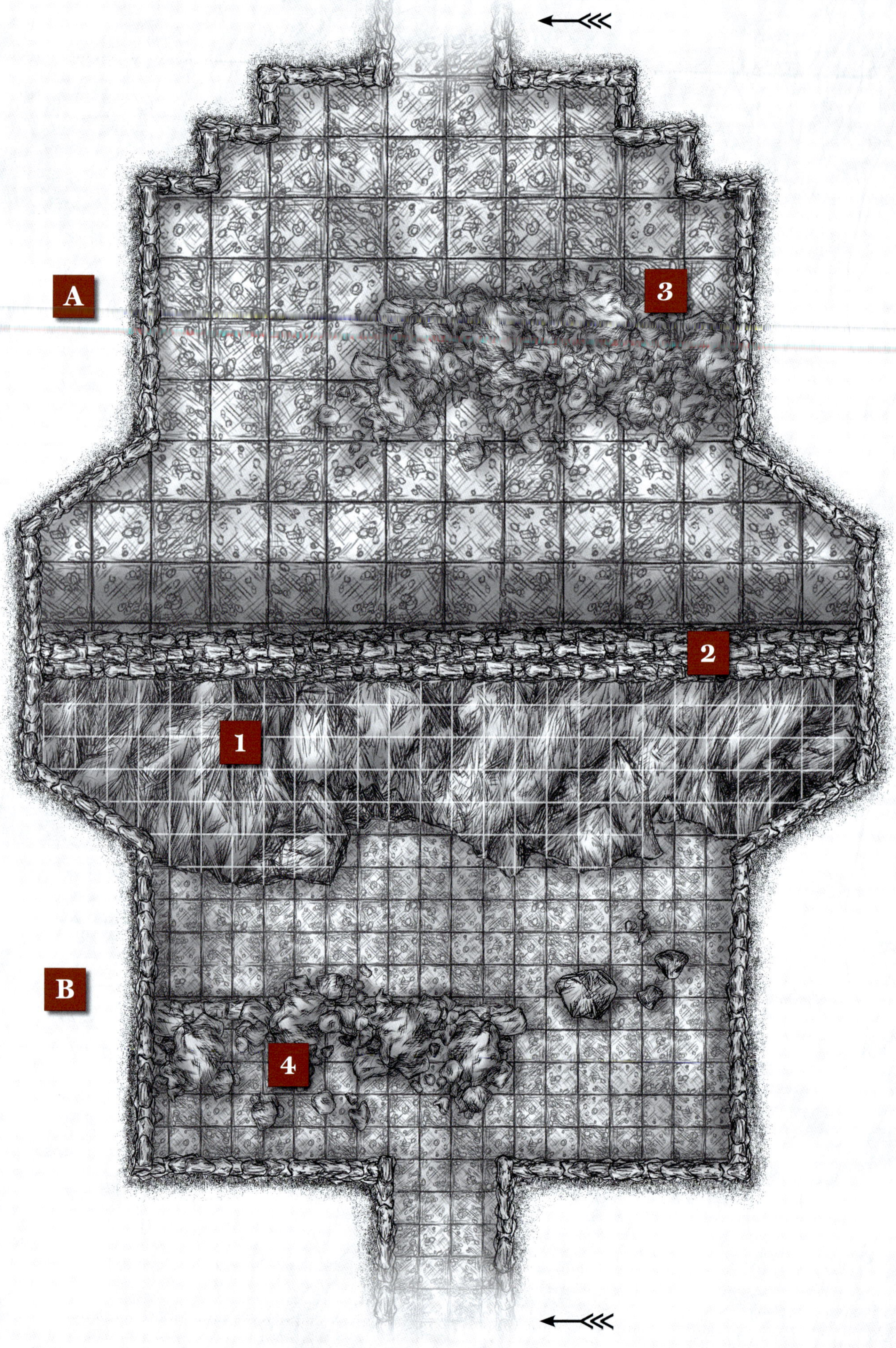
A
3
2
1
B
4

Die Mauer der Verzweiflung

KAMMER A

Beim Betreten des nächsten Raumes fällt euch sofort die imposante Mauer auf, die vor euch etwa 6 m in die Höhe ragt. Die Oberkante ist mit Stacheln bewehrt, und hier und da weist die Mauerfläche ein paar Schießscharten auf, die einen gut vorbereiteten Hinterhalt ahnen lassen. Die Wand hat keinen Durchlass und ihre Oberfläche wirkt, abgesehen von den Schießscharten, unglaublich glatt.

KAMMER B

Als ihr das obere Ende der Mauer erreicht und hinüberschaut, seht ihr, dass der Boden dahinter 18 m tiefer liegt. Aber bis zu einer Höhe von 4,50 m unter euch ist Erde gegen die Mauer gehäuft, die den Abstieg erleichtern könnte.

SL AUFGEPASST: FEST, ABER NICHT UNDURCHDRINGLICH

Die Mauer scheint stabil gebaut zu sein, ist aber nicht schadensresistent. Sie hat RK 10 und das Äquivalent von 500 TP, solange der Angriff auf eine Stelle gerichtet ist. Wer auf der 6-m-Seite der Mauer ein Loch hineinschlägt, stößt auf die oberen 1,50 m des Erdhaufens auf der anderen Seite, über den man auf den Boden auf der anderen Seite gelangen kann.

Die Mauer bildet ein schweres Bollwerk in dieser schmucklosen Halle. Sie versperrt die Sicht auf den dahinterliegenden Abhang und teilt das Gebiet in eine hohe (A) und eine niedrige (B) Ebene. Die Wand ist mit Schießscharten versehen, die auf die höhere Seite gerichtet sind. Vom Boden der unteren Seite her sind sie über einen Wall aus aufgeschütteter Erde (1) zugänglich. Von der oberen Ebene bis zu Oberkante der Mauer sind es 6 m, von der Oberseite bis zur unteren Ebene 18 m. Die Oberseite der Mauer (2) ist mit Stacheln bewehrt und birgt außerdem einige Abwehrmechanismen, die das Erklettern erschweren sollen. Auf beiden Seiten der Mauer befinden sich kleine Schutt- und Erdhaufen (3, 4), die nach Ermessen des SL als halbe Deckung genutzt werden können.

Mechanik

Schießscharten. Die schmalen Schlitze können für Fernkampfangriffe genutzt werden und bieten allen, die auf beiden Seiten der Mauer nicht weiter als 1,50 m entfernt sind, volle Deckung.

Stachelige Oberkante. Die Oberkante der Mauer ist mit Stacheln bewehrt. Jede Kreatur, die ohne (vom SL zu bewertende) Vorsichtsmaßnahmen über die Stacheln klettert, macht einen Rettungswurf auf Geschicklichkeit gegen SG 16 und erleidet bei Fehlwurf 11 (3W6) Stichschaden, bei einem Erfolg die Hälfte.

Kisten voller Streitkolben. Gleich unter der Stachelreihe sind mehrere Kisten mit Streitkolben angebracht, alle 3 m eine. Als Aktion kann eine Kreatur auf der tieferen Ebene einen Hebel betätigen und damit eine der Kisten auskippen, sodass die Streitkolben auf die Kletternden fallen. Allen, die sich unter den fallenden Kolben befinden, kann ein Geschicklichkeitswurf gegen SG 16 auferlegt werden. Bei Erfolg weicht man aus und bleibt an der Wand. Bei Fehlwurf bekommt man 18 (4W8) Wuchtschaden ab, stürzt zu Boden, erleidet nach Ermessen des SL Fallschaden und bleibt liegen. Ortsunkundige können die etwas verdeckten Kisten an der Mauer per Weisheitswurf (Wahrnehmung) gegen SG 16 bemerken.

Mögliche Begegnungen

1W6	Die Gruppe trifft auf …
1	… 1W4 + 1 **Gnolle**, die beweisen wollen, dass sie diese Position meisterhaft verteidigen.
2	… 2W4 **Grottenschratte**, von denen sich mindestens einer auf der hohen Ebene versteckt hält.
3	… 1W4 + 1 **Banditen**. Einer ist von einem **Geist** besessen, der um jeden Preis die Stellung halten will.
4	… 2W4 **Hobgoblins**, jeder mit einer anderen Waffe.
5	… zwei an der Decke versteckte **Mantler** sowie eine weitere Gruppe von Gegnern aus dieser Liste. Die Mantler fressen alles ohne Unterschied.
6	… 2W4 **Schläger**, die auf der tieferen Ebene von einem Nest aus 2W4 **Ankhegs** angegriffen werden.

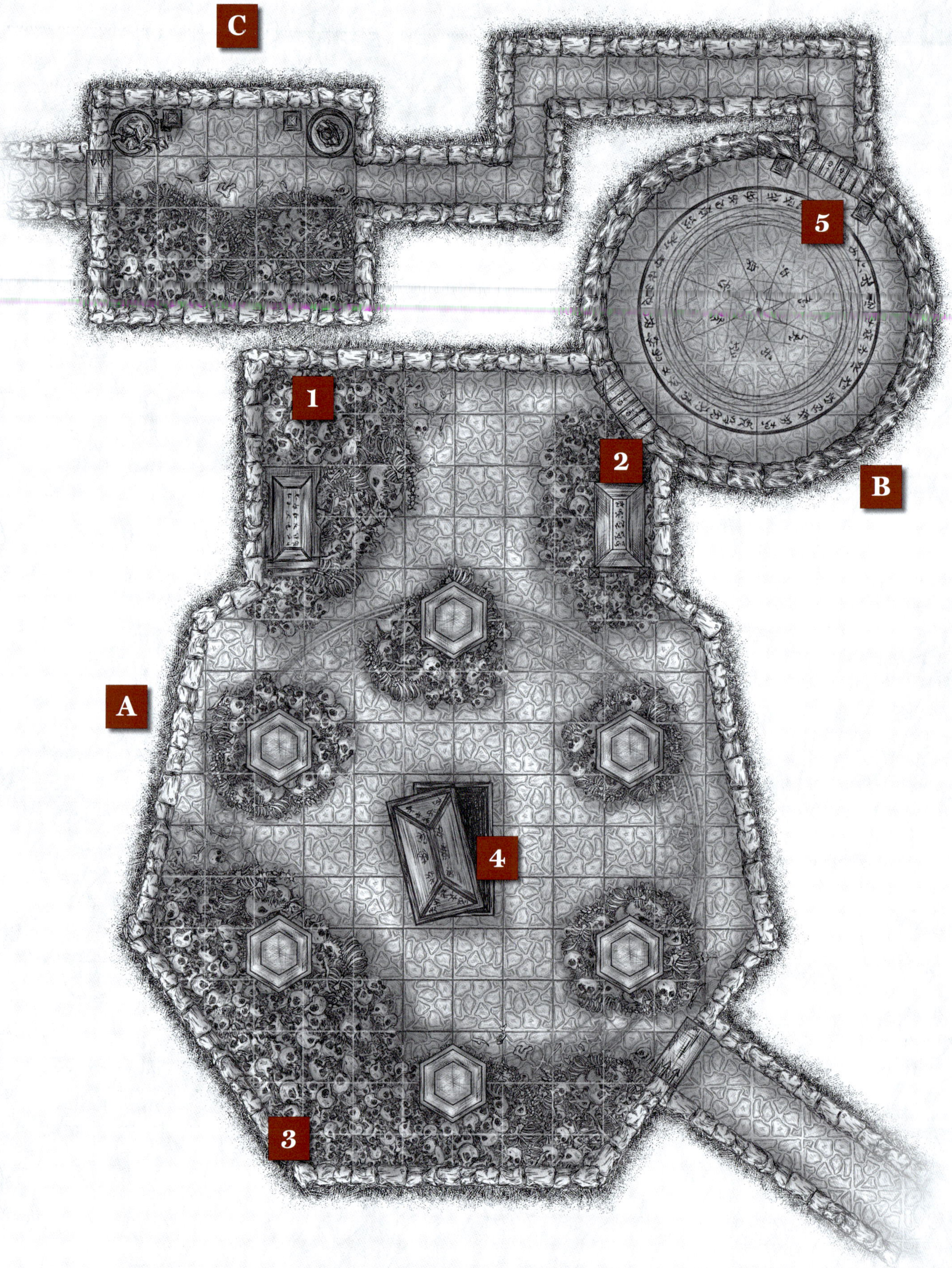
C
5
1
2
B
A
4
3

Das Grabmal der Vergessenen

KAMMER A
Starker Verwesungsgeruch liegt in der Luft, und in der Dunkelheit vor euch wirbeln dichte Staubwolken. Der Boden knackt und knirscht bei jedem Schritt – hier ein zerbrochener Schädel, dort ein Fersenbein. Scheinbar ist der ganze Raum mit lange verstorbenen Leichen übersät. An einigen Stellen schient der Boden aufgeworfen zu sein: tiefe Gräben, die ihr instinktiv meidet. Mitten im Raum steht auf einem von sechs Säulen umgebenen Sockel ein verziertes Gehäuse aus Onyx, das fast 2 m breit und doppelt so lang ist und wie von Feuchtigkeit glänzt. Der restliche Raum ist so trocken wie die Knochen, auf denen ihr steht. Aus einem kleineren Nebenraum am Ende der Kammer strahlt ein schwacher roter Schein hervor.

KAMMER B
Beim Betreten des kleineren, von der Hauptkammer abgetrennten Raumes spürt ihr Frostkälte und seht Dampf beim Ausatmen. Der Boden ist mit einem Kreis aus uralten Runen bedeckt, die die Skelette an den Wänden mit scharlachrotem Licht bescheinen. Eine kleine Tür führt in einen schmalen Korridor.

KAMMER C
Der Korridor führt in einen kleinen Raum voller Skelettreste. Der Boden scheint eingebrochen, aus dem Loch ragt ein etwa 8 m breiter Haufen von Knochen und ausgetrockneten Leichen. Zwei einzelne Statuen überblicken dies alles von rechts. Auf der gegenüberliegenden Seite ist gerade noch eine Tür erkennbar.

SL AUFGEPASST: MÖRDERISCHE MYSTERIEN

Wenn du möchtest, kann eure Kampagne am Grab und auf dem rituellen Zirkel schicksalhafte Wendungen nehmen. Es kann auch nichts Ernstes geschehen. Die Tabelle mit den möglichen Begegnungen setzt voraus aus, dass du Ersteres im Sinn hast. Andernfalls solltest du deine Gruppe vor Schaden, Verwirrung und Tod bewahren: Im Sarg (ohne Falle) windet sich dann eine verfettete Schlange, die sich an einer nie ganz verrottenden Leiche labt, und der Zirkel beschwört nur 1W4 +1 **Teufelchen** herbei, sobald ein Spieler die kleinere Kammer betritt. Wenn es seltsam werden soll, kannst du die Mechaniken des Onyxsargs und des Ritualzirkels sowie die Tabelle mit den möglichen Begegnungen nutzen, um deine Gruppe vor kreative Probleme zu stellen.

Das Grab der Vergessenen ist ein beliebtes Reiseziel für Kultisten, die sich die böse Macht, die dieser uralten, unheiligen Grabstätte angeblich innewohnt, irgendwie zunutze machen wollen – vorausgesetzt, sie überwinden all die Untoten, die unentwegt von der Grabkammer angelockt werden. Die Böden beider Kammern sind mit Knochen bedeckt, und im Laufe der Jahrhunderte sind durch Erosion und Einsturz einige große, mit Knochen gefüllte Löcher entstanden (1, 2, 3), die alle fast 12 m tief reichen. Den Onyxsarg (4) umgibt eine Aura von Nekromantie, während der Ritualzirkel (5) eine Aura von Beschwörung ausstrahlt.

Mechanik

Das Onyxgrab. Der große Sarg hat einen schweren Deckel. Der Deckel birgt eine Falle. Wer den Deckel anhebt, muss einen Rettungswurf auf Konstitution gegen SG 15 bestehen. Bei Fehlwurf erfolgen 61 (7W8 + 30) Nekroseschaden, bei Erfolg die Hälfte. Fällt die Kreatur dadurch auf 0 TP, stirbt sie und erhebt sich als Zombie, der unter dem Befehl des im Onyxgrab Liegenden steht (falls dort jemand liegt). Das ins Grab gebettete Wesen erhebt sich nicht aus eigenem Antrieb, wehrt sich aber, wenn sein Schlummer gestört wird.

Der Ritualzirkel. Erblickt eine Kreatur diesen Zirkel zum ersten Mal, muss sie einen Charismawurf SG 15 bestehen. Bei Fehlwurf tritt ein **Nalfeshnee** an ihre Stelle, und sie wird auf die Abyss-Ebene transferiert und in einen Eisblock mit 400 TP eingefroren. Dort bleibt sie nach Ermessen des SL so lange gefangen, bis der Nalfeshnee gebannt oder getötet wird. Wird die Magie des Zirkels 8-gradig gebannt, ist auch der Nalfeshnee gebannt. SL AUFGEPASST: Diese Zauberwirkung tritt nicht ein, wenn jemand den Ritualzirkel zur Teleportation nutzt.

Mögliche Begegnungen

1W6	Die Gruppe trifft auf …
1	… 2W4 **Mumien**, die den Onyxsarg bewachen, in dem ein **Mumienfürst** liegt.
2	… 2W4 + 1 **Zombies**, die um den Sarg wanken. Darin liegt ein vergesslicher **Lich**, der sich an keinen seiner Zaubersprüche erinnern kann.
3	… 2W4 **Kultisten** und einen **Kultfanatiker**, die sich über den Ritualzirkel herbeiteleportieren, um ihren Guru aufzusuchen, einen **Magus**, den sie lebendig im Onyxsarg bestattet haben.
4	… 2W4 +1 **Kultisten** im Kampf gegen einen **Nalfeshnee** (und in der Hoffnung, ihren Kameraden Karel zurückzuholen, der gerade verschwunden ist). Dem **Vampir** im Sarg passt das gar nicht.
5	… 5W4 **Skelette**, die sich aus den herumliegenden Knochen zusammenfügen und im Namen des im Sarg ruhenden Nekromanten jeden Eindringling in die Knochengruben zerren.

6	… 3W10 zu **Zombies** gewordene Kultisten, die versuchen, ein Paar aus **Inkubus** und **Sukkubus** aus dem Grab heraufzubeschwören. In 2W4 Runden haben sie es geschafft.

Der Wirbler

> Als ihr in diese Kammer tretet, überkommt euch Unruhe, und jeder Schritt fühlt sich an wie ein Taumeln seitwärts. 30 m über euch hängen große Stalaktiten, und aus den Höhlenwänden ragen euch robuste Stalagmiten und Felsvorsprünge entgegen, als strebten sie alle zur Mitte der Kammer. Während ihr euch orientiert, verstärkt sich das Gefühl der Bewegung unter den Füßen, denn die ganze Kammer scheint sich immer schneller um sich selbst zu drehen. Wenn ihr es zur anderen Seite schaffen wollt, müsst ihr euch beeilen.

SL AUFGEPASST: ZENTRIFUGE

Die Kammer dreht sich mit einer Geschwindigkeit, die am Anfang jeder Runde ausgewürfelt wird, wie unter »Mechanik« beschrieben. Kreaturen, die sich in diesem Raum aufhalten, können alle ihnen zur Verfügung stehenden Fähigkeiten nutzen, um mit der ständigen Bodenbewegung zurechtzukommen, aber wer nicht fliegen oder klettern kann, hat eher schlechte Karten. Ein Sturz kann gefährlicher sein alles andere, denn die Entfernung von der Decke zum Boden beträgt 45 m.

Arkanogeologen, die diese Kammer einst erforschten, nannten sie »Wirbler«, denn es handelt sich um einen natürlichen Felsstrudel. Irgendeine Gravitationsanomalie bewirkt, dass sich der gesamte Raum um sich selbst dreht, wie ein Fass Bier, das einen Hügel hinunterrollt. Zwar ist es nicht unmöglich, zu Fuß von einer Seite auf die andere zu gelangen, aber ein stabiles Seil oder Flugkünste wären schon hilfreich. Da sich der Strudel mit unterschiedlicher Geschwindigkeit dreht, lässt sich schwer sagen, wann der Boden zur Decke wird und die Anwesenden ins Verderben stürzt. Die Höhle ist ein fast 60 m langer Zylinder mit einem Durchmesser von 45 m, dessen gebogenen Wände mit zerklüfteten Felsen bedeckt sind. Der Wirbler hat an beiden Enden Zugänge. Obwohl der Wirbler im Laufe der Jahre viel von sich reden gemacht hat, konnten sich nur wenige, die ihn erforschten, seiner gravitätischen Macht entziehen. Wer nicht zu Tode stürzt, wird wahrscheinlich von der starken Fliehkraft zerdrückt.

Mechanik

Rotation. Die gesamte Kammer rotiert gegen den Uhrzeigersinn. Sie rollt wie ein Fass – ein Phänomen, das Gelehrte und Magiekundige seit Generationen verblüfft. Um diesen Effekt zu simulieren, würfelst du am Anfang jeder Initiativrunde nach der folgenden Tabelle die Drehbewegung aus.

1W4	Die Kammer dreht sich um …
1	… 90 Grad.
2	… 180 Grad.
3	… 270 Grad.
4	… 360 Grad.

Festhalten und Fallen. Findet sich eine Kreatur, die auf dem Boden stand, wegen der Rotation an einer Wand oder der Decke wieder, muss sie (nach Ermessen des SL) einen Stärkewurf (Athletik) gegen SG 16 bestehen, um nicht abzustürzen. Bei einem Fehlwurf rutscht sie von der Wand wieder auf den Boden und bleibt dort liegen. Von der Decke aus fällt sie dagegen 45 m tief und erleidet 52 (15W6) Wuchtschaden. Bei Erfolg kann sich die Kreatur eine Runde lang an einem Felsvorsprung festhalten. Aufgrund der ständigen Rotation des Wirblers kann es gut sein, dass man sich länger an einen Felsen klammern muss.

Schwereherz. Im Zentrum des Wirblers befindet sich ein Phänomen, das nicht vollständig erklärbar ist: das Schwereherz. Wer ergründen will, warum der Wirbler wirbelt, muss nach Ermessen des SL einen Rettungswurf der Weisheit von SG 15 bestehen. Bei Fehlwurf erwacht der starke innere Drang, das Schwereherz im Mittelpunkt des Wirblers zu erreichen, gleich weit entfernt von allen Wänden. Man lässt dann sofort alle im Stich, die einen davon abhalten wollen. Erreicht eine Kreatur das Schwereherz, erleidet sie 45 (10W8) psychischen Schaden, da ihre Weltsicht durch das Wissen einer Ältesten-Aberration verbogen wird.

Mögliche Begenungen

1W6	Die Gruppe trifft auf …
1	… zwei **Seiler**, als Stalagmiten getarnt.
2	… 2W4 + 1 in den Schatten lauernde **Düstermäntel**.
3	… einen **Mantler**, der allzu waghalsige Abenteurer gerne seinem Speiseplan zufügt.
4	… 2W4 **Drow**, die bewusstlos in der Luft schwebend das unsichtbare Schwereherz umkreisen.
5	… die Leichen von 2W4 + 1 **Banditen**, die unaufhörlich gegen die zerklüfteten Felsen prallen.
6	… eine unheimliche Stille, gefolgt von der Ankunft eines die Ebenen wechselnden **Nalfeshnee**.

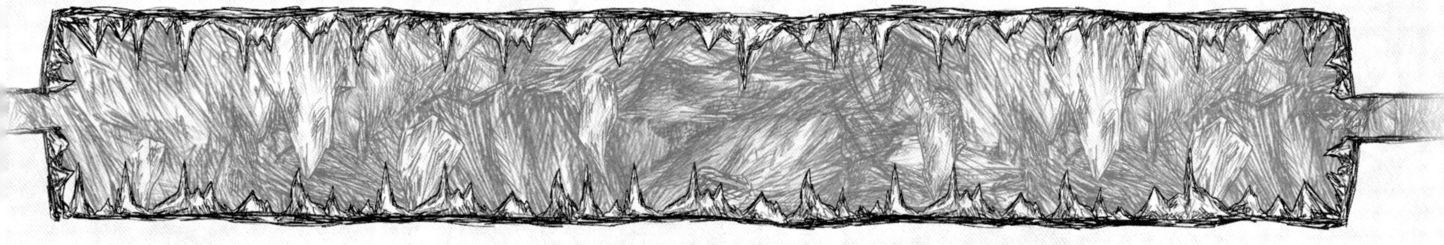

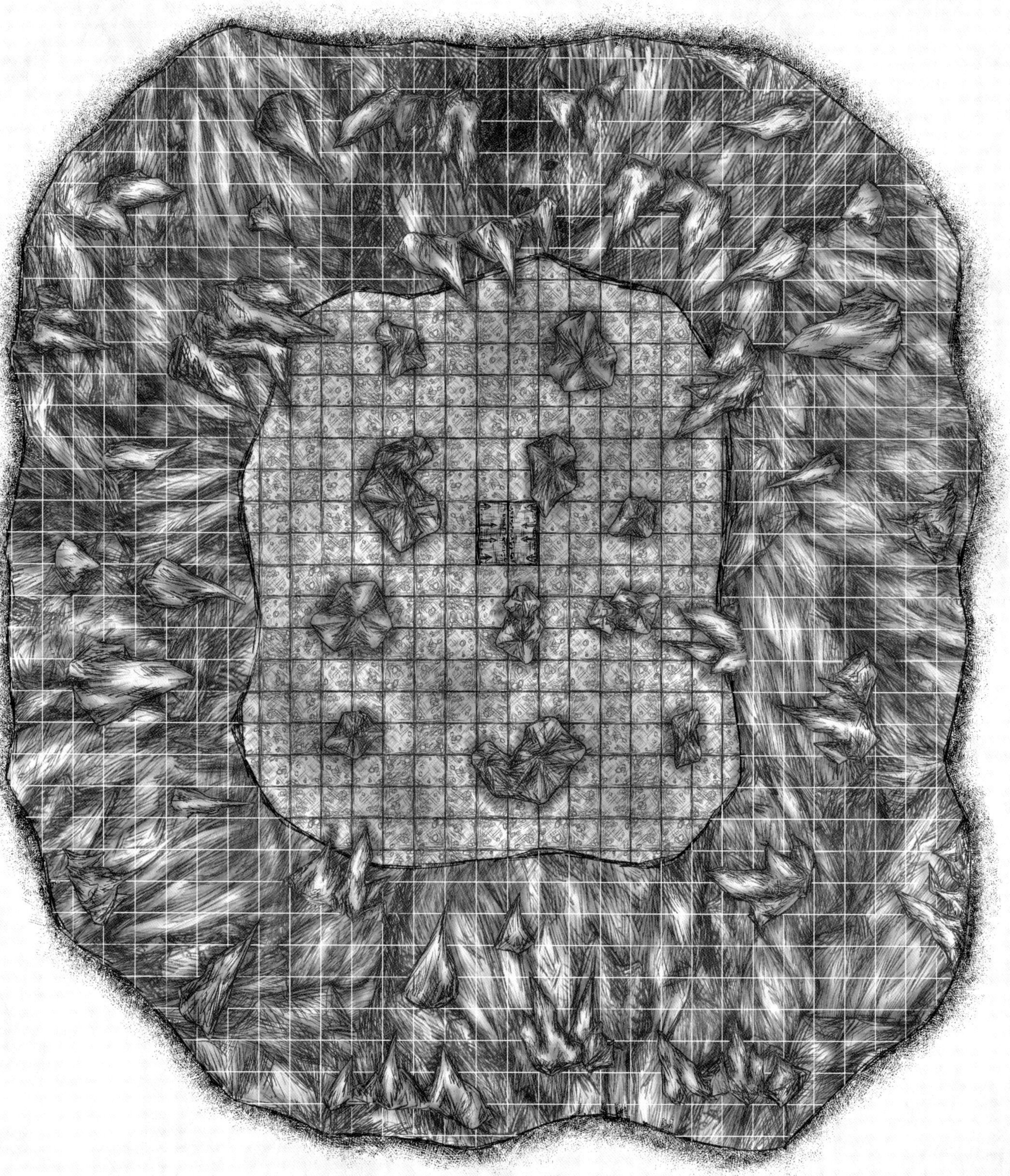

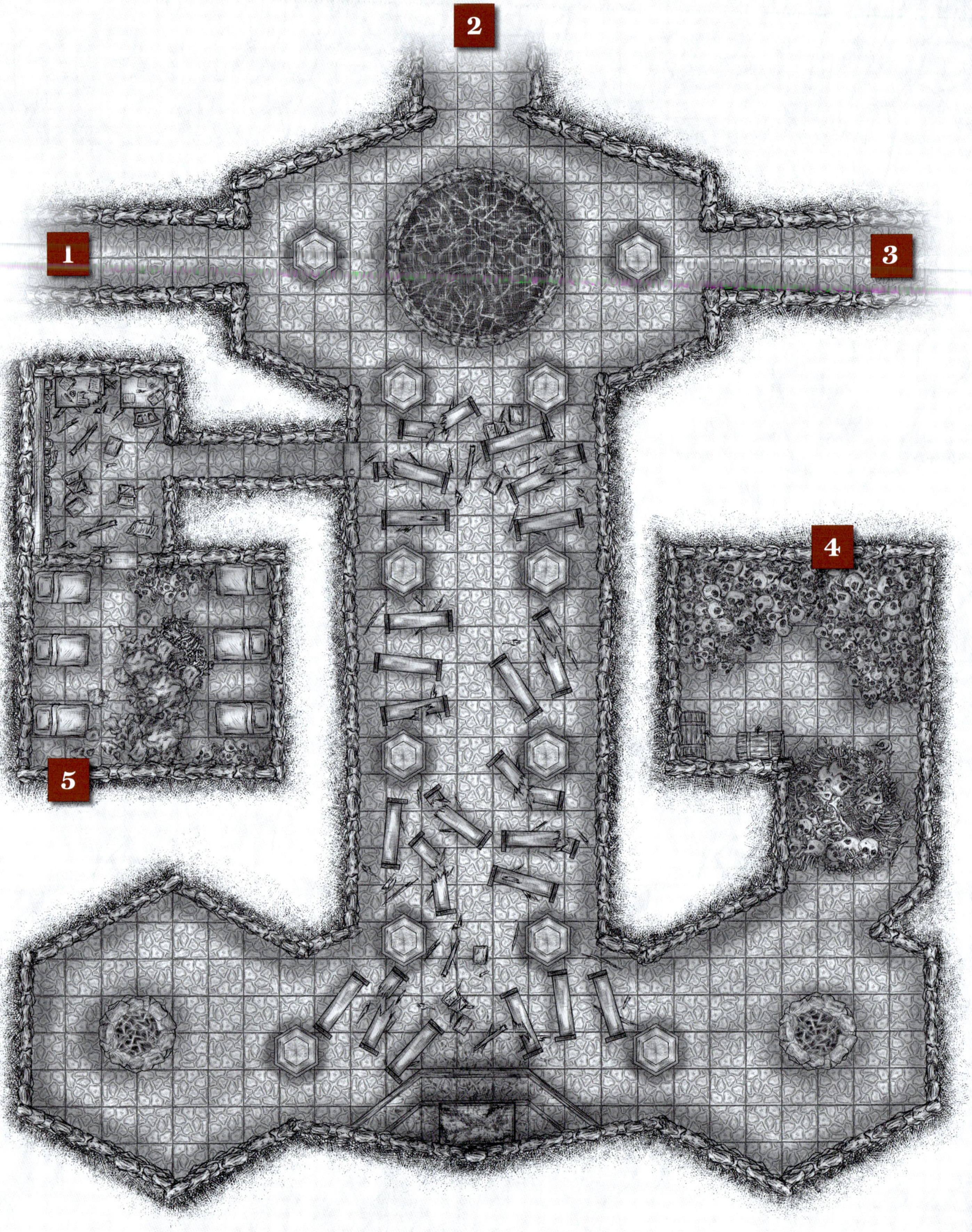

1
2
3
4
5

DER VERFALLENE TEMPEL

> In diesem kathedralenartigen Raum hallt sogar euer Flüstern wider. Bei jedem eurer Schritte zerbröckelt irgendetwas. Ein großes Wasserbecken am Eingang scheint leer zu sein, und ein massiver Altar am anderen Ende des Tempelsaals sieht aus, als wäre er seit Jahrtausenden nicht mehr benutzt worden. Obwohl dieser Raum eindeutig verlassen ist, regt sich irgendwo etwas, und ihr habt das Gefühl, beobachtet zu werden.

SL AUFGEPASST: INTERAKTIVE UMGEBUNG

Die Gruppe müsste bei der Erkundung des Raumes rasch merken, dass dieser Tempel verfällt. Durch einen Wurf auf Intelligenz (Nachforschungen) oder Weisheit (Wahrnehmung) gegen SG 15 lässt sich feststellen, dass die Stabilität des Gebäudes fragwürdig ist und dass die geringste Krafteinwirkung an einer Wand oder Säule die gesamte Decke zum Einsturz bringen könnte. Die Mechanik des Einsturzes wird unter »Mechanik« beschrieben.

Der Tempel wurde einst zu Ehren und zur Verherrlichung der dunklen Gottheiten erbaut. Hier wurden Opfer erbracht, theokratisch angeordnete Verstümmelungen durchgeführt und Ketzer verbrannt, die so viele unaussprechliche Verhexungen brüllten, dass man ohne fähige Kleriker, die nachhallende Flüche bannen können, lieber nicht eindringen sollte. Die drei Haupteingänge (1, 2, 3) ermöglichen es jeder Abenteurergruppe, den gesamten Raum unbeschadet zu durchqueren. Aber die Artefakte, die angeblich im Reliquienschrein (4) ruhen, sind allzu verlockend – und wahrscheinlich der Grund, warum so viele Leichen in diesem ansonsten verlassenen und verfallenen Tempel liegen. Ein kleiner Wohnbereich (5), der einst die Kleriker beherbergte, die den Tempel instand hielten, ist genauso leer wie der Rest des Tempels – also »größtenteils leer«. Magische Gegenstände und legendäre Artefakte, die sich in der Reliquienkammer befinden, sind vom SL zu bestimmen, sollten aber als Schatzhort eine Stufe über der durchschnittlichen Gruppenstufe liegen.

Mechanik

Verfall. Der gesamte Tempel ist im Verfall begriffen und könnte jeden Moment einstürzen. Jedes Mal, wenn eine Kreatur einer Mauer oder Säule Schaden zufügt oder dagegengestoßen wird oder wenn eine Kreatur einen Angriffswurf um mehr als fünf Punkte verfehlt und somit den Boden oder eine Wand trifft (oder wann immer du willst), würfelst du anhand der folgenden Einsturztabelle.

1W4	Einsturz
1	Der Boden bricht ein, und unter der Kreatur, die den Schaden angerichtet hat, öffnet sich ein 6 m langes, 3 m breites und 12 m tiefes Loch. Alle im Umkreis von 1,50 m um das Loch müssen einen Geschicklichkeitswurf gegen SG 15 schaffen, sonst stürzen sie hinein.
2	Eine Säule stürzt ein und kracht der Länge nach auf eine vom SL zu verortende Fläche von 1,50 m × 9 m. Alle sich dort Aufhaltenden machen einen Rettungswurf auf Geschicklichkeit gegen SG 15 und erleiden bei Fehlwurf 18 (4W8) Wuchtschaden, bei Erfolg die Hälfte.
3	Ein Stück Decke fällt auf die Kreatur, die den Schaden verursacht hat. Die Kreatur muss einen Wurf auf Geschicklichkeit gegen SG 12 bestehen, sonst drohen 36 (8W8) Wuchtschaden.
4	Ein Tempelwand stürzt ein und löst jeden der oben genannten Effekte aus. Näheres bestimmt der SL.
5	… die Leichen von 2W4 + 1 **Banditen**, die unaufhörlich gegen die zerklüfteten Felsen prallen.
6	… eine unheimliche Stille, gefolgt von der Ankunft eines die Ebenen wechselnden **Nalfeshnee**.

Mögliche Begenungen

1W6	Die Gruppe trifft auf …
1	… eine **Planetarin**, die diesen Raum verteidigt und die Gruppe nur dann vorbeilässt, wenn sie eines ihrer drei Rätsel (nach Wahl des SL oder anhand der Tabelle auf S. 256 ausgewürfelt) löst.
2	… 1W4 + 1 **Dretche**, die sich zwischen den zerborstenen Tempelbänken verstecken.
3	… einen **Hezrou**, der aus dem Brunnen im Eingangsbereich des Tempels emporsteigt, um ein Mitglied der Gruppe mit in den Brunnen (und zurück auf die Abyss-Ebene) zu ziehen.
4	… 2W4 **Quasiten**, die erst dann angreifen, wenn die Gruppe eines der hier versteckten Artefakte erbeutet hat.
5	… die sterblichen Reste vieler toter Priester in den Wohnräumen, die sich, wenn sie gestört werden, erheben und zu 1W4 + 1 **Fleischgolems** zusammenfügen.
6	… 1W4 + 1 **Unsichtbare Pirscher**, die jeden bedrohen, der versucht, den Tempel mit erbeuteten Artefakten zu verlassen.

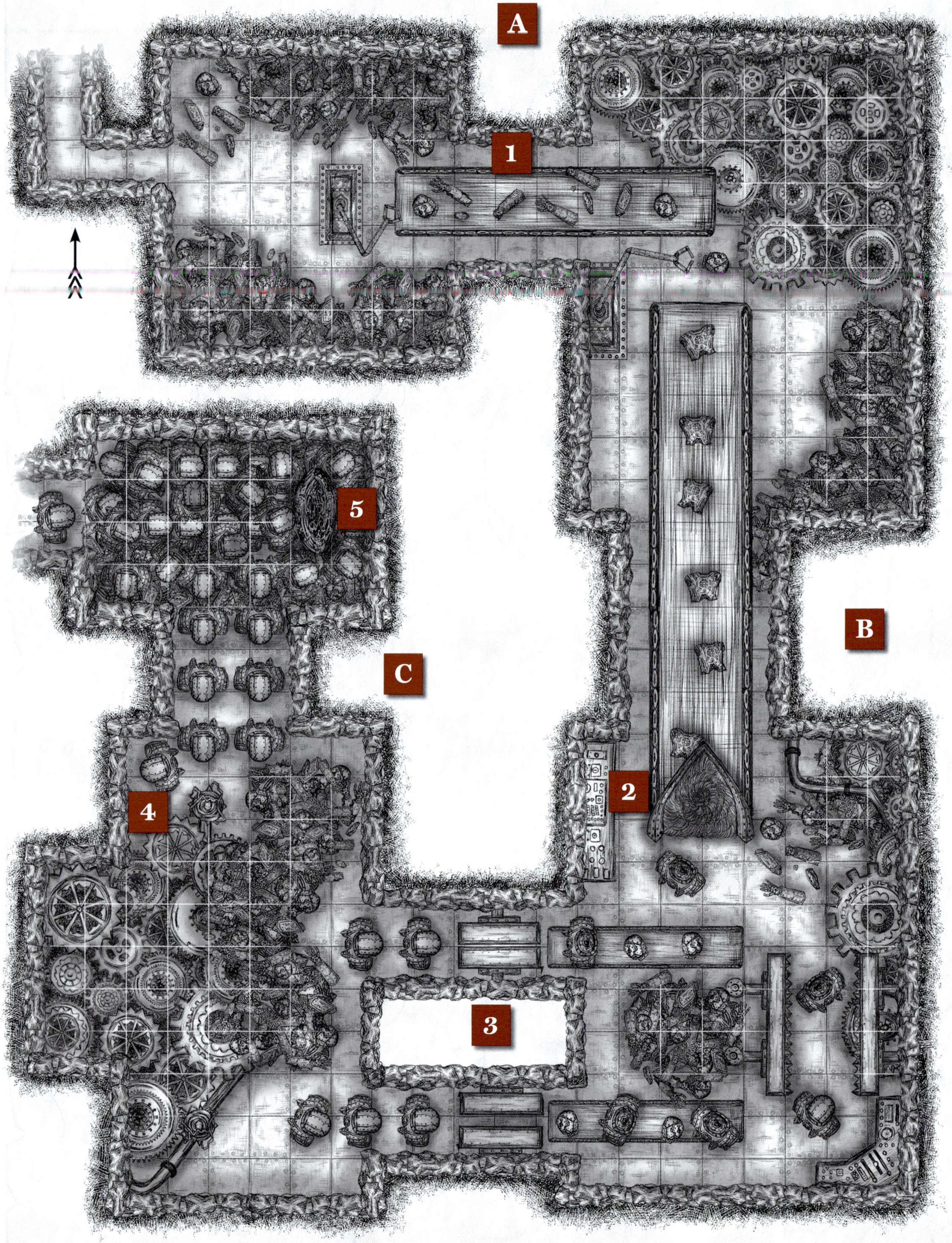
A
1
B
C
2
3
4
5

Die Konstruktefabrik

KAMMER A
Der ohrenbetäubende Lärm von Maschinen in vollem Gange dringt euch in die Ohren. Vor euch fallen reihenweise mechanische Arme, Beine und Rümpfe aus einer Öffnung in der Decke und werden auf einem auf kleinen Rollen laufenden Förderband weitertransportiert.

KAMMER B
Die Teile bewegen sich weiter von euch weg, unter Ringen hindurch, wo sie zu humanoiden Gestalten zusammengefügt werden. Diese rutschen vom Band und laufen dann zwischen einer Reihe von Kolben her, wo jedes Konstrukt einen Kopf bekommt, bevor es in die nächste Kammer geht.

KAMMER C
Der ganze Raum ist voller Konstrukte, die sich in einer Art Schlafmodus befinden. Eingepfercht zwischen unbarmherzigen Zahnrädern drängen sie sich vor dem Ausgang, als lautete ihr aktueller Befehl »Steh im Weg«. Hinter den Konstrukten ist eine Röhre zu sehen, die ab und zu eines von ihnen durch die Decke emporsaugt – vermutlich, um den Prozess von vorne zu beginnen.

SL AUFGEPASST: KONSTRUIERTE BEDROHUNG

Sofern nicht anders angegeben, sind die Konstrukte in dieser Kammer allesamt nicht funktionsfähig, es sei denn, du willst sie im Spiel einsetzen. Sollte die Geschichte, die du erzählst, den Einsatz der Konstrukte nahelegen, kann es bei einer niedrigstufigen Gruppe ratsam sein, die Werte der Konstrukte gegen die von Skeletten auszutauschen (es sei denn, die Gruppe hat sie auf irgendeine Weise unter Kontrolle, dann können sie beliebige Werte haben).

Mit arkanen Mitteln, die nicht von dieser Welt stammten, wurde diese Konstrukteproduktion einst in Gang gesetzt. Sie ist schon so lange in Betrieb, dass sie zum Ursprung von schätzungsweise der Hälfte aller Konstrukte auf der Materiellen Ebene geworden ist – auch wenn man angesichts des Gedränges am Ausgang glauben mag, dass ein großer Teil davon hiergeblieben ist. Eine Reihe von Förderbändern (1) bringt die Teile an ihren Platz, wo sie einen Montagering (2) durchlaufen, ein magisches Feld, das sie zu einer halbwegs humanoiden Form zusammenfügt, bevor zwischen einer Reihe von Kolben (3) ihre Gelenke festgeschraubt und ein Kopf aufgepflanzt wird. Die Konstrukte versammeln sich dann direkt hinter der Kolbengasse in einem Lagerraum (4), wo sie gelegentlich von einem Phantomfeld (5) abgeholt werden, um andernorts verwendet oder verwertet zu werden. Nach Ermessen des SL kann dieses Feld direkt zum Förderband in der ersten Kammer führen, sodass eine Endlosschleife entsteht.

Mechanik

Förderbänder. Die Bänder bewegen sich in 6 Sekunden etwa 3 m vorwärts. Wer auf dem Förderband läuft, hat im jeweiligen Zug eine um 3 m erhöhte Bewegungsrate.

Montagering. Dieses mächtige arkane Artefakt dient einem einzigen Zweck: Es fügt zusammen, was getrennt ist – eine hypermächtige Implementierung des Zaubers *Ausbessern*. Wer den Ring durchquert und einen Rettungswurf auf Konstitution gegen SG 16 verpatzt, wird mit 1W6 der mitgeführten Gegenstände verschmolzen. Nach Ermessen des SL entsteht für jeden verschmolzenen Gegenstand 1W6 Kraftschaden. Eine kleine Kreatur kann das Feld des Rings ohne Rettungswurf umgehen. Mittelgroße oder größere Kreaturen müssen sich mit einem Wurf auf Geschicklichkeit (Akrobatik) gegen SG 16 durch die Lücke zwischen Ring und Wand quetschen.

Kolben. Die Kolben knallen gegen die fast fertigen Konstrukte und befestigen dadurch deren Gelenke. Wer die Kolbengasse durchquert, muss sich durch einen Wurf auf Weisheit (Wahrnehmung) oder Intelligenz (Nachforschungen) gegen SG 15 ihren Rhythmus merken. Bei Fehlwurf droht beim Durchqueren 14 (4W6) Wuchtschaden.

Lagerraum. Dieser Raum ist vollgestopft mit Konstrukten und Zahnrädern, die offenbar die Konstruktefabrik antreiben. Der gesamte Raum ist schwieriges Terrain.

Mögliche Begegnungen

1W6	Die Gruppe trifft auf …
1	… ein **schadhaftes Konstrukt** in der zweiten Kammer, das seinen Wunsch, zu sterben, äußert.
2	… einen **Kultisten**, der in der dritten Kammer gefangen ist und sich als Konstrukt tarnt, sobald er die Gruppe kommen hört.
3	… 4W4 **Rostmonster**, die so vollgefressen sind, dass sie sich kaum noch regen können.
4	… zwei Welpenköpfchen, die in der zweiten Kammer aus einem der unfertigen Konstrukte ragen: ein junger **Todeshund**.
5	… einen **Eisengolem** in der dritten Kammer, der außer Betrieb ist, aber per Intelligenzwurf gegen SG 18 kurzgeschlossen werden kann.
6	… 2W4 scheinbar aktive Konstrukte, die in Wirklichkeit nur **belebte Rüstungen** sind.

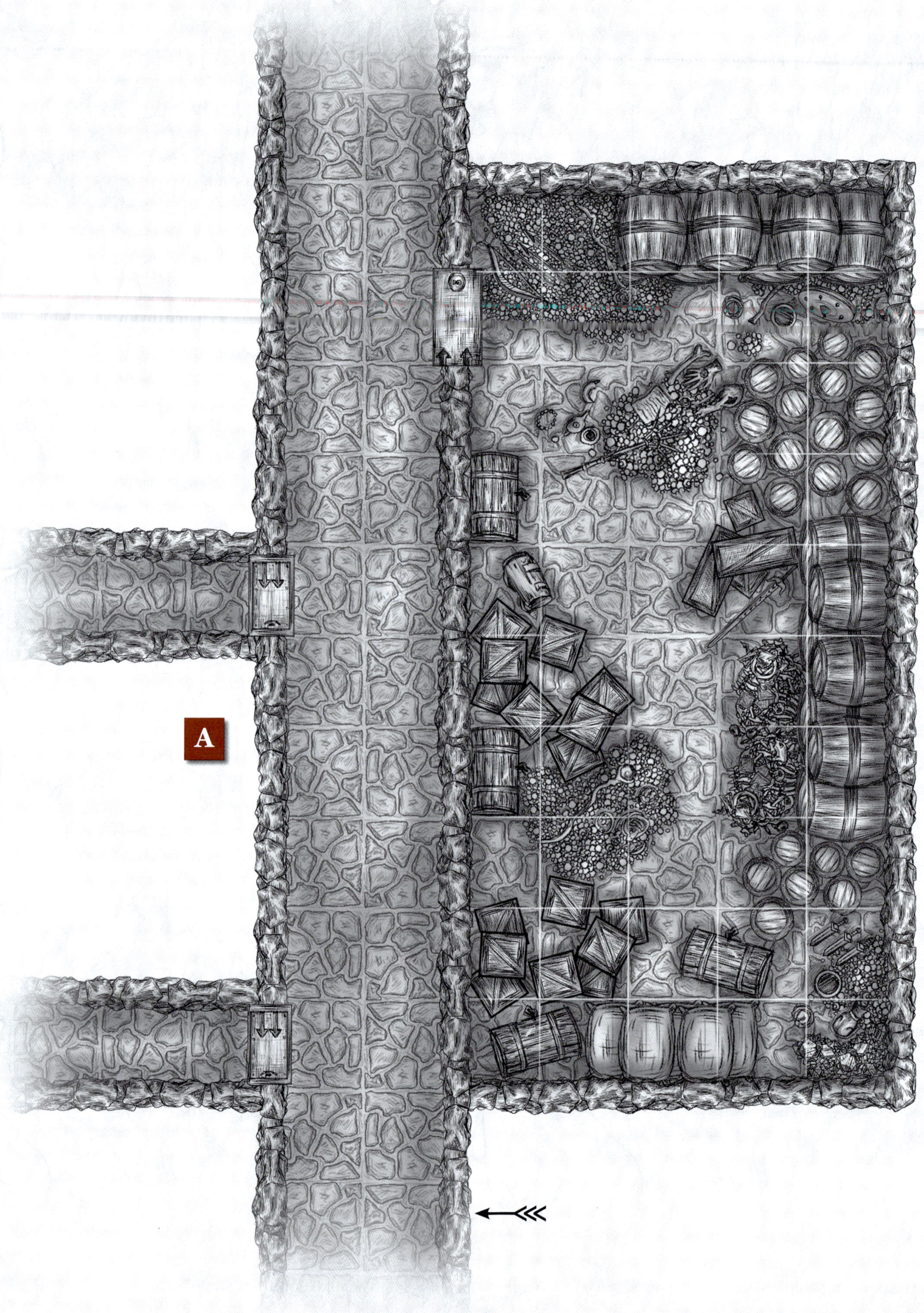
A
B

Die grausige Gerümpelkammer

KAMMER A

Vor euch liegt ein langer Korridor, der in einer Sackgasse endet. Zwei Türen zu eurer Linken und eine zur Rechten sind die einzigen nennenswerten Merkmale. Auf einem Schild auf der rechten Tür steht: *Schlüssel innen. Geheimes Klopfzeichen nicht vergessen.*

SG AUFGEPASST: SCHLÖSSER UND KLOPFZEICHEN

Die Türen zur Linken sind beide verschlossen. Wer auch nur das Geringste über das Knacken von Schlössern weiß, merkt per Intelligenzwurf (Nachforschungen) gegen SG 12, dass die Schlösser sehr gut verarbeitet sind (SG 30). Die eine Tür auf der rechten Seite ist ebenfalls verschlossen, aber viel einfacher zu knacken: Ein Wurf auf Geschicklichkeit (Diebeswerkzeug) gegen SG 15 genügt. Wer unangenehme Überraschungen auf der anderen Seite der Tür vermeiden will, braucht das geheime Klopfzeichen, das der SL der Gruppe nach eigenem Gutdünken mitteilt.

KAMMER B

In dieser Kammer türmt sich ein Berg von Gerümpel jeder nur denkbaren Herkunft. Kissen und Teppiche, Fässer und Kisten, Handschuhe, Schwerter, Stäbe, Truhen, ganze Rüstungen aus rostigem Blech und sonstige Söldnerausrüstung stapeln sich hier. Falls hier Schlüssel versteckt sind, werden sie schwer zu finden sein.

Manche Kammern in diesem Gewirr aus grässlichen Grüften und gefährlichen Gewölben sind nie mehr renoviert worden, seit der letzte Stein gesetzt wurde, aber andere werden von Zeit zu Zeit aufgefrischt (Stachelgrubenstacheln werden irgendwann stumpf). Was bei der Sanierung an Abfall anfällt, landet in diesem riesigen Lagerraum, wo es, wie das meiste Gerümpel dieser Welt, ein Eigenleben führt. In diesem Fall ist »Eigenleben« wortwörtlich zu verstehen. Die Wächter haben herausgefunden, dass sie den bestialischen Haufen mittels Klopfzeichen und gelegentlichen Opfern (nämlich Socken) besänftigen können, sodass er die Schlüssel zu den beiden verschlossenen Türen bewacht. Wer vor dem Öffnen der Tür das geheime Klopfzeichen anwendet, findet dahinter eine offene Truhe mit den Schlüsseln vor. Wird die Tür ohne Vorwarnung geöffnet, ist die Truhe verschlossen. Aber nicht mehr lange...

Mechanik

Monströse Mimik. Der gesamte Lagerraum ist in Wirklichkeit eine Mimik mit nur einem Ziel: noch mehr Müll zu sammeln. Das erreicht sie, indem sie sich gelegentlich Wächter oder verirrte Abenteurer einverleibt. Sie kann nicht getötet, sondern nur überwältigt werden, und ihre Werte sind vom SL festzulegen. Sie hat die folgenden Attribute:

- ***Haftend.*** Die monströse Mimik kann sich an alles kleben, was sie berührt. Riesige oder kleinere Kreaturen, an die sich die Mimik haftet, sind dann gepackt (Lösen gegen SG 13, Attributswürfe zur Befreiung mit Nachteil).
- ***Falsches Erscheinungsbild.*** Solange die monströse Mimik reglos bleibt, ist sie nicht von einer Gerümpelkammer zu unterscheiden.
- ***Mehrfachangriff.*** Die monströse Mimik kann zweimal mit Pseudopoden zuschlagen und einmal zubeißen. Wird eine Kreatur von der Mimik gepackt, führt sie ihre Angriffe gegen diese Kreatur mit Vorteil aus.
- ***Pseudopode.*** *Nahkampfwaffenangriff:* +7, um zu treffen, Reichweite 1,50 m, 1 Ziel. *Treffer:* 9 (1W8 + 4) Wuchtschaden. Bei erfolgreichem Angriff kommt zudem die Eigenschaft »Haftend« zum Tragen.
- ***Biss.*** *Nahkampfwaffenangriff:* +7, um zu treffen, Reichweite 1,50 m, 1 Ziel. *Treffer:* 9 (1W8 + 4) Stichschaden + 5 (1W8) Säureschaden.

Schlüssel. In einer Truhe, die der monströsen Mimik als eine Art Mund dient, liegen zwei Schlüssel, die die beiden anderen Türen im Gang öffnen. Um die Schlüssel zu finden, muss ein Wurf auf Intelligenz (Nachforschungen) oder Weisheit (Wahrnehmung) gegen SG 17 gelingen, denn die Schlüssel hängen an einem Ring, der wie ein Piercing durch die Zunge der monströsen Mimik führt.

Mögliche Begegnungen

1W6	Die Gruppe trifft auf ...
1	... eine **Wache**, die das geheime Klopfzeichen benutzt, bevor sie die Gerümpelkammer betritt.
2	... 2W4 + 1 **Kobolde**, die auf Geheiß ihres drakonischen Lehnsherrn versuchen, in die Gerümpelkammer einzudringen, aber beide nicht mehr wissen, wie man einen Dietrich benutzt.
3	... 1W4 + 2 **Kultisten**, die in der Gerümpelkammer nach einem alten Artefakt suchen und nicht ahnen, dass die Mimik eine besondere Vorliebe für härene Kutten hat.
4	... eine **Grüne Vettel**, die als Wache verkleidet den Lagerraum mit einem *Zauberstab des Netzes* verlässt.

5	… zwei **Wachen**, die darüber reden, dass sie das »Kammermonster« mit schmutzigen Socken besänftigen.
6	… 2W4 + 1 **Berserker**, die sich die Zeit vertreiben, indem sie im Korridor um die Wette rennen.

DER LETZTE BALLSAAL

> Beim Betreten des Saals blickt ihr auf eine offene Tanzfläche mit Marmorboden, die von einer über Treppen zugänglichen, etwa 9 m hohen Galerie umgeben ist. Tischchen und Polstersessel sind wie zu erwarten mit einer Staubschicht bedeckt. Ihr hört, wie eine Harfe, die ihr nicht sehen könnt, immer lauter angeschlagen wird. Ihre Akkorde klingen in euch nach. Wenn es nicht so viele Dungeon-Kammern zu erkunden gäbe, würdet ihr tanzen wollen. Na … vielleicht nur einen kurzen Walzer. Legt bitte einen Rettungswurf auf Weisheit ab.

SL AUFGEPASST: MITREISSENDE MELODIE

Eine den Ballsaal durchschwebende unsichtbare Bardin beginnt zu spielen, sobald jemand die Kammer betritt. Sie zwingt jede Kreatur mit einer Intelligenz von 5 oder höher zum Tanzen. Alle Anwesenden müssen einen Weisheitsrettungswurf gegen SG 18 schaffen, sonst werden sie dazu bezaubert, am Geisterwalzer teilzunehmen, wie unter »Mechanik« beschrieben.

Ob dieser reich ausgestattete Saal ursprünglich gebaut wurde, um dort Bälle abzuhalten oder um in rituellen Beschwörungen Ebenen zu kontaktieren, auf denen Tanz und Existenz ein und dasselbe sind, ist unklar. Jedenfalls hat er im Laufe der Jahrhunderte unzählige verirrter Abenteurer das Leben gekostet. Aus einem von wunderschöner Musik durchfluteten Gang gelangt man in den Ballsaal (1). Die Galerie (2) mit Blick auf die Tanzfläche befindet sich fast 9 m darüber. Sie bietet einige Sitzgelegenheiten zum Plauschen und Ausruhen und ist über eine der vier die Tanzfläche umschließenden Treppen (u. a. 3) zu erreichen. Schon beim Betreten des Ballsaals wird klar, dass weitere Ausgänge nicht nötig sind. Denn wer will schon von hier weg? Im Ballsaal spukt nämlich eine unsichtbare Bardin, die für Lebende ebenso wie für Tote spielt. Ist man Ersteres, endet man aller Wahrscheinlichkeit nach als Letzteres, aber wer vom Geisterwalzer gepackt wird, stirbt wenigstens im Rausche der Musik.

Mechanik

Unsichtbare Bardin. Einst verlor sich eine Harfenspielerin in ihrer Musik und blieb auf der Ätherebene gefangen. Nun spielt sie Musik, die die Grenze zwischen dem Reich der Lebenden und der Toten durchbricht. Die unsichtbare Bardin hat die Werte eines **Geistes** und die folgenden zusätzlichen Attribute:

- ***Ätherische Musik.*** Die unsichtbare Bardin kann auf der Ätherebene Musik machen, die auf Kreaturen in der Materiellen Welt wirkt, und umgekehrt.
- ***Geisterwalzer.*** Die unsichtbare Bardin spielt eine wehmütige, treibende Melodie, die allen, die sie hören, tief in die Seele dringt. Alle im Umkreis von 18 m um die Bardin müssen einen Weisheitswurf gegen SG 18 bestehen, sonst werden sie bezaubert. Eine bezauberte Kreatur verspürt den Zwang, zu tanzen, und gibt ihm eine Minute lang nach. Anschließend kann sie den Rettungswurf gegen den Geisterwalzer wiederholen. Bei Erfolg kann die Kreatur zu tanzen aufhören und dem Reiz des Geisterwalzers 24 Stunden lang widerstehen.

Bei Fehlwurf bleibt die Kreatur eine Stunde lang bezaubert und tanzt ausgelassen weiter. Danach kann sich die Kreatur erneut per Rettungswurf von der Bezauberung befreien. Bei Erfolg ist der Zauber gebrochen, bei Fehlwurf muss die Kreatur bis zum Ende des nächsten Tages weitertanzen und wiederholt dann den Rettungswurf ein letztes Mal. Misslingt der letzte Rettungswurf, tanzt die Kreatur in diesem Ballsaal, bis sie stirbt. Ihre Seele vereint sich dann auf der Ätherebene mit der der Bardin. Wer den Geisterwalzer länger als eine Stunde tanzt, erhält einen neuen Makel: »Ich liebe Musik, und sobald sie erklingt, lasse ich alles stehen und liegen, um zu tanzen.«

Mögliche Begegnungen

1W6	Die Gruppe trifft auf …
1	… ein **Todesalb**-Pärchen, das so innig miteinander tanzt, dass es die Ankunft der Gruppe kaum bemerkt.
2	… ein Trio aus steppenden **Troglodyten**.
3	… 2W4 + 1 **Drow**, die sich alle Mühe geben, einen von ihnen vom Tanzen abzuhalten.
4	… einen ruppigen **Grottenschrat** im Tanzduell mit einem **Hobgoblin-Hauptmann**.
5	… einen verschollenen Prinzen, der an der Schwelle des Todes tanzt. Wenn die Gruppe es schafft, ihn zu retten (und er seine Bluse wiederfindet), wird er sie großzügig belohnen.
6	… mehr **Kobolde**, als die Gruppe je auf einem Fleck gesehen hat, alle im perfekten Gleichschritt tanzend und in synkopischem Rhythmus die letzten Atemzüge keuchend.

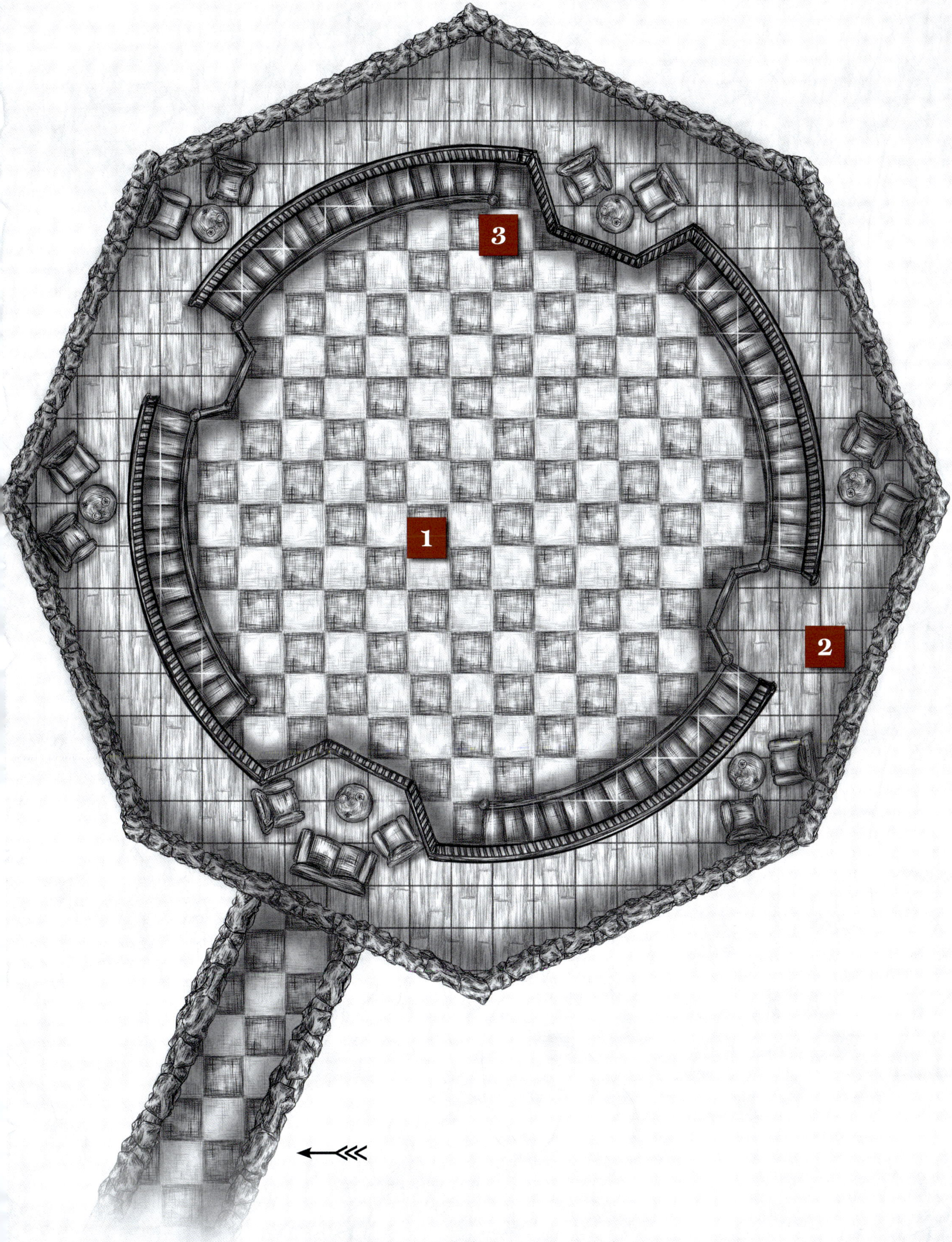

3
1
2

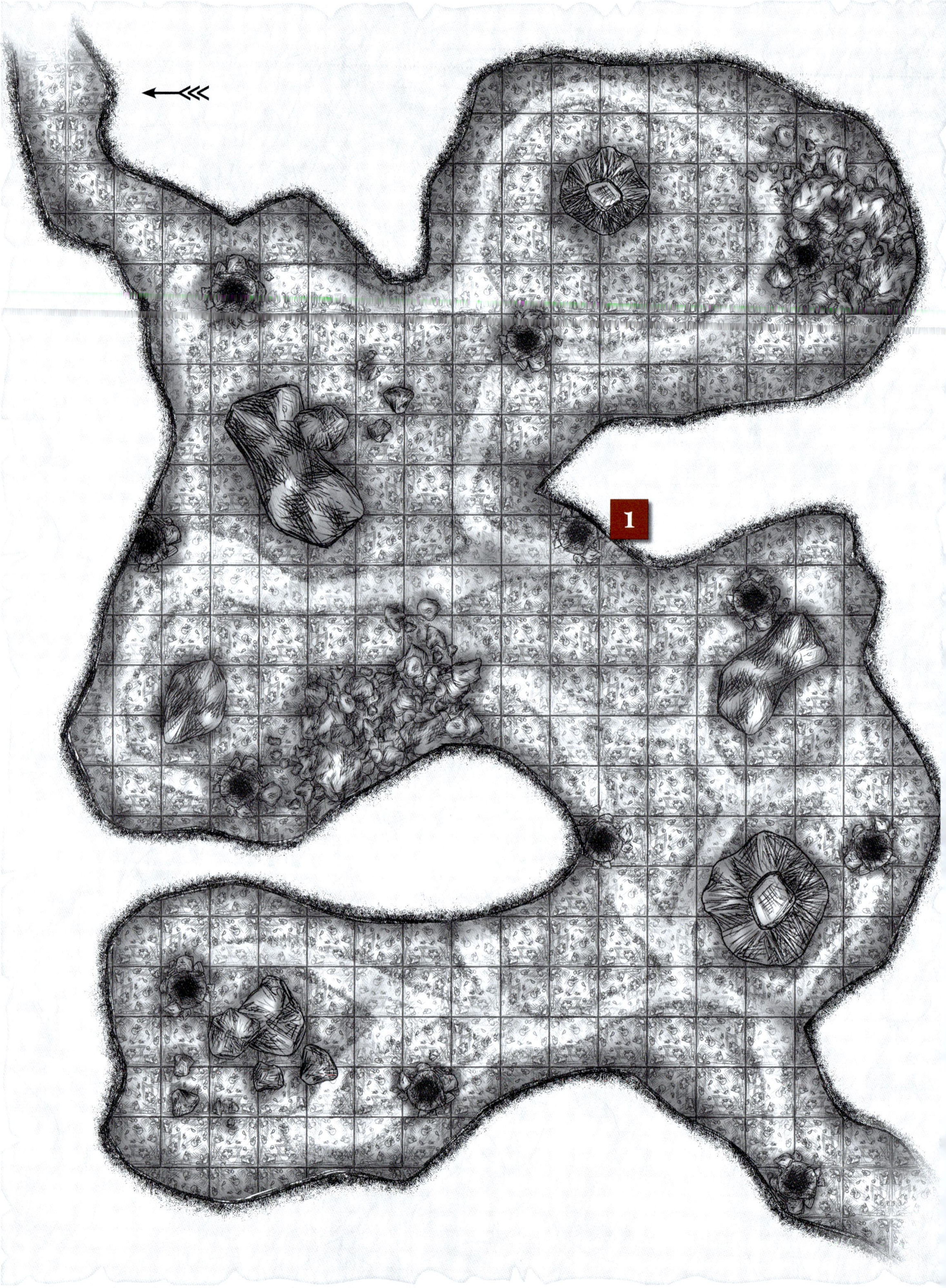
1

Das Goblin-Gehöft

> Als ihr die schwach beleuchtete Höhle betretet, steigt euch der satte Geruch von aufgeworfener Erde in die Nase. Wie Stalagmiten türmen sich vor euch einige Erdhügel auf. Jeder der Türme weist mehrere Löcher auf.

SL AUFGEPASST: VERBORGENE TUNNEL

Jeder der Türme ist durch unterirdische Tunnel (in Blassgrau) verbunden, die es den Ortskundigen ermöglichen, heimlich und bequem zwischen allen Türmen zu wechseln. Aber alle, die keine Goblins sind und versuchen, die Tunnel zu benutzen, werden merken, dass diese Gänge, wie unter »Mechanik« beschrieben, sehr eng und wirr sind.

Manche Bewohner dieses feuchten Dungeons sind schon so lange hier, dass sie Wurzeln geschlagen haben. Oder dass sie, wie die hier ansässigen Goblins, genug Zeit hatten, um Türme aufzuhäufen. Die mit viel Erde und Schweiß (und sonstigen Ausscheidungen) gebauten Türme (u. a. 1) erfüllen einen doppelten Zweck: Sie bieten den Goblins einen Platz für die Aufzucht ihrer Jungen, aber auch Deckung im Falle eines Angriffs. Zwar kann man ungesehen durch die Höhle gelangen, aber die Goblins in den Tunneln darunter hören fast alles, was sich über ihnen regt. Sie wissen ziemlich gut, von welcher Luke aus sie am besten einen Angriff aus dem Hinterhalt starten – und dass sie sich lieber verstecken sollten, wenn sie unterlegen sind. Die Goblins tun alles, um ihre Türme zu schützen, aber noch mehr sind sie um die Sicherheit ihrer Brut in der Kinderstube besorgt, die sich unter einem Turm nach Wahl des SL befindet.

Die Anlage ist Wohnstatt einer ganzen Goblin-Sippe. In den engen Gängen und unterirdischen Kammern leben 20 × 1W8 Goblins.

Mechanik

Goblin-Türme. Diese kleinen Türme enthalten zahlreiche Löcher, die die Goblins als Schießscharten nutzen, um »die da draußen« zu piesacken. Die Türme bieten Dreivierteldeckung und verschaffen allen Insassen +5 auf die RK und einen Vorteil bei Geschicklichkeitswürfen. Goblins haben einen Vorteil bei Würfen auf Geschicklichkeit (Heimlichkeit), wenn sie sich in einem Turm verstecken. Alle Türme haben 112 TP und sind hauptsächlich aus Erde gebaut. Wird ein Turm umgestürzt oder zerstört, würfelst du 1W10. Bei einer 3 oder weniger stürzen alle anderen Türme auch ein, da der Domino-Effekt die mit behelfsmäßigen Konstruktionen verbundenen Türme mitreißt.

Goblintunnel. Nach Ermessen des SL kann jeder Goblin, der seinen Zug in einem Turm oder Tunnel beginnt, die Tunnel so nutzen, als bewege er sich überirdisch, nur mit 1,50 m Abzug von der Bewegungsrate. Die Tunnel sind schwieriges Terrain für mittelgroße Kreaturen (größere passen gar nicht hinein). Alle Ortsfremden, die durch einen Tunnel von einem Turm zum anderen gelangen wollen, müssen einen Weisheitswurf (Wahrnehmung oder Überlebenskunst) gegen SG 16 bestehen, um den Weg zu finden. Bei Fehlschlag kommt die Kreatur in einem anderen Turm an als beabsichtigt, ausgewählt vom SL.

Mögliche Begegnungen

1W6	Die Gruppe trifft auf …
1	… zwei **Goblins** im Ehestreit: Er will mit den Kumpels plündern gehen, sie pocht darauf, dass er 47 Mäuler zu füttern hat.
2	… einen gemeingefährlichen **Hobgoblin**, der gerade Brandbeschleuniger in einen der Türme schüttet und alles niederbrennen will, nachdem ihn einer der Bewohner als »hochgewachsen« beschimpft hat.
3	… einen bulligen **Landhai**, der aus dem bebenden Boden hervorbricht. Offenbar ist dem Goblinkönig schon wieder das Haustier ausgebüxt.
4	… einen verirrten **Erdelementar**, der ungeschickt einen der Türme anbaggert und frustriert ist, weil der sich so zugeknöpft gibt.
5	… eine rivalisierende, 6W4 Kopf starke Gruppe **Goblins**, die in der Sippe Zwist sät, die Türme belagert und für Aufruhr sorgt – alles wegen einer Blutfehde, die vor sieben Generationen beendet wurde (unter der Erde verbreiten sich gute Nachrichten nur langsam).
6	… 3W6 **Goblins**, die den berühmten Goblin-Erfinder Glurk Goblicarus dabei bewundern, wie er unter der Decke der Höhle seinen Flinkflügelflieger ausprobiert. Die Freude ist jedoch nur von kurzer Dauer, denn das Vehikel kommt ins Trudeln und wird ohne Eingreifen gewiss abstürzen. Die Schuld für diese Schmach werden die versammelten Goblins sicherlich den ankommenden Nicht-Goblins zuschieben.

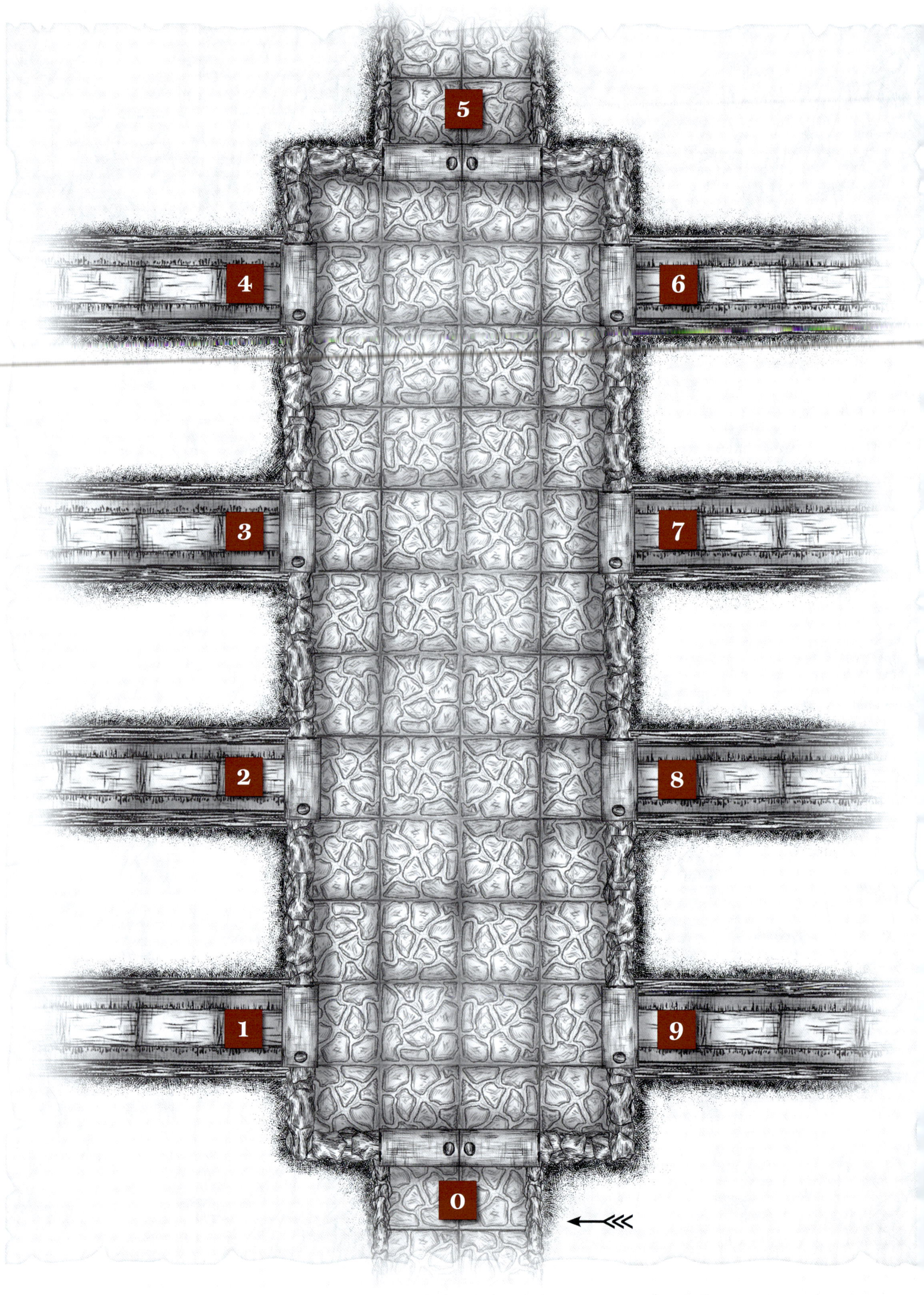
5
4
6
3
7
2
8
1
9
0

DIE TÜREN NACH DORTHIN

Ihr befindet euch in einem engen Raum oder einem breiten Flur, je nachdem, wie man es sieht. Direkt vor euch gibt es eine große Tür, auf beiden Seiten befinden sich vier weitere. Der Boden sieht sehr ausgetreten aus. Jede Tür ist mit einer Nummer versehen, von 1 bis 9. Die Tür, durch die ihr gekommen seid, trägt eine 0.

SL AUFGEPASST: UNVERWANDELT BLEIBEN

Der gesamte Gang ist von Verwandlungs- und Beschwörungsmagie durchdrungen. Die einzige Möglichkeit, seinen Wirkungen zu entgehen, besteht darin, ihn auf dem gleichen Weg zu verlassen, auf dem man gekommen ist: durch Tür Nr. 0.

In den engen, endlosen Gängen einer Tempelruine oder eines unterirdischen Verlieses kann es leicht passieren, dass man sich verirrt und nicht mehr weiß, woher man kam. Die Türen nach Dorthin (1–9) lösen dieses Problem für alle Befugten (allen Unbefugten, die die Türen ohne Kenntnis ihrer Funktionsweise benutzen, drohen vielerlei Irrungen und Wirrungen). Auf jeder Tür liegt ein mächtiger Beschwörungszauber, der Kreaturen, die einen Wegeschlüssel bei sich tragen, zu jeder anderen Tür im Dungeon teleportieren kann – die Kreatur muss nur angeben, wohin sie will. Eine Kreatur ohne Schlüssel, die durch eine andere Tür als Tür Nr. 0 geht, erlebt eine alternative Art der Teleportation: Sie landet wieder im Gang, aber mit Begleitung, wie im Abschnitt Mechanik beschrieben. Hinter allen Türen gähnt eine schwarze, sternenbesetzte Leere, ähnlich der Astralebene. Tritt ein Gruppenmitglied in die Leere, kommt es durch eine andere Tür zurück in den Flur. Aus der Tür, durch die es ging, folgen andere Kreaturen. Manche Arkanologen bezeichnen dies als »Verschlimmerungsschleife«.

Mechanik

Wegeschlüssel. Dieser kleine Kristall, der üblicherweise an einer Schnur hängt und wie eine Kette getragen wird, ermöglicht es ihrem Träger, sich durch die Türen nach Dorthin an jeden beliebigen Ort innerhalb des Dungeons zu begeben. Der Wegeschlüssel spürt, wohin man will, und wenn man durch eine der Türen in dieser Kammer geht, bewegt einen der Schlüssel zu diesem Ort. Im Gang befindet sich ein Satz Wegeschlüssel, der für Notfälle hinter einem losen Ziegelstein versteckt ist. Dieses Geheimversteck kann mit einem erfolgreichen Intelligenzwurf (Nachforschungen) gegen SG 20 entdeckt werden. Nach Ermessen des SL finden sich dort gerade genug Wegeschlüssel für die ganze Gruppe.

Tore nach Anderswo. Sobald eine Kreatur eine der Türen ohne Wegeschlüssel betritt, würfelst du mit 1W10 die Nummer der Tür aus, durch die derjenige sogleich wieder hereinkommt. Durch die zum Hinausgehen benutzte Tür treten Kreaturen aus der Tabelle »Desto schöner die Gäste« ein.

Desto schöner die Gäste. Nach jedem Versuch, ohne Wegeschlüssel durch eine der Türen nach Dorthin (außer Tür Nr. 0) zu gehen, multiplizierst du die Anzahl der hindurchgegangenen Kreaturen mit der Zahl auf der Tür. Ein Beispiel: Zwei Kreaturen versuchen, den Raum durch Tür Nr. 4 zu verlassen. Mit 1W10 wird eine 7 gewürfelt, demgemäß kommen die beiden Kreaturen durch Tür 7 wieder herein. Aus Tür Nr. 4 treten währenddessen acht (etwas verwirrte) Kreaturen in den Flur, denn 2 × 4 = 8. Um was es sich dabei handelt, wird nach der folgenden Tabelle entschieden (in diesem Fall wären es Hobgoblins).

Desto schöner die Gäste

Aus Tür Nr.	... kommen ...	Aus Tür Nr.	... kommen ...
1	... **Trolle**.	6	... **Maultiere**.
2	... **Riesenwölfe**.	7	... **Fliegende Schlangen**.
3	... **Gnolle**.	8	... **Skelette**.
4	... **Hobgoblins**.	9	... **Flumphe**.
5	... **Mephiten**.		

Mögliche Begegnungen

1W6	Die Gruppe trifft auf ...
1	... einen zerstreuten, aber sehr gefährlichen **Magus**, der nicht mehr weiß, wo er seinen Wegeschlüssel gelassen hat.
2	... zwei **Wachen**, die Wegeschlüssel unter ihrer Rüstung tragen. Sie bewachen Tür Nr. 5.
3	... einen einsam herumlungernden **Basilisken**.
4	... eine **Riesenspinne**, die hier ihr Netz gesponnen hat, um durch die Türen kommende Kreaturen zu fangen.
5	... zwölf **Maultiere** mit Blut an den Hufen und zwei dämliche **Orks**, die das falsche Ende einer Stampede erwischt haben.
6	... einen Zwerg, der sich seine Todesangst nicht anmerken lässt und Tür Nr. 9 zuhält, damit die neun **Flumphe** nicht zurückkommen, die er gerade wieder hineingedrängt hat, nachdem er durch Tür Nr. 9 getreten und aus Tür Nr. 8 zurückgekommen war. Er ahnt nicht, dass die Flumphe gleich aus Tür Nr. 2 kommen werden, gefolgt von ganzen 81 weiteren aus Tür Nr. 9.

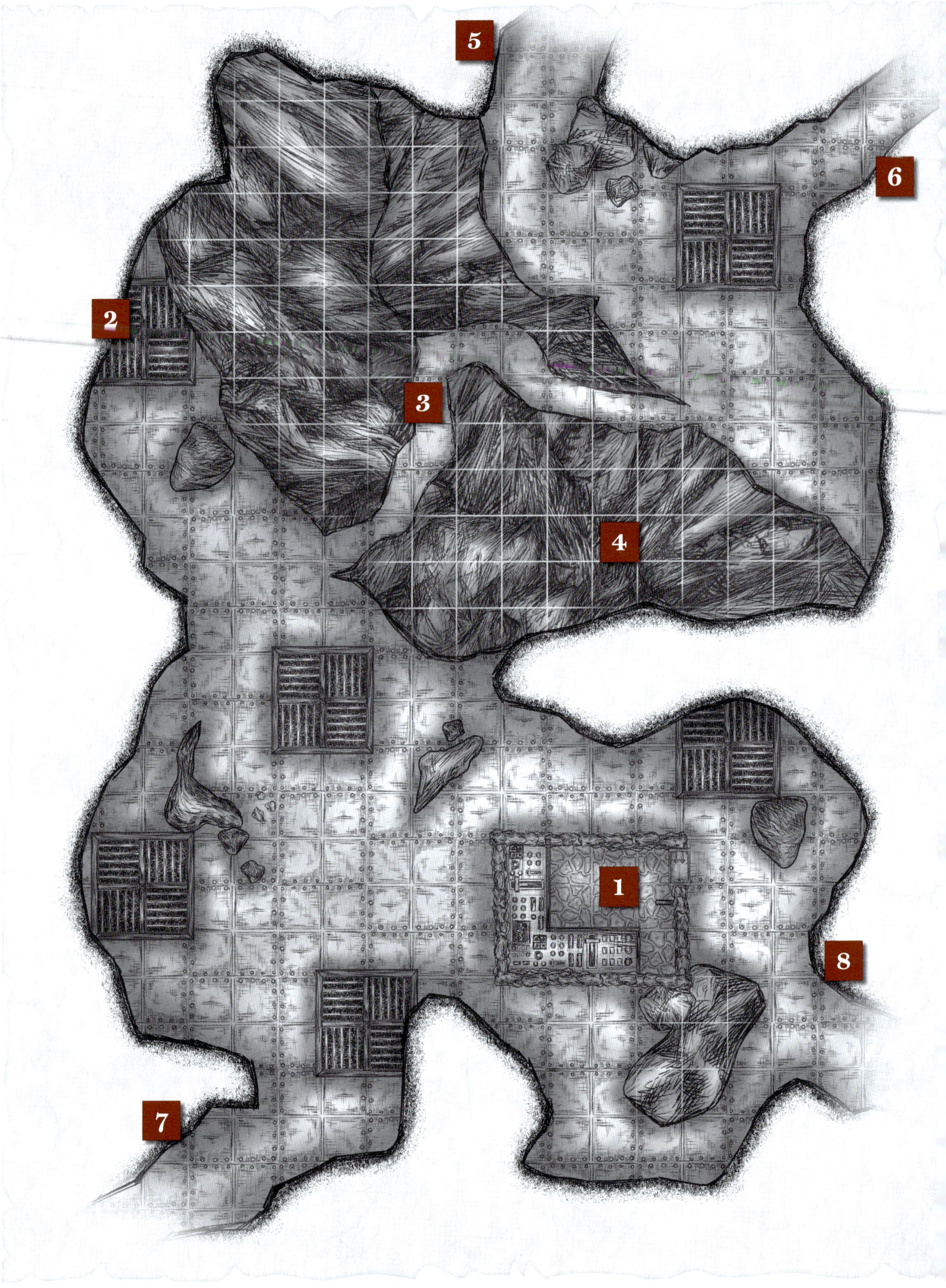
5
6
2
3
4
1
8
7

Das Elementar-Labor

Rasch schmelzender, schmutziger Schnee knirscht unter euren Füßen, und ein stetiger Wind peitscht euch warme Luft ums Gesicht. Vor euch seht ihr eine kleine Kabine mit dicken Fenstern und dahinter den Rand eines Abgrunds, über den eine schmale Felsbrücke führt. Ringsherum scheinen Elementare aus verschiedenen Ebenen miteinander zu ringen.

SL aufgepasst: Elementares Chaos

Das Klima dieses Ortes sollte sich nach der Art und Anzahl der anwesenden Elementarkreaturen richten. Sind zum Beispiel viele **Luftelementare** da, könnte es sehr stürmisch sein. Sollte sich hier ein Dutzend **Magmin** aufhalten, wird es sich deutlich wärmer anfühlen. Nach Ermessen des SL sind auch Mechaniken und Zauberrunen vorhanden, die jederzeit weitere Elementarkreaturen herbeiholen können, was das Klima dann im Nu verändert.

Dieser unterirdische Ort eignet sich für alle Arten von Experimenten an Elementen. Das große Labor wurde in Gang gesetzt, lange bevor sich die jetzigen Bewohner des Dungeons hier niederließen. Die Steuerkabine (1) funktioniert seit Monaten nicht richtig und holt durch einen der sechs Portalknoten (u. a. 2) alle möglichen Kreaturen aus den Elementarebenen herbei – mit chaotischen und oft gewalttätigen Folgen. Eine schmale Felsbrücke (3) führt über einen 60 m tiefen Abgrund (4) und verbindet das eigentliche Labor mit einigen möglichen Ausgängen (5, 6), die aber verschlossen sind, damit die elementaren Gewalten, die in diesem Raum kämpfen, nicht entweichen können. Die Ausgänge aus dem Hauptbereich (7, 8) sind nach Ermessen des SL ebenfalls versperrt.

Mechanik

Steuerkabine. Die Türen zur Steuerkabine sind verschlossen, können aber per Geschicklichkeitswurf (Diebeswerkzeug) gegen SG 16 geöffnet werden. Die stark korrodierte Schalttafel im Inneren funktioniert noch, ist aber wegen jahrelanger Nichtbenutzung praktisch festgeklemmt. Um den Hebel zu betätigen, der die Ausgangstüren öffnet, reicht ein erfolgreicher Stärkewurf (Athletik) gegen SG 20. Es gibt Drehknöpfe und Regler, die sich auf die Anwesenheit der Elementare auswirken, aber um ihren Zweck zu verstehen, muss man einen Intelligenzwurf gegen SG 20 bestehen. Bei Erfolg erkennt man die Schaltsequenz, die alle Elementare auf ihre jeweilige Ebene zurückschickt. Wird die Schalttafel ohne Sinn und Verstand betätigt, würfelst du 1W20. Bei einer 15 oder weniger führt eine falsche Schaltsequenz zu einem Zustrom von Elementaren, sodass sich nach Ermessen des SL die Anzahl der im Raum befindlichen Wesen verdoppelt.

Elementarrunen. Nach Ermessen des SL sind die Tür zur Steuerkabine sowie die beiden Enden der Felsbrücke mit Elementarrunen markiert. Die Runen werden nach einem erfolgreichen Intelligenzwurf (Nachforschungen) gegen SG 17 oder durch den Zauber *Magie entdecken* sichtbar. Solange sie nicht gebannt sind, werden die Runen aktiv, sobald sich ihnen eine Kreatur auf 1,50 m nähert. Die Runen beschwören nach Ermessen des SL einen Elementar mit beliebigem Herausforderungsgrad herbei.

Mögliche Begegnungen

1W6	Die Gruppe trifft auf ...
1	... 2W4 **Magmin** im Kampf gegen ein **Wasserelementar**.
2	... 1W4 + 1 **Feuersalamander**, die von zwei **Luftelementaren** wütend herumgeschleudert werden.
3	... ein **Erdelementar**, ein **Wasserelementar** und ein **Luftelementar**, die sich so in der Wolle liegen, dass ein Tornado aus Schneematsch entsteht.
4	... **Mephiten**, einen von jeder Art.
5	... einen **Feuerelementar** und einen **Wasserelementar**, die einen **Mariden** namens Hajo mobben. Hajo würde nur zu gerne auf seine Heimatebene zurückkehren.
6	... zwei **Unsichtbare Pirscher**, die vom verrückt-genialen Leiter des Labors herangeholt wurden, um die drei **Feuerelementare** durch systematische Angriffe auszuschalten.

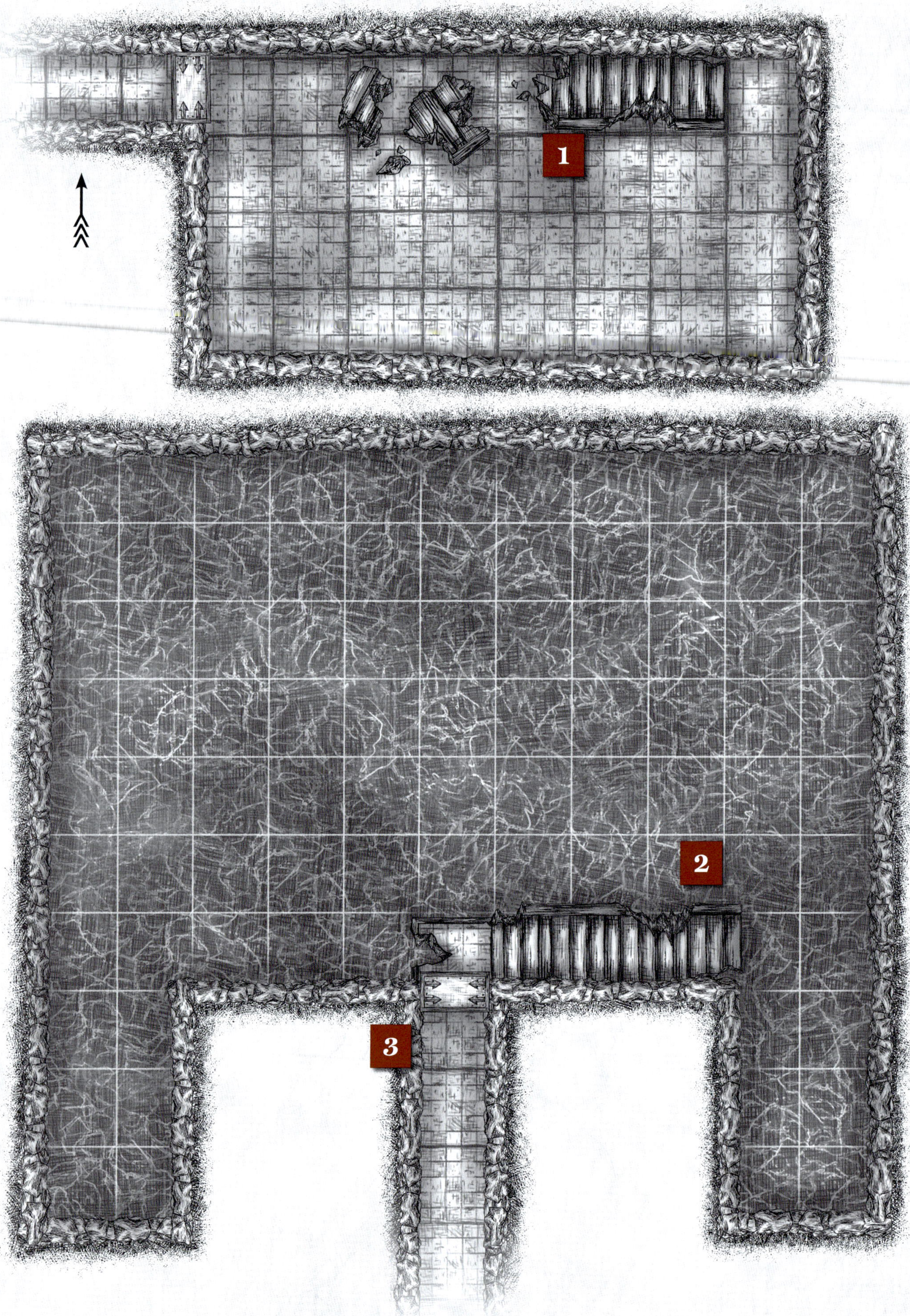
1
2
3

Der hängende Teich

BEI BETRETEN DES RAUMES
Kaum betretet ihr die Kammer, fällt euch der glatte, nasse Boden und die kühle, neblige Luft auf. Ringsum hört ihr Wassergeräusche, und als ihr nach oben schaut, wird auch klar, woher sie kommen. Fast 6 m über euren Köpfen erstreckt sich eine Wasserfläche von Wand zu Wand, deren Wasser in den verschiedensten Farben leuchtet. Eine kaputte Treppe, die etwa 3 m nach oben führt, ist das einzige andere sichtbare Merkmal in diesem Raum.

SG AUFGEPASST: ARKANES AQUARIUM

Das Wasser wird durch Magie in der Schwebe gehalten. Wer es schafft, mindestens zur Hälfte ins Wasser einzutauchen, kann sich mit einem erfolgreichen Stärkewurf (Athletik) gegen SG 12 darin vorwärts bewegen. Im Wasser ist man den farbigen Strömungen des hängenden Teiches ausgesetzt, kann aber auch 150 m weiter oben den Fuß einer verfallenen Treppe erkennen.

IM WASSER
Sobald du mit dem Kopf im Wasser bist, siehst du Schlieren aus sattem Grün, leuchtendem Orange und edelstem Violett im ansonsten blauen Wasser wabern. Ungefähr 60 m über dir befindet sich etwas, das wie ein massiver Schieferblock aussieht. Du könntest wahrscheinlich dorthin schwimmen.

In einer verzauberten Kammer des Dungeons hat vor langer Zeit ein überehrgeiziger, experimentierfreudiger Magus den hängenden Teich erschaffen. Er dachte wohl, er könne ein schwebendes Meer erzeugen, und begann in dieser kleinen Kammer mit der Ausarbeitung seiner Idee. Obwohl er prinzipiell erfolgreich war, hatte die Umsetzung doch ihre Tücken, denn der Zauber, der diese Masse an Flüssigkeit in der Schwebe hält, kostete den Magus viel Kraft. Zudem wurde ihm erst später klar, dass er nicht schwimmen konnte. Als er in seinem selbst erschaffenen Zauberteich ertrank, brachen die ihm innewohnenden arkanen Mächte aus ihm heraus und hinterließen Spuren mächtiger Zaubersprüche im Gewässer. Die untere Treppe (1) führt so nah an die untere Oberfläche des schwebenden Sees heran, dass ein großer Mensch sich die nach oben gestreckten Hände nass machen kann. Eine zweite Treppe (2) am oberen Ende des Sees führt zum Ausgang (3).

Mechanik

Hängender See. Das Wasser des Hängenden Sees ist in jeder Hinsicht Wasser. Kreaturen ohne Schwimmbewegungsrate bewegen sich mit halber Geschwindigkeit durch die Fluten, und Fernkampfangriffe geschehen mit Nachteil. Der Hängende See ist außerdem von arkanen Strömungen durchzogen, die weiter unten beschrieben werden. Die Tiefe des Sees ist vom SL zu bestimmen, er kann knietief sein oder auch ein unterirdisches Meer. Die empfohlene Tiefe beträgt 150 m von der Unter- bis zur Oberfläche, wo der Ausgang über eine Treppe erreichbar ist, die etwa auf halber Strecke zwischen den beiden Zugängen mitten im Wasser beginnt.

Zusätzlich sorgt der Schwebezauber des Sees dafür, dass der See unendlich breit wirkt. Nach oben zu schwimmen, ist offensichtlich der einzige Ausweg.

Arkane Strömungen. Zu Beginn jeder Initiativrunde würfelst du 1W20 für jede schwimmende Kreatur. Die folgende Tabelle verrät die wechselnde Färbung des Wassers und die Zauberkräfte, die auf die Kreatur einwirken.

Arkane Strömungen

1W20	Färbung	Zauberwirkung
1–10	blau	Die Kreatur schwimmt im offenen Wasser und wird von keiner arkanen Strömung beeinflusst.
11–15	orange	Eine mächtige Kraft beutelt den Körper der Kreatur, richtet 9 (2W8) Wuchtschaden an und nimmt ihr den Atem. Sie bekommt keine Luft mehr und ist bis zum Ende ihres nächsten Zuges betäubt. Falls sie nicht innerhalb von drei Runden auftaucht, beginnt sie zu ertrinken.
16–20	lila	Eine Kreatur, die ihren Zug in einer lila Strömung beginnt, erhält bis zum Beginn ihres nächsten Zuges eine Schwimmbewegungsrate von 9 m.

Mögliche Begegnungen

1W6	Die Gruppe trifft auf …
1	… 2W4 **Sahuagin**, die einzelne Gruppenmitglieder von ihrem Ziel wegzerren.
2	… einen einsamen **Aboleth**, der sich über ihre Ankunft wundert.
3	… ein im Wasser treibendes Schiffswrack mit einem Schatz nach Wahl des SL (und den Überresten der Crew: 4W4 **Skeletten**).

4	… eine **Todesfee**, die 12 m schnell schwimmen kann.
5	… einen **Riesenoktopus**, der nur in Ruhe gelassen werden will.
6	… eine Reihe von leuchtenden, quallenartigen Gebilden, die bei Berührung 45 (8W10) Blitzschaden austeilen.

Der Wärfer

In der Höhle ist es absolut still. Mittendrin seht ihr eine Erhebung, auf deren Kuppe eine riesige Masse Fleisch kauert, deren graue Haut fast wie ein Teil des Geländes aussieht. Als ihr noch einen Schritt nach vorne macht, erhebt sich das Gebilde und schleudert einen Felsbrocken nach dem anderen in eure Richtung.

SL AUFGEPASST: DEM WÄRFER ENTGEHEN

Der Wärfer ist halb Riese, halb Konstrukt und ist dazu verflucht, von seiner erhöhten Stellung aus diesen Ort zu überwachen. Die Gruppe kann versuchen, sich an ihm vorbeizuschleichen, aber wenn sie auch nur einen Laut von sich gibt, greift er an.

Da Nachschub ausblieb und die noch vorhandenen Truppen andere Bereiche des Dungeons sichern mussten, bemühte sich die Einsatzleitung um eine langfristige Lösung des Problems. Sie stellten ihrem Baumeister einen Nekromanten zur Seite, und es entstand der Wärfer: ein blickloses, schlafloses Scheusal mit Ohren zu scharf wie die Felsbrocken, mit denen es wirft. Seither ist der Wärfer an diesen Hügel gekettet und schleudert Steine auf alles, was er hören kann – und das ist fast alles. Der Wärfer ist auf der Kuppe des Hügels (1) in der Mitte der Höhle angekettet, aber er kann sich 4,50 m weit bis zum Rand des Hügels bewegen. Die Felsbrocken, die er wirft, sind ebenfalls eine technische Meisterleistung, denn sie rollen allesamt durch das Gelände auf eine natürliche Rinne (2) zu oder sinken auf den Grund des 4,50 m tiefen Teiches (3), von wo aus sie erst durch Röhren rollen und dann wieder auf den Hügel teleportiert werden.

Mechanik

Der Wärfer. Der Wärfer hat 200 TP, RK 20 und eine passive Wahrnehmung von 20. Er macht jeden Rettungswurf mit +5 und hat einen Vorteil bei allen Rettungswürfen gegen Magie. Er kann dreimal pro Runde eine Kreatur hören und sofort mit einem Felsenwurf angreifen, unabhängig von der Zugreihenfolge. Seine Angriffe haben eine Reichweite von 16 m und treffen mit +8. Bei einem Treffer erleidet das Opfer 21 (6W6) Wuchtschaden und wird umgestoßen.

Felsenportal. Die vom Wärfer geworfenen Felsbrocken kehren über ein arkanes Rückholsystem zur Hügelkuppe zurück. Sie rollen zurück zum Fuß des Hügels, landen dort entweder in einer Rinne oder in einem Wasserloch und gelangen von dort durch ein Portal, das sie direkt auf den Hügel befördert. Ob die Erbauer dieses Ortes es so eingerichtet haben, dass auch nichtsteinerne Wesen die Reise durchs Portal überstehen, liegt im Ermessen der SL.

Mögliche Begegnungen

1W6	Die Gruppe trifft auf …
1	… eine heraufbeschworene Ansammlung von 2W4 **Schatten**, die aus den dunklen Winkeln der Höhle auftauchen.
2	… eine **Goblin**-Mutter, die ein Neugeborenes fest an ihre Brust drückt und unglaublich langsam auf den Zugang zur nächsten Kammer zuschleicht. Offenbar will sie selbst das Knirschen von Sand unter ihren Füßen vermeiden. Bei näherem Hinsehen scheint das Baby ein Menschenkind zu sein.
3	… drei **Riesenspinnen**, die lautlos über ihre Netze krabbeln, unbemerkt vom Wärfer und wahrscheinlich auch von der Gruppe.
4	… einen **Seiler** in der Nähe des Wärfers, der sich als Felsvorsprung tarnt.
5	… die zerschmetterte Leiche eines Meisterdiebes, der doch nicht so meisterhaft leise war, wie er dachte. Er hat ein Paar Dolche +1 bei sich.
6	… eine **Chasme**, die durch einen schwarzen, nässenden Riss in der Wand nahe dem Ausgang gekrochen kommt.

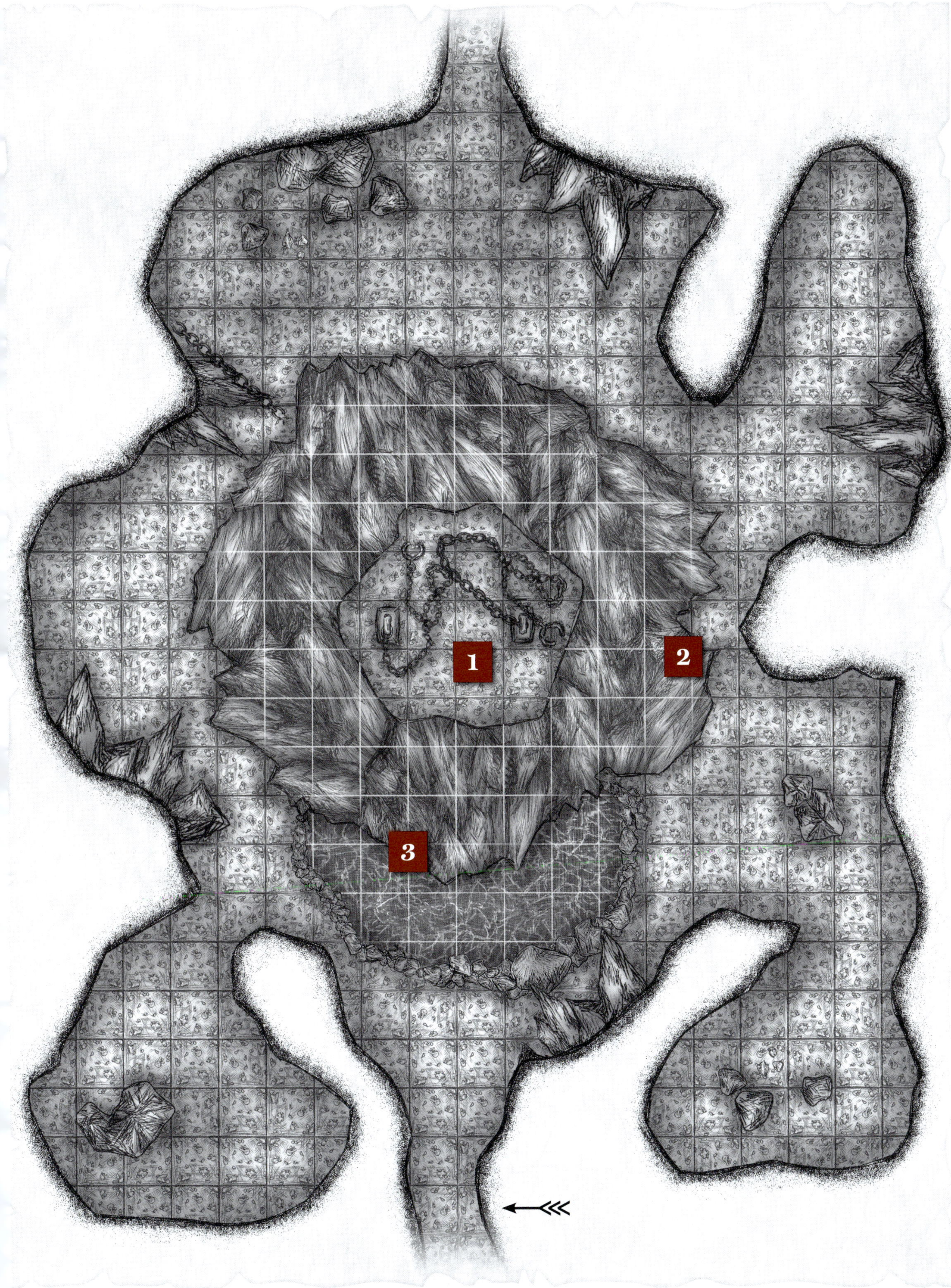
1
2
3

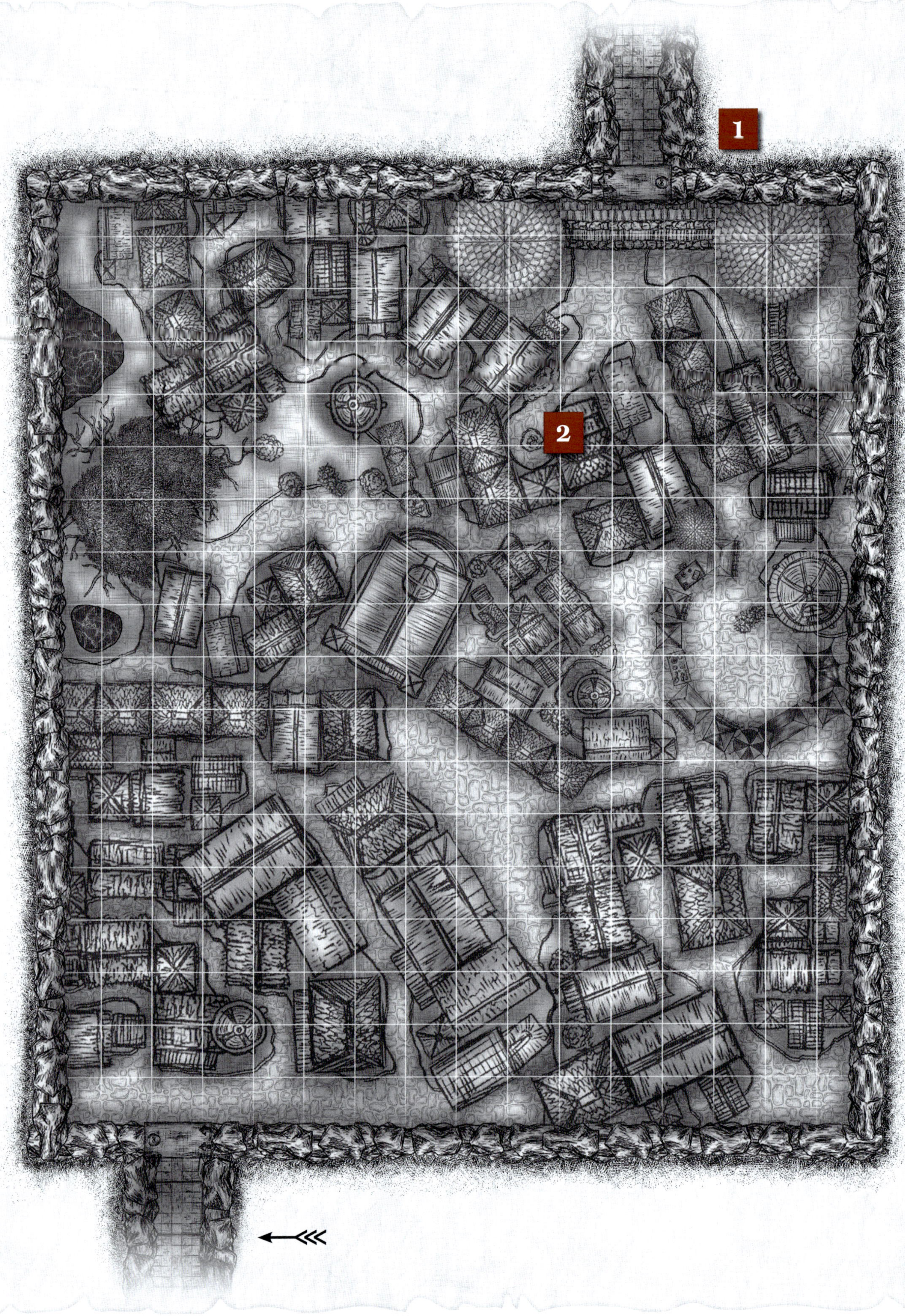
1
2

Der Palast der Pixies

Als ihr diese irgendwie lauschige Kammer betretet, fällt euch sofort eine kleine, geradezu winzige Stadt ins Auge, die den größten Teil des Raumes einnimmt. Es gibt winzige Herbergen, eine kleine Taverne, ein paar bescheidene Amtsgebäude und einen kleinen Wald. Plötzlich hört ihr eine aufgeregte Stimme rufen: »Achtung! Eindringlinge!«

SL AUFGEPASST: GEWITZTE GEFANGENE

Das Städtchen wird von 4W4 + 1 **Pixies** bewohnt, die alle auf dieser Ebene gefangen sind und sich damit einigermaßen arrangiert haben. Sie kennen den Ausweg aus der Kammer, geben ihr Wissen aber nicht so leicht preis. Als Gegenleistung für ihre Hilfe brauchen sie die Garantie, dass man ihnen hilft, ins Feywild zurückzukehren. Sie bleiben am liebsten unsichtbar, aber wenn sie sich bedroht fühlen, verwandeln sie sich nach Ermessen des SL entweder in deutlich größere Ausgaben ihrer selbst oder in gewaltige Monster aus der Tabelle »Polymorphe Pixies«.

Diese Schar Pixies – auf Nachfrage bezeichnen sie sich als »Bataillon Blümchen« – wurde im Zuge einiger arkaner Experimente auf die Materielle Ebene befördert, geriet dabei in Panik und vernichtete den Magus, der sie hierher beschworen hatte, um sein »Städtchen« zu bevölkern. Dann erst wurde ihnen klar, dass sie nicht mehr ins Feywild zurückkehren konnten. Seitdem sind sie in dieser Kammer gefangen. Sie kennen sie gut genug, um genau zu wissen, wie man hinausgelangt. Als fleißige Wesen verbringen die Pixies die meiste Zeit des Tages damit, ihre Zwangsheimat aufzuhübschen – eine Modellstadt, die der Magus in seiner Freizeit gebaut hatte. Zwei Türen führen in den Raum hinein und hinaus: jene, durch die die Gruppe hereingekommen ist, und eine weitere Tür (1), die schwer, eisern und von außen vergittert ist. Der kleine Schalter, der die große Eisentür öffnet, ist am Boden eines Wunschbrünnleins auf dem kleinen Marktplatz versteckt (2). Der Schalter kann nur von einer winzigen oder noch kleineren Kreatur wahrgenommen werden, die den Brunnen von innen erkundet. Der nötige Wurf hat SG 17.

Mechanik

Verschlossene Türen. Die vergitterten Eisentüren können durch Umlegen eines Schalters im Inneren des Brünnleins entriegelt werden. Die Pixies wissen das und man kann es ihnen per Charismawurf (Überzeugen) gegen SG 25 entlocken, oder indem man ihnen verspricht, alles dafür zu tun, dass das Bataillon Blümchen ins Feywild zurückkehren kann. Der Schalter kann auch gefunden werden, indem man das Städtchen durchkämmt und einen Intelligenzwurf (Nachforschungen) gegen SG 25 meistert. Kreaturen, die klein oder winzig sind, machen den Wurf mit Vorteil.

Polymorphe Pixies

Das Bataillon Blümchen mag keine Eindringlinge und lässt sich von niemandem einschüchtern, ganz gleich wie groß er ist. Wenn sich die Pixies in irgendeiner Weise bedroht fühlen oder das Gefühl haben, respektlos behandelt zu werden, verwandeln sie sich durch Wirken des Zaubers *Polymorph* in deutlich größere Kreaturen. Diese Kreaturen greifen die Eindringlinge ohne Tötungsabsicht an, es sei denn, die Pixies haben das Gefühl, dass ihr Leben auf dem Spiel steht. In verwandelter Gestalt beschädigen die Pixies wahrscheinlich Teile der Modellstadt, in der sie leben. Ob dabei der Schalter, der die Ausgangstür öffnet, aufgedeckt oder aber zerstört wird, liegt im Ermessen des SL.

1W6	Die Pixies verwandeln sich in ...
1	... **Riesenaffen**.
2	... **Tyrannosaurusse**.
3	... **Mammuts**.
4	... **große Pixies** mit 50 TP.
5	... **Riesenoktopusse**.
6	... je eines der genannten Monster.

Mögliche Begegnungen

1W6	Die Gruppe trifft auf ...
1	... 1W4 + 1 **Orks**, die sich darüber streiten, wer von ihnen durch Steinwürfe aus kurzer Entfernung die meisten Häuschen zerstören kann.
2	... einen **Schreckhahn**, der irre orientierungslos, irre panisch und irre hungrig ist.
3	... eine schlaftrunkene **Wyvern**, die auf einer kleinen Klippe hoch über der Modellstadt geschlummert hat.
4	... einen **Grauschlick**, der durch die Straßen der Modellstadt glibbert und einige der Gebäude aufzulösen beginnt.
5	... einen **Grung**, einen **Grul** und einen **Ghul**.
6	... 1W4 + 1 **Ankhegs**, die aus Rissen in den Wänden gekrochen kommen und zur Mitte des Städtchens streben, da sie wissen, dass die Pixies dort ihr Zuckerwerk verstecken.

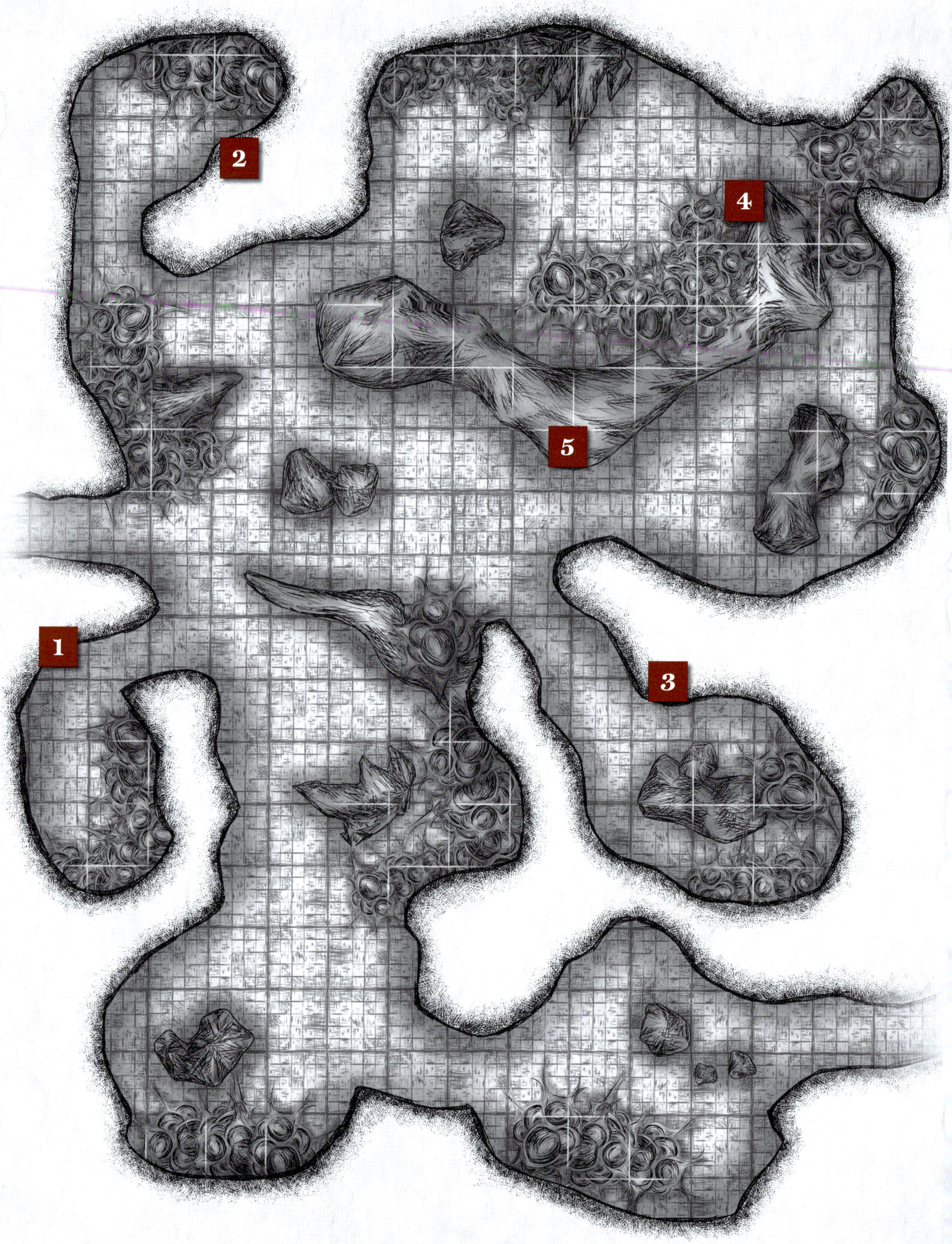
1
2
3
4
5

Der Schwarm

Hier ist die Luft etwas wärmer und ein gleichmäßiges, leises Summen hallt von den Wänden wider. Die natürlichen Wände dieser Höhle bilden ein kleines Labyrinth, sodass es schwer zu sagen ist, ob ein Weg ein Zugang, ein Durchgang oder eine Sackgasse ist. Der Boden ist mit einer dünnen, phosphoreszierenden Schicht überzogen. Und ihr werdet das Gefühl nicht los, dass man euch beobachtet.

SL AUFGEPASST: EINGENISTET

Die ganze Kammer ist von Schädlingen befallen. Die Art des Ungeziefers ist nach der Tabelle »Mögliche Begegnungen« auszuwürfeln. Die Gruppe weiß es vielleicht noch nicht, aber in allen Ecken, Winkeln und Wänden nistet noch viel mehr Krabbelzeug. Möglicherweise gibt es auch Anzeichen dafür, dass und wie sehr die Gruppe in der Unterzahl ist. Bei jeder Schädlingsart gibt es Arbeiterinnen und eine Königin. Die Königin hat die gleichen Werte wie die Arbeiterinnen, aber mit folgenden Abweichungen:

- Die Königin hat doppelt so viele TP wie eine Arbeiterin.
- Die Königin hat einen Vorteil bei allen Rettungswürfen auf Weisheit und Konstitution.
- Immer wenn die Königin ihre Aktion zum Angriff nutzt, kann sie dreimal mit den Werten einer Arbeiterin angreifen.
- Die Königin kann eine Bonusaktion nutzen, um ihren Untergebenen einen Befehl zu erteilen, einschließlich aller ihrer Verbündeten und aller von der Schwarmintelligenz gesteuerten Kreaturen. Alle Befehlsnehmer müssen sofort ihre Reaktion nutzen, um den Befehl der Königin so gut wie möglich auszuführen.

So eine stille, verwinkelte Höhle abseits der ausgetretenen Pfade ist der perfekte Ort, um eine Familie – oder in diesem Fall eine Brut – aufzuziehen. Darum hat die Königin diesen Ort voller Nischen und Nebenräume für die Gründung einer neuen Kolonie ausgewählt. Seit sie sich hier niederließ, ist ihr Volk so groß, stark und raffiniert geworden, dass die meisten anderen Bewohner des Dungeons lieber fernbleiben, um nicht auf dem Speiseplan des wachsenden Schwarms zu enden. Gelegentlich schwärmen die Arbeiterinnen aus und bringen ihrer Königin neue Beute, aber wenn sie Glück haben, kommt die Nahrung ahnungslos mit gezücktem Schwert hereingetappt. In der Höhle gibt es mehrere Schlupfwinkel (1, 2, 3) für die Larven.. Andere Ecken eignen sich perfekt für die Eiblasen der Königin (u. a. 4), die teils kurz vor dem Schlüpfen sind. Eine natürliche Wand (5) teilt die Hauptkammer in zwei Hälften und ragt fast 7,50 m hoch auf, ohne die Decke zu berühren, die noch 7,50 m höher ist. Ausgewachsene Tiere laufen Patrouille, andere kümmern sich um die Jungen oder die Königin selbst. Die Königin hat ihr Nest unter der Decke der Kammer, kommt aber nach Ermessen des SL zum Füttern oder Beschützen der Brut herab.

Mechanik

Eiblasen. Alle, die ihren Zug in einem Umkreis von 1,50 m um eine Eiblase beenden, müssen einen Rettungswurf auf Geschicklichkeit gegen SG 15 schaffen, sonst erleiden sie 11 (3W6) Stichschaden, da Larven herausgeschossen kommen und sich an der vermeintlichen Nahrungsquelle festbeißen.

Schwarmintelligenz. An diesem Ort unterliegen alle Kreaturen dem Einfluss der Königin. Wer sich länger als eine Minute in der Höhle aufhält, muss einen Weisheitsrettungswurf gegen SG 15 bestehen, um nicht an die Schwarmintelligenz der Königin anzudocken und ihrem Willen unterworfen zu werden, als wäre man durch *Monster beherrschen* verzaubert. Betroffene Kreaturen können den Rettungswurf nach 24 Stunden wiederholen oder sobald sie Schaden genommen haben, je nachdem, was zuerst eintritt. Bei Fehlwurf bleibt die Kreatur unter dem Befehl der Königin. Bei Erfolg kann die Kreatur 24 Stunden lang nicht von der Schwarmintelligenz beeinflusst werden.

Mögliche Begegnungen

1W6	Die Gruppe trifft auf ...
1	... eine **Ankheg**-Kolonie.
2	... ein Gewimmel aus **Rostmonstern**.
3	... einen Schwarm **Feuerkäfer**.
4	... ein **Riesenwespen**-Nest.
5	... ein Volk von **Riesentausendfüßlern**.
6	... eine Höhle voller **Riesenspinnen**.

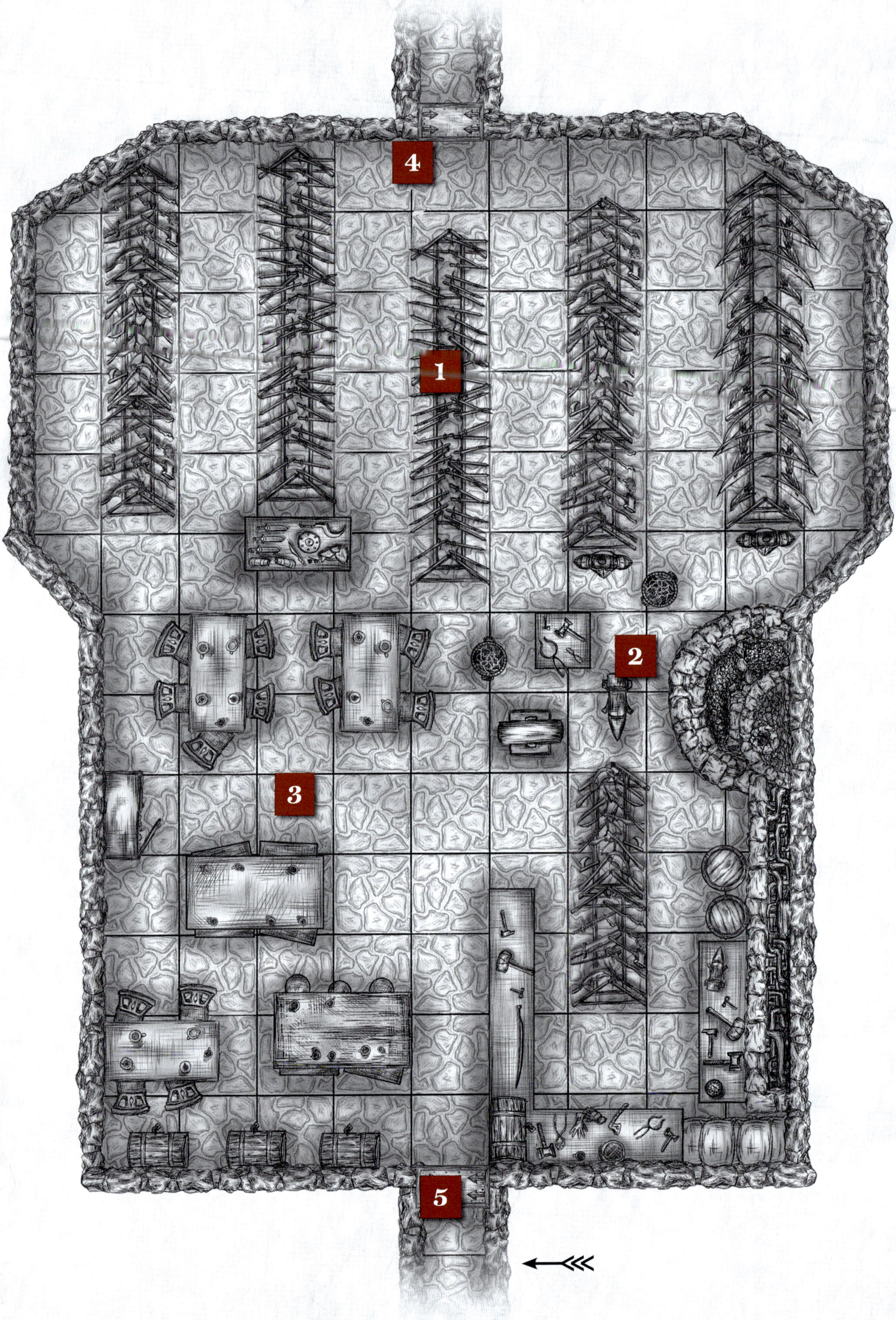
4
1
2
3
5

Die Waffenkammer

> Als ihr die Kammer betretet, erblickt ihr Regale mit allen möglichen Waffen – Peitschen, Streitkolben, Glefen, Glefen mit Streitkolben daran – so ziemlich jede auch nur denkbare Waffe. Ein paar Fackeln und ein kleines Schmiedefeuer spenden Licht, das ein paar Tische beleuchtet und den ganzen Stahl schimmern lässt.

SL AUFGEPASST: WAFFENKUNDE

Wenn du deiner Gruppe die Möglichkeit bieten möchtest, ihre Bewaffnung zu verbessern, ist dies die Gelegenheit. Zwar kann es sein, dass irgendwo in dieser Kammer eine Waffe +1 oder +2 aufbewahrt wird, aber Waffen dieses Kalibers sind eher bereits woanders im Einsatz. Wer hofft, einen Angriffs- und Schadensbonus für die eigenen Waffen zu erhalten, sollte lieber die arkane Schmiede untersuchen.

Die Besatzung eines Dungeons wie diesem benötigt eine beträchtliche Menge an Waffen. Deshalb wurde eine Kammer, die früher für rituelle Opfer genutzt wurde, gründlich geschrubbt, um Platz für Waffenständer und Regale (1) zu schaffen. Aus Platzgründen wurde eine Schmiede (2) über dem ehemaligen Beschwörungszirkel installiert. Ein kleiner Sitzbereich (3) lädt dazu ein, müde Füße auszuruhen. Die Ein- und Ausgänge (4, 5) sind wegen der tödlichen Wertsachen, die hier verstaut sind, meist verschlossen, aber die Schlösser kann jeder Dieb knacken, der etwas auf sich hält (irgendwo muss man ja sparen).

Mechanik

Türschlösser. Die Schlösser der Ein- und Ausgänge der Waffenkammer können mit einem Wurf auf Geschicklichkeit (Diebeswerkzeug) gegen SG 14 geknackt werden.

Waffenlager. Wer nach einer bestimmten nicht magischen Waffe, Rüstung oder Munition sucht, sollte die Regale und Ständer in Augenschein nehmen. Bei erfolgreichem Intelligenzwurf (Nachforschungen) gegen SG 16 oder nach Ermessen des SL ist der Gegenstand vorrätig.

Arkane Schmiede. Die Schmiede der Waffenkammer wurde auf einem alten rituellen Beschwörungszirkel errichtet und kann Gegenstände mit arkaner Energie aufladen. Eine Kreatur, die mit Schmiedewerkzeugen umzugehen weiß, kann an der Schmiede eine Waffe oder ein Rüstungsteil herstellen oder verbessern, wie in der Tabelle »Arkane Schmiede« beschrieben. Da die Schmiede auf einem ehemaligen Beschwörungszirkel errichtet wurde, können Nebenwirkungen auftreten. Jedes Mal, wenn die Schmiede zur Verbesserung von Waffen oder Rüstungen benutzt wird, kannst du anhand der Tabelle »Nebenwirkungen« einen solchen auswürfeln.

Arkane Schmiede

SG	Verbesserung
20	+1
25	+2
30	+3

1W100	Das Schmieden erbringt …
1–50	… **keine Nebenwirkung.**
51–60	… **einen verfluchten Gegenstand.** Bei einem Treffer kann eine Kreatur, die auf den Gegenstand eingestimmt ist, 1W6 nekrotischen Schaden zum Schadenswurf hinzufügen. Außerdem unterliegt sie einer neuen Bindung: »Ich muss die Seelen meiner Feinde besudeln, indem ich ihr Blut trinke.«
61–70	… **einen eigenwilligen Gegenstand.** Der Gegenstand hat Absichten, die denen des Trägers entgegenstehen. Bei der ersten Benutzung des Gegenstands und zu Beginn jedes Tages, an dem er benutzt wird, muss der Träger einen Weisheitswurf gegen SG 16 bestehen. Bei einem Fehlwurf bestimmt der Gegenstand nach Ermessen des SL das Handeln des Trägers.
71–80	… **einen dämonischen Gegenstand.** Der Gegenstand ist von dämonischer Energie durchdrungen. Einmal pro langer Rast kann mit dem Gegenstand eine *Beschwörung schwacher Dämonen* gewirkt werden. Dabei besteht jedes Mal eine 10-prozentige Chance, dass sich die Kreatur, die den Gegenstand benutzt, selbst in den beschworenen Dämon verwandelt.
81–90	… **einen teuflischen Gegenstand.** Der Gegenstand ist von teuflischer Energie durchdrungen. Bei einem damit erzielten Treffer kommen 1W6 Feuerschaden zum Schadenswurf hinzu. Der Träger hat eine neue Bindung: »Ich muss die bestehende Herrschaftsstruktur umstürzen und mich selbst an die Spitze setzen.«
91–100	… **einen subversiven Gegenstand.** Der Gegenstand vermag es, wie eine Zauberschriftrolle den Zauber *Simulakrum* zu wirken. Bei Erfolg erschafft die Kreatur, die den Gegenstand benutzt, ein unvollkommenes Simulakrum ihrer selbst. Das Simulakrum befolgt Befehle und arbeitet für die Kreatur, die es erschaffen hat. Nach Ermessen des SL kann es aber auch versuchen, seine Herrin zu hintergehen, wo es nur kann, ohne erwischt zu werden. Wird seine Sabotage aufgedeckt, wird es sofort feindselig und kämpft bis zum Tod.

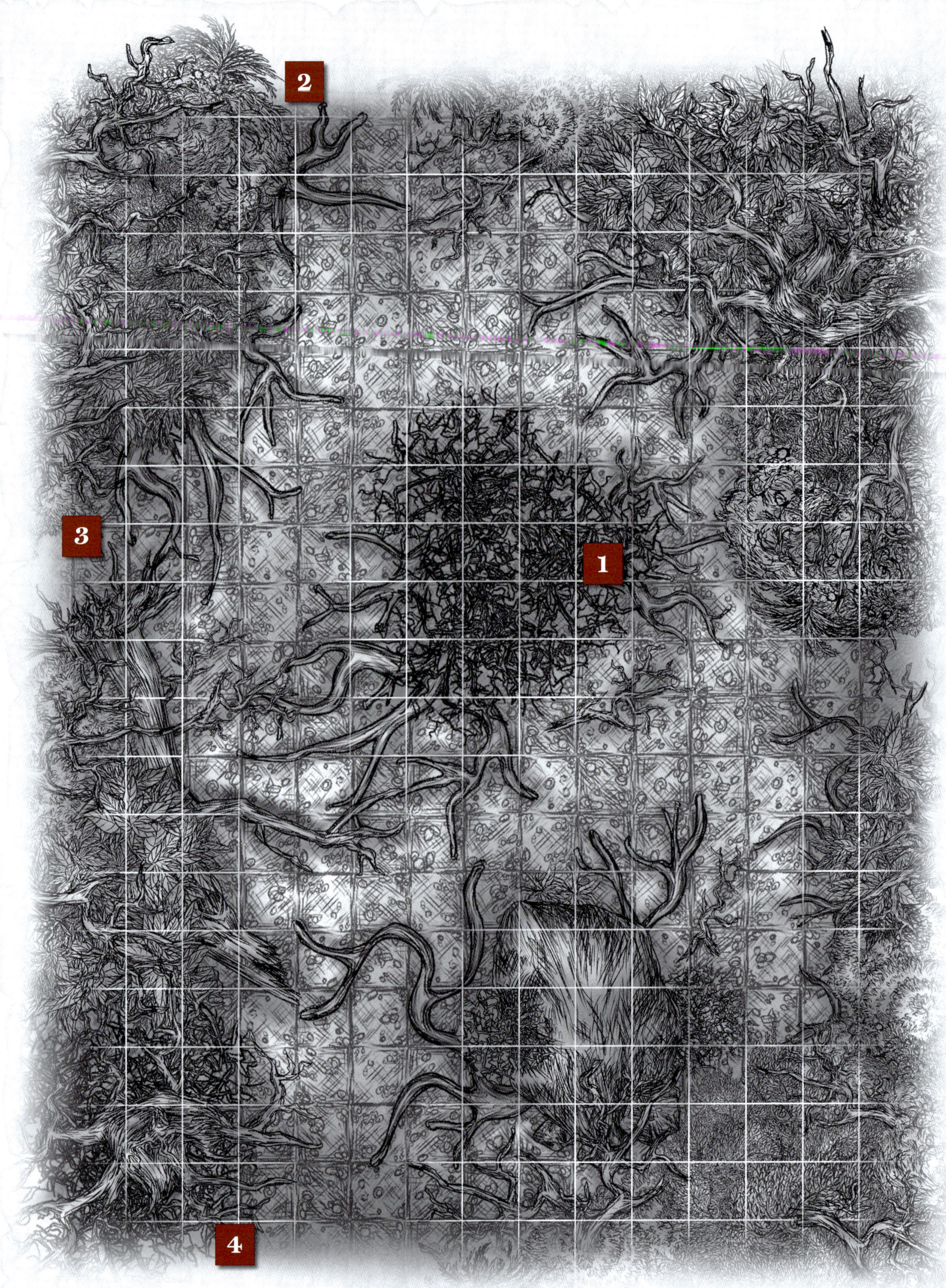
1
2
3
4

Mögliche Begegnungen

1W6	Die Gruppe trifft auf …
1	… 2W4 + 1 **Banditen** auf der Flucht.
2	… 1W4 + 1 **Schläger**, die ihre Rüstung wechseln.
3	… 3W4 fette, zufriedene **Rostmonster**.
4	… einen als Schmied verkleideten **Rakshasa**.
5	… 4W4 **Goblins**, die sich sofort verstecken.
6	… einen zornigen **Elefanten**, der sich verirrt hat.

DAS GESTRÜPP

Der Geruch von Moos und nasser Erde umweht euch, als ihr diesen zugewucherten, fast schon bewaldeten Ort betretet. Lange Dornen ragen aus noch längeren Zweigen, und baumdicke Ranken schlängeln sich über die Mauern. Es mag einen Weg durch diesen Bewuchs geben, aber nicht ohne harte Arbeit.

SL AUFGEPASST: FEENKREUZUNG

Die Kammer steht unter dem Einfluss eines Portals, das einst den Zugang zum Feywild ermöglichte. Ob das Portal noch funktioniert, ist eine Frage, die nur der SL beantworten kann.

Dichte, unterirdisch wuchernde Wurzelsysteme wachsen in der Regel um unnatürliche Bauten herum, dringen aber gelegentlich auch durch sie hindurch und bilden einzigartige Ökosysteme, die ein Traum für die Kreaturen der Tiefe und ein Albtraum für Baumeister sind. Schon ein paar Wurzeln im Fundament können ein ernstes Problem sein, sind aber nichts gegen einen ausgewachsenen Auswuchs des Feywilds in Kellerräumen. Das Wurzelsystem, das die Ziegelwände dieser Kammer durchbrochen hat, ist durch den Kontakt mit dem Feywild mutiert, sodass die Fauna, die jetzt hier gedeiht, lebendiger ist als die meisten oberirdischen Pflanzen. Das Herzstück des Gestrüpps ist ein dorniger Busch aus sich windendem Gehölz und Rankgewächs, das sogenannte Immernest (1), das alle Eindringlinge dazu verlockt, ein wenig länger zu verweilen und sich im Grünen auszuruhen. Die Ausgänge (2, 3, 4) sind schwer zu finden, ein erfolgreicher Intelligenzwurf (Nachforschungen) gegen SG 17 ist dazu nötig.

Mechanik

Pfade. Da dieser Ort so überwuchert ist, ist die Fortbewegung durch die vielen Dornen und Ranken anstrengender als auf glatter Straße. Die gesamte Kammer ist schwieriges Gelände, es sei denn, einer Kreatur gelingt es nach Ermessen des SL, den Weg vom Bewuchs zu befreien.

Ranken. Die hier wachsenden Pflanzen begegnen nicht vielen Humanoiden, aber sie spüren es, wenn ihnen jemand Schaden zufügt. Versucht eine Kreatur, die Pflanzen in dieser Kammer zu beschädigen, wird sie sofort von Ranken angegriffen. Die Ranken attackieren mit +12, um zu treffen. Bei einem Treffer erleidet die Kreatur 7 (2W6) Stichschaden und wird gepackt. Die Kreatur kann sich mit einer Aktion losreißen, indem sie einen Stärkewurf (Athletik) gegen SG 18 schafft.

Pollenwolke. Die wenigen blühenden Ranken in dieser Kammer können vorbeilaufende Kreaturen für ihren Fortpflanzungstrieb benutzen. Nach Ermessen des SL oder bei Initiative 20 pulsieren die Blütenkörper und setzen ihre Pollen frei, sodass eine dichte Pollenwolke den Raum ausfüllt. Alle Anwesenden müssen einen Rettungswurf in Weisheit gegen SG 15 bestehen, sonst wandern sie in der Kammer umher und verteilen den Blütenstaub, als ob sie unter der Wirkung des Zaubers *Verwirrung* stünden.

Das Immernest. Dieser Teil der Kammer, ein dunkles Dickicht mächtiger Pflanzen, ist am stärksten mit dem Feywild verbunden. Wer sich dem Immernest bis auf 3 m (nach Ermessen des SL) nähert, den rettet nur ein erfolgreicher Wurf auf Weisheit gegen SG 17 davor, von den geheimnisvoll wankenden Ranken hypnotisiert zu werden. Bei Fehlwurf ist man eine Minute lang betäubt, und alle Rettungswürfe gegen die Pflanzenwelt scheitern automatisch. Am Ende dieser ersten Betäubung kann man den Rettungswurf wiederholen. Bei Erfolg ist man wieder bei Sinnen, denkt aber fortan vor jeder Mahlzeit zweimal darüber nach, ob man Pflanzen essen sollte. Bei Fehlwurf hat das Opfer eine neue Bindung: »Ich muss die Wirkmacht des Feywilds um jeden Preis ausweiten.«

Mögliche Begegnungen

1W6	Die Gruppe trifft auf …
1	… 2W4 **Pixies,** die im dornigen Unterholz herumflitzen.
2	… zwei **Modernde Schlurfer,** die gerne mit der örtlichen Fauna verwachsen möchten.
3	… eine einsame **Vettel,** die von ihren Schwestern getrennt wurde und auf dieser Seite des Portals festsitzt.
4	…eine **Dryade** und einen **Druiden,** die sich darüber streiten, wer von ihnen die Natur mehr liebt.
5	…4W4 **Erwachte Büsche,** die es sehr ärgert, betreten zu werden.
6	…10W4 **Rankenplagen,** die sich auf Geheiß eines **Baumhirten** verformen und bewegen.

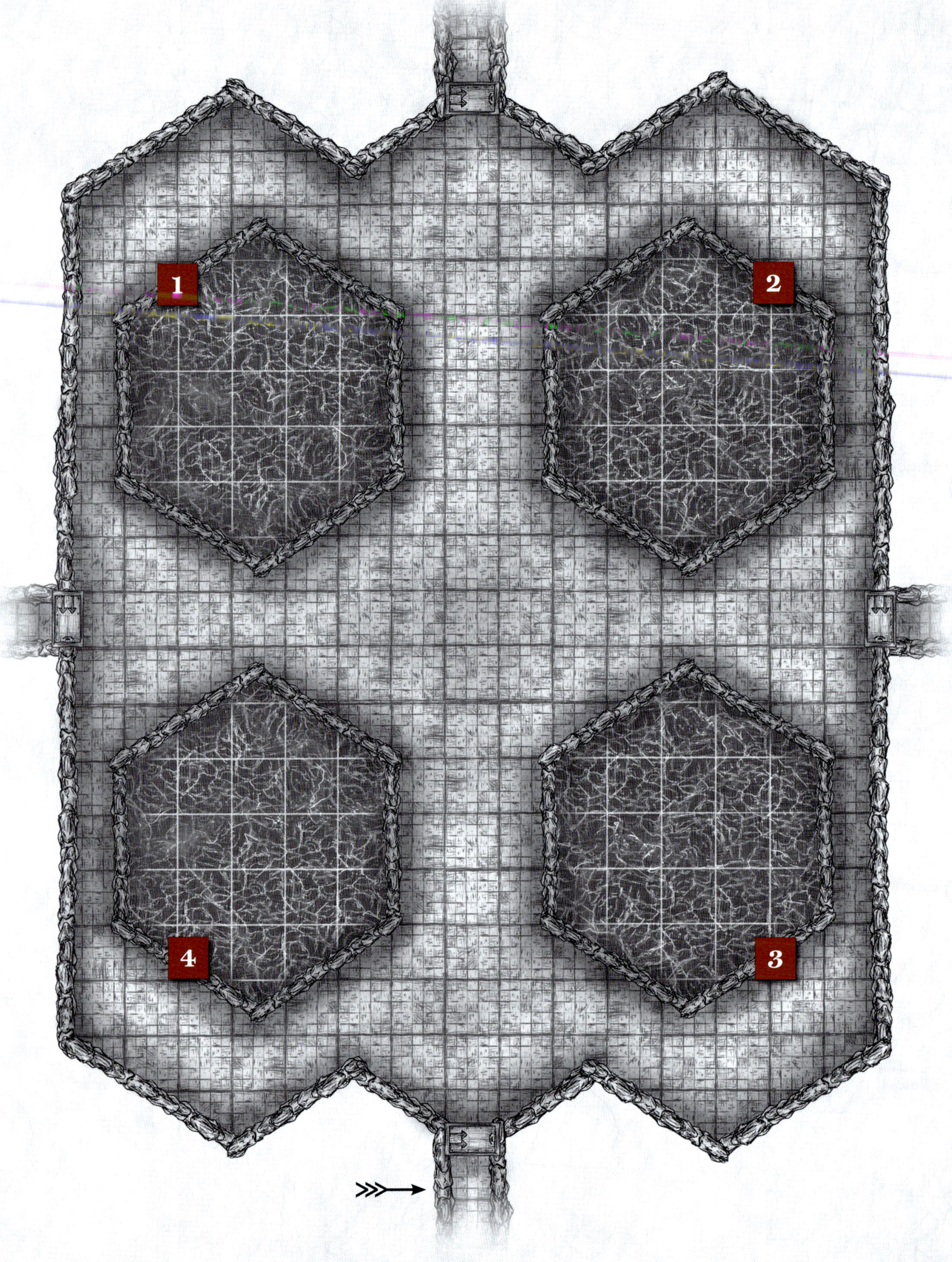
1
2
4
3

Die vier Becken

> Die Luft in dieser geräumigen Kammer ist kühl und feucht. Ihr steht vor vier sechseckigen Becken und vier Türen (darunter die, durch die ihr gerade gekommen seid). Die Türen scheinen aus schwerem Eisen zu bestehen. Die Wasseroberflächen sind völlig still und friedlich, als ob sie in der Zeit festhängen würden.

SL AUFGEPASST: HILFREICHE HEBEL

Am Boden jedes der vier Becken befinden sich zwei Hebel, die durch Knochen und andere Überreste verdeckt sind. Einer der Hebel aktiviert sofort die Störfunktion des jeweiligen Beckens. Der andere Hebel ist ein Türöffner. Werden alle vier Türhebel gleichzeitig gezogen, öffnen sich alle vier Türen. Werden die Türhebel einzeln gezogen, können sie nach Ermessen des SL die Störfunktion des Beckens mit einem Viertel ihrer unter »Mechanik« beschriebenen Leistung aktivieren. Jeder Hebel gibt außerdem einen anderen Ton ab, sodass beim Ziehen aller vier Hebel ein harmonischer Akkord erklingt. Wird ein Hebel zum ersten Mal gezogen, würfelst du 1W4. Bei einer geraden Zahl ist es ein Türhebel. Bei einer ungeraden Zahl wird die Störfunktion aktiv. Damit ist für die Dauer dieser Begegnung festgelegt, welcher Hebel welcher ist.

Diese Kammer, die umgangssprachlich »Die vier Becken« genannt wird, sollte ursprünglich ein berüchtigtes Diebestrio daran hindern, die dahinterliegenden Kammern zu betreten, ist aber inzwischen auch als Schauplatz unterhaltsamer Folterungen bekannt. Sind die Türen erst einmal geschlossen, lassen sie sich nur dadurch von innen öffnen, dass alle vier Hebel gleichzeitig betätigt werden (deshalb sollten Wachen, die allein unterwegs sind, diese Kammer meiden). Ortsunkundige ziehen oft den falschen Hebel und werden dann durch Schaden klüger. Die vier Becken sind jeweils 15 m tief und von links oben im Uhrzeigersinn nummeriert. Ihre Oberfläche scheint friedlich – aber sobald man hineintaucht, sieht man die Überreste derer, die hier umgekommen sind.

Mechanik

Becken 1. Da die Schicht aus Knochenresten auf dem Grund des Beckens 0,90 m dick ist und die Hebel verdeckt, können diese nur mit einem erfolgreichen Intelligenzwurf (Nachforschungen) gegen SG 15 gefunden werden. Wird der Störhebel gezogen, entsteht sofort ein Strudel, der Kreaturen mit gewaltiger Kraft auf den Grund zieht. Um dem Strudel zu entkommen oder durch ihn hindurchzuschwimmen und einen der Hebel zu erreichen, muss ein Stärkewurf (Athletik) gegen SG 18 gelingen. Wird der Strudel durch den Türhebel ausgelöst, gilt SG 12.

Becken 2. Die Knochenschicht in diesem Becken ist 0,60 m dick und überdeckt die Hebel, die per Intelligenzwurf (Nachforschungen) gegen SG 13 zu finden sind. Das Ziehen des Störhebels aktiviert eine Vorrichtung, die Elektrizität durchs Wasser jagt. Jede Kreatur, die sich im Wasser befindet, muss einen Konstitutionsrettungswurf gegen SG 16 ablegen und erleidet bei Fehlwurf 28 (8W6) Blitzschaden, bei Erfolg die Hälfte. Wird der Blitz durch den Türhebel aktiviert, verursacht er bei Fehlwurf 7 (2W6) Schaden, bei Erfolg die Hälfte.

Becken 3. Hier liegen die Skelettreste 1,50 m hoch und verdecken die Hebel, sodass zum Auffinden ein Intelligenzwurf (Nachforschungen) gegen SG 16 glücken muss. Das Ziehen des Störungshebels aktiviert einen arkanen Effekt, der die Wasseroberfläche wie beim Zauber *Gefrorene Kugel* sofort einfrieren lässt. Alle Kreaturen im Wasser sind unter einer 15 cm dicken Eisschicht gefangen und müssen einen Rettungswurf auf Konstitution gegen SG 14 ablegen. Bei Fehlwurf gibt es 35 (10W6) Kälteschaden, bei Erfolg halb so viel. Solange die Oberfläche gefroren ist, erleidet jede Kreatur im Wasser am Ende jeder ihrer Runden 3 (1W6) Kälteschaden. Um das Eis zu durchbrechen, ist ein erfolgreicher Stärkewurf (Athletik) gegen SG 16 erforderlich. Wird *Gefrorene Kugel* durch den Türhebel gewirkt, entstehen bei Fehlwurf 10 (3W6) Kälteschaden und bei Erfolg halb so viel. Die Oberfläche friert dabei nicht zu.

Becken 4. Die Skelettreste liegen nur 0,30 m dick auf dem Grund, sodass die Hebel deutlich sichtbar sind. Durch das Ziehen des Störhebels wird *Tote beleben* 6. Grades gewirkt. Sieben **Skelette** erheben sich aus der Knochenschicht am Boden des Beckens und sind allen Kreaturen im Wasser feindlich gesinnt. Wird der Türhebel aktiviert, erhebt sich nur ein Skelett aus den Knochen.

Mögliche Begegnungen

1W6	Die Gruppe trifft auf …
1	… einen einsamen **Zwerg** namens Tahg, der seit Wochen nichts gegessen hat, aber weiß, wie man hier rauskommt.
2	… eine versehentlich in die Kammer gelaufene **Wache**, die zwar weiß, wie man wieder herauskommt, aber nicht die Mittel hat, um alle vier Hebel gleichzeitig zu betätigen.
3	… einen **Feendrachen**, der gegen eine Gebühr von 500 GM zu erklären bereit wäre, welche Hebel die Türhebel sind.

4	… 1W4 + 1 **Hobgoblins**, die sich darüber streiten, welches Becken welche Wirkung hat. Einer von ihnen hat recht.
5	… einen **Satyr**, der von Becken zu Becken hüpft, unempfindlich gegen deren Gefahren. Er kann helfen.
6	… vier **Abenteurer**, die wahl- und erfolglos an allen erreichbaren Hebeln ziehen. Sie verraten der Gruppe, was sie wissen.

Das Refugium der Pilze

Ihr betretet eine stille, kühle, höhlenartige Kammer, die wie eine verlassene Kapelle wirkt. Phosphoreszierende Funken flimmern hin und wieder auf und beleuchten alles in einem satten Neonblau. Riesige Fliegenpilze ragen über euch auf. Die Luft ist schwer von Sporenwolken, die das Licht brechen und in einer Brise wabern. Überall stehen Pilze in sämtlichen Formen und Größen. Ihre Färbungen sind bunt gemischt und ihre Oberflächen so unterschiedlich wie eure Rüstungen. Manche sind groß und schlank, manche kurz und gedrungen, andere sind dünne, flache Scheiben, die sich fächerförmig ausbreiten, und wieder andere sehen aus wie große Kugeln, die kurz vor dem Platzen stehen. Hinter dieser ersten Kammer befinden sich zwei weitere, eine mit einem kleinen spiegelnden Wasserbecken und eine zweite, die baufällig ist. Unter euren Füßen liegt ein grünlich-blauer Schmierfilm mit dicken schwarzen Flecken, überhaupt scheint jede Oberfläche, auf der kein größerer Pilz wächst, mit Schimmel bedeckt zu sein. Während ihr die Umgebung betrachtet, habt ihr das Gefühl, dass sie auch euch beobachtet.

SL AUFGEPASST: SPOREN UM DIE OHREN

Die Kammer ist mit mikroskopisch kleinen Sporen gefüllt. Sobald die Gruppe die Kammer betreten hat, ist jede Kreatur, die Luft zum Atmen braucht, dem unter »Mechanik« beschriebenen *Pilzigen Hauch* ausgesetzt.

Pilze und Schimmelpilze lieben es feucht und dunkel – zwei Eigenschaften, die die meisten Dungeons in der einen oder anderen Form aufweisen. Schimmel vermehrt sich auch rasch, sodass es nach dem ersten Befall nur ein paar Wochen dauert, bis eine ausgewachsene Kolonie aus der Dunkelheit aufsteigt. In dieser Kammer wimmelt es nur so von Pilzen in allen Formen und Größen sowie von Schimmelpilzen und Sporenwolken, die eine starke Wirkung auf nichtpilzliche Kreaturen haben können. Die Kammer ist in drei Hauptbereiche unterteilt. Der erste ist ein kapellenartiger Raum, der praktisch von Pilzen überquillt (1). In der zweiten Kammer gibt es ein kleines, spiegelglattes Wasserbecken (2) und viele Pilze, die aus den Wänden wachsen. Die dritte Kammer ist etwas verfallener, mit umgestürzten Säulen und bröckelnden Wänden, dazu eine Mischung aus Schleim, Schimmel und noch mehr Pilzen (3).

Mechanik

Glitschiger Boden. Die Schimmel- und Schleimpilze, die alle Oberflächen des Pilz-Refugiums bedecken, machen den Steinboden zu einer sehr glitschigen Angelegenheit. Alle, die in einem Zug mehr als die Hälfte ihrer Bewegungsrate nutzen möchten, müssen einen Geschicklichkeitsrettungswurf gegen SG 16 schaffen, um nicht auszurutschen und zu fallen. Bei erfolgreichem Rettungswurf kann die Kreatur ihre gesamte Bewegungsrate ausreizen. Wer den Boden als schwieriges Gelände wertet, kommt dagegen ohne Rettungswurf aus.

Pilziger Hauch. Nach dem Betreten der Kammer muss jede Kreatur, die Luft zum Atmen braucht, einen Konstitutionsrettungswurf gegen SG 16 bestehen. Bei Fehlwurf wird die Kreatur von den Pilzen bezaubert und verspürt den Drang, hierzubleiben und sie zu pflegen. Eine vom Pilzigen Hauch betroffene Kreatur steht unter dem Zwang, sich in dem Becken zu ertränken, damit die Pilze genug Nahrung bekommen. Die Bezauberung hält 24 Stunden an oder bis sie durch einen Zauber wie *Schwache Genesung* oder anderweitig aufgehoben wird.

Spiegelglattes Becken. Dieses Becken war einst ein Ort der Ruhe und Kontemplation. Jetzt ist es voll mit den gebleichten Knochen derer, die dem Pilzigen Hauch erlagen. Das Wasser ist stark säurehaltig, da es von den Pilzen erzeugte Verdauungssäfte enthält. Wer dem Wasser des Beckens ausgesetzt ist, erleidet alle sechs Sekunden 7 (2W6) Säureschaden.

Mögliche Begegnungen

1W6	Die Gruppe trifft auf …
1	… einen **Vrock**, der gegen den Pilzigen Hauch immun ist und sich an den Pilzen in der verfallenen Kammer labt.
2	… 3W4 **Kreischer**, die die ausgewachsenen Pilze vor den Eindringlingen warnen.
3	… 4W4 **Violette Pilze**, die mindestens ein Mitglied der Gruppe mit ihrer Fäulnis kontaminieren wollen.
4	… 2W4 **Banditen**, die eine merkwürdig tiefe Zuneigung zu den Pilzen zu haben scheinen.
5	… einen pilzförmigen **Baumhirten**.
6	… ein **Riesenschwein**, das früher mal ein Barde war, aber das ist eine andere Geschichte. Es liebt Trüffel und heißt Torte. Grunz!

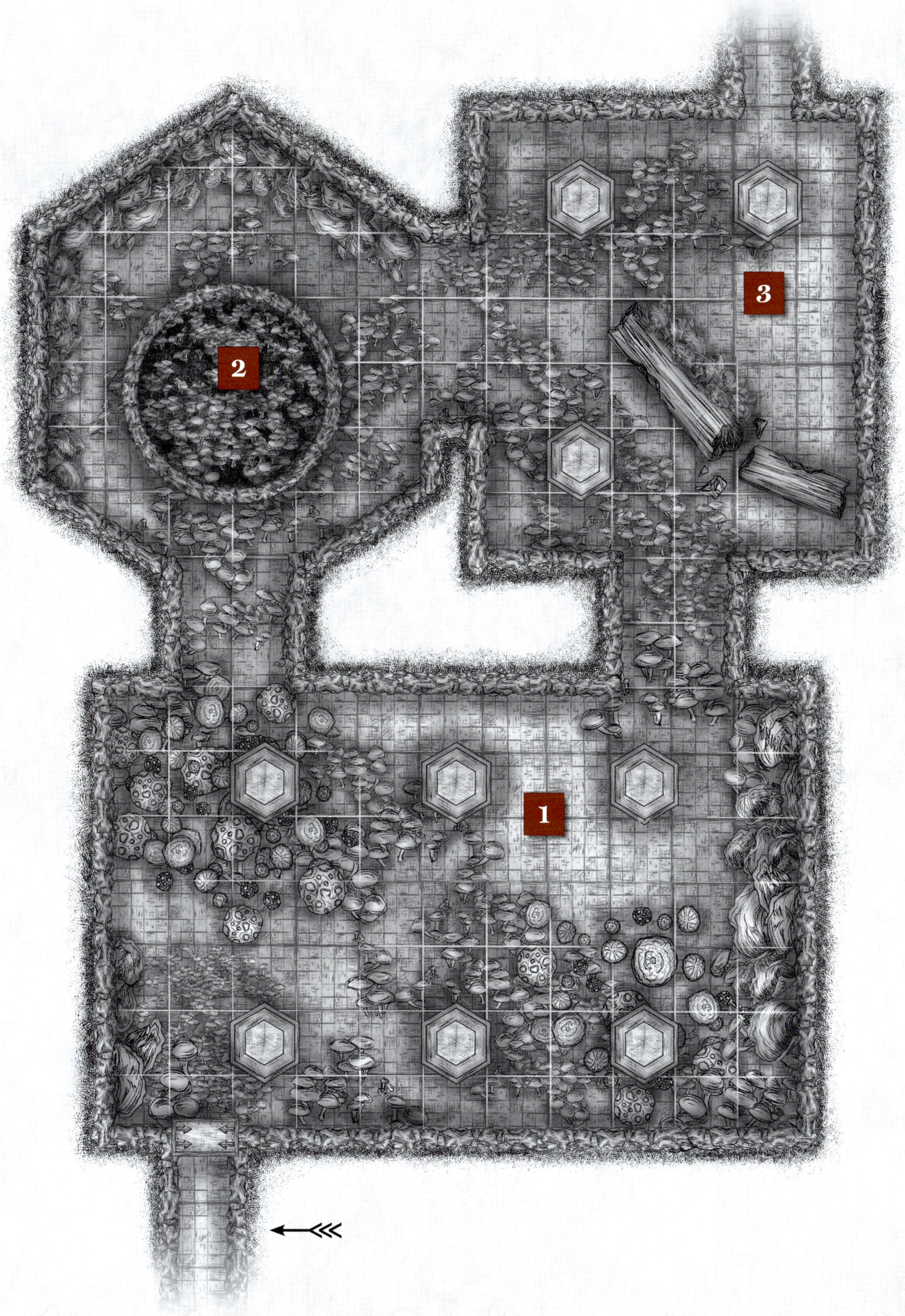

3
2
1

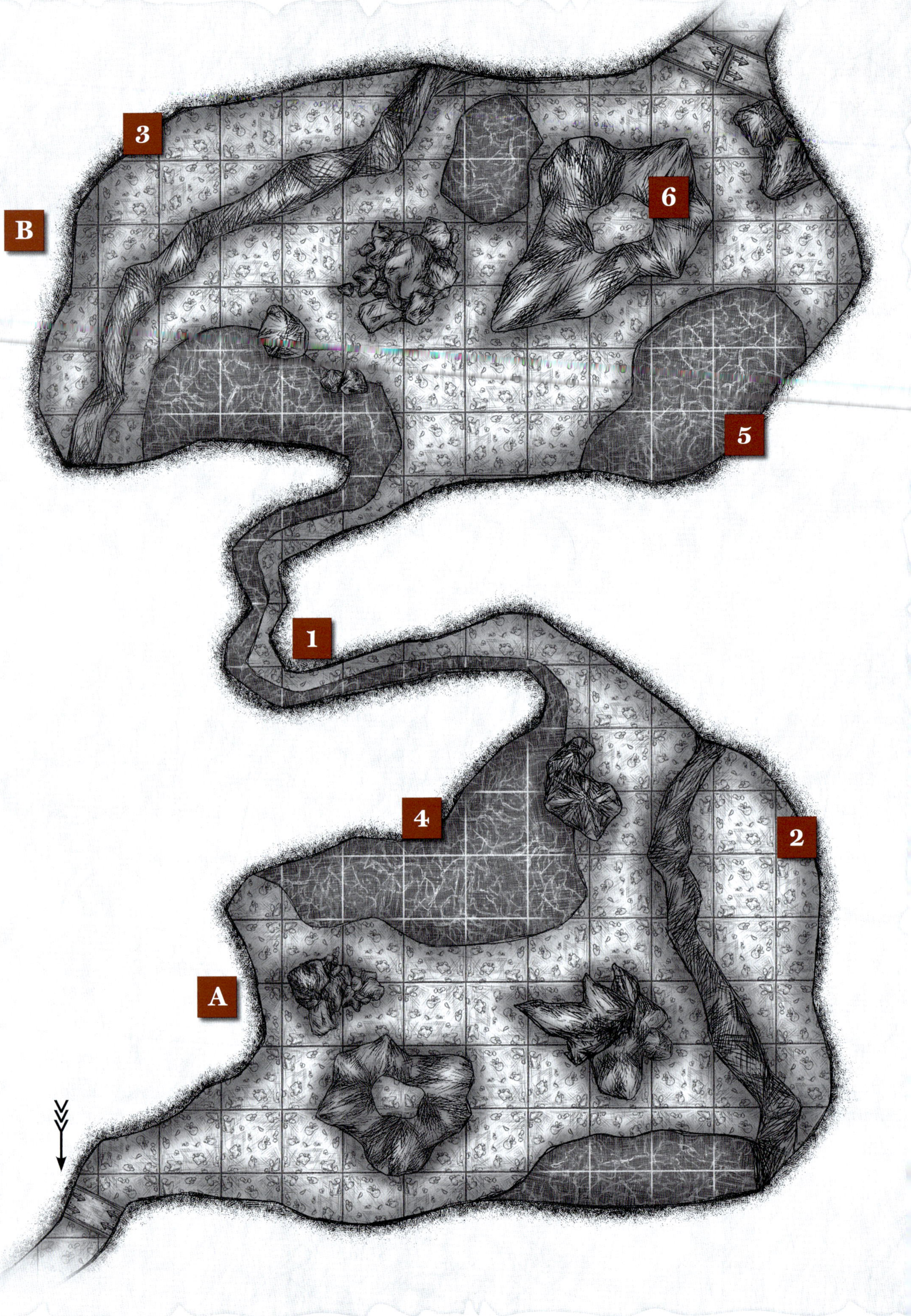
3
B
6
5
1
4
2
A

Der Engpass

KAMMER A
Euch begrüßt das Geräusch von sanft rauschendem Wasser, das von den gewölbten, höhlenartigen Wänden dieser Kammer widerhallt. Vor euch fließt ein kleiner Bach durch einen schmalen Spalt in der Felswand. Aus dem Spalt kommt kein Licht, aber offenbar bleibt euch kein anderer Ausweg, als zu sehen, wohin dieser Spalt führt.

SL AUFGEPASST: GÄNSEMARSCH

Der Engpass ist ein schmaler Spalt, der die erste Kammer mit der zweiten verbindet. Der Felsspalt ist an vielen Stellen weniger als 0,60 m breit, sodass mittelgroße Kreaturen kaum hindurchpassen, ohne sich seitwärts zu drehen. Wenn deine Gruppe versucht, von der ersten in die zweite Kammer zu gelangen, muss sie daher eine Reihenfolge festlegen, in der die Enge durchquert wird, da man darin nicht nebeneinander stehen kann.

KAMMER B
Der enge Felsspalt öffnet sich schließlich zu einem größeren Raum. Eine massive, verschlossene und bedrohlich wirkende Tür ist das einzige Bauwerk, das hier zu sehen ist. Ihr hört immer noch den Bach unter euren Füßen fließen. Ihr hört auch etwas atmen.

Der schmale Spalt (1), der die beiden Kammern verbindet, ist ein natürlicher Engpass, den die wehrhaften Bewohner und Bewahrer dieses Dungeons sehr schätzen, weil er so leicht zu verteidigen und so schwer zu durchdringen ist. Egal, wie viele Kreaturen sich von der ersten Kammer in die zweite quetschen, die Verteidiger der mächtigen Tür auf der anderen Seite müssen immer nur einen Eindringling auf einmal ausschalten. Dass der Hebel, der die Tür öffnet, in der ersten Kammer versteckt ist, macht die Sache für alle, die die ersten Verteidigungsmanöver überleben, noch schlimmer. In beiden Kammern gibt es erhöhte Felsvorsprünge (2, 3), die sich jeweils etwa 4,50 m über den Boden der Kammern erheben. Ein verborgener Kanal, der durch den Wasserstrom von einer Kammer zur anderen entstanden ist, ist von den 7,50 m tiefen Auffangbecken (4, 5) aus zugänglich. Die anderen Wasserbecken in beiden Kammern sind 3 m tief. Felsen (u. a. 6) in jeder Kammer eignen sich nach Ermessen des SL als Deckung.

Mechanik

Türschlösser. Der kleine Schalter, der die massive Eisentür in der zweiten Kammer öffnet, ist in der ersten Kammer versteckt, aber leicht zu finden, wenn man weiß, wonach man suchen muss. Wer in der ersten Kammer nach einem versteckten Schalter sucht, dürfte per Intelligenzwurf (Nachforschungen) gegen SG 16 einen Schalter gleich neben dem Eingang finden.

Verborgener Kanal. Der geflutete Kanal, der die beiden Wasserbecken in den einzelnen Kammern verbindet, kann mit einem erfolgreichen Intelligenzwurf (Nachforschungen) gegen SG 16 gefunden werden. Wegen des trüben Wassers geschieht der Wurf mit Nachteil. Der Kanal ist etwa 3 m breit und von mittleren oder kleineren Kreaturen leicht zu durchschwimmen.

Mögliche Begegnungen

1W6	Die Gruppe trifft auf …
1	… 3W4 **Goblins**, die in der zweiten Kammer lauern und den Befehl haben, jeden zu töten, der durch die Eisentür will.
2	… eine **Hobgoblin-Hauptfrau** und ihre 2W4 + 1 würfelspielenden **Hobgoblins**, die nur mit halbem Auge Wache halten.
3	… 2W4 + 1 **Banditen** samt **Banditenhauptmann**, die auf die harte Tour gelernt haben, wie schwer das Eindringen in diese Kammer ist (sie waren einmal 30).
4	… einen **Jungen Roten Drachen**, der vor der Eisentür schläft.
5	… eine **Medusa**, die in der Mitte des Engpasses lauert.
6	… einen **Schläger**, einen **Assassinen** und einen **Kundschafter**, alle drei taktisch gewieft, aber leicht durch Magie zu erschrecken.

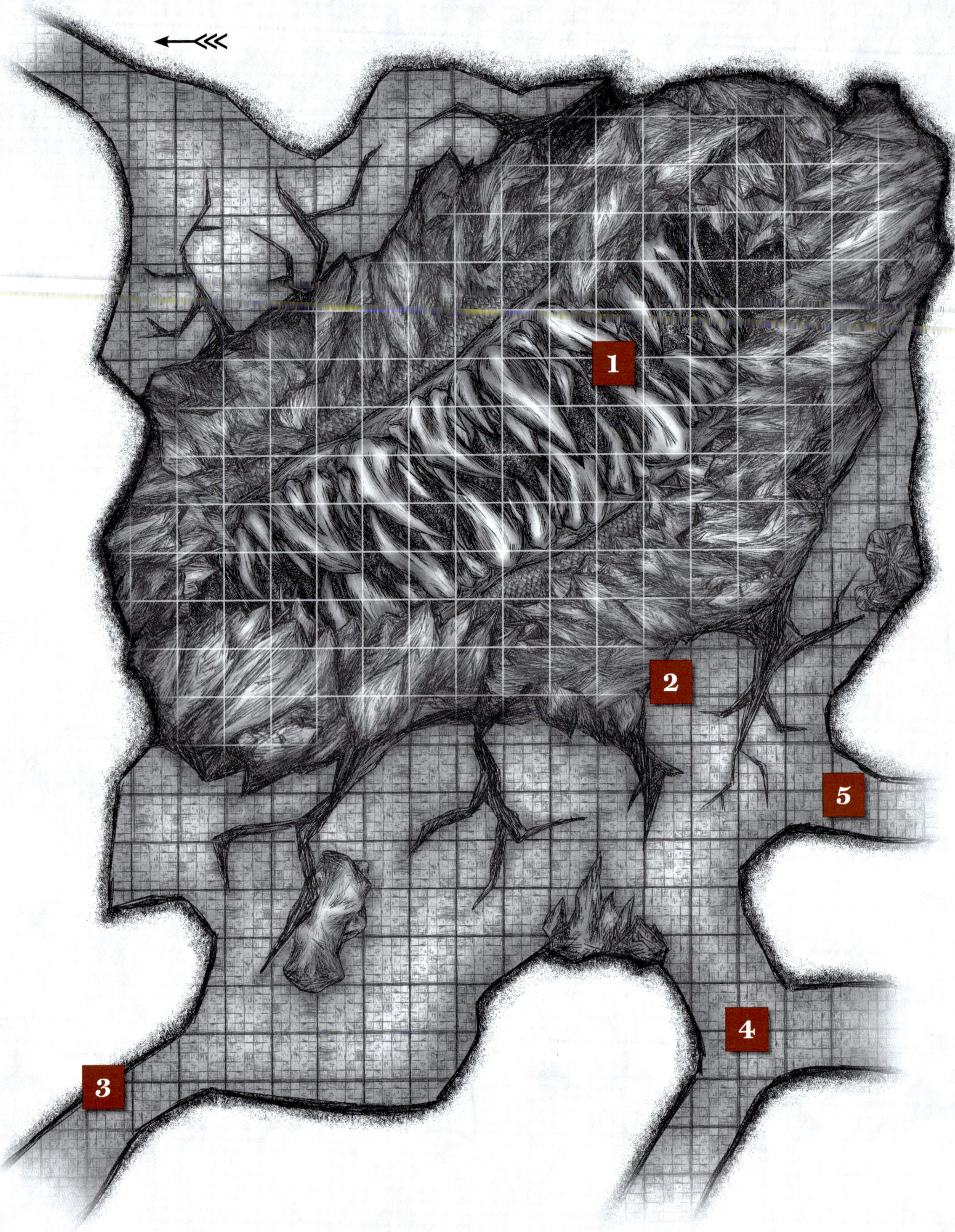

1
2
3
4
5

Der schreckliche Schlund

> Die Luft in dieser Kammer riecht feucht und faulig, wie heißer Atem, der über den ganzen Körper streicht. Als ihr weiter hineingeht, erkennt ihr einen breiten Schlund zwischen euch und offenbar drei verschiedenen Ausgängen. Der gemauerte Steg auf der anderen Seite des Schlunds wirkt ein wenig rissig und baufällig. Und, auch wenn es verrückt klingt, der Schlund wirkt, als hätte er gerade … gegähnt?

SL AUFGEPASST: GEWALTIGES GEBISS

Dieser Ort ist ein schrecklicher Schlund im Wortsinne: nämlich ein riesiges Maul. Das Maul einer **Tarraske**, um genau zu sein. Diese legendäre Kreatur döst die meiste Zeit, weil sie einen jahrhundertelangen Winterschlaf hält, aber wenn eine Kreatur gegen ihre gezackten Zähne stößt, führt ihr Geruch dazu, dass sich das Maul gerade weit genug öffnet, um den Happen zu verschlucken. Die Tarraske ist viel zu groß, um sich in dieser Kammer zu bewegen, kann aber trotzdem ihr Maul öffnen und schließen und nach Ermessen des SL vielleicht sogar mit der riesigen Zunge lecken.

Manche uralten Monstrositäten suchen die Materielle Ebene nur in Märchen aus längst vergangenen Zeiten heim. Das bedeutet aber nicht, dass sie verschwunden sind – es kann auch sein, dass sie nur Winterschlaf halten. Die Tarraske ist eine solches legendäres Monster. Sie hält gerade ein jahrhundertelanges Nickerchen unter dem brüchigen Boden dieser Kammer. Der gigantische Schlund der widerlichen Bestie ist das Einzige, was von ihr zu sehen ist, und für das ungeübte Auge könnten ihre Zähne (1) auch nur eine Reihe von zerklüfteten Felsen sein. Der unheimlich feuchte Atem der Kreatur (und der Sabber, der ab und zu aus ihren geblähten Nüstern spritzt) hat den Untergrund rund um das Gebiss teilweise erodiert (2), sodass alle, die von einer Seite des Schlunds auf die andere springen wollen, eine heikle Landung vor sich haben. Die drei Ausgänge (3, 4, 5) sind offene Tunnel, die zu anderen Kammern des Dungeons führen.

Mechanik

Der brüchige Steg. Der Boden an dieser Stelle ist rutschig und brüchig. Nach Ermessen des SL wird jedes Mal, wenn eine Kreatur ihren Zug auf dieser Fläche beendet, 1W4 gewürfelt. Bei einer 1 bricht der Boden unter der Kreatur, und sie stürzt in den Rachen der Tarraske.

Der Tarraskenschlund. Die Tarraske schläft, kann aber dennoch ihr Maul benutzen, da ihr Instinkt beim kleinsten Geruch von Beute aktiv wird. Fällt eine Kreatur in den Abgrund, wird 1W20 gewürfelt. Bei einer 10 oder höher führt die Tarraske bei Initiative 20 einen Bissangriff gegen jede Kreatur in ihrem Maul aus. Jede Kreatur muss einen Rettungswurf auf Geschicklichkeit gegen SG 18 ablegen, um nicht gebissen zu werden. Bei Fehlwurf erleidet die Kreatur 36 (4W12 + 10) Stichschaden und wird gepackt. Um sich aus den Zähnen herauszuwinden, muss ein Stärkewurf (Athletik) gegen SG 25 gelingen. Eine gepackte Kreatur läuft Gefahr, verschluckt zu werden, wie im Folgenden beschrieben.

Verschlucken. Wenn die Tarraske eine oder mehrere Kreaturen zwischen den Zähnen hat, ist bei Initiative 20 1W20 zu werfen. Bei einer 10 oder höher werden alle diese Kreaturen verschluckt. Eine verschluckte Kreatur ist blind und festgesetzt, hat volle Deckung gegen Angriffe und andere Effekte von außerhalb der Tarraske und erleidet 56 (16W6) Säureschaden am Anfang jeder Runde.

Erleidet die Tarraske in einem einzigen Zug 60 TP oder mehr Schaden durch die verschluckten Kreaturen in ihrem Inneren, spuckt sie alle verschluckten Kreaturen aus, die dann liegend in einem Umkreis von 3 m um den Schlund landen.

Mögliche Begegnungen

1W6	Die Gruppe trifft auf …
1	… zwei **Ork-Kinder** namens Kapp und Schlizz, die sich mit erschöpften Armen an der Kante der brüchigen Stelle festhalten.
2	… 1W4 + 1 **Gnolle**, die auf beiden Seiten des Tarraskenschlunds patrouillieren.
3	… drei **Pseudodrachen**, die sich darüber streiten, wer von ihnen die Tarraske aus ihrem Schlummer erwecken darf.
4	… 2W4 + 1 **Schreckgespenster**, allesamt in einem früheren Leben Opfer der Tarraske, die aus Bosheit versuchen, ein paar Sterbliche in den Schlund zu zerren.
5	… 1W4 + 1 **Banditen**, die nicht wissen, wie sie den Schlund am besten überqueren sollen. Einer meint, dass er den Sprung schaffen kann. Spoiler: Er schafft es nicht.
6	… einen **Teppich des Erstickens**, der verzweifelt nach seinem ursprünglichen Besitzer sucht. Wenn die Gruppe ihm Hilfe zusagt, entpuppt er sich als ***Fliegender Teppich***. Leider sprechen die meisten Kreaturen nicht die Teppichsprache.

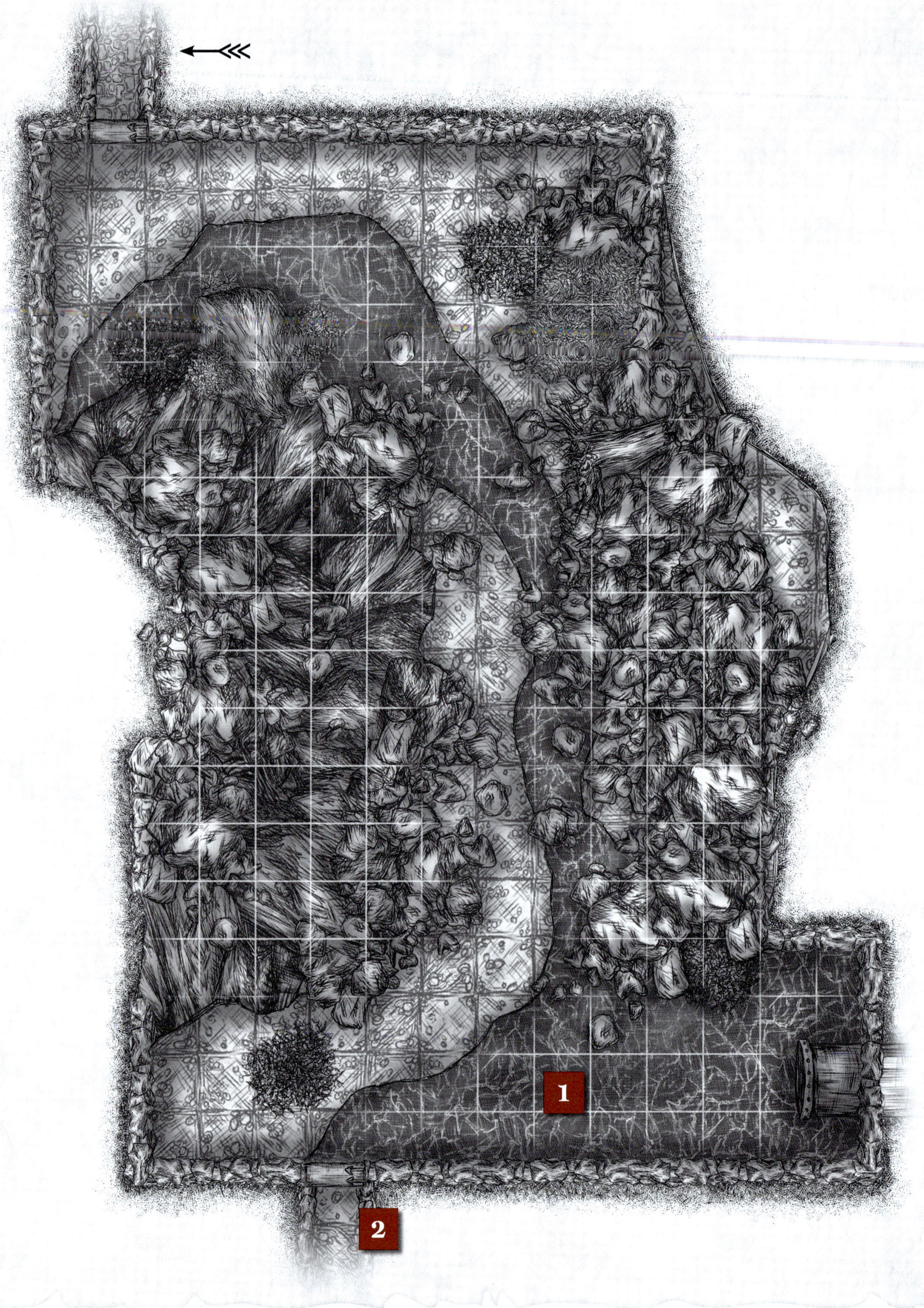
1
2

Der Schlammsumpf

Wie es scheint, seid ihr in einen Sumpf geraten, denn hohes Sumpfgras und zäher Schlamm umgeben schmatzend jeden Schritt. Stinkende Luft steigt euch in die Nase, während um euch herum winzige Insekten schwirren und summen. Aus einem schmalen Rohr rinnt brauner, ekliger Schlamm in die Kammer. Eine verriegelte Tür führt (hoffentlich) aus diesem Raum heraus, aber sie scheint nur mit einem Hebel zu öffnen zu sein, und in Reichweite ist keiner zu sehen.

SL AUFGEPASST: EKLIGE AUSWEGE

In diesem Raum gibt es einen Hebel, mit dem sich alle Türen öffnen lassen – er ist lediglich unter einigem Schlamm begraben. Womöglich stolpert jemand darüber, während die Gruppe den ekelhaften Ort erkundet oder im Dreck wühlt. Die Gruppe kann auch versuchen, den Raum durch das Abwasserrohr zu verlassen, das nach Ermessen des SL ein akzeptabler Ausweg wäre, aber die Suche nach dem Hebel ist sicher angenehmer.

Die Abflussrohre, die die Kammern und Aborte des Dungeon drainieren, leiten alle gesammelten Abwässer und Exkremente zu einem endgültigen Ziel, vorher aber noch durch den Schlammsumpf. Diese grob gehauene Kammer ist durch das viele faulige Wasser fruchtbar geworden und beherbergt jetzt Kreaturen, die sich von Unrat ernähren, sowie allerlei ebenso ekelhafte Botanik. Der Weg durch den Schlammsumpf ist mühsam, denn das gesamte Gebiet ist schwieriges Terrain. Der Bodenhebel (1), der die Ausgangstür (2) öffnet, war früher leicht zu erreichen, ist aber inzwischen unter fast 1 m Schlamm begraben.

Mechanik

Fauliger Gestank. Der Schlammsumpf hat einen unvergesslichen Geruch. Nur wenige, die einmal in seinen Genuss kamen, brachten den grotesken Mief wieder aus der Nase, und schon gar nicht aus der Kleidung. Jede Kreatur, die diesen Raum zum ersten Mal betritt, muss einen Rettungswurf auf Konstitution gegen SG 15 bestehen, sonst ist sie vergiftet.

Schwirrende Blutsauger. Die Wolken von Bremsen sind im Schlammsumpf an manchen Stellen so dicht, dass man kaum noch atmen kann, ohne welche in den Hals zu bekommen. Und die Viecher stechen. Zu Beginn jeder Runde wählst du eine Kreatur aus, die an diesem Ort fremd ist. Die Kreatur muss einen Konstitutionsrettungswurf gegen SG 17 bestehen oder 1 Erschöpfungspunkt hinnehmen, da die Bremsenstiche ein Gefühl der Lethargie hinterlassen.

Hebel im Schlamm. Der Hebel, der die Ausgangstür öffnet, ist 0,90 m tief in widerlichem Unrat vergraben und außerdem so von einer dicken Wurzel eines großen Sumpfbusches überwuchert, dass er klemmt. Beim Suchen im Schlamm ist der Hebel mit einem erfolgreichen Intelligenzwurf (Nachforschungen) gegen SG 18 zu finden. Jeder Fehlwurf erhöht die Erschöpfungsstufe um 1, denn das Durchwühlen des zähen Schlamms ist körperlich anstrengend. Ist der Hebel gefunden, dann fehlt nur noch ein erfolgreicher Stärkewurf (Athletik) gegen SG 20, damit er sich bewegt. Falls die hinderliche Wurzel über dem Hebel bereits zerstört ist, genügt SG 12. Die Wurzel hat RK 10 und 5 TP.

Mögliche Begegnungen

1W6	Die Gruppe trifft auf …
1	… so viele **Troglodyten**, wie die Gruppe Mitglieder hat. Diese Kreaturen wollen nichts lieber, als die Kleidung der Gruppe zu tragen. Und vielleicht auch ihre Haut.
2	… zwei schwerfällige **Otyughs**, die sich vom Klärschlamm ernähren.
3	… 3W4 + 1 **Blutmücken**, die eine Seuche in sich tragen. Wenn eine Blutmücke erfolgreich mit ihrem Merkmal Blutsaugen angreift, muss das Opfer einen Konstitutionsrettungswurf gegen SG 16 bestehen, um sich nicht mit Zehrschwund zu infizieren. An Zehrschwund Erkrankte wachen nach jeder langen Rast mit halbierten maximalen TP auf. Wer mit 1 TP einschläft, wacht nicht mehr auf. Geheilt wird die Krankheit durch den Zauber *Schwache Genesung* oder mit anderen Mitteln nach Ermessen des SL.
4	… einen **Troll**, der fröhlich mit den eigenen Exkrementen schmeißt.
5	… ein Rudel von 20 Schweinen. Eins davon war einst ein Feudalherr namens Mortimer Dawes, der dem Fluch einer Vettel anheimfiel. Er hat den Schweinen alles über den Feudalismus beigebracht, unter dem es ihm gut ging. Jetzt haben sie alle ihr eigenes kleines Lehnsgut im Schlammsumpf, wo sie nach Genießbarem wühlen und ihrem König Tribut zollen.
6	… den ekelhaftesten **Erdelementar**, den die Welt je gesehen hat.

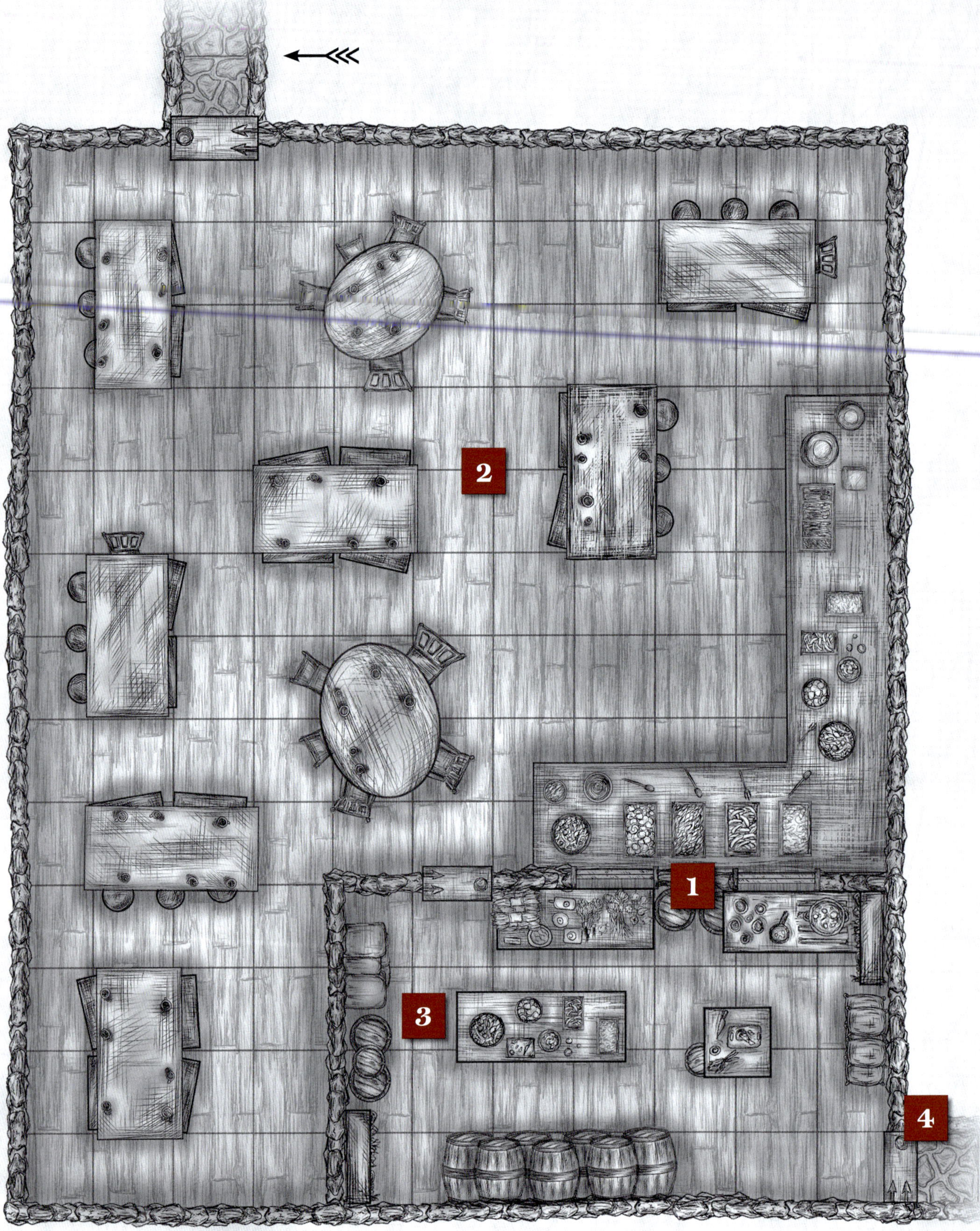

1
2
3
4

Die Kantine

Lautes Getöse dringt aus der Kammer, wo sich an mehreren Tischen ein Dutzend oder mehr Kreaturen über ihr Essen hermachen. Hinter ihnen stehen mürrisch dreinblickende Wachen, Goblins und anderer hungrige Humanoide an einer Essensausgabe Schlange. Alle wollen offenbar ihren Appetit stillen, bevor sie wieder an die Arbeit gehen.

SL AUFGEPASST: MITTAGSPAUSE

Alle, die in diesem Dungeon einen Posten zu verteidigen oder einen Handlangerdienst zu leisten haben, möchten das bisschen Zeit, das sie für sich haben, möglichst gemütlich verbringen. Zwar mögen einige von ihnen Eindringlinge angreifen oder belästigen, aber die meisten lassen Gäste wahrscheinlich in Ruhe. Zumindest, bis sie mit dem Essen fertig sind. Denn mit vollem Mund kämpft man nicht.

Einige der angriffslustigen Bestien, die zur Verteidigung dieses Ortes eingesetzt sind, werden von den Körpern derer satt, die sie erledigt haben, aber die meisten Kreaturen, die hier ihre Tage fristen, brauchen eine warme Mahlzeit, um während der Schergenarbeit bei Verstand zu bleiben. Um die hungrige Belegschaft zu füttern, wurde die Kantine eingerichtet, die wegen der langen Wartezeiten auch »Schlabberschlange« genannt wird. Tüchtige orkische Köche haben die Räumlichkeiten erbaut, aber die ursprünglichen Inhaber betreiben die Kantine nicht mehr. Durch die kleine Durchreiche (1) wird die Grütze mit brutaler Effizienz direkt aus der Küche an die Wartenden ausgeteilt. Der Speisesaal (2) ist meist voller Wachen, die gerade Pause haben, während sich in der Küche (3) ausgezeichnete Fraßköche drängen. Der Weg zum Ausgang (4) führt quer durch die Küche, aber wenn man ihn nimmt, ohne brav in der Schlange zu stehen, hat man schnell ein ganzes Lokal voller aufgebrachter Wachen gegen sich.

Mechanik

Nicht vordrängeln. Wenn jemand versucht, sich vorzudrängeln, werden die anderen Wartenden nach Ermessen des SL gewalttätig und beginnen eine Essensschlacht, wie unten beschrieben.

Essensschlacht. Alle im Speisesaal müssen vier aufeinanderfolgende Geschicklichkeitswürfe (SG 12, 14, 16, 18) bestehen, um dem umherfliegenden Mampf auszuweichen. Getroffene Kreaturen erleiden 2 (1W4) Wuchtschaden. Wer alle vier Würfe verpatzt, ist eine Minute oder so lange blind, bis das Essen mit einer Aktion aus den Augen gewischt ist. Wer nach diesem ersten Beschuss weiterhin mit Essen schmeißen möchten, kann dies mit einem improvisierten Fernkampfangriff gegen die RK der Zielkreatur tun. Wenn man auf ihren Kopf zielt, geschieht der Angriffswurf mit Nachteil, aber dafür kann man sie bei Erfolg mit Grütze blenden.

Mögliche Begegnungen

1W6	Die Gruppe trifft auf …
1	… einen **Assassinen**, der einen Batzen Geld in Aussicht stellt. Dafür müsste die Gruppe nur den Eintopf vergiften, damit alle Gäste von innen heraus verfaulen.
2	… einen sehr ungeduldigen **Berserker**, der sich vor einer Gruppe unberechenbarer **Kobolde** in die Schlange einreiht.
3	… einen pingeligen **Oger**, der ein **Grottenschrat**-Haar in seiner Grütze findet.
4	… einen als Bandit verkleideten **Priester**, der dem Gerücht nachgeht, einer seiner Gefolgsleute sei hier »verarbeitet« worden.
5	… 2W4-**Schläger**, die unbedingt Karten spielen wollen, aber nicht genug Spieler haben. Einem Fremden, der einspringt, zeigen sie gerne einige der Geheimgänge des Dungeons … natürlich nur, wenn sie gewinnen.
6	… einen als Koch verkleideten **Rakshasa**, der mehr über die Organisation erfahren möchte, die den Dungeon betreibt.

A

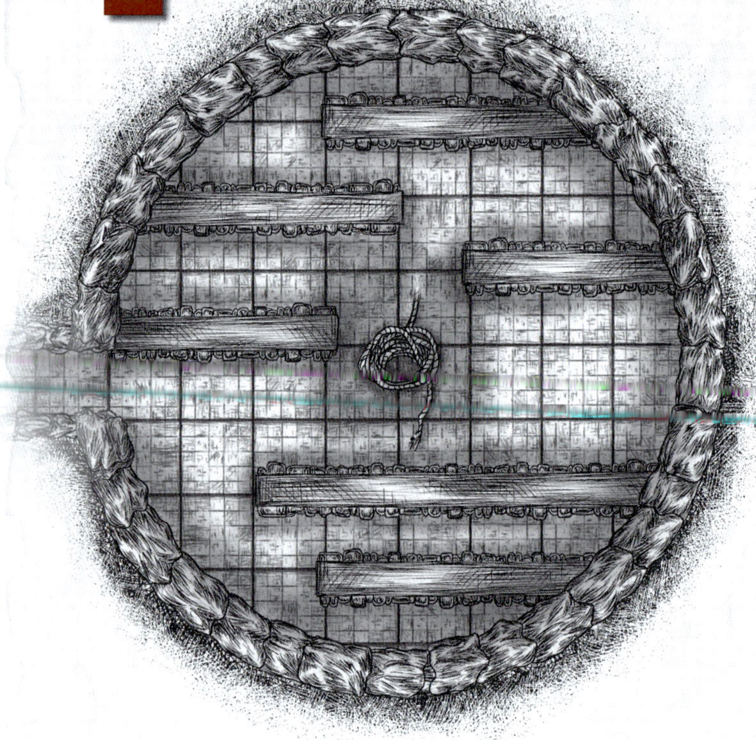

B

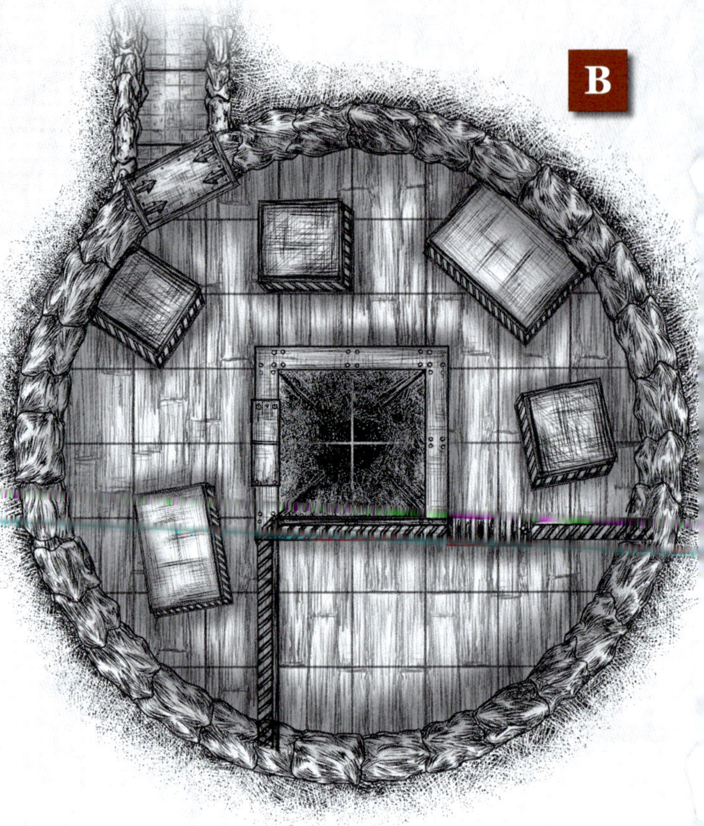

C

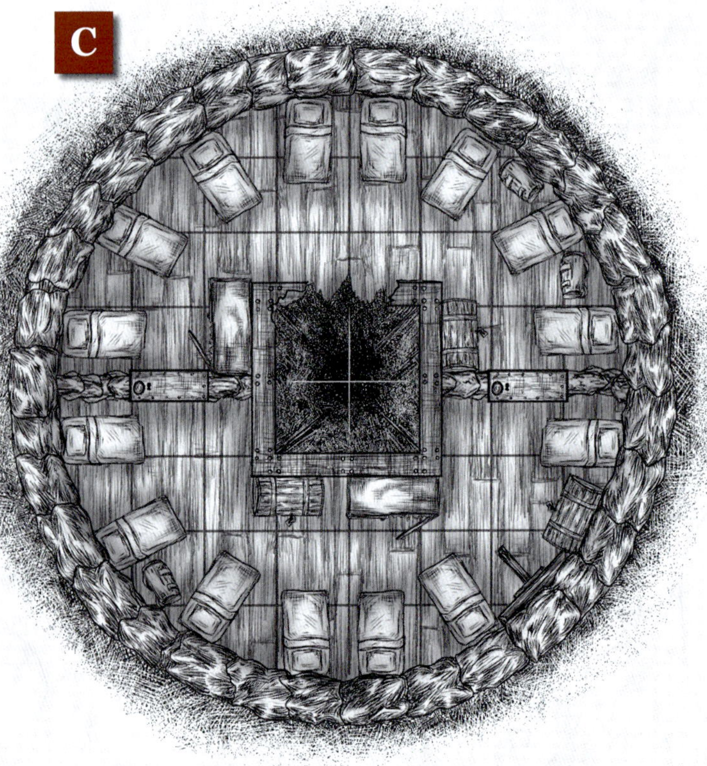

D

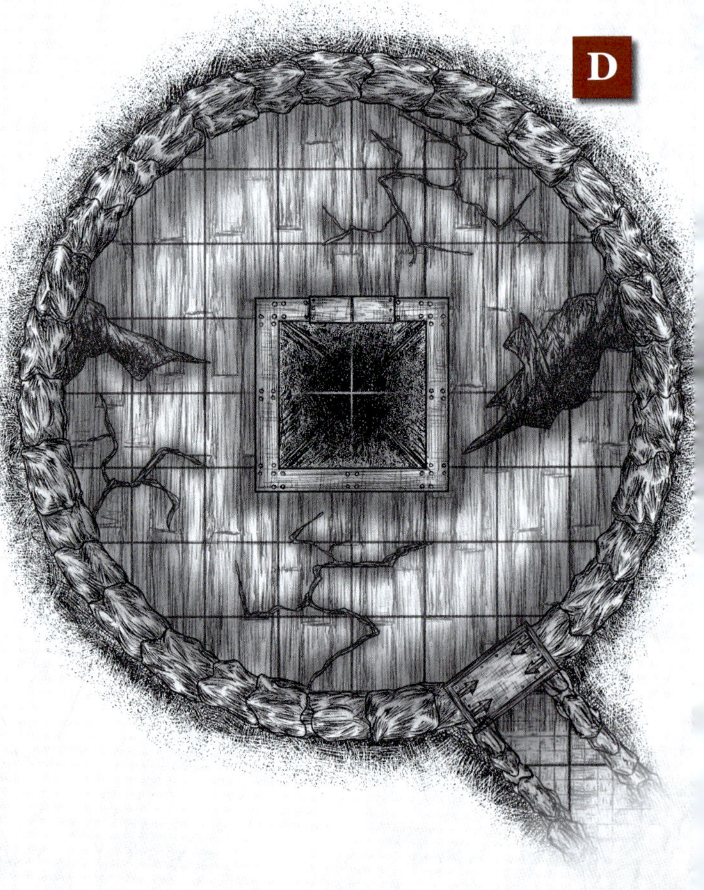

Der Aufstieg

KAMMER A
Ihr befindet euch in einer kreisrunden Kammer mit zahlreichen Regalen voller staubiger Bücher. In der Mitte der Decke über euch baumelt aus einem kleinen Loch ein dickes Seil. Von hier unten könnt ihr erkennen, dass das Seil durch mindestens eine weitere Kammer nach oben führt, und offenbar ist dies der einzige Weg nach oben.

SL AUFGEPASST: STEIGENDE GEFAHR

Der Aufstieg besteht aus vier übereinander gestapelten Kammern, die durch ein stabiles Kletterseil verbunden sind. Die Beschreibungen der Kammern setzen voraus, dass die Gruppe das Seil emporklettert, um eine Kammer nach der anderen zu erreichen. Falls deine Gruppe jedoch einen anderen Weg zur Erkundung der Räume wählt, musst du den Text entsprechend anpassen.

KAMMER B
Als ihr das zweite Stockwerk betretet, hört ihr ein Knurren und Schlurfen, das aus einem großen, vor Energie knisternden Käfig in der Ecke kommt. Eine Tür gegenüber dem Käfig sieht massiv aus und scheint verriegelt zu sein.

KAMMER C
Die Decke dieser Kammer weist Risse auf und bröckelt an einigen Stellen. Der Raum wird von einer dünnen Wand in zwei Hälften geteilt. Neben der Wand, die sich durch die Kammer zieht, steht eine Reihe von behelfsmäßigen Betten.

KAMMER D
Hier ist der Boden rissig und wirkt, als könnte er bei der geringsten Belastung nachgeben. An der Wand neben der Tür ist eine Reihe von Hebeln zu sehen.

Was einst ein breiter, rauer Schacht war, der sich durch das natürliche Gestein zog, wurde inzwischen mit praktischen und ästhetisch ansprechenden Einbauten ergänzt, ohne dem Raum den Anschein eines »tiefen Lochs« zu nehmen. Dieser Ort wird von Eingeweihten »Der Aufstieg« genannt und vom sportlicheren Teil des Wachpersonals gerne für Kletterwettbewerbe genutzt. Auf der untersten Ebene (A) gibt es einen engen Eingang und Reihen von Bücherregalen. Die zweite Etage (B) beherbergt eine bescheidene Menagerie, Kreaturen mit langen Fangarmen und unstillbarem Appetit, die alle Kletternden gefährden. Die dritte Ebene (C) dient als Quartier für die Wachen. Auf der obersten Ebene (D) befindet sich ein Ausgang, der zu anderen Kammern des Dungeons führt. Leider ist der Boden hier in so schlechtem Zustand, dass alle, die ihn betreten, im Quartier der Wachen landen oder sogar bis ins Erdgeschoss stürzen könnten.

Mechanik

Seil. Um am Seil von einem Stockwerk zum nächsten zu klettern, muss ein Stärkewurf (Akrobatik) gegen SG 13 glücken. Wenn man von unten nach oben klettert und zwischendurch keine Pausen einlegt, erhöht sich der SG mit jedem Stockwerk um 2. Beispiel: Um von der untersten Ebene direkt auf die dritte zu klettern, ist ein Stärkewurf (Athletik) gegen SG 17 erforderlich. Ruht man sich auf einem Stockwerk 30 Sekunden lang aus, bleibt der SG nach Ermessen des SL bei 13.

Türen. Es gibt drei Zugangstüren, jeweils eine in den Kammern A, B und D. Die Gruppe betritt Kammer A durch die Tür. Die Tür in Kammer D ist nicht verschlossen, aber der Boden ist dort baufällig.

Käfige. Die Käfige auf der zweiten Ebene stehen unter Strom und werden nach Gutdünken des SL oder durch Würfeln nach der Tabelle »Mögliche Begegnungen« mit Monstern bestückt. Eine Kreatur, die mit einem Käfig in Berührung kommt, erleidet 9 (2W8) Blitzschaden und hat bis zum Beginn ihres nächsten Zuges keine Reaktion mehr.

Baufälliger Boden. Der Boden im vierten Stock ist extrem brüchig und kann bei der geringsten Belastung einbrechen. Nach Ermessen des SL wird jedes Mal, wenn eine Kreatur den Boden belastet, 1W20 gewürfelt. Bei einer 10 oder höher bricht neben der Kreatur ein Feld weg. Bei einem Ergebnis unter 10 fällt die Kreatur auf die Ebene darunter und erleidet 11 (3W6) Wuchtschaden.

Mögliche Begegnungen

1W6	Die Gruppe trifft auf ...
1	... 2W4 **Wachen**, die von unten nach oben um die Wette klettern, während der **Eulenbär** in der Menagerie hungrig zusieht.
2	... einen **Oni**, der in der Menagerie gefangen ist. Er verspricht, der Gruppe einen Wunsch zu erfüllen, wenn sie ihn befreit. Er lügt.
3	... 1W4 + 1 **Quaggoths**, die die Käfige in der Menagerie systematisch auf Schwachstellen untersuchen.
4	... einen **Satyr** und einen **Minotaurus** in der Menagerie. Beide sind unterernährt und beide schwören, der Gruppe zu helfen, wenn sie befreit werden. Einer von ihnen lügt.

5	… eine ruppige **Wache**, die in der Menagerie mit 1W4 + 1 **Banditen** Wetten auf zwei kämpfende **Schreckhähne** abschließen.
6	… 2W4 + 1 **Echsenmenschen**, die aus den Käfigen ausbrechen.

Das Gewächshaus

Als ihr eintretet, erblickt ihr so etwas wie ein kleines Labor, in dem überall Grünzeug und Pflanzen in allen Formen und Größen sprießen. Tischreihen mit verschiedenen Topfpflanzen beanspruchen einen großen Teil des Raumes, während ihnen gegenüber Regale voller Pflanzen bis zur Glasdecke aufragen. In der Mitte steht eine Pflanze mit einem Durchmesser von fast 9 m. Sie bewegt sich leicht, als würde sie den Kopf neigen, um euch in Augenschein zu nehmen.

SL AUFGEPASST: WEHRHAFTE VEGETATION

Die Pflanzen im Gewächshaus sind nicht nur schön, sondern auch gefährlich. Sie greifen nach Ermessen des SL jeden an, den sie als feindlich betrachten.

Diese Forschungsstelle ist von einem der experimentierfreudigsten Botaniker dieser Welt gegründet worden. In dem inzwischen verlassenen Gewächshaus wurden durch Kreuzung faszinierender und seltener Pflanzenarten neue Sorten gezüchtet. Auf den Labortischen (1) stehen Sprösslinge und Stecklinge in Töpfen und Gläsern, während die Regale (2) mittelgroße Pflanzen beherbergen, die gerade zu blühen beginnen. Die Pflanze in der Mitte (3) ist die riesenhafte Variante einer kleineren Art und kann als Alphapflanze allen anderen ihren Willen aufzwingen. Die Türen (4, 5) sind nicht mit Fallen versehen, aber so zugewuchert, dass sie nur schwer zu öffnen sind.

Mechanik

Sprösslinge. Die Sprösslinge setzen aus winzigen Schoten ein Gift frei, das kaum wahrnehmbar ist. Alle, die ihren Zug im Umkreis von 1,50 m dieser Pflänzchen beenden, müssen einen Konstitutionswurf gegen SG 15 ablegen. Sie erleiden bei Fehlwurf 14 (4W6) Giftschaden und sind vergiftet, bei Erfolg entsteht nur die Hälfte des Schadens.

Topfpflanzen. Diese mittelgroßen Pflanzen haben die Werte einer **Zweigplage**, aber keine Bewegungsrate.

Alphapflanze. Die Alphapflanze hat die Werte eines **Modernden Schlurfers** mit den folgenden zusätzlichen Merkmalen:

- ***Pollenwolke (Nachladen 5–6).*** Die Alphapflanze spuckt eine große Pollenwolke aus, die wie der Zauber *Todeswolke* wirkt. Die Pollenwolke löst sich nach vier Runden wieder auf.
- ***Pflanzen befehligen.*** Als Bonusaktion kann die Alphapflanze jeder Pflanze im Umkreis von 9 m befehlen, anzugreifen. Die Pflanze kann dann ihre Reaktion für einen Angriff nutzen.

Mögliche Begegnungen

1W6	Die Gruppe trifft auf …
1	… 1W4 + 1 **Baumhirten**, die offenbar von Parasiten befallen sind. Fügt eine Kreatur einem Baumhirten Nahkampfschaden zu, erleidet sie 5 (1W6 +2) psychischen Schaden.
2	… 3W4 + 1 **Zweigplagen**, denen eine Vorliebe für Blut angezüchtet wurde.
3	… einen **Druiden**, der dem Willen der Alphapflanze unterworfen ist und ihr als Sprachrohr dient. Ihr einziges Ziel ist Frieden. Dazu muss nur alles vernichtet werden, was nicht pflanzlich ist. Wollt ihr bei diesem Kreuzzug mithelfen?
4	… einen ***Bohnenbeutel***.
5	… eine sprechende Pflanze namens Gregot, die nur von hier weg will. Gregot kann 2W4 + 1-mal pro langer Rast ein *Heilendes Wort* sprechen und hat die Werte eines **Erwachten Busches**. Nach Ermessen des SL kann er, wenn er genug Dünger und Wasser bekommt, zu einem pflanzlichen Humanoiden heranwachsen.
6	… 2W4 **Duergar**, die jeweils gegen einen **Erwachten Busch** oder einen **Erwachten Baum** kämpfen, um endlich zu klären, aus welcher Pflanze man am besten Papier macht.

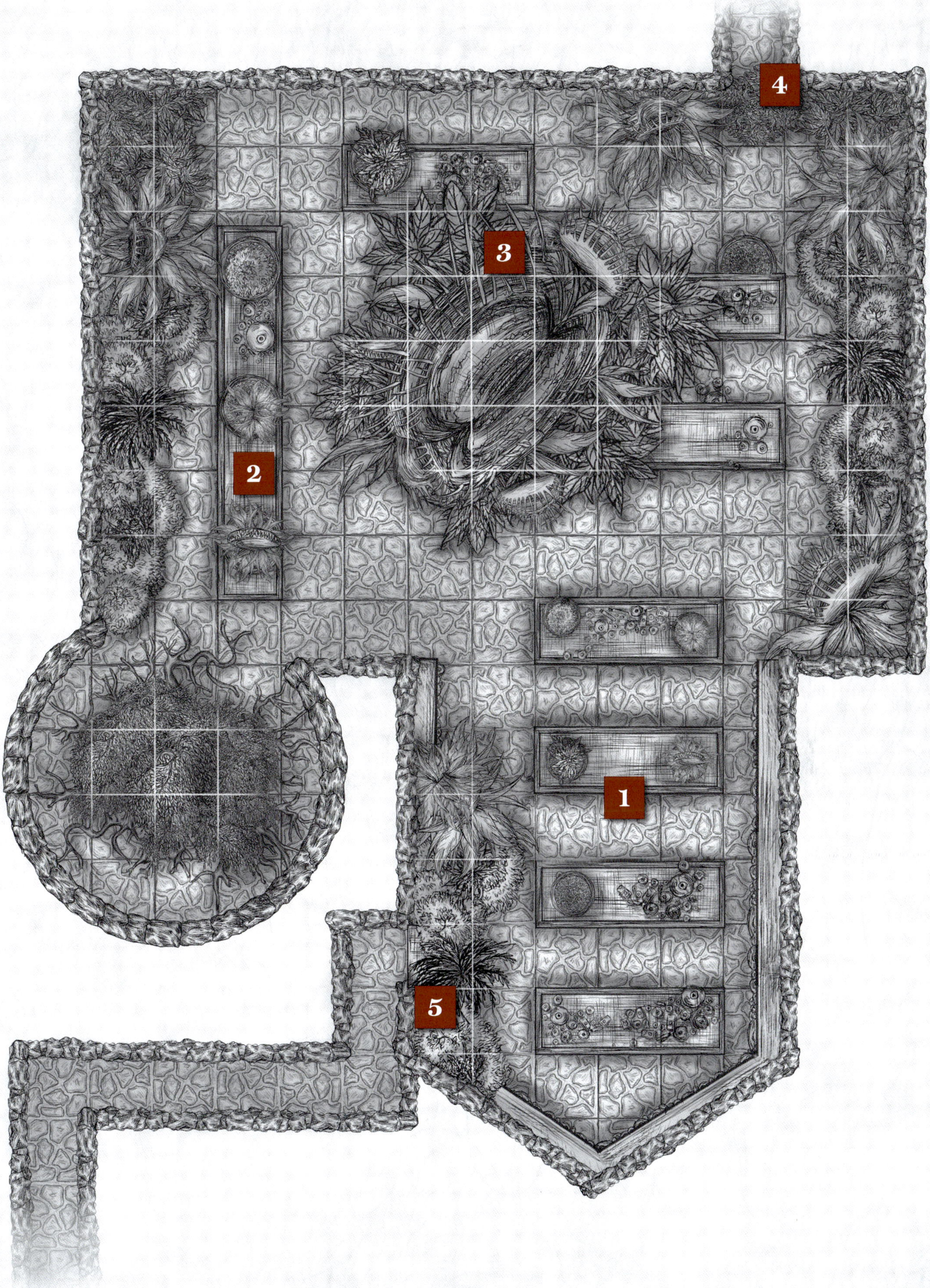
4
3
2
1
5

Würfeltabellen

Bei einer solchen Auswahl an Fallen, Rätseln und Dungeon-Kammern ist es manchmal ratsam, das Schicksal entscheiden zu lassen.[1] Die folgenden Tabellen sollen dir ermöglichen, auf geordnete Weise pures Chaos anzurichten. Lass aber dennoch Vorsicht walten – wie immer.

Zufällige Fallen

Zu Beginn würfelst du anhand der ersten Tabelle die Fallenart aus, dann wählst du mithilfe der entsprechenden Fallentabelle die Falle aus, der deine Spieler als Nächstes entgehen müssen. Hinweis: Komplizierte Fallen sind für Gruppen unter Stufe 5 nicht zu empfehlen. Auch mit Stufe 10 sollte man auf der Hut sein.

Fallenart

1W8	Würfle nach der Tabelle …
1	… Qualvolle Fallen 1
2	… Qualvolle Fallen 2
3	… Tödliche Fallen 1
4	… Tödliche Fallen 2
5	… Hinderliche Fallen 2
6	… Hinderliche Fallen 2
7	… Komplizierte Fallen
8	Würfle erneut

Qualvolle Fallen 2

1W8	Verwende die Falle namens …	
1	… Anklopfer	S. 76
2	… Scharfe Schützen	S. 77
3	… Basilisken-Köder	S. 77
4	… Umnachtung	S. 77
5	… Grube und Schimmel	S. 78
6	… Nagelprobe	S. 79
7	… Immer schlimmer	S. 80
8	Würfle erneut	

Qualvolle Fallen 1

1W8	Verwende die Falle namens …	
1	… Zahnweh	S. 70
2	… Molotow-Goblin	S. 70
3	… Flammensumpf	S. 72
4	… Gefährliche Deko	S. 73
5	… Schreck-Lich	S. 73
6	… Feuerpeitsche	S. 74
7	… Wespennest	S. 74
8	… Abschussrampe	S. 75

Tödliche Fallen 1

1W8	Verwende die Falle namens …	
1	… Sausende Sense	S. 81
2	… Elementarschaden	S. 81
3	… Haudrauf	S. 82
4	… Verfluchter Durst	S. 83
5	… Klingen des Grauens	S. 83
6	… Naschwerk	S. 84
7	… Lava-Landung	S. 85
8	… Blitzableiter	S. 85

1 SL AUFGEPASST: Wenn allein das Schicksal entscheidet, finden niedrigstufige Helden schnell ein frühes Grab. Verwende darum diese Tabellen mit Bedacht – oder halte genug leere Charakterbögen bereit.

Tödliche Fallen 2

1W8	Verwende die Falle namens ...	
1	... Vergrabender Schatz	S. 85
2	... Trommelwirbel des Todes	S. 86
3	... Heldenquetsche	S. 87
4	... Strahl des Verderbens	S. 88
5	... Saure Dusche	S. 89
6	... Brandneuer Helm	S. 90
7	... Wunschraum	S. 91
8	... Riesenspeer	S. 91

Hinderliche Fallen 1

1W8	Verwende die Falle namens ...	
1	... Falscher Hebel	S. 92
2	... Trügerischer Ausweg	S. 92
3	... Spieglein, Spieglein	S. 93
4	... Treppenrutsche	S. 94
5	... Tausch mit Tücke	S. 94
6	... Schlimme Schlinge	S. 95
7	... Mauersegler	S. 96
8	... Grausames Gold	S. 97

Hinderliche Fallen 2

1W8	Verwende die Falle namens ...	
1	... Tief gespalten	S. 97
2	... Hoher Horst	S. 97
3	... Abwärts	S. 98
4	... Doppelte Schrumpfung	S. 99
5	... Gefangen im Kristall	S. 100
6	... Raffinierte Ranken	S. 101
7	... Teleportierisch	S. 101
8	... Fenstersturz	S. 102

Komplizierte Fallen

1W8	Verwende die Falle namens ...	
1	... Maul des Messingdrachens	S. 103
2	... Rabenschwarzes Ossarium	S. 105
3	... Eismaschine	S. 107
4	... Frostelementar	S. 109
5	... Windige Klinge	S. 109
6	... Weg des größten Widerstands	S. 111

Zufällige Rätsel

Bei dieser unübersehbaren Vielfalt an kniffligen Rätseln ist es verzeihlich, wenn du die Qual der Wahl dem Würfel aufbürdest. Wenn du einen Rätselreim oder ein Pfortenrätsel benötigst, würfelst du zuerst mit 1W4 die Rätselart aus wählst dann anhand der resultierenden Tabelle per 1W12 oder 1W10 die Kopfnuss für deine Spielrunde.

Rätselart

1W8	Würfle nach der Tabelle ...
1	... Rätselreime 1
2	... Rätselreime 2
3	... Rätselreime 3
4	... Rätselreime 4
5	... Pfortenrästel 1
6	... Pfortenrästel 2
7	... Pfortenrästel 3
8	Würfle erneut

Rätselreime 1

1W12	Wähle Rätselreim Nr. ...	
1	...1	S. 116
2	...2	S. 116
3	...3	S. 117
4	...4	S. 117
5	...5	S. 117
6	...6	S. 117
7	...7	S. 117
8	...8	S. 117
9	...9	S. 117
10	...10	S. 118
11	...11	S. 118
12	...12	S. 118

Rätselreime 2

1W12	Wähle Rätselreim Nr. ...	
1	...13	S. 118
2	...14	S. 119
3	...15	S. 119
4	...16	S. 119
5	...17	S. 119
6	...18	S. 119
7	...19	S. 119
8	...20	S. 119
9	...21	S. 120
10	...22	S. 120
11	...23	S. 120
12	...24	S. 120

Rätselreime 3

1W12	Wähle Rätselreim Nr. ...	
1	...25	S. 120
2	...26	S. 120
3	...27	S. 121
4	...28	S. 121
5	...29	S. 121
6	...30	S. 121
7	...31	S. 121
8	...32	S. 121
9	...33	S. 121
10	...34	S. 121
11	...35	S. 122
12	...36	S. 122

Rätselreime 4

1W12	Wähle Rätselreim Nr. ...	
1	...37	S. 122
2	...38	S. 122
3	...39	S. 122
4	...40	S. 122
5	...41	S. 122
6	...42	S. 123
7	...43	S. 123
8	...44	S. 123
9	...45	S. 123
10	...46	S. 123
11	...47	S. 123
12	...Würfle erneut	

Pfortenrästel 2

1W12	Wähle das Pfortenrätsel namens ...	
1	... Fünf Elemente	S. 137
2	... Psalter des Lichs	S. 138
3	... Eisiges Grab	S. 139
4	... Säule der Schwerkraft	S. 139
5	... Die Falle ist tabu	S. 140
6	... Chiffre der abgetrennten Köpfe	S. 141
7	... Singende Urnen	S. 142
8	... Mittagspause	S. 142
9	... Lila Teekanne	S. 142
10	... Kunst des Krieges	S. 143

Pfortenrästel 1

1W12	Wähle das Pfortenrätsel namens ...	
1	... Neun Leben	S. 129
2	... Die eigene Nase	S. 130
3	... Zwei Hälften	S. 130
4	... Soldat, Kleriker und Hexe	S. 131
5	... Sphinx aus schwarzem Quarz	S. 131
6	... Die Manufaktur des irren Babfnaf	S. 133
7	... Krone und Dolch	S. 134
8	... Türe ohne Fallen	S. 135
9	... Zauberstäbe und Schlüssel	S. 135
10	... Brillanz des Barbaren	S. 136

Pfortenrästel 3

1W12	Wähle das Pfortenrätsel namens ...	
1	... Aufgang/Untergang	S. 143
2	... Schritt für Schritt	S. 143
3	... Geschick im Getriebe	S. 144
4	... Interludium	S. 145
5	... Spieglein, Spieglein	S. 145
6	... Mit Füßen getreten	S. 146
7	... Wettbewerb in Demut	S. 146
8	... Münze des Tricksters	S. 147
9	... Eine Folge betrüblicher Ereignisse	S. 147
10	Würfle erneut	

Zufällige Dungeon-Kammern

Um eine beliebige Kammer aus dem Dungeon-Kapitel auszuwählen, würfelst du zunächst 1W6 und nutzt die erste Tabelle. Mithilfe der entsprechenden Kammertabelle wählst du dann per 1W10 eine Kammer aus.

1W6	Würfle nach der Tabelle ...
1	... Kammer 1
2	... Kammer 2
3	... Kammer 3
4	... Kammer 4
5	... Kammer 5
6	... Kammer 6

Kammer 1

1W10	Verwende die Kammer namens ...	
1	... Der Turm der Hoffnung	S. 154
2	... Die Verliese	S. 156
3	... Die Grube der Pendel	S. 158
4	... Der offene Abgrund	S. 160
5	... Das Wellenbad	S. 162
6	... Die Feuerwelle	S. 164
7	... Die Wiederkehre	S. 166
8	... Die Tücken des Titanen	S. 168
9	... Der moosige Wall	S. 170
10	... Der Lavaboden	S. 172

Kammer 2

1W10	Verwende die Kammer namens ...	
1	... Die Drehmühle	S. 174
2	... Die gefährliche Querung	S. 176
3	... Die schwimmenden Statuen	S. 178
4	... Das Oktogenarium	S. 180
5	... Die Kolbenkolonnade	S. 182
6	... Die Miniaturfestung	S. 184
7	... Das Getriebe	S. 186
8	... Zum Kerkerwirt	S. 188
9	... Der Tiefhafen	S. 190
10	... Die Kugelgrube	S. 192

Kammer 3

1W10	Verwende die Kammer namens ...	
1	... Die Sandgrube	S. 194
2	... Der Fressende Thron	S. 196
3	... Das Ende des Schattens	S. 198
4	... Der Fluch der Schatzkammer	S. 200
5	... Der Garten der Besinnung	S. 202
6	... Der Kerker der Käfige	S. 204
7	... Die Mauer der Verzweiflung	S. 206
8	... Das Grabmal der Vergessenen	S. 208
9	... Der Wirbler	S. 210
10	... Der Verfallene Tempel	S. 212

Kammer 4

1W10	Verwende die Kammer namens ...	
1	... Die Konstruktefabrik	S. 214
2	... Die grausige Gerümpelkammer	S. 216
3	... Der letzte Ballsaal	S. 218
4	... Das Goblin-Gehöft	S. 220
5	... Die Türen nach Dorthin	S. 222
6	... Das Elementar-Labor	S. 224
7	... Der hängende Teich	S. 226
8	... Der Wärfer	S. 228
9	... Der Palast der Pixies	S. 230
10	... Der Schwarm	S. 232

Kammer 5

1W10	Verwende die Kammer namens ...	
1	... Die Waffenkammer	S. 234
2	... Das Gestrüpp	S. 236
3	... Die vier Becken	S. 238
4	... Das Refugium der Pilze	S. 240
5	... Der Engpass	S. 242
6	... Der schreckliche Schlund	S. 244
7	... Der Schlammsumpf	S. 246
8	... Die Kantine	S. 248
9	... Der Aufstieg	S. 250
10	... Das Gewächshaus	S. 252

Kammern verbinden

Diese einzelnen Kammern sind als Ergänzung von Dungeons gedacht, die du für deine Abenteuer entwirfst. Du kannst damit aber auch mitten im Spiel ein eigenes, mit Fallen gespicktes Gewölbe entstehen lassen (vorausgesetzt, deine Spieler mögen Stress und haben nichts gegen einen gelegentlichen Heldentod). Um eine Abfolge von miteinander verbundenen Kammern auszuwürfeln, verwendest du zunächst die Tabelle »Tore und Pforten« und würfelst danach anhand von »Zufällige Kammer« das erste Verlies des Dungeons aus. Sobald die Gruppe diesen Raum verlässt, bestimmst du mithilfe der Tabelle »Gänge und Korridore« den Weg zur nächsten Kammer. Am Ende des Weges kommt dann wieder der Zufallsgenerator für Dungeon-Kammern zum Zuge. Wiederhole diesen Ablauf nach Bedarf, bis du findest, dass die Gruppe bereit für ein großes Finale ist. An diesem Punkt ersetzt du das Auswürfeln der nächsten Kammer durch einen Wurf nach der Tabelle »Endgegner«.

Tore und Pforten

1W6	Die Gruppe steht vor …
1	… einem steinernen Portal, das durch eines der Pfortenrätsel versperrt ist. (Würfle nach der Tabelle auf S. 256).
2	… einem Tor, das wie das Antlitz eines längst vergangenen Königs geformt ist. Das Tor wird entriegelt, indem man dem König den faulen Zahn (den hintersten unteren linken Backenzahn) zieht. Der Zahn riecht kariös, obwohl er aus Marmor besteht, und seine Fäulnis kann mit einem Wurf auf Weisheit (Wahrnehmung) oder Intelligenz (Nachforschungen) gegen SG 15 entdeckt werden.
3	… einer mächtigen Eisentür, vor der drei tote Wegelagerer liegen. Die Tür ist mit einer der qualvollen Fallen (S. 254) gesichert.
4	… einer Tür, die wie das Ei eines Uralten Drachens geformt ist. Ein Wurf auf Weisheit (Natur) oder Intelligenz (Geschichte) gegen SG 15 mag zu der Erkenntnis führen, dass die meisten Eier Wärme zum Ausbrüten brauchen. Die Tür öffnet sich, wenn sie nach Ermessen des SL genug erhitzt wird (durch Feuer, Magie oder andere Mittel).
5	… einem Portal, das vor arkanen Kräften funkelt und knistert. Tritt jemand durch das Portal, würfelst du anhand der Tabellen auf S. 258 zwei zufällige Kammern aus. Gib den Kammern die Nummern 1 und 2. Jede Kreatur, die das Portal durchschreitet, muss 1W10 würfeln und gelangt bei einem ungeraden Wurf in Kammer 1, bei einem geraden in Kammer 2.
6	… dem Eingang zu einer verlassenen Krypta, deren Tür mit einem zufälligen Rätsel (S. 256) und einer zufälligen Hinderlichen Falle (S. 255) gesichert ist.

Gänge und Korridore

1W6	Die Gruppe durchquert …
1	… einen bogenförmigen Korridor mit zwei Türen auf der linken Seite und einer am Ende.
2	… einen 1,50 m schmalen Gang, der sich länger erstreckt, als es angenehm wäre. Am Ende wartet eine Tür.
3	… einen Flur, der sich an einer Kreuzung in drei Korridore mit je einer Tür am Ende gabelt.
4	… eine Sackgasse, die vor einer Mauer endet, die allerdings eine Illusion ist.
5	… einen mit einer zufälligen Falle (S. 254) bewehrten Gang, der zu zwei Türen führt.
6	… einen gewundenen Korridor, der eine Schleife bildet. Es gibt rechts drei Türen und links eine, allesamt verriegelt durch zufällige Pfortenrätsel (S. 257).

Endgegner

1W6	Die Gruppe erreicht …
1	… die Höhle eines **Ausgewachsenen Grünen Drachens**.
2	… eine Grotte, in der ein schlauer **Aboleth** auf der Lauer liegt.
3	… die Ruhestätte eines **Mumienfürsten**.
4	… die gewölbeartige Hütte eines Zirkels von **Vetteln**.
5	… einen **Todesritter**, der ein Geheimnis hütet.
6	… ein Portal nach Anderswo, das von einem verfluchten **Erzdruiden** heimgesucht wird.
7	… das Nest eines **Behir**-Pächens.
8	… eine Ansammlung von 8W10 **Zombies**.
9	… das sumpfige Versteck eines **Jungen Schwarzen Drachens**.
10	… den Schlafplatz von 2W4 + 1 **Wyvern**.
11	… eine kampfbereite **Marilith**.
12	… einen mächtigen **Purpurwurm**.

Legal Information

Danksagung

Ein ganzes Buch mit Fallen, Rätseln und Dungeons zusammenzustellen ist fast so strapaziös wie eine klassische Dungeon-Erkundung – natürlich kann man es auf eigene Faust unternehmen, aber höchstwahrscheinlich endet man weit vor dem Ziel als abgenagtes Gerippe. Bei diesem Buch-Abenteuer waren die folgenden Personen meine Helden, und ohne ihre Hilfe hätte ich es nicht durch dieses knifflige Labyrinth geschafft.

Dank gebührt Jasmine Kalle, die immer wieder so schwammige Ideen wie »eine Kammer, die die Leute von Ninja Warrior hätten entwerfen können« aufgriff und irgendwie auf 50 ausgeklügelte Dungeon-Kammern kam. Sie steuerte auch die Karten der drei One-Shot-Abenteuer bei. Dank geht auch an Kyle Hilton, dessen Illustrationen einige der Fallen ergänzen. Die Qualität eurer Arbeit spricht für sich, aber ich sage es trotzdem gerne: Ihr seid großartig.

An die One-Shot-Mitwirkenden Jasmine Bhullar (»Spieß und Schorf«) und Jasper William Cartwright, Jeremy Cobb und Luyanda Unati Lewis-Nyawo von Three Black Halflings (»Haus Skhalhammer«): Die gemeinsame Arbeit an diesen Abenteuern war ein absoluter Riesenspaß, und ich bin mir sicher, dass die Spieler euer Werk genauso genießen werden wie ich.

An die Rätselschmiede Jeremy Brown, Ben Egloff, Alexander LeFort und Colby Whittaker: Eure Kreationen haben mich ins Grübeln gebracht, sogar nachdem ich auf das Blatt mit den Lösungen schielte. Daher bin ich mir sicher, dass jedes eurer Rätsel einen festen Platz in den Albträumen der Spieler finden wird. Dort gehören sie nämlich hin.

Ein großes Dankeschön geht an das ganze Team von Media Lab Books, besonders aber an Tim Baker, Trevor Courneen, Glen Karpowich, Courtney Kerrigan, Madeline Raynor, Phil Sexton, Juliana Sharaf und Tara Sherman, deren Bemühungen um dieses Buchprojekt der einzige Grund sind, dass es existiert. Egal, wie oft ich mich darin festfuhr oder verirrte, einer oder eine von euch (oder in vielen Fällen ihr alle) kannte immer den Ausweg oder wusste die Antwort.

Abschließend danke ich meiner Frau, die in der Entstehungszeit dieses Buches ganz besondere Schrecknisse erlebte, aber irgendwie mein Geplapper darüber aushielt, ob nun diese Falle tödlich genug, jenes Rätsel schwierig genug oder irgendeine Kammer wunderlich genug sei (oder mitunter auch zu wunderlich). Ich liebe dich ohne Ende.

Die Spielleitenden

JEFF ASHWORTH ist ein Autor, Herausgeber und Geschichtenerzähler, zu dessen Werken The Game Master's Book of Random Encounters und The Game Master's Book of Non-Player Characters gehören und der für Disney, Hasbro, Nickelodeon und World Wrestling Entertainment arbeitet. Wenn er nicht gerade mit Aufträgen für Media Lab Books beschäftigt ist, spielt und entwirft er gerne Rollenspiele mit seinen Freunden. Er und seine Frau leben mit ihren Hunden Zelda und Lincoln an der Ostküste der USA.

JASMINE KALLE ist Autorin, Illustratorin und Herausgeberin mit einem Master of Arts (Writing, Editing and Publishing) der University of Queensland. Sie verfügt über mehr als ein halbes Jahrzehnt Tabletop-RPG-Erfahrung, und zu ihren Werken zählen The Game Master's Book of Random Encounters und The Game Master's Book of Non-Player Characters. Bei Tage arbeitet sie für die Regierung und trotzt dem Winter von Canberra, aber bei Nacht erträumt sie allerlei freud- und qualvolle Begegnungen, mit denen sie ihre nächste Spielrunde traktieren kann.

JASMINE BHULLAR ist als Schauspielerin, Internet-Persönlichkeit und Content-Creator vor allem für ihre täglichen Livestreams auf *twitch.tv/thatbronzegirl* sowie für die vielen RPG-Produktionen bekannt, an denen sie beteiligt ist. Sie ist nicht nur eine erfahrene Tabletop-RPG-Spielerin, sondern auch erfahrene Spielleiterin. Sie begann bei Geek & Sundry, wo man sie die berüchtigte Beryl the Brutal in *Relics and Rarities* spielen ließ. Sie ist außerdem Schöpferin, Moderatorin und SL von *Shikar*, einem neuen D&D-Kanal auf Twitch. Wenn sie nicht gerade Science-Fiction-Romane liest, denkt sich Jasmine gerne Content für Videospiele, Rollenspiele und Comics aus.

THREE BLACK HALFLINGS ist ein Podcast von Jasper William Cartwright, Luyanda Unati Lewis-Nyawo (aber alle nennen sie Unati) und Jeremy Cobb: drei nerdige Kumpels mit steilen Thesen und noch steileren Charismawerten. Gemeinsam mit ihren Gästen und ihrer Hörerschaft begeben sie sich in den erstaunlichen Welten von D&D und Popkultur auf die Suche nach Diversität und liefern Tipps und Denkanstöße für Spielleitende sowie jede Menge Spaß!

KYLE HILTON ist Illustrator und ein Neuling im Bereich Rollenspiele. Seine Arbeiten erscheinen regelmäßig in der *New York Times*, der *Entertainment Weekly* und anderen Publikationen. Er lebt mit seiner Frau und seiner Tochter in Jackson, Mississippi.

JIM DAVIS UND JONATHAN PRUITT sind die Gründer des beliebten YouTube-Kanals Web DM. Seit 2015 besteht die Mission von Web DM darin, RPG-Interessierte zum Spielen neuer und spielergesteuerter Tabletop-RPGs anzuregen. Ihre professionell produzierten und sorgfältig recherchierten Videos zu allen Aspekten des Tabletop-Gamings, ihre vertiefenden Podcast-Folgen und ihre Actual-Play-Streams voller Leidenschaft machen jeden Monat Hunderttausende von Zuschauern zu besseren Spielern.

Notizen

Notizen

Notizen

Notizen

Notizen

NOTIZEN

NOTIZEN

NOTIZEN

Bibliografische Information der Deutschen Nationalbibliothek
Die Deutsche Nationalbibliothek verzeichnet diese Publikation in der Deutschen Nationalbibliografie. Detaillierte bibliografische Daten sind im Internet über https://dnb.de abrufbar.

Für Fragen und Anregungen
info@m-vg.de

Wichtiger Hinweis
Ausschließlich zum Zweck der besseren Lesbarkeit wurde auf eine genderspezifische Schreibweise sowie eine Mehrfachbezeichnung verzichtet. Alle personenbezogenen Bezeichnungen sind somit geschlechtsneutral zu verstehen.

6. Auflage 2026

Türkenstraße 89
80799 München
Tel.: 089 651285-0

Übersetzung: Max Limper
Redaktion: Tanja Schröder
Umschlaggestaltung: Karina Braun
Umschlagabbildung: Shutterstock.com
Karten im Innenteil: Jasmine Kalle
Illustrationen im Innenteil: Kyle Hilton
Satz: Verena Koch
Druck: Florjancic Tisk d.o.o., Slowenien
Printed in the EU

ISBN Print 978-3-7423-2508-2
ISBN E-Book (PDF) 978-3-7453-2284-2
ISBN E-Book (EPUB, Mobi) 978-3-7453-2285-9